Couvertures supérieure et inférieure manquantes

Les Écrivains

Célèbres

de la France

7ᵉ Édition

LES
ÉCRIVAINS CÉLÈBRES
DE LA FRANCE

DU MÊME AUTEUR :

Les Écrivains modernes de la France, ou biographie des principaux écrivains français depuis le premier Empire jusqu'à nos jours, avec une analyse, une appréciation et des citations de leurs chefs-d'œuvre.— Ouvrage destiné à faire suite aux *Écrivains célèbres*. — 5º édition entièrement refondue. 1 vol. in-12 . . . . 4 fr.

Les Écrivains célèbres de la Grèce, ou biographie des principaux écrivains grecs, avec une analyse, une appréciation et de nombreuses citations de leurs chefs-d'œuvre. 1 vol. in-12 . . . . 3 50

En préparation :

Les Écrivains célèbres étrangers (*Italie, Espagne, Angleterre, Allemagne.*)

LES ÉCRIVAINS CÉLÈBRES
DE LA FRANCE
OU
HISTOIRE DE LA LITTÉRATURE FRANÇAISE
DEPUIS L'ORIGINE DE LA LANGUE FRANÇAISE JUSQU'AU XIX° SIÈCLE
A L'USAGE DES ÉTABLISSEMENTS D'INSTRUCTION PUBLIQUE

PAR

D. BONNEFON

Ouvrage adopté par le Ministère de l'Instruction publique pour les Bibliothèques scolaires et populaires.

SEPTIÈME ÉDITION
REVUE ET AUGMENTÉE

PARIS
LIBRAIRIE FISCHBACHER
(Société anonyme)
33, RUE DE SEINE, 33

LITTÉRATURE FRANÇAISE AU MOYEN AGE

CHAPITRE Iᵉʳ

ORIGINES DE LA LANGUE FRANÇAISE

Peuples primitifs de la Gaule. — Influence des Grecs, des Romains, des Germains et des Normands sur la formation de la langue française.

Peuples primitifs de la Gaule

Avant d'étudier les monuments de la langue française, il n'est pas sans intérêt de connaître les peuples qui occupèrent successivement le sol de la Gaule. C'est du mélange de ces divers peuples que se sont formés le caractère de notre nation et le génie particulier de notre littérature.

Aussi loin qu'on puisse remonter à travers les siècles, trois grands peuples occupèrent successivement le vaste territoire de la Gaule. Ce furent les *Ibères* ou *Vascons*, les *Celtes* ou *Gaëls*, et les *Kymris*.

Les *Ibères*, venus probablement par le nord de l'Afrique et de l'Espagne, à laquelle ils donnèrent leur nom (Ibérie), couvraient tout le pays au sud de la Loire; ils furent plus tard refoulés au sud de la Garonne et de la Durance dans cette partie de la Gaule qui, de leur autre nom, *Vascons*, prit le nom de Gascogne.

Malgré des révolutions et des bouleversements sans nombre, nous retrouvons encore aujourd'hui quelques restes de ce peuple dans la population basque qui habite les deux versants sud-ouest des Pyrénées. C'est au sein de cette population que se sont conservées, en partie, à travers les siècles, les mœurs, les coutumes et surtout la langue des anciens Ibères.

Les Ibères étaient une race active, intelligente; ils se

distinguaient par la sobriété de leurs mœurs et la simplicité de leur costume : les hommes portaient des vêtements noirs de grosse laine, avec de longues bottes de crin ; les femmes, comme les Espagnoles d'aujourd'hui, se paraient de voiles noirs ou mantilles.

La vie un peu isolée de ce peuple qui, pour sa défense, vivait dans les montagnes escarpées des Pyrénées, ne lui a permis d'exercer aucune influence sur notre race et en particulier sur notre langue.

Il en fut tout autrement des Celtes, qui sont, plus que les Ibères, nos véritables ancêtres.

Les *Celtes* ou *Gaëls* étaient partis à une époque inconnue des plaines de l'Asie centrale. Ils s'avancèrent vers l'occident tant qu'ils trouvèrent de la terre pour les porter ; ils couvrirent d'abord de leurs vastes tribus l'est et le centre de la Gaule à laquelle ils donnèrent leur nom (Gaëls) ; puis, franchissant la Manche, ils se répandirent dans l'Irlande et l'Ecosse.

« Le génie de ces Gaëls ou Celtes, dit Michelet, n'est d'abord autre chose que mouvement, attaque et conquête. Peuple de guerre et de bruit, ils courent le monde, l'épée à la main, moins, ce semble, par avidité, que par un vague et vain désir de voir, de savoir, d'agir ; brisant, détruisant, faute de pouvoir produire encore. Ce sont les enfants du monde naissant ; de grands corps mous, blancs et blonds ; de l'élan, peu de force et d'haleine ; jovialité féroce, espoir immense, vains ; n'ayant rien encore rencontré qui tînt devant eux, ils voulurent aller voir ce que c'était que cet Alexandre, ce conquérant de l'Asie, devant la face duquel les rois s'évanouissaient d'effroi : « *Que craignez-vous ?* » s'écria l'homme terrible. — « *Que le ciel ne tombe !* » dirent-ils, et il n'en eut pas d'autre réponse. Le ciel lui-même ne les effrayait guère ; ils lui lançaient des flèches quand il tonnait. Si l'Océan se débordait et venait à eux, ils ne refusaient pas le combat et marchaient à lui, l'épée à la main. C'était leur point d'honneur de ne jamais reculer ; ils s'obstinaient souvent à rester sous un toit embrasé. Aucune nation ne faisait meilleur marché de sa vie : on en voyait qui, pour un verre de vin, s'engageaient à mourir. Ils montaient sur une estrade, distribuaient à leurs amis le vin et l'argent, se couchaient sur leur bouclier et tendaient la gorge. »

On reconnaît, à première vue, dans ce peuple courageux jusqu'à la témérité, quelques-uns des traits caractéristiques de la nation française.

Comme les Ibères, les Celtes reculèrent devant l'invasion étrangère ; toutefois, leur langue leur a survécu ; aujourd'hui même, on la retrouve en France, au fond de la Bretagne, en Angleterre, dans quelques coins reculés du pays de Galles, dans le nord de l'Irlande et de l'Ecosse.

Les *Kymris* arrivèrent les derniers, ils sortaient de la Russie méridionale ; ayant été envahis par les Scythes qui venaient de la Haute-Asie, ils leur cédèrent sans lutte leur propre pays et émigrèrent à la recherche de nouvelles terres. Ils traversèrent l'Europe, et, vers l'an 517, arrivèrent sur le Rhin et occupèrent tout le nord de la Gaule ; ils allèrent même au-delà de la Loire, et, après de violents combats, s'emparèrent des provinces de l'Ouest jusqu'à la Garonne.

Tels furent nos ancêtres. Disons maintenant un mot des peuples qui les transformèrent graduellement et préparèrent la formation de notre langue.

Influence des Grecs, des Romains, des Germains et des Normands sur la formation de la langue française

Les *Grecs* n'eurent pas directement d'influence sur les peuples de la Gaule. Vers l'an 600, avant J.-C., une colonie de Phocéens vint débarquer à l'embouchure du Rhône et fonda la ville de Marseille, mais la civilisation grecque fut circonscrite à cette ville ; ce ne fut que par Rome que la Gaule apprit plus tard à connaître la Grèce.

Lorsque les *Romains* eurent fait la conquête de la Gaule, tout subit l'influence des vainqueurs : mœurs, coutumes, législation, jusqu'à la langue elle-même. Le latin fut substitué au gaulois. Sur tous les points, excepté dans l'Armorique et dans les provinces basques, le latin devint la langue dominante. Dans ce pays, jadis barbare, on vit s'ouvrir des écoles et fleurir une littérature. Des grammairiens, des avocats, des poètes même occupent une place honorable parmi les écrivains latins de l'époque. Si nous découvrons des mots celtiques dans notre langue actuelle, on peut dire que la presque totalité des mots français est d'origine latine.

Plus tard, les *Germains*, en s'établissant sur le sol gaulois, adoptèrent la langue des vaincus, mais en l'adoptant, ils la modifièrent ; ils essayèrent d'assouplir pour cet idiome leur organe rebelle, mais ils ne purent y réussir qu'imparfaitement. Les habitudes de l'oreille et de la voix persistaient, malgré leurs efforts, et le latin déjà corrompu, soumis à cette nouvelle épreuve, périt pour se transformer (GERUZEZ).

Le peuple qui avait déjà, sous la domination romaine, altéré le latin en mélangeant à cette langue son propre idiome, l'altéra davantage encore sous la domination des Germains. De ce mélange, il résulta une langue particulière, composée de mots celtiques, latins et germains, et qui cependant n'était ni celtique, ni latine, ni germanique. Cette nouvelle langue reçut le nom de *langue romane* parce qu'elle dérivait surtout de la langue des Romains qui en était la base. Dès l'année 813, le latin était devenu si inintelligible pour le peuple, que le concile de Tours commanda aux évêques de faire traduire les homélies en roman *rustique* ou vulgaire, afin que le peuple pût les comprendre.

La formation de la langue romane ne s'opéra pas de la même manière dans le nord de la Gaule que dans le Midi. Dans le Nord, elle subit surtout l'influence de nouveaux conquérants : les *Normands* (885). Ceux-ci adoptèrent, comme les Germains, la langue des vaincus, mais ils la modifièrent à leur tour profondément. Ils l'étudièrent avec un soin particulier et en firent une langue savante. Sous leur influence, elle devint sèche, âpre, sans accent ; on y remarque des syllabes courtes, sourdes et nasales, des sons durs. Ils firent plus : non-seulement ils modifièrent la langue, mais ils la dotèrent d'une littérature dont nous aurons à nous occuper.

A la même époque, pendant que l'idiome du Nord se modifiait au xe siècle sous l'influence des Normands, l'idiome du Midi se modifiait aussi. Les provinces du Midi s'étaient moins ressenties des invasions des Barbares que les provinces du Nord ; elles avaient beaucoup conservé des mœurs et de la civilisation romaines : après Charlemagne, elles s'étaient formées en royaumes indépendants sous Bozon, qui prit, en 879, le titre de roi d'Arles. A la fin du xie siècle, la succession de Bozon se trouva partagée entre les comtes de Toulouse et de Barcelone ; l'union des Provençaux avec les Catalans acheva de jeter le dialecte du Midi bien loin de l'idiome sourd et traînant du Nord. On distingua ces deux idiomes par le mot qui, dans chacun, exprimait l'affirmation *Oui* et qui se disait *Oïl* dans le Nord et *Oc* dans le Midi. De là, les noms de *langue d'Oïl* et de *langue d'Oc*.

CHAPITRE II

DE LA POÉSIE LYRIQUE AU MOYEN AGE (LANGUE D'OC)

De la poésie lyrique en général. — Causes des progrès de la poésie dans le Midi. — Troubadours et Jongleurs. — Troubadours célèbres. — Causes de la décadence de la poésie provençale.

Du genre lyrique en général

La *poésie lyrique* est l'expression la plus libre et la plus élevée de l'inspiration poétique. Elle tire son nom de la lyre, dont les accords accompagnaient les chants des premiers poètes. Les louanges du Créateur et les merveilles de l'univers ont dû être les sujets des premiers hymnes chantés par la voix de l'homme. Depuis, la lyre a célébré les exploits des fausses divinités, les héros vainqueurs des monstres et des tyrans, les athlètes couronnés dans les jeux de la Grèce, l'amour et ses transports : elle a excité les peuples à l'indépendance et à la liberté, et ses accents ont inspiré et récompensé d'admirables dévouements.

Le genre lyrique se divise d'après la nature des sujets et l'élévation du ton. Ce genre comprend ; l'*hymne religieux* et l'*hymne guerrier* ; le *dithyrambe*, consacré aux louanges de Bacchus, où l'ivresse seconde l'inspiration ; l'*ode* proprement dite, qui embrasse une grande variété d'idées et de sentiments ; la *cantate* dont les paroles appellent la musique ; et la *chanson*, genre inférieur, que popularise une mélodie simple, gracieuse ou piquante (GERUZEZ).

Le genre lyrique est caractérisé par la variété des mouvements de la pensée, par l'enthousiasme des sentiments, la magnificence des images, la hauteur soutenue du langage, et par ce beau désordre dans lequel Boileau voit un effet de l'art :

> Son style impétueux souvent marche au hasard,
> Chez elle un beau désordre est un effet de l'art.

Causes des progrès de la poésie dans le Midi

La première cause qui explique les progrès de la poésie dans le Midi, est la *protection des princes* des provinces méridionales : ils récompensaient par des largesses et des honneurs ceux qui s'étaient distingués dans la culture des lettres et des arts. On peut citer, en particulier, Béranger d'Arles, Raymond, comte de Toulouse, René, roi de Provence.

D'un autre côté, *la richesse et les splendeurs de la*

nature secondaient admirablement les desseins de ces princes. Comment la poésie n'aurait-elle pas pris naissance sous ce beau ciel du Midi, au sein de ces provinces où le sol fertile rendait la vie douce et facile, où le voisinage de la Méditerranée invitait à la méditation et à la rêverie, où une nature riche et prodigue en sites enchanteurs, éveillait si naturellement l'imagination, réjouissait le cœur et fécondait la pensée ?

C'est dans ce pays favorisé qu'on vit naître une institution qui ne fut pas sans influence sur les mœurs et la civilisation: *la chevalerie*, avec ses fêtes et ses tournois. Dans les châteaux des seigneurs, se réunissaient les chevaliers et les dames; les chevaliers entraient dans la lice, revêtus de leurs riches armures, la lance au poing et prêts à faire preuve de courage et d'adresse; ou bien encore, ils composaient et chantaient des vers, et les belles dames réunies couronnaient de leurs propres mains les vainqueurs dans cette double lutte.

L'union de la Provence et de la Catalogne, en 1092, contribua aussi à favoriser le développement de la littérature méridionale : les deux peuples parlaient à peu près la même langue ; les splendeurs des cours de Grenade et de Cordoue, l'imagination si riche des poètes orientaux produisirent une émotion profonde sur les chevaliers du Midi ; bientôt la cour du comte de Barcelone devint célèbre par son goût et sa magnificence.

Telles furent les différentes causes qui favorisèrent la naissance de la poésie lyrique dans le Midi ; la littérature ne tarda pas à y briller de tout son éclat, sous l'influence des troubadours (1).

Troubadours et Jongleurs

Les *Troubadours* ou *trouveurs* étaient les poètes de la France méridionale. Plus tard, dans le Nord, on les appela

---

(1) DEMOGEOT, *Histoire de la Littérature française.*

trouvères, en traduisant le mot de la langue romane en langue française. Ils appartenaient à des classes fort diverses de la société : un troubadour était souvent un gentilhomme qui avait un bon château et des vassaux ; quelquefois, c'était un prince souverain ; quelquefois aussi, ce n'était rien qu'un obscur vassal, un serviteur dans le château féodal.

Le troubadour composait des poèmes et les chantait lui-même ; la plupart du temps, il était suivi de un ou de deux *jongleurs*, qui, lorsqu'on était las d'entendre le poète, délassaient les auditeurs en faisant des tours ou des plaisanteries, ou chantaient les vers du troubadour.

Autant la condition de troubadour était honorée, autant celle de jongleur était dédaignée. Mais il arrivait souvent qu'à force de débiter les vers des autres, le jongleur apprenait à en faire lui-même ; alors, il devenait troubadour. D'un autre côté, un troubadour coupable d'une grande faute pouvait être dégradé et retomber au rang de jongleur. C'est ainsi qu'un troubadour célèbre, ayant perdu tout son avoir au jeu de dés, fut réduit à se faire jongleur, et ne fut plus admis qu'à ce titre dans les cours et les châteaux.

D'autres troubadours, sans être attachés à de grands personnages, erraient à leurs risques et périls, allant de ville en ville, de château en château ; ceux d'entre eux qui savaient composer ou redire les plus beaux chants, recevaient dans les nobles manoirs, l'accueil le plus favorable : c'étaient les *troubadours errants*. « Pour concevoir l'empressement qu'on mettait à recevoir ces hôtes ingénieux, il faut se figurer la solitude et les longs ennuis des demeures féodales. Sur le sommet d'une colline, d'un accès difficile, s'élevait un château isolé, fermé de hautes murailles, où d'étroites meurtrières admettaient un jour pâle et triste. Tout autour, de misérables chaumières, des paysans tremblants ; au-delà, la châtelaine avec ses filles, entourées de jeunes pages, nobles sans doute, quelquefois gracieux, mais toujours ignorants comme elles. Les fils de la maison servent eux-mêmes comme pages dans un autre château. Quant au seigneur, il excelle à donner et à recevoir de grands coups de glaive, à monter un ardent destrier et à boire de grands hanaps (1) de vin. Aussi, lorsque pendant six mois d'hiver, le château féodal était resté enveloppé de nuages, sans guerre, sans tournoi, qu'il n'avait vu que peu d'étrangers ou de pèlerins ; quand s'étaient écoulés ces longs jours monotones, ces interminables soirées mal remplies par les jeux d'échecs, on attendait, avec les hirondelles, le retour désiré du poète. Il arrivait enfin. On l'apercevait de loin, le long de la rampe escarpée qui menait au château : il portait sa vielle attachée à l'arçon de sa selle, s'il était à cheval, suspendue à son cou, s'il cheminait à pied. Ses habits étaient bariolés de diverses couleurs ; ses cheveux et sa barbe rasés, au moins en partie, une bourse qu'on appelait la *malette* ou l'aumônière pendait à sa ceinture et semblait appeler d'avance la générosité de ses hôtes.

« Dès le soir de son arrivée, le baron, les écuyers, les damoiselles se réunissaient dans la grande salle pavée, pour entendre le poème qu'il venait d'achever pendant l'hiver. Alors se déployaient devant ces auditeurs si bien disposés, si altérés de poétiques récits, mille tableaux intéressants et merveilleux. Tous se laissaient entraîner au courant du récit ; ils suivaient de la pensée ces luttes imaginaires, ces aventures prodigieuses ; ils goûtaient le plaisir délicieux de renouveler les émotions du combat sans en supporter les fatigues, de s'identifier avec le héros, de frapper avec lui de grands coups, sans jamais sentir la lance de l'ennemi percer leur heaume (2) et leur haubert (3). Entendre de tels chants, c'était doubler sa vie.

« Quand l'automne approchait, le troubadour était au bout de son récit ; il partait enrichi des présents de son

(1) Grands vases à boire.
(2) Sorte de casque élevé en pointe. — (3) Cotte de mailles.

hôte. On lui donnait de l'or, des chevaux, des habits. Les barons et les chevaliers se dépouillaient parfois pour lui de leurs plus riches vêtements (1). »

Les troubadours se disputaient parfois entre eux le prix de la poésie : c'était une espèce de tournoi poétique, où ils se provoquaient en présence des dames et des chevaliers : on l'appelait le *cours d'amour*. Quand un haut baron avait invité à sa cour les seigneurs du voisinage, trois jours étaient donnés aux joûtes et aux tournois : le premier jour, les jeunes gentilshommes s'exerçaient au métier des armes; le second jour appartenait aux chevaliers nouvellement armés, et le troisième aux vieux guerriers. La dame du château, entourée d'autres châtelaines, distribuait les couronnes aux vainqueurs qui lui étaient désignés par les juges du combat. Elle ouvrait ensuite son tribunal; elle formait sa cour, elle s'entourait des dames les plus distinguées par leur figure et par leur esprit. Une nouvelle carrière était ouverte à ceux qui voulaient combattre par les vers.

Le chevalier qui venait de remporter la victoire des armes, rentrait en lice pour disputer le prix de la poésie. Un des concurrents, une harpe entre les bras, après avoir préludé, proposait un *jeu d'amour*, c'est-à-dire une question délicate et controversée d'amour, d'honneur ou de chevalerie; un autre, s'avançant à son tour, et chantant sur le même air, répondait par une strophe de même mesure, et, le plus souvent, sur les mêmes rimes. Ils alternaient ainsi en improvisant, et les cinq couplets où la dispute se renfermait ordinairement, s'appelaient *tenson* (dispute, débat). La cour délibérait ensuite gravement, et discutait non-seulement le mérite des deux poètes, mais le fond même de la question; elle rendait, le plus souvent en vers, un arrêt par lequel elle prétendait trancher le différend.

Outre les tensons, les troubadours composaient aussi

---

(1) DEMOGEOT, *Histoire de la Littérature française.*

des *sirventes;* c'étaient de petits poèmes satiriques que les troubadours se lançaient les uns contre les autres, souvent contre les seigneurs, les rois et le clergé, quelquefois même contre les dames.

Troubadours célèbres

L'époque des troubadours s'étend depuis la fin du xi° siècle jusqu'à la seconde moitié du xiii° (1090-1260). On compte, dans cet intervalle, deux cents troubadours. Les plus remarquables furent: Richard Cœur-de-Lion, Bertrand de Born, Bernard de Ventadour, Pérols, Arnaud de Marveil, Clara d'Anduze, etc.

Richard Cœur-de-Lion (1157) était, dans sa jeunesse, seigneur d'Anjou; de là, ses rapports avec les troubadours de Provence et d'Auvergne; il parlait et chantait leur langue. Quand il devint roi d'Angleterre, il eut à sa cour un grand nombre de troubadours. On sait qu'en revenant de la croisade, il fut jeté sur les côtes de Dalmatie et se vit obligé de traverser seul le territoire de l'un de ses ennemis, le duc Léopold d'Autriche. En passant par la Styrie, il fut reconnu, arrêté et jeté en prison, puis vendu prisonnier à l'empereur Henri IV. Il fut découvert par son ménestrel Blondel qui le cherchait dans toutes les forteresses de l'Allemagne. Un jour, celui-ci chantait au pied d'une tour une tenson qu'il avait composée avec Richard. A peine avait-il terminé la première strophe, qu'une voix qu'il reconnut aussitôt entonna la seconde: c'était la voix de Richard. Blondel, ayant ainsi retrouvé son maître, fit connaître en Angleterre le lieu de sa captivité et engagea la reine-mère à payer la rançon de son fils.

Bertrand de Born était un chevalier bouillant, impétueux, ne respirant que la guerre et l'excitant partout. Il troubla la Guyenne par ses intrigues et ses querelles pendant toute la seconde moitié du xiii° siècle. Il commença par dépouiller son frère Constantin de la moitié de l'héritage paternel. Richard Cœur-de-Lion, alors comte de Poitou, prit la défense de Constantin ; c'est à cette occasion que Bertrand composa contre lui la première de ses sirventes pour exciter à la révolte les soldats et les alliés de Richard. Malgré tout son courage, Bertrand fut vaincu, mais Richard lui pardonna. Depuis, le fier troubadour s'unit à lui et aux princes ses frères dans leur révolte contre leur père. La mort d'Henri, le plus jeune de ces princes, le laissa exposé à la colère du roi d'Angleterre, qui vint l'assiéger dans son château et le fit prisonnier. Bertrand allait mourir, quand une sirvente touchante, composée par le poète à l'occasion de la mort d'Henri, attendrit tout à coup le cœur du monarque irrité ; ne voyant plus en Bertrand que l'ami du fils qui n'était plus, il lui fit grâce et lui rendit tous ses biens. Lassé de sa vie aventureuse, Bertrand se retira dans un monastère pour y pleurer ses fautes ; il se repentit amèrement d'avoir armé des fils contre leur père, ce qui n'empêcha pas le Dante (1) de le représenter dans son *Enfer*, expiant ce dernier crime.

Bernard de Ventadour était le fils de l'homme qui chauffait le four du comte de Ventadour. Il avait été élevé par la bonté de son seigneur, et était doué, dit M. Villemain à qui nous empruntons ces détails, d'un talent naturel pour la poésie : il avait la voix belle, faisait des vers, les chantait, et les dédiait. Il fut reçu à la cour d'Éléonore de Guyenne, et finit comme on finissait toujours à cette époque : il entra dans l'ordre de Cîteaux pour expier sa vie frivole et légère.

Pérols fut longtemps le poète favori du dauphin d'Auvergne ; il fut exilé pour la légèreté de sa conduite et partit pour la croisade. Il écrivit, en Syrie, une sirvente pleine d'énergie contre l'empereur Henri VI, après que celui-ci eut abandonné la cause sacrée qu'il avait juré de défendre.

(1) DANTE, célèbre poëte italien, né en 1265, auteur du poëme épique *la Divine Comédie* qui comprend trois parties : *l'Enfer*, le *Purgatoire*, le *Paradis*.

Arnaud de Marveil, en Périgord, était d'une condition pauvre. Il fut d'abord destiné à la profession de clerc, mais se sentant du goût pour la poésie, il abandonna sa profession pour chercher la gloire et les honneurs dans les cours du Midi. Il se rendit à celle de Béziers ; là, touché par la beauté et les grâces de la noble comtesse de Béziers, il la chanta dans des vers pleins de sentiment et de charme.

Clara d'Anduze fut célèbre par la tendresse et la passion de ses vers ; elle fut la Sapho (1) de l'époque.

Causes de la décadence de la poésie provençale

La poésie provençale fleurit jusque vers le milieu du XIIe siècle, mais sans faire aucun progrès sensible ; malgré le nombre considérable de troubadours, ce qui frappe au premier abord c'est la *stérilité* de cette poésie.

Le poète est moins préoccupé d'exprimer des idées nouvelles que de ranger ses paroles dans un rythme harmonieux pour l'oreille de ses auditeurs. Cependant, les grands sujets d'inspiration ne manquaient pas aux troubadours ; que d'événements importants remplissent le XIIe siècle ! la conquête de l'Angleterre par Guillaume de Normandie, celle de la Sicile par Robert Guiscard et Tancrède de Hauteville, la prise de Jérusalem par Godefroy de Bouillon ; que de sujets propres à exalter les imaginations, à enflammer les cœurs d'un noble enthousiasme ! Mais la muse provençale fut impuissante à chanter les grands faits de l'histoire ; elle s'endormit sur les fleurs de son heureux climat ; elle s'enivra de sa douce harmonie, elle se fit des voluptés faciles et enivrantes comme les parfums au milieu desquels se berce la somnolence des Orientaux ; elle dédaigna trop la mâle et austère pensée, cette base solide de toute littérature véritable.

(1) Sapho, la plus célèbre des femmes poètes, naquit dans l'île de Lesbos l'an 612 avant J.-C.

Cette langue si harmonieuse succomba enfin devant le fanatisme affreux qui vint se ruer sur elle : la guerre civile la plus meurtrière, la *croisade contre les Albigeois*, désola les riantes et heureuses contrées du Midi. Sous prétexte d'exterminer les hérétiques, le pape Innocent III, ligué avec les princes du nord de la France, lança de barbares et féroces soldats contre ces populations paisibles et inoffensives. A leur tête était Simon de Montfort, de sinistre mémoire, et les moines de Cîteaux. La ville de Béziers fut mise à feu et à sang, et bientôt de ces villes florissantes, de ces campagnes riantes, il ne resta plus que ruine et désolation ; toute une civilisation, une littérature, une langue sonore et harmonieuse disparurent dans cette guerre impie et cruelle. Les troubadours, qui n'avaient vécu qu'à l'ombre des châteaux, ne trouvèrent plus d'asile ; leur voix s'éteignit peu à peu, comme le doux ramage des oiseaux, à l'approche d'un rigoureux hiver.

Après cette croisade sanguinaire, quelques troubadours chantent encore, mais ce n'est plus le doux printemps, ni le ciel du Midi, ni les belles dames qui président aux cours d'amour ; tristes et désolés, comme leur pays dévasté, ils maudissent dans leurs chants le fanatisme sauvage de leurs persécuteurs.

Depuis lors jusqu'à nos jours, des efforts impuissants ont été tentés pour faire revivre la langue et la littérature provençales. En 1329, les principales villes du Midi résolurent de former une espèce d'*Académie del gai saber* (de la gaie science). Un concours poétique fut ouvert ; on devait décerner une violette d'or à l'auteur de la meilleure pièce de poésie en langue provençale. Cette institution fut renouvelée plus tard, en 1500, par *Clémence Isaure*, dame illustre et riche de Toulouse, qui légua des revenus considérables à la ville pour fournir aux frais des concours de poésie. Les capitouls de Toulouse décernèrent trois prix : une violette d'or pour la plus belle chanson, une églantine d'argent pour la plus belle sirvente ou la plus belle pastorale, enfin, une fleur d'or de l'acacia épineux à la plus belle ballade. Ces fleurs ont un pied de haut, et sont montées sur un piédestal en vermeil aux armes de la ville. Les jeux floraux existent encore, et plusieurs de nos grands poètes contemporains y ont remporté des prix.

CHAPITRE III

DU GENRE ÉPIQUE AU MOYEN AGE

Du genre épique en général. — Poëmes carlovingiens : *Chanson de Roland.* — Poëmes armoricains ou d'Arthur : *Roman de Brut, Tristan de Léonnais, le Saint-Graal.* — Poëmes tirés de sujets antiques : le *Roman d'Alexandre.*

Du genre épique en général.

L'*Épopée* est le tableau poétique d'une grande scène historique et merveilleuse. L'épopée doit être un *tableau*, car bien que la forme du récit la caractérise, il faut qu'elle donne à tout ce qu'elle raconte et représente un corps, un esprit, un visage. Ce tableau doit être *poétique*, parce que la fiction se mêle à la réalité pour la rehausser. Nous disons que l'épopée doit représenter *une grande scène historique*, parce que pour produire son effet, qui est d'élever les âmes et de les attacher, il faut qu'elle ait de la grandeur et un certain degré de vérité. Enfin le *merveilleux* est nécessaire à la grandeur de l'action et du héros. Les événements qui intéressent les dieux ne peuvent pas être indifférents à l'homme, et les hommes aux débats desquels les divinités prennent part s'élèvent, par ce commerce, au-dessus de l'héroïsme vulgaire. Sans l'intervention des dieux, les événements ne sont que des accidents ordinaires, et les hommes demeurent des hommes. Pour bien manier ce ressort, il faut que le poète soit lui-même sous l'illusion qu'il veut faire partager.

L'épopée est soumise comme la poésie dramatique à la grande loi de l'unité d'action, il faut qu'elle ait un commencement, un milieu et une fin et qu'elle forme un tout vivant. L'étendue du poème épique veut que l'unité soit tempérée par une grande variété, et cette variété est introduite par des actions secondaires ou des *épisodes* qui se rattachent à l'action principale, à la condition de ne pas l'interrompre et de charmer l'esprit. Les épisodes doivent orner le poème ; comme ils ne sont pas nécessaires, il faut qu'ils soient excellents (GERUZEZ).

On rattache au genre épique le *poème héroïque*, sorte d'épopée historique sans mélange de fiction.

Le *poème héroï-comique* est aussi une dépendance de l'épopée. L'art, dans ces compositions, consent à employer toutes les grandes machines de l'épopée à la conduite d'une action sans importance réelle, dans laquelle figurent des personnages vulgaires. Cet artifice, qui semble donner des proportions héroïques aux faits et aux acteurs, n'étant pris au sérieux ni par le poète ni par le lecteur, délasse agréablement l'esprit et provoque le rire par des contrastes piquants, par des rapprochements inattendus.

Nous trouvons la véritable muse épique de la France dans les chants des trouvères du Nord. Sous l'influence des Normands, la langue s'était non-seulement formée, mais elle s'était enrichie de traditions héroïques et merveilleuses qui formèrent le sujet inépuisable des chants des poètes. Les héros favoris des trouvères furent Charlemagne, Arthur et Alexandre, d'où trois sortes de poèmes ; les poèmes carlovingiens, les poèmes armoricains ou d'Arthur et les poëmes anciens, dont le principal héros est Alexandre. Ces poèmes sont généralement connus sous le nom de *Romans de Gestes*, parce qu'ils étaient consacrés à chanter les exploits (en latin *gesta*) de ces héros.

Poèmes carlovingiens : Chanson de Roland.

On conçoit très-bien que Charlemagne, avec ses vastes entreprises, ses guerres lointaines, son incomparable grandeur, ait vivement frappé l'imagination des peuples. Plus tard, au milieu des calamités du X° siècle, après les hontes et les désastres de l'invasion normande, le patriotisme se retrempa dans ces beaux souvenirs. Les traditions des VIII° et IX° siècles grandirent, se développèrent, s'enchaînèrent l'une à l'autre. Charlemagne devint le héros d'une vaste épopée, où les souvenirs de la bataille de Poitiers et l'enthousiasme de la croisade, le passé et le présent vinrent s'unir et se confondre ; il fut le représentant glorieux de la lutte de la foi chrétienne contre le mahométisme (1).

Dans ces *Chansons de gestes*, l'histoire est défigurée et l'ordre chronologique bouleversé. Les poètes attribuent, par exemple, à Charlemagne la victoire de Poitiers ; ils conduisent leur héros jusqu'à Jérusalem où il va, en pacificateur, s'asseoir dans les chaires de Jésus-Christ et des douze apôtres, et d'où il revient, chargé de reliques pour l'abbaye de Saint-Denis.

Le plus remarquable des poèmes qui ont célébré ce héros, est la fameuse *Chanson de Roland* ou de *Roncevaux*. La première rédaction en a été faite au XI° siècle par le trouvère normand *Curold* ; cinq chants suffisent au trouvère pour développer cette pathétique légende dont voici le sujet en quelques mots :

L'Espagne est conquise ; Saragosse seule est restée debout, défendue par le roi africain, Marsile ; enfin ce prince propose de se soumettre ; Blancardin se présente en son nom devant Charlemagne qui, à son tour, envoie Ganelon traiter des conditions de paix ; celui-ci, chargé de cette

---

(1) Saint Marc-Girardin, *De l'Épopée carlovingienne*.

mission périlleuse contre son gré et à l'instigation de Roland (1), se venge de ce dernier en le trahissant, et s'engage à faire tomber dans une embuscade Roland et l'élite de l'armée de Charlemagne, qui forme l'arrière-garde. Au moment de la retraite, le complot ainsi tramé s'exécute : le gros de l'armée est déjà sur le revers des Pyrénées, lorsque l'arrière-garde, enfermée dans la vallée de Roncevaux, entend le bruit d'une armée formidable qui arrive. Le combat est inévitable. Toutefois, Roland pourrait appeler l'aide de Charlemagne en faisant retentir les sons si terribles de son *olifant* (cor) ; c'est le conseil que lui donne le brave Olivier, mais Roland le repousse comme une faiblesse et se flatte de tenir tête à l'ennemi sans le secours de l'empereur. Le combat s'engage ; qui pourrait décrire les nombreux exploits de Roland, de l'archevêque Turpin, d'Olivier ! Cette phalange indomptable qui ne recule jamais, jonche le sol des cadavres ennemis ; mais malgré sa valeur, elle est écrasée par le nombre ; c'est alors que Roland fait retentir son olifant dont les sons éclatants sont répétés par l'écho des montagnes. Le combat continue plus acharné que jamais, pendant que Charlemagne, averti, revient sur ses pas. Le secours approche, mais le péril redouble ; le frère d'armes de Roland, Olivier, vient de mourir ; deux guerriers survivent seuls au carnage : l'archevêque Turpin et Roland. Leurs derniers exploits ont jeté l'épouvante au cœur des Sarrasins, que le bruit de plus en plus rapproché des clairons de Charlemagne achève de troubler. Ils prennent la fuite, mais l'archevêque Turpin est mortellement blessé ; Roland lui-même, frappé à mort, trouve encore assez de force pour aller chercher les corps de ses amis et les déposer aux pieds de Turpin qui meurt en les bénissant. Roland seul n'a pas encore rendu le dernier soupir, mais le sang coule à flots de toutes ses veines rompues ; il essaie, mais en vain, de briser sa bonne

---

(1) Roland était neveu de Charlemagne.

épée, Durandal ; enfin, il se couche à terre, le visage tourné du côté de l'Espagne ; à ce moment suprême, les anges du Seigneur descendent pour recueillir l'âme du héros et l'emporter vers Dieu.

Lorsque Charlemagne apparaît, Roland n'est plus, mais il faut qu'il soit vengé et glorifié : il sera vengé par la défaite et la mort de Marsile, par la destruction d'une nouvelle et plus formidable armée d'infidèles, par le supplice de Ganelon, dont le nom demeurera à jamais flétri comme symbole de trahison ; il sera glorifié par la vivacité et la durée des regrets qu'il inspire, et par la mort de sa fiancée, la belle Aude, qui, à la terrible nouvelle, tombe comme frappée de la foudre (GERUZEZ).

Poëmes armoricains ou d'Arthur : Romans de Brut, Tristan de Léonnais, le Saint-Graal.

L'épopée armoricaine se distingue de l'épopée carlovingienne par son caractère chevaleresque. Le roi *Arthur* est le centre de cette épopée. Arthur vivait au VI° siècle ; il était fils de Pandragon, dernier roi breton, et défendit l'Angleterre contre l'invasion des Angles et des Saxons ; il disparut après un combat meurtrier, et les Bretons, privés de leur roi et forcés de fuir, se réfugièrent dans notre Armorique, qui prit d'eux le nom de Bretagne. Quoique Arthur fût bien mort, les Bretons ne se lassèrent pas de l'attendre pour le jour de la vengeance. En espérant son retour, ce petit peuple le chanta et composa à ce propos la plus curieuse et la plus poétique des légendes.

Le premier de ces romans, celui qui a donné naissance aux autres, est le *Roman de Brut*, composé par *Robert Wace*, vers 1155. Il contient l'histoire généralement fabuleuse des rois de la Grande-Bretagne, en remontant jusqu'à Brut, fils d'Ascagne et petit-fils d'Énée (1). Ce Brut fait de

(1) Énée, prince troyen ; après la prise de Troie, il vint fonder un royaume en Italie.

longs voyages, rencontre des îles enchantées et trouve enfin l'Angleterre, où il établit sa famille qui règne glorieusement.

Dans ce roman, Arthur, fils du dernier roi breton, nous est représenté entouré de ses douze pairs, autour d'une *table* qui était *ronde* afin que tous les chevaliers fussent égaux.

C'est de ce roman de *Brut* que sont sortis ceux du *Roi Artus*, de *l'Enchanteur Merlin*, du *Saint-Graal*, de *Lancelot du Lac*, de *Tristan de Léonnais*, de *Parceval le Gallois* et des autres chevaliers de la Table-Ronde.

Le plus célèbre est le poème de *Tristan de Léonnais* dont voici le sujet.

Isabelle, fille du roi de Cornouailles, avait épousé Méladius, roi de Léon. Ce méchant prince l'ayant chassée de chez lui, au moment où elle allait devenir mère, Isabelle, égarée dans une forêt, y met au jour un fils auquel elle donne le nom de *Tristan*, pour consacrer le souvenir des tristes circonstances dans lesquelles il est né. Le jeune prince est élevé à la cour de son oncle Marc, roi de Cornouailles, et bientôt il se fait remarquer par sa valeur dans une guerre contre Argius, roi d'Irlande. Argius a une fille très-belle, nommé Iseult, et Tristan a mission de la demander en mariage pour son oncle Marc. Argius lui accorde sa demande pour obtenir la paix, et Tristan est chargé de conduire la fiancée de Marc dans son nouveau royaume. Par malheur, la reine d'Irlande a confié à l'une des suivantes de sa fille, un vase rempli d'une liqueur dont la vertu est d'inspirer une violente expansion aux personnes qui en boivent. Cette liqueur est destinée au repas de noce des deux époux. Mais, pendant la traversée, un jour que Tristan et la belle Iseult jouent ensemble aux échecs, ils éprouvent tout à coup une soif ardente et demandent à boire : la suivante, sans y penser, leur verse le breuvage enchanté ; et aussitôt Tristan et Iseult sont pris, l'un pour l'autre, d'un violent amour qui doit durer jusqu'à la fin de leurs jours.

Séparés dans la vie, Tristan et Iseult furent réunis par la mort, et de leurs deux cercueils sortirent deux branches de lierre qui s'entrelacèrent et les couvrirent de leur feuillage (1).

Le *Saint-Graal* est un poëme qui rattache la chevalerie bretonne à l'histoire sainte. L'auteur suppose que la coupe dont se servit Notre-Seigneur, le jour de la cène, avec ses disciples, et dans laquelle Joseph d'Arimathée avait recueilli, pendant la Passion, quelques gouttes du sang de Jésus-Christ, fut portée chez les Romains, et de là, en Angleterre. Cette précieuse relique, qu'il appelle le Saint-Graal, a disparu ; on sait vaguement qu'elle est sous la garde du roi pêcheur, prince de difficile abord, et qui ne livrera son trésor qu'à un chevalier qui aura su conserver, à travers les périls de la vie guerrière, la pureté de l'âme et du corps. Les plus braves ont perdu le droit d'y prétendre ; ce droit est réservé à Perceval le Gallois, dont les aventures ferment noblement et saintement le cycle de la Table-Ronde. Ce fut *Chrétien de Troyes* qui mit en vers le roman du Saint-Graal.

Poëmes tirés de sujets antiques : Le roman d'Alexandre.

Les poëmes tirés de sujets antiques ne diffèrent des deux autres sortes de poëmes épiques que par les noms des lieux et des personnages, car les auteurs d'*Enéas* ou d'*Alexandre*, du *Siége d'Athènes* ou du *Siége de Troie* n'interrogent l'histoire grecque ou romaine que pour l'accommoder au goût de leur temps. Ils transforment les héros des âges anciens, en chevaliers errants ; ils les affublent de la cotte de mailles, du casque à vantail et blasonnent leur bouclier. Le *Roman d'Alexandre* est un composé bizarre des aventures du conquérant macédonien et de

---

(1) Ed. Mennechet, *Cours de Littérature moderne.*

quelques événements du règne de Louis VII. C'est ainsi qu'Alexandre le Grand, avant de partir pour la conquête du pays des Oxidraques (1), voulut savoir ce qui se passait au fond de la mer, et s'y fit descendre avec une lanterne allumée, à la grande surprise des poissons, gros et petits, qui venaient en foule nager autour de lui. Il voulut de même inspecter la route du ciel et pour accomplir son voyage aérien, il monta dans un grand panier attelé de griffons, auxquels il présenta un morceau de viande attaché au bout d'une perche ; ceux-ci, pour saisir la viande, s'élevèrent jusqu'au moment où ils vinrent se heurter contre le firmament, espèce de voûte en verre bleu où les étoiles sont fixées comme des clous d'or dans une tapisserie. Le héros macédonien toucha du doigt cette voûte splendide. Quand il l'eut examinée à loisir, il tint sa perche baissée, et les griffons, pour saisir la viande, comme ils l'avaient fait en montant, redescendirent à tire-d'aile vers la terre.

L'auteur employa, pour la première fois dans ce poème, le vers de douze syllabes, qui prit et conserva le nom d'*Alexandrin*.

CHAPITRE IV

DU GENRE SATIRIQUE AU MOYEN AGE

Du genre satirique en général. — Le Roman du Renart.

Du genre satirique en général

La *satire* censure avec amertume ou malice les travers de l'esprit, les vices et les ridicules. Elle a moins pour but de corriger que de punir ; elle livre ses victimes à la risée, au mépris ou à l'indignation ; mais elle n'empêche pas les

(1) Peuple de l'Inde, au-delà du Gange.

poètes médiocres de faire de mauvais vers, ni les vicieux et les corrompus de continuer leurs pratiques ; elle est le châtiment non le remède du mal.

Le genre satirique renferme des ouvrages de dimensions et de formes différentes ; il va jusqu'aux proportions des grands poèmes dans le *Roman du Renart* au moyen âge ; dans l'épigramme, qui est la menue-monnaie de la satire, *il n'est souvent qu'un bon mot de deux rimes orné* (Geruzez).

Le Roman du Renart

A côté des longs poèmes épiques dont nous venons de parler, on trouvait, dans le répertoire des trouvères, d'autres fictions d'un ordre plus familier, dont le but était de délasser la foule : ces fictions étaient souvent une satire de la vie ordinaire de la noblesse et du clergé. Tel est le *Roman du Renart*.

C'est comme une vaste comédie où des poètes, pour la plupart inconnus, sont venus jeter, chacun à son tour, l'amertume, la colère et l'ironie que le spectacle des vices des hommes et des misères de leur temps avait amassées au fond de leur âme. Les acteurs sont tous pris parmi les animaux. Tous ceux qui figurent dans ce poème appartiennent aux espèces les plus connues. Le loup se nomme *Isangrin*, parce qu'il a la peau grisâtre, le lion *Noble*, le coq *Chanteclair*, le limaçon *Tardif*, etc. Quant à l'homme, il ne paraît que de loin en loin, toujours sur le second plan et dans la condition la plus avilie du moyen âge, celle de vilain. Chaque scène de ce monde imaginaire correspond aux scènes qui se produisent tous les jours dans la vie, et jamais la satire n'a entassé dans la même œuvre, plus d'esprit, de verve audacieuse, d'imagination vagabonde, de cynisme et de critique impitoyables. On se fera une idée du poème par l'épisode suivant où le héros du roman, Renart, se montre peut-être mieux que partout ailleurs sous son véritable aspect, c'est-à-dire comme un être rusé, hypocrite et méchant, qui ne respecte rien et ne cherche qu'à faire des dupes.

« Un prêtre passe dans la campagne. Il perd une boîte d'oublies (hosties consacrées) ; Renart trouve la boîte et tandis qu'il est en route à manger les oublies, Primaut vient à passer. — Que mangez-vous donc là, sire Renart ? — Des gâteaux de moines ! — Donnez-m'en quelques-uns. — Volontiers, dit Renart, — et voilà Primaut qui vide la boîte en un clin-d'œil. — Ces gâteaux de moines sont excellents, dit-il, mais ils sont trop légers ; j'en mangerais encore bien quelques douzaines. — Ne t'inquiètes pas, mon ami, je puis t'offrir quelque chose de plus nourrissant. Si tu veux me suivre, nous irons dans l'église du monastère que tu vois là-bas ; nous y trouverons, sois-en sûr, de bonnes provisions. — Les voilà partis ; les portes de l'église sont fermées, mais Renart, qui est un habile mineur, creuse une galerie sous le seuil ; ils entrent et Primaut se met à fureter partout. — Je vois là une huche, et je crois que nous y trouverons de quoi nous régaler ; ouvrons-la. — Ouvrons-la, dit Renart. Primaut fait sauter la serrure ; la huche était pleine de pains, de poissons, de viandes et de vins, mis en réserve pour le desservant. — Renart, dit Primaut, cette fois nous en avons pour un bon repas. Apportez la nappe qui est sur l'autel. N'oubliez pas le sel et mangeons.

« Ils s'asseyent par terre, et les voilà qui mangent et boivent à leur aise. La cervelle de Primaut ne tarde pas à bouillir. Renart s'en aperçoit et l'excite à boire encore en faisant semblant de boire lui-même. Primaut s'en donne à cœur joie et ses yeux luisent dans sa tête comme un charbon ardent.

« — Renart, dit-il, Dieu, en nous conduisant ici, nous a rendu un grand service. Nous n'aurions pas mieux dîné si nous avions été moines. J'en veux rendre grâce au ciel, car, étant enfant, j'ai appris à chanter et à lire. — Tu sais bien, dit Renart, que personne ne peut dire la messe, s'il n'est prêtre ou tout au moins tonsuré. — Sire Renart, répond Primaut, vous avez beau dire, je ne m'en irai point d'ici que je n'aie chanté vêpres, vigile et messe, il ne s'agit que de savoir qui me tonsurera. — Si je puis trouver un rasoir, dit Renart, la chose sera bientôt faite. Je te mettrai l'étole au cou sans le congé de l'évêque. — C'est au mieux, dit Primaut.

« Les voilà tous deux chantant dans tous les coins : Primaut chantant à tue-tête et se heurtant à tous les piliers. Renart, plus avisé, va regarder derrière l'autel ; il y voit une armoire, il l'ouvre et en retire un rasoir bien affilé, des ciseaux et un bassin de cuivre, c'est-à-dire tout ce qu'il faut pour tonsurer. — A la bonne heure, dit Primaut, rien ne m'empêchera plus de chanter la messe. — Halte-là, mon bel ami, dit Renart, avant de chanter la messe, il faut la sonner. Sonne-la donc.

« Primaut court aux cloches, il saisit la corde et sonne à glas, à tremble et à carillon. Renart se tenait les côtes. — Mon ami, tire les cordes ; tire-les bien, tire-les toutes deux ensemble ! Quelles belles cloches ! quel beau son ! Celui qui aurait vu Primaut s'escrimer au jeu n'aurait pu s'empêcher de rire. — Assez, dit Renart, tu n'en peux plus, repose-toi. — Comme vous voudrez, répond Primaut ; — et le voilà qui lâche les cordes et s'apprête pour la messe. Il met l'aube, l'aumusse, la ceinture, l'étole et le fanon ; il endosse la chasuble, passe la main sur sa tonsure, il monte à l'autel, ouvre le missel et se met à tourner les feuillets.

« Renart jugea en ce moment qu'il était prudent de déguerpir ; il repassa par le trou qu'il avait fait pour entrer, et, rejetant la terre qu'il en avait tirée, il ferma le passage, laissant dans l'église Primaut vêtu de ses habits ecclésiastiques, hurlant, braillant et chantant la messe. Les vilains, qui étaient accourus au bruit des cloches, entrent en foule dans l'église : Primaut est roué de coups de bâton ; il s'échappe en sautant à travers une verrière et se met à courir dans la campagne en traînant sa châpe et son surplis. Il retrouve Renart couché au pied d'un chêne et lui adresse de vifs reproches : celui-ci jure que c'est le curé qui a bouché le trou.

« Puisqu'il en est ainsi, dit Primaut, je suis charmé d'avoir emporté sa châpe et son surplis. Je vais aller les vendre à la foire. — Bien pensé, dit Renart. — Les deux aventuriers partent pour la foire, et Renart mystifie les marchands comme il avait mystifié son compère. »

Le roman se déroule ainsi à travers des péripéties grotesques, triviales ou cyniques ; mais au milieu de cet imbroglio barbare, il est toujours facile de suivre ce qu'on appellerait aujourd'hui l'idée politique ou sociale qui domine l'œuvre tout entière, c'est-à-dire la protestation des déshérités de la roture contre les classes privilégiées (1).

CHAPITRE V

LAIS, FABLIAUX ET FABLES

Lais. — Le lais de l'*Oyselet*. — Fabliaux et Contes. — Rutebeuf (xiii° siècle). — Marie de France (xii° siècle).

Lais. — Le lai de l'Oyselet.

Sous le titre de *lais* et de *fabliaux*, il existait, dès la seconde moitié du xii° siècle aux premières années du xiv°, de petites pièces en vers qui correspondent à nos contes modernes et qui en sont la source directe. Elles appartiennent à la langue d'oïl et parmi les auteurs on cite au premier rang Rutebeuf et Marie de France.

(1) Charles Louandre, *Revue des Deux Mondes*, 1873.

Les *lais* étaient une sorte de petits poëmes racontant en vers de huit syllabes une aventure merveilleuse prise dans les légendes. Ils paraissent avoir été primitivement chantés avec accompagnement de vielle ou de harpe. L'un des plus parfaits est sans contredit le *Lai de l'Oyselet* dont l'origine est toute orientale.

La scène se passe dans un verger magnifique qu'un chevalier ruiné par les croisades a vendu à un vilain. Chaque jour un tout petit oiseau vient, aux premiers rayons du soleil, s'y percher au sommet d'un pin et faire entendre des chants merveilleux :

« Ecoutez, dit-il, dans l'un de ses chants, chevaliers, clercs et bourgeois ; écoutez, jeunes filles, belles et avenantes. Je vous le dis, en vérité, vous devez avant tout aimer Dieu et ses commandements, aller à l'église. Si vous profitez de mes leçons, vous pourrez avoir à la fois Dieu et le bonheur du siècle. »

Mais quand il voit au-dessous de l'arbre le vilain qui l'écoute, il chante d'une autre manière parce qu'il le sait déloyal et méchant :

« Cessez de couler, rivière ; tours, donjons, manoirs, tombez ; fleurs, flétrissez-vous, car ceux qui m'écoutaient jadis, loyaux chevaliers et gentilles dames, se réjouissaient à mes chansons ; ils m'étaient plus aimants et plus tendres ; aujourd'hui qui m'écoute? C'est un vilain, envieux et brutal, qui ne songe qu'à l'argent. Ce n'est pas pour m'entendre qu'il vient sous cet arbre, c'est pour mieux manger et mieux boire. »

Le vilain fronce le nez de colère. Il tend des lacets et l'oiseau ne tarde pas à s'y prendre :

« Que ferez-vous de moi, dit-il ; une fois en cage, je ne chanterai plus, et, si vous me mangez, vous ferez un maigre repas. Donnez-moi la volée, je vous enseignerai trois secrets qui vous rendront le plus heureux des hommes. »

Le vilain y consent. L'oiseau se perche sur le pin, lisse

ses plumes froissées par des mains grossières, et, comme le vilain le presse de lui dire ses trois secrets, il répond:

« Ne crois pas tout ce que tu entends dire ; voilà mon premier secret. — Je le savais, dit le vilain. — Si tu le sais, reprit l'oiseau, garde-toi de l'oublier ; et souviens-toi qu'il ne faut pas pleurer ce que tu n'as jamais eu ; voilà mon deuxième secret. — Te moques-tu de moi? dit le vilain. A-t-on jamais vu personne regretter ce qu'il n'a jamais possédé? Le troisième secret qu'est-il? — Il est tel que celui qui le connaîtrait serait le plus riche des hommes. Mon corps renferme une pierre de trois onces, et quiconque après ma mort la possédera n'aura qu'à souhaiter pour voir ses désirs accomplis. »

Le vilain, désespéré, arrache sa barbe et ses cheveux, se griffe la figure et se lamente d'avoir laissé échapper un pareil trésor. L'oiseau, qui le regardait du haut de l'arbre, se réjouit de le voir en si piteux état.

« Chétif vilain, dit-il, je ne suis pas plus gros qu'une mésange, je ne pèse pas une demi-once, comment une pierre de trois onces pourrait-elle tenir dans mon corps? Et maintenant, je te prouve que de mes trois secrets tu n'en savais pas un: tu as cru ce que je t'ai dit, tu m'as lâché quand j'étais ton prisonnier, tu as pleuré ce que tu n'as jamais eu, et te voilà tout en larmes pour une pierre qui n'a jamais existé. »

Cela dit, il s'envola, et depuis ce jour il ne revint plus chanter sur le pin ; les fleurs séchèrent sur leur tige, les arbres laissèrent tomber leurs feuilles, la fontaine cessa de couler, et le vilain ne tira plus aucun profit de son domaine, car c'étaient les chants merveilleux de l'oiseau qui donnaient aux arbres leur sève et aux fleurs leur parfum. Or, ajoute le conteur, apprenez-vous tous et vous toutes, que *celui qui tout convoit tout perd* (1). »

(1) Charles Louandre, *Revue des Deux Mondes*. 1873

Fabliaux et contes : Rutebeuf (XIIe siècle)

Les *fabliaux* partageaient, avec les épopées satiriques, la faveur publique ; c'étaient des récits courts, familiers, souvent badins et moqueurs, dans lesquels on tournait en ridicule les travers de la société. C'est dans ce genre que nos trouvères déployaient tout leur talent.

Le peuple goûtait ces récits humbles et malins, où il retrouvait les vices et les travers de ses maîtres comme de ses égaux. Souvent au foyer des compères de la nouvelle commune, venait s'asseoir quelque bon vieux jongleur. Là, tandis que se choquaient les hanaps remplis de vin, il répétait d'un ton narquois quelques vers de ces jolis contes qu'il disait si bien ! C'était l'histoire d'un chevalier vantard vaincu par la lance d'une femme, ou celle d'un prêtre gourmand qui mangea des mûres et resta suspendu au mûrier.

L'un de ces habiles conteurs est *Rutebeuf*, contemporain de saint Louis. Vilain d'origine, clerc par le savoir, il connut la plus excessive pauvreté. Il ne vécut que des générosités du roi et de ses seigneurs, dont la négligence et l'oubli l'exposèrent souvent à mourir de faim. Le pire, c'est qu'il n'était pas seul : il avait femme et enfants, et ceux-ci n'entendaient pas raison quand la faim les aiguillonnait.

Les vers que Rutebeuf composa par vocation, furent aussi son gagne-pain. Il en faisait de graves, en l'honneur des nobles familles dont il attendait des libéralités ; pour le clergé, il écrivait des œuvres de piété et plaidait avec véhémence en faveur de la croisade ; mais il n'est dans son véritable élément, que lorsqu'il compose pour le populaire de spirituels fabliaux ; c'est là qu'éclatent sa verve et sa malice.

Le malheur de Rutebeuf fut précisément cet asservissement où le jeta une extrême indigence ; il était à la merci de quiconque avait besoin de sa plume. Ce n'est pas que son talent ne pût largement suffire à son existence ; malheureusement il était possédé de la passion du jeu ; il l'avoue lui-même et se plaint amèrement des dés qui le ruinent, et qui néanmoins l'attirent sans cesse.

Fables : Marie de France (XII° siècle).

Les *fables* formaient un genre distinct des fabliaux ; c'étaient pour la plupart des imitations des fables d'Ésope (1) déjà traduites du grec en latin. *Marie de France* se distingua dans ce genre. Nous connaissons fort peu son histoire ; elle naquit en France, comme son nom l'indique, probablement en Normandie, et passa de là en Angleterre, où elle résida dès le commencement du XIII° siècle. C'est là qu'elle composa ses ouvrages à la cour de Henri II. Ses fables ont quelque chose de la naïveté et de la grâce de celles de La Fontaine.

Le recueil auquel elle donna le titre d'*Ésopet* (petit Ésope) contient plusieurs fables imitées d'Ésope et de Phèdre (2) et d'autres qui sont de sa composition.

CHAPITRE VI

DU GENRE DIDACTIQUE AU MOYEN AGE

Du genre didactique en général. — Guillaume de Lorris. — Jean de Meung. — Roman de la Rose

Du genre didactique en général.

La poésie didactique a pour but d'inspirer l'amour de la science en montrant quelques-uns de ses résultats parés de toutes les grâces du langage. Pour élever ce genre à la

(1) Ésope, célèbre fabuliste, né en Phrygie, dans le VI° siècle avant J.-C.
(2) Phèdre, fabuliste latin, florissait dans Athènes vers l'an 30 avant J.-C.

hauteur de la véritable poésie, il faut employer toutes les ressources du génie. Aussi les poètes éminents ont seuls été capables de réussir complètement dans la poésie didactique.

Lorsque l'épopée au moyen âge dégénéra et perdit de sa naïveté primitive, elle devint didactique. Un poète écrivit un traité en vers sur les animaux ; un autre, un traité de chronologie pratique. Bientôt vinrent les poètes moraux : un chanoine français rédigea un poème sur l'inconstance de la fortune ; un autre donna des leçons de politique et de morale. Enfin, arrivèrent les poèmes sur la chasse, sur la pêche, etc. Le genre didactique affecta les formes de l'allégorie. Le *Roman de la Rose* offre un exemple frappant de l'abus étrange que l'on fit de l'allégorie au XIIIe siècle.

Ce poème est l'œuvre de deux poètes : commencé par Guillaume de Lorris, il fut continué par Jean de Meung, surnommé *Clopinel*, c'est-à-dire boiteux.

Guillaume de Lorris. — Jean de Meung

Guillaume de Lorris vivait au temps de saint Louis, vers le milieu du XIIIe siècle ; il était d'un esprit délicat, quelque peu clerc et disciple des troubadours provençaux. Il avait à peine vingt ans lorsqu'il mourut, en 1260, à l'époque même où naissait son continuateur, Jean de Meung.

Jean de Meung était contemporain du Dante ; c'était un libre penseur et un libre diseur, qui laissa loin de lui la poésie provençale. Le poème de son devancier, qu'il continua peut-être à la prière de Philippe le Bel, ne fut pour lui qu'un sujet populaire sur lequel s'exerça son savoir encyclopédique. Avant d'analyser ce curieux ouvrage, citons un trait de Jean de Meung. Quoique pauvre, il voulut néanmoins être enterré magnifiquement. Il légua donc, au couvent des Cordeliers, deux grands coffres qui, assurait-il, renfermaient quelque chose de précieux. Lorsqu'il mourut, le couvent lui fit de splendides funérailles, mais quel ne fut pas le désappointement et la colère des moines, lorsqu'en ouvrant les fameux coffres, ils les trouvèrent remplis de pierres; leur exaspération fut telle, qu'ils voulaient déterrer le malheureux poète et jeter son corps à la voirie. Il fallut un arrêt du parlement pour le mettre à l'abri d'une telle profanation.

Roman de la Rose.

Le *Roman de la Rose* a joui, comme le *Roman du Renart*, d'une très-grande popularité, mais il est conçu dans un ordre d'idées tout différent, bien qu'il fasse encore une large part à la satire. Il se compose de deux parties : l'une de quatre mille vers, l'autre de dix-huit mille ; la première est due à Guillaume de Lorris, la seconde à Jean de Meung.

Guillaume de Lorris raconte qu'en sa vingtième année, il eut un songe qui le mit en grand émoi et lui laissa de profonds souvenirs. C'était par un beau jour de printemps, un jour clair et gai. Il se promenait dans la campagne, lorsqu'il se trouva devant la porte du *Verger du plaisir*. *Oisiveté* vint lui ouvrir et le présenta au maître du domaine, *Déduit*, qu'entouraient l'*Amour* et de joyeux compagnons. Après les compliments d'usage, il alla, comme on dit, faire un tour dans le verger, et s'arrêta au milieu des merveilles sans nombre qu'il rencontrait à chaque pas, devant un rosier chargé de fleurs, symbole de la pureté virginale. L'*Amour*, qui le guettait, lui décoche une flèche, et le voilà éperdûment épris de la plus belle et de la plus fraîche des roses qui paraient l'emblématique arbuste. La cueillera-t-il, et d'autres pourront-ils aussi la cueillir en trompant la vigilance de *Dangier* que *Chasteté* a préposé à sa garde? *Bel-Accueil* et *Vénus* se liguent pour favoriser les prétendants à la rose ; mais

Male-Bouche (médisance) *Peur*, *Honte* et *Jalousie* se liguent à leur tour contre eux, ce qui donne lieu à une foule de péripéties.

Guillaume de Lorris n'acheva pas l'histoire de son rêve ; quand il s'arrête, la fleur est toujours sur le rosier virginal et *Bel-Accueil* est prisonnier dans une tour où l'on enferme *Peur*, *Male-Bouche* et *Jalousie*.

Dans la seconde partie du roman, Jean de Meung, au milieu de longues digressions, met en scène une foule de personnages qui discutent sur la royauté, la propriété, la richesse, la vertu, les impôts, les moines mendiants ; il raconte les nombreuses tentatives que fait le prétendant de la rose pour délivrer Bel-Accueil. Après mille échecs, Vénus allume au flambeau de Génius, le prêtre de la nature, un brandon qu'elle lance sur la tour où Bel-Accueil est enfermé. Cette tour prend feu ; la garnison se sauve, Bel-Accueil est délivré, et il est permis à l'Amour de cueillir la rose. Il n'est pas besoin d'ajouter que cette fleur est l'emblème de la femme aimée qu'on ne peut obtenir qu'après de longues épreuves.

Un des grands défauts du *Roman de la Rose*, au point de vue de l'art, c'est cette longue et froide allégorie sur laquelle il repose.

Ce roman rencontra beaucoup de contradicteurs. Le chancelier Gerson (1) prêcha en chaire contre l'auteur, et écrivit même un traité allégorique contre ce roman ; néanmoins, il rendit hommage à l'érudition de l'écrivain, « telle, qu'il n'est personne qui puisse lui être comparé dans la langue française. » Le *Roman de la Rose* occupe une trop grande place dans notre histoire littéraire, pour qu'il soit permis de l'ignorer : pendant longtemps il fit école, et le genre allégorique eut de nombreux imitateurs.

(1) Gerson, célèbre docteur, né en 1363, et auteur supposé de l'*Imitation de J.-C.*

CHAPITRE VII

DE LA POÉSIE LYRIQUE AU MOYEN AGE (LANGUE D'OÏL)

Thibaut, comte de Champagne (xiiie siècle). — Charles d'Orléans (xive siècle). — Villon (xve siècle).

Thibaut, comte de Champagne (XIIIe siècle)

Le poète qui naturalisa dans le nord de la France les gracieuses compositions des troubadours fut Thibaut, comte de Champagne. Il était petit-fils du roi de Navarre, et fit son éducation dans le midi de la France ; c'est là qu'il prit le goût de la poésie. Après une jeunesse légère, il devint sérieux vers la fin de sa vie, et mena même une conduite austère. Il prêcha, dans ses vers, la croisade sous saint Louis, partit et revint mourir en Champagne, à l'âge de cinquante-deux ans.

Les vers de Thibaut respirent la délicatesse et la naïveté unies à une douceur, à une harmonie que Dante a admirées. Il a le mérite d'avoir, le premier, mêlé les rimes masculines avec les rimes féminines.

Charles d'Orléans (XIVe siècle)

Charles d'Orléans était petit-fils de Charles V et père de Louis XII. Jamais homme ne fut doué peut-être à un plus haut degré, de l'instinct naturel du rythme. C'est à sa mère, Valentine de Milan, qu'il dut son goût pour les lettres ; cette princesse, pleine de grâce et d'esprit, avait reçu une éducation des plus distinguées.

Charles fut le digne fils de sa mère. Bercé dans le goût des lettres et des arts, il avait devant lui le plus bel avenir, lorsque le malheur fondit tout à coup sur sa famille. A seize ans, il vit son père assassiné par le duc de Bourgogne, Jean sans Peur. Valentine qui ne survécut pas un an à son époux, fit promettre en mourant, à ses enfants, de poursuivre le meurtrier de leur père. Le jeune Charles se ligua, dans ce but, avec les ducs de Berry et de Bourbon. Mais de nouveaux malheurs devaient lui faire oublier sa vengeance. Les anglais envahirent la France et nous livrèrent la bataille d'Azincourt (1415). Charles y déploya inutilement la plus grande valeur. Blessé grièvement, il fut relevé parmi les morts, reconnu et amené prisonnier en Angleterre, où il demeura vingt-cinq ans.

Lorsque la tristesse s'emparait de lui, il s'efforçait de la chasser en faisant des vers, et c'est à cette longue captivité que nous devons la plus grande partie de ses poésies.

Pendant trois cents ans, ces poésies furent oubliées dans le fond d'une bibliothèque, et ce n'est que par hasard qu'un abbé, en feuilletant quelques livres poudreux, les découvrit à la fin du xvii° siècle.

En lisant les œuvres de Charles d'Orléans, on est péniblement surpris que l'assassinat de son père, la mort de sa mère, enfin les malheurs de la France, n'aient pas arraché à ce poète un cri de passion profonde ; la bataille d'Azincourt où il fut blessé et fait prisonnier, la délivrance miraculeuse de la France par la noble jeune fille de Vaucouleurs, ne l'inspirèrent pas davantage. Il n'en faut pas accuser son cœur, mais son système poétique. La poésie était pour lui un passe-temps, un amusement d'imagination et non un cri de l'âme.

Malheureusement, l'abus de l'allégorie gâte ses plus belles inspirations ; on sent qu'il a lu Jean de Meung ; ici, comme dans le *Roman de la Rose*, nous retrouvons des personnages tout allégoriques : Bel-Accueil, Loyauté, Plaisance, Désir, Comfort, Bon-Conseil, Trahison, Désespoir, etc.

A son retour en France, après sa captivité, il continua à cultiver les lettres ; il ouvrit, dans son château de Blois, un cercle académique qui devint le rendez-vous de tous les beaux esprits du voisinage. Dans cette arène poétique se livraient des tournois littéraires, où les rivaux luttaient d'habileté pour remporter le prix de la ballade et du rondeau. La lice était ouverte à tous ; il suffisait de se dire poète, pour prendre part à la lutte. Un jour on vit entrer un certain écolier sans souci, sans vergogne, mal vêtu, mais dont l'œil vif et la lèvre railleuse annonçaient pour l'escrime des vers un habile joûteur. C'était Villon ; la petite cour avait trouvé son maître.

Voici quelques vers de Charles d'Orléans qui donnent une idée de la grâce de ses poésies. C'est une description du *renouveau* (le printemps).

> Le temps a laissé son manteau
> De vent, de froydure et de pluye.
> Et s'est vestu de broyderie,
> De soleil riant, cler et beau ;
> Il n'y a bête, ne oiseau
> Qu'en son jargon ne chante ou crye ;
> Le temps a laissé son manteau
> De vent, de froydure et de pluye.
>
> Rivière, fontaine et ruisseau
> Portent, en livrée jolye,
> Gouttes d'argent, d'orfèvrerie ;
> Chacun s'habille de nouveau ;
> Le temps a laissé son manteau
> De vent, de froydure ou de pluye.

Villon (XVe siècle)

Le jeune poète qui fit un jour son apparition dans le cercle académique de Charles d'Orléans, à Blois, Villon, était né à Paris en 1431, de parents fort pauvres. Ceux-ci, reconnaissant en lui des moyens naturels, qui pouvaient lui ouvrir une brillante carrière, s'imposèrent de grands sacrifices pour lui faire fréquenter les écoles ; mais il n'en profita guère. Au lieu de suivre les leçons de ses maîtres, il passait les journées à battre les buissons avec tous les mauvais sujets de son âge ; il devint espiègle, tapageur, libertin et même, souvent voleur. A l'âge de vingt-cinq ans, il avait été pris plus d'une fois et enfermé au Châtelet pour des larcins de volailles et de pâtisseries. Cette vie déréglée justifie le surnom que ses contemporains lui donnèrent, *Villon*, mauvais sujet : son nom véritable était Corbueil.

Tant que Villon se contenta de se réjouir avec ses camarades en volant des denrées, ses disgrâces se bornèrent à quelques mois de prison, renouvelés de temps en temps ; mais un jour, Villon et cinq de ses compagnons s'avisèrent de battre fausse monnaie et furent condamnés à être pendus. A la veille d'aller à la potence, notre poète composa une ballade pleine de mélancolie. Il se représente suspendu à la corde fatale, lavé de la pluie, séché du soleil, poussé çà et là par le vent. Heureusement, il put échapper à la potence ; il en appela de la sentence du Châtelet au Parlement, qui commua la peine de mort en celle du bannissement. Villon se retira sur les marches de la Bretagne.

C'est là probablement qu'il composa son *Petit Testament*, un de ses poèmes les plus remarquables par la verve, l'esprit, la bouffonnerie poussée jusqu'au cynisme. Il se suppose sur le point de mourir, et il fait d'avance son épitaphe et son testament en vers : il lègue à son procureur, une ballade en guise de paiement ; aux cabaretiers, ses dettes ; à un ivrogne, son tonneau vide ; aux pauvres clercs, sa nomination de l'Université, qui ne les enrichira guère ; à un ami trop gras, deux procès pour corriger son embonpoint ; et enfin, son corps à « notre grand'mère la terre, » plaignant les vers, qui n'y trouveront pas « grand'graisse, tant la faim lui a fait dure guerre. »

De nouveaux larcins le ramenèrent bientôt sous les verroux : il fut arrêté par ordre de l'évêque d'Orléans, et il échappa encore une fois à la potence, grâce à la protection de Louis XI, que le récit de ses « gentillesses » amusait. Villon ne manqua pas de remercier son souverain dans son *Grand Testament*, qu'il composa la même année et où il appelle Louis, *le Bon*. On ne sait comment il finit sa vie.

Sous la rude écorce d'un vagabond et d'un voleur, Villon cachait le mérite d'un grand poète, et sous l'insouciance et la légèreté de son caractère, une gravité d'observation qui lui inspira d'admirables vers. Il diffère de tous ses contemporains par l'originalité de ses idées et de ses conceptions ; il n'a pas besoin de copier ou d'imiter ses devanciers et trouve en lui-même la source de son inspiration poétique. C'est ce qui fait son principal mérite et ce qui lui a valu cet éloge de Boileau :

> Villon sut le premier, dans ces siècles grossiers,
> Débrouiller l'art confus de nos vieux romanciers.

Le caractère particulier de la poésie de Villon est une mélancolie gracieuse et touchante. Cette mélancolie s'épanche librement dans la charmante *Ballade des Dames du temps jadis*, où il évoque toutes les beautés célèbres : Flora, la belle Romaine ; la reine Blanche, Béatrix, Jeanne, la bonne Lorraine, et d'autres ; il compare leur souvenir à un son fugitif qui répond à sa voix, sur la rivière ou sur l'étang, et il termine chaque strophe par un refrain touchant :

> Mais où sont les neiges d'antan? (1)

Nous dirons donc avec M. Nisard : « Villon s'est affranchi le premier de l'imitation des vieux romanciers ; le premier, il a tiré la poésie de son cœur ; le premier, il a créé des expressions vives, originales, durables. Charles d'Or-

---

(1) *Ante annum*, c'est-à-dire de l'année dernière.

léans est le dernier poète de la société féodale ; Villon est le poète de la vraie nation, laquelle commence sur les ruines de la féodalité qui finit. »

Toutefois, malgré le mérite réel de Villon, malgré le progrès qu'il fit faire à la langue poétique du xve siècle, il nous semble, avec un critique moderne, que le poète dont la vie et les écrits outragent également la morale et la religion, et dont le cynisme s'égaie aux dépens de tout ce qu'il y a de sacré sur terre, ne doit point être offert, sans de sévères restrictions, aux hommages de la postérité.

CHAPITRE VIII

HISTORIENS DU MOYEN AGE

Du genre historique en général — Premiers monuments historiques. — Villehardouin (xiie siècle). — Joinville (xiiie siècle). — Froissart (xive siècle). — Christine de Pisan (xive siècle). — Alain Chartier (xive siècle). — Philippe de Comines (xve siècle).

Du genre historique en général.

L'*histoire* est le récit des faits dignes de remarque accomplis par l'humanité.

Considérée sous le rapport et l'étendue du sujet, elle est ou universelle, ou générale, ou particulière : *universelle*, si elle embrasse, soit dans toute la durée des temps, soit dans une période limitée, l'ensemble des faits dont la terre a été le théâtre ; *générale*, si elle comprend la vie complète et continue d'un peuple ; *particulière*, si elle s'attache exclusivement à un certain ordre de faits, ou à une période limitée de l'existence d'une nation. L'histoire individuelle prend le nom de *biographie*.

Considérée sous le point de vue de la méthode ou système de composition, l'histoire est ou narrative, ou descriptive, ou philosophique : *narrative*, si elle se contente du simple récit des faits; *descriptive*, si elle procède par tableaux ; *philosophique*, si elle cherche la raison humaine ou providentielle de l'enchaînement des événements. Au reste, ces différentes méthodes ne sont pas exclusives, on peut les unir dans un même récit.

Lorsque l'histoire reproduit les faits dans leur ordre de succession, année par année, elle prend le nom d'*Annales*.

A l'histoire proprement dite, il faut ajouter les *Chroniques*, simples récits des faits contemporains, et les *Mémoires*, espèces d'histoires individuelles, dans lesquelles l'écrivain raconte ses propres actions et l'impression qu'il a reçue des faits auxquels il s'est trouvé mêlé comme acteur ou comme témoin. Les ouvrages de ce genre servent de matériaux à la véritable histoire (GÉRUZEZ).

Premiers monuments historiques.

Les premiers monuments historiques en français sont des *lois* et des *recueils d'ordonnances royales*. Lorsque Guillaume le Conquérant s'empara de l'Angleterre (1066), il publia des lois en français; de même Godefroy de Bouillon, en devenant roi de Jérusalem (1099), donna un code de lois françaises, nommé les *Assises de Jérusalem*.

Ensuite vinrent les *chroniques monacales*, d'abord écrites en latin, puis en langue populaire. Au XIIe et au XIIIe siècles, le chroniqueur était un moine renfermé dans son cloître à Saint-Denis ou à Saint-Germain. Ce moine était loin d'être savant; il vivait peu de la vie de son siècle et se bornait à transcrire, au jour le jour, les événements et les faits accomplis dans l'intérieur de son couvent. Les chroniques n'étaient donc qu'une espèce de journal écrit sans ordre: ce journal était ouvert du matin au soir, et on y inscrivait les nouvelles à mesure qu'on les apportait. Souvent des années entières sont passées sans aucune remarque, et ce qui donne une idée du peu de valeur et de l'ignorance du chroniqueur, c'est que l'année 732, par exemple, celle qui fut signalée par les victoires de Charles Martel et la bataille de Poitiers, est passée sous silence, tandis que les événements les plus ordinaires du cloître donnent lieu aux détails les plus minutieux.

Le style de ces Chroniques est habituellement simple, naturel, sans phrases ; c'est une espèce de procès-verbal. Les détails insignifiants y abondent ; on y trouve des récits de songes et de visions, des observations sur certains phénomènes de la nature : les comètes y sont mentionnées comme signes de grands malheurs ; l'approche de la fin du monde y joue aussi un très-grand rôle.

Hâtons-nous de mentionner, en dehors des cloîtres, d'autres chroniqueurs qui parurent à cette époque. Ce sont des écrivains à même de nous instruire d'une manière utile, car ils ont pris part aux expéditions guerrières qu'ils racontent, et passé une partie de leur vie à la cour des rois dont ils nous ont donné l'histoire. Les principaux de ces chroniqueurs sont : Villehardouin, Joinville, Froissart, Christine de Pisan, Alain Chartier, Philippe de Comines.

Villehardouin (XII° siècle).

Geoffroy de Villehardouin, maréchal de Champagne, naquit vers le milieu du XII° siècle. Il prit la croix à l'incitation de Foulques de Neuilly, qui prêchait la 4° croisade au nom du pape Innocent III (1189). Il écrivit lui-même le récit de cette expédition extraordinaire, dont le but était la délivrance de la Terre-Sainte, et qui n'eut pour résultat que la prise de Constantinople et l'établissement d'un empire français en Orient ; tel est l'objet de son *Histoire de la conquête de Constantinople*.

Cette histoire comprend neuf ans, de 1198 à 1207. Les prédications de Foulques de Neuilly, l'ambassade de Venise, les préparatifs, les embarras de l'expédition, les jalousies des chefs, le siége de Zara, la prise de Constantinople, le pillage de cette riche cité, l'élection de Baudoin 1er, le partage de la conquête, l'établissement de la féodalité française en Asie-Mineure, tout cela est raconté avec une naïve simplicité dans une prose aujourd'hui difficile à comprendre.

Ce monument si précieux au point de vue historique, puisqu'il est le récit fidèle d'un témoin oculaire, ne l'est pas moins au point de vue littéraire. Pour la première fois, l'histoire devient une peinture vivante et animée des événements ; en lisant Villehardouin, on croit assister à tous les mouvements de cette armée, à toutes les délibérations de ses chefs ; on partage par une vive sympathie, tous les dangers, toutes les inquiétudes, toutes les joies des pèlerins. Ce n'est pas, comme dans les chroniques monacales, un récit court et sec ; c'est une narration émue, naïve, pleine de jeunesse et de fraîcheur.

Joinville (XIII° siècle).

La vie de Joinville est à peu près inconnue jusqu'à l'époque où il accompagna saint Louis dans sa première croisade. On sait seulement qu'il naquit vers l'an 1223, au château de Joinville, sur la Marne. Orphelin de bonne heure, il passa sa première jeunesse dans la cour de Thibaut, comte de Champagne, et prit auprès de ce prince élégant et poète, le goût des lettres et des arts. En 1240, il succéda à son père en qualité de sénéchal (1) de Champagne. Il accompagna plusieurs fois son maître à la cour de Louis IX, qui apprécia ses aimables qualités et le prit à son service. Lui-même nous apprend qu'à une *grand'cour* tenue par Louis IX à Saumur, *il tranchait*, c'est-à-dire qu'il était écuyer-tranchant.

A l'appel du roi de France, Joinville vendit tous ses biens

---

(1) Officier qui était chef de la justice.

et équipa dix chevaliers. Quelques jours avant son départ pour la croisade, il lui était né un fils. Du lundi de Pâques au vendredi, des fêtes furent données au château de Joinville en l'honneur du nouveau-né. Le vendredi seulement, Joinville parla de son départ et fit appeler tous ses vassaux, offrant réparation à tous ceux à qui il pouvait avoir fait quelque dommage. Peu de jours après, il se confessa, ceignit l'écharpe et le bourdon de pèlerin et partit; quand il fallut repasser devant son château, il ne voulut, dit-il, jamais détourner les yeux vers Joinville, de peur que son cœur ne s'attendrît à la vue de son beau château et de ses enfants qu'il y laissait.

Cinq années de séjour en Orient, des souffrances de tous genres, la peste, la faim et la soif, la maladie, les blessures, la captivité guérirent Joinville du désir de recommencer la croisade. Aussi Louis IX essaya-t-il vainement de l'entraîner de nouveau en Orient.

De retour en France, il partagea son temps entre la cour du roi, celle de Thibaut, et les soins qu'il devait à ses vassaux. Les successeurs de saint Louis lui montrèrent la même bienveillance. Ce fut à la sollicitation de la femme de Philippe le Bel, qu'il écrivit ses *Mémoires sur la vie de saint Louis*. Il mourut dans les premières années du xiv° siècle.

Il n'y a rien de si naïf et de si gracieux que sa manière de raconter. Il se peint tel qu'il était; il dit ce qu'il fit de bien sans songer à s'en glorifier, et ne déguise pas non plus ce qui peut lui être défavorable.

Froissart (XIV° siècle).

Jean Froissart naquit à Valenciennes, en 1333. Son père était un pauvre peintre en armoiries. Ses premières années se passèrent à l'école, où il devait étudier pour devenir prêtre; mais, si l'on en juge par tout ce qu'il nous raconte lui-même, il ne fut pas un modèle d'application. Il savait rarement ses leçons ; il était distrait, querelleur, battait ses camarades qui, d'ailleurs, le lui rendaient bien. De retour à la maison paternelle, avec le visage égratigné, les vêtements en lambeaux, il recevait de nouveaux coups de la part de son père, ce qui ne l'empêchait pas, lorsqu'il revoyait ses camarades passer dans la rue, de leur courir sus, et de se battre seul contre plusieurs. Doué d'une mémoire prodigieuse, il réparait aisément les heures perdues. Il ne semble pas avoir eu beaucoup de penchant pour l'état auquel on le destinait. A douze ans, il ne souhaitait rien tant que de voir danser, d'entendre les ménestrels et recherchait les jeux, les fêtes, les bons repas.

Le temps qui lui restait était employé à la lecture des romans, où il retrouvait le monde chevaleresque, dont il était si vivement épris. Ce fut dès ce temps-là, sans doute, que le jeune Froissart rima quelques poésies. Nous avons de lui des ballades, des pastourelles, des rondeaux qui ne sont pas sans mérite.

Il trouva bientôt l'occasion de produire son talent sous une forme plus grave. Il avait à peine vingt ans, losque son seigneur et maître, Robert de Namur, ayant remarqué en lui cet esprit de vive curiosité qui convient à l'historien, se l'attacha et l'engagea à écrire l'histoire des guerres de son temps.

Froissart se mit à l'œuvre et se borna d'abord à reproduire les récits des anciens chroniqueurs. En 1361, il présenta la première partie de son travail à Philippe de Hainaut, reine d'Angleterre. Cette princesse lui fit un gracieux accueil, l'encouragea par ses conseils, l'aida de ses largesses, et lui fournit tous les matériaux nécessaires à la composition de son histoire.

La vie de Froissart, dès ce moment, est un perpétuel voyage : pendant les cinq ans qu'il passa au service de la reine d'Angleterre, il parcourut la France, l'Italie, l'Espagne, la Belgique, la Hollande, l'Angleterre, l'Écosse, recueillant tous les faits qu'il voulait raconter, et qu'il se hâtait de coucher sur le papier.

Un trait suffit pour caractériser sa manière d'écrire l'histoire. Un jour, pendant qu'il allait en Béarn, il rencontre un chevalier qui devient son compagnon de voyage ; le chevalier ne tarit pas et lui raconte toutes sortes d'anecdotes sur le pays qu'il va visiter. Froissart n'en perd pas un mot, et le soir, à l'auberge, avant de se coucher, il se hâte de noter tout ce qu'il vient d'entendre. Ce trait nous révèle sa méthode, et aussi la valeur que nous devons attacher à ses récits. Il ne faut pas demander à Froissart la critique sévère, l'examen consciencieux des événements qu'il raconte ; il semble qu'il n'a pas eu le temps de se recueillir et que le but qu'il poursuit est avant tout d'enregistrer à la hâte ce que son avide curiosité lui a fait découvrir.

Une conséquence toute naturelle de cette manière de composer et d'écrire, est le désordre et la confusion chronologique. Nous ne trouvons pas seulement dans sa volumineuse *Chronique*, le récit des faits qui se sont accomplis en France de son temps, mais aussi les événements contemporains de l'Angleterre, de l'Écosse, de l'Irlande, de la Flandre, en un mot, de tous les pays qu'il a parcourus ; on rencontre parfois dans ces récits, des détails précieux et fort intéressants sur les affaires de Rome et d'Avignon, sur celles de l'Espagne, de l'Allemagne et de l'Italie.

Froissart s'attache néanmoins à raconter particulièrement les événements contemporains de la France. Plusieurs de ses récits, comme le siége de Calais, le dévouement d'Eustache de Saint-Pierre, la bataille de Poitiers, sont admirables de naïveté, de naturel et d'abandon.

D'après sa façon de composer, on peut deviner le style de Froissart ; il présente tous les caractères de l'improvisation ; il est diffus, prodigue de mots et de détails ; par contre, jamais narration ne parla d'une manière plus vive à l'imagination ; tous les récits revêtent une forme dramatique, intéressante. La prose française, débarrassée enfin de ses entraves, s'amuse à tout dire, pour avoir le plaisir de se faire écouter.

Christine de Pisan (XIV° siècle).

Christine de Pisan n'était pas française : elle naquit à Venise, en 1363. Elle était fille d'un citoyen de Bologne, Thomas de Pisan, qui passait vers le milieu du xiv° siècle pour l'un des astrologues les plus renommés de l'Italie : c'est à ce titre que Charles V l'appela à sa cour et se plaisait à le consulter trop fréquemment, dit-on. Christine n'avait que cinq ans lorsque son père vint en France. Naturellement avide de s'instruire, elle saisissait avec une extrême vivacité tout ce qu'on lui enseignait : à quatorze ans, elle possédait toutes les connaissances de l'époque, et parlait couramment le latin. A seize ans, elle épousa un gentilhomme picard, notaire et secrétaire du roi, qui, peu d'années après, la laissa veuve avec trois enfants et une fortune délabrée. Pour comble de malheurs, la mort de Charles V survint en même temps ; de là, pour Christine, une gêne contre laquelle elle eut à lutter durement.

Le talent d'écrire, qui avait été pour elle un plaisir et un délassement, lui fut dès lors une ressource. Elle se mit courageusement à l'œuvre. La poésie était à cette époque le genre de littérature le plus permis à une femme ; elle commença donc par écrire des ballades et des rondeaux ; elle en fit un recueil qu'elle dédia à Philippe le Hardi, duc de Bourgogne, qui prit à son service l'un de ses fils.

Le 1ᵉʳ janvier 1403, Christine présenta au duc de Bourgogne un nouvel ouvrage. Le prince fut tellement frappé de son talent, qu'il la chargea d'écrire la vie de Charles V. Ce fut pour elle une douce mission, car ce roi avait été l'ami et le protecteur de son père. Elle se mit à l'œuvre, réunit tous les matériaux nécessaires et entra en relations avec les personnages qui pouvaient l'éclairer sur les événements qu'elle avait à raconter. Bientôt elle présenta au duc un ouvrage qui se recommandait par l'exactitude et la véracité des faits autant que par la noble et touchante simplicité du style. Il y a dans ce livre une érudition vraiment prodigieuse pour une femme du xiv° siècle ; on peut même regretter que Christine ait, dans cette histoire, fait abus d'érudition et de citations : il est vrai que c'était le défaut général des écrivains de son temps.

Le nom de Christine de Pisan est inséparable de celui de Gerson, à cause de leur attaque simultanée contre le *Roman de la Rose*, alors fort en vogue. Tandis que Gerson signalait le danger de cet ouvrage pour la jeunesse, Christine prenait la défense des femmes outragées par Jean de Meung. En même temps que son illustre ami, elle se retira dans un monastère où elle finit sa vie (1413).

Alain Chartier (XIV° siècle).

Alain Chartier naquit à Bayeux, en Normandie. Il fut successivement prêtre, archidiacre, conseiller au Parlement de Paris et secrétaire des rois Charles VI et Charles VII. Il faisait les délices de la cour par sa grâce, son amabilité et ses discours pleins de charmes. Ce sont sans doute ces qualités d'esprit et de cœur autant que son mérite littéraire, qui lui valurent l'hommage flatteur de la dauphine Marguerite d'Ecosse, femme de Louis XI. Un jour que celle-ci passait avec une grande suite de dames et de seigneurs dans une salle où Chartier était endormi, elle alla le baiser à la bouche, au grand étonnement de sa suite, car il était vrai de dire que la nature avait mis en lui un bel esprit dans un corps de mauvaise grâce. Marguerite expliqua sa conduite en disant aux seigneurs et aux dames « qu'ils ne devaient pas s'étonner de ce mystère, d'autant qu'elle n'entendait pas avoir baisé l'homme, mais la bouche de laquelle étaient issus tant de mots dorés. »

Chartier écrivit l'*Histoire de Charles VII* et raconta les désastres d'Azincourt et la délivrance d'Orléans par Jeanne d'Arc. Il ne fut pas un témoin indifférent des malheurs de sa patrie, et le but de tous ses ouvrages en prose, fut de réveiller le patriotisme éteint de ses concitoyens et de prêcher l'union et la concorde parmi les grands corps de l'État divisés. Il s'adresse tour à tour à la noblesse, au clergé et au peuple ; il leur reproche avec une éloquente indignation, leur égoïsme, leur mollesse et leur corruption. La sévérité de ses censures se cache en général sous une forme allégorique.

Philippe de Comines (XV° siècle).

Philippe de Comines est le créateur de l'histoire politique en France. Ce n'est plus, comme Froissart, un spectateur des exploits féodaux, un narrateur intéressant des tournois et des batailles ; c'est, au contraire, un acteur dans la grande lutte de Louis XI contre la féodalité.

Il naquit en 1445, au château de Comines, près de Lille, en Flandre, d'une noble et ancienne famille. Il entra fort jeune au service du duc de Bourgogne, Charles le Téméraire, et le suivit, contre Louis XI, à la bataille de Montléry. Il était encore au service du duc, lorsque le roi de France vint au château de Péronne, où il fut fait prisonnier par Charles le Téméraire. Comines insista auprès de son maître pour que la vie de Louis XI fut épargnée et contribua même à l'évasion du roi de France. Dès lors il abandonna le duc de Bourgogne et s'attacha à Louis XI. On a expliqué diversement cette défection ; on a voulu l'attribuer à une insolence que Charles le Téméraire aurait punie d'un soufflet. Il paraît certain aujourd'hui, que Comines fut acheté et qu'il vendit assez cher ses services. Quoi qu'il en soit, Louis XI ne voulut plus se séparer de Comines jusqu'à sa mort. Il le nomma bientôt son chambellan et son ministre, et l'employa dans plusieurs négociations importantes, en Angleterre, à Florence, à Venise et en Savoie ; il l'admit dans son intimité, usant même de familiarité à son égard, au point de le faire coucher dans le lit royal et de le vêtir de ses habits.

Après la mort de Louis XI, Comines entra dans la ligue des princes contre Anne de Beaujeu, régente pour son frère Charles VII. Il trafiqua de ses services et de ses trahisons, et fit tant, qu'on découvrit ses trames ; il fut arrêté et enfermé à Loches, dans une de ces cages de fer imaginées par Louis XI et qu'on appelait les *fillettes du roi*. Traduit enfin devant le Parlement, il fut condamné à dix ans d'exil et à la confiscation du quart de ses biens. Il se retira dans ses terres, profondément affecté de cette disgrâce.

Comines reparut pourtant à la cour, rentra dans les affaires publiques, fut un des négociateurs du traité de Senlis en 1493, et prit part, sous Charles VIII, à l'expédition de l'Italie, dans laquelle, grâce à son expérience consommée de la politique, il rendit de grands services. Disgrâcié une seconde fois, il retourna dans son château d'Argenson, dans les Deux-Sèvres, et y mourut, en 1509, après treize ans d'une retraite absolue.

Comines employa utilement les loisirs de sa solitude à résumer sa carrière politique dans des *Mémoires*, qui ont pour objet les règnes de Louis XI et de Charles VIII. Il y décrit les faits qu'il a observés, mais il diffère des historiens qui l'ont précédé, en ce qu'il démêle les causes des événements et en signale les conséquences ; ce n'est plus un simple récit, c'est un jugement profond sur les hommes et sur les événements.

CHAPITRE IX

DE LA POÉSIE DRAMATIQUE AU MOYEN AGE

Du genre dramatique en général. — Origine du théâtre en France. — Confrères de la Passion. — Les Mystères. — Les Clercs de la Basoche. — Les Moralités. — Les Enfants sans souci. — Farces, Sotties, l'Avocat Patelin.

Du genre dramatique en général.

La *poésie dramatique* est la reproduction d'une action à l'aide de personnages parlant selon la vérité ou la vraisemblance.

Le but du poème dramatique est d'émouvoir par la pitié et la terreur ou d'amuser par le ridicule ; dans l'un et l'autre cas, il doit instruire, soit par le spectacle des grandes catastrophes, soit par la peinture des défauts et des vices qu'il faut éviter. Une action qui ne contiendrait pas, soit directement, soit indirectement, une leçon morale, pécherait contre une des règles fondamentales de l'art.

D'après les règles de notre théâtre classique, l'action dramatique doit être *une*, se passer dans le même *lieu* et dans un espace de *temps* limité à vingt-quatre heures ; c'est la fameuse règle des *trois unités*, exprimée par Boileau dans ces vers :

> Qu'en un lieu, qu'en un jour, un seul fait accompli,
> Tienne jusqu'à la fin le théâtre rempli.

Les parties essentielles de l'action sont : l'exposition, le nœud et le dénouement. L'*exposition* fait connaître le sujet et pressentir les obstacles ; le *nœud* se forme des incidents qui s'opposent à l'accomplissement de l'action ; le *dénouement* lève ou consomme les difficultés de l'intrigue par une issue favorable ou une catastrophe.

Ces parties sont renfermées dans des divisions qu'on appelle *actes*. Chacun des actes est divisé lui-même en plusieurs parties qui se nomment *scènes* et qui sont produites par l'entrée ou la sortie des personnages qui ont part à l'action. Il faut que les scènes soient conduites de manière à ce que le théâtre ne soit jamais vide. Le nombre des actes n'est pas déterminé, non plus que celui des scènes ; cependant les pièces les plus longues ne dépassent pas ordinairement cinq actes.

Le genre dramatique comprend la tragédie, la comédie, le drame, le mélodrame, l'opéra, l'opéra-comique et le vaudeville.

La *tragédie* est la représentation des passions et des malheurs de grands personnages.

Le sujet d'une tragédie est ordinairement emprunté à l'histoire. On n'exige point alors la vérité historique dans les faits secondaires ; mais dans aucune circonstance, le poëte ne peut manquer à la vérité des mœurs, du langage ou des sentiments qu'il prête à ses personnages.

La *comédie* expose à la risée publique les vices, les travers, les ridicules de la société. On appelle *comédie d'intrigue* celle qui multiplie les incidents, les obstacles, de manière à tenir les spectateurs en haleine sans laisser prévoir le dénouement. On appelle *comédie de mœurs et de caractère* celle où l'on peint un caractère principal ou un côté spécial des mœurs, et *comédie mixte* celle où l'on combine les intrigues et les caractères.

Le *drame* participe également de la tragédie et de la comédie.

Le *mélodrame* est une tragédie populaire où l'on prodigue la terreur et l'horreur.

L'*opéra* est une tragédie lyrique chantée.

L'*opéra-comique* est une comédie lyrique où le chant alterne avec les paroles.

Le *vaudeville* est une petite comédie entremêlée de couplets.

Origine du théâtre en France.

Si l'on voulait développer l'histoire du théâtre en France depuis la naissance de l'art dramatique, il faudrait remonter jusqu'aux premiers âges de la monarchie. Au temps de la première race, il est déjà fait mention de bateleurs, histrions, danseurs ; mais leurs jeux étaient si licencieux que Charlemagne les supprima pas un édit.

Voici, d'après M. Mennechet, les circonstances qui firent naître les premiers essais dramatiques en France. « Les pèlerins qui venaient de la Terre-Sainte étaient, à leur retour dans leurs foyers, assiégés par la curiosité publique. On leur demandait ce qu'ils avaient vu, ce qu'ils avaient entendu, ce qu'ils avaient souffert ; il leur fallait répondre à une foule de questions sur les saints lieux, sur cette terre de miracles dont toutes les cités, tous les fleuves et toutes les montagnes étaient alors plus connus, au moins de nom, dans chaque province de France, que ceux de la province voisine. Comme ces pèlerins ne rapportaient souvent de leur voyage qu'une profonde misère, on récompensait leurs récits par de pieuses aumônes, et ils cheminaient ainsi de village en village, recueillant sur leur route les charitables offrandes des chrétiens qui n'avaient pas eu le courage ou la force de visiter eux-mêmes la Terre-Sainte.

» Bientôt de nouveaux pèlerins, plus avisés que les autres, eurent l'idée d'imposer à la curiosité, pour prix de leurs récits, une rétribution moins incertaine que l'obole de la pitié ; ce moyen leur réussit ; on vit se former des bandes de pèlerins, faux ou véritables, qui d'abord mirent leurs récits en action, et bientôt essayèrent de représenter les événements des Saintes-Écritures, dont avaient été témoins les lieux qu'ils venaient de visiter. L'impression qu'ils produisaient devait être profonde et durable, car elle tirait sa force de la ferveur des croyances religieuses du moyen âge.

Confrères de la Passion. — Les Mystères.

Les premiers drames furent tous puisés dans l'histoire de l'Ancien et du Nouveau Testament ; ils reçurent à cause de leur caractère essentiellement religieux, le nom de *mystères*. Ce caractère leur donna le privilége d'être représentés dans les églises mêmes, particulièrement aux époques solennelles de l'année : les clercs, les prêtres y jouaient le rôle d'acteurs.

Le plus ancien mystère est du xi° siècle. Il a pour titre *les Vierges sages et les Vierges folles*. C'est tout simplement le récit de l'Évangile dialogué. Les Vierges sages entrent au festin de l'époux ; les Vierges folles sont jetées dans les ténèbres du dehors. Alors paraissent tous les personnages de l'ancienne loi : Moïse, Esaïe, etc., qui ont prédit la venue du Messie, et qui reproduisent leurs prophéties. La pièce se termine par des chants de joie en l'honneur de Notre-Seigneur.

Vers la fin du xiv° siècle, le drame sortit de l'église et de la main des prêtres, et tomba dans celle des laïques. A cette époque, trois associations rivales s'organisèrent : les Confrères de la Passion, les Clercs de la Basoche et les Enfants sans souci.

Les *Confrères de la Passion* étaient une association de bourgeois de Paris, maîtres-maçons, menuisiers, serruriers et autres, qui avaient le privilége exclusif de jouer les *Mystères*, dont le plus célèbre fut le *Mystère de la Passion*, d'où ils tirèrent leur nom.

Un prévôt de Paris ayant menacé ces acteurs de les chasser de la capitale, ceux-ci portèrent plainte devant le roi Charles VI qui, pour juger l'affaire en connaissance de cause, les fit jouer devant lui. Le drame l'intéressa au point qu'il autorisa expressément et par un édit royal, la confrérie à donner ses représentations dans la prévôté de Paris. Les Confrères de la Passion s'installèrent hors de la porte Saint-Denis, dans la principale pièce d'un hôpital, qu'ils avaient louée. C'était une vaste salle de vingt-et-une toises de long sur six de large, élevée sur un rez-de-chaussée. La scène était divisée en étages, quelquefois au nombre de cinq et même de neuf ; chaque étage se subdivisait en appartements, en places, en temples, au moyen de séparations en planches. L'étage le plus élevé représentait le ciel, et les étages intermédiaires les divers lieux où se passait le drame ; c'étaient, par exemple, la maison des parents de la Vierge, son oratoire, la crèche aux bœufs ; enfin, à l'endroit le plus bas, on voyait l'enfer, espèce de grande gueule qui se fermait et s'ouvrait au besoin, pour laisser entrer ou sortir les démons. Des banquettes, placées latéralement à droite et à gauche, recevaient successivement les personnages, quand ils avaient fini ou suspendu leurs rôles.

Des milliers de spectateurs ne se lassaient pas d'écouter jusqu'au bout le drame, dont la représentation durait quelquefois des journées entières. La nuit venue, on coupait l'action n'importe en quel endroit, et l'on se donnait rendez-vous au dimanche suivant. Le drame de la Passion embrassait la vie entière de Jésus-Christ, et durait plusieurs jours de suite. Pour le jouer, il ne fallait pas moins de quatre-vingt-sept acteurs. Pour égayer l'assemblée, certains personnages du drame devaient se résigner à recevoir des coups de poing, des coups de bâton et des coups de fouet. Selon que la scène était attendrissante ou bouffonne, le peuple pleurait ou éclatait de rire, et exprimait sa joie en criant : Noël ! Noël !

Les Clercs de la Basoche. — Les Moralités.

Le succès des *Mystères* donna naissance à une autre corporation : les *Clercs de la Basoche*, ou clercs du palais (de *basilica*, audience). Les Basochiens laissèrent les *Mystères* aux Confrères de la Passion et créèrent un genre nouveau : *les Moralités*. Ces pièces étaient ainsi appelées, parce qu'elles se composaient d'allégories morales ou préceptes de bonne conduite mis en vers. Elles ne se jouaient guère que trois ou quatre fois par an, dans les fêtes et les cérémonies, telles que les entrées des rois, les visites des princes étrangers, etc.

On retrouve sur les vieilles tapisseries, l'esprit de ces *Moralités*, et la superbe draperie qui ornait la tente de Charles le Téméraire, représentait un de ces petit drames allégoriques. En voici la description ; la scène est pleine d'intérêt et très ingénieuse :

« Dîner, Souper et Banquet sont trois mauvais compagnons dont il faut se défier. Ils vous engagent souvent plus loin qu'il ne faut et vous jettent dans les mains d'Apoplexie, de Gravelle, de Fièvre, de Goutte et d'autres personnages de très mauvaise connaissance; Banquet surtout est plus perfide que les autres: il ne rêve que méchants tours à jouer à ses convives. Lorsqu'il invite à ses fêtes Passe-Temps, Bonne-Compagnie, Friandise, il leur sert des plats de sa façon, dont on se repent d'avoir goûté. Comme dans les anciens festins d'Egypte, apparaissent ensuite une foule de squelettes: ce sont la Mort et les pâles Maladies, qui viennent assaillir ceux qui ne se modèrent pas assez dans les bombances que le traître a préparées ; alors Passe-Temps, Bonne-Compagnie et Friandise s'en vont se plaindre à dame Expérience, assise sur son trône, le sceptre à la main, Averroès et Galien se tiennent à côté d'elle, comme juges : Remède est greffier de ce tribunal. Dame Expérience se fait amener les trois coupables, Dîner, Souper, Banquet. On condamne unanimement Banquet à être pendu; quand à Dîner et à Souper, comme ils sont indispensables après tout, pour fournir à l'humaine nécessité, on les épargne, mais à la condition qu'ils mettront toujours six heures d'intervalle entre eux. » (1)

(1) Hipp. Lucas, *Histoire du Théâtre Français*

Les Enfants sans souci. — Farces, Soties : l'Avocat Patelin.

Après les Confrères de la Passion et en même temps que les Clercs de la Basoche, il se forma une troisième société dramatique : ce fut celle des *Enfants sans souci*, joyeuse réunion de jeunes Parisiens, pleins de malice et d'audace. Le but de cette réunion fut de jouer des *farces*, espèce de comédies qui avaient pour but d'exciter le rire du peuple, aux dépens des travers de l'humanité.

Les farces prenaient quelquefois le nom de *soties* parce que l'on s'y permettait souvent de faire la *satire* de l'homme, de le reprendre et de le corriger.

Dans ces pièces, les Enfants sans souci usèrent d'une liberté de langage qui dépassa quelquefois les limites permises ; ils attaquèrent tout : religion, politique, vie publique et privée.

La farce la plus célèbre de cette époque fut celle de l'*Avocat Patelin*, attribuée à Pierre Blanchet, né à Poitiers en 1459 ; c'est le chef-d'œuvre du théâtre français au moyen âge.

Patelin est un avocat passé maître dans l'art de tromper ; il est pauvre, et essaie de vivre aux dépens de M. Guillaume, marchand de drap ; il entre chez le marchand, lie conversation avec lui d'un ton flatteur et *patelin* ; il lui parle de son défunt père, et tout en parlant, touche, comme par hasard, une pièce de drap ; « Quand je vins dit-il, je n'avais nullement l'intention d'acheter du drap ; j'avais mis à part quatre-vingts écus pour une rente, mais je vois bien que vous en aurez vingt ou trente. » On marchande, on convient du prix ; l'avocat laisse à M. Guillaume le choix entre l'or et la monnaie ; il le contraint à venir chez lui chercher son paiement et l'invite à dîner. Le vendeur accepte, et profitera de l'occasion pour porter en même temps les six aunes d'étoffe. Mais ce n'est pas ainsi que l'entend l'avocat ; il n'est pas fier, il portera lui-même son drap. Quand le soir M. Guillaume vient chercher son argent, Patelin feint d'être malade et d'avoir le délire ; il prend le marchand pour le médecin, lui débite mille folies et le laisse tout ébahi.

De nouveaux malheurs accablent le pauvre marchand. Il a un berger, nommé Agnelet, qui lui vole tous ses moutons ; il l'assigne devant le juge du lieu. Le berger prend pour avocat, Patelin. L'avocat dit au voleur : « Ne réponds rien au juge, ou réponds comme tes moutons : *Bée ! Bée !* Le procès commence ; Guillaume croit reconnaître Patelin ; cette apparition imprévue le trouble ; deux fois volé, il ne s'y reconnaît plus ; il confond de la manière la plus plaisante, les moutons avec les six aunes de drap. Le juge a beau dire : *Revenons à nos moutons*, il continue à s'embrouiller, si bien que le juge, le croyant fou, le met hors de cause.

Mais l'avocat subira la peine du talion : qui triomphe par la ruse sera vaincu par la ruse. Au moment où Patelin réclame ses honoraires à Agnelet, le berger lui répond comme il a répondu au juge : *Bée !* L'avocat supplie, se fâche ; le client répond imperturbablement par le même bêlement ; puis il s'échappe, laissant le maître dupeur dupé à son tour. C'est la morale de la sotie

LA RENAISSANCE AU XVIe SIÈCLE

CHAPITRE Ier

VUE GÉNÉRALE DE LA LITTÉRATURE FRANÇAISE AU XVIe SIÈCLE

Causes de la Renaissance. — Fondation du Collége de France.

Causes de la Renaissance.

Deux grands faits historiques dominent et remplissent cette époque : la Renaissance littéraire et la Réforme religieuse. Ces deux faits sont complétement distincts ; néanmoins, il faut reconnaître que l'un a donné à l'autre une force nouvelle et en a préparé le triomphe.

La première cause de la Renaissance littéraire fut la *prise de Constantinople* par les Turcs, en 1453. Un grand nombre de savants, forcés de quitter cette ville qui ne leur offrait plus de sécurité, cherchèrent un asile en Occident et principalement en Italie. C'est là qu'ils apportèrent avec eux tous les trésors intellectuels des anciens, et qu'ils firent briller, au milieu d'une société féodale et catholique, les langues, la politique, la philosophie et les croyances religieuses de l'antiquité. Ces savants ouvrirent des écoles à Rome, à Venise, à Milan, et expliquèrent les grands écrivains de la Grèce et de Rome : Platon, Aristote, Sophocle, Euripide, Thucydide, etc. Une foule d'auditeurs accoururent de toutes les parties de l'Europe, et l'on vit aussitôt s'ouvrir en Italie un grand nombre d'académies. Bientôt les anciennes littératures et les anciens philosophes devinrent à la mode, et il y eut un tel engouement pour les Grecs et les Romains, que l'on eût pu croire que le monde allait de nouveau devenir païen. Ce réveil de l'opinion en faveur des belles-lettres est ce qu'on appelle la *Renaissance*.

Un second fait, qui a beaucoup contribué à ranimer ce goût pour l'étude des monuments littéraires de l'antiquité, fut l'*invention de l'imprimerie* par Gutenberg. Jusqu'alors, les écrivains étaient obligés de transcrire à la main leurs ouvrages. On comprend combien cette manière de les propager devait être longue et coûteuse ; aussi les livre étaient-ils rares. Cette rareté était un immense obstacle au progrès de la littérature. La découverte de l'imprimerie, en multipliant à l'infini les productions littéraires, répandit rapidement les lumières et éleva le niveau intellectuel.

Il est un troisième fait qui n'est pas étranger au développement de la littérature au XVIe siècle : c'est la *découverte de l'Amérique*. Cet événement produisit en Europe une sorte de commotion électrique : chacun voulut s'enquérir de ce qu'il ignorait la veille ; on vit naître le goût des voyages, des entreprises lointaines. L'esprit humain n'eut qu'à gagner à ce contact de sociétés différentes et à cet échange d'idées et d'intérêts divers.

Mais l'événement qui eut la plus grande influence sur les esprits, fut la *Réforme religieuse*. Saint Bernard, Gerson, Pierre Valdo, Wiclef, Jean Huss et Jérôme de Prague avaient vainement essayé de réformer l'Église. Les désordres d'Alexandre VI, l'esprit guerrier et non chrétien de Jules II, l'épicuréisme de Léon X, l'inconduite, l'avarice, l'ambition et la cruauté du clergé, en détachant les peuples des anciennes traditions, provoquèrent de nouvelles aspirations religieuses. Luther parut ; en flétrissant les abus de l'Église, il se fit l'écho des sentiments de tous : il affranchit la conscience de la tutelle du prêtre ; à l'autorité de l'Église, en matière de foi, il substitua l'autorité de la Parole de Dieu.

L'influence de la Réforme sur la littérature fut très-profonde. Elle força les esprits à étudier toutes les questions de philosophie et d'histoire ; les réformateurs abandonnèrent la langue de la scholastique et s'exprimèrent en langue vulgaire. Tandis que Luther, par sa traduction de la Bible, donnait une forme classique à la langue allemande, Calvin introduisait dans la langue française une netteté et une précision inconnues jusqu'à lui ; une foule de petits écrits ou pamphlets, en portant la lumière dans tous les esprits, développèrent l'intelligence des masses et forcèrent les hommes à réfléchir.

Fondation du Collége de France (1531).

C'est de l'avénement de François Ier que date véritablement la Renaissance. Si le mouvement vint de l'Italie, la France eut la gloire de le continuer. A peine monté sur le trône, François Ier s'entoura d'une foule de savants qu'il appela à enseigner une jeunesse avide de s'instruire. Il avait eu le projet de faire construire un édifice capable de contenir un grand nombre de professeurs et six cents élèves, et de doter cette institution de cinquante mille écus de rente. Cette idée grandiose ne put se réaliser ; le roi se borna à nommer quatre professeurs de langues pour enseigner l'hébreu, le grec et le latin. Cet établissement porta dès lors le nom de *Collége royal de France* (1531).

Bientôt l'enseignement de ce nouveau collége ne se borna plus aux langues ; on y créa des chaires de médecine, de philosophie et de mathématiques. C'est là que brillèrent plusieurs hommes qui ont laissé un nom dans les lettres : en hébreu, *Vatable*, qui se distingua par son immense érudition ; en grec, *Danès*, qui était en même temps grand orateur, grand philosophe, bon mathématicien, et très-versé dans la médecine et dans la théologie ; *Jean Dorat*, qui fut le maître de Ronsard ; *Lambin*, dont la sage lenteur a enrichi notre langue du verbe *lambiner* ; *Jean Passerat*, connu surtout par sa collaboration à la

Satire Ménippée ; Ramus, qui détrôna Aristote et qui devait périr misérablement au massacre de la Saint-Barthélemy ; *Budé*, qui détermina le roi à créer le Collége de France, et qui fut à la fois le rival et l'ami d'Érasme.

CHAPITRE II

DE LA POÉSIE LYRIQUE AU XVIᵉ SIÈCLE

Clément Marot. — Réforme littéraire. — Joachim du Bellay. — Pierre Ronsard. — Du Bartas, Desportes, Bertaud. — Mathurin Régnier. — Malherbe. — Racan.

Clément Marot (1495-1544).

La poésie française s'ouvre au XVIᵉ siècle par le nom de Clément Marot. Cet aimable poète résume en lui toutes les qualités de notre vieille poésie, il en possède tous les charmes. On retrouve en lui la couleur de Villon, le naturel de Froissart, la délicatesse de Charles d'Orléans, le bon sens d'Alain Chartier et la verve mordante de Jean de Meung. Marot est le premier type de l'esprit français. Il semble que la poésie du XIVᵉ et du XVᵉ siècle, sur le point de s'éclipser devant l'éclat nouveau de la Renaissance, ait ramassé toutes ses richesses pour en douer cet heureux héritier des trouvères (DEMOGEOT).

Marot naquit à Cahors à la fin du XVᵉ siècle. Son père était poète en titre de la femme de Louis XI, et devint valet de chambre de François Iᵉʳ.

Il paraît que le jeune Clément conçut de bonne heure du goût pour la poésie ; heureux de lui trouver ces dispositions précoces, son père le mena à Paris, dès l'âge de dix ans, pour le faire étudier ; mais le jeune élève fut assez mauvais écolier. Au sortir du collége, il entra comme page chez un seigneur de la cour, d'où il passa, en qualité de valet de chambre, chez Marguerite de Valois, sœur de François I*er*, princesse aussi érudite qu'aimable et charmante. C'était ce qui plaisait à Marot; la société des gens de lettres dont il fut entouré, convenait à ses goûts et à son caractère.

Cette cour lui profita plus que toutes les leçons qu'il avait reçues; au contact de gens bien élevés, son esprit devint élégant, fin, sans rudesse, et il apprit à aiguiser une épigramme sans tomber dans l'injure. Son talent facile, la politesse de ses manières et l'enjouement de sa conversation, le firent bientôt aimer et rechercher de tout le monde; il devint le poète de la cour.

Il suivit le roi François I*er* dans plusieurs expéditions, fut blessé au bras et fait prisonnier à ses côtés à la funeste bataille de Pavie; mais ayant été bientôt relâché, il revint en France où l'attendaient de nouveaux malheurs. A peine de retour, il eut des démêlés avec les Sorbonistes, théologiens pleins de pédanterie, et leur lança quelques épigrammes acérées. Pour se venger, les Sorbonistes irrités le dénoncèrent comme ayant donné dans les nouvelles idées de la Réforme.

Arrêté par l'ordre des inquisiteurs, il écrivit à cette occasion, à un ami, une de ses épîtres les plus spirituelles. Il lui raconte la fable du *Lion et du Rat*, qu'il applique fort à propos à sa situation, priant son ami d'être le lion et de délivrer le rat prisonnier. Il adressa aussi une charmante épître au roi, et François I*er*, touché de cette spirituelle prière, écrivit de sa propre main pour le faire mettre en liberté.

Les liaisons de Marot avec les Réformés, ne tardèrent pas à lui attirer de nouvelles persécutions. Se voyant menacé une fois encore de la prison, et craignant que François I*er* ne se lassât de le protéger, il prit la fuite et alla chercher un asile à la cour de Renée de France, sœur de la reine et duchesse de Ferrare. Mais bientôt ennuyé de l'exil, il sollicita son retour qu'il acheta au prix de l'abjuration.

De retour à Paris, il entreprit de se faire une réputation de bon chrétien, en traduisant les psaumes : malheureusement, les Sorbonistes trouvèrent dans sa traduction des erreurs de doctrine. Marot, craignant de nouvelles persécutions, se réfugia à Turin, où il mourut à l'âge de quarante-neuf ans. Les psaumes, chantés d'abord par les catholiques et les protestants, furent finalement, grâce à Calvin, introduits dans le culte des Réformés. Ils furent plus tard complétés par Théodore de Bèze.

Marot a composé des élégies, des épitres, des ballades et des épigrammes. Le chef-d'œuvre de ses épitres est celle où il raconte à François Ier comment il a été volé par son domestique. C'est un modèle de narration, de finesse et de bonne plaisanterie.

> J'avais, un jour, un valet de Gascogne,
> Gourmand, ivrogne et assuré menteur,
> Pipeur (1), larron, jureur, blasphémateur,
> Sentant la hart (2) de cent pas à la ronde,
> Au demeurant, le meilleur fils du monde.

Ce dernier vers, qui contraste si plaisamment avec les précédents, est devenu proverbe.

> Ce vénérable ilot (3) fut averti
> De quelque argent que m'aviez départi,
> Et que ma bourse avait grosse apostume (4)
> Il se leva plustôt que de coutume,
> Et me va prendre en tapinois icelle,
> Et vous la met tres-bien sous son aisselle
> Argent et tout (cela se doit entendre);
> Et ne croi point que ce fut pour le rendre
> Car onc (5) depuis n'en ai ouï parler.

(1) Pipeur, *trompeur au jeu.* (2) La hart, *la corde.* (3) Ilot, *serviteur.* (4) Apostume, *abcès, ouverture.* (5) Onc, *jamais.*

> Bref, le vilain ne s'en voulut aller
> Pour si petit (1) ; mais encore il me happe
> Saye (2) et bonnet, chausses, pourpoinc et cappe.
> De mes habits, en effet, il pilla
> Tous les plus beaux, et puis s'en habilla
> Si justement, qu'à le voir ainsi estre
> Vous l'eussiez pris en plein jour pour son maistre.
> Finalement de ma chambre il s'en va
> Droit à l'estable, où deux chevaux trouva,
> Laisse le pire et sur le meilleur monte,
> Pique et s'enfuit. Pour abréger le conte
> Soyez certain qu'au sortir dudit lieu
> N'oublia rien fors (3) de me dire adieu.

Marot profite de cette mésaventure pour faire au roi une demande d'argent fort ingénieuse où il donne à la louange une tournure des plus délicates :

> Je ne dis pas, si vous vouliez prester,
> Que ne le prenne. Il n'est point de presteur
> S'il veut prester, qui ne fasse un debteur ;
> Et sçavez-vous, Sire, comment je paie ?
> Nul ne le sçait, si premier ne l'essaie.
> Vous me devrez, si je puis, du retour ;
> Et je vous veux faire encor un bon tour.
> A cette fin qu'il n'y ait faute nulle,
> Je vous ferai une belle cédule (5)
> A vous payer sans usure s'entend,
> Quand on verra tout le monde content ;
> Ou si vous voulez, à payer ce sera
> Quand votre los (5) et renom cessera.

Réforme littéraire. — Joachim Du Bellay (1560).

Les successeurs de Marot furent loin de l'égaler en mérite. La poésie, à la cour de Henri II, devint la langue de

---

1) Pour si petit, *pour si peu.* (2) Saye, *veste.* (3) Fors, *excepté.* (4) Cédule, autrefois, petit morceau de papier, où l'on écrivait quelque chose pour servir de mémoire. (5) Los, *louange.*

la galanterie Aussi n'est-il pas étonnant qu'il se préparât sourdement une réaction contre cet affadissement de l'esprit français. Des jeunes gens, formés dans les écoles de la Renaissance, retrouvèrent l'idéal de la poésie dans les grands poètes de l'antiquité. Épris d'Homère et de Virgile, ils manifestèrent un profond dédain pour les œuvres légères et frivoles de leurs contemporains et levèrent l'étendard de la révolte contre le genre de poésie exclusivement en faveur à la cour.

Celui qui donna le signal, fut un jeune homme de vingt-cinq ans, Joachim Du Bellay; autour de lui se groupèrent d'autres poètes : Ronsard, Etienne Jodelle, Du Bartas, Desportes, Bertaut. On appela cette réunion ou cette constellation de poètes, *la Pléiade*.

Du Bellay exposa les principes littéraires de la nouvelle école, dans un ouvrage intitulé : *la Défense et Illustration de la Langue française*. Toute sa réforme littéraire peut se résumer en deux points essentiels : ennoblir la langue par l'infusion d'images et de mots nouveaux empruntés aux langues anciennes ; ennoblir la poésie par l'introduction des genres usités chez les Grecs et les Romains.

Du Bellay mit en pratique les conseils qu'il donnait à la France ; après avoir voyagé en Italie et étudié les modèles anciens, il imita les formes de la poésie étrangère. Il nous reste de lui quelques vers qui lui font honneur.

Pierre Ronsard (1524-1585).

Si Du Bellay fut l'organisateur de la pléiade littéraire, Ronsard en fut le chef le plus intrépide.

Pierre de Ronsard naquit près de Vendôme, en 1524 ; son père était maître d'hôtel de François Ier. On raconte qu'en le portant à l'église pour le baptiser, sa nourrice le laissa tomber dans une prairie émaillée de fleurs ; peu de jours après, une jeune fille lui renversa, par mégarde, sur la tête, un vase rempli d'eau de roses. Quand Ronsard fut devenu un poète célèbre, ses admirateurs ne manquèrent pas de donner à ces incidents une importance prophétique. « C'était, dit un de ses biographes, un présage des bonnes odeurs dont il devait remplir toute la France, des fleurs de ses écrits. »

A neuf ans, il entra au collége de Navarre à Paris, mais il n'y resta que six mois, trouvant la discipline trop rigoureuse. A quatorze ans, il fut nommé page du duc d'Orléans, fils de François Ier, et se fit remarquer à la cour par ses manières gracieuses et son esprit précoce. Il passa ensuite à la cour de Jacques V, roi d'Écosse ; mais il revint bientôt en France, où le duc d'Orléans le reprit à son service et l'employa à plusieurs missions diplomatiques. Malheureusement, il rapporta de ses voyages une grave infirmité : une surdité presque complète.

Forcé de renoncer à la carrière des faveurs, Ronsard se livra alors tout entier à l'étude. A l'insu de son père, il s'échappait de son hôtel pour aller prendre des leçons de Jean Dorat, qui enseignait le grec à son jeune ami Antoine de Baïf. « Il étudiait jusqu'à deux heures après minuit, et, se couchant, il réveillait Baïf, qui se levait et prenait la chandelle et ne laissait refroidir la place. »

Après sept ans d'un travail opiniâtre, Ronsard mit en pratique les préceptes de Du Bellay, et fonda l'école nouvelle qui devait régénérer la langue et la poésie. Il commença par la traduction en vers d'une comédie d'Aristophane. Encouragé par le succès, il voulut faire passer dans notre langue les odes de Pindare et d'Horace et les chants légers d'Anacréon. Après l'ode, il essaya de ressusciter le poème épique et fit la *Franciade*, poème froid, qui n'est qu'une mauvaise copie de l'*Énéide*. A côté de lui et sous son influence, Baïf et Jodelle s'essayaient dans la tragédie et la comédie : tous les genres dans lesquels avaient brillé les anciens furent tentés par la nouvelle école.

Le plus immense succès couronna d'abord les travaux de Ronsard. L'Académie des Jeux floraux lui décerna le prix de la poésie, et les capitouls de Toulouse, au lieu de la simple fleur d'argent traditionnelle, lui firent présent d'une Minerve d'argent massif et le proclamèrent le *poète français par excellence.* Les savants de son temps le comparaient à Homère, à Pindare, à Virgile. Quatre rois, Henri II, François II, Charles IX et Henri III le comblèrent de faveurs, de distinctions et de récompenses. Charles IX, en particulier, le reçut dans son intimité et lui adressa les vers suivants :

Tous deux également nous portons des couronnes;
Mais, roi, je les reçois; poète, tu les donnes.

Marie Stuart se consolait, dans sa prison, par la lecture des vers de Ronsard, et l'en remerciait par le don d'un rocher d'argent massif, représentant la montagne et la source du Permesse, avec cette flatteuse inscription : *A Ronsard, l'Apollon de la source des Muses.* A sa mort, en 1589, on lui fit de magnifiques funérailles : le roi envoya la musique de sa propre chapelle ; le Parlement de Paris s'y fit représenter par une députation, et la foule était si considérable dans l'église, que l'évêque qui devait prononcer l'oraison funèbre, ne put parvenir jusqu'à la chaire.

Vingt ans après, toute cette gloire était tombée, et ceux qui avaient le plus admiré Ronsard, furent les premiers à s'en moquer. Comment expliquer cette chute soudaine ? Ronsard eut le tort de pousser à l'excès les principes de Du Bellay. Après avoir pris aux poètes grecs et latins l'ordonnance de leurs pièces, il voulut calquer notre langue sur les langues anciennes ; il introduisit des mots composés à la manière de la langue grecque ; c'est ainsi qu'il appelle les géants des *Serpents-pieds,* les centaures des *Domptés-poulains,* les poètes des *Mâche-lauriers,* la toux *Ronge-poumons,* etc. Boileau eut donc raison de dire de lui :

> Ronsard..... par une autre méthode,
> Réglant tout, brouilla tout, fit un art à sa mode,
> Et toutefois, longtemps eut un heureux destin ;
> Mais sa muse, en français parlant grec et latin,
> Vit dans l'âge suivant, par un retour grotesque,
> Tomber de ses grands mots le faste pédantesque.

Hâtons-nous d'ajouter pour être juste envers le mérite poétique de Ronsard, que s'il est au-dessous de toute critique lorsqu'il veut, à l'exemple de Pindare, emboucher la trompette épique, il se montre par contre très supérieur dans le genre léger et badin. Il serait difficile de trouver rien de plus gracieux que ces stances qu'il adresse un soir à Cassandre, la dame de ses pensées :

> Mignonne, allons voir si la rose,
> Qui ce matin avait déclose
> Sa robe de pourpre au soleil,
> A point perdu ceste vesprée,
> Les plis de sa robe pourprée,
> Et son teint au vostre pareil.
>
> Las ! voyez comme en peu d'espace,
> Mignonne, elle a dessus la place,
> Las ! las ! ses beautés laissé choir !
> O vrayment marastre nature,
> Puisqu'une telle fleur ne dure
> Que du matin jusques au soir.
>
> Donc, si vous me croyez, mignonne,
> Tandis que votre âge fleuronne
> En sa plus verte nouveauté,
> Cueillez, cueillez votre jeunesse
> Comme à ceste fleur, la vieilless
> Fera ternir votre beauté.

Il est à regretter que le chef de la Pléiade n'ait pas eu souvent d'aussi heureuses inspirations.

Du Bartas, Desportes, Bertaut.

Parmi les disciples de Ronsard, nous citerons comme les plus célèbres : Du Bartas, Desportes et Bertaut.

Du Bartas (1544-1590) gentilhomme protestant qui guerroya pendant les guerres de religion, défendant la cause de Henri IV, était un homme de bien, de mœurs irréprochables. Il mourut à l'âge de quarante-six ans. Scandalisé de la légèreté des poètes de son temps, il voulut, protestant sincère et rigide, retremper sa muse aux sources sacrées de la Bible. Il chanta d'abord *Judith*, puis il aborda un poème de longue haleine, *la Semaine*, qui comprend l'œuvre des six jours et le repos du septième. Dans ce poème, il étale toute l'érudition de son temps : cosmogonie, astronomie, histoire naturelle, théologie. Il exagéra les défauts de Ronsard, mais jouit néanmoins d'une grande renommée. L'Allemagne protestante s'engoua de ses œuvres. Le grand Gœthe nous accuse d'ingratitude à son égard : « Vos poètes, dit-il, devraient s'attacher au cou le portrait de Du Bartas et graver le chiffre de son nom sur leurs armes. »

Philippe Desportes (1546-1606), fut surnommé le *Tibulle français*. Il resta attaché au duc d'Anjou qui, devenu roi, le combla de bénéfices ; il avait, dit-on, plus de soixante mille francs de revenu. S'il ne fut pas le meilleur poète, il fut au moins le plus riche de son temps. Quand le duc d'Anjou partit pour aller occuper le trône de Pologne, il chargea Desportes de rimer ses adieux ; qu'on juge de son style par ce qu'il fait dire au nouveau roi :

> On fera de mes yeux une mer ondoyer,
> Afin qu'à ce départ je m'y puisse noyer.

Bertaut (1552-1611) nous raconte lui-même que c'est en lisant Ronsard qu'il se sentit poète ; il n'avait pas seize ans. Plus tard, il fut attiré par la douceur des poésies de Desportes et essaya de les imiter. On trouve dans ses œuvres plus de sagesse, dans ses plans un emploi plus sobre de l'érudition, un meilleur choix de mots.

Mathurin Régnier (1573-1613).

Mathurin Régnier fut en poésie le véritable successeur de Villon et de Marot. Il naquit à Chartres, en 1573. Sa vie est peu connue. Ses parents le destinèrent de bonne heure à l'Église et il fut tonsuré à l'âge de neuf ans. Ses talents précoces lui firent des protecteurs ; il fut nommé chanoine quoiqu'il n'eût aucune vocation pour l'état ecclésiastique. Sa conduite était, en effet, peu morale. Quoiqu'il touchât sur son abbaye une rente de 2,000 livres, cette somme pouvait à peine lui suffire, et il se plaignait de la misère : c'est dans les rues et dans les tavernes qu'il aimait à chercher ses inspirations caustiques et satiriques. Cette vie de désordres et de débauche ruina bientôt sa santé, et il mourut dans la fleur de l'âge, à quarante ans.

Régnier profita des préceptes de Ronsard et se nourrit de la lecture des anciens, mais il sut se préserver des défauts de son maître ; il donna au style gaulois une fermeté et un accent énergique qui l'élevèrent singulièrement.

Il fut le créateur de la satire française. Son esprit observateur lui fit découvrir de bonne heure les défauts des hommes en général, et des hommes de son temps en particulier. « Malheureusement, il eut tort de croire que toute licence lui était permise pour attaquer les vices et les travers, et qu'il pouvait être obscène et cynique impunément. Le talent, le génie même s'il ne respecte dans ses écrits ni la religion, ni la morale, ne jouit que d'une gloire périssable ; un vain nom est bientôt tout ce qui reste de lui dans la mémoire des hommes. Tel est le sort de Mathurin Régnier, qu'on lit à peine aujourd'hui, et que l'on saurait par cœur, si le talent suffisait seul pour obtenir les hommages de la postérité » (Ed. MENNECHET).

Quoique Régnier fut loin d'être l'imitateur servile de l'école de Ronsard, il en prit néanmoins la défense contre les invectives de Malherbe. Voici à quelle occasion une rupture eut lieu entre ces deux poètes : un jour, Desportes, qui était l'oncle de Régnier, invita Malherbe à dîner ; mais avant qu'on se mît à table, il voulut le régaler de quelques-unes de ses poésies sacrées : « Laissez, laissez, dit brutalement Malherbe, votre potage vaut mieux que vos psaumes. » Régnier, sensible à cette insulte faite à son oncle, prit la plume et lança à son rival une satire étincelante de colère et de poésie.

Ce sont les satires de Régnier qui ont fait sa réputation. Boileau, qui est un juge sévère, a estimé par les vers suivants le talent littéraire de ce poète :

> De ses maîtres savants, disciple ingénieux,
> Régnier seul, parmi nous, formé sur leurs modèles,
> Dans un vieux style encore, a des grâces nouvelles.

Malherbe (1555-1628).

> Enfin, Malherbe vint, et le premier en France,
> Fit sentir en ses vers une juste cadence,
> D'un mot mis en sa place enseigna le pouvoir
> Et réduisit la muse aux règles du devoir.
> Par ce sage écrivain, la langue révérée
> N'offrit plus rien de rude à l'oreille épurée ;
> Les stances avec grâce apprirent à tomber,
> Et le vers sur le vers n'osa plus enjamber.

C'est ainsi que Boileau salue l'arrivée de Malherbe, comme une sorte d'événement.

Malherbe naquit à Caen, en 1555, d'une famille noble mais pauvre. Nous savons peu de chose sur ses premières années. Son père ayant embrassé la Réforme, il en eut tant de déplaisir qu'il quitta la maison paternelle. Après un voyage en Allemagne, il revint en France, et devint secrétaire du duc d'Angoulême, gouverneur de Provence. Un jour, le duc, qui se mêlait de faire des vers, ayant composé un sonnet dont il était content, le remit à Du Perrier, le priant de le présenter comme sien à Malherbe, et de lui demander son avis. Malherbe, qui n'était pas courtisan : « Bah ! dit-il, après l'avoir lu, c'est tout comme si c'était Monseigneur qui l'eût fait. » Le duc, loin de se blesser, n'en estima que davantage Malherbe, et le lui prouva en lui faisant obtenir la fille d'un président du parlement d'Aix.

En 1599, son ami Du Perrier eut la douleur de perdre sa fille unique. Malherbe écrivit à cette occasion une ode qui a passé à la postérité, et dont quelques stances sont admirables de forme et de sentiment :

> Ta douleur, Du Perrier, sera donc éternelle !
> . . . .
> Je sais de quels appas son enfance était pleine.
> . . . .
>
> Mais elle était du monde, où les plus belles choses
>   Ont le pire destin,
> Et, rose, elle a vécu ce que vivent les roses,
>   L'espace d'un matin.
>
> La mort a des rigueurs à nulle autre pareilles ;
>   On a beau la prier,
> La cruelle qu'elle est, se bouche les oreilles
>   Et nous laisse crier.
>
> Le pauvre en sa cabane, où le chaume le couvre,
>   Est sujet à ses lois,
> Et la garde qui veille aux barrières du Louvre
>   N'en défend pas nos rois !

Voilà des vers qui ont plus de deux cents ans, et qui n'ont rien perdu de leur jeunesse et de leur grâce.

L'année suivante, Malherbe célébra, dans une ode l'arrivée de Marie de Médicis, qui venait épouser le roi Henri IV.

Cette pièce commença sa réputation. Une ode, qu'il lut au cardinal Du Perron, lui valut d'être introduit auprès de Henri IV. Un jour, que le roi demandait à Du Perron s'il ne faisait plus de vers, celui-ci répondit que « depuis que Sa majesté lui faisait l'honneur de l'employer dans ses affaires, il avait abandonné cet exercice, et que d'ailleurs il ne fallait plus que qui que ce soit s'en mêlât, après un gentilhomme de Normandie, établi en Provence, nommé Malherbe, qui avait porté la poésie française à un si haut point, que personne n'en pouvait jamais approcher. » Cet éloge étonna le roi ; il demanda à voir le poète et le pria de lui composer une prière en vers pour son voyage en Limousin ; il en fut si satisfait, qu'il prit aussitôt Malherbe dans sa maison et à ses gages. Le poète avait alors cinquante ans.

Son premier soin fut de *dégasconner* la cour ; après la cour, il entreprit de réformer la France entière. Il se déclara, en littérature, l'adversaire de Ronsard et de son école, et s'éleva d'abord contre l'abus que cette école avait fait de l'antiquité. Ce n'est pas qu'il ne goutât fort les poètes grecs et latins ; il avait, dit-on, un Horace dans son cabinet, sous le chevet de son lit, sur sa table de nuit, dans son armoire, à la ville et aux champs ; il l'appelait son *bréviaire ;* mais il voulait que la poésie fut originale et non servile.

Il combattit de même l'abus des fictions. Régnier venait de composer pour Henri IV un éloge où il représentait la France montant au trône de Jupiter et s'y plaignant de l'état où l'avait laissée la Ligue. « Depuis cinquante ans que je demeure en France, dit à ce sujet Malherbe, je ne me suis point aperçu que la France se fût enlevée de sa place. »

A ces changements dans le fond répondaient autant de changements dans la forme. Il proscrivit les expressions étrangères que Ronsard avait introduites. Lorsqu'on le consultait sur la propriété, le genre d'un mot : « Allez, disait-il, au Port au Foin, c'est là que vous apprendrez comment il faut parler. » Où est, en effet, la bonne langue française si ce n'est à Paris ? La cour a pu être tour à tour italienne, gasconne ou espagnole, mais la langue du peuple n'est pas sujette aux variations de la mode.

Malherbe déploya dans cette œuvre de réforme littéraire un courage et une ardeur qui tenaient du fanatisme. Il brisa pièce à pièce l'édifice élevé par Ronsard : il se fit des ennemis et s'attira des injures ; on l'appela un *regratteur de mots*, un *tyran de syllabes*.

Malherbe (suite).

Si Malherbe était sévère pour les autres, il ne l'était pas moins pour lui-même. Il n'arrivait à la clarté et à la pureté de l'expression que par beaucoup de travail. On raconte, sur sa lenteur à composer, des anecdotes piquantes. Une fois, il employa une demi-rame de papier à corriger une seule stance. « Quand on a fait cent vers et deux feuilles de prose, disait-il, il faut se reposer dix ans. »

Un président ayant perdu sa jeune femme, Malherbe voulut lui adresser quelques consolations ; quand il lui apporta sa pièce, il le trouva remarié. Il avait mis trois ans à rimer ses condoléances.

A force de travail et de persévérance, il parvint à renverser la cabale et à faire école à son tour. Il faut qu'il ait eu une grande confiance dans son mérite pour avoir osé dire :

> Les ouvrages communs vivent quelques années :
> Ce que Malherbe écrit dure éternellement.

Il poussait d'ailleurs la bonne opinion de lui-même à un point incroyable. La princesse de Conti lui disait un jour : « Monsieur Malherbe, je veux vous montrer les plus beaux vers que vous ayez lus. — Pardonnez-moi, lui répondit-il si ce sont les plus beaux, je les connais, puisque moi seul je puis en être l'auteur. »

Dans plus d'une circonstance, cet orgueil lui nuisit beaucoup et lui fit de cruels ennemis. On a vu qu'il se brouilla avec Régnier, au sujet d'un psaume de Desportes; il rompit de même avec son disciple et ami Racan. Voici à quelle occasion : Malherbe avait, comme tous les poëtes, la manie de lire ses vers ; malheureusement, il les lisait fort mal. Racan, s'étant permis un jour de lui en faire l'observation et de lui conseiller de les faire lire par d'autres, Malherbe, qui était très-susceptible, entra dans une violente colère et ne lui pardonna jamais.

Il n'avait de ménagements pour personne. Un jour, un jeune homme de bonne maison vint lui lire des vers qu'il avait composés et lui demander son avis : « Avez-vous été comdamné à faire ces vers, ou à être pendu ? lui demanda Malherbe ; je vous conseille de ne les lire à personne, si vous tenez à votre réputation. »

Outre une immense vanité, on pouvait lui reprocher une avarice sordide. Quoiqu'il fût riche, il ne craignait pas de demander l'aumône, une pièce de vers à la main. Il eut, pendant toute sa vie, des procès avec ses parents. Un jour qu'on lui en faisait le reproche, il répondit : « Ferais-je des procès avec les Turcs et les Russes, qui ne me disputent rien ? »

Si égoïste qu'il fût, il ressentit profondément la mort de ses enfants, et en particulier celle de son fils aîné, qui fut tué en duel par un gentilhomme de Provence. Quoique âgé de soixante-treize ans, Malherbe voulut se battre pour venger son enfant, et comme on essayait de l'en détourner, en lui faisant considérer la disproportion d'âge et de force : « Je ne risque, répondit-il, qu'un denier contre une pistole. » On parvint cependant à le dissuader ; son adversaire entra en arrangement avec lui, et lui donna trente mille francs, que Malherbe employa à élever un mausolée à son fils.

On raconte qu'un pauvre lui demandait un jour l'aumône, lui promettant de prier Dieu pour lui : « Mon ami, lui répondit Malherbe, je ne me soucie pas de vos prières, car vous ne devez avoir guère de crédit au ciel, puisque Dieu vous laisse dans un aussi triste état. »

Dans sa dernière maladie, son prêtre ayant voulu le confesser, « Je ne me confesse qu'à Pâques, » lui dit-il. Il mourut en défendant les règles de la grammaire. « Une heure avant d'expirer, dit son disciple Racan, il se réveilla comme en sursaut, pour reprendre sa garde-malade d'un mot qui n'était pas bien français; et comme son confesseur lui en faisait la réprimande, il dit qu'il ne pouvait s'en empêcher, et qu'il voulait défendre jusqu'à la mort la pureté de la langue française. »

Malherbe est remarquable dans ses poésies, par la grâce, le rythme, l'harmonie. Il évita les hiatus et confirma le mélange des rimes masculines et féminines. Il fit de la langue française, une langue de distinction, pure, harmonieuse ; on peut lui reprocher, avec raison, de manquer de chaleur et d'enthousiasme. On cite néanmoins de lui quelques poésies pleines de sentiment. Telles sont : *les Stances à Du Perrier*, l'*Ode sur l'attentat contre la personne du roi*; l'*Ode à Louis XIII, partant pour le siége de la Rochelle*, qui est considéré comme son chef-d'œuvre.

PARAPHRASE DU PSAUME CXLV

N'espérons plus, mon âme, aux promesses du monde ;
Sa lumière est un verre et sa faveur une onde
Que toujours quelque vent empêche de calmer.
Quittons ces vanités, lassons-nous de les suivre ;
    C'est Dieu qui nous fait vivre
    C'est Dieu qu'il faut aimer.

En vain pour satisfaire à nos lâches envies,
Nous passons près des rois tout le temps de nos vies
A souffrir le mépris et ployer les genoux,
Ce qu'il peuvent n'est rien, ils sont comme nous sommes,
    Véritablement hommes
    Et meurent comme nous.

Ont-ils rendu l'esprit, ce n'est plus que poussière
Que cette majesté si pompeuse et si fière
Dont l'éclat orgueilleux étonnait l'univers ;
Et dans ces grands tombeaux où leurs âmes hautaines
    Font encore les vaines,
    Ils sont mangés des vers.

Là se perdent ces noms de maîtres de la terre,
D'arbitres de la paix, de foudres de la guerre ;
Comme ils n'ont plus de sceptre, ils n'ont plus de flatteurs ;
Et tombent avec eux, d'une chute commune,
    Tous ceux que leur fortune
    Faisait leurs serviteurs.

Racan (1581-1670).

Le marquis de Racan naquit en 1581 et ne mourut qu'en 1670, époque à laquelle tous nos grands littérateurs du XVIIe siècle avaient produit leurs chefs-d'œuvre. Il était d'une famille noble et devint page de Henri IV. C'est à la cour de ce roi qu'il connut Malherbe, qui lui donna d'excellents conseils.

Le talent poétique de Racan est moins élevé et moins énergique que celui de Malherbe ; mais il est facile, coulant ; sa poésie respire quelque chose de tendre et de mélancolique : les douces émotions et la tendresse sont l'âme de ses vers. On sent en lui un homme nourri de sérieuses pensées et qui s'est familiarisé avec l'idée de la mort. Il dépeint d'une manière intéressante, et en termes choisis, la vanité de la vie, celle des plaisirs, le néant de la gloire, les caprices de la fortune.

Son principal ouvrage est intitulé : *les Bergeries*. On y trouve, au milieu de réelles beautés, une grande monotonie. Il y a de bons vers, de la pureté, du goût, mais on ne comprend pas que Boileau ait pu dire :

Racan pourrait chanter à défaut d'un Homère.

Il n'y a jamais eu en Racan aucune des qualités épiques d'Homère. Boileau a été mieux inspiré lorsqu'il a dit :

> Malherbe d'un héros peut chanter les exploits,
> Racan chanter Philis, les bergers et les bois.

STANCES

Tircis, il faut songer à faire la retraite ;
La course de nos jours est plus qu'à demi faite ;
L'âge insensiblement nous conduit à la mort :
Nous avons assez vu sur la mer de ce monde
Errer au gré des flots notre nef vagabonde ;
Il est temps de jouir des délices du port.
Le bien de la fortune est un bien périssable ;
Quand on bâtit sur elle on bâtit sur le sable ;
Plus on est élevé, plus on court de dangers :
Les grands pins sont en butte aux coups de la tempête ;
Et la rage des vents brise plutôt le faîte
Des maisons de nos rois que les toits des bergers.

O bienheureux celui qui peut de sa mémoire
Effacer pour jamais ce vain espoir de gloire
Dont l'inutile soin traverse nos plaisirs :
Et qui loin, retiré de la foule importune,
Vivant en sa maison, content de sa fortune,
A, selon son pouvoir, mesuré ses désirs !
Agréables déserts, séjour de l'innocence,
Où loin des vanités, de la magnificence,
Commence mon repos et finit mon tourment
Vallons, fleuves, rochers; plaisante solitude,
Si vous fûtes témoins de mon inquiétude
Soyez-le désormais de mon contentement !

CHAPITRE III

DE LA POÉSIE DRAMATIQUE AU XVIᵉ SIÈCLE

Les prédécesseurs de Corneille : Jodelle. — Garnier. — Alexandre Hardy.

Jodelle (1532-1573).

La scène française ne connaissait encore que les *Mystères* et les *Moralités*. Jodelle fut le premier qui s'éleva contre ces spectacles grossiers.

Dès son jeune âge, il se donna tout entier aux beaux-arts et eut l'ambition de tout embrasser à la fois ; il fut peintre, architecte, sculpteur, musicien, tapissier et surtout poète. Lorsque Du Bellay publia son *Illustration de la langue française*, il fut, avec Ronsard, un des premiers à répondre à son appel et se prit d'une belle passion pour les anciens. Ronsard avait essayé de faire revivre l'épopée ; Jodelle, plus modeste, se borna à la tragédie et à la comédie. Il se mit à l'œuvre avec passion ; en quinze jours, il acheva une tragédie, *Cléopâtre captive*, et en quatre matinées, une comédie. La tragédie de *Cléopâtre* fut un immense événement ; elle fut représentée par Jodelle lui-même et ses amis, en présence de Henri II et de la cour.

Cette tragédie, tant admirée alors, est cependant loin d'être bonne ; le langage en est vulgaire et emphatique. On y trouve, çà et là, des morceaux énergiques et surtout la progression de l'intérêt dramatique, chose jusqu'alors inconnue en France. Quoiqu'il en soit, l'enthousiasme fut immense. Henri II donna au poète cinq cents écus de son épargne, Jodelle fut reconduit en triomphe chez lui par tous ses amis. En chemin, ils rencontrent un bouc, et se souvenant que cet animal était la récompense ordinaire des poètes tragiques d'Athènes, ils le décorent de lierre et de bandelettes, l'entraînent dans la salle du festin où Ronsard récita un hymne à la louange du poète couronné.

Jodelle abusa de sa facilité de composition : la plus longue de ses pièces fut composée et écrite en moins de dix matinées. Malgré cette facilité, il ne fit que trois tragédies. Il dissipa son temps dans les plaisirs et la débauche, et mourut de misère et d'infirmités à l'âge de quarante-et-un ans.

Robert Garnier (1534-1590) parut quelques années après Jodelle, sous le règne de Henri III. C'était un très-grave personnage; quoique membre du grand conseil, il ne crut pas déroger en écrivant des pièces de théâtre. Il obtint un immense succès et fut comparé à Sophocle, Eschyle et Euripide, qu'il imitait. L'engouement alla même si loin, qu'on prétendit qu'il les valait tous trois ensemble. Ses tragédies sont un peu moins mauvaises que celles de Jodelle, il respecte davantage les bienséances; mais, en général, ses pièces pèchent par l'enflure.

Alexandre Hardy (1560-1640) n'est remarquable que par son excessive fécondité. Il composa plus de six cents pièces de théâtre. Il lui suffisait de quelques heures pour faire une tragédie ou une comédie.

CHAPITRE IV

LA PHILOSOPHIE MORALE AU XVIᵉ SIÈCLE.

Rabelais. — Œuvre de Rabelais. — Jacques Amyot. — Michel Montaigne. — Jean Calvin.

Rabelais (1483-1553).

Les écrivains moralistes les plus remarquables du xv siècle furent : Rabelais, Amyot, Montaigne et Calvin.

Rabelais naquit en Touraine, dans la petite ville de Chinon, vers 1483. Son père était aubergiste, et possédait une petite fortune ; les propos et les exemples du cabaret influèrent d'une manière fâcheuse sur l'esprit et le caractère de l'enfant. Quoiqu'il n'eût aucun goût pour l'état ecclésiastique, il fut destiné à la prêtrise. Son éducation terminée, il entra dans un couvent de Cordeliers ; c'est là qu'il commença des études sérieuses ; il laissa aux autres moines le souci des pratiques religieuses, pour se donner tout entier à la science ; seul dans son étroite cellule, sans autre secours que les livres de son couvent, il parvint à amasser un savoir prodigieux ; il se perfectionna surtout dans la langue grecque et approfondit toute la littérature ancienne. Son ardeur au travail contrastait avec la paresse de ses compagnons de cloître, qui étaient l'objet de ses railleries et de son profond mépris. Il alla un jour jusqu'à s'affubler d'un costume de saint François et se mit dans l'église à la place de la statue du saint, pour faire croire au miracle les bonnes gens qui viendraient s'agenouiller devant lui. Cette impiété lui coûta cher, car on le fit descendre de sa niche, on le fouetta jusqu'au sang et il fut mis au pain et à l'eau dans les prisons du monastère pour le reste de ses jours. Il en sortit, grâce à l'intervention de quelques amis ; de là, il entra dans l'ordre de saint Benoît. Bientôt il s'évada, et devint secrétaire de l'évêque de Maillezais, qui avait été son compagnon d'étude.

C'est alors qu'il fut mis en rapport avec plusieurs hommes distingués : Clément Marot, Calvin et le savant Budé. Mais ces relations ayant failli lui attirer les rigueurs du clergé, Rabelais jugea prudent de fuir le danger, et à l'âge de quarante-deux ans, il alla à Montpellier pour y étudier la médecine.

Il ne tarda pas à être reçu docteur et à se faire une telle réputation de savoir et d'esprit, qu'il fut choisi par la Faculté de Montpellier, pour venir réclamer à Paris auprès du chancelier Duprat, le rétablissement de certains priviléges universitaires. N'ayant pas été reçu, Rabelais imagina de s'affubler un matin d'un costume grotesque et se mit à se promener magistralement sous les fenêtres du chancelier. Il se présenta au portier, à qui il parla latin. Le portier, fort en peine, fit appeler le secrétaire du chancelier ; Rabelais lui parla grec ; il continua ainsi, répondant successivement aux messagers en espagnol, en italien, en allemand, en anglais, en hébreu, tant qu'enfin le chancelier donna ordre d'introduire cet étrange personnage qui fit alors sa requête en bon français, et obtint le rétablissement des priviléges universitaires.

A peine reçu docteur, Rabelais alla s'établir à Lyon, pour y exercer la médecine. C'est là qu'il publia l'*Histoire du grand Gargantua*. Quoique ce livre ne fût qu'une ébauche de celui qu'il publia plus tard, il en fut plus vendu en deux mois, dit-il, que de Bibles en neuf ans. Encouragé par ce succès, il publia l'année suivante, *Pantagruel*. Ce livre eut une telle vogue, qu'on en fit trois éditions en un an.

Le cardinal Du Bellay, évêque de Paris, vit Rabelais à Lyon et lui offrit de l'emmener avec lui à Rome, où il allait comme ambassadeur. Rabelais accepta et partit en qualité de médecin et de secrétaire du cardinal. Là, il se permit, dit-on, devant le Saint-Père, une parole très-irrévérencieuse ; effrayé aussitôt d'avoir parlé si légèrement, il sort, saute sur un cheval et le lance au galop, malgré un orage terrible qui venait d'éclater avec des torrents de pluie ; comme on lui criait de s'arrêter : « J'aime mieux être mouillé que brûlé, répondit-il. » On parvint néanmoins à le rassurer et il fut ramené à Rome où Clément VII lui pardonna.

Après six mois de séjour, Rabelais fut rappelé en France pour porter au roi quelque communication secrète de l'ambassade. En passant par Lyon, il fut forcé de s'arrêter dans une hôtellerie, faute d'argent pour continuer sa route. Pendant un quart d'heure, il fut fort embarrassé ; cet embarras est passé en proverbe sous le nom de *quart d'heure de*

Rabelais : tout à coup il imagine le plus imprudent stratagème ; il fait écrire par un enfant des étiquettes portant ces mots : *Poison pour faire mourir le roi... Poison pour faire mourir la reine*, et il les attache à de petits sachets remplis d'une poudre inoffensive ; bientôt les magistrats en sont informés ; on se saisit du prétendu empoisonneur, on l'enferme dans une litière, et on l'emmène sous bonne escorte à Paris, sans qu'il lui en coûtât rien. Il arrive ainsi devant François 1er, raconte sa ruse, en donne la preuve en avalant le prétendu poison ; le roi rit beaucoup de l'aventure.

Sous Henri II, il se fit nommer curé de Meudon, au grand scandale des dévôts. Il mourut deux ans après, à l'âge de soixante-dix ans. Ses derniers moments ont été racontés de différentes manières. Suivant les uns, il aurait eu une mort édifiante ; suivant d'autres, au contraire, il serait mort en impie. Avant de rendre l'âme, il recueillit ses forces pour s'écrier avec un éclat de rire : « Tirez le rideau, la farce est jouée. »

Le chef-d'œuvre de Rabelais est le roman intitulé : *Gargantua*. Sous des apparences folles et bouffonnes, ce roman cache un but profond, que Rabelais nous invite à découvrir dans la préface même de l'ouvrage. Il conseille à son lecteur d'imiter le chien, « la bête du monde la plus philosophe, dit-il ; le chien ne dédaigne pas l'os qu'on lui jette : il le garde, il l'entame, il le brise, il le suce. Pourquoi ? Quel bien prétend-il ? Rien de plus qu'un peu de moelle. Prenez exemple sur le chien. En ouvrant un livre, qui en apparence est grossier, cherchez-y la substance et la doctrine. »

Ce livre est en effet la satire mordante du moyen âge. Rabelais a passé en revue la société tout entière : la royauté, la magistrature, le clergé, les cloîtres, la juridiction des baillis, celle des sénéchaux, du haut parlement, tout cela vient figurer dans son poème, et lorsqu'il entreprend avec Panurge cette longue odyssée, ce voyage à travers des terres inconnues, le pays qu'il découvre est une terre allégorique et satirique, qui représente quelque canton de la société contemporaine : voilà le sens véritable, le sens profond de l'œuvre. Les géants du poème représentent les rois et les seigneurs de l'époque, qui, semblables à Gargantua, épuisent à eux seuls tous les revenus de leurs provinces.

Ce n'est pas sans raison que Rabelais employa l'allégorie ; cette forme lui permettait de dire la vérité sans encourir le danger d'être brûlé vif. Néanmoins, malgré toutes ces précautions, les allusions furent parfois si transparentes, qu'il jugea prudent de fuir. Son livre fut condamné par le Parlement.

On regrette que la forme de cet ouvrage en rende la lecture impossible. Rabelais semble affectionner les expressions les plus ordurières, les images les plus obscènes. Sous ces déplorables grossièretés de langage, on trouve un trésor de bon sens, de jugement, de profondeur de pensée, de verve originale. Boileau a dit de cet ouvrage : « C'est la raison déguisée en masque, » et La Bruyère : Là où Rabelais est bon, il satisfait les goûts les plus délicats, là où il est mauvais, il tombe dans la plus grossière indécence. »

Œuvre de Rabelais.

L'ouvrage de Rabelais se compose de cinq livres. Le premier a pour titre *Gargantua*, et les quatre autres *Pantagruel*. Grandgousier, Gargantua, Pantagruel sont des rois et des géants qui règnent en Utopie, près de Chinon, en Touraine. Tel est le lieu de la scène. Quant à l'action, elle est impossible à suivre ; l'auteur introduit ses personnages dans la vie, raconte leur enfance, fait le procès à l'éducation qu'on donnait de son temps ; puis il sème au gré de sa fantaisie les épisodes les plus divers, les digressions les plus burlesques et souvent les plus malpropres. Nous ne suivrons pas Grandgousier dans toutes ses pérégrinations ; nous ne relèverons dans cette histoire que ce qui est de nature à nous faire apprécier en Rabelais, le penseur sérieux qui est en avance sur son siècle.

Grandgousier est un roi paisible, bon et cher à ses sujets. Il est attaqué, au mépris de tout droit, par le roi Picrochole. Le roi d'Utopie, après avoir épuisé tous les moyens de conserver la paix, est forcé d'avoir recours aux armes. Picrochole envahit le royaume de Grandgousier, ravage toute une contrée ; mais il est arrêté dans sa course, battu et se sauve, suivi à peine de quelques compagnons. Cependant le vainqueur, loin d'abuser de sa victoire, respecte le territoire ennemi et rend la liberté aux prisonniers sans rançon. Ce trait était une protestation contre les horreurs et les injustices de la guerre.

L'un des plus vaillants champions de l'armée de Grandgousier est un moine, frère Jean des Entomeures. A l'approche des ennemis, les autres moines se sont réfugiés tout tremblants dans la chapelle : frère Jean s'arme du bois de la croix, met son froc en écharpe et tombe à bras raccourci sur les pillards et en laisse sur le terrain « treize mille six cents vingt-deux, sans les femmes et petits enfants, cela s'entend toujours. » L'auteur avait évidemment l'intention de montrer que le couvent renferme et enlève à la société des hommes faits pour l'action, qui sont de mauvais moines et qui feraient d'excellents soldats, d'excellents laboureurs et artisans. Les ennemis battus et rentrés dans leur pays, Gargantua songe à récompenser le moine. Il lui offre une abbaye qu'il a préservée du pillage. Mais frère Jean refuse. Cependant il ne demande pas mieux que de fonder une abbaye à son gré. C'est la fameuse abbaye de Thélème, véritable paradis terrestre où règnent la liberté absolue, la joie, l'étude, les honnêtes délassements. Sur la porte est gravée la devise : *Fais ce que tu voudras*. On y entre et on en sort à volonté. C'est le rêve d'un ami de l'humanité.

Les quatre derniers livres sont consacrés à *Pantagruel*. Ce jeune homme, élevé tout autrement que ses contemporains, est un prince juste, bienfaisant, humain surtout. Il voyage, parcourt le monde et rencontre partout des abus, des iniquités, des superstitions grossières ou ridicules. Il trouve sur son chemin les juges de toute classe, les uns grotesques, comme Bridoye qui fait apporter les sacs contenant les dossiers, les soupèse, puis tire au sort des dés l'arrêt qu'il doit rendre ; les autres rapaces et sanguinaires, comme Grippeminaud, l'archiduc des chats fourrés et ses acolytes. Il se heurte aux Chicanoux, huissiers et sergents, qui vivent et s'engraissent aux dépens des malheureux plaideurs. Nous ne le suivrons pas dans l'*Ile sonnante*, au pays des *papimanes,* où l'auteur attaque d'une manière hardie les cruautés de la cour de Rome.

L'un des personnages les plus connus de Rabelais est Panurge, type de tous ceux qui, pauvres, intelligents mais dissipateurs, luttent sans cesse pour se faire une position. Quand Pantagruel fit sa rencontre, il était en fort piteux état. Il arrivait du pays des Turcs, où ces mécréants l'avoient mis à la broche après l'avoir bien garni de lardons, car il était fort maigre. Pantagruel entreprend de le marier, chose peu facile ; ne faut-il pas consulter tous les sages, tous les devins ? la question est si grave ! Après les avoir écoutés, Panurge ne sait s'il fera bien ou mal de se marier. En attendant, Pantagruel lui fait cadeau d'une châtellenie, mais en moins de quatorze jours le nouveau châtelain avait dilapidé le revenu de trois ans, « prenant argent d'avance, achetant cher, vendant à bon marché, et mangeant son blé en herbe. »

Dans une autre circonstance, le philosophe nous montre Panurge affichant une effronterie et une malice cyniques. Dans un voyage sur mer, la tempête éclate ; la peur de mourir lui arrache aussitôt des plaintes et des gémissements ; il veut à toute force qu'on le mette à terre, « sur le plancher des vaches. » Quand la tempête est apaisée, il reproche à l'équipage la poltronnerie que lui seul a montrée et cherche un mauvais tour à faire à quelqu'un. C'est sur Dindenaut, le marchand de moutons, que s'exerce sa malice. Il obtient à grand'peine que celui-ci lui vende un mouton. Il le paye au poids de l'or ; puis, le prenant entre ses bras, le jette à la mer. Aussitôt, d'un bond, tout le troupeau se précipite à la suite du noyé ; et Dindenaut éperdu, se cramponnant au bélier, est emporté avec lui dans les flots. Panurge, du haut du pont, se rit de son malheur et lui débite un beau discours sur les misères de cette vie et les félicités de l'autre. Ce trait est passé en proverbe dans notre langue ; *sauter comme les moutons de Panurge*, se dit des gens qui font une chose par esprit d'imitation.

Jacques Amyot (1513-1593).

Jacques Amyot naquit à Melun, en 1513, de parents pauvres ; son père était boucher. Par sa naissance, il semblait être destiné à vivre d'une vie obscure ; mais, grâce à son ardeur et à sa persévérance au travail, il parvint aux honneurs les plus élevés : il devint évêque et grand aumônier de France. Il commença ses études dans une petite école de sa ville natale, et les continua dans un collége de Paris où, par économie, sa mère lui envoyait chaque jour son pain par le coche. Il se fit le domestique de ses compagnons d'études, et c'est en faisant leurs commissions, qu'il gagnait de quoi suffire à ses modestes besoins. On raconte que le soir, quand tout le monde était couché, le jeune écolier, faute de pouvoir se procurer de la lumière, lisait, à la lueur de quelques tisons du foyer, les livres qu'on lui prêtait. C'est ainsi qu'il apprit à fond la langue grecque. Ses progrès furent rapides et brillants ; à dix-neuf ans, il fut nommé professeur à l'université de Bourges, où il resta dix ans, enseignant le grec et le latin.

Henri II, ayant passé à Bourges, le jeune Amyot lui présenta une pièce de vers grecs qu'il avait composée en son honneur. Le roi, frappé de son mérite, se l'attacha et le chargea d'une mission en Italie. Amyot profita de ce voyage pour copier, d'après les manuscrits du Vatican, le texte des *Vies de Plutarque* (1), son auteur favori, et préparer ainsi l'œuvre qui devait faire sa réputation.

A son retour, il fut nommé précepteur des enfants du roi. Amyot fit de son élève, Charles IX, un des hommes les plus lettrés de France ; malheureusement, la bonne influence qu'il exerçait sur l'esprit de son royal élève était détruite par celle de Catherine de Médicis. Le jeune prince, devenu roi, n'oublia pas son maître : il le nomma grand aumônier, lui donna l'évêché d'Auxerre et plusieurs belles abbayes. Il est bien regrettable que Charles IX et Henri III n'aient pas plus sagement profité de ses conseils ; la Saint-Barthélemy et l'assassinat du duc de Guise, ces deux grands crimes qui chargent leur mémoire, retombèrent en partie sur leur maître, quoique celui-ci se défendît jusqu'à la fin de sa vie de les avoir conseillés. Lorsqu'il retourna à Auxerre, après les tragiques événements du château de Blois, le vide se fit autour de lui. A quatre-vingts ans, il fut réduit à n'avoir d'autre asile que l'hôpital d'Orléans, auquel il laissa par testament un legs de douze cents écus, en reconnaissance de l'hospitalité qu'il y avait reçue.

Le titre de gloire d'Amyot est sa traduction des *Vies des hommes illustres* de Plutarque. Cette traduction est tellement française par la tournure des phrases et la propriété des expressions, qu'on la prendrait pour un ouvrage original. Au lieu de s'attacher à reproduire mot pour mot le texte grec, le célèbre écrivain traduit librement la phrase qu'il vient de lire, conservant une allure indépendante à sa traduction, et donnant à sa copie quelque chose de spontané et d'original.

(1) Plutarque, historien grec qui vivait 50 ans après J.-C.

Michel Montaigne (1533-1592).

Michel Montaigne naquit, en 1533, au château de ce nom, près de Bordeaux, d'une famille ancienne, mais point illustre. Son père, quoique noble, fit tenir son fils sur les fonts de baptême par des personnes de basse condition, et le fit élever dans un pauvre village. « Il voulait par là, nous dit Montaigne lui-même, me former à une vie frugale et austère : son but était de me rallier le peuple et cette condition d'hommes qui a besoin de notre aide ; il estimait que je fusse tenu de regarder plutôt vers celui qui me tend les bras que vers celui qui me tourne le dos. » Montaigne nous a raconté quel soin excessif son père prit de son éducation, dès le berceau. Pour ne pas l'arracher brusquement au sommeil, il le faisait réveiller doucement au son d'un instrument. Au lieu de commencer par lui apprendre le français, il le fit passer des mains de sa nourrice dans celles d'un Allemand qui ne lui parlait que latin : en sorte que « il avait plus de six ans avant qu'il entendît un mot de français ; et sans art, sans livre, sans grammaire ou précepte, sans fouet et sans larmes, il avait appris du latin tout aussi pur que son maître d'école le savait. »

A vingt-et-un ans, Montaigne fut nommé conseiller au parlement de Bordeaux ; s'il eût été ambitieux, il eût pu arriver aux plus grands honneurs ; mais « les affaires publiques n'étaient pas de son gibier, » dit-il. Pendant qu'il était conseiller à Bordeaux, il se lia d'une tendre amitié avec un autre conseiller de la cour, nommé *Étienne La Boëtie*. Ce jeune magistrat, qui mourut à l'âge de trente-deux ans, avait composé, dès l'âge de seize ans, un *Traité de la Servitude volontaire*, qui lui avait acquis une grande réputation de savoir. Montaigne a immortalisé son nom par les belles pages qu'il a écrites sur l'amitié qui les unissait. « Si on me presse de dire pourquoi je l'aimais, je sens que cela ne se peut exprimer qu'en répondant : Parce que c'était lui, parce que c'était moi. — Nous nous cherchions avant que de nous être vus ; nous nous embrassions par nos noms ; et à notre première rencontre, qui fut par hasard en une grande fête et compagnie de ville, nous nous trouvâmes si connus, si obligés entre nous, que rien dès lors ne nous fut si proche que l'un à l'autre. »

On devine combien un cœur si tendre dut souffrir des malheurs de son temps. Il eut la douleur d'être témoin des massacres de la Saint-Barthélemy (1572), des fureurs de la Ligue, des exécrables atrocités commises dans les guerres de religion. Il fut envoyé aux États généraux de Blois, à l'époque où le duc et le cardinal de Guise furent assassinés par Henri III. Le cœur rempli de dégoût, il préféra dès lors à tous les honneurs une vie paisible ; il se retira dans son manoir et contempla de là, en philosophe, les événements qui s'accomplissaient autour de lui. Là, auprès de sa femme et de sa fille, il se livra à la culture des lettres. Quelques amis lui conseillèrent d'écrire l'histoire de son temps. « L'histoire est dure à écrire, dit-il, et surtout l'histoire contemporaine. D'ailleurs, en fait d'ouvrage, j'ai l'haleine courte, et une narration étendue n'est point mon fait. J'aime mieux me faire historien au petit pied. Je me retire et me renfonce en moi-même, je raconte mes pensées et mes sentiments, devisant sur l'homme qui est un sujet ondoyant et divers. Voilà l'histoire telle que je me la suis faite, taillée à ma mesure, n'ayant ni chronologie, ni date, ni patrie. » Cette histoire, ce sont ses confessions, auxquelles il donna le nom d'*Essais*.

Dans ce livre, Montaigne a voulu, avant tout, peindre l'homme en se peignant lui-même. Il y ajoute des réflexions personnelles qu'il émaille d'un grand nombre de citations grecques et latines ; ces citations rendent la lecture du livre un peu fatigante. La narration n'est point suivie, l'auteur commence un chapitre sur un sujet, mais bientôt il abandonne son idée, et le chapitre se termine sur un sujet tout à fait différent. Il parle de tout à propos de lui, et de lui à propos de tout ; il se pose mille questions, les résout à sa manière, sans donner toutefois sa solution pour la meilleure, et peut-être, un peu plus loin, la résoudra-t-il tout autrement. Aussi Balzac a-t-il dit de lui, avec raison :

Montaigne sait bien ce qu'il dit, mais il ne sait pas ce qu'il va dire». Du reste, dans ce désordre, il y a tant d'esprit, de science, de profondeur, de pensées ingénieuses et justes, qu'on est heureux de le suivre partout où il va ; il parle si agréablement, qu'on regrette de le quitter ; c'est le causeur le plus instruit, le plus spirituel qu'on puisse rencontrer.

De même que Rabelais, Montaigne attaqua les travers de son époque : les superstitions de l'Église, les mœurs désordonnées des moines, les injustices judiciaires, telles que la torture, l'inquisition, etc. « Combien j'ai vu de condamnations, dit-il quelque part, plus criminelles que le crime ! » En philosophie, il entreprit le premier d'observer les phénomènes naturels, et il n'admit comme vrai que ce dont il s'était assuré par sa raison ou par son expérience personnelle : il préparait ainsi l'œuvre de Descartes. En religion, il se montra fort circonspect et n'attaqua aucune doctrine ; on dirait qu'il ne sait rien en cette matière ou qu'il doute de tout. Sa devise était : *Que sais-je?* Dans les questions controversées, il se borne à rapporter le pour et le contre, mais il donne rarement son opinion.

Jean Calvin (1509-1564).

Jean Calvin fut le premier qui popularisa, dans la langue vulgaire, les vérités de la philosophie chrétienne. Né à Noyon, en Picardie, d'un simple tonnelier, il montra des talents précoces et fit de brillantes études. Il fut destiné dès son enfance à la prêtrise ; mais, se sentant peu de vocation pour la théologie, il alla étudier le droit à Bourges et à Orléans. A Bourges, le célèbre jurisconsulte Alciat n'eut pas d'élève plus ardent et plus capable ; à Orléans, le luthérien Wolmar, qui enseignait le grec, l'initia en même temps aux principes de la Réforme et le décida à se livrer tout entier à l'étude de la théologie.

La Bible, que Calvin reçut à cette époque des mains d'un de ses parents, le détacha complétement du catholicisme. Il se mit dès lors à travailler lui-même à la propagation des nouvelles doctrines, en prêchant dans des assemblées secrètes, à Bourges et à Paris; il avait alors vingt-quatre ans. Un discours qu'il composa pour le recteur de l'Université de Paris et qui fut taxé d'hérésie par la Sorbonne, le força à fuir. Il se retira à Angoulême, dans la maison du chanoine du Tillet. C'est là que le jeune réformateur commença son grand ouvrage sur la religion chrétienne; il y travaillait avec tant d'ardeur, qu'il passait souvent les nuits sans dormir et les jours sans manger. Quand il avait achevé un chapitre, il le lisait à ses amis, et, en ouvrant son manuscrit, il avait coutume de dire : « Trouvons la vérité. »

Après avoir répandu les doctrines de la Réforme dans le Poitou et la Saintonge, Calvin, poursuivi par la persécution, alla s'établir à Bâle où il acheva son *Institution de la religion chrétienne*. A peine eut-il terminé ce grand ouvrage, qu'il se rendit en Italie, près de Renée de France, fille de Louis XII et duchesse de Ferrare, qui avait embrassé la Réforme. De Ferrare, Calvin se proposant d'aller à Strasbourg, passa par Genève; là, son ami Farel lui fit un devoir de s'arrêter dans cette ville et d'y accepter les fonctions de pasteur et de professeur de théologie. Calvin avait alors vingt-sept ans. Il trouva la ville et l'Église réformée de Genève dans le plus grand relâchement et se mit aussitôt à l'œuvre avec toute l'énergie qui le caractérisait; mais la violence de ses attaques contre les mœurs corrompues de Genève le fit exiler de cette ville. Il se retira alors à Strasbourg et s'y maria. Bientôt après, les Genevois, en proie aux plus violentes dissensions, révoquèrent la sentence de bannissement et le supplièrent de revenir parmi eux. Calvin rentra à Genève et y exerça dès lors une autorité absolue. Il réorganisa tout : le gouvernement, par une constitution politique ; la religion, par sa confession de foi et ses enseignements ; la famille et les mœurs, par des lois qui déterminaient jusqu'à la forme des vêtements et fixaient les dépenses de table.

On a accusé avec raison Calvin d'intolérance, mais s'il fut intolérant, il le fut en vertu du même principe qui animait l'Église d'où il était sorti : il crut avoir le monopole de la vérité et la mission expresse de réprimer et de punir l'erreur. C'est ce qui explique les peines rigoureuses qu'il infligea à ses adversaires et, en particulier, le supplice de Servet, brûlé vif à Genève à cause de ses doctrines trinitaires. Calvin fut coupable d'inconséquence. « En posant le droit d'examen individuel, dit avec raison M. de Félice, la Réforme avait indirectement établi la liberté religieuse. Elle n'a pas aperçu du premier coup toutes les conséquences de son principe, parce que les Réformés avaient emporté avec eux une partie des préjugés de leur première éducation ; mais elle devait les découvrir tôt ou tard, et c'est à bon droit qu'elle est regardée comme la mère de toutes les libertés modernes. »

Les prodigieux travaux de Calvin surpassent notre imagination. « Je ne crois point, dit Théodore de Bèze, son ami et son disciple, qu'il se puisse trouver son pareil. Outre qu'il prêchait tous les jours, de semaine en semaine, le plus souvent et tant qu'il a pu, il a prêché deux fois tous les dimanches. Il donnait, trois fois la semaine, des leçons de théologie. Il faisait les remontrances au Consistoire, et comme une leçon entière tous les vendredis en la conférence de l'Écriture que nous appelons congrégation ; et il a tellement continué ce train jusqu'à la mort, que jamais il n'y a failli une seule fois, si ce n'a été en extrême maladie. Au reste, qui pourrait raconter ses autres travaux ordinaires ou extraordinaires ? Je ne sais si homme de notre temps a eu plus à ouïr, à répondre, à écrire, ni de choses de plus grande importance. La seule multitude et qualité de ses écrits suffit pour étonner tout homme qui les verra, et plus encore ceux qui les liront. Et ce qui rend ses labeurs plus admirables, c'est qu'il avait un corps si débile, tant exténué de veilles et de sobriété par trop grande, et qui plus est, sujet à tant de maladies, que tout homme qui le voyait n'eût pu penser qu'il eût pu vivre tant soit peu ; toutefois, pour tout cela il n'a jamais cessé de travailler jour et nuit après l'œuvre du Seigneur. Nous lui faisions remontrance d'avoir plus d'égard à soi ; mais sa réplique ordinaire était qu'il ne faisait comme rien, et que nous souffrissions que Dieu le trouvât toujours veillant et travaillant comme il pourrait, jusqu'à son dernier soupir. » Calvin mourut le 27 mai 1564, âgé de cinquante-cinq ans.

Parmi les nombreux écrits sortis de sa plume, un seul a suffi pour le placer à la tête des plus grands écrivains de son siècle : c'est *l'Institution chrétienne*. Cet ouvrage écrit d'abord en latin, puis traduit en français par Calvin lui-même, parut en manière de protestation, à l'occasion des persécutions dirigées contre les Réformés. Il est précédé d'une préface admirable, adressée à François Ier. Cette préface est un exposé de la doctrine du réformateur sous la forme d'une brève réponse aux reproches qu'on lui faisait. En terminant, Calvin adjure le roi d'examiner la confession de foi de ses sujets persécutés, afin que voyant qu'ils sont d'accord avec la Bible, il ne les traite plus comme hérétiques. On assure que le roi ne daigna pas même lire cette épître.

Ce qui fait la supériorité de Calvin sur ses devanciers, c'est une précision que notre langue ignorait avant lui. « Point de mots inutiles, dit M. Saint-Marc Girardin ; il procède par des traits vifs qui conviennent à son argumentation pressante, et il supprime les articles, dès qu'ils ne lui semblent pas indispensables. Ce style nerveux, qui s'accorde si bien avec la rigidité de son caractère, et qui en est l'expression, l'élève au-dessus de presque tous les écrivains qui le précédèrent, et l'égale même à quelques-uns de ceux qui le suivirent. Ses expressions sont antiques, mais toujours fortes ; sa véhémence est exempte de déclamation, son érudition de pédantisme. Souvent une de ses phrases renferme le sens d'un long paragraphe ; économie de mots bien dignes d'éloges, dans un siècle où leur abondance semblait, à presque tous les écrivains, la preuve de l'étendue de l'esprit. » Bossuet lui reconnaît, outre la gloire d'avoir aussi bien écrit en latin qu'homme de son siècle, celle d'avoir excellé à parler la langue de son pays.

CHAPITRE V

PAMPHLETS ET MÉMOIRES AU XVI° SIÈCLE.

Blaise de Montluc. — Pierre Brantôme. — François La Noue. — La Satire Ménippée. — Théodore de Bèze. — Agrippa d'Aubigné. — Le président de Thou.

Jusqu'au XV° siècle, le caractère de l'histoire a été religieux ou féodal : en entrant dans la période moderne, ce caractère change, et la royauté, déjà forte et puissante, y occupe une grande place. Au commencement du XVI° siècle et jusqu'aux progrès de la Réforme en France, la scène toute entière lui appartient. Les guerres de religion lui donnent alors une direction nouvelle ; elle sera tour à tour catholique et protestante, et par conséquent, pleine de variété, mais quelquefois aussi empreinte d'un caractère passionné qui nuira à l'impartialité du récit.

Les principaux historiens du XVI° siècle furent Blaise de Montluc, Brantôme, La Noue, les auteurs de la *Satire Ménippée*, Théodore de Bèze, Agrippa d'Aubigné, le président de Thou.

Blaise de Montluc (1502-1577) caractérise le xvi⁰ siècle dans ce qu'il a de plus cruel et de plus impitoyable. Soldat, il fit ses premières armes sous Bayard et passa la plus grande partie de sa vie la lance au poing et l'épée à la main. Il se signala surtout pendant les guerres de religion par sa férocité à l'égard des protestants : il était toujours suivi de deux bourreaux qu'il appelait ses laquais, et lorsqu'il rencontrait sur son passage des huguenots, femmes, vieillards ou enfants, il les condamnait aussitôt de sa propre autorité, à avoir la tête tranchée ou à être pendus ; on pouvait reconnaître le chemin par où il avait passé, par les cadavres suspendus aux arbres.

Montluc était aussi hideux au physique qu'au moral, et il était même obligé de porter habituellement un masque, afin de dissimuler une affreuse balafre qui le défigurait horriblement.

Lorsqu'il fut maréchal de France, il composa les *Commentaires* qui ont fait sa réputation littéraire. C'est un ouvrage curieux à lire, malgré la vanité et la jactance dont il est rempli. Montluc y raconte, dans un style net, ferme et précis, les cruautés qu'il a commises. C'est aussi un manuel indispensable aux gens de guerre et qui a mérité d'être appelé par Henri IV, la *Bible des soldats*.

Pierre Brantôme (1527-1604) était un brave militaire, mais il fut loin d'avoir les goûts guerriers et batailleurs de Blaise de Montluc. Gentilhomme à la cour de Charles IX et à celle d'Henri III, il passa toute sa vie à recueillir des anecdotes, ce qui lui a permis d'écrire la vie des hommes illustres et des grands capitaines de son temps. Son genre est à peu près le même que celui de Froissart. Comme celui-ci, il a constamment l'oreille au guet; dès qu'il entend raconter une aventure plaisante, il se hâte de l'écrire. Dans ses *Mémoires*, il nous dépeint la cour de Charles IX, Catherine de Médicis, les dames d'honneur, les grands capitaines, les Guise, les Montmorency, les Coligny. etc., et nous fait voir tous ces personnages en déshabillé. Il faut le lire toutefois avec une grande réserve, car cet historien ne craint pas de dénaturer les faits. Il y a quelque chose de piquant dans son style; on reconnaît l'homme de cour, fin et spirituel, et ses *Mémoires* sont fort intéressants à lire.

François La Noue (1531-1594), fut surnommé *bras de fer*, parce que, ayant eu un bras emporté dans une bataille, il le remplaça par un bras de fer. Ce fut un des hommes les plus intègres et les plus vertueux de son temps. Henri IV lui rendait le témoignage d'être grand homme de guerre, et encore plus grand homme de bien; il était protestant, et les catholiques mêmes étaient unanimes à reconnaître ses vertus. Il fut fait prisonnier dans les Pays-Bas, et, pour se distraire pendant sa captivité, il écrivit des *Discours politiques et littéraires* qui, pour l'époque, sont de vrais chefs-d'œuvre. Le style de La Noue est simple et pittoresque à la fois; c'est la netteté d'un homme qui sait ce qu'il dit.

La Satire Ménippée (1594).

La *Satire Ménippée* est un pamphlet politique composé, en 1594, contre les ligueurs, en faveur de Henri IV (1).

En 1593, quand le roi d'Espagne, Philippe II, dirigeait la Ligue et proposait aux Français de recevoir pour roi le duc de Guise, de nombreux citoyens courageux se réunirent pour protester contre la domination étrangère. Ils se groupèrent autour de Henri IV, résolus à rejeter les hommes de parti et les agents de l'Espagne.

Quelques-uns d'entre eux, magistrats, hommes politiques et poètes, eurent l'idée de rédiger leurs pensées patriotiques de manière à les faire lire et accepter de toute la nation. Ils employèrent dans ce but l'érudition, l'éloquence et l'ironie, et composèrent la *Satire Ménippée*, qui est

---

(1) Le nom de *Ménippée* vient de Ménippe, qui vivait à Thèbes, au IVe siècle, avant J.-C. et qui était renommé par la crudité mordante de son langage.

une parodie admirable, non seulement de la Ligue en général, mais des intrigues et des prétentions de chacun.

Les principaux auteurs de la *Satire Ménippée* sont *Jean Leroy*, chanoine de Rouen, qui conçut le plan de l'ouvrage, et *Pierre Pithou*, grand jurisconsulte, procureur général au Parlement de Paris. Ils se réunissaient chez un conseiller appelé *Gillot* avec *Passerat*, professeur au Collége de France, le poète *Florent Christien*, précepteur de Henri IV, et *Nicolas Rapin*, avocat au parlement de Paris.

Théodore de Bèze. — Agrippa d'Aubigné. — Le président de Thou.

Théodore de Bèze (1519-1605) eut une jeunesse dissipée; mais, dans une grave maladie et sur le point de mourir, il promit à Dieu, s'il revenait à la vie, d'aller à Genève auprès de Calvin, dont il avait déjà embrassé les doctrines religieuses. Il devint alors successivement professeur des académies de Genève et de Lausanne, et fut à la fois le disciple et l'ami de Calvin. Ses ouvrages sont fort nombreux; il mit en vers des psaumes de David, qui furent ajoutés à ceux de Marot pour servir au culte réformé. Son plus important ouvrage fut l'*Histoire des Églises réformées de France*, où il raconte les commencements et les progrès de la Réforme jusqu'en 1560. Cette histoire contient des détails intéressants, mais on peut reprocher à l'auteur d'avoir trop emprunté aux mémoires de son temps. Théodore de Bèze mourut en 1605, à l'âge de quatre-vingt-six ans.

Agrippa d'Aubigné (1550-1630), grand-père de Mme de Maintenon, fut surnommé l'*Annibal du protestantisme*. Son père lui avait fait jurer de vouer une haine implacable aux catholiques. Un jour, qu'ils passaient ensemble sous les murs d'Amboise, ils virent la foule occupée à regarder les têtes des conjurés attachées aux créneaux de la ville;

le père d'Agrippa, reconnaissant les cadavres de ses amis les plus chers, s'écria : « Les bourreaux ! ils ont décapité la France ! » Puis, posant ses mains sur la tête de son enfant, alors à peine âgé de huit ans : « Mon fils, lui dit-il, il ne faut pas épargner ta tête après la mienne pour venger ces chefs pleins d'honneur; si tu t'y épargnes, tu auras ma malédiction ! » Ces paroles laissèrent dans l'esprit de l'enfant une impression ineffaçable, et, pendant sa vie entière, il combattit les catholiques par tous les moyens.

Agrippa d'Aubigné fut aussi grand écrivain qu'intrépide homme de guerre. A six ans, il lisait le grec, le latin, l'hébreu ; à huit, il traduisait un dialogue de Platon. Après la mort de son père, et pour rester fidèle à son serment, il abandonna les lettres pour le métier des armes. Après l'abjuration de Henri IV, il se retira à Genève et mourut dans cette ville, en 1630, à l'âge de quatre-vingts ans.

On a de d'Aubigné des ouvrages en vers et en prose. Il a écrit les *Tragiques*, prodigieuse satire qui surpasse en étendue et en véhémence tout ce que les poètes moralistes ont jamais écrit sous l'inspiration de la colère. Cette étrange invective, qui ne contient pas moins de onze mille vers, a quelque chose d'insolite et d'inusité dans la forme comme dans le fond. Elle se compose de sept livres, dont les titres sont autant de menaces ou d'énigmes : *Misères, Chambre dorée, Feu, Fers, Vengeance, Jugement,* etc.

Comme historien, d'Aubigné a composé une *Histoire universelle*, depuis 1330 jusqu'en 1601, qui souleva de terribles orages, et qui fut brûlée par la main du bourreau. Le style de cet écrivain est dur et incorrect, mais plein d'une extrême énergie : il a des mots brûlants comme un fer rouge.

Le président *de Thou* (1553-1617) est le premier et le plus grand historien du xvi⁰ siècle ; malheureusement, il a écrit son *Histoire universelle* en latin, et cela pour deux raisons : d'abord, parce qu'il croyait, à tort, que le français ne pouvait exprimer des sentiments nobles et élevés ; ensuite, parce qu'il voulait être lu par tous les savants de l'Europe. Il employa quinze ans de sa vie à ramasser des matériaux, visita les champs de bataille, fouilla les archives et les bibliothèques, feuilleta tous les journaux des chefs d'armée, tous les actes d'ambassadeurs ; enfin, sa position sociale, ses nombreuses relations lui permirent de consulter les personnages les plus marquants de la France et de l'Europe. Ce qui donne du charme et de l'intérêt à son récit, c'est qu'il fut témoin et acteur dans les événements qu'il raconte et qui se sont accomplis de 1545 à 1607. De Thou participa à la fameuse *Satire Ménippée*, dont nous avons parlé.

LA LITTÉRATURE FRANÇAISE AU XVIIᵉ SIÈCLE

CHAPITRE Iᵉʳ

VUE GÉNÉRALE DE LA LITTÉRATURE FRANÇAISE AU XVIIᵉ SIÈCLE

Le Siècle de Louis XIV. — Hôtel de Rambouillet. — Fondation de l'Académie française. — Vaugelas.

Le Siècle de Louis XIV.

C'est à tort que l'on fait honneur à Louis XIV de tous les grands hommes qui ont apparu pendant le XVIIᵉ siècle. Les uns sont antérieurs à son règne personnel ; tels sont Descartes, Pascal, avec Saint-Cyran et Arnauld, Corneille, Retz, La Rochefoucauld, Saint-Evremond, Vaugelas. Les autres sont pour ainsi dire intermédiaires : Bossuet, Molière, La Fontaine, Madame de la Fayette, Madame de Sévigné. Les derniers enfin ont subi l'influence de ce règne si long et si désastreux dans sa dernière période : Boileau, Racine, Fénelon, La Bruyère, Perrault, Saint-Simon, et parmi les talents de second ordre : Fontenelle, Bernardin de Saint-Pierre, Chaulieu, Saurin, Bayle, Jurieu, ces français que le bigotisme cruel du grand roi a chassés de la mère patrie.

C'est aussi à tort que certains critiques ont attribué à *l'influence personnelle* et directe de Louis XIV cette riche moisson d'hommes supérieurs en tous genres qui apparurent alors. Sans doute, il exerça sur les arts de son temps une influence réelle, mais que cette influence ait pesé sur tous les hommes illustres du xviiᵉ siècle, c'est ce qu'il est impossible d'admettre. Qui oserait placer Racine au-dessus de Corneille ? N'est-ce pas le roi qui poussa Racine et Boileau à quitter la poésie pour en faire des historiographes ! On parle aussi de la *protection* qu'il a accordée aux gens de lettres, des honneurs et des pensions dont il les a comblés. Mais il ne faut pas exagérer ces libéralités. Depuis François Ier, les grands seigneurs avaient tenu à honneur d'avoir parmi leurs protégés quelque poète, un homme de lettre, un artiste. Les Valois se montrèrent fort généreux pour Ronsard, Desportes, Amyot et bien d'autres ; c'était, entre le roi et les courtisans du plus haut rang, une rivalité de munificence. Sous Louis XIII, la plupart des écrivains étaient attachés à la personne d'un prince ou d'un seigneur; et la renommée qu'ils pouvaient acquérir par leurs œuvres, revenait en partie au protecteur. Dès que Louis XIV monta sur le trône, il voulut patroner les artistes, les savants, les gens de lettres qu'il regardait comme les futurs instruments de sa gloire. Il leur accorda des pensions, mais ils devaient, en échange, publier et immortaliser les mérites de leur bienfaiteur. Colbert fut chargé de distribuer les faveurs, qui tombèrent le plus souvent sur des personnages souples et sans mérite. Qu'on en juge par quelques chiffres : Corneille figure sur la liste pour la somme de deux mille livres, Molière pour mille livres, l'abbé Cotin pour douze cents livres, le sieur Dauvrier (?) pour trois mille livres, Chapelain, le rédacteur de la liste, pour trois mille livres, Boileau et La Fontaine en sont exclus. Mais depuis quand une pension a-t-elle fait d'un écrivain médiocre un grand écrivain? Non, non ; la faveur la plus précieuse que les princes doivent accorder aux lettres pour qu'elles fleurissent et se développent, celle qui fait éclore les inspirations du génie, ce n'est ni l'argent ni les honneurs, *c'est la liberté*. — C'est elle qui, avant le règne personnel de Louis XIV, produisit ces génies créateurs, les plus grands, les plus originaux écrivains du xviie siècle, qu'on appelle Descartes, Pascal, Retz, La Rochefoucauld et, sous le règne du grand roi, Boileau, Racine,

La Bruyère. Et ceux-là mêmes que doivent-ils à leur protecteur ? N'est-ce pas lui plutôt qui leur doit l'auréole de gloire qui couronne son front ? Le génie n'a pas besoin d'appui ; la force qu'il sent en lui et qui est divine, le tient droit. Il ignore l'art des supplications et des concessions habiles. Il respecte l'hôte supérieur qui habite en lui. Tel était Corneille, tel eût été Pascal en face de Colbert et de Louis XIV. Boileau lui-même ne put se défendre d'un sentiment de tristesse, le jour où il fut enfin honoré d'une pension : il sentit qu'il venait de perdre sa liberté (1).

Deux institutions contribuèrent pour une grande part au développement de la littérature pendant le xviie siècle : ce furent l'hôtel de Rambouillet et l'Académie française.

Hôtel de Rambouillet.

L'Hôtel de Rambouillet date de Henri IV. La cour de ce prince se distinguait par une grande licence de mœurs et de langage. Pour réagir contre cette licence, une fille du marquis de Pisane, Catherine de Vivonne, qui avait épousé, à l'âge de douze ans, le marquis de Rambouillet, entreprit de réunir dans son hôtel tout ce qu'il y avait de plus aimable, de plus vertueux à la cour, et de plus poli parmi les grands esprits de l'époque. Les réunions avaient lieu dans une grande salle dont l'ameublement était de velours bleu et qui reçut, pour cette raison, le nom de *chambre bleue*. La marquise présidait elle-même l'assemblée sous le nom romanesque d'*Arthenice* (anagramme de Catherine). Plus tard, sa fille Julie d'Angennes prit à son tour le sceptre. Son règne, qui s'étendit depuis la mort de Malherbe jusqu'à celle de Voiture, fut l'époque la plus brillante de l'hôtel de Rambouillet.

Le premier effet de cette réunion savante et choisie fut

(1) P. Albert. *La Littérature française au* xviie *siècle*, page 21.

d'introduire les hommes de lettres dans le beau monde, au même titre que les grands seigneurs de la cour. Ce contact ne fut pas sans influence sur les mœurs et sur la langue ; les écrivains trouvèrent un milieu favorable pour faire connaître et apprécier leurs ouvrages, et apprirent, dans la bonne société qu'ils fréquentaient, une certaine façon de dire et de conter qui devint un des traits caractéristiques de l'esprit français. N'oublions pas toutefois que le but premier de cette réunion, fut moins de propager les lumières que de travailler à *dévulgariser* la langue et à polir les mœurs.

Malheureusement, la guerre civile interrompit ces assemblées brillantes. L'hôtel de Rambouillet se dispersa vers 1650 et de ses débris, se formèrent plusieurs sociétés qui ne méritent guère que le nom de coteries, où le besoin de briller produisit l'orgueil et l'affectation. On se réunissait surtout chez Mlle de Scudéry, dont la réputation était alors à son apogée. « Dans ces réunions, les femmes affectaient entr'elles une exagération romanesque de sentiments ; elles ne s'appelaient que *ma chère*, et ce mot avait fini par les désigner généralement. Une *chère*, une *précieuse* devait se mettre au lit à l'heure où sa société habituelle lui rendait visite. Chacun venait se ranger dans son alcôve dont la ruelle était ornée avec recherche. Outre les initiés, on rencontrait encore chez chaque femme, un individu qui, revêtu du titre singulier d'*alcôviste*, était son chevalier servant, l'aidait à faire les honneurs de sa maison, et dirigeait la conversation. De grandes dissertations sur des questions frivoles, de pénibles recherches pour trouver le mot d'une énigme, des subtilités de sentiments, tout cela discuté avec une recherche exagérée de tours, et un raffinement puéril d'expressions, tels étaient les sujets dont s'occupait cet aréopage (1). » C'est cette seconde génération de *précieuses* qui succomba définitivement sous les coups de Molière dans les *Précieuses ridicules.*

(1) Taschereau, *Vie de Molière.*

Les premiers écrivains qui fréquentèrent l'hôtel de Rambouillet furent :

Malherbe qui ne fit qu'y passer ; il eut la gloire d'inventer l'harmonieux anagramme d'Arthénice ; mais il s'arrêta sur ce succès. Son bon sens et un fond de grossièreté qu'il ne dépouilla jamais complètement, n'étaient pas faits pour plaire à cette société précieuse.

Balzac (1597-1655) fut un des astres les plus brillants de cet hôtel. Sa famille était originaire du Languedoc. Il avait à peine vingt ans, quand le cardinal Du Perron, sur quelques pages qu'il lut de lui, prédit qu'il aurait une grande destinée. Richelieu le combla de richesses et d'honneurs : outre une pension de deux mille francs, il le fit nommer conseiller d'État et historiographe du roi. « Les conceptions de vos lettres, lui écrivait le cardinal, sont fortes et aussi éloignées des imaginations ordinaires qu'elles sont conformes au sens commun de ceux qui ont le jugement élevé. » On lui dédiait des vers avec cette inscription : *A l'unique éloquent.* Un enthousiasme aussi immodéré provoqua plus tard une réaction et la fin de la vie de Balzac fut attristée par le délaissement et l'oubli.

Voiture (1598-1648) disputa à Balzac le prix dans l'art épistolaire. Fils d'un marchand de vin, il eut la faiblesse de rougir de son humble origine qu'il cherchait à cacher lorsqu'il se trouvait dans la société des grands seigneurs. C'est ce qui faisait dire à l'un d'eux en plaisantant : « Le vin qui fait revenir le cœur à l'homme, le fait perdre à Voiture. » Après avoir fait d'excellentes études, il obtint de très hauts emplois à la cour et jouit d'une pension de vingt mille livres de rente ; mais sa passion pour le jeu l'empêcha d'amasser jamais une fortune. Son influence à l'hôtel de Rambouillet fut immense. Lorsqu'il avait composé une lettre ou une épigramme, il venait la lire lui-même et elle devenait l'objet des conversations de toute la semaine. La forme des *Lettres* de Voiture est plus vive et plus maniérée que celle de Balzac ; le fond n'est guère que la galanterie, quand elles sont adressées aux femmes, et la flatterie quand il écrit aux hommes. On se les disputait et il n'y eut pas jusqu'à Boileau qui ne fût entraîné par ce torrent d'admiration. Aujourd'hui la lecture en est fastidieuse et insupportable.

L'abbé Cotin (1604-1682) était un des oracles de la fine galanterie. Il excellait surtout dans les énigmes et triomphait lorsqu'il pouvait promener sur tout un cercle des yeux vainqueurs en disant : « Vous donnez votre langue aux chiens. » Boileau et Molière devaient lui faire payer bien cher par leurs épigrammes sanglantes tous ces petits succès de société.

Chapelain (1595-1674) était un homme doux, rangé, froid et savant. Une *Ode au cardinal Richelieu* fit sa fortune littéraire ; le cardinal, flatté de ses pompeux éloges, le prit en affection et le combla de bienfaits. La considération dont il jouit pendant plus de trente années, le fit choisir par Colbert pour dresser la liste des gens de lettres auxquels le roi donnait une pension. Chapelain se mit en tête tout naturellement pour une pension de trois mille livres, avec cette courte indication : *Au sieur Chapelain, le plus grand poète français qui ait jamais été et du plus solide jugement.*

Le grand tort de Chapelain fut de se croire poète : il écrivit un poème épique intitulé *La Pucelle d'Orléans* qu'il mit trente ans à composer. Des portions en avaient été lues à l'hôtel de Rambouillet et lui avaient attiré les éloges les plus flatteurs. Le duc de Longueville, afin d'assurer à l'auteur les loisirs nécessaires pour mener à bonne fin cette noble entreprise, lui fit une pension de deux mille livres pendant tout le temps qu'il y travaillerait. Le succès fut immense ; on en publia six éditions dans l'espace de dix-huit mois. Boileau seul osa faire justice de la médiocrité de cette œuvre. On raconte que le poète satirique avait un exemplaire de la *Pucelle* en permanence sur la table lorsqu'il dînait avec ses amis. Quand l'un d'eux commettait une faute contre la pureté du langage, il était condamné à lire un certain nombre de vers de ce poème, si la faute était grave, le délinquant devait en lire une vingtaine ; il fallait qu'elle fut énorme pour que la condamnation impliquât la page entière.

Si Chapelain était mauvais écrivain, il était plein de bienveillance envers les jeunes auteurs. C'est lui qui discerna le mérite de Racine et qui lui obtint de Colbert une somme de cent louis et une pension de six cents livres pour l'ode intitulée *La Nymphe de la Seine*.

On regrette que cet homme si serviable se soit fait remarquer par une avarice sordide. Cette passion causa sa mort. Un jour qu'il se rendait à l'Académie, un orage violent vint à éclater et enfla tous les ruisseaux au point de les rendre impraticables. Chapelain, qui pouvait les franchir moyennant une légère rétribution, préféra passer au travers du ruisseau que de délier les cordons de sa bourse ; il arriva transi à l'Académie, le froid le saisit, et une pleurésie l'emporta à l'âge de soixante-dix-neuf ans.

Mlle de Scudéry (1607-1701) fut dans sa jeunesse un des hôtes les plus assidus du salon de l'hôtel de Rambouillet. Ayant perdu, jeune encore, ses parents, elle fut recueillie par un oncle instruit qui prit soin de son éducation. Douée d'une imagination prodigieuse et d'une excellente mémoire, elle apprit elle-même l'agriculture, le jardinage, le ménage, un peu de médecine, et en même temps que la musique, l'italien et l'espagnol. Après la mort de son oncle retiré à Rouen, Mlle de Scudéry vint habiter Paris où son frère Georges de Scudéry obtenait quelques succès comme auteur dramatique. Elle parut avantageusement au sein de la société parisienne et fut accueillie en particulier à l'hôtel de Rambouillet où elle donna le ton. C'est vers cette époque qu'elle commença à écrire des romans dont les plus célèbres furent le *Grand Cyrus* et *Clélie*. Le *Grand Cyrus* n'est autre chose qu'une galerie de portraits des personnages les plus marquants du jour. Chacun cherchait et voulait découvrir dans les romans de Mlle de Scudéry, le nom des personnes que l'on avait l'habitude de voir dans la société. On ne peut expliquer autrement que par un succès de curiosité, la vogue prodigieuse de ces romans insipides.

Mme de La Fayette (1634-1693), célèbre par l'enjouement de son esprit et de son caractère, aimait les arts, cultivait les lettres et fut une des femmes distinguées de la cour de Louis XIV. Les hommes les plus éminents se réunissaient dans ses salons toujours ouverts au mérite. Elle était particulièrement liée avec La Rochefoucauld ; c'est chez elle que Mme de Sévigné passait toutes ses soirées et écrivait sa correspondance. Comme toutes les femmes lettrées de son temps, elle avait appris le latin ; elle voulait qu'on lût les chefs-d'œuvre des écrivains dans les langues originales et elle avait un profond dédain pour les traductions. Mme de La Fayette s'est fait un nom dans la littérature par ses romans, qui eurent une grande vogue. Les plus célèbres sont *Zaïde* et la *Princesse de Clèves*. On a prétendu que Segrais l'avait aidée dans la composition de ces deux romans ; mais leur grâce et leur forme aimable semblent révéler partout la main d'une femme. Ils furent une heureuse réaction contre le genre de Mlle de Scudéry ; les personnages y sont vrais, les situations naturelles, les histoires vraisemblables et propres à captiver l'attention.

Bossuet (1627-1704) prêcha, dit-on, dès l'âge de dix-sept ans, à l'hôtel de Rambouillet et y fut comblé de louanges ; *Corneille* y lut *Œdipe* qui fut admiré, et *Polyeucte* qui fut peu apprécié ; *Mme de Sévigné*, *La Rochefoucauld*, *Fléchier*, *le prince de Condé* honorèrent aussi l'hôtel de leur présence et contribuèrent à sa réputation.

Fondation de l'Académie française (1635) Vaugelas.

Si l'hôtel de Rambouillet forma le goût et polit les mœurs, l'Académie française n'eut pas moins d'influence sur la pureté de la langue. Voici quelle fut l'origine de cette institution :

En 1630, quelques hommes de lettres convinrent de se réunir une fois par semaine chez l'un d'eux, nommé Conrart, pour traiter ensemble des questions littéraires. Le bruit en vint aux oreilles de Richelieu qui proposa à la docte assemblée de se constituer en société publique. Malgré l'opposition de quelques membres qui craignaient le despotisme de l'ambitieux cardinal, l'offre de Richelieu fut acceptée. D'après ses ordres, la société rédigea elle-même ses statuts et prit le titre d'*Académie française* (1635). Le but de cette institution fut de travailler à la pureté de la langue et « pour cet effet, elle décida qu'il fallait premièrement en régler les termes et les phrases par un ample *dictionnaire* et une *grammaire* fort exacte, qui lui donneraient une partie des ornements qui lui manquaient. » Le nombre des membres de l'Académie fut fixé à quarante, et il n'a jamais été dépassé.

L'Académie française se personnifia dans Vaugelas.

Claude, seigneur de *Vaugelas* (1585-1650), fils d'un grand jurisconsulte de Savoie, quitta Chambéry et vint s'établir en France pour y cultiver les lettres. Il devint chambellan de Gaston d'Orléans, frère de Louis XIII ; mais ce prince le laissa dans une position fort précaire, car la pension de deux mille francs qui lui était allouée ne lui était que très irrégulièrement payée. Ce fut Richelieu qui, apprenant sa pauvreté, la lui fit donner à des époques fixes. Lorsque Vaugelas alla le remercier, Richelieu lui dit : « Vous n'oublierez pas le mot *pension* dans votre dictionnaire. » — « Non, Monseigneur, lui répondit-il, mais encore moins celui de *reconnaissance*. »

L'œuvre de toute la vie de Vaugelas fut d'améliorer la langue française ; il possédait cette langue mieux que personne et composa un ouvrage intitulé *Remarques sur la langue française*, qui fit sa réputation.

C'est sous la direction de Vaugelas que la nouvelle Académie entreprit, dès ses débuts, la composition du *Dictionnaire de la langue française*. Elle comprit qu'il fallait reconnaître avant tout la souveraineté de l'usage et elle chercha à ne point bouleverser la langue par l'introduction de mots nouveaux. Mais en même temps, elle eut le tort de vouloir réformer une foule de mots naïfs et pittoresques que Calvin, Rabelais, Amyot et Montaigne avaient heureusement employés.

CHAPITRE II

DE LA TRAGÉDIE AU XVII° SIÈCLE.

Pierre Corneille. — Chefs-d'œuvre de Pierre Corneille. — Thomas Corneille. — Rotrou. — Jean Racine. — Chefs-d'œuvre de Jean Racine. — Œuvres secondaires de Jean Racine.

Pierre Corneille (1606-1684).

Le théâtre, encore dans son enfance, avait fait très peu de progrès sous Louis XIII, et rien ne faisait présager ce qu'il allait nous donner de sublime, lorsque apparut Pierre Corneille. Cet homme de génie, par un rare assemblage de qualités, éleva l'art dramatique à une telle hauteur que personne n'a pu le dépasser.

Pierre Corneille naquit, en 1606, à Rouen, où son père

était avocat du roi à la table de marbre (1). Après avoir fait de bonnes études chez les jésuites de Rouen, il étudia le droit pour ne pas déplaire à ses parents, mais sans vocation ni succès. Un singulier hasard fit naître tout à coup le génie poétique du jeune avocat. Un ami l'ayant conduit chez une demoiselle dont il était épris, pour le faire juge de son bon goût, Corneille en fut tellement convaincu, qu'il ne tarda pas à devenir le rival de son ami. L'aventure lui parut si plaisante que, sans connaître aucune règle de théâtre, il la mit en comédie ; il appela sa pièce *Mélite*, du nom de la demoiselle, et vint l'offrir modestement à de pauvres acteurs de Paris, dont elle fit la fortune. Cette pièce eut, en effet, un immense succès ; malgré de graves défauts, elle révélait un poète bien supérieur aux Garnier, aux Hardy et aux tragiques les plus renommés de l'époque. Corneille, encouragé par ce premier succès, abandonna le droit pour l'art dramatique ; il se mit à l'œuvre avec ardeur, et dans les quatre années qui suivirent *Mélite*, il donna deux autres comédies, *Clitandre* et *la Veuve*, qui furent bien accueillies ; Boileau le déclara dès lors le premier poète dramatique français.

Les succès de Corneille attirèrent sur lui l'attention de Richelieu. Le cardinal aspirait aussi à la gloire d'auteur dramatique : il avait auprès de lui quatre secrétaires chargés de mettre en vers ses idées et même de faire pour lui des pièces de théâtre ; il proposa à Corneille de l'associer à ses travaux littéraires. Corneille accepta avec empressement cette place, dont il avait d'ailleurs besoin ; à cette époque, il se trouvait chargé de tout le poids de sa famille, dont il était devenu le seul soutien après la mort de son père. Outre son frère Thomas, plus jeune que lui, il avait une sœur qui fut plus tard la mère de Fontenelle, le célèbre secrétaire perpétuel de l'Académie française.

(1) Nom que l'on donnait au tribunal chargé de juger tout ce qui avait rapport à l'administration des eaux et forêts.

Quoique secrétaire de Richelieu, Corneille n'en continua pas moins à composer des pièces de comédie. Il fit représenter successivement la *Galerie du Palais*, la *Suivante* et la *Place royale* et donna une tragédie, *Médée*, où brilla le premier éclair de son génie. Les faveurs de Richelieu ne furent pas de longue durée. On raconte que Corneille ayant fait quelques changements à une comédie dont le ministre lui avait donné le canevas, Richelieu, étonné qu'on osât ne pas approuver ce qu'il avait fait, retira à Corneille sa collaboration et les bénéfices qu'elle lui procurait. Le poëte quitta alors Paris, et revint à Rouen auprès de sa famille. Découragé, il allait renoncer à l'art dramatique, lorsqu'un jour il rencontra un ancien secrétaire de la reine Marie de Médicis, qui l'engagea à chercher des inspirations nouvelles dans le théâtre espagnol, lui signalant, en particulier, le *Cid*, de Guillen de Castro. Corneille suivit ce conseil et trouva de cette manière le plan de son immortelle tragédie.

Il serait difficile de dire l'enthousiasme que cette pièce produisit lorsqu'elle parut. Pour la première fois on voyait sur la scène une intrigue noble et touchante, une lutte vraiment dramatique entre les sentiments les plus tendres et les devoirs les plus sacrés. L'admiration fut telle, que pendant longtemps on conserva l'habitude de dire : *Beau comme le Cid*.

Ce succès prodigieux souleva contre Corneille toute la cabale envieuse de ses rivaux ayant à leur tête Scudéry. Il leur répondit avec une noble fierté :

> Je sais ce que je vaux et crois ce qu'on m'en dit.

Scudéry, appuyé par Richelieu, jaloux de son ancien secrétaire, obligea l'Académie à entrer dans le débat et à donner son avis ; c'était lui imposer d'avance la pénible tâche de critiquer un chef-d'œuvre. A cette occasion, le poëte écrivit les vers suivants

> Qu'on dise bien ou mal du fameux cardinal,
> Ma prose ni mes vers n'en diront jamais rien ;
> Il m'a fait trop de bien pour en dire du mal,
> Il m'a fait trop de mal pour en dire du bien.

L'Académie ne voulut pas déplaire à Richelieu, mais elle était trop éclairée pour rabaisser le vrai mérite. Dans ses *Observations sur le Cid*, elle trouva que le sujet n'était pas bon, mais ne dit rien du poète. La postérité a donné raison à Corneille contre l'Académie et a justifié ces vers de Boileau :

> En vain contre le *Cid* un ministre se ligue,
> Tout Paris pour Chimène a les yeux de Rodrigue.
> L'Académie en corps a beau le censurer,
> Le public révolté s'obstine à l'admirer.

Pierre Corneille (suite).

Corneille répondit aux attaques inspirées par la malveillance et la jalousie, en donnant à la scène française de nouveaux chefs-d'œuvre. Il fit successivement *Horace*, *Cinna*, *Polyeucte*.

Avant de présenter *Polyeucte* au théâtre, Corneille voulut lire cette tragédie à l'hôtel de Rambouillet. « La pièce, dit Fontenelle, fut applaudie autant que le demandaient la bienséance et la grande réputation que l'auteur avait déjà ; mais quelques jours après, Voiture vint trouver Corneille et prit des tours fort délicats pour lui dire que *Polyeucte* n'avait pas réussi comme il pensait, que surtout le christianisme avait infiniment déplu. Corneille, alarmé, voulut retirer la pièce d'entre les mains des comédiens qui l'admiraient, et ne consentit à la leur laisser qu'à force de prières et de supplications. La postérité n'a pas plus ratifié le jugement de l'hôtel de Rambouillet qu'elle n'a justifié pour le *Cid* le jugement de l'Académie française.

Corneille eut aussi le mérite de donner le *Menteur*,

la meilleure comédie qui eût encore paru au théâtre, et Molière n'hésita pas à reconnaître la valeur de cette pièce : « Lorsque le *Menteur* parut, disait-il à Boileau, j'avais bien envie d'écrire, mais j'étais incertain de ce que j'écrirais ; mes idées étaient confuses ; cet ouvrage vint les fixer. Sans le *Menteur*, j'aurais fait, sans doute, quelques pièces d'intrigues, mais je n'aurais jamais fait le *Misanthrope*. » — « Embrassez-moi, lui dit Boileau, voilà un aveu qui vaut la meilleure comédie. »

Le Cid, *Horace*, *Cinna*, *Polyeucte* sont les chefs-d'œuvre de Corneille. Après ces tragédies, nous n'avons à mentionner, à l'exception de *Pompée* et de *Rodogune*, que des pièces très inférieures à son génie : *Héraclius*, *Nicomède*, *Pertharite*, *Œdipe*, *la Conquête de la Toison d'or*, *Sertorius*, *Sophonisbe*, *Othon*, *Agésilas*, *Attila*. On connaît l'épigramme de Boileau :

> Après l'*Agésilas*,
> Hélas !
> Mais après l'*Attila*,
> Holà !

Ces dernières pièces parurent au moment où Racine jouissait du plus grand succès.

Un caprice de la fameuse Madame, Henriette d'Angleterre, fit ressortir la différence de ces deux génies, l'un à l'apogée de sa gloire, l'autre en pleine décadence. Elle voulut que les deux poètes composassent une tragédie sur un même sujet : les *Adieux de Titus et de Bérénice*. Corneille fut vaincu. De sa tragédie, on n'a retenu qu'un beau vers :

> Chaque instant de la vie est un pas vers la mort.

Après la chute de ses dernières tragédies, Corneille renonça au théâtre et se tourna vers la religion. Les jésuites lui conseillèrent de traduire l'*Imitation de Jésus-Christ*. Il employa douze ans à cette traduction ; on y trouve très beaux vers, mais on n'y sent pas l'onction et la simplicité de l'original. Il traduisit aussi les *Hymnes* du Bréviaire romain, les *Psaumes de la Pénitence*, mais toutes ces poésies sont médiocres.

Les succès de Racine attristèrent d'autant plus la vieillesse de Corneille, qu'il se faisait plus d'illusions sur le mérite de ses dernières œuvres; il en attribuait la chute, non à leur médiocrité, mais aux caprices de l'opinion et à la cabale. Des embarras pécuniaires assombrirent ses derniers jours. On sait que Corneille recevait une pension de deux mille francs qui cessa de lui être payée à la mort de Colbert. Dans les derniers mois de sa vie, la maladie épuisa ses ressources. Boileau, informé de sa position cruelle, courut à Versailles et offrit au roi le sacrifice de sa propre pension : « Je ne puis sans honte, dit-il à Mme de Montespan, recevoir une pension du roi, tandis qu'un homme tel que Corneille en serait privé. » Louis XIV s'empressa d'envoyer cent louis à l'illustre malade. Deux jours après, Corneille expirait à l'âge de soixante-dix-huit ans.

Racine, qui venait d'être nommé directeur de l'Académie française, demanda de prononcer son oraison funèbre; cet honneur fut confié à un autre. Le poète Benserade dit à Racine : « Si quelqu'un pouvait prétendre à enterrer Corneille c'était vous, et vous ne l'avez pas fait. »

Trois mois après, Racine se dédommageait en prononçant à la réception de Thomas Corneille, successeur de son frère à l'Académie, un magnifique éloge de Pierre Corneille.

Chefs-d'œuvre de Pierre Corneille

Tragédie du Cid. (1636). — Don Rodrigue, fils de don Diègue, prétend à la main de Chimène, fille de don Gomès, comte de Gormas. Mais son amour est traversé par une querelle qui éclate entre les deux pères : Don Diègue vient d'obtenir la charge de gouverneur du prince royal, distinction que don Gormas avait sollicitée. Le comte, irrité et froissé dans son orgueil, refuse la main de Chimène, insulte le vieillard et s'oublie jusqu'à lui donner un soufflet. Don Diègue tire son épée pour se venger, mais le comte la lui fait aisément tomber des mains. Le vieillard désarmé maudit alors la faiblesse de son âge et regrette sa première vigueur. En ce moment accourt Rodrigue, impatient de connaître la réponse du comte. *Rodrigue, as-tu du cœur?* lui crie son père du plus loin qu'il l'aperçoit. *Tout autre que mon père l'éprouverait sur l'heure,* répond l'impétueux jeune homme, étonné d'une telle question. Alors il apprend l'affront que son père vient de recevoir et le nom de l'offenseur. Que fera-t-il? Laissera-t-il cet outrage impuni ou bien le lavera-t-il dans le sang du père de Chimène? Alternative cruelle! mais l'honneur castillan ne souffre aucune transaction. Rodrigue a pris son parti et provoque aussitôt le comte en duel. A la rapidité du dialogue entre les deux adversaires, on croit entendre déjà les fers qui se croisent. Gormas est tué et le malheur de Chimène est sans consolation. La mort de son père la condamne, selon les lois de l'honneur de ce temps, à exiger la mort de son amant. Ce devoir cruel, elle le remplira. Elle vient se jeter aux pieds du roi en lui demandant justice. Rodrigue, de son côté, ose se présenter chez elle, démarche d'une invraisemblance choquante, mais cette réserve faite, la scène est d'une incomparable beauté ; il vient lui offrir de mourir de sa main. Chimène, vaincue par son amour, s'écrie : *Va, je ne te hais point!* Elle continuera néanmoins à demander la mort de Rodrigue tout en craignant de l'obtenir. L'invraisemblance de cette scène est portée au comble par l'arrivée de don Diègue qui vient chercher son fils presque dans la maison de Chimène et lui exprimer sa satisfaction d'avoir si bien vengé son honneur. Il lui annonce en même temps la descente imprévue des Maures vers Séville, le presse de voler à la rencontre des envahisseurs et de forcer, par sa victoire, le roi au pardon et Chimène au silence.

Rodrigue a vaincu les Maures et pris deux de leurs rois. C'est dans ce fameux combat que les ennemis ont rendu hommage à la valeur du vainqueur, en le nommant *Cid* ou seigneur. Bientôt Rodrigue apparaît avec le roi au milieu d'une cour triomphante : la mort du comte est oubliée, on ne pense plus qu'au vainqueur des Maures. La description que fait Rodrigue du combat est un des plus beaux morceaux de la langue française. Ce récit est à peine achevé, que Chimène vient troubler la joie du triomphe en demandant de nouveau justice. Mais le Cid vainqueur ne peut plus être puni par le roi dont il vient de sauver les États. Chimène, toute à ses projets de vengeance, promet alors sa main au chevalier qui voudra la venger. Don Sanche, rival de Rodrigue, se présente et le roi consent à un combat singulier à condition que le vainqueur, quel qu'il soit, deviendra l'époux de Chimène. Rodrigue, résolu à mourir, vient déclarer à celle-ci qu'il ne se défendra pas contre don Sanche et se fera tuer pour elle. Cette menace rend Chimène à son amour, elle excite son amant à se défendre et ajoute :

Sois vainqueur d'un combat dont Chimène est le prix.

A l'ouïe de ces paroles, Rodrigue éclate en transports d'enthousiasme. Peu après apparaît don Sanche, l'épée à la main. A cette vue, Chimène, croyant Rodrigue mort, accable d'imprécations le vainqueur. Au milieu de cette méprise, trop prolongée, arrive le roi, et Chimène le supplie de la dégager de sa promesse : elle ne veut plus que le cloître pour pleurer son père et son amant. Don Fernand la détrompe : Rodrigue vit et c'est après avoir désarmé don Sanche, qu'il a chargé celui-ci d'apporter son épée aux pieds de Chimène. Rodrigue parait lui-même et demande encore à mourir de la main de celle qu'il aime. Celle-ci lutte une dernière fois entre son devoir et sa passion, enfin elle se laisse persuader, comme malgré elle, par les discours du roi et consent à épouser Rodrigue lorsqu'il sera revenu de l'Afrique où Fernand l'envoie porter la guerre contre les Maures.

Jugement. — Les reproches incontestables que l'on peut faire au *Cid* sont : 1º le rôle de l'infante qui est si inutile que nous avons pu le supprimer dans cette analyse sans nuire à l'intérêt de la pièce ; 2º L'imprudence du roi de Castille qui ne prend aucune précaution pour prévenir la descente des Maures ; 3º L'invraisemblance de la scène où don Sanche apporte son épée à Chimène qui se persuade que Rodrigue est mort, et persiste dans une méprise beaucoup trop prolongée ; 4º La violation fréquente de cette règle essentielle qui défend de laisser jamais la scène vide et interdit aux acteurs d'entrer et de sortir sans se parler et sans se voir ; 5º la monotonie qui se fait sentir dans toutes les scènes entre Chimène et Rodrigue où celui-ci offre continuellement de mourir.

Mais ces défauts sont amplement compensés par les luttes passionnées qui déchirent l'âme des deux héros ; par les situations hardies, par la vigueur rapide, animée d'un dialogue naturel, et par la création des caractères.

« Il n'y a qu'une chose que l'admiration ne peut pas laisser passer : ce sont les réclamations de la conscience et de la morale. Le *Cid* est une pièce dangereuse, c'est l'apologie du duel, de ce point d'honneur mondain et féroce, qui accuse tout à la fois l'insuffisance de nos lois et l'insuffisance de nos mœurs. Du temps de Corneille, encore plus que du nôtre, avec quelle passion ne devait-on pas applaudir les vers suivants :

> Les satisfactions n'apaisent point une âme ;
> Qui les reçoit a tort ; qui les fait se diffame ;
> Et de pareils accords l'effet le plus commun,
> C'est de déshonorer deux hommes au lieu d'un.

Ils peuvent être supprimés à la représentation, mais il n'était pas besoin d'une maxime si explicite ; l'esprit qu'ils expriment circule dans toute la pièce. Corneille a certainement exercé sur la morale publique une influence plus fâcheuse que Racine (1). »

COMBAT DE RODRIGUE CONTRE LES MAURES

Nous partîmes cinq cents ; mais, par un prompt renfort,
Nous nous vîmes trois mille en arrivant au port,
Tant à nous voir marcher avec un tel visage,
Les plus épouvantés reprenaient du courage !
J'en cache les deux tiers aussitôt qu'arrivés,
Dans le fond des vaisseaux qui lors (2) furent trouvés.
Le reste, dont le nombre augmentait à toute heure,
Brûlant d'impatience, autour de moi demeure,
Se couche contre terre, et sans faire aucun bruit
Passe une bonne part d'une si belle nuit.
Par mon commandement, la garde en fait de même,
Et, se tenant cachée, aide (3) à mon stratagème ;
Et je feins hardiment d'avoir reçu de vous
L'ordre qu'on me voit suivre et que je donne à tous.
Cette obscure clarté qui tombe des étoiles
Enfin avec le flux nous fait voir trente voiles ;
L'onde s'enfle dessous ; et d'un commun effort
Les Maures et la mer montent jusques au port.
On les laisse passer ; tout leur paraît tranquille ;
Point de soldats au port, point aux murs de la ville.
Notre profond silence abusant leurs esprits,
Ils n'osent plus douter de nous avoir surpris.
Ils abordent sans peur, ils ancrent, ils descendent,
Et courent se livrer aux mains qui les attendent.
Nous nous levons alors, et tous en même temps
Poussons jusques aux cieux mille cris éclatants ;
Les nôtres à ces cris de nos vaisseaux répondent ;
Ils paraissent armés, les Maures se confondent,
L'épouvante les prend à demi descendus ;
Avant que de combattre ils s'estiment perdus,
Ils couraient au pillage, et rencontrent la guerre ;
Nous les pressons sur l'eau, nous les pressons sur terre,

---

(1) VINET, *Poètes du siècle de Louis XIV*, page 80.
(2) Ce mot s'employait fréquemment pour *alors*.
(3) Ce verbe se prend plutôt aujourd'hui activement : *aider quelqu'un, aider une entreprise*.

Et nous faisons courir des ruisseaux de leur sang,
Avant qu'aucun résiste, ou reprenne son rang.
Mais bientôt, malgré nous, leurs princes les rallient,
Leur courage renaît, et leurs terreurs s'oublient;
La honte de mourir sans avoir combattu
Arrête leur désordre et leur rend leur vertu.
Contre nous de pied ferme ils tirent leurs alfanges (1),
De notre sang au leur font d'horribles mélanges,
Et la terre, et le fleuve, et leur flotte, et le port,
Sont des champs de carnage où triomphe la mort.
  Oh! combien d'actions, combien d'exploits célèbres
Sont demeurés sans gloire au milieu des ténèbres,
Où chacun seul témoin des grands coups qu'il donnait,
Ne pouvait discerner où le sort inclinait!
J'allais de tous côtés encourager les nôtres,
Faire avancer les uns, et soutenir les autres,
Ranger ceux qui venaient, les pousser à leur tour,
Et ne l'ai pu savoir (2) jusques au point du jour.
Mais enfin sa clarté montre notre avantage;
Le Maure voit sa perte, et perd soudain courage :
Et voyant un renfort qui nous vient secourir,
L'ardeur de vaincre cède à la peur de mourir.
Ils gagnent leurs vaisseaux, ils en coupent les câbles,
Poussent jusques aux cieux des cris épouvantables,
Font retraite en tumulte, et sans considérer
Si leurs rois avec eux peuvent se retirer.
Ainsi leur devoir cède à la frayeur plus forte;
Le flux les apporta, le reflux les remporte,
Cependant que leurs rois engagés parmi nous,
Et quelque peu des leurs tous percés de nos coups,
Disputent vaillamment et vendent bien leur vie;
A se rendre moi-même en vain je les convie;
Le cimeterre au poing, ils ne m'écoutent pas :
Mais voyant à leurs pieds tomber tous leurs soldats,
Et que seuls désormais en vain ils se défendent,
Ils demandent le chef; je me nomme, ils se rendent :

---

(1) *Alfanges*, nom arabe d'une sorte de cimeterre.
(2) *Je* (faudrait-il mettre aujourd'hui), n'ai pu savoir le résultat de l'action

Je vous les envoyai tous deux en même temps,
Et le combat cessa, faute de combattants.

Tragédie d'Horace (1640). — Deux familles, l'une de Rome, l'autre d'Albe, sont déjà unies par le mariage du Romain Horace avec l'Albaine Sabine, et dans quelques jours l'Albain Curiace doit épouser la Romaine Camille. Leur seul chagrin est la guerre prête à éclater entre leurs deux patries. Quelle n'est donc pas leur joie lorsqu'ils apprennent que les rois d'Albe et de Rome, pour épargner le sang de leurs peuples, sont convenus que trois champions seront choisis de part et d'autre, et que Rome sera sujette d'Albe ou Albe de Rome, selon que la victoire aura prononcé entre les combattants. Pendant que les deux familles se réjouissent, les Romains élisent pour leurs champions, les trois Horaces, et bientôt on apprend que les Albains ont choisi de leur côté les trois Curiaces. En sorte que ces deux familles, si heureuses naguère, sont condamnées, par une volonté suprême et surtout par leur patriotisme, à périr l'une par l'autre. Mais le Romain et l'Albain ne se ressemblent point: Horace, tout à son pays, dit à Curiace:

Albe vous a nommé, je ne vous connais plus.

Et Curiace lui répond:

Je vous connais encor, et c'est ce qui me tue.
Et je rends grâce au ciel de n'être pas Romain
Pour conserver encor quelque chose d'humain.

Le combat fatal a eu lieu; c'est une femme, Julie, qui l'a vu de loin et qui s'empresse de venir annoncer à Sabine et au vieil Horace que deux Horaces sont morts; le troisième, le mari de Sabine, n'a trouvé le salut que dans la fuite; les trois Curiaces sont blessés mais vivants. A l'ouïe de cette nouvelle, le noble vieillard s'abandonne à toute sa douleur, non de la mort de ses deux fils, mais de la fuite du troisième. Camille, leur sœur, s'écrie en pleurant: *O mes frères!* Mais le vieil Horace l'interrompant:

Tout beau (1), ne les pleurez pas tous :
Deux jouissent d'un sort dont leur père est jaloux.
Que des plus nobles fleurs leur tombe soit couverte;
La gloire de leur mort m'a payé de leur perte :
Pleurez l'autre ; pleurez l'irréparable affront
Que sa fuite honteuse imprime à notre front ;
Pleurez le déshonneur de toute notre race
Et l'opprobre éternel qu'il laisse au nom d'Horace.

JULIE

Que vouliez-vous qu'il fît contre trois ?

LE VIEIL HORACE

Qu'il mourût ! (2)

Le récit du combat était incomplet. Bientôt l'on apprend qu'Horace n'a paru fuir que pour séparer ses adversaires, et qu'il les a immolés l'un après l'autre. Albe est vaincue et Camille a perdu son amant. Désespérée, elle se porte à la rencontre de son frère ; elle le brave, l'insulte, maudit sa victoire. Horace, exaspéré, se précipite sur sa sœur et la frappe de son épée. Un crime aussi brutal mérite un châtiment. Valère, amant rebuté de Camille, veut la venger, et se fait l'accusateur du meurtrier devant le roi Tullius ; mais le vieil Horace réussit à gagner la grâce de son fils.

Jugement. — Tous les critiques se sont récriés contre l'irrégularité de cette pièce. Corneille, le premier, a été pour lui-même le juge le plus sévère. Il condamne le meurtre de Camille et le double péril d'Horace, ainsi que les plaidoyers du cinquième acte ; il regarde même le rôle de Sabine comme inutile. La vérité est que l'intérêt se trouve divisé en apparence parce qu'il y a deux pièces dans cette tragédie. La première qui tient trois actes, la

---

(1) *Tout beau*, doucement modérez-vous. Cette expression, qui dans la langue de Corneille appartenait au style le plus élevé, n'est plus aujourd'hui que du style familier.

(2) Voilà ce fameux *qu'il mourût*, ce trait du plus grand sublime, ce mot auquel il n'en est aucun de comparable dans toute l'antiquité. (VOLTAIRE.)

lutte de Rome et d'Albe et la victoire d'Horace ; la deuxième qui remplit les deux derniers actes et qui a pour sujet le meurtre de Camille et le procès d'Horace. Ces deux actions dans une même pièce constituent une grave faute contre les règles classiques. « *Horace*, dit La Harpe, est de tous les ouvrages de Corneille, celui où il a dû le plus à son seul génie. Les trois premiers actes pris séparément sont peut-être ce qu'il y a de plus sublime et en même temps c'est là qu'il a mis le plus d'art. C'est ce rôle étonnant du vieil Horace, c'est le beau contraste de ceux d'Horace le fils et de Curiace, qui produisent tout l'effet des trois premiers actes, ce sont ces belles créations du génie de Corneille qui couvrent de leur éclat les défauts de la pièce. »

IMPRÉCATIONS DE CAMILLE

Rome, l'unique objet de mon ressentiment !
Rome, à qui vient ton bras d'immoler mon amant !
Rome qui t'a vu naître et que ton cœur adore !
Rome enfin que je hais parce qu'elle t'honore !
Puissent tous ses voisins ensemble conjurés
Saper ses fondements encor mal assurés !
Et, si ce n'est assez de toute l'Italie,
Que l'Orient contre elle à l'Occident s'allie ;
Que cent peuples unis des bouts de l'univers
Passent pour la détruire et les monts et les mers !
Qu'elle-même sur soi renverse ses murailles,
Et de ses propres mains déchire ses entrailles ;
Que le courroux du ciel allumé par mes vœux
Fasse pleuvoir sur elle un déluge de feux !
Puissé-je de mes yeux y voir tomber ce foudre,
Voir ses maisons en cendre, et tes lauriers en poudre,
Voir le dernier Romain à son dernier soupir,
Moi seule en être cause, et mourir de plaisir !

Tragédie de Cinna (1640). — Octave, devenu empereur sous le nom d'Auguste, est ennuyé du pouvoir et se sent pris du désir de chercher le repos et le bonheur dans la retraite. C'est au moment même où il conçoit ce projet, que se trame contre sa vie une conspiration redoutable ayant pour chefs ses plus intimes confidents, Cinna, petit-fils du grand Pompée, Maxime et Émilie, fille de Toranius, un des nombreux proscrits d'Auguste. Vingt années de bienfaits n'ont point effacé le souvenir de ce crime dans le cœur d'Émilie ; c'est pour venger celle-ci que Cinna conspire, car il ne pourra obtenir sa main qu'à ce prix. L'affranchissement de Rome contre la tyrannie d'Auguste est le but avoué de la conspiration ; la vengeance d'Émilie en est le motif secret.

Cinna vient apprendre à Émilie les dernières résolutions des conjurés ; échauffés par ses brûlants discours, ils n'attendent que le signal. A peine a-t-il achevé de parler, que l'empereur le mande au palais ainsi que Maxime. Les deux amis se croient trahis. Ils se trompent. Auguste les fait venir pour les consulter sur le projet qu'il a formé de déposer le pouvoir. Maxime n'hésite point à lui conseiller d'abdiquer ; Cinna, au contraire, l'engage à garder le sceptre au nom des intérêts de Rome. L'empereur, hésitant, se laisse persuader par les raisons de Cinna, et, en récompense de son zèle, il lui donne, pour épouse, Émilie, sa fille adoptive. D'où vient cet étrange conseil dans la bouche de Cinna? Il l'explique lui-même à Maxime étonné. il veut que Rome soit libre, mais qu'elle le soit par la mort du tyran. Mais Maxime ne tarde pas à découvrir qu'Émilie est le prix de cet assassinat. Lui aussi aime Émilie et, pour perdre son rival, il n'hésite pas à révéler la conspiration à l'empereur. En apprenant cette nouvelle, Auguste se refuse à y croire et dans un admirable monologue, il épanche l'indignation de son âme. C'est dans ce moment que l'impératrice Livie, qui vient de tout apprendre, lui conseille de désarmer, par la clémence, ses mortels ennemis. On ne sait à quelle résolution l'empereur s'est arrêté lorsqu'il mande Cinna au palais. Après lui avoir rappelé les bienfaits dont il l'a comblé dès l'enfance, il le foudroye par ces paroles:

> Tu t'en souviens, Cinna, tant d'heur (1) et tant de gloire
> Ne peuvent pas si tôt sortir de ta mémoire ;
> Mais ce qu'on ne saurait jamais imaginer,
> Cinna, tu t'en souviens, et veux m'assassiner.

Cinna se récrie, mais Auguste l'accable de preuves sans répliques. Le coupable ne peut répondre qu'en offrant sa tête à l'empereur. Mais voici Émilie qui veut sauver Cinna en s'accusant elle-même d'être l'âme du complot, voici Maxime qui avoue avoir trahi son ami, non par fidélité à l'empereur, mais par un sentiment de basse jalousie.

Alors Auguste s'écrie dans des vers impérissables :

> En est-ce assez, ô ciel ! et le sort pour me nuire,
> A-t-il quelqu'un des miens qu'il veuille encor séduire
> Qu'il joigne à ses efforts le secours des enfers,
> Je suis maître de moi comme de l'univers ;
> Je le suis, je veux l'être. O siècles ! ô mémoire !
> Conservez à jamais ma dernière victoire,
> Je triomphe aujourd'hui du plus juste courroux
> De qui le souvenir puisse aller jusqu'à vous.
>   Soyons ami, Cinna, c'est moi qui t'en convie.
> Comme à mon ennemi je t'ai donné la vie,
> Et malgré la fureur de ton lâche dessein,
> Je te la donne encor comme à mon assassin.

Le pardon est complet : Émilie deviendra l'épouse de Cinna ; celui-ci est élevé au consulat ; Maxime reprend sa place accoutumée, et Livie, transportée, prédit à l'empereur l'admiration de la postérité.

Jugement. — Le pardon généreux d'Auguste, les vers qu'il prononce, qui sont le sublime de la grandeur d'âme ; ces vers que l'admiration a gravés dans la mémoire de tous ceux qui les ont entendus, et cet avantage attaché à la beauté du dénouement, de laisser aux spectateurs une dernière impression qui est la plus heureuse et la plus

---

(1) *Heur* pour bonheur.

vive de toutes celles qu'il a reçues, ont fait regarder assez généralement cette tragédie comme le chef-d'œuvre de Corneille.; et, si l'on ajoute à ce grand mérite du cinquième acte le discours éloquent de Cinna dans la scène où il fait le tableau des proscriptions d'Octave; cette autre scène si théâtrale, où Auguste délibère avec ceux qui ont résolus de l'assassiner; les idées profondes et l'énergie du style qu'on remarque dans ce dialogue, aussi frappant à la lecture qu'au théâtre; le monologue d'Auguste au quatrième acte; la fierté du caractère d'Émilie, et les traits heureux dont il est semé; cette préférence paraîtra suffisamment justifiée (La Harpe).

AUGUSTE DÉVOILE A CINNA LA CONSPIRATION

Prends un siége, Cinna, prends, et sur toute chose
Observe exactement la loi que je t'impose,
Prête, sans me troubler, l'oreille à mes discours;
D'aucun mot, d'aucun cri, n'en interromps le cours,
Tiens ta langue captive, et si ce grand silence
A ton émotion fait quelque violence,
Tu pourras me répondre après tout à loisir:
Sur ce point seulement contente mon désir.

CINNA

Je vous obéirai, seigneur.

AUGUSTE

                     Qu'il te souvienne
De garder la parole, et je tiendrai la mienne.
   Tu vois le jour, Cinna; mais ceux dont tu le tiens
Furent les ennemis de mon père, et les miens:
Au milieu de leur camp, tu reçus la naissance,
Et lorsque après leur mort tu vins en ma puissance,
Leur haine enracinée au milieu de ton sein
T'avais mis contre moi les armes à la main.
Tu fus mon ennemi même avant que de naître,
Et tu le fus encor quand tu me pus connaître,
Et l'inclination jamais n'a démenti
Ce sang qui t'avait fait du contraire parti.

Autant que tu l'as pu les effets l'ont suivie.
Je ne m'en suis vengé qu'en te donnant la vie ;
Je te fis prisonnier pour te combler de biens,
Ma cour fut ta prison, mes faveurs tes liens ;
Je te restituai d'abord ton patrimoine,
Je t'enrichis après des dépouilles d'Antoine,
Et tu sais que depuis, à chaque occasion,
Je suis tombé pour toi dans la profusion.
Toutes les dignités que tu m'as demandées,
Je te les ai sur l'heure et sans peine accordées ;
Je t'ai préféré même à ceux dont les parents
Ont jadis dans mon camp tenu les premiers rangs,
A ceux qui de leur sang m'ont acheté l'empire,
Et qui m'ont conservé le jour que je respire :
De la façon enfin qu'avec toi j'ai vécu,
Les vainqueurs sont jaloux du bonheur du vaincu.
Quand le ciel me voulut, en rappelant Mécène,
Après tant de faveur montrer un peu de haine,
Je te donnai sa place en ce triste accident,
Et te fis, après lui, mon plus cher confident ;
Aujourd'hui même encor, mon âme irrésolue
Me pressant de quitter ma puissance absolue,
De Maxime et de toi j'ai pris les seuls avis,
Et ce sont, malgré lui, les tiens que j'ai suivis :
Bien plus, ce même jour je te donne Émilie,
Le digne objet des vœux de toute l'Italie,
Et qu'ont mise si haut mon amour et mes soins,
Qu'en te couronnant roi je t'aurais donné moins.
Tu t'en souviens, Cinna, tant d'heur et tant de gloire
Ne peuvent pas si tôt sortir de ta mémoire ;
Mais ce qu'on ne pourrait jamais s'imaginer,
Cinna, tu t'en souviens, et veux m'assassiner !

CINNA

Moi, seigneur ! moi, que j'eusse une âme si traîtresse !
Qu'un si lâche dessein...

AUGUSTE

Tu tiens mal ta promesse :
Sieds-toi, je n'ai pas dit encor ce que je veux ;

Tu te justifieras après, si tu le peux.
Écoute cependant, et tiens mieux ta parole.
  Tu veux m'assassiner demain au Capitole,
Pendant le sacrifice, et ta main pour signal
Me doit, au lieu d'encens, donner le coup fatal;
La moitié de tes gens doit occuper la porte,
L'autre moitié te suivre et te prêter main-forte.
Ai-je de bons avis, ou de mauvais soupçons ?
De tous ces meurtriers te dirai-je les noms ?
Procule, Glabrion, Virginius, Rutile,
Marcel, Plaute, Lénas, Pompone, Albin, Icile,
Maxime, qu'après toi j'avais le plus aimé :
Le reste ne vaut pas l'honneur d'être nommé ;
Un tas d'hommes perdus de dettes et de crimes,
Que pressent de mes lois les ordres légitimes,
Et qui, désespérant de les plus éviter,
Si tout n'est renversé, ne sauraient subsister.

Tragédie de Polyeucte (1640). — Pauline, fille de Félix, gouverneur d'Arménie, avait autrefois connu et aimé un jeune Romain, nommé Sévère, distingué par ses vertus mais sans fortune et sans naissance. Félix ayant refusé de consentir à leur union, Sévère, désespéré, était parti pour l'armée, où disait-on, il avait péri en sauvant les jours de l'empereur Décius. Pauline, après cette triste nouvelle, consent à épouser par obéissance Polyeucte, chef de la noblesse du pays, mais elle conserve dans son cœur le souvenir de Sévère. Depuis quinze jours elle est mariée ; un songe affreux est venu troubler son sommeil : elle a vu son jeune époux jeté par les chrétiens aux pieds de Sévère et tué par la main de son père. Tout à coup Félix vient lui apprendre que Sévère n'est point mort, qu'il est devenu, par une suite d'exploits glorieux, le favori de l'empereur et qu'il arrive, sans doute, pour demander la main de Pauline. Craignant que la jalousie de Sévère ne le perde auprès de Décius, il engage sa fille à se rendre elle-même auprès du général romain et à lui apprendre son mariage. Pauline obéit avec peine, mais elle s'acquittera de ce devoir quoiqu'il blesse sa délicatesse. Qu'on juge de la douleur de Sévère! Dans cette entrevue dramatique, Pauline lui déclare que, tout en conservant une grande admiration pour les qualités de celui qu'elle a aimé, son cœur restera inébranlablement attaché à Polyeucte. Sévère admire Pauline et pour se consoler de sa perte, il ira chercher la mort dans les combats. Sur ces entrefaites, Polyeucte, secrètement converti au christianisme par son ami Néarque, vient de recevoir le baptême. Dans son ardeur de néophyte, il brûle de faire ouvertement profession de sa foi, et il s'élance vers le temple avec son ami ; là, ils renversent les idoles, troublent le sacrifice et insultent aux dieux. Telle est la nouvelle que Félix vient apprendre lui-même à Pauline qui entrevoit avec terreur dans cet événement l'accomplissement de son songe. Néarque a déjà expié par le supplice son sacrilége et Polyeucte aura le même sort s'il persiste dans son fatal aveuglement. Pauline vient trouver Polyeucte dans sa prison et essaie de le ramener par ses prières et par ses larmes, mais ses efforts sont impuissants. Elle s'adresse alors pour le sauver à Sévère ; un homme qui lui a paru digne d'elle, doit être capable de ce trait de générosité. Elle ne s'est point trompée : Sévère s'empresse et demande à Félix la grâce de son rival. Mais Félix, se persuadant que Sévère n'est pas de bonne foi et qu'il souhaite au fond la mort de Polyeucte, repousse toutes les prières et ordonne le supplice de son gendre. Celui-ci court joyeux au-devant de la mort ; Pauline, touchée par la grâce, se proclame chrétienne et appelle le martyre. Félix lui-même, entraîné par l'exemple de cette conversion miraculeuse, abjure à son tour le paganisme et demande à partager le supplice de Pauline et les dernières paroles de Sévère semblent annoncer que celui-ci les imitera bientôt.

Jugement. — Corneille a dit dans l'examen de Polyeucte: « Je n'ai point fait de pièce où l'ordre du théâtre soit plus beau, et l'enchaînement des scènes mieux ménagé. » Il dit vrai ; c'est, de toutes ses intrigues, la mieux menée ; c'est aussi une de celles où il a mis le plus d'invention, et cette invention est en partie très heureuse. Il s'en faut de beaucoup pourtant que cette tragédie soit sans défauts ; elle en a même d'assez grands. L'intrigue, nouée avec art, ne l'est pas toujours avec la dignité convenable au genre, et le choix des ressorts n'est pas toujours tragique, parce qu'il y a un personnage qui ne l'est pas ; et, comme toutes les parties d'un drame réagissent réciproquement les unes sur les autres, la disconvenance d'un caractère forme un défaut dans l'intrigue.

Le caractère de Polyeucte est plein de cet enthousiasme religieux, nécessaire pour justifier ses violences, et qui convient parfaitement à un chrétien qui court au martyre ; il est théâtral, comme toute grande passion ; et ce zèle exalté qui va chercher la mort, et que la religion ne propose nullement pour modèle, mais regarde comme une exception que le martyre seul a consacrée, est une des passions naturelles à l'homme. Elle a dans Polyeucte toute la chaleur qu'elle doit avoir. S'il n'eût été qu'un homme persuadé et résigné, il eût paru froid ; mais il est enthousiaste à l'excès : il entraîne ; c'est là le cas où l'extrême est nécessaire, et où la vraie mesure est de n'en pas garder.

Un autre mérite de cette tragédie, c'est celui du dialogue, en général plus naturel que ne l'est ordinairement celui de Corneille, et souvent d'une rapidité et d'une vivacité qui lui sont particulières (LA HARPE).

SONGE DE PAULINE

Je l'ai vu cette nuit, ce malheureux Sévère,
La vengeance à la main, l'œil ardent de colère :
Il n'était point couvert de ces tristes lambeaux,
Qu'une ombre désolée emporte des tombeaux ;
Il n'était point percé de ces coups pleins de gloire,
Qui, retranchant sa vie, assurent sa mémoire ;
Il semblait triomphant, et tel que sur son char,
Victorieux dans Rome entre notre César.

Après un peu d'effroi que m'a donné sa vue,
« Porte à qui tu voudras la faveur qui m'est due,
Ingrate, m'a-t-il dit, et, ce jour expiré,
Pleure à loisir l'époux que tu m'as préféré. »
A ces mots, j'ai frémi, mon âme s'est troublée;
Ensuite des chrétiens une impie assemblée,
Pour avancer l'effet de ce discours fatal,
A jeté Polyeucte aux pieds de son rival.
Soudain à son secours j'ai réclamé mon père;
Hélas ! c'est de tout point ce qui me désespère,
J'ai vu mon père même, un poignard à la main,
Entrer le bras levé pour lui percer le sein :
Là, ma douleur trop forte a brouillé ces images;
Le sang de Polyeucte a satisfait leurs rages.
Je ne sais ni comment ni quand ils l'ont tué,
Mais je sais qu'à sa mort tous ont contribué.

Tragédie de la Mort de Pompée (1643). — La bataille de Pharsale vient de se livrer. Pompée vaincu, arrive en Egypte et demande asile à Ptolémée qui, faible et irrésolu, consulte ses ministres sur la conduite qu'il doit tenir. Accueillera-t-il le proscrit, le livrera-t-il à César, ou le fera-t-il mettre à mort? Ses conseillers débattent ces trois alternatives, et il est décidé qu'on s'arrêtera au parti le plus violent, autant pour s'assurer la faveur du vainqueur que pour ruiner les espérances que fonde Cléopâtre sur un testament de son père dont Pompée est porteur, et qui assure à la sœur de Ptolémée le partage du trône. Aussi cette princesse n'approuve-t-elle point l'odieuse politique des ministres de Ptolémée, et voudrait-elle sauver Pompée. Mais quand le crime est accompli, elle en prend facilement son parti, car elle a de plus puissants motifs d'espérer la réalisation de ses vues ambitieuses. César, en effet, a eu l'occasion de la voir à Rome et s'est épris pour elle d'une violente passion. L'arrivée du vainqueur de Pharsale va donc combler tous ses vœux.

Il arrive, en effet, et témoigne dès l'abord à Ptolémée toute son indignation du crime dont il s'est souillé. La noblesse de son caractère se révèle également dans l'accueil respectueux qu'il fait à Cornélie, la femme de Pompée, qui promène fièrement son deuil dans le palais des Ptolémées, et traite César d'égal à égal. Bien plus : elle lui sauve la vie, en l'avertissant d'un complot que Ptolémée a formé contre lui. Cependant le corps de Pompée n'est point devenu la proie des flots : une main pieuse l'a recueilli, et Cornélie a la triste consolation de pleurer sur l'urne qui renferme les cendres de son époux. César promet à ces restes des honneurs funèbres dignes du héros, et rend à sa veuve la liberté qu'elle sollicite. Puis, vainqueur de la rébellion dans le tumulte de laquelle Ptolémée a trouvé la mort, il proclame Cléopâtre reine d'Égypte (1).

Jugement. — La première question qui se présente sur la tragédie de *Pompée*, c'est de savoir quel en est le sujet. Ce ne peut être la mort de Pompée quoique depuis longtemps on se soit accoutumé à l'afficher sous ce titre très improprement, car Pompée est assassiné au commencement du second acte. Ce pourrait être la vengeance de cette mort, si Ptolémée, qui périt dans un combat à la fin de la pièce, était tué en punition de son crime. Mais il ne l'est que parce que César, à qui ce prince perfide veut faire éprouver le sort de Pompée, se trouve heureusement le plus fort et triomphe de l'armée égyptienne. Cette conspiration contre César et le péril qu'il court forment donc une seconde action, moins intéressante que la première : car on sait quels éloges unanimes les connaisseurs ont donné à la scène d'exposition, qui montre Ptolémée délibérant avec ses ministres sur l'accueil qu'il doit faire à Pompée, vaincu à Pharsale, et cherchant un asile en Égypte. On ne peut pas commencer une tragédie d'une manière plus imposante à la fois et plus attachante, et, quoique l'exécution en soit souvent gâtée par l'enflure et la déclamation, cette ouverture de pièce, en ne la consi-

---

(1) P. Marcillac, *Manuel d'Histoire de la Littérature française.*

dérant que par son objet, passe avec raison pour un modèle.

La pièce est restée au théâtre malgré tous ses défauts, et s'y soutient par une de ces ressources qui appartiennent au génie de Corneille, par le seul rôle de Cornélie. Il offre un mélange de noblesse et de douleur, de sublime et de pathétique, qui fait revivre en elle tout l'intérêt attaché au seul nom de **Pompée**. Il ne paraît point dans la pièce ; mais il semble que son ombre la remplisse et l'anime. L'urne qui contient ses cendres, et qu'apporte à sa veuve un romain obscur qui a rendu les derniers devoirs aux restes d'un héros malheureux ; l'expression touchante des regrets de Cornélie, et les serments qu'elle fait de venger son époux ; les regrets mêmes de César, qui ne peut refuser des larmes au sort de son ennemi, répandent de temps en temps sur cette pièce une sorte de deuil majestueux qui convient à la tragédie. La scène où Cornélie vient avertir César des complots formés contre sa vie par Ptolémée est encore une de ces hautes conceptions qui caractérisent le grand Corneille, et rappellent l'auteur des *Horaces* et de *Cinna*. (LA HARPE.)

Tragédie de Rodogune (1643). — Cléopâtre, veuve de Nicanor, roi de Syrie, a deux fils jumeaux, Antiochus et Séleucus, qui viennent d'atteindre leur majorité : elle donnera la couronne à celui des deux princes qui se montrera le plus soumis à ses volontés. Tous deux sont épris de la sœur du roi des Parthes, Rodogune, dont Cléopâtre connaît l'ambition. Elle avoue à ses fils qu'elle a fait périr leur père, mais que Rodogune a été la cause de ce crime et leur annonce ensuite que la couronne sera au prix de la vengeance. De son côté, Rodogune déclare aux jeunes princes qu'elle ne consentira à épouser que celui des deux qui lui sacrifiera la vie de sa mère. Ainsi, il faut qu'Antiochus et Séleucus tuent Rodogune pour monter au trône, ou leur mère pour épouser Rodogune. Il devient à ce moment impossible de s'intéresser à l'amour de Rodogune pour Antiochus ; on hait la princesse à l'égal de la reine, et l'âme se révolte contre cet amour qui ne se manifeste que par un ordre d'assassinat. Cependant Cléopâtre, irritée du refus de ses fils, a résolu leur mort ; elle feint de consentir à l'union de Rodogune et d'Antiochus, pendant qu'elle fait assassiner Séleucus. Antiochus, suivant l'usage, va boire, ainsi que Rodogune, à la coupe nuptiale préparée par Cléopâtre, lorsqu'on lui remet une lettre de son frère, dont on lui annonce la mort.

Cette lettre a pour but de le prévenir contre les projets homicides *d'une main qui leur fut chère*, mais la mort l'a empêché de nommer le coupable. Qui doit-il soupçonner, Rodogune ou Cléopâtre ? Chacune d'elles lui a demandé la mort de l'autre, et chacune d'elles lui est chère : l'une est sa mère, l'autre est son amante. Il est impossible de porter plus loin le pathétique de situation. Cléopâtre n'hésite point à accuser Rodogune, qui se défend en accusant la reine à son tour. Le malheureux prince n'écoute ni l'une ni l'autre et veut prendre la coupe nuptiale, mais Rodogune l'empêche de boire. Alors Cléopâtre, résolue d'écarter tout soupçon et d'assurer sa vengeance au prix même de sa vie, prend elle-même la coupe, boit une partie de ce qu'elle contient et la rend à Antiochus. Pendant que celui-ci se dispose à boire à son tour et cherche à excuser près de sa mère les soupçons de Rodogune, le poison agit, Cléopâtre pâlit, chancelle. Antiochus veut la secourir.... mais elle le repousse, et d'une voix mourante, elle lui fait ses terribles aveux.

Jugement. — *Rodogune* était l'ouvrage préféré de Corneille ; et, si les quatre premiers actes répondaient au dernier, il n'y aurait pas à balancer ; tout le monde serait de son avis. Il n'y a point de situation plus forte ; il n'y en a point où l'on ait porté plus haut la terreur et cette incertitude effrayante qui serre l'âme dans l'attente d'un événement qui ne peut être que tragique. Et ce qui mérite encore plus d'éloges, c'est que la situation est aussi bien dénouée qu'elle est fortement conçue. Cléopâtre, avalant elle-même le poison préparé pour son fils et pour Rodogune, forme un dénouement admirable. Il faut bien qu'il le soit, puisqu'il fait pardonner les étranges invraisemblances sur lesquelles il est fondé, et qui ne peuvent pas avoir d'autre excuse. (LA HARPE.)

Thomas Corneille (1625-1709).

Thomas Corneille, frère du grand Corneille, naquit à Rouen en 1625. Il est probable que les succès de son frère tournèrent de bonne heure son attention vers le théâtre; du reste, il avait un vrai talent naturel et une grande facilité de travail. Il est intéressant de savoir quelle union intime existait entre son frère et lui : ayant épousé les deux sœurs, ils formaient le même ménage, et ce ne fut qu'au bout de vingt-cinq ans de vie en commun, que les familles eurent l'idée de partager les biens qui n'étaient pas, il est vrai, considérables.

On dit que les deux poètes s'aidaient mutuellement dans la composition de leurs ouvrages. Quand l'un avait de la peine à trouver une rime, il ouvrait une trappe pratiquée dans le plancher, et la demandait à l'autre qui travaillait au-dessous. Thomas ne conçut jamais aucune jalousie de la supériorité de son frère; il assista, au contraire, avec peine au déclin de son grand talent.

Quant à lui, il eut aussi des succès extraordinaires. On raconte que la tragédie de *Timocrate* (1656) eut plus de quatre-vingts représentations consécutives; ce fut au point que les acteurs se refusèrent à la jouer davantage, de peur d'oublier leurs autres rôles.

Thomas Corneille avait une facilité prodigieuse de versification : les deux pièces que l'on cite de préférence, le *Comte d'Essex* et *Ariane*, furent composées, l'une en quarante jours et l'autre en quinze. Sa mémoire n'était pas moins étonnante. Il n'écrivait pas ses tragédies; il les composait dans son esprit, les apprenait par cœur, puis les récitait d'un bout à l'autre; une fois approuvées, il les écrivait pour les livrer aux acteurs.

Tragédie du Comte d'Essex (1678). — Le comte d'Essex, favori de la reine d'Angleterre Elisabeth, était parvenu, dès l'âge de vingt-un ans, au comble de la fortune et des honneurs. Envoyé en Irlande à la tête d'une armée pour soumettre une rébellion, il fut accusé d'intelligence avec le chef des rebelles. Elisabeth, qui avait déjà eu à se plaindre plusieurs fois de sa hauteur, lui ôta le commandement et lui défendit même l'entrée de la cour. Essex résolut de se venger. Il vint à Londres, souleva le peuple, fut pris et condamné à mort. La reine hésita longtemps entre la justice et la clémence, mais enfin le coupable ayant toujours refusé de s'humilier et de demander grâce, elle signa l'arrêt fatal et Essex eut la tête tranchée.

Telle est la donnée historique que Thomas Corneille a mise en tragédie. Tout l'intérêt de la pièce roule sur la lutte de deux sentiments violents : l'amour passionné de la reine pour le comte, et l'orgueil du comte qui préfère la mort à la honte d'implorer sa grâce. Cette tragédie, qui obtint un brillant succès, a le mérite d'être régulièrement conduite et de faire tenir à chaque personnage, un langage conforme à son rang et à son caractère.

Tragédie d'Ariane (1672). — Ariane, fille de Minos, roi de Crète, conçut de l'amour pour Thésée qui avait été envoyé en Crète pour être livré au minotaure. Elle le tira du labyrinthe en lui donnant un peloton de fil qui lui permit de retrouver son chemin. Thésée, en partant de Crète, emmena Ariane avec lui, mais il l'abandonna dans l'île de Naxos et lui préféra Phèdre, sa sœur. De désespoir, Ariane se précipita dans la mer. Tel est le fond légendaire de la pièce.

Le ressort principal de cette tragédie, c'est la pitié. La situation d'Ariane est très touchante. Elle aime de l'amour le plus sincère et elle est victime de la plus odieuse ingratitude. La compassion qu'elle inspire est profonde. Thésée n'a rien qui puisse faire excuser son abandon. Toutes ces diverses circonstances provoquent une grande douleur et rendent le rôle d'Ariane aussi parfait que possible. La crédulité d'Ariane, sa confiance dans Phèdre au moment où elle est trahie par elle, sont des traits de maître.

Rotrou (1609-1650).

Jean de Rotrou naquit à Dreux, en 1609. Il était jeune encore, lorsqu'il commença à faire des tragédies : c'est pour cela, sans doute, que Pierre Corneille, qui était très lié avec lui, l'appelait son père, quoiqu'il ne fût son aîné que de trois ans; c'était de la part du grand poète un acte de modestie en même temps que de bienveillance. Rotrou ne se fit pas illusion sur la supériorité de Corneille, et en plein théâtre, il eut la générosité de le proclamer le meilleur des poètes tragiques.

Un trait de vertu qui causa sa mort, vaut mieux que toutes ses tragédies. Rotrou, lieutenant civil et criminel de Dreux, était à Paris, lorsqu'il apprit que sa ville natale était désolée par la peste; malgré les prières de sa famille et de ses amis, il partit aussitôt pour se rendre à son poste; il espérait, par sa présence, maintenir l'ordre et relever le courage de ses concitoyens. A peine fut-il arrivé, qu'il courut dans les hôpitaux, soulageant les malheureux et affrontant le terrible fléau. En vain son frère le pressa-il de songer à sa sûreté. Voici les derniers mots de la lettre qu'il lui répondit : « Ce n'est pas que le péril dans lequel je me trouve ne soit fort grand; jusqu'au moment où j'écris, les cloches sonnent pour la vingt-deuxième personne qui est morte aujourd'hui; ce sera pour moi quand il plaira à Dieu. » Peu de jours après, il mourait, en effet, victime de son dévouement, à l'âge de quarante-un ans.

Rotrou avait un talent naturel; il savait peindre les passions et les caractères ; malheureusement il ne mettait pas assez de soin dans l'exécution de ses plans et dans la correction de ses vers. Ses œuvres, qui eurent de son temps un vrai succès, sont tombées dans un profond oubli. Une seule a passé à la postérité : c'est *Venceslas*.

Tragédie de Venceslas (1647). — Venceslas, roi de Pologne, a deux fils dont l'un, Ladislas, convoite à la fois la main de Cassandre, duchesse de Cunisberg et le trône de son père ; l'autre fils, Alexandre, prince loyal et respectueux est le rival de son frère et se sert de son ami Frédéric pour faire connaître ses sentiments à la belle Cassandre. Frédéric est le favori de Venceslas et Ladislas le hait d'autant plus qu'il le soupçonne d'aimer Cassandre. La femme que Frédéric aime est Théodore, sœur des deux princes rivaux. Venceslas, dans l'espoir de réconcilier ses fils, fait d'abord venir le fougueux Ladislas et lui reproche sa haine pour son frère et pour Frédéric ; il le menace de son courroux, s'il refuse de se réconcilier avec eux. Les deux frères s'embrassent mais sans quitter leur haine. Quant à Frédéric, le roi veut récompenser ses services ; celui-ci parle de son amour mais sans oser nommer celle qu'il aime. C'est alors que Ladislas le croyant épris de Cassandre, conçoit le dessein de l'assassiner.

Le prince Alexandre s'étant décidé à épouser Cassandre en secret, Ladislas, informé qu'un mariage doit avoir lieu la nuit, s'imagine que c'est Frédéric qui va contracter cette union mystérieuse avec Cassandre ; il attend son rival au passage et lui plonge un poignard dans le sein : il croit avoir frappé le duc, mais c'est son frère qu'il a tué ! Qu'elle n'est pas sa surprise lorsqu'il voit apparaître Frédéric et Cassandre qui viennent annoncer à Venceslas l'assassinat de son fils et demander le châtiment du coupable ! Ladislas avoue son crime. Le malheureux Venceslas, forcé d'obéir à son devoir de roi plus qu'à ses sentiments de père, le fait venir auprès de lui, l'embrasse en pleurant et lui annonce qu'il va mourir pour payer la peine de son crime. L'infante Théodore implore le pardon de son frère et le duc Frédéric se joint à elle ; le peuple lui-même entoure le palais et sollicite à grand cris la liberté de Ladislas. Voyant qu'il ne peut être en même temps roi et père, Venceslas dépose la couronne et la place sur la tête de Ladislas qu'il reconnaît roi à sa place.

Jugement. — Toutes les situations que nous venons d'indiquer ont un caractère de grandeur qui convient à la tragédie. Ladislas, passionné, fougueux, mais noble et repentant du crime involontaire qu'il a commis, est un caractère éminemment dramatique et admirablement tracé. Le coup de poignard qu'il a porté a étouffé en lui tous les penchants vicieux et réveillé toutes les nobles vertus de son âme. Ce changement est dans la nature, et c'est bien à tort, selon nous, qu'il a été reproché au poète. Quant à Venceslas, il n'existe point au théâtre un plus beau rôle de roi et de père, et toutes les fois qu'il se trouvera des acteurs en état de bien rendre ces deux personnages, la tragédie de Rotrou se soutiendra sans désavantage même auprès des chefs-d'œuvre de Corneille, tant il semble, dans cet ouvrage, avoir profité de l'exemple de son maître.

Jean Racine (1639-1699).

Jean Racine est le poète le plus accompli de la langue française pour l'harmonie, la pureté et le charme de ses vers. Quand on demanda à Voltaire d'écrire un commentaire sur Racine, comme il en avait fait un sur Corneille, il répondit : « Je n'en ai pas à faire, ce que j'aurais à dire, ce serait de mettre au bas de chaque page : beau, harmonieux, admirable, pathétique, sublime. »

Il naquit, en 1639, à la Ferté-Milon où son père était contrôleur du grenier à sel (1). Il perdit ses parents à l'âge

(1) Fonctions correspondant à celles de percepteur d'impôts.

de quatre ans. Ce fut son grand-père qui prit soin de son éducation jusqu'à l'âge de onze ans, époque à laquelle il mourut aussi. Racine entra alors à Port-Royal, où sa grand'mère et deux de ses tantes avaient embrassé la vie religieuse. Dans cette espèce de monastère, se trouvaient réunis des hommes éminents autant par leur piété que par leur science : Le Maistre de Sacy, Hamon, Lancelot, Nicole, etc.

C'est sous la direction de ces pieux et savants solitaires que Racine apprit la langue d'Euripide, dont il devait faire revivre les beautés dans la poésie française, et qu'il puisa les principes religieux que l'on retrouve dans ses derniers ouvrages.

Le jeune élève manifestait une vive passion pour les langues mortes. Un jour, un de ses maîtres lui surprit entre les mains un roman grec qu'il affectionnait tout particulièrement ; on le lui enleva, mais il trouva moyen de s'en procurer un autre exemplaire ; celui-ci lui ayant été enlevé de nouveau, il parvint à en avoir un troisième qu'il apprit, cette fois, par cœur et qu'il rendit lui-même à son maître, en lui disant : « Tenez, vous pouvez maintenant brûler aussi celui-là. »

Dès l'âge de seize ans, Racine sentit naître en lui la passion des vers, mais les pièces qu'il fit à Port-Royal ayant été jugées mauvaises, il se tourna vers le barreau. Cette profession étant loin de satisfaire son ardente imagination, il voulut essayer de la théologie ; il avait, à Uzès, un oncle, vicaire-général, qui l'engagea à embrasser l'état ecclésiastique. Au sortir de Port-Royal, il vint chez son oncle et se prépara à sa vocation en étudiant tous les vieux théologiens du moyen âge : il attendit ainsi la jouissance d'un prieuré qu'on lui avait promis.

Sa vraie vocation lui fut révélée à Paris. A l'occasion du mariage de Louis XIV, tous les poètes furent invités à faire une pièce de vers de circonstance. Racine, alors âgé de vingt-un ans, en composa une intitulée *la Nymphe de la Seine* et l'apporta lui-même à Chapelain qui distribuait les faveurs ; l'ode fut trouvé si belle qu'elle valut au jeune poète une gratification de cent louis. Dès lors, Racine prit sa vocation de poète au sérieux. Il composa bientôt une autre pièce intitulée *la Renommée aux Muses*. Celle-ci fut encore plus applaudie que la première, et Louis XIV accorda la même gratification. Ces deux pièces de poésie sont très médiocres si on les compare à ce que Racine écrivit plus tard, mais, relativement aux productions de l'époque, elles sont remarquables. La dernière fut communiquée à Boileau, qui désira en connaître l'auteur. Il lui donna de précieux conseils et lui enseigna, selon son expression, à faire difficilement des vers faciles. Telle fut l'origine de cette amitié qui unit les deux poètes pendant quarante ans.

Pendant son séjour à Uzès, Racine avait essayé de composer une tragédie dont il prit le sujet dans son roman grec favori. Mais Molière, dont il venait de faire la connaissance par l'intermédiaire de La Fontaine, le dissuada de faire jouer cette pièce et lui indiqua comme sujet plus dramatique la *Thébaïde* (1664), ou la querelle des fils d'Œdipe. Cette tragédie fut jouée au théâtre du Palais-Royal, et Molière se chargea du rôle d'Étéocle. Elle eut du succès, quoiqu'elle fût loin d'annoncer tout ce que l'auteur devait faire un jour.

L'année suivante, Racine donna une seconde tragédie, *Alexandre le Grand* (1665). Avant de la livrer au théâtre, il la lut au grand Corneille qui, tout en reconnaissant que l'auteur avait du talent pour la poésie, déclara qu'il n'en avait point pour la tragédie et lui conseilla de s'appliquer à un autre genre.

C'est au sujet de la représentation de cette pièce, que Racine se brouilla pour toujours avec Molière. Cette tragédie avait d'abord été jouée par la troupe de Molière, mais l'auteur, mécontent du talent des acteurs, la retira et la donna aux comédiens de l'Hôtel de Bourgogne, attirant à ce théâtre une des meilleures actrices de Molière : les deux poètes ne se réconcilièrent jamais, ce qui ne les empêcha pas de se rendre mutuellement justice.

La vocation de Racine pour le théâtre avait produit une impression pénible à Port-Royal. Un jour, Nicole publia les lignes suivantes, à propos d'un certain auteur : « Un faiseur de romans ou un poète dramatique est un empoisonneur public, non des corps mais des âmes. » Racine se crut désigné ; il prit la plume et écrivit contre Nicole une lettre pleine de traits piquants. Il se préparait à en publier une seconde, mais Boileau lui ayant représenté que cet ouvrage faisait honneur à son esprit aux dépens de son cœur, il se décida à en rester là, et retira même tous les exemplaires qu'il put trouver de sa première lettre.

En 1667, Racine donna son premier chef-d'œuvre, *Andromaque*. Il avait vingt-quatre ans. A l'apparition de cette pièce, on vit se renouveler l'étonnement et l'enthousiasme qu'avait excité le *Cid*.

Racine avait enfin trouvé la gloire, mais elle ne fut pas sans amertume. Il vit aussitôt se liguer contre lui les admirateurs de Corneille. Port-Royal, où il comptait des maîtres et des amis, loin d'applaudir à ses succès, le traitait en réprouvé et en apostat. Enfin, un procès lui enleva son prieuré, qu'il avait obtenu après une longue attente et beaucoup de peine. Il fallut plaider ; las de voir des avocats et de solliciter des juges, il abandonna le prieuré et se consola de cette perte par la comédie des *Plaideurs* (1668), dirigée contre les juges et les avocats. Cette comédie fut mal reçue, et les acteurs n'osèrent hasarder une troisième représentation. Molière, quoique brouillé avec l'auteur, dit tout haut, en sortant du théâtre où l'on avait sifflé la pièce : « Cette comédie est excellente, et ceux qui s'en moquent mériteraient qu'on se moquât d'eux. » Le roi voulut l'entendre, et il ne craignit pas de témoigner, par une franche gaieté, le plaisir qu'il en éprouvait : Molière fut le premier à applaudir, le roi applaudit comme Molière, et la cour et la ville imitèrent Molière et le roi.

Après cette comédie, qui ne fut qu'une diversion, Racine reprit la tragédie et donna *Britannicus* (1669). Il avait trente ans ; ce fut un second chef-d'œuvre. Voltaire l'appelle *la pièce des connaisseurs*. Elle rencontra néanmoins beaucoup de contradicteurs, et Racine craignit un moment qu'elle n'eût une destinée malheureuse.

Nous avons dit, à propos de Pierre Corneille, l'occasion qui donna lieu à la composition de *Bérénice* (1670). Henriette d'Angleterre, que Bossuet a immortalisée par son oraison funèbre, proposa à Racine et à Corneille de traiter ce même sujet. La pièce de Corneille échoua ; celle de Racine, au contraire, eut le plus grand succès. Comme on demandait au grand Condé ce qu'il en pensait, il répondit par ces deux vers qu'il emprunta à la pièce elle-même :

> Depuis cinq ans entiers chaque jour je la vois,
> Et crois toujours la voir pour la première fois.

La pièce rencontra néanmoins de vives critiques. Sur le théâtre italien, on en donna une parodie bouffonne. Racine y rit, comme les autres, mais il avoua à ses amis qu'il n'avait ri qu'extérieurement. Il voulut aussi avoir l'opinion de Chapelle, qui persistait à garder le silence. Chapelle, cédant à ses instances : « Ce que j'en pense ? » répondit-il, et faisant allusion au ton larmoyant de la tragédie, il rappela ce couplet d'une chanson populaire :

> Marion pleure, Marion crie,
> Marion veut qu'on la marie.

Bajazet (1672) parut deux ans après *Bérénice*. Racine mit sur la scène un événement presque contemporain : une conspiration tramée à Constantinople, en 1635, par une sultane et un grand-vizir, pour renverser le sultan Amurat IV et placer sur le trône son frère Bajazet. Corneille, présent à une représentation de cette pièce, fut le premier à en faire remarquer les défauts. Il dit au poète Segrais qui était à ses côtés : « Je me garderais bien de le dire à d'autres qu'à vous, parce qu'on dirait que j'en parle par jalousie, mais, prenez-y garde, il n'y a pas un seul personnage dans *Bajazet* qui ait les sentiments qu'il doit avoir, et que l'on a à Constantinople ; ils ont tous, sous un habit turc, les sentiments qu'on a au milieu de la France. »

Mithridate (1673) parut un an après *Bajazet*. En faisant la peinture de ce grand roi de Pont, qui, pendant quarante ans, tint en échec les armées romaines, Racine semble avoir voulu imiter la grandeur de Corneille. *Mithridate* parut plus froid au théâtre que *Bajazet* ; mais on reconnut la véritable tragédie dans le caractère de ce vieux roi si terrible dans sa jalousie, si indomptable dans sa haine, si impuissant dans sa défaite. Charles XII, roi de Suède, ne se lassait pas de lire et de relire cette pièce et de s'extasier aux endroits qui l'avaient le plus frappé.

Ce fut après *Mithridate* que Racine fut reçu à l'Académie française. Son discours fut simple, court, mais prononcé d'une voix si basse, que Colbert, qui était venu pour l'entendre, n'entendit rien.

Mithridate fut suivi d'*Iphigénie* (1674), l'une des plus parfaites tragédies de Racine. C'est en relisant cette pièce que Voltaire a dit de Racine : « Voilà le poète de l'univers qui a le mieux connu le cœur humain. Plus on lit Racine, plus on lui découvre un talent unique, soutenu par toutes les finesses de l'art. S'il y a sur terre quelque chose qui approche de la perfection, c'est lui. »

Phèdre (1677) fut représentée trois ans après *Iphigénie*. Cette tragédie fut écrite après une espèce de défi. Un jour, Racine soutint dans un salon, que le malheur d'une personne coupable pouvait, traité avec talent, exciter une compassion plus vive que celui d'une personne vertueuse. Dans cette tragédie, il essaya d'intéresser les spectateurs au sort de Phèdre, en proie à une passion coupable et invincible.

Cette tragédie, un des chefs-d'œuvre de Racine, excita au plus haut degré la jalousie de tous ses ennemis. Pradon, mauvais poète de l'époque, qui traitait le même sujet, lui fut opposé ; une cabale fut montée pour assurer le triomphe de Pradon et la chute de Racine. On loua d'avance, pour plusieurs représentations, les salles où les deux pièces devaient être jouées. La pièce de Pradon eut un auditoire immense, celle de Racine fut jouée devant les banquettes vides ; mais dès qu'on cessa de payer, le public rendit justice au génie.

Jean Racine (suite).

C'est après avoir produit *Phèdre* que Racine, jeune encore et dans toute sa gloire littéraire, renonça brusquement au théâtre et cessa non-seulement d'écrire pour la scène, mais même d'assister à la représentation de ses tragédies. On prétendit que cette retraite était inspirée par le dépit : nous savons, en effet, que Racine était très-sensible à la critique ; mais nous préférons voir dans cette résolution le signe et la preuve d'une conversion sincère. Il sentit qu'il ne pouvait concilier l'esprit de l'Évangile avec l'esprit de la comédie ; les impressions religieuses qu'il avait éprouvées dans sa jeunesse à Port-Royal, se réveillèrent tout à coup dans son cœur. Il se rappela avec amertume la dispute qu'il avait eue avec les pieux solitaires et fit solliciter son pardon par Boileau, qui n'eut pas de peine à l'obtenir.

A partir de cette époque, Racine résolut non-seulement de ne plus composer de tragédies, mais même de ne plus faire de vers. Dans ce premier mouvement de ferveur, il voulut se faire chartreux, mais son confesseur lui conseilla, au contraire, de se marier et de se créer un intérieur qui suppléât aux sociétés mondaines. Racine s'y résolut. Il épousa Mlle de Romanet, fille d'un contrôleur des finances. C'était une personne pieuse et sensée mais sans aucune notion de littérature, qui n'avait jamais mis les pieds au théâtre et ne connaissait les pièces de son mari que de nom.

Racine eut sept enfants; toute sa crainte était d'avoir un fils poète. Pour éloigner son fils aîné de la tentation de faire des vers, il lui écrivait : « Quoique les applaudissements que j'ai reçus m'aient beaucoup flatté, la moindre critique, quelque mauvaise qu'elle ait été, m'a toujours causé plus de chagrin que toutes les louanges ne m'ont fait de plaisir. » Il ne permettait pas à ses enfants d'aller au théâtre et ne parlait devant eux ni de tragédie, ni de pièces profanes. Il prit un soin scrupuleux à les élever dans des sentiments religieux. « Le plus grand déplaisir qu'il me puisse arriver dans ce monde, écrivait-il encore à son fils aîné, c'est s'il me revenait que vous êtes indévôt et que Dieu vous est devenu indifférent. » Matin et soir, il réunissait les siens et les serviteurs de sa maison et lisait avec eux une portion de l'Évangile, qu'il faisait suivre d'une courte exhortation et terminait par une prière. C'est dans ce petit cercle que Racine concentra, pendant ses dernières années, ses affections et goûta les plus douces joies. « Il était de nos jeux, dit son fils qui nous a donné tous ces détails; dans nos processions, mes sœurs étaient le clergé, j'étais le curé, et l'auteur d'*Athalie*, chantant avec nous, portait la croix. »

Les agréments de la cour, qu'il n'avait pas cessé de fréquenter quoiqu'il se fût retiré du monde, n'égalaient pas la joie qu'il éprouvait d'être au milieu des siens. Comme il revenait un jour de Versailles, un fils du grand Condé vint lui dire qu'on l'attendait à dîner. « Je n'aurai point l'honneur d'y aller, répondit-il, il y a plus de huit jours que je n'ai vu ma femme et mes enfants, qui se font une fête de manger aujourd'hui avec moi une très belle carpe; je ne puis me dispenser de dîner avec eux. »

En s'éloignant du théâtre, Racine savait qu'il allait se

priver de revenus considérables et nécessaires, car sa fortune personnelle était médiocre; il n'hésita pas néanmoins. Heureusement que les faveurs de la cour le dédommagèrent de ces sacrifices. Colbert lui accorda une pension de deux mille livres et madame de Montespan le fit nommer, avec Boileau, historiographe du roi. Les deux poètes suivaient Louis XIV dans ses campagnes et le roi avait coutume de se faire lire les morceaux de son histoire, à mesure qu'ils les composaient. Un incendie ayant consumé la maison de Racine à Saint-Cloud, les fragments de l'histoire du roi périrent avec plusieurs manuscrits précieux.

La rédaction de cette histoire était depuis douze ans la seule occupation de Racine, lorsque tout à coup il fut rappelé à la poésie par madame de Maintenon. Cette femme célèbre avait fondé au village de Saint-Cyr, près de Versailles, une maison d'éducation pour des demoiselles nobles et pauvres. Elle crut que rien n'était plus propre à perfectionner leur prononciation et à cultiver leur mémoire que des représentations dramatiques; mais elle sentit bientôt le danger des pièces profanes. Elle écrivit alors à Racine pour le prier de faire, dans ses moments de loisir, quelque poème moral ou historique qui pût remplir ses vues sans blesser la modestie chrétienne. Cette lettre jeta Racine dans une grande agitation; mais après un peu de réflexion, il trouva dans le sujet d'*Esther* (1689) tout ce qu'il fallait pour plaire à madame de Maintenon et ne tarda pas à lui apporter le plan de la pièce.

Cette tragédie eut le plus grand succès; les demoiselles de Saint-Cyr avaient été formées à la déclamation par Racine lui-même, qui en fit d'excellentes actrices. Le roi enchanté, voulut faire voir *Esther* à toute la cour. Il fit lui-même les invitations pour chaque représentation, et se tenait à la porte de la salle, la liste des invités à la main. On joua *Esther* pendant tout l'hiver et toujours avec les mêmes applaudissements.

Signalons une innovation que Racine tenta dans cette tragédie. Il avait souvent désiré introduire sur la scène des *chœurs* à l'imitation des tragiques grecs. Il l'essaya dans *Esther* et dans *Athalie* : c'est dans ces chœurs qu'il fit revivre les plus belles inspirations des prophètes : ce sont autant de chefs-d'œuvre de poésie lyrique.

Encouragé par ce succès, Racine voulut traiter un autre sujet tiré de l'Écriture-Sainte : il choisit l'histoire d'*Athalie* (1690). Mais en composant ce chef-d'œuvre, le poète ne se doutait pas de tous les déboires qui l'attendaient. D'abord, quelques personnes dévotes firent naître dans l'esprit de Mme de Maintenon des scrupules religieux sur ces représentations dramatiques ; on avait trouvé peu convenable que des jeunes filles, parées en actrices, vinssent s'exposer aux regards de toute la cour. On reprocha à cette tragédie d'être froide et même ennuyeuse. Racine fut désolé de cet insuccès. « Je n'ai pu mieux faire, » disait-il. Boileau ne se laissa pas entraîner par l'opinion générale. « C'est votre chef-d'œuvre, lui répétait-il, je m'y connais, le public y reviendra. » Le public y revint en effet ; mais Racine était mort. C'est au sujet de cette admirable tragédie que Voltaire s'écriait : « Quel style ! quelle poésie ! quel homme que ce Jean Racine ! comme il va au cœur tout droit ! Je suis tenté de jeter au feu tout ce que j'ai fait quand je le relis. »

Dégoûté plus que jamais de la poésie par ce dernier échec, Racine résolut de ne plus s'occuper de vers. La disgrâce acheva de briser cette nature sensible. Témoin des malheurs de l'État, il crut que son titre d'historiographe lui donnait le droit de chercher à y porter remède et il écrivit à ce sujet un mémoire qu'il remit à Mme de Maintenon. Le mémoire tomba sous les yeux du roi qui s'écria aussitôt avec colère : « Parce qu'il sait faire des vers, croit-il tout savoir ? et parce qu'il est grand poète, veut-il être ministre ? » Mme de Maintenon fit instruire Racine de ce qui s'était passé, et lui conseilla de ne pas paraître à la cour pendant quelque temps. Un jour, elle le rencontra dans les jardins de Versailles, triste et découragé : « Que craignez-vous ? lui dit-elle, c'est moi qui suis cause de votre malheur, il est de mon devoir et de mon honneur de réparer ce que j'ai fait. Laissez passer ce nuage, je ramènerai le beau temps. » — « Non, non, Madame, lui répondit-il, vous ne le ramènerez jamais pour moi. » Comme il parlait, on entendit le bruit d'une calèche. « C'est le roi qui se promène, s'écria Mme de Maintenon, cachez-vous ! » et il se sauva dans un bosquet.

Depuis ce moment, la santé de Racine s'altéra tous les jours. Un petit abcès qu'il avait près du foie s'étant fermé tout à coup, il sentit que sa fin approchait. Dès lors, il n'eut d'autre pensée que de mourir en chrétien. Il se faisait faire de fréquentes lectures de piété par ses enfants, dans des livres à leur portée. Boileau, son ami de quarante ans, son conseiller fidèle, vint lui faire ses derniers adieux et l'embrassa sans pouvoir dire un seul mot. Racine, surmontant sa douleur, lui dit : « Je regarde comme un bonheur de mourir avant vous. » A l'heure suprême, il fit venir ses enfants, leur recommanda de rester unis, puis il rendit son âme à Dieu, à l'âge de cinquante-neuf ans.

Chefs-d'œuvre de Jean Racine.

Tragédie d'Andromaque (1667). — Après la prise de Troie, Andromaque, veuve d'Hector, et son fils Astyanax sont échus en partage à Pyrrhus, roi d'Epire. Celui-ci, déjà fiancé avec Hermione, fille de Ménélas, diffère de jour en jour son mariage parce qu'il est épris de sa captive. Mais Pyrrhus n'a pas compté avec la haine des Grecs contre la race d'Hector. Irrités d'apprendre que le roi d'Epire songe à épouser Andromaque, ils envoient Oreste auprès de lui pour *le sommer de leur livrer le jeune Astyanax qu'An*dromaque a dérobé à la mort en lui substituant un autre enfant. Oreste, qui aime Hermione malgré les dédains dont elle a payé son amour, a accepté cette mission dans l'espoir de vaincre sa résistance. Pyrrhus refuse d'accéder à la demande des Grecs ; mais, irrité du refus qu'Andromaque oppose à ses vœux pour rester fidèle au souvenir de son époux, il la menace de livrer Astyanax à ses mortels ennemis. C'est en vain que la veuve d'Hector le supplie en pleurant en faveur de son fils et lui reproche sa cruelle rigueur. Pyrrhus reste inflexible. Andromaque se dévouera donc, mais pour rester fidèle à la mémoire d'Hector, elle est décidée à mourir après la cérémonie nuptiale. A la nouvelle du mariage de Pyrrhus avec sa captive, la fureur d'Hermione ne connaît plus de bornes. Elle ordonne à Oreste d'immoler Pyrrhus devant l'autel et lui promet de l'épouser à ce prix. Oreste y consent et assassine Pyrrhus ; mais à peine Hermione a-t-elle appris la consommation du crime, qu'épouvantée, elle repousse le meurtrier avec horreur, l'accable de malédictions et court se tuer sur le cadavre de celui qu'elle aimait. Oreste éperdu, se sent en proie à son tour à toutes les furies vengeresses.

Jugement. — Cette tragédie est le plus touchant modèle de tendresse maternelle et de piété conjugale. Son succès rappela celui du *Cid* par l'exagération des éloges comme par la violence des critiques ; c'est de toutes les tragédies de Racine celle qui produit le plus d'effet au théâtre par l'énergie et la vérité des passions et une continuelle alternative de crainte et d'espérance, de terreur et de pitié. Le caractère élevé, calme d'Andromaque forme un heureux contraste avec les passions violentes dont elle est entourée. Le rôle de Pyrrhus fut vivement attaqué à cause de ses emportements.

ANDROMAQUE IMPLORE PYRRHUS EN FAVEUR D'ASTYANAX
Seigneur, voyez l'état où vous me réduisez
J'ai vu mon père mort, et nos murs embrasés (1);

(1) Andromaque était fille du roi de Cilicie. Thèbes, capitale de la Cilicie, fut prise et incendiée par Achille.

J'ai vu trancher les jours de ma famille entière,
Et mon époux sanglant traîné sur la poussière,
Son fils, seul avec moi, réservé pour les fers.
Mais que ne peut un fils ! Je respire, je sers.
J'ai fait plus ; je me suis quelquefois consolée
Qu'ici, plutôt qu'ailleurs, le sort m'eût exilée,
Qu'heureux dans son malheur, le fils de tant de rois,
Puisqu'il devait servir, fût tombé sous vos lois :
J'ai cru que sa prison deviendrait son asile.
Jadis Priam soumis fut respecté d'Achille :
J'attendais de son fils encor plus de bonté.
Pardonne, cher Hector, à ma crédulité !
Je n'ai pu soupçonner ton ennemi d'un crime ;
Malgré lui-même enfin je l'ai cru magnanime.
Ah ! s'il l'était assez pour nous laisser du moins
Au tombeau qu'à ta cendre ont élevé mes soins,
Et que, finissant là sa haine et nos misères,
Il ne séparât point des dépouilles si chères !

Tragédie de Britannicus (1669). — Agrippine, mère de Néron, s'aperçoit que ce prince qu'elle n'avait élevé au trône que pour régner sous son nom, est décidé à secouer le joug et à gouverner par lui-même. Cette mère ambitieuse et affamée de pouvoir a résolu de marier Junie à Britannicus, fils de l'empereur Claude, son premier mari, et frère adoptif de Néron, dans le but de se concilier l'affection de ce jeune prince et de s'en servir au besoin contre Néron. Narcisse, gouverneur de Britannicus et en même temps confident et favori de Néron, précipite son jeune élève à sa perte : tandis qu'il l'engage, d'une part, à unir ses intérêts à ceux d'Agrippine, il le trahit, d'une autre, en dénonçant à Néron les projets ambitieux de la reine-mère. L'empereur déjoue ces projets en faisant enlever violemment Junie. Mais à peine l'a-t-il aperçue à la clarté des flambeaux, qu'il en devient épris à son tour ; il mande Britannicus dans son palais et lui ordonne de renoncer à son amour. Sur le refus du jeune prince, il le fait arrêter et dès ce moment projette sa mort. Agrippine elle-même est retenue captive dans le palais ; cependant elle parvient à obtenir une entrevue avec son fils. Dans un entretien remarquable, elle lui rappelle tous les bienfaits qu'elle lui a prodigués et l'accuse d'ingratitude. Néron cherche à se justifier en reprochant à sa mère le complot qu'elle trame avec Britannicus. Agrippine parvient néanmoins à désarmer la colère de l'empereur et lui fait même promettre de se réconcilier avec son frère ; mais à peine a-t-elle disparu, que Néron, donnant un libre cours à ses ressentiments, déclare à Burrhus, son gouverneur, qu'il est résolu, sous l'apparence de la réconciliation, à assassiner Britannicus :

J'embrasse mon rival, mais c'est pour l'étouffer.

Burrhus retrace à son élève les conséquences de ce crime, le supplie de tout pardonner et semble l'avoir ramené à de meilleurs sentiments. Mais les perfides suggestions de Narcisse rallument dans son cœur la haine et la vengeance et le déterminent à consommer le crime. Britannicus est invité à un repas pendant lequel il est empoisonné. Néron ne jouit pas cependant complètement du fruit de son fratricide. Junie, qu'il a convoitée, lui échappe en se réfugiant dans le temple des vestales, et Agrippine, épouvantée, n'ayant plus à ménager un tel fils, ne songe plus qu'à l'effrayer de ses fureurs.

Jugement. — Cette pièce, une de celles que Racine a le plus travaillées, faillit néanmoins ne pas réussir au théâtre ; mais le public ne tarda pas à revenir de son erreur. Tous les caractères y sont tracés avec une étonnante perfection. Agrippine est fière, ambitieuse, avide de pouvoir, sacrifiant sa vie, celle de son fils, la vertu, tout enfin, au désir de régner. Si elle paraît s'intéresser à l'amour de Britannicus et de Junie, c'est pour se ménager un appui dans la disgrâce dont elle est menacée. — Le caractère de Néron est tracé de main de maître. C'est Néron à son début dans le crime, encore hésitant entre le bien et le mal, entre Burrhus et Narcisse. — Narcisse est le digne confident d'un tel monstre.

C'est le portrait fidèle d'un courtisan perfide et habile, qui flatte les passions de son maître pour mieux s'emparer de lui et le gouverner. — Burrhus n'est pas tracé avec moins de vigueur. Ministre d'une vertu austère, il résiste aux vues ambitieuses d'Agrippine comme aux vices de son maître ; mais lorsqu'il connait les horribles desseins de son élève, il se laisse emporter à tout le feu de l'indignation et son éloquence semble un moment triompher de ce monstre. — Britannicus a une figure franche et généreuse. — La candeur, l'ingénuité, l'amour timide et modeste de Junie viennent jeter sur ce tableau une teinte douce d'intérêt et de sensibilité qui charment. Mais le vice ne triomphe pas tout à fait et le poète a soin de nous faire voir dans l'avenir les remords, les tourments s'attachant à Néron et lui faisant expier son crime.

Agrippine reproche a Néron son crime

Poursuis, Néron : avec de tels ministres
Par des faits glorieux tu te vas signaler ;
Poursuis. Tu n'as pas fait ce pas pour reculer ;
Ta main a commencé par le sang de ton frère ;
Je prévois que tes coups viendront jusqu'à ta mère.
Dans le fond de ton cœur je sais que tu me hais ;
Tu voudras t'affranchir du joug de mes bienfaits.
Mais je veux que ma mort te soit même inutile :
Ne crois pas qu'en mourant je te laisse tranquille ;
Rome, ce ciel, ce jour que tu reçus de moi,
Partout, à tout moment, m'offriront devant toi.
Tes remords te suivront comme autant de furies ;
Tu croiras les calmer par d'autres barbaries ;
Ta fureur, s'irritant soi-même dans son cours,
D'un sang toujours nouveau marquera tous tes jours.
Mais j'espère qu'enfin le ciel, las de tes crimes,
Ajoutera ta perte à tant d'autres victimes ;
Qu'après t'être couvert de leur sang et du mien,
Tu te verras forcé de répandre le tien ;
Et ton nom paraîtra, dans la race future,
Aux plus cruels tyrans une cruelle injure.
Voilà ce que mon cœur se présage de toi.

Tragédie d'Iphigénie (1674). — La flotte grecque, rassemblée à Aulis sous le commandement d'Agamemnon, est retenue dans le port depuis trois mois par un calme plat. L'oracle, consulté, a répondu que les dieux ne permettront aux Grecs de quitter le port que lorsque Iphigénie, du sang d'Hélène et fille d'Agamemnon, aura été immolée sur l'autel de Diane. Le chef des Grecs se soumet à cet ordre cruel et fait venir sa fille d'Argos sous prétexte de l'unir, avant le départ de la flotte, à Achille, son fiancé. Mais la tendresse paternelle, un moment vaincue par l'ambition, a bientôt repris son empire. Saisi de remords, il envoie son serviteur fidèle, Arcas, avec ordre de faire rebrousser chemin à sa fille, sous prétexte qu'Achille a changé de pensée et que le mariage projeté ne peut s'accomplir. Mais le messager n'est pas parvenu à Iphigénie qui arrive, inattendue, au camp des Grecs, accompagnée de sa mère Clytemnestre et d'Eriphile, jeune esclave lesbienne enlevée par Achille. Agamemnon voit dans ce contre-temps l'effet du destin; il se résigne et fait tout préparer pour le sacrifice. Mais Arcas, de retour, révèle à la reine le terrible secret dont il a reçu la confidence. Que l'on juge de l'indignation de Clytemnestre et de la colère d'Achille! Celui-ci s'emporte contre Agamemnon, jure de sauver sa fiancée et de venger dans le sang de ce père dénaturé l'odieux dessein qu'il a formé. Iphigénie seule se résigne à mourir puisque les dieux l'exigent et que la gloire promise à son père est à ce prix. Agamemnon, vaincu par les instances de son épouse et la touchante résignation de sa fille, se décide à faire une nouvelle tentative pour éloigner secrètement Iphigénie du camp. Mais Eriphile, qui aime aussi Achille, dans un transport de jalousie avertit le prêtre Calchas de ce qui se trame; les Grecs se soulèvent et s'opposent à la fuite d'Iphigénie. Achille et Clytemnestre jurent de la défendre contre toute l'armée, mais elle est, malgré eux, entraînée à l'autel. Calchas va la frapper du coup mortel, lorsque, tout à coup, il s'arrête ; une révélation nouvelle de la déesse lui apprend qu'il a mal compris l'oracle ; que le sang que les dieux demandent, c'est celui d'une autre Iphigénie, issue du même sang que la fille d'Agamemnon, savoir Eriphile qui est venue assister à la mort de sa rivale. Celle-ci, furieuse, n'attend pas que Calchas porte la main sur elle ; elle saisit le couteau sacré et se perce le sein. Aussitôt le vent s'élève, les voiles des vaisseaux s'agitent et annoncent que la déesse est satisfaite.

Jugement. — Racine s'est inspiré d'Euripide et l'a quelquefois suivi de très près, mais en donnant plus de noblesse aux traits généraux, plus de développement aux caractères. Les scènes entre Agamemnon et Clytemnestre, entre Agamemnon et Achille sont d'une énergie et d'un éclat incomparables. Quoi de plus touchant que la tendresse d'Iphigénie et sa résignation à la mort cruelle qui l'attend !

Iphigénie implore la pitié de son père

Mon père,
Cessez de vous troubler, vous n'êtes point trahi :
Quand vous commanderez vous serez obéi.
Ma vie est votre bien ; vous voulez la reprendre :
Vos ordres sans détours pouvaient se faire entendre.
D'un œil aussi content, d'un cœur aussi soumis
Que j'acceptais l'époux que vous m'aviez promis,
Je saurai, s'il le faut, victime obéissante,
Tendre au fer de Calchas une tête innocente ;
Et, respectant le coup par vous-même ordonné,
Vous rendre tout le sang que vous m'avez donné
Si pourtant ce respect, si cette obéissance
Paraît digne à vos yeux d'une autre récompense ;
Si d'une mère en pleurs vous plaignez les ennuis,
J'ose vous dire ici qu'en l'état où je suis,
Peut-être assez d'honneurs environnaient ma vie
Pour ne pas souhaiter qu'elle me fût ravie,
Ni qu'en me l'arrachant, un sévère destin,
Si près de ma naissance, en eût marqué la fin.

Fille d'Agamemnon, c'est moi qui, la première,
Seigneur, vous appelai de ce doux nom de père ;
C'est moi qui, si longtemps le plaisir de vos yeux,
Vous ai fait de ce nom remercier les dieux,
Et pour qui, tant de fois prodiguant vos caresses,
Vous n'avez point du sang dédaigné les faiblesses.
Hélas ! avec plaisir je me faisais conter
Tous les noms des pays que vous allez dompter ;
Et déjà, d'Ilion présageant la conquête,
D'un triomphe si beau je préparais la fête.
Je ne m'attendais pas que, pour le commencer,
Mon sang fût le premier que vous dussiez verser.

Tragédie de Phèdre (1677). — Phèdre, seconde femme de Thésée, roi d'Athènes, éprouve un amour criminel pour Hippolyte, le fils de son époux : tel est le fatal secret que lui arrache, après bien des prières, Œnone, sa nourrice. Au moment où elle vient de faire ce cruel aveu, Thésée est absent et bientôt le bruit de sa mort se répand dans Athènes. C'est Phèdre elle-même qui vient annoncer cette triste nouvelle à Hippolyte ; dans cette entrevue, sa tête s'égare et elle lui fait l'aveu de ses coupables sentiments. Hippolyte, épouvanté, la repousse avec horreur et Phèdre, humiliée, jure de se venger de cet affront. Cependant avant de le faire, elle essayera encore une fois de fléchir Hippolyte ; maintenant qu'elle est veuve et libre, elle lui fait offrir la couronne pour prix de son amour. Tout à coup le bruit se répand que Thésée n'est point mort ; il arrive même et Hippolyte l'accompagne. Que va faire la reine déshonorée aux yeux de son époux ? Elle est résolue à se donner la mort ; en attendant, loin d'aller à sa rencontre, elle fuit la vue de celui qu'elle redoute. Thésée, interdit de cet accueil, interpelle la reine, et la nourrice de Phèdre ne trouve d'autre moyen de sauver la vie de sa maîtresse, que d'accuser Hippolyte. Que l'on juge de la colère du malheureux père, lorsque son fils, après ces révélations, ose se présenter devant lui ! Il l'accable de malédictions, le chasse loin de sa présence et conjure même Neptune de punir le coupable jeune homme. Celui-ci se tait et s'éloigne. La vengeance paternelle ne tarde pas à s'accomplir. Peu après, Théramène, accourt pour annoncer la mort d'Hippolyte : Neptune a fait sortir du sein de la mer un monstre menaçant ; les chevaux effrayés se sont emportés et l'infortuné jeune homme est mort de ses blessures en protestant de son innocence. A l'ouïe de cette nouvelle, Phèdre, accablée de remords, vient aussitôt tout dévoiler à Thésée ; mais déjà elle s'est fait justice elle-même, car, à peine a-t-elle achevé de parler, qu'elle tombe empoisonnée aux pieds de son époux.

Jugement. — « Le personnage de Phèdre, tel que l'a créé Racine, est à nos yeux le plus beau, le plus poétique, le plus complet qui soit au théâtre. Phèdre n'est point la victime de cette fatalité aveugle et impitoyable du paganisme qui chargeait souvent la plus rigide vertu d'un crime abominable dont elle n'avait pas plus la conscience que la volonté. La fatalité qui pousse Phèdre au crime en lui laissant la conscience de sa faute, et qui la punit de la mollesse de sa résistance et de l'insuffisance de sa vertu, nous paraît renfermer un enseignement dont il n'est personne qui ne puisse saisir le sens. Aussi, après la lecture de *Phèdre*, les solitaires de Port-Royal, et entr'autres le célèbre Arnauld, pardonnèrent à leur ancien disciple la gloire qu'il s'était acquise par ses œuvres théâtrales ; leur sévérité fut désarmée, ils ouvrirent les bras au pécheur. »

THÉRAMÈNE RACONTE A THÉSÉE LA MORT D'HIPPOLYTE.

A peine nous sortions des portes de Trézène :
Il était sur son char ; ses gardes affligés
Imitaient son silence autour de lui rangés ;
Il suivait tout pensif le chemin de Mycènes :
Sa main sur les chevaux laissait flotter les rênes.
Ses superbes coursiers, qu'on voyait autrefois
Pleins d'une ardeur si noble obéir à sa voix,
L'œil morne maintenant, et la tête baissée,
Semblaient se conformer à sa triste pensée.
Un effroyable cri, sorti du fond des flots,

Des airs en ce moment vint troubler le repos ;
Et, du sein de la terre, une voix formidable
Répond en gémissant à ce cri redoutable.
Jusqu'au fond de nos cœurs notre sang s'est glacé ;
Des coursiers attentifs, le crin s'est hérissé.
Cependant, sur le dos de la plaine liquide,
S'élève à gros bouillons une montagne humide ;
L'onde approche, se brise, et vomit à nos yeux,
Parmi des flots d'écume, un monstre furieux.
Son front large est armé de cornes menaçantes ;
Tout son corps est couvert d'écailles jaunissantes
Indomptable taureau, dragon impétueux,
Sa croupe se recourbe en replis tortueux ;
Ses longs mugissements font trembler le rivage.
Le ciel avec horreur voit ce monstre sauvage :
La terre s'en émeut, l'air en est infecté ;
Le flot qui l'apporta recule épouvanté.
Tout fuit ; et, sans s'armer d'un courage inutile,
Dans le temple voisin chacun cherche un asile.
Hippolyte lui seul, digne fils d'un héros,
Arrête ses coursiers, saisit ses javelots,
Pousse au monstre, et d'un dard, lancé d'une main sûre,
Il lui fait dans le flanc une large blessure.
De rage et de douleur le monstre bondissant,
Vient aux pieds des chevaux tomber en mugissant,
Se roule, et leur présente une gueule enflammée
Qui les couvre de feu, de sang et de fumée.
La frayeur les emporte ; et, sourds à cette fois,
Ils ne connaissent plus ni le frein ni la voix ;
En efforts impuissants leur maître se consume.
Ils rougissent le mors d'une sanglante écume.
On dit qu'on a vu même, en ce désordre affreux,
Un dieu qui d'aiguillons pressait leurs flancs poudreux.
A travers les rochers, la peur les précipite,
L'essieu crie et se rompt : l'intrépide Hippolyte
Voit voler en éclats tout son char fracassé ;
Dans les rênes lui-même il tombe embarrassé.
Excusez ma douleur ; cette image cruelle
Sera pour moi de pleurs une source éternelle.
J'ai vu, Seigneur, j'ai vu votre malheureux fils

Traîné par les chevaux que sa main a nourris.
Il veut les rappeler, et sa voix les effraie ;
Ils courent : tout son corps n'est bientôt qu'une plaie.
De nos cris douloureux la plaine retentit.
Leur fougue impétueuse enfin se ralentit ;
Ils s'arrêtent non loin de ces tombeaux antiques
Où des rois ses aïeux sont les froides reliques.
J'y cours en soupirant et sa garde me suit.
De son généreux sang la trace nous conduit ;
Les rochers en sont teints, les ronces dégouttantes
Portent de ses cheveux les dépouilles sanglantes.
J'arrive, je l'appelle, et me tendant la main,
Il ouvre un œil mourant qu'il referme soudain :
« Le ciel, dit-il, m'arrache une innocente vie ;
» Prends soin après ma mort de la triste Aricie.
» Cher ami, si mon père, un jour désabusé,
» Plaint le malheur d'un fils faussement accusé,
» Pour apaiser mon sang et mon ombre plaintive,
» Dis-lui qu'avec douceur il traite sa captive,
» Qu'il lui rende..... » A ce mot, ce héros expiré
N'a laissé dans mes bras qu'un corps défiguré,
Triste objet où des dieux triomphe la colère,
Et que méconnaîtrait l'œil même de son père.

Tragédie d'Esther (1689). — Le sujet d'Esther est la délivrance des juifs qui étaient restés à Babylone après la captivité. Aman, le ministre du roi Assuérus, a menacé de les détruire parce que l'un d'eux, Mardochée, a refusé d'incliner son front devant lui. Punir ce misérable ne suffit pas à sa vengeance ; il faut qu'elle s'étende sur toute son odieuse nation. Il obtient facilement du roi un édit qui voue à la mort les juifs dispersés dans tout l'empire. Mais Mardochée veille sur ses compatriotes. Esther, l'épouse d'Assuérus, est sa nièce ; c'est lui qui l'a élevée, c'est à elle qu'il s'adressera pour qu'elle obtienne du roi la grâce de sa nation. Il compte d'autant plus sur la bienveillance d'Assuérus, qu'il a sauvé celui-ci d'un complot tramé contre sa vie. La Providence semble seconder les plans de Mardochée. Le roi, tourmenté par un songe, s'est fait lire les annales de son règne qui lui ont remis en mémoire les services de Mardochée et, comme il a oublié de le récompenser, il ordonne à Aman de le conduire en triomphe dans la ville. Aman n'obéit qu'avec répugnance, mais il se console à la pensée du supplice prochain qu'il réserve à son ennemi. Cependant Esther, à la prière de son oncle, se décide, pour sauver les juifs, à pénétrer chez le roi, malgré la défense qui interdit de s'en approcher. Elle sollicite la faveur de recevoir Assuérus à sa table. Aman assistera au festin. C'est en présence du persécuteur des juifs qu'elle se jette aux pieds du roi, lui avoue qu'elle est juive et dévoile les projets sanguinaires que son ministre a formés par un motif de vengeance personnelle. Assuérus, touché des larmes de la reine et convaincu de la perfidie de son favori, révoque l'édit de proscription et livre Aman au supplice préparé pour Mardochée.

Jugement. — Cette tragédie n'est pas sans défauts : le plus grand de tous est le manque d'*intérêt*. Esther et Mardorchée ne sont pas en danger malgré la proscription des juifs, car on est assuré d'avance que le roi qui aime son épouse ne la fera pas mourir parce qu'elle est juive, pas plus que Mardochée qui lui a sauvé la vie et qu'il vient de combler d'honneurs. Il ne s'agit donc que du peuple hébreu ; mais on sait que le danger d'un peuple ne peut pas faire la base d'un intérêt dramatique.

Les *caractères* ne sont pas moins répréhensibles, à l'exception de celui d'Esther. Zarès, femme d'Aman, est complétement inutile. — Mardochée n'est guère plus nécessaire. — Assuérus est un fantôme de roi, un despote insensé qui proscrit tout un peuple sans le plus léger examen. — La haine d'Aman a des motifs trop mesquins et l'on ne peut concevoir que le ministre d'un grand empire soit malheureux parce qu'un homme obscur refuse de se prosterner devant lui.

Si cette tragédie est défectueuse comme ouvrage dramatique, elle a néanmoins des mérites remarquables. Le style d'*Esther* est enchanteur. Racine a transporté dans notre langue les beautés de la Bible et les plus sublimes inspirations des prophètes.

Chœur d'Esther

LE CHŒUR

Dieu fait triompher l'innocence :
Chantons, célébrons sa puissance.

UNE ISRAÉLITE

Il a vu contre nous les méchants s'assembler,
Et notre sang prêt à couler.
Comme l'eau sur la terre ils allaient le répandre;
Du haut du ciel sa voix s'est fait entendre;
L'homme superbe est renversé,
Ses propres flèches l'ont percé.

UNE AUTRE

J'ai vu l'impie adoré sur la terre,
Pareil au cèdre, il cachait dans les cieux
Son front audacieux ;
Il semblait à son gré gouverner le tonnerre,
Foulait aux pieds ses ennemis vaincus :
Je n'ai fait que passer, il n'était déjà plus.

UNE AUTRE

On peut des plus grands rois surprendre la justice.
Incapables de tromper
Ils ont peine à s'échapper
Des piéges de l'artifice.
Un cœur noble ne peut soupçonner en autrui
La bassesse et la malice
Qu'il ne sent point en lui.

UNE AUTRE

Comment s'est calmé l'orage?

UNE AUTRE

Quelle main salutaire a chassé le nuage?

TOUT LE CHŒUR

L'aimable Esther a fait ce grand ouvrage.

UNE SEULE

Ton Dieu n'est plus irrité :
Réjouis-toi, Sion, et sors de la poussière :
Quitte les vêtements de la captivité,
Et reprends ta splendeur première.
Les chemins de Sion à la fin sont ouverts :
Rompez vos fers,
Tribus captives,
Troupes fugitives ;
Repassez les monts et les mers,
Rassemblez-vous des bouts de l'univers.

UNE AUTRE

Je reverrai ces campagnes si chères.

UNE AUTRE

J'irai pleurer au tombeau de mes pères !

LE CHŒUR

Repassez les monts et les mers,
Rassemblez-vous des bouts de l'univers

UNE ISRAÉLITE SEULE

Relevez, relevez les superbes portiques
Du temple où notre Dieu se plaît d'être adoré
Que de l'or le plus pur son autel soit paré,
Et que du sein des monts le marbre soit tiré.
Liban, dépouille-toi de tes cèdres antiques ;
Prêtres sacrés, préparez vos cantiques.

UNE AUTRE

Dieu descend et revient habiter parmi nous
Terre, frémis d'allégresse et de crainte ;
Et vous, sous sa majesté sainte,
Cieux, abaissez-vous !

UNE AUTRE

Que le Seigneur est bon ! que son joug est aimable !
Heureux qui dès l'enfance en connaît la douceur !
Jeune peuple, courez à ce maître adorable :
Les biens les plus charmants n'ont rien de comparable
Aux torrents de plaisirs qu'il répand dans un cœur.
Que le Seigneur est bon ! que son joug est aimable !
Heureux qui dès l'enfance en connaît la douceur !

UNE AUTRE

Il s'apaise, il pardonne ;
Du cœur ingrat qui l'abandonne
Il attend le retour ;
Il excuse notre faiblesse ;
A nous chercher même il s'empresse.
Pour l'enfant qu'elle a mis au jour
Une mère a moins de tendresse.
Ah ! qui peut avec lui partager notre amour ?

LE CHŒUR

Il nous fait remporter une illustre victoire.

UNE ISRAÉLITE

Il nous a révélé sa gloire.

UNE AUTRE

Ah ! qui peut avec lui partager notre amour ?

LE CHŒUR

Que son nom soit béni, que son nom soit chanté ;
Que l'on célèbre ses ouvrages
Au-delà des temps et des âges,
Au-delà de l'éternité !

Tragédie d'Athalie (1690). — Le grand prêtre Joad a recueilli secrètement dans le temple de Jérusalem le seul des enfants d'Achazia qui ait échappé au massacre dans lequel Athalie a enveloppé toute sa famille. Le moment est venu de le faire monter sur le trône usurpé par son aïeule. Joad a eu soin de s'assurer du concours d'Abner, guerrier resté fidèle à la loi du Seigneur, mais qui se laisse effrayer par les menaces qu'Athalie a proférées contre le temple. Une fois assuré de l'appui d'Abner qui commande l'armée d'Athalie, Joad n'hésite plus à annoncer à son épouse Josabeth sa résolution de couronner ce jour même le jeune roi dans le temple et de le faire reconnaître par les lévites ; mais ce n'est pas sans peine qu'il parvient à calmer les craintes que conçoit son épouse pour la vie de Joas. En ce moment, Athalie, poussée par un esprit de vertige, s'est introduite dans le lieu saint où elle aperçoit un enfant qui la remplit de terreur ; car cet enfant est le même qui lui est apparu dans un songe, armé contre elle d'un fer homicide. Elle veut le connaître, le voir, l'interroger. Le grand prêtre y consent. La sublime simplicité des réponses du jeune Joas confond et désarme les projets de vengeance d'Athalie ; mais Mathan, prêtre apostat et son ministre, réveille ses terreurs. Elle redemande l'enfant ainsi qu'un trésor qu'on tient caché dans le temple. Sur la promesse qu'on lui livrera l'un et l'autre, la reine se retire. C'est alors que Joad fait connaître pour la première fois à l'enfant royal le mystère de sa naissance et qu'il le proclame, en présence des lévites, comme le légitime successeur d'Achazia. Joas est couronné roi ; des armes sont distribuées aux lévites, et lorsqu'Athalie arrive de nouveau, accompagnée de quelques soldats, pour demander ce qu'on lui a promis, les portes se referment derrière elle, un rideau s'ouvre et Joas apparaît couronné du diadème et assis sur un trône entouré des lévites armés. Athalie se voit trahie ; on l'entraîne hors du temple pour la mettre à mort.

Jugement. — Cette tragédie est la plus parfaite qui ait été écrite. Les *caractères* sont dessinés en quelques traits frappants de ressemblance et de vérité. Abner est le type de ces hommes braves qui, quoique dévoués à un principe, mettent leur épée au service du plus fort. — Joad est l'homme du courage et de la confiance. — Athalie nous fait horreur après nous avoir inspiré la pitié. — Mathan est le portrait de l'ambitieux que la faveur enivre.

Les *chœurs* sont, comme dans *Esther*, conformes à la réalité. Dans le théâtre ancien, le chœur représentait la foule moralisant sur les événements. Ici, les jeunes Israélites qui le composent, participent à l'action. Elles souffrent, elles tremblent, elles espèrent, leurs chants expriment la douleur et l'enthousiasme.

Le *style* de cette tragédie est toujours en harmonie avec la situation et le caractère des personnages. Il est majestueux et souvent sublime dans le rôle de Joad. Il revêt dans ceux de Joas et de Josabeth une naïveté inimitable. Plein de richesse et de variété, il s'élève dans les chœurs à la poésie lyrique la plus ravissante.

SONGE D'ATHALIE

C'était pendant l'horreur d'une profonde nuit :
Ma mère Jézabel devant moi s'est montrée,
Comme au jour de sa mort, pompeusement parée :
Ses malheurs n'avaient point abattu sa fierté ;
Même elle avait encore cet éclat emprunté
Dont elle eut soin de peindre et d'orner son visage,
Pour réparer des ans l'irréparable outrage :
« Tremble, m'a-t-elle dit, fille digne de moi ;
Le cruel Dieu des Juifs l'emporte aussi sur toi.
Je te plains de tomber dans ses mains redoutables,
Ma fille. » En achevant ces mots épouvantables,
Son ombre vers mon lit a paru se baisser ;
Et moi je lui tendais les mains pour l'embrasser ;
Mais je n'ai plus trouvé qu'un horrible mélange
D'os et de chairs meurtris et traînés dans la fange,
Des lambeaux pleins de sang, et des membres affreux
Que des chiens dévorants se disputaient entre eux.
Dans ce désordre à mes yeux se présente
Un jeune enfant couvert d'une robe éclatante,
Tels qu'on voit des Hébreux les prêtres revêtus.
Sa vue a ranimé mes esprits abattus ;
Mais lorsque, revenant de mon trouble funeste,
J'admirais sa douceur, son air noble et modeste,
J'ai senti tout à coup un homicide acier
Que le traître en mon sein a plongé tout entier.

Œuvres de second ordre de Jean Racine.

Tragédie de Bérénice (1670). — Bérénice, reine de Palestine, est secrètement recherchée en mariage par Antiochus, roi de Comagène, à l'époque où Titus vient mettre le siége devant Jérusalem. Celui-ci la voit, l'aime et, lorsqu'il est vainqueur, l'emmène avec lui à Rome dans le dessein de l'épouser. Antiochus suit la reine et continue à la voir sous le voile de l'amitié, espérant toujours que quelque obstacle imprévu viendra traverser les projets de mariage de son rival. Son espoir n'est pas trompé : Le sénat vient faire connaître à l'empereur que les Romains se refusent à accepter une étrangère pour impératrice. Titus se voit donc forcé, à son grand regret, de sacrifier son amour à son ambition ; mais n'ayant pas la force d'annoncer lui-même cette résolution à Bérénice, il charge Antiochus de cette douloureuse mission. Bérénice, qui a de la peine à y croire, accourt, pour s'en assurer, dans l'appartement de l'empereur et y rencontre le Sénat qui vient féliciter Titus de la rupture de son mariage. Elle s'éloigne aussitôt, résolue à se donner la mort ; mais bientôt, assurée de l'amour de Titus et ne voulant pas compromettre son autorité, elle prend la généreuse résolution de quitter l'Italie avec Antiochus dont elle n'encourage pas néanmoins les espérances.

Jugement. — Le grand défaut de *Bérénice* est plutôt dans le choix du sujet que dans la manière dont le poète l'a traité. Racine s'est efforcé de suppléer au manque d'action et l'on est étonné qu'il ait pu tirer cinq actes d'une situation si uniforme et si peu tragique ; il a créé le personnage d'Antiochus ; mais on sent que ce personnage n'est qu'un remplissage. Le mérite de *Bérénice* est surtout dans le style qui est enchanteur.

Tragédie de Bajazet (1672). — En partant de Bysance pour aller combattre les Persans, le sultan Amurat a remis tous ses pouvoirs à sa favorite Roxane, en lui recommandant de surveiller Bajazet, son frère, dont il suspecte les projets ambitieux. Du camp, il envoie à Roxane l'ordre de le mettre à mort, au moment même où celle-ci, qui s'est éprise d'amour pour Bajazet, a formé le projet de l'élever au trône, s'il consent à l'épouser. Mais le cœur de Bajazet n'est pas libre : il aime Atalide, sa jeune parente élevée avec lui dans l'intérieur du harem, et sur laquelle le grand vizir, l'ambitieux Acomat, a jeté les yeux comme sur l'instrument de son élévation. Bajazet ne peut consentir aux projets de Roxane, et celle-ci le menace de sa vengeance. Atalide, s'oublie elle-même, et supplie Bajazet de donner quelque espérance à sa rivale. Mais Roxane a surpris leur intelligence, et c'est dans le sang de Bajazet qu'elle lavera sa honte. Elle ne doit cependant pas jouir de sa vengeance : un messager d'Amurat arrive, porteur d'un ordre de mort pour la sultane infidèle. Roxane tombe sous son poignard ; Acomat, qui a armé ses partisans pour soutenir Bajazet, arrive trop tard pour le sauver et Atalide se tue de désespoir (Marcillac).

Jugement. — Racine avait lutté dans *Bérénice* contre un sujet qu'on lui avait prescrit, et il était sorti triomphant de cette épreuve si dangereuse pour le talent, qui veut toujours être libre dans sa marche et se tracer à lui-même la route qu'il doit tenir. *Bajazet* fut un ouvrage de son choix. Les mœurs, nouvelles pour nous, d'une nation avec qui nous avions eu longtemps aussi peu de communication que si la nature l'eût placée à l'extrémité du globe ; la politique sanglante du sérail, la servile existence d'un peuple innombrable enfermé dans cette prison du despotisme, les passions des sultans qui s'expliquent le poignard à la main ; le caractère et les intérêts des vizirs qui se hâtent d'être les instruments d'une révolution, de peur d'en être les victimes ; l'inconstance ordinaire des Orientaux : voilà le sujet absolument neuf qui s'offrait au pinceau de Racine. Cette science des couleurs locales, le rôle fortement passionné de Roxane, le grand caractère d'Acomat, une exposition regardée par tous les connaisseurs comme le chef-d'œuvre du théâtre dans cette partie ; tels sont les principaux mérites qui se présentent dans l'analyse de la tragédie de *Bajazet*. (La Harpe.)

Tragédie de Mithridate (1673). — Sur le faux bruit de la mort de Mithridate, roi de Pont, ses deux fils aspirent tous deux à la main de Monime, leur belle-mère. Mais au moment où celle-ci vient de laisser voir à Xipharès qu'elle le préfère à Pharnace, Mithridate revient, plein de défiance contre ses fils dont il ne s'explique pas la présence auprès de celle qu'il destine à occuper le trône à côté de lui. Ses soupçons se portent d'abord sur Pharnace. Pour découvrir la vérité, il les fait appeler l'un et l'autre, et, dans une scène superbe, il leur déroule ses nouveaux plans de guerre : Pharnace épousera une princesse d'Asie et ira jeter l'effroi dans ces pays, tandis que lui-même, accompagné de Xipharès, ira porter la guerre au cœur même de l'empire. Pharnace, après avoir combattu ce projet gigantesque, refuse le mariage qu'on lui propose. C'est alors que Mithridate lui donne la vraie raison de son refus, son amour pour Monime. Pharnace ne s'en défend pas et accuse son frère du même crime. Mithridate est troublé par cette révélation nouvelle. Il saura la vérité par Monime elle-même. Dans une conversation touchante, il feint de vouloir lui donner Xipharès pour époux à sa place. Monime, étonnée, ne peut dissimuler son bonheur. Mais elle ne tarde pas à comprendre, par le courroux du roi, que ce discours n'est qu'une ruse pour découvrir ses sentiments. Rappelant alors à Mithridate sa promesse, elle lui déclare qu'elle n'aura pour époux que celui qu'il lui a promis. Elle est perdue et les deux frères avec elle ; mais avant que le roi ait pu mettre à exécution ses projets de vengeance, Pharnace, vendu depuis longtemps aux Romains, vient l'attaquer dans sa propre capitale avec les troupes qu'il a soulevées en leur faisant accroire que le roi se proposait de les conduire en Italie. Mithridate se jette résolument dans la mêlée : il est blessé grièvement, et, se voyant sur le point d'être fait prisonnier, se perce de son épée. Au moment d'expirer, il apprend que Xipharès a comprimé la révolte de son frère et fait rentrer les troupes mutinées dans le devoir. Mithridate reconnaît alors son erreur. Il se fait transporter, mourant, dans son palais, et unit Monime à Xipharès.

Jugement. — Jamais le pinceau de Racine ne parut plus mâle et plus fier, et le rôle de Mithridate est celui où il se rapproche le plus de la vigueur de Corneille, surtout dans la scène fameuse où il expose à ses deux fils son projet de porter la guerre en Italie. Cette scène a encore un autre mérite : en montrant le héros dans toute son élévation, elle révèle aussi sa jalousie artificieuse, puisqu'elle a pour objet de pénétrer ce qui se passe dans le cœur de Pharnace, et d'en arracher l'aveu de ses projets sur Monime. Cette situation met dans tout son jour le contraste des deux jeunes princes qui soutiennent également leur caractère. Le perfide Pharnace, comptant sur l'appui des Romains qu'il attend, refuse formellement d'aller épouser la fille du roi des Parthes ; le vertueux Xipharès, tout entier à son devoir et à son père, ne connaît d'autres intérêts que ceux de la nature et de la gloire, et saisit avec l'enthousiasme d'un jeune guerrier le dessein d'aller combattre les Romains dans l'Italie. Cette scène me paraît, sous tous les rapports, une des plus belles que Racine ait conçues, et le discours de Mithridate est dans notre langue un des modèles les plus achevés du style sublime. (LA HARPE.)

CHAPITRE III

DE LA COMÉDIE AU XVIIe SIÈCLE

De la comédie en France avant Molière. — Pierre Corneille. — Molière. — Chefs-d'œuvre de Molière. — Œuvres de second ordre de Molière. — Jean Racine. — La comédie après Molière.

De la Comédie en France avant Molière.

Corneille fut en France le créateur de la bonne comédie comme il l'avait été de la vraie tragédie. Avant lui rien de piquant, de spirituel, d'amusant même n'avait paru sur notre scène depuis l'*Avocat Patelin*. « Pour rencontrer quelques traces de la gaieté française, dit M. Ed. Mennechet, il fallait se tenir les pieds dans la boue, le nez au vent, sur le Pont-Neuf, en face de la statue d'Henri IV, où le charlatan Mondor et son associé Tabarin égayaient la foule par leurs lazzis burlesques, tout en débitant un baume qu'ils donnaient pour le remède universel : il guérissait du moins de la mélancolie : aussi nombre de grands seigneurs et de nobles dames faisaient arrêter leurs carrosses devant les tréteaux de Tabarin. Parmi ces acteurs en plein vent, il en était trois qui avaient surtout le privilége d'attirer la foule : on les nommait Gros-Guillaume, Gauthier-Garguille et Turlupin. Ils élevèrent un petit théatre portatif dans un jeu de paume, près de la Porte-Saint-Jacques, et là, ils jouaient, le matin, pour les écoliers, le soir pour le beau monde, des farces de leur invention, moitié écrites, moitié improvisées, dont le plus grand mérite était de provoquer le rire des spectateurs. On y accourait en foule de tous côtés ; et les comédiens du roi, établis à l'hôtel de Bourgogne, conçurent bientôt une telle jalousie du succès des trois bateleurs de la Porte-Saint-Jacques, qu'ils portèrent plainte au cardinal Richelieu contre un pareil empiètement de leur privilége. Leur plainte eut pour effet de donner au ministre le désir de voir ceux qu'on lui dénonçait. Ils jouèrent, dans une alcôve du Palais-Cardinal, une farce qui amusa tellement Son Éminence, que, pour les remercier de l'avoir fait rire, ce qui lui arrivait rarement, il invita les comédiens de l'hôtel de Bourgogne à s'associer les trois bateleurs. Une invitation de Richelieu était un ordre, et bientôt Gauthier-Garguille, Gros-Guillaume et Turlupin, s'installèrent à l'hôtel de Bourgogne, où ils s'adjoignirent Guillot, Gorju, Jodelet, le capitaine Fracasse et autres, pour y jouer des farces après la tragédie. Plusieurs d'entre eux se firent même remarquer dans les deux genres, mais sous des noms différents. La troupe rivale du Marais suivit cet exemple, et joua également des farces qui partageaient la faveur publique avec les tragédies de Rotrou et même de Corneille. » C'est dire que la place de poète comique était encore vacante en France lorsque parut le *Menteur* en 1642, six ans après le *Cid*.

Pierre Corneille (Voir sa biographie page 110.)

Comédie du Menteur (1642). — Corneille avait emprunté le *Cid* à Guilhem de Castro; il emprunta encore le sujet du *Menteur* à Lope de Vega, mais il arrangea la comédie espagnole pour la scène française en modifiant plusieurs situations et en changeant le dénouement. Le rôle du menteur, Dorante, est écrit avec verve d'un bout à l'autre, comme celui de son valet Cliton, qui, tout habitué qu'il est aux mensonges de son maître, s'y laisse toujours prendre, et le supplie de lui indiquer par quelque signe quand il ne dit pas la vérité. Dorante le lui promet, mais bientôt oublie sa promesse, et ment de nouveau à son valet, auquel il raconte qu'il a tué son rival. Ce mensonge lâché, le rival paraît : Cliton ne peut s'empêcher de se moquer de son maître : *Les gens que vous tuez*, lui dit-il, *se portent assez bien*. Dorante trompe son père, et lui raconte qu'étant marié en secret à Poitiers, il ne peut épouser celle qu'il lui a destinée. Le père pardonne cette coupable folie ; mais autant il se montre indulgent pour un égarement de jeunesse, autant il devient sévère quand il découvre que son fils lui a menti. Dorante cherche à s'excuser par l'amour qu'il avait pour une femme quand on voulait le marier à une autre. Mais Géronte refuse de le croire et lorsque son fils en appelle à son valet pour attester la vérité de ses paroles, son père le fait rougir de sa bassesse.

Molière (1622-1673)

Molière est le premier poète comique de la scène française. Lorsqu'il parut, il éclipsa et fit oublier Scudéry, Hardy, Desmarets, qui étaient alors en vogue.

Jean-Baptiste-Poquelin Molière naquit à Paris, le 15 janvier 1622. Il était fils d'un tapissier de Paris, valet de chambre de Louis XIII. Cet emploi de valet n'avait rien de vil ; il pouvait se vendre, et la survivance en fut assurée à Molière à l'âge de quinze ans. Il y a tout lieu de croire que son père le fit élever comme les enfants de sa condition : à quatorze ans, il ne savait que lire, écrire et compter.

Une circonstance particulière décida de sa vocation. Son grand'père maternel l'ayant conduit au théâtre, le jeune homme y éprouva une si forte émotion qu'il tourmenta ses parents pour qu'ils lui fissent faire des études. On le mit alors dans un collége de Paris dirigé par des jésuites où il passa six ans et se fit estimer de ses camarades et de ses maîtres. Il eut pour condisciple le prince de Conti, frère du grand Condé, qui fut plus tard son protecteur et le poète Chapelle, qui devint son ami intime.

Au sortir du collége, le jeune Poquelin reprit l'emploi de son père à la cour et suivit Louis XIII dans son voyage en Languedoc. De retour à Paris, il ne put résister à sa passion pour le théâtre, et, malgré tout le mépris attaché à cette vocation, il se mit à la tête d'une troupe de jeunes gens qui jouaient la comédie. Pour se conformer à l'usage du temps, il changea son nom de Poquelin en celui de *Molière*, dont l'origine est inconnue.

Sa troupe se distingua bientôt et prit le nom d'*Illustre Théâtre*. Au bout d'un an, elle quitta Paris et alla visiter la province : Nantes, Bordeaux, Vienne en Dauphiné, puis Lyon. Ce fut alors que Molière, sentant naître son génie, voulut se livrer tout entier à sa vocation, et être à la fois auteur et comédien. Les pièces qu'il jouait alors étaient des farces et ne nous sont pas parvenues, à l'exception de deux : l'*Étourdi* (1653) et le *Dépit amoureux* (1654), qui n'ont pas grande valeur.

Après avoir parcouru la province pendant douze ans, Molière revint à Paris. Il avait alors trente-sept ans. Il eut le bonheur d'être bien servi par ses amis. Le prince de Conti, dont il avait été condisciple, lui donna accès auprès du duc d'Orléans, frère de Louis XIV. On suggéra au duc l'idée d'avoir, comme son frère, une troupe de comédiens, et celle de Molière fut admise à faire ses essais devant le roi et sa cour. Louis XIV, alors âgé de vingt ans, fut charmé de leurs farces, et autorisa la troupe à s'établir à Paris, et à prendre le titre de *Troupe de Monsieur*.

Le prince de Conti, reconnaissant le mérite du poète comique, lui proposa d'être son secrétaire en lui promettant une bonne pension. Molière eut le bon esprit de refuser : « Je suis, dit-il, un acteur passable, et je serais peut-être un très mauvais secrétaire. » S'il eût accepté, la France compterait un grand écrivain de moins.

Après s'être fixé à Paris, Molière donna les *Précieuses ridicules* (1659); ce fut la première comédie qui établit, d'une manière solide, sa réputation. Dans cette pièce, il se proposa de corriger la pédanterie et l'affectation des habituées de l'hôtel de Rambouillet. On raconte qu'au moment de la représentation, un vieillard s'écria du milieu du parterre : «Courage, Molière ! voilà la véritable comédie. » Presque tout l'hôtel de Rambouillet assistait à cette audacieuse attaque ; il n'y eut cependant qu'une voix pour applaudir. Au sortir de la représention, Ménage dit à Chapelain, en lui prenant la main : « Monsieur, nous approuvions, vous et moi, toutes les sottises qui viennent d'être critiquées si finement, mais pour me servir de ce que saint Rémi dit à Clovis : Il nous faudra brûler ce que nous avons adoré et adorer ce que nous avons brûlé. » Les *Précieuses ridicules* assurèrent le succès de Molière en même temps qu'elles lui méritèrent les faveurs royales.

Quelque temps après, il donna l'*École des Maris* (1661). Molière a cherché, dit-on, à se peindre dans cette comédie, et on l'y reconnaissait même de son temps. Tout en louant la conception et la verve comique de cette pièce, on regrette d'y trouver des préceptes de morale relâchée. Nous ne pouvons, non plus, approuver le système d'éducation qui y est enseigné : les bals, les fêtes, les spectacles, ne sont pas, comme l'affirme l'instituteur-comédien, la meilleure école pour l'éducation d'une jeune personne.

L'*École des Maris* eut pour pendant l'*École des Femmes* (1661). Molière veut apprendre aux femmes à ne jamais unir leur sort à celui d'un égoïste. Il est regrettable que les sages idées de l'auteur soient exprimées en termes qui rendent la lecture de ces deux comédies impossible pour des oreilles chastes. Cette forme fut vivement attaquée du temps même du poète, qui crut devoir répondre à ses critiques en écrivant une autre comédie intitulée *la Critique de l'École des Femmes* (1663), où il aggrave ses torts en déversant le ridicule sur les censeurs de sa pièce.

L'*École des Femmes* (1661) fut suivie de la comédie des *Fâcheux*. Cette pièce est le premier essai de ce que l'on a appelé *pièces à tiroir*, c'est-à-dire sans plan ni intrigue. Elle fut, en même temps, la première tentative de comédie-ballet, sorte de comédie où la danse est mêlée à l'action, de manière à en remplir les intervalles sans en rompre le fil. Commandée à Molière pour une fête donnée au roi par Fouquet, la comédie des *Fâcheux* fut conçue, faite, apprise et jouée en quinze jours.

Cette pièce, où les divers caractères sont peints de main de maître, divertit beaucoup Louis XIV. Le jour de la représentation, le roi suggéra à l'auteur un caractère nouveau, en lui montrant un des seigneurs de la cour : « Tenez, Molière, lui dit-il, voilà encore *un fâcheux* que je vous conseille de joindre aux autres : c'est un chasseur qui m'assomme quelquefois du récit de ses prouesses. » A la seconde représentation, le portrait était dans la pièce.

Il est à regretter qu'un grand nombre des comédies de Molière renferment des bouffonneries grossières, où la morale est trop souvent blessée et qui en rendent la lecture difficile. Il nous explique lui-même pourquoi il a écrit tant de *farces*. « Je suis directeur de théâtre aussi bien qu'auteur, disait-il, il faut réjouir la cour et amuser le peuple, et je suis quelquefois obligé de consulter l'intérêt de ma troupe aussi bien que ma gloire. » Ces reproches doivent s'adresser surtout à des pièces qui sont remarquables souvent au point de vue de l'art, telles que l'*Ecole des Maris*, l'*Ecole des Femmes*, le *Mariage forcé*, l'*Amour médecin*, le *Médecin malgré lui*, *Amphytrion*, *George Dandin*, *Monsieur de Pourceaugnac*, les *Fourberies de Scapin*, etc.

Hâtons-nous de mentionner les comédies qui sont le vrai titre de gloire de Molière. La première par ordre de date, est le *Misanthrope* (1666). Cette comédie est sans contredit son chef-d'œuvre. Le but du poète est d'y donner une leçon de tolérance sociale. Malgré son mérite, cette pièce ne fut pas d'abord bien reçue, parce que le public ne s'était pas encore élevé à la hauteur du génie du célèbre comédien, qui venait de se surpasser lui-même. Le *Misanthrope* parut froid, et il fallut que Molière fît représenter en même temps une farce, le *Médecin malgré lui*, pour que le théâtre ne fût pas vide. On raconte qu'à la suite d'une représentation du *Misanthrope*, Boileau félicitait Molière de cet admirable chef-d'œuvre. « Vous verrez bien autre chose, » lui dit son ami. Il voulait parler du *Tartufe* (1667), qu'on regarde comme un des plus parfaits ouvrages du grand poète. Il y flagelle l'hypocrisie, et le nom de Tartufe est devenu depuis lors synonyme de faux dévot.

Cette comédie souleva contre Molière une violente tempête. Les faux dévots le dénoncèrent comme un impie et un athée. Un curé de Paris alla jusqu'à dire dans une brochure, qu'il fallait brûler un homme aussi dangereux. Le roi s'étonna de ce soulèvement, et dans une conversation qu'il eut avec le prince de Condé, il lui fit observer telle pièce où Dieu était insulté et qui avait cependant été supportée. « Sire, lui répondit le prince, dans cette pièce on n'offense que Dieu, tandis que Molière s'attaque aux hommes. » Les faux dévots réussirent néanmoins à faire suspendre pendant deux ans la comédie de *Tartufe*. Bourdaloue lui-même tonna contre l'auteur, tandis que Fénelon, au contraire, se réjouissait de voir tourner en ridicule un vice qu'il abhorrait.

Après avoir flétri l'hypocrisie dans *Tartufe* (1667), Molière flagella énergiquement l'avarice dans l'*Avare*. Cette comédie n'eut pas d'abord beaucoup de succès, parce qu'elle était écrite en prose : c'était un préjugé de l'époque qu'une bonne comédie devait être écrite en vers ; mais celle-ci contribua beaucoup à le faire disparaître.

Après l'*Avare*, signalons un nouveau chef-d'œuvre, les *Femmes savantes* (1672). Le sujet de cette comédie est le même que celui des *Précieuses ridicules*. Le but de Molière est de montrer que les femmes, en cherchant à forcer leur talent et leur vocation, sortent de la destinée de leur sexe et n'arrivent souvent qu'au ridicule.

Achevons cette longue énumération des pièces de Molière par celle du *Bourgeois Gentilhomme* (1670), dont le but fut de tourner en ridicule la fatuité d'un parvenu. Pendant la représentation de cette comédie, jouée pour la première fois dans le château de Chambord, l'impénétrabilité du roi empêcha les courtisans d'applaudir ; les ennemis du poète triomphèrent de ce silence qu'ils interprétaient défavorablement, et Molière attendit avec anxiété la seconde représentation, espérant que le roi se prononcerait enfin. En effet, après avoir entendu la pièce une seconde fois, il le fit appeler et lui dit : « Je ne vous ai point parlé de votre pièce le premier jour, parce que j'ai appréhendé d'être séduit par la manière dont elle avait été représentée, mais, en vérité, Molière, vous n'avez encore rien fait qui m'ait plus diverti. »

Molière (suite)

Les comédies de Molière lui attirèrent de nombreux ennemis : les faux dévots, les femmes pédantes, les avares, les courtisans, les médecins ne lui pardonnèrent pas d'avoir fait rire le public à leurs dépens. Mais le roi ne cessa jamais de témoigner au poète une affection toute particulière : il voulut tenir son premier enfant sur les fonts de baptême, se déclara son protecteur en permettant à sa troupe de prendre le nom de *Troupe du roi*, lui accorda une pension de mille livres pour lui, et une de sept mille pour ses compagnons. Ayant été informé, un jour, qu'il avait eu à souffrir, à cause de sa profession, du dédain de quelques officiers de la cour, il l'invita à sa propre table. « J'ai appris, lui dit-il un matin, que vous faites maigre chère ici et que les officiers de ma chambre ne vous trouvent pas fait pour manger avec eux. Vous avez peut-être faim ; moi-même je m'éveille avec un très bon appétit ; nous allons déjeuner. » Il servit lui-même Molière ; puis il dit à ses courtisans étonnés : « Vous me voyez occupé à faire manger Molière, que mes officiers ne trouvent pas d'assez bonne compagnie pour eux. » Depuis lors, le crédit du poète comique ne fit qu'augmenter, et il s'en servit quelquefois en faveur de ses amis. Il demanda un jour un canonicat pour le fils de son médecin. « Quoi ! vous avez un médecin Molière ! lui demanda le roi, que vous fait-il ? — Sire, nous raisonnons ensemble, il m'ordonne des remèdes, je ne les fais point et je guéris. »

La société habituelle de Molière se composait de Boileau, de La Fontaine, de Racine, du musicien Lulli, du peintre Mignard et de Chapelle. Ils avaient l'habitude de se réunir de temps en temps à Auteuil chez Boileau. C'est dans une de ces réunions qu'arriva l'aventure connue sous le nom de *Souper d'Auteuil*. Un soir, Chapelle qui était le boute-en-train de la bande, fit si bien les honneurs de la cave, que tous les convives s'enivrèrent : le vin les jeta dans la morale la plus lugubre ; l'un d'eux vint à citer cette maxime d'un ancien : « Le premier bonheur est de ne point naître, et le second est de mourir. » Et la compagnie, tout à l'heure si joyeuse, prend aussitôt le parti d'en finir avec la vie. Ils se lèvent, s'embrassent et partent. En chemin, Molière, moins pris que les autres, leur représente cependant qu'une si belle action ne doit pas être ensevelie dans les ténèbres de la nuit et qu'elle mérite d'être faite en plein jour. Ils s'arrêtent et se disent en se regardant : « Il a raison. » Le jour suivant changea leurs idées, et ils jugèrent à propos de supporter encore les misères de la vie.

Le charme de ces amitiés venait distraire Molière de ses chagrins domestiques ; il n'était pas heureux dans son ménage. Il avait épousé, à quarante ans, une jeune actrice qui en avait à peine dix-sept : la disproportion d'âge et les dangers auxquels est exposée une jeune comédienne, rendirent Molière malheureux. Il connut dans son intérieur les dégoûts, les amertumes et quelquefois les ridicules qu'il avait si souvent joués sur le théâtre.

S'il ne jouit pas du bonheur domestique, il sut trouver, du moins, dans l'emploi de sa fortune, des satisfactions réelles. Il en dépensait une grande partie en libéralités. On sait que c'est lui qui engagea le jeune Racine à travailler pour le théâtre ; il lui donna cent louis après qu'il eut composé sa première tragédie, et lui traça le plan des *Frères ennemis*. C'est lui encore qui forma le célèbre acteur Baron. Molière l'avait remarqué dans une troupe d'enfants qui jouaient la comédie à Paris. Frappé de ses heureuses dispositions, il le prit chez lui et le traita comme son fils. Un jour, Baron vint lui annoncer qu'un pauvre comédien de province lui demandait un léger secours pour aller rejoindre sa troupe. « Combien faut-il lui donner? demanda Molière. — Quatre pistoles seront bien suffisantes, répondit Baron. — Donnez-lui quatre pistoles pour moi ; mais en voilà vingt autres que je lui donnerai pour vous ; je veux qu'il sache que c'est à vous qu'il doit le service que je lui rends. »

Une autre fois, en revenant d'Auteuil, il rencontre un mendiant auquel il fait l'aumône. Un moment après, le pauvre court après lui et lui dit: « Monsieur, vous n'aviez peut-être pas dessein de me donner un louis d'or. — Tiens, mon ami, lui dit Molière, en voilà un autre. » Et se tournant vers son compagnon : « Où la vertu va-t-elle se nicher? »

Sa générosité lui coûta la vie. Il y avait quelque temps qu'il était malade de la poitrine et qu'il crachait le sang. Le jour de la troisième représentation du *Malade imaginaire*, il se sentit plus souffrant que de coutume. On lui conseilla de ne point jouer. « Comment voulez-vous que je fasse, dit-il ; il y a cinquante pauvres ouvriers qui n'ont que leur journée pour vivre, que feront-ils si l'on ne joue pas? Je me reprocherais d'avoir négligé de leur donner du pain un seul jour, le pouvant faire absolument. » Il joua ; mais dans la cérémonie qui termine cette pièce, il lui prit une convulsion. On le rapporta mourant chez lui. Deux religieuses qui logeaient dans sa maison l'assistèrent à ses derniers moments. Il mourut entre leurs bras, étouffé par le sang qui lui sortait de la bouche.

On eut beaucoup de peine à lui faire obtenir les honneurs de la sépulture, parce qu'il était mort excommunié. Il fallut un ordre de Louis XIV. Le corps, accompagné de deux ecclésiastiques, fut porté au cimetière. Deux cents personnes environ suivaient, tenant chacune un flambeau ; il ne se chanta aucun chant funèbre. Dans la journée même des obsèques, la foule, toujours fanatique, s'était assemblée autour de la maison mortuaire avec des apparences hostiles ; on la dissipa en lui jetant de l'argent.

Chefs-d'œuvre de Molière.

Comédie du Misanthrope (1666). — Alceste, le misanthrope, est le plus loyal et le plus droit des hommes ; malheureusement il lui manque une vertu, l'indulgence pour la conduite des autres. Dans son rigorisme, il pousse la franchise jusqu'à la brutalité. Un compliment banal, de pure politesse, en voilà assez pour le faire crier au mensonge, à l'hypocrisie, et il ne voit partout

> Qu'imposture, intérêt, trahison, fourberie.

Aussi dans sa colère peu réfléchie, il n'épargne personne et ne craint pas de dire qu'il hait tous les hommes,

> Les uns parce qu'ils sont méchants et malfaisants,
> Et les autres, pour être aux méchants complaisants
> Et n'avoir pas pour eux ces haines vigoureuses
> Que doit donner le vice aux âmes vertueuses.

A la mauvaise humeur du misantrope, Molière oppose l'esprit accommodant de Philinte, ami d'Alceste, qui ne veut être l'ennemi de personne, et qui pousse peut-être un peu loin l'indulgence et la complaisance :

> Mon Dieu ! des mœurs du temps mettons-nous moins en peine,
> Et faisons un peu grâce à la nature humaine :
> Ne l'examinons point dans la grande rigueur,
> Et voyons ses défauts avec quelque douceur.
> Il faut, parmi le monde, une vertu traitable ;
> A force de sagesse on peut être blâmable :
> La parfaite raison fuit toute extrémité
> Et veut que l'on soit sage avec sobriété
> Cette grande roideur des vertus des vieux âges
> Heurte trop notre siècle et les communs usages :
> Elle veut aux mortels trop de perfection ;
> Il faut fléchir au temps sans obstination ;
> Et c'est une folie, à nulle autre seconde,
> De vouloir se mêler de corriger le monde.

> J'observe assurément cent choses tous les jours,
> Qui pourraient mieux aller prenant un autre cours ;
> Mais quoi qu'à chaque pas je puisse voir paraître,
> En courroux contre tous on ne me voit point être.
> Je prends tout doucement les hommes comme ils sont :
> J'accoutume mon âme à souffrir ce qu'ils font.
> Et je crois qu'à la cour de même qu'à la ville,
> Mon flegme est philosophe autant que votre bile.

Ces deux caractères tracés, Molière tire un grand parti de leur contraste. Alceste a un procès, au sujet duquel Philinte l'engage à aller visiter ses juges ; confiant dans la justice de sa cause, il refuse, et s'emporte contre le genre humain lorsqu'il apprend que son adversaire a triomphé. Une autre fois, il se met une affaire d'honneur sur les bras, pour avoir voulu dire crûment sa façon de penser à un poète prétentieux qui était venu lui soumettre un sonnet de sa composition. Enfin, malgré la rigidité de ses principes, Alceste a la faiblesse d'être épris d'une femme, Célimène, qui, bien loin de partager ses goûts et ses idées sur le monde, est le modèle des coquettes en même temps que fort médisante. Le misanthrope ne peut naturellement contenir son indignation fort souvent justifiée lorsque Célimène donne un libre cours à sa mauvaise langue, mais il devient ridicule par la violence de ses emportements qui contrastent avec la futilité des causes qui les provoquent. Convaincu enfin de l'indignité de celle qu'il a aimée avec toute la sincérité de son cœur, Alceste refuse l'offre qu'elle lui fait de sa main et jure

> De chercher sur la terre un endroit écarté
> Ou d'être homme d'honneur on ait la liberté.

Jugement. — J.-J. Rousseau a blâmé sévèrement cette pièce au point de vue de la morale. Il trouve que Molière y cherche à jeter du ridicule sur l'honnêteté et la sincérité. Rousseau se trompe. Ce n'est pas de l'honnête homme que Molière se moque ; il veut seulement prouver que l'homme le plus vertueux n'est pas exempt de petites faiblesses. « Le but du *Misanthrope* est la *tolérance sociale*. C'est de tous les ouvrages de Molière celui où il a représenté d'une manière plus générale les travers de l'humanité. Il est sorti dans cette pièce plus que dans les autres du cercle étroit des ridicules et des mœurs de son siècle ; il y a peint tous les siècles puisqu'il y a peint le cœur humain. » (Geoffroy.)

Comédie du Tartufe (1667). — L'auteur nous fait pénétrer au sein d'une famille honnête et paisible, tout à coup troublée et désunie par la seule présence d'un étranger hypocrite et faux dévot, Tartufe, qui a su s'emparer de l'esprit de la grand'mère, Mme Pernelle et de son fils, Orgon, qui donne asile au pieux personnage.

Toutefois Tartufe ne jouit pas de la même faveur auprès du reste de la famille ; Damis l'appelle un *pied plat* et la suivante Dorine, scandalisée de l'empire qu'il a pris sur son maître, s'écrie :

> Certes, c'est une chose aussi qui scandalise
> De voir qu'un inconnu céans s'impatronise ;
> Qu'un gueux, qui, quand il vint n'avait pas de souliers,
> Et dont l'habit entier valait bien six deniers,
> En vienne jusque-là que de se méconnaître,
> De contrarier tout et de faire le maître.

Nous allons voir que Dorine n'exagère rien. Orgon, absent depuis deux jours, revient et demande des nouvelles de la maison.

DORINE

Madame eut avant-hier la fièvre jusqu'au soir,
Avec un mal de tête étrange à concevoir.

ORGON

Et Tartufe ?

DORINE

Tartufe ! Il se porte à merveille,
Gros et gras, le teint frais et la bouche vermeille.

ORGON

Le pauvre homme !

DORINE
Le soir, elle eut un grand dégoût,
Et ne put, à souper, toucher à rien du tout,
Tant sa douleur de tête était encor cruelle !
ORGON
Et Tartufe ?
DORINE
Il soupa, lui tout seul, devant elle
Et fort dévotement, il mangea deux perdrix,
Avec une moitié de gigot en hachis.
ORGON
Le pauvre homme !
DORINE
La nuit se passa tout entière
Sans qu'elle put fermer un moment la paupière.
ORGON
Et Tartufe ?
DORINE
Pressé d'un sommeil agréable,
Il passa dans sa chambre au sortir de la table ;
Et dans son lit bien chaud il se mit tout soudain,
Où, sans trouble, il dormit jusques au lendemain.
ORGON
Le pauvre homme !
DORINE
A la fin par nos raisons gagnée,
Elle se resolut à souffrir la saignée ;
Et le soulagement suivit tout aussitôt.
ORGON
Et Tartufe ?
DORINE
Il reprit courage comme il faut ;
Et contre tous les maux fortifiant son âme,
Pour réparer le sang qu'avait perdu Madame,
But, à son déjeuner, quatre grands coups de vin.
ORGON
Le pauvre homme !

Comment cet étranger s'est-il introduit dans la maison d'Orgon et s'est-il à ce point emparé de son esprit? Orgon lui-même va nous le dire :

> Ah ! si vous aviez vu comme j'en fis rencontre
> Vous auriez pris pour lui l'amitié que je montre.
> Chaque jour à l'église il venait d'un air doux
> Tout vis-à-vis de moi se mettre à deux genoux.
> Il attirait les yeux de l'assemblée entière
> Par l'ardeur dont au ciel il poussait sa prière :
> Il faisait des soupirs, de grands élancements,
> Et baisait humblement la terre à tous moments ;
> Et lorsque je sortais, il me devançait vite
> Pour m'aller, à la porte, offrir de l'eau bénite.

Cléante, beau-frère d'Orgon, essaye vainement de le détromper sur le caractère du personnage et cherche à l'éclairer sur la différence qui existe entre la vraie et la fausse dévotion :

> De tous vos façonniers on n'est point les esclaves.
> Il est de faux dévots ainsi que de faux braves :
> Et comme on ne voit pas qu'où l'honneur les conduit
> Les vrais braves soient ceux qui font le plus de bruit,
> Les vrais et bons dévots, qu'on doit suivre à la trace,
> Ne sont pas ceux aussi qui font tant de grimace.
> Et quoi ! vous ne ferez aucune distinction
> Entre l'hypocrisie et la dévotion !
> Vous les voulez traiter d'un semblable langage,
> Et rendre même honneur au masque qu'au visage ;
> Égaler l'artifice à la sincérité ;
> Confondre l'apparence avec la vérité ;
> Estimer le fantôme ainsi que la personne
> Et la fausse monnaie à l'égal de la bonne ?
> Les hommes, la plupart, sont étrangements faits ;
> Dans la juste nature on ne les voit jamais ;
> La raison a pour eux des bornes trop petites ;
> En chaque caractère ils passent ses limites ;
> Et la plus noble chose, ils la gâtent souvent
> Pour la vouloir outrer et pousser trop avant.

Les vrais dévots, ajoute Cléante,

> ... Ne sont point du tout fanfarons de vertu ;
> On ne voit point en eux ce faste insupportable,
> Et leur dévotion est humaine et traitable.
> Ils ne censurent point toutes nos actions,

Ils trouvent trop d'orgueil dans ces corrections ;
Et laissant la fierté des paroles aux autres,
C'est par leurs actions qu'ils reprennent les nôtres.
L'apparence du mal a chez eux peu d'appui,
Et leur âme est portée à juger bien d'autrui.
Point de cabale en eux, point d'intrigues à suivre.
On les voit, pour tous soins, se mêler de bien vivre.
Jamais contre un pécheur ils n'ont d'acharnement,
Ils attachent leur haine au péché seulement.
Et ne veulent point prendre avec un zèle extrême
Les intérêts du Ciel plus qu'il ne veut lui-même :
Voilà mes gens, voilà comme il en faut user ;
Voilà l'exemple enfin qu'il se faut proposer.

Ce langage, plein de bon sens et de vérité, ne persuade pas Orgon. Son aveuglement à l'égard de Tartufe va toujours croissant. Il lui promet sa fille en mariage, lui confie un secret d'État qui peut le compromettre gravement ainsi qu'un de ses amis, enfin il déshérite son propre fils, qui a tâché de démasquer Tartufe, et il fait au faux dévot donation de toute sa fortune. C'est Elmire, femme d'Orgon, qui se charge alors d'ouvrir les yeux de son mari. Elle lui fait juger par ses propres oreilles de l'indignité et de l'infamie de Tartufe. Orgon, convaincu enfin de la perversité de cet homme, l'accable d'injures et lui ordonne de sortir de sa maison.

La maison est à moi, c'est à vous d'en sortir,

s'écrie Tartufe, en montrant l'acte de donation. Mais ce n'est pas tout : la liberté d'Orgon est aussi compromise que sa fortune, car le traître a dévoilé le secret qui lui avait été confié ; il amène lui-même l'exempt et semble triompher de tous points, lorsqu'il est soudain arrêté et jeté en prison par ce même exempt chargé secrètement par le roi de punir Tartufe et de remettre la famille d'Orgon en possession de tous ses biens.

Jugement. — Tartufe est le chef-d'œuvre de Molière. Cette pièce a d'abord le mérite de l'*intérêt*. Toute cette famille, en proie à un personnage horrible, nous inspire de la sympathie : nous y voyons une femme aimable et sage, un fils impétueux, mais honnête et franc, un frère sensé et respectable, une position honorable. Ils étaient heureux et unis, le malheur fond chez eux dès que l'imposteur y a mis les pieds : c'est tout un monde bouleversé : affections, fortune, honneur, ils sont atteints de tous les côtés.

Quelle vérité dans la peinture des *caractères !* Celui de Tartufe surpasse tout par la profondeur de l'observation. Quel art de nous le montrer, dès l'exposition, par les sentiments qu'il excite chez tous les membres de la famille, tout en attendant le troisième acte pour le faire paraître ! Comme dès qu'il entre en scène, il précipite l'action ! Et Orgon est aussi parfait que Tartufe lui-même ! C'est la dupe idéalisée. Et tous les personnages, jusqu'à la vieille madame Pernelle, aussi infatuée que son fils, et Dorine, la suivante à la langue affilée, sont des chefs-d'œuvre en leur genre.

On a blâmé le *dénouement* comme fondé sur des moyens étrangers à l'action. En cela on a oublié que cette scélératesse est si criminelle qu'elle exige un châtiment plus sévère que la simple expulsion de la famille, et qu'elle est si dangereuse qu'il faut pour la briser, l'action d'une force supérieure.

Au point de vue *moral,* le Tartufe excita de vives controverses entre les mondains et les gens sérieux. Bourdaloue s'arma contre lui de sa dialectique ; Bossuet, de son impétueuse éloquence. On fut injuste envers Molière ; il n'avait pas l'intention d'attaquer la vraie religion, et les hommes religieux l'auraient dû sentir. Le portrait qu'il trace est vrai ; l'hypocrisie reçoit une flétrissure méritée, et le temps comportait une pièce de ce genre. Mais c'est une question de savoir jusqu'où peut aller le langage de la piété sur le théâtre, et dans une telle bouche. Chez les âmes religieuses, il y aura toujours un mouvement douloureux en entendant profaner l'expression de ce qu'elles respectent. Tartufe, sans doute, est le coup le plus dangereux porté, non à la religion, mais aux attitudes religieuses. Cependant, il faut en convenir, le nombre des apologistes du Tartufe serait moins grand s'il se bornait à celui des ennemis de l'hypocrisie. Bon nombre de ceux qui l'ont applaudi, haïssaient quelqu'autre chose encore que l'hypocrisie. (A. Vinet.)

Comédie de l'Avare, (1668). Harpagon, l'avare, n'aime que son argent ; il ne voit que des voleurs autour de lui, il soupçonne tout le monde de vouloir lui voler son argent. Son fils et sa fille causent-ils à part : « Je crois, dit-il, qu'ils se font signe l'un à l'autre de me voler ma bourse. » Il fouille le valet de son fils ; après avoir visité ses deux mains, il demande *les autres*. Il refuse à ses enfants le nécessaire, et son fils, réduit à manquer de tout, devient joueur. Harpagon l'apprend et au lieu de lui reprocher ce vice, il lui conseille de placer à gros intérêt l'argent qu'il gagne au jeu. L'Avare songe à établir ses deux enfants : sans s'inquiéter le moins du monde de leurs goûts, il a fait choix d'une riche veuve pour son fils Cléante, et pour sa fille, Élise, du seigneur Anselme, un homme mûr qui n'a pas plus de cinquante ans, mais noble, doux, posé, sage et fort riche. Son intendant, Valère, qui aspire secrètement à la main d'Élise, lui fait quelques objections :

« Il faudrait voir si l'inclination de votre fille pourrait s'accommoder avec... — C'est une occasion qu'il faut prendre vite aux cheveux. Je trouve ici un avantage qu'ailleurs je ne trouverai pas ; et il s'engage à la prendre sans dot. — Sans dot ! — Oui. — Ah ! je ne dis plus rien. Voyez-vous ? Voilà une raison tout à fait convaincante ; il faut se rendre à cela. — C'est pour moi une épargne considérable. — Assurément ; cela ne reçoit point de contradiction. Il est vrai que votre fille vous peut représenter que le mariage est une plus grande affaire qu'on ne peut croire, qu'il y va d'être heureux ou malheureux toute sa vie ; et qu'un engagement qui doit durer jusqu'à la mort ne se doit jamais faire qu'avec de grandes précautions. — Sans dot ! — Vous avez raison : voilà qui décide tout ; cela s'entend. Il y a des gens qui pourraient vous dire qu'en de telles occasions, l'inclination d'une fille est une chose, sans doute, où l'on doit avoir de l'égard ; et que cette grande inégalité d'âge, d'humeur et de sentiment rend un mariage sujet à des accidents très fâcheux. — Sans dot ! — Ah ! Il n'y a pas de réplique à cela. Ce n'est pas qu'il n'y ait quantité de pères qui aimeraient mieux ménager la satisfaction de leurs filles que l'argent qu'ils pourraient donner ; qui ne les voudraient point sacrifier à l'intérêt et chercheraient plus que toute autre chose, à mettre dans un mariage cette douce conformité qui sans cesse y maintient l'honneur, la tranquillité, la joie ; et que... — Sans dot ! — Il est vrai; cela ferme la bouche à tout. Sans dot ! Le moyen de résister à une raison comme celle-là ? »

Harpagon n'a hâte d'établir ses enfants que pour épouser lui-même une jeune fille pauvre dont la beauté l'a charmé et qui apportera en ménage, à défaut de fortune, mille qualités précieuses, beaucoup de frugalité et d'économie. Il se croit obligé de l'inviter à dîner, mais il s'agit de dépenser le moins possible. Harpagon tâche de s'entendre avec son cuisinier, qui est aussi son cocher, dans une scène du dernier comique.

HARPAGON. — Je me suis engagé, maître Jacques, à donner ce soir à souper.

MAITRE JACQUES, *à part*. — Grande merveille !

HARPAGON. — Dis-moi un peu: nous feras-tu bonne chère ?

MAITRE JACQUES. — Oui, si vous me donnez bien de l'argent.

HARPAGON. — Que diable, toujours de l'argent ! Il semble qu'ils n'aient autre chose à dire : de l'argent, de l'argent, de l'argent. Ah ! ils n'ont que ce mot à la bouche, de l'argent ! toujours parler d'argent !

VALÈRE. — Je n'ai jamais vu de réponse plus impertinente que celle-là. Voilà une belle merveille de faire bonne chère avec bien de l'argent ! c'est une chose la plus aisée du monde, et il n'y a si pauvre esprit qui n'en fît bien autant ; mais, pour agir en habile homme, il faut parler de faire bonne chère avec peu d'argent.

MAITRE JACQUES. — Bonne chère avec peu d'argent !

VALÈRE. — Oui.

MAITRE JACQUES, *à Valère*. — Par ma foi, monsieur l'intendant, vous nous obligerez de nous faire voir ce secret et de prendre mon office de cuisinier.

HARPAGON. — Taisez-vous. Qu'est-ce qu'il nous faudra ?

Maître Jacques. — Voilà monsieur votre intendant, qui vous fera bonne chère pour peu d'argent.

Harpagon. — Je veux que tu me répondes.

Maître Jacques. — Combien serez-vous de gens à table.

Harpagon. — Nous serons huit ou dix ; mais il ne faut prendre que huit. Quand il y a à manger pour huit, il y en a bien pour dix.

Valère. — Cela s'entend.

Maître Jacques. — Hé bien ! Il faudra quatre grands potages et cinq assiettes... Potages... Entrées.....

Harpagon. — Que diable ! voilà pour traiter toute une ville entière.

Maître Jacques — Rôt...

Harpagon, *mettant la main sur la bouche de maître Jacques.* — Ah ! traître, tu manges tout mon bien.

Maître Jacques. — Entremêts...

Harpagon. — Encore ?

Valère, *à maître Jacques.* — Est-ce que vous avez envie de faire crever tout le monde ? et monsieur a-t-il invité des gens pour les assassiner à force de mangeaille ? Allez-vous en lire un peu les préceptes de la santé, et demander aux médecins s'il y a rien de plus préjudiciable à l'homme que de manger avec excès.

Harpagon. — Il a raison.

Valère. — Apprenez, maître Jacques, vous et vos pareils, que c'est un coupe-gorge, qu'une table remplie de trop de viandes ; que, pour se bien montrer ami de ceux que l'on invite, il faut que la frugalité règne dans les repas qu'on donne et que, suivant le dire d'un ancien : *il faut manger pour vivre, et non pas vivre pour manger.*

Harpagon. — Ah ! que cela est bien dit ! approche, que je t'embrasse pour ce mot. Voilà la plus belle sentence que j'aie entendue de ma vie : *il faut vivre pour manger, et non pas manger pour vi...* Non, ce n'est pas cela. Comment est-ce que tu dis ?

Valère. *Qu'il faut manger pour vivre et non pas vivre pour manger.*

Harpagon, *à maître Jacques.* — Oui, entends-tu ? *(à Valère).* Qui est le grand homme qui a dit cela ?

Valère. — Je ne me souviens pas maintenant de son nom.

Harpagon. — Souviens-toi de m'écrire ces mots : je les veux faire graver en lettres d'or sur la cheminée de ma salle.

Pendant le repas, Harpagon découvre que son fils est épris de cette même Marianne qu'il veut épouser. Mais tout à coup un affreux malheur vient lui faire oublier tous ses projets. Il s'aperçoit qu'on lui a volé sa cassette qu'il tenait enfouie dans son jardin et qui contenait dix mille écus. Son désespoir est au comble. Il accourt, sans chapeau, et s'écrie : « Au voleur ! au voleur ! à l'assassin ! au meurtrier ! Justice, je suis perdu, je suis assassiné ! on m'a coupé la gorge : on m'a dérobé mon argent. » Dans son égarement, il se saisit lui-même par le bras : « Arrête, rends-moi mon argent, coquin !... Ah ! c'est moi ! Mon esprit est troublé, je ne sais plus ce que je fais. Hélas ! mon pauvre argent ! mon pauvre argent ! mon cher ami ! on m'a privé de toi ! et, puisque tu m'es enlevé, j'ai perdu ma consolation, ma joie. Sans toi, il m'est impossible de vivre. C'en est fait ; je n'en puis plus ; je me meurs, je suis mort, je suis enterré. N'y a-t-il personne qui veuille me ressusciter en me rendant mon cher argent. » Il appelle à son aide, commissaires, archers, prévôts, juges, potences, bourreaux.

Maître Jacques, qui a à se plaindre de l'intendant Valère, l'accuse de ce vol. Cet intendant n'est autre que l'amant déguisé d'Élise, qui tâche de gagner la tendresse d'Harpagon en donnant dans ses maximes et en applaudissant à ce qu'il fait. Valère se croit dénoncé et au langage de l'Avare, s'imagine qu'il s'agit non de sa cassette mais de sa fille, ce qui amène de plaisants malentendus. A la fin, il se trouve que ce sont les enfants d'Harpagon qui ont fait disparaître la précieuse cassette afin de forcer leur père à abandonner ses projets. Le seigneur Anselme, qui n'est autre que le père de Valère et de Marianne, renonce à Élise en faveur de son fils, et l'Avare renonce à son tour à Marianne, consent à tout, à condition qu'Anselme fasse les frais de ces deux mariages et qu'on lui rende sa chère cassette.

Jugement. — La comédie de l'*Avare* n'eut pas d'abord tout le succès qu'elle méritait parce qu'elle était écrite en prose. On croyait à cette époque qu'une bonne comédie ne pouvait s'écrire qu'en vers.

Geoffroy place l'*Avare* au nombre des chefs-d'œuvre de Molière. « Avec quelle vigueur, dit-il, avec quelle fidélité de pinceau ne trace-t-il pas son avare s'isolant de sa famille, voyant des ennemis dans ses enfants qu'il redoute, et dont il n'est pas moins redouté ; concentrant toutes ses affections dans son coffre, tandis que son fils se ruine d'avance par des dettes usuraires, tandis que sa fille a une intrigue dans la maison avec son amant déguisé ! L'avare ne sait rien de ce qui se passe au sein de sa famille, rien de ce que font ses enfants ; il ne sait au juste que le compte de ses écus ; c'est la seule chose qui le touche et qui l'intéresse ; c'est le seul objet de ses veilles, l'argent lui tient lieu d'enfants, de parents et d'amis ; voilà la morale qui résulte de l'admirable comédie de Molière ; et s'il y a quelque tableau capable de faire haïr et mépriser l'avarice, c'est celui-là. »

Rousseau a taxé l'*Avare* d'immoralité : « C'est un grand vice assurément d'être avare et de prêter à usure, mais n'en est-ce pas un plus grand encore à un fils de voler son père, de lui manquer de respect, de lui faire les plus insultants reproches ; et quand ce père irrité lui donne sa malédiction, de répondre d'un air goguenard, qu'il n'a que faire de ses dons ? Si la plaisanterie est excellente en est-elle moins punissable ? Et la pièce où l'on fait aimer le fils insolent qui l'a faite, en est-elle moins une école de mauvaises mœurs ? » M. Saint-Marc Girardin a discuté l'opinion de Rousseau. « Harpagon, dit-il, nous amuse, non comme père mais comme avare ; et si son fils lui manque de respect, c'est que dans ce moment, l'avare, l'usurier et le vieillard amoureux, les trois vices ou les trois ridicules d'Harpagon, cachent et dérobent le père. Quand le père oublie l'honneur, le fils oublie le respect qu'il doit à son père. Ne nous y trompons pas, en effet, c'est un beau titre que celui de père de famille. C'est presque un sacerdoce ; mais c'est un titre qui oblige, et s'il donne des droits, il impose aussi des devoirs. Je sais bien qu'un fils ne doit jamais accuser son père, même s'il est coupable ; mais c'est là le précepte, ce n'est point hélas ! la pratique sinon des fils vertueux. Or, Molière, dans l'*Avare* n'a pas entendu le moins du monde nous donner Cléante pour un fils vertueux que nous devons approuver aux dépens de son père ; il a voulu seulement opposer l'avarice à la prodigalité parce que ce sont les deux vices qui, contrastant le plus l'un avec l'autre, peuvent par cela même se choquer et se punir le plus efficacement. »

Comédie des Femmes savantes (1672). — Philaminte, femme du bonhomme Chrysale, Bélise, sa sœur et Armande, l'aînée de ses filles, sont les femmes savantes de cette comédie. Philaminte, femme impérieuse et acariâtre, toute entière aux spéculations scientifiques, néglige les soins du ménage et ne s'occupe de ses domestiques que pour leur enseigner les lois de la physique ou les règles de la grammaire ; elle exerce sur son faible et ignorant mari un pouvoir despotique qu'il avoue lui-même et qu'il n'a pas le courage de secouer. Malgré lui, on a chassé la bonne servante Martine parce qu'elle outrageait trop souvent les oreilles de ses maîtresses. — Bélise est une folle romanesque. — Armande ne conçoit pas qu'une femme puisse tolérer l'erreur si commune qu'on appelle mariage et elle détourne sa sœur Henriette de ce « vulgaire dessein. »

A côté de ces trois pédantes, Molière a placé le poète Trissotin et le savant Vadius qui sont les types du pédantisme chez les hommes. Ils se rencontrent dans le salon de Philaminte et après s'être fait mutuellement des éloges exagérés sur leur talent et leur esprit, Vadius s'avise de critiquer un sonnet dont il ne savait pas que Trissotin fût l'auteur ; de cette méprise naît entre les deux beaux esprits une querelle aussi ridicule que la scène de flatterie qui l'avait précédée.

Si Trissotin éprouve un grand charme à recevoir des compliments, il ne se contente pas cependant de ces jouissances immatérielles. Il aspire à la dot d'Henriette, fille de

Philaminte et sœur d'Armande. La seconde fille de Chrysale a su échapper à la contagion du pédantisme ; elle est aussi sensée que sa mère, sa sœur et sa tante sont extravagantes ; et comme les doctes entretiens ne sont pas de son goût, elle est médiocrement sensible à l'honneur d'épouser M. Trissotin. D'ailleurs, du consentement de son père, elle a promis sa main à Clitandre, homme de bonne compagnie et de bon sens qui ne se gêne pas pour railler les ridicules de la famille et dit à Trissotin:

Qu'un sot savant est sot plus qu'un sot ignorant.

Henriette n'a point caché à celui-ci sa préférence pour Clitandre ; mais cet homme bel esprit ne se pique pas de délicatesse et encouragé par Philaminte, il ne renoncera pas pour si peu à la dot qu'il convoite et que seule il recherche. Heureusement pour Henriette et pour Clitandre, Ariste, frère de Chrysale, s'interpose et vient seconder leurs projets par un stratagème. Il a deviné que Trissotin est plus épris de la fortune que de la beauté de sa nièce. Au moment où l'on va signer le contrat, il apporte une fâcheuse nouvelle : Chrysale est ruiné. Trissotin retire aussitôt sa parole et Philaminthe, désabusée sur le désintéressement des philosophes, consent de bon cœur au mariage d'Henriette et de Clitandre. Le faible Chrysale attribue à sa fermeté cet heureux dénouement.

Jugement. — « Il était difficile, dit La Harpe, de remplir cinq actes avec un ridicule aussi mince et aussi facile à épuiser que celui de la prétention au bel esprit. Molière, qui l'avait déjà attaqué dans les *Précieuses*, l'acheva dans les *Femmes savantes*. Mais on fut d'abord si prévenu contre la sécheresse du sujet et si persuadé que l'auteur avait tort de s'obstiner à en tirer une pièce en cinq actes, que cette prévention, qui aurait dû ajouter à la surprise et à l'admiration, s'y refusa d'abord, et balança le plaisir que faisait l'ouvrage, et le succès qu'il devait avoir. L'histoire du *Misanthrope* se renouvela pour un autre chef-d'œuvre, et ce fut encore le temps qui fit justice. On s'aperçut de toutes les ressources que Molière avait tirées de son génie pour enrichir l'indigence de son sujet. Si, d'un côté, Philaminte, Armande et Bélise sont entichées du pédantisme que l'hôtel de Rambouillet avait introduit dans la littérature, de l'autre, se présentent des contrastes multipliés sous différentes formes : la jeune Henriette, qui n'a que de l'esprit naturel et de la sensibilité ; la bonne Martine, cette grosse servante, la seule de toutes les domestiques que la maladie de l'esprit n'ait pas gagnée ; Clitandre, homme de bonne compagnie, homme de sens et d'esprit qui doit haïr les pédants et qui sait s'en moquer ; enfin, et par-dessus tout, cet excellent Chrysale, ce personnage tout comique et de caractère et de langage, qui a toujours raison, mais qui n'a jamais une volonté ; qui parle d'or quand il retrace tous les ridicules de sa femme, mais qui n'ose en parler qu'en les appliquant à sa sœur ; qui, après avoir mis la main d'Henriette dans celle de Clitandre, et juré de soutenir son choix, un moment après trouve tout simple de donner cette même Henriette à Trissotin et qui appelle cela un *accommodement*. Le dernier trait de ce rôle est celui qui peint le mieux cette faiblesse de caractère, de tous les défauts le plus commun, et peut-être le plus dangereux. Quand Trissotin, trompé par la ruine supposée de Philaminte et de Chrysale, se retire brusquement, et que Henriette, de l'aveu même de Philaminte, détrompée sur Trissotin, devient la récompense du généreux Clitandre, Chrysale, qui dans toute cette affaire n'est que spectateur, et n'a rien mis du sien, prend la main de son gendre, et lui montrant sa fille, s'écrie d'un air triomphant :

Je le savais bien, moi, que vous l'épouseriez ;

et dit au notaire du ton le plus absolu :

Allons, Monsieur, suivez l'ordre que j'ai prescrit,
Et faites le contrat ainsi que je l'ai dit.

« Que voilà bien l'homme faible, qui se croit fort quand il n'y a personne à combattre, et qui croit avoir une volonté quand il fait celle d'autrui ! Qu'il est adroit d'avoir donné ce défaut à un mari d'ailleurs beaucoup plus sensé que sa femme, mais qui perd, faute de caractère, tout l'avantage que lui donnerait sa raison ! sa femme est une folle ridicule : elle commande. Il est fort raisonnable : il obéit.

» Mais si Chrysale est comique quand il a tort, il ne l'est pas moins quand il a raison : son instinct tout grossier s'exprime avec une bonhommie qui fait voir que l'ignorance sans prétention vaut cent fois mieux que la science sans le bon sens. Le pauvre homme ne met-il pas tout le monde de son parti quand il se plaint si pathétiquement qu'on lui ôte sa servante, parce qu'elle ne parle pas bien français ? »

> Qu'importe qu'elle manque aux lois de Vaugelas,
> Pourvu qu'à la cuisine elle ne manque pas ?
> J'aime bien mieux, pour moi, qu'en épluchant ses herbes,
> Elle accommode mal le nom avec les verbes :
> Qu'elle dise cent fois un bas et méchant mot,
> Que de brûler ma viande et trop saler mon pot :
> Je vis de bonne soupe et non de beau langage.
> Vaugelas n'apprend point à bien faire un potage ;
> Et Malherbe et Balzac, si savants en beaux mots,
> En cuisine peut-être auraient été des sots.

Œuvres de second ordre de Molière.

Comédie des Précieuses ridicules (1659). — La fille et la nièce d'un bon bourgeois, nommé M. Gorgibus, sont deux pédantes qui ne rêvent que de se voir entourées de beaux esprits, gens à la mode qui ne parlent que dans un style prétentieux ; elles ont changé leurs noms de Madelon et de Cathos pour les noms plus sonores d'Aminte et de Polixène et elles se posent en *précieuses*. Gorgibus qui, avant tout, est un homme de gros bon sens, veut marier ces jeunes filles avec deux jeunes gens de bonne maison, nommés La Grange et du Croisy. Ces jeunes gens s'expriment avec simplicité et naturel, ce qui ne les recommande pas auprès de Cathos et de Madelon qui les éconduisent avec mépris. Les deux gentilshommes jurent de se venger et envoient chez elles, à cet effet, deux valets impudents, qui se donnent pour des hommes de qualité.

Voici comment l'un de ces deux prétendus marquis est introduit chez nos précieuses.

MAROTTE. — Voilà un laquais qui demande si vous êtes au logis, et dit que son maître vous veut venir voir.

MADELON. — Apprenez, sotte, à vous énoncer moins vulgairement. — Dites : Voilà un nécessaire qui demande si vous êtes en commodité d'être visibles.

MAROTTE. — Dame ! je n'entends point le latin ; et je n'ai pas appris, comme vous, la filofie dans le grand Cyre.

MADELON. — L'impertinente ! le moyen de souffrir cela ! Et qui est-il le maître de ce laquais ?

MAROTTE. — Il me l'a nommé le marquis de Mascarille.

MADELON. — Ah ! ma chère, un marquis ! un marquis ! Oui, allez dire qu'on peut nous voir. C'est sans doute un bel esprit qui a ouï parler de nous.

CATHOS. — Assurément, ma chère.

MADELON. — Il faut le recevoir dans cette salle basse, plutôt qu'en notre chambre. Ajustons un peu nos cheveux au moins, et soutenons notre réputation. Vite, venez nous tendre ici dedans le conseiller des grâces.

MAROTTE. — Par ma foi, je ne sais point quelle bête c'est çà ; il faut parler chrétien si vous voulez que je vous entende.

CATHOS. — Apportez-nous le miroir, ignorante que vous êtes, et gardez-vous bien d'en salir la glace par la communication de votre image.

MASCARILLE, *après avoir salué*. — Mesdames, vous serez surprises, sans doute, de l'audace de ma visite ; mais votre réputation vous attire cette méchante affaire, et le mérite a pour moi des charmes si puissants, que je cours partout après lui.

MADELON. — Si vous poursuivez le mérite, ce n'est pas sur nos terres que vous devez chasser.

CATHOS. — Pour voir chez nous le mérite, il a fallu que vous l'y ayez amené.

MASCARILLE. — Ah ! Je m'inscris en faux contre vos paroles. La renommée accuse juste en contant ce que vous valez.

MADELON. — Votre complaisance pousse un peu trop avant la libéralité de ses louanges ; et nous n'avons garde, ma cousine et moi, de donner de notre sérieux dans le don de votre flatterie.

CATHOS. — Ma chère, il faudrait faire donner des sièges.

MADELON. — Vite, voiturez-nous les commodités de la conversation.

Nos deux sottes prennent les extravagances du marquis de Mascarille et du vicomte de Jodelet pour la perfection de l'esprit et de la galanterie. Tout à coup les maîtres arrivent, le bâton à la main, chercher leurs domestiques ; ils ne manquent pas de railler les coquettes sur le choix de leurs admirateurs et les laissent confondues et accablées de honte. Gorgibus les engage un peu rudement à profiter de la leçon et elles disparaissent devant cette apostrophe foudroyante : « Allez-vous cacher, vilaines, allez-vous cacher. »

Jugement. — Attaquer la sentimentalité des *précieuses*, ridiculiser leur afféterie et celle des gens de lettres qui s'étaient faits leurs courtisans, c'était de la part de Molière, non seulement un acte de haute raison et de bon goût, mais encore un acte de courage, puisqu'il s'en prenait, d'une part, à des écrivains qui jouissaient d'une grande faveur, et de l'autre, à des femmes à qui leur position sociale assurait un grand crédit. Aussi, pour atténuer ce qu'il y avait de téméraire dans sa critique, Molière eut-il soin, dans le titre de sa pièce, d'ajouter au mot *précieuses* l'épithète *ridicules*, donnant de la sorte à entendre qu'il faisait deux catégories ; qu'il acceptait, avec le public de son temps, le nom de *précieuses*, comme honorable pour une femme lorsqu'il impliquait l'idée d'une noble fierté, la délicatesse du sentiment, la finesse de l'esprit et de l'instruction ; mais qu'il le vouait à l'ironie et au sarcasme de la foule, lorsqu'il ne représentait que l'exagération de la pruderie, l'hypocrisie de la délicatesse et la vanité du bel esprit (LOUANDRE).

Comédie de l'École des Maris (1661). — Molière met en opposition deux frères, tuteurs de jeunes filles qu'ils se proposent d'épouser. L'un, Sganarelle, tient sa pupille enfermée dans sa maison comme dans un cloître et lui refuse les plaisirs les plus innocents. L'autre, Ariste, prétend, au contraire, qu'il est plus sage de s'accommoder aux coutumes du jour et de ne pas se faire remarquer par un excès de rigidité :

> Toujours au plus grand nombre il faut s'accommoder,
> Et jamais il ne faut se faire regarder.
> L'un et l'autre excès choque, et tout homme bien sage
> Doit faire des habits ainsi que du langage,
> N'y rien trop affecter, et sans empressement,
> Suivre ce que l'usage y fait de changement.

Il est convaincu d'ailleurs

> Que les soins défiants, les verroux et les grilles
> Ne font pas la vertu des femmes ni des filles.

Tombant dans un excès contraire, il laisse donc sa pupille jouir d'une pleine liberté ; elle va au bal, au théâtre, s'habille à la dernière mode, reçoit qui bon lui semble, tandis que sa sœur, Isabelle, se morfond d'ennui, n'ayant d'autre compagnie que son vieux barbon de tuteur et d'autre distraction que de ravauder son linge et tricoter des bas. On devine le résultat de ces deux sortes d'éducation. Tandis que Léonore, au comble du bonheur, se trouve heureuse d'épouser son tuteur et le récompense par son amour de sa confiance en elle ; Isabelle, prend en horreur Sganarelle et ne songe qu'à échapper à sa tyrannie ; elle se sauve enfin chez un jeune homme qu'elle connaît à peine et qu'elle épouse imprudemment.

Jugement. — Cette comédie si gaie, si spirituelle, n'offre pas une morale irréprochable. On ne trouvera pas que la dissipation soit le meilleur système d'éducation d'une jeune fille, ni qu'il doive être permis de s'échapper des mains d'un tuteur parce qu'il est d'une rigidité même ridicule. Le but de Molière a été d'exagérer le mal pour mieux faire ressortir la fausseté du système.

Tous les critiques sont d'accord pour louer la conception, la verve comique et le style de l'*École des Maris*. Un éminent professeur, M. Nisard, a dit même que la création du Sganarelle de cette pièce, est la création du premier homme dans la comédie française, tant Molière y a déployé de connaissance du cœur humain.

Comédie de l'École des Femmes. (1662). — Arnolphe prétend qu'une femme ne peut être sage et vertueuse qu'autant qu'elle est ignorante et niaise. Aussi, pour avoir une épouse à sa guise, il fait élever sa jeune pupille, Agnès, au fond de sa maison, sous la garde d'un valet et d'une servante aussi niais qu'elle. Écoutez-le exposer ses idées :

> Non, non, je ne veux point d'un esprit qui soit haut!
> Et femme qui compose en sait plus qu'il ne faut.
> Je prétends que la mienne, en clartés peu sublime,
> Même ne sache pas ce que c'est qu'une rime;
> Et s'il faut qu'avec elle on joue au corbillon,
> Et qu'on vienne lui dire à son tour : Qu'y met-on?
> Je veux qu'elle réponde : Une tarte à la crème;
> En un mot, qu'elle soit d'une ignorance extrême :
> Et c'est assez pour elle, à vous en bien parler,
> De savoir prier Dieu, m'aimer, coudre et filer.

Ce n'est pas l'avis de Chrysalde, son ami :

> Mais comment voulez-vous, après tout, qu'une bête
> Puisse jamais savoir ce que c'est qu'être honnête?

L'événement prouve que Chrysalde a raison contre Arnolphe. La jeune Agnès, qui a été élevée dans la plus grossière ignorance, se fatigue bientôt de l'isolement où on la retient. S'étant mise un jour à la fenêtre, elle aperçoit un beau jeune homme qui la salue ; elle, qui ignore jusqu'aux plus simples convenances, rend le salut qu'on lui fait et se laisse bientôt prendre au bel air et aux belles paroles du jeune Horace. On rit du supplice où les confidences d'Horace mettent le pauvre Arnolphe qui finit par faire pitié, tant il est puni de son système d'éducation.

Jugement. — La leçon que voulait donner Molière était bonne, sans doute ; mais nous l'avouerons, elle est présentée sous une forme qui n'est pas sans danger, et le poète s'y permet des plaisanteries, des jeux de mots et des expressions dont une oreille chaste peut s'alarmer avec raison. Du temps de Molière, cette pièce souleva contre lui des critiques si amères, qu'il se crut obligé d'y répondre par une petite comédie intitulée la *Critique de l'École des Femmes.*

Si nous écartons le point de vue de la moralité, l'*École des Femmes* est un chef-d'œuvre de style et de versification.

Comédie du Mariage forcé (1664). Le vieux Sganarelle veut se marier, il a même fait son choix ; néanmoins il demande l'avis de son ami Géronimo.

SGANARELLE. — Il s'agit d'une chose de conséquence que l'on m'a proposée ; et il est bon de ne rien faire sans le conseil de ses amis.

GÉRONIMO. — Je vous suis obligé de m'avoir choisi pour cela. Vous n'avez qu'à me dire ce que c'est.

SGANARELLE. — Mais, auparavant, je vous conjure de ne me point flatter du tout, et de me dire nettement votre pensée.

GÉRONIMO. — Je le ferai, puisque vous le voulez.

SGANARELLE. — Je ne vois rien de plus condamnable qu'un ami qui ne nous parle pas franchement.

GÉRONIMO. — Vous avez raison.

SGANARELLE. — Et, dans ce siècle, on trouve peu d'amis sincères.

GÉRONIMO. — Cela est vrai.

SGANARELLE. — Promettez-moi donc, seigneur Géronimo, de me parler avec toute sorte de franchise.

GÉRONIMO. — Je vous le promets.

SGANARELLE. — Jurez-en votre foi.

GÉRONIMO. — Oui, foi d'ami. Dites-moi seulement votre affaire.

SGANARELLE. — C'est que je veux savoir de vous si je ferais bien de me marier.

GÉRONIMO. — Qui? vous?

SGANARELLE. — Oui, moi-même en propre personne. Quel est votre avis là-dessus?

GÉRONIMO. — Je vous prie auparavant de me dire une chose.

SGANARELLE. — Et quoi?

GÉRONIMO. — Quel âge pouvez-vous bien avoir maintenant?

Sganarelle prétend n'en rien savoir. Géronimo lui prouve qu'il doit avoir environ cinquante-trois ans, et lui donne en conséquence ce conseil:

GÉRONIMO. — Je ne vous conseille point de songer au mariage; et je vous trouverais le plus ridicule du monde, si, ayant été libre jusqu'à cette heure, vous alliez vous charger maintenant de la plus pesante des chaînes!

SGANARELLE. — Et moi, je vous dis que je suis résolu de me marier, et que je ne serai point ridicule en épousant la fille que je recherche.

GÉRONIMO. — Ah! c'est autre chose! Vous ne m'aviez pas dit cela.

SGANARELLE. — C'est une fille qui me plaît et que j'aime de tout mon cœur.

GÉRONIMO. — Vous l'aimez de tout votre cœur?

SGANARELLE. — Sans doute; et je l'ai demandée à son père.

GÉRONIMO. — Vous l'avez demandée?

SGANARELLE. — Oui. C'est un mariage qui se doit conclure ce soir; et j'ai donné ma parole.

GÉRONIMO. — Oh! mariez-vous donc! je ne dis plus mot.

Avertissement de se mettre en garde contre les demandeurs de conseils!

Sganarelle se ravise cependant et veut renoncer à ce mariage, mais le frère de la jeune personne l'oblige à tenir sa parole ou à se battre en duel : Sganarelle préfère se marier que de se faire couper la gorge.

Comédie des Fâcheux (1661). — La situation comique des *Fâcheux* est celle d'un homme qui se rend à un rendez-vous qu'on lui a donné, et qui s'en trouve empêché successivement par des importuns : son valet veut absolument lui rajuster sa cravate, lui friser les cheveux, lui brosser son chapeau ; un compositeur de musique et de ballets qui danse, parle et chante à la fois, le force à l'écouter ; un duelliste lui demande d'être son témoin ; un joueur de piquet lui raconte en détails une partie qu'il a perdue ; un chasseur fait un long récit des aventures d'une chasse, etc. Tous ces caractères sont tracés avec une vérité d'observation et une vigueur de style qui n'appartiennent qu'à Molière.

Comédie de Don Juan (1665). — Voici l'origine de cette histoire : Don Juan, d'une illustre famille de Séville, tua une nuit le commandeur Ulloa après avoir enlevé sa fille. Le Commandeur fut enterré dans le couvent de Saint-François où sa famille possédait une chapelle. Les moines franciscains, désirant faire cesser les désordres de don Juan que sa naissance distinguée mettait à l'abri de la justice ordinaire, l'attirèrent une nuit sous un prétexte trompeur et lui donnèrent la mort. Ils firent courir le bruit que don Juan était venu insulter le Commandeur sur son tombeau et que la statue d'Ulloa l'avait englouti et entraîné dans l'enfer.

Jamais Molière n'avait traité de sujet aussi grave. Don Juan est la personnification de l'athée conséquent, de celui dont l'esprit et le cœur ont dit également : « Il n'y a point de Dieu ! » Citons une scène excellente et d'un comique parfait : celle où don Juan éconduit son débiteur M. Dimanche.

Don Juan. — Ah ! monsieur Dimanche, approchez. Que je suis ravi de vous voir, et que je veux de mal à mes gens de ne vous pas faire entrer d'abord ! J'avais donné ordre qu'on ne me fît parler à personne; mais cet ordre n'est pas pour vous, et vous êtes en droit de ne trouver jamais de porte fermée chez moi.

MONSIEUR DIMANCHE. — Monsieur, je vous suis fort obligé.

DON JUAN, *parlant à la Violette et à Ragotin.* — Parbleu! coquins, je vous apprendrai à laisser monsieur Dimanche dans une antichambre, et je vous ferai connaître les gens.

M. DIMANCHE. — Monsieur, cela n'est rien.

DON JUAN. — Comment! vous dire que je n'y suis pas, à monsieur Dimanche, au meilleur de mes amis!

M. DIMANCHE. — Monsieur, je suis votre serviteur. J'étais venu...

DON JUAN. Allons, vite, un siége pour monsieur Dimanche.

M. DIMANCHE. — Monsieur, je suis bien comme cela.

DON JUAN. — Point, point, je veux que vous soyez assis contre moi.

M. DIMANCHE. Cela n'est point nécessaire.

DON JUAN. — Otez ce pliant, et apportez un fauteuil.

M. DIMANCHE. — Monsieur, vous vous moquez; et...

DON JUAN. — Non, non, je sais ce que je vous dois; et je ne veux point qu'on mette de différence entre nous deux.

M. DIMANCHE. — Monsieur...

DON JUAN. — Allons, asseyez-vous.

M. DIMANCHE. — Il n'est pas besoin, monsieur, et je n'ai qu'un mot à vous dire. J'étais...

DON JUAN. — Mettez-vous là, vous dis-je.

M. DIMANCHE. — Non, monsieur, je suis bien... Je viens pour...

DON JUAN. — Non, je ne vous écoute point si vous n'êtes assis.

M. DIMANCHE. — Monsieur, je fais ce que vous voulez. Je...

DON JUAN. — Parbleu! monsieur Dimanche. Vous vous portez bien.

M. DIMANCHE. — Oui, monsieur, pour vous rendre service. Je suis venu...

DON JUAN. — Vous avez un fonds de santé admirable, des lèvres fraîches, un teint vermeil et des yeux vifs.

M. DIMANCHE. — Je voudrais bien...

DON JUAN. — Comment se porte madame Dimanche, votre épouse?

M. DIMANCHE. — Fort bien, monsieur, Dieu merci.

DON JUAN. — C'est une brave femme.

M. Dimanche. — Elle est votre servante, monsieur. Je venais...

Don Juan. — Et votre petite fille Claudine, comment se porte-t-elle ?

M. Dimanche. — Le mieux du monde.

Don Juan. — La jolie petite fille que c'est ? Je l'aime de tout mon cœur.

M. Dimanche. — C'est trop d'honneur que vous lui faites, monsieur... Je vous...

Don Juan. — Et le petit Colin, fait-il toujours bien du bruit avec son tambour ?

M. Dimanche. — Toujours de même, monsieur. Je...

Don Juan. — Et votre petit chien Brusquet, gronde-t-il toujours aussi fort, et mord-il toujours bien aux jambes les gens qui vont chez vous ?

M. Dimanche. — Plus que jamais, monsieur.

Don Juan. — Ne vous étonnez pas si je m'informe des nouvelles de toute la famille ; car j'y prends beaucoup d'intérêt.

M. Dimanche. — Nous vous sommes, monsieur, infiniment obligés. Je...

Don Juan, *lui tendant la main*. — Touchez donc là, monsieur Dimanche. Êtes-vous bien de mes amis ?

M. Dimanche. — Monsieur, je suis votre serviteur.

Don Juan. — Parbleu ! je suis à vous de tout mon cœur.

M. Dimanche. — Vous m'honorez trop. Je...

Don Juan. — Il n'y a rien que je ne fisse pour vous.

M. Dimanche. — Monsieur, vous avez trop de bontés pour moi.

Don Juan. — Et cela est sans intérêt, je vous prie de le croire.

M. Dimanche. — Je n'ai point mérité cette grâce, assurément. Mais, monsieur...

Don Juan. — Oh ! çà, monsieur Dimanche, sans façon, voulez-vous souper avec moi ?

M. Dimanche. — Non, monsieur, il faut que je m'en retourne tout à l'heure. Je...

Don Juan, *se levant*. — Allons, vite un flambeau, pour conduire monsieur Dimanche ; et que quatre ou cinq de mes gens prennent des mousquetons pour l'escorter.

M. Dimanche, *se levant aussi*. — Monsieur, il n'est pas nécessaire, et je m'en irai bien tout seul. Mais...

Don Juan. — Comment ? Je veux qu'on vous escorte, et je

m'intéresse trop à votre personne. Je suis votre serviteur, et, de plus, votre débiteur.

M. Dimanche. — Ah! monsieur...

Don Juan. — C'est une chose que je ne cache pas, et je le dis tout le monde.

M. Dimanche. — Si...

Don Juan. — Voulez-vous que je vous reconduise?

M. Dimanche. — Ah! monsieur, vous vous moquez! monsieur...

Don Juan. — Embrassez-moi donc, s'il vous plaît. Je vous prie encore une fois d'être persuadé que je suis tout à vous, et qu'il n'y a rien au monde que je ne fisse pour votre service.

Farce de l'Amour médecin (1665). — Cette farce commence par une scène de génie Sganarelle demande des conseils mais pour ne pas les suivre, et il en reçoit qui ne pourraient profiter qu'à ceux qui les lui donnent. C'est ainsi qu'il s'adresse à ses voisins pour savoir quel est le meilleur moyen de guérir sa fille. « Pour moi, lui dit l'orfèvre M. Josse, je tiens que l'ajustement est la chose qui réjouit le plus les filles ; et, si j'étais que de vous, je lui achèterais dès aujourd'hui, une belle garniture de diamants ou de rubis ou d'émeraudes. »

« Tous ces conseils sont admirables assurément, répond Sganarelle ; mais je les tiens un peu intéressés, et trouve que vous me conseillez fort bien pour vous. *Vous êtes orfèvre, Monsieur Josse,* » et ce mot, devenu proverbe, démasque les vues égoïstes de ces conseillers intéressés.

Cette pièce renferme surtout une satire piquante et, paraît-il, très méritée contre les médecins du temps. On a besoin de s'en souvenir pour excuser la verdeur des attaques. Ainsi, le dialogue entre le médecin Tomès et la suivante Lisette :

M. Tomès. — Comment se porte son cocher?

Lisette. — Fort bien. Il est mort.

M. Tomès. — Mort?

Lisette. — Oui.

M. Tomès. — Cela ne se peut.

LISETTE. — Je ne sais pas si cela se peut, mais je sais bien que cela est.

M. TOMÈS. — Il ne peut pas être mort, vous dis-je.

LISETTE. — Et moi je vous dis qu'il est mort et enterré.

M. TOMÈS. — Vous vous trompez.

LISETTE. — Je l'ai vu.

M. TOMÈS. — Cela est impossible. Hippocrate dit que ces sortes de maladies ne se terminent qu'au quatorze ou au vingt-un; et il n'y a que six jours qu'il est tombé malade.

Farce du Médecin malgré lui (1666). — Sganarelle est un excellent fagotier qui a le tort de battre sa femme. Celle-ci jure de se venger. En ce moment, arrivent deux étrangers qui sont à la recherche d'un médecin assez habile pour guérir la fille de leur maître. La femme de Sganarelle profite de l'occasion et leur désigne son mari comme un grand docteur qui cache sa science et qu'il faut battre pour qu'il en convienne. Qu'à cela ne tienne, il sera battu. En effet, plutôt que de mourir sous les coups de bâton, Sganarelle convient de sa science et on le conduit auprès de la jeune fille.

SGANARELLE. — Est-ce là la malade?

GÉRONTE. — Oui, je n'ai qu'elle de fille; et j'aurais tous les regrets du monde si elle venait à mourir.

SGANARELLE. — Qu'elle s'en garde bien! Il ne faut pas qu'elle meure sans l'ordonnance du médecin. (*A Lucinde.*) Hé bien! de quoi est-il question? Qu'avez-vous? Quel est le mal que vous sentez?

LUCINDE *répond par signes en portant la main à sa bouche, à sa tête et sous son menton* : Han, hi, hon, han.

SGANARELLE. — Hé! que dites-vous?

LUCINDE *continue les mêmes gestes*. — Han, hi, hon, han, han, hi, hon.

SGANARELLE. — Quoi?

LUCINDE. — Han, hi, hon.

SGANARELLE, *la contrefaisant*. — Han, hi, hon, han, ha. Je ne vous entends point. Quel diable de langage est-ce là?

GÉRONTE. — Monsieur, c'est là sa maladie. Elle est devenue

muette, sans que jusques ici on en ait pu savoir la cause; et c'est un accident qui a fait reculer son mariage.

Sganarelle. — Et pourquoi?

Géronte. — Celui qu'elle doit épouser veut attendre sa guérison pour conclure les choses.

Sganarelle. — Et qui est ce sot-là, qui ne veut pas que sa femme soit muette? Plût à Dieu que la mienne eût cette maladie! je me garderais bien de la vouloir guérir. *(Se tournant vers la malade.)* Donnez-moi votre bras. *(A Géronte.)* Voilà un pouls qui marque que votre fille est muette.

Géronte. — Hé oui, monsieur, c'est là son mal; vous l'avez trouvé tout du premier coup.

Sganarelle. — Ha! ha!

Jaqueline. — Voyez comme il a deviné sa maladie!

Sganarelle. — Nous autres grands médecins, nous connaissons d'abord les choses. Un ignorant aurait été embarrassé, et vous eût été dire : c'est ceci, c'est cela; mais moi, je touche au but du premier coup, et je vous apprends que votre fille est muette.

Géronte. — Oui: mais je voudrais bien que vous pussiez dire d'où cela vient.

Sganarelle. — Il n'y a rien de plus aisé; cela vient de ce qu'elle a perdu la parole.

Géronte. — Fort bien. Mais la cause, s'il vous plaît, qui fait qu'elle a perdu la parole.

Sganarelle. — Tous nos meilleurs auteurs vous diront que c'est l'empêchement de l'action de sa langue.

Géronte. — Mais encore, vos sentiments sur cet empêchement de l'action de sa langue?

Sganarelle. — Aristote, là-dessus, dit... de fort belles choses.

Géronte. — Je le crois.

Sganarelle. — Ah! c'était un grand homme!

Géronte. — Sans doute.

Sganarelle. — Grand homme tout à fait *(levant le bras depuis le coude)*; un homme qui était plus grand que moi de tout cela. Pour revenir donc à notre raisonnement, je tiens que cet empêchement de l'action de sa langue est causé par de certaines humeurs, qu'entre nous autres savants nous appelons humeurs peccantes; peccantes, c'est-à-dire... humeurs peccantes; d'autant que les vapeurs formées par les exhalaisons des influences qui s'élèvent dans la région des maladies venant... pour ainsi dire... à... Entendez-vous le latin ?

Géronte. — En aucune façon.

Sganarelle, *se levant brusquement.* — Vous n'entendez point le latin ?

Géronte. — Non.

Sganarelle. — *Cabricias, arci thuram, catalamus, singulariter, nominativo, hæc musa,* la muse, *bonus, bona, bonum. Deus sanctus, est-ne oratio latinas ?*

Géronte. — Ah ! que n'ai-je étudié !

Jaqueline. — L'habile homme que v'là !

Lucas. — Oui, çà est si biau que je n'y entends goutte.

Sganarelle. — Or, ces vapeurs dont je vous parle venant à passer du côté gauche où est le foie au côté droit où est le cœur, il se trouve que le poumon ayant communication avec le cerveau, par le moyen de la veine cave, rencontre en son chemin lesdites vapeurs qui remplissent les ventricules de l'omoplate, et parce que lesdites vapeurs... écoutez bien ceci, je vous conjure.

Géronte. — Oui

Sganarelle. — Ont une certaine malignité qui est causée... soyez attentif, s'il vous plaît.

Géronte. — Je le suis.

Sganarelle. — Qui est causée par l'âcreté des humeurs engendrées dans la concavité du diaphragme, il arrive que ces vapeurs... *Ossabandus, nequeis, potarinum.* Voilà justement ce qui fait que votre fille est muette.

Géronte. — On ne peut pas mieux raisonner, sans doute. Il n'y a qu'une seule chose qui m'a choqué ! c'est l'endroit du foie et du cœur. Il me semble que vous les placez autrement qu'ils ne sont ; que le cœur est du côté gauche, et le foie du côté droit.

Sganarelle. — Oui, cela était autrefois ainsi ; mais nous avons changé tout cela, et nous faisons maintenant la médecine d'une méthode nouvelle.

Géronte. — C'est ce que je ne savais pas, et je vous demande pardon de mon ignorance.

Sganarelle. — Il n'y a point de mal ; et vous n'êtes pas obligé d'être aussi habile que nous.

Géronte. — Assurément. Mais, monsieur, que croyez-vous qu'il faille faire à cette maladie ?

Sganarelle. — Mon avis est qu'on la remette sur son lit, et

qu'on lui fasse prendre pour remède quantité de pain trempé dans du vin.

Géronte. — Pourquoi cela, monsieur ?

Sganarelle. — Parce qu'il y a dans le vin et le pain, mêlés ensemble, une vertu sympathique qui fait parler. Ne voyez-vous pas bien qu'on ne donne autre chose aux perroquets, et qu'ils apprennent à parler en mangeant cela ?

Géronte. — Cela est vrai ! Ah ! le grand homme ! Vite, quantité de pain et de vin.

Sganarelle. — Je reviendrai voir sur le soir en quel état elle sera.

Indépendamment de son mérite propre, cette pièce fait époque dans l'histoire de la littérature dramatique, parce qu'elle servit de passe-port à l'un des chefs-d'œuvre de Molière, le *Misanthrope*.

Comédie d'Amphitryon (1668). — Amphitryon est parti pour la guerre laissant avec regret sa jeune épouse, Alcmène. Pendant son absence, Jupiter s'introduit chez elle et prie Mercure de prendre la figure de Sosie, domestique de la maison. Ce stratagème leur réussit complètement. Mais à peine Amphitryon est-il arrivé à l'armée, qu'il renvoie son domestique pour porter de ses nouvelles à Alcmène. A la porte de la maison, Sosie est arrêté par Mercure qui en défend l'entrée. Sosie, qui est des plus poltrons, commence à trembler : Mercure prétend être Sosie et traite d'impertinent celui qui ose prendre son nom. Sosie a de la peine à n'être pas lui-même, mais une bonne bastonnade l'a bientôt converti; il sera tout ce qu'on voudra. Il quitte son terrible antagoniste et s'en retourne auprès de son maître qui le traite de fou et prend le parti de revenir chez lui pour voir par lui-même ce qui s'y passe.

Jugement. — Peu d'ouvrages sont aussi réjouissants qu'*Amphitryon*. On a remarqué, il y a longtemps, que les méprises sont une des sources de comique les plus fécondes; et, comme il n'y a point de méprise plus forte que celle que peut faire naître un personnage qui paraît double, aucune comédie ne doit faire rire plus que celle-ci. Mais comme le moyen est forcé, ce mérite ne serait pas grand si l'exécution n'était pas parfaite (La Harpe).

Amphitryon est l'ouvrage où Molière a mis le plus de grâce, de finesse et d'enjouement. On admire dans ses autres pièces le naturel, le bon sens, la force comique; ici, c'est le goût et la délicatesse qui brillent. L'auteur y a répandu toutes les fleurs d'une imagination vive et riante; le dialogue est une source inépuisable d'excellentes plaisanteries (Geoffroy).

Comédie du Bourgeois gentilhomme (1670). — M. Jourdain est un bon bourgeois enrichi qui, oubliant son origine obscure, enrage de n'être pas gentilhomme; mais il ne désespère pas de le devenir et veut du moins s'en donner tous les airs. Il met sa gloire à se mêler à la noblesse et à imiter les grands seigneurs. Comme il est fier de sa robe de chambre d'indienne, de son haut-de-chausse de velours rouge, et de sa camisole de velours vert! « Je me suis fait habiller comme les gens de qualité, » dit-il avec complaisance. On lui dit que les gens de qualité savent la danse, la musique, l'escrime et la philosophie; et vite, il fait appeler des professeurs, qui ont tous le ridicule de leur métier. Le musicien prétend que l'ignorance de la musique est la cause de toutes les guerres : « La guerre, dit-il, vient d'un défaut d'harmonie entre les hommes; qu'ils apprennent la musique, et l'on ne verra plus de guerres. » Le danseur soutient que la danse est le premier de tous les arts. « C'est parce qu'on ne sait pas la danse, dit-il, qu'on fait des sottises, c'est-à-dire des faux pas. Apprenez la danse et vous ne ferez plus ni faux pas ni sottises. » Le maître d'armes est un ferrailleur dont tout le mérite consiste à donner et à ne point recevoir. Il se charge de tuer son adversaire par raison démonstrative, « ce qui est fort du goût de M. Jourdain. « De cette façon, dit-il, on est sûr, sans avoir du cœur, de tuer son homme, et de n'être point tué. »

Sur ces entrefaites, arrive le philosophe, qui les trouve tous bien impertinents, de vanter ainsi leurs misérables métiers de gladiateur, de chanteur et de baladin. « Rien n'est comparable à la philosophie, dit-il, c'est elle qui nous enseigne à modérer nos passions. » Le maître d'armes lui allonge quelques coups de fleuret, et le philosophe se met en colère. Après le départ de ses confrères, il demande à M. Jourdain ce qu'il doit lui enseigner, et il lui offre successivement la logique, la métaphysique, la morale, la physique. « Tout cela est trop rébarbatif, dit le bon bourgeois ; il y a trop de tintamarre là dedans, trop de brouillamini. — Que voulez-vous donc que je vous apprenne ? — Apprenez-moi l'orthographe : puis vous m'enseignerez l'almanach, pour savoir quand il y a de la lune et quand il n'y en a pas. » Il y a peu de scènes aussi gaies. Celle des tailleurs n'est guère moins divertissante. M. Jourdain paie les titres qu'on lui donne, et il met le comble au ridicule en avouant qu'il les paie. « Voilà pour mon gentilhomme, dit-il, voilà pour le monseigneur, et voici pour ma grandeur. Ma foi, ajoute-t-il, s'il va jusqu'à l'altesse, il aura toute la bourse. »

Etre gentilhomme est pour M. Jourdain le comble de la félicité et il donnerait, dit-il lui-même, deux doigts de sa main pour avoir ce bonheur. Aussi est-il très flatté de l'amitié que lui porte Dorante, gentilhomme de la cour qui, connaissant le faible du bonhomme, lui soutire, à titre d'emprunts, le plus d'argent possible.

M. Jourdain s'est mis dans l'esprit, comme tous les grands de l'époque, de faire l'aimable auprès d'une dame de haut rang. Le comte Dorante lui conseille, pour s'attirer les faveurs de la dame, de lui envoyer un beau présent ; le bon bourgeois s'empresse de suivre cet avis, et le comte, qui doit remettre le cadeau, le remet en effet, mais comme venant de lui. C'est pour cette dame qu'il prie son maître de philosophie d'écrire un billet tendre qui ne soit ni en vers ni en prose, tellement il veut qu'il soit de bon goût et il découvre avec étonnement que depuis trente ans il fait de la prose sans le savoir.

M. Jourdain a une fille qu'il ne veut marier, cela va sans dire, qu'à un homme de bonne maison. Il refuse un jeune homme, nommé Cléonte, parce qu'il n'est pas noble. « Êtes-vous gentilhomme ? » Telle est la première question que M. Jourdain lui adresse. Il veut que sa fille soit marquise. Pour parvenir à ses fins, le prétendant se déguise et se présente comme le fils du grand Turc qui vient demander la fille de M. Jourdain en mariage. Celui-ci, trop heureux d'une telle alliance, consent à se faire mahométan pour avoir l'honneur d'être le beau-père du fils du grand Turc. Les jeunes gens se marient, et quand le mariage est consommé, M. Jourdain s'aperçoit qu'il est puni, mais trop tard, de son sot orgueil.

Jugement. — « C'est là, dit Voltaire, un des plus heureux sujets de comédie que le ridicule des hommes ait jamais pu fournir. » Voltaire a raison, car la sottise et la vanité, ces deux compagnes inséparables si bien personnifiées dans M. Jourdain, survivent à toutes les transformations sociales. Aujourd'hui il n'y a plus ni bourgeois, ni gentilshommes, et cependant M. Jourdain est aussi vrai qu'au temps de Molière. Sa vanité a changé d'objet, mais au fond elle est restée la même. Et c'est précisément parce que nous le connaissons tous, que le *Bourgeois gentilhomme* est l'une des pièces qui est encore la plus goûtée et la plus applaudie du répertoire de Molière.

Les critiques les plus compétents sont unanimes à reconnaître la verve et la puissante originalité des trois premiers actes. « Ces trois actes, dit M. Génin, égalent ce que Molière a produit de meilleur. » (CH. LOUANDRE).

Comédie du Malade imaginaire (1673). — Argan est un homme parfaitement bien portant, ce qui ne l'empêche pas de se croire très malade. Il entre en fureur quand on lui dit qu'il se porte bien. A la fin du mois, il additionne tous les médicaments qui lui ont été administrés. Il n'en a que vingt, le mois précédent il en avait trente-deux. « Je ne m'étonne pas, dit-il avec douleur, si je ne me porte pas si bien ce mois-ci que l'autre. Je le dirai à M. Purgon, afin qu'il mette ordre à cela. »

Deux médecins se sont emparés de lui. L'un, M. Diafoirus, aime mieux médicamenter le peuple, où l'on n'a qu'à suivre les règles de l'art, sans se mettre en peine de ce qui peut arriver. Les grands ont cela de fâcheux, qu'ils veulent absolument qu'on les guérisse. « Un médecin, dit-il, n'est obligé qu'à traiter les gens dans les formes : c'est à eux à guérir s'ils peuvent. » M. Diafoirus veut qu'on mette les grains de sel par nombre pair dans un œuf, et par nombre impair dans les médicaments. Son confrère, M. Purgon, fait croire à Argan qu'il mourra s'il reste trois jours sans être visité par lui. Il entre en fureur et le menace de toutes les maladies, parce qu'il n'a pas pris un des remèdes les plus innocents de la médecine. Cependant, Argan est le plus docile des malades. On lui a ordonné de se promener douze allées et douze venues dans sa chambre ; il se désole parce qu'il a oublié de demander si c'était en long ou en large.

Pour s'assurer des secours contre la maladie, il veut marier sa fille Angélique malgré elle, à M. Thomas Diafoirus, le fils de son médecin. Heureusement celle-ci trouve un puissant auxiliaire dans sa servante Toinette qui ne craint pas d'affronter le courroux d'Argan et même de Béline, sa seconde femme, pour s'opposer à ce ridicule mariage. Il est vrai que Béline ne demande pas mieux que d'éconduire de la maison les enfants d'un premier lit ; même, par des caresses perfides, elle flatte les faiblesses de son mari, lui donne des témoignages hypocrites de tendresse, jusqu'à ce qu'enfin elle soit parvenue à lui faire faire un testament en sa faveur, au préjudice de ses enfants. Mais Toinette démasque ses perfidies et Argan n'en est bientôt que trop convaincu. Cependant, à défaut de Thomas Diafoirus, il tient encore à avoir un gendre médecin. Qu'à cela ne tienne : le jeune homme qu'Angélique agrée, Cléante, consent à se faire médecin. « Et pourquoi pas vous faire médecin vous-même ? » lui dit son frère. Cette idée lui sourit ; mais il se sent malheureusement trop vieux « pour apprendre le latin et pour connaître les maladies et les remèdes. » — « Il n'y a pas besoin d'études, lui réplique-t-on ; en recevant la robe et le bonnet, tout galimatias devient savant, et toute sottise devient raison. »

Argan, enchanté, se fait recevoir médecin et cette cérémonie burlesque termine la pièce en couvrant de ridicule tous les Purgons et les Diafoirus.

Jugement. — Dans cette pièce, on voit combien l'amour désordonné de la vie est destructeur de toute vertu morale. Argan, voué à la médecine, esclave de M. Purgon, est aussi un époux sot et dupe, un père injuste, un homme dur, égoïste, colère. Avec quelle énergie et quelle vérité l'auteur trace le tableau des caresses perfides d'une belle-mère qui abuse de la faiblesse d'un imbécile mari pour dépouiller les enfants du premier lit ! Quelle décence, quelle raison ! Quelle fermeté dans le caractère d'Angélique ! Cette comédie est l'image fidèle de ce qui se passe dans un grand nombre de familles. Enfin, l'auteur a osé y attaquer un des préjugés les plus universels et les plus anciens de la société, il a osé y combattre les deux passions qui font le plus de dupes, la crainte de la mort et l'amour de la vie ; il a bien pu les persifler, mais, hélas ! il était au-dessus de son art de les détruire. Les usages qui ont leur force dans la faiblesse humaine, bravent tous les traits du ridicule. Molière, il faut bien l'avouer, n'a point corrigé les hommes de la médecine, mais il a corrigé les médecins de leur ignorance et de leur barbarie (Geoffroy).

Jean Racine (Voir sa biographie, page 139).

Comédie des Plaideurs (1668). — Le juge Dandin a une telle manie de juger qu'il en est devenu presque fou et qu'il faut le garder à vue pour l'empêcher d'aller de nuit au palais. Petit-Jean, son portier, fatigué de le veiller, est sorti de la maison pour venir dormir dans la rue ; c'est là que nous le trouvons, traînant un gros sac de procès :

Ma foi, sur l'avenir bien fou qui se flera :
Tel qui rit vendredi, dimanche pleurera.
Un juge, l'an passé, me prit à son service ;
Il m'avait fait venir d'Amiens pour être suisse.
Tous ces Normands voulaient se divertir de nous :
On apprend à hurler, dit l'autre, avec les loups.
Tout Picard que j'étais, j'étais un bon apôtre,
Et je faisais claquer mon fouet tout comme un autre.
Tous les plus gros monsieurs me parlaient chapeau bas,
Monsieur de Petit-Jean, ah! gros comme le bras !
Mais sans argent l'honneur n'est qu'une maladie.
Ma foi, j'étais un franc portier de comédie.
On avait beau heurter et m'ôter mon chapeau,
On n'entrait pas chez nous sans graisser le marteau.
Point d'argent, point de suisse ; et ma porte était close.
Il est vrai qu'à Monsieur j'en rendais quelque chose :
Nous comptions quelquefois. On me donnait le soin
De fournir la maison de chandelle et de foin ;
Mais je n'y perdais rien. Enfin, vaille que vaille,
J'aurais sur le marché fort bien fourni la paille.
C'est dommage : il avait le cœur trop au métier ;
Tous les jours le premier aux plaids, et le dernier.
Et bien souvent tout seul, si l'on l'eût voulu croire,
Il s'y serait couché sans manger et sans boire.
Je lui disais parfois : « Monsieur Perrin-Dandin,
Tout franc, vous vous levez tous les jours trop matin.
Qui veut voyager loin ménage sa monture ;
Buvez, mangez, dormez, et faisons feu qui dure. »
Il n'en a tenu compte. Il a si bien veillé

Et si bien fait, qu'on dit que son timbre est brouillé.
Il nous veut tous juger les uns après les autres.
Il marmotte toujours certaines patenôtres
Où je ne comprends rien. Il veut, bon gré, mal gré,
Ne se coucher qu'en robe et qu'en bonnet carré.
Il fit couper la tête à son coq de colère,
Pour l'avoir éveillé plus tard qu'à l'ordinaire ;
Il disait qu'un plaideur dont l'affaire allait mal
Avait graissé la patte à ce pauvre animal.
Depuis ce bel arrêt, le pauvre homme a beau faire,
Son fils ne souffre plus qu'on lui parle d'affaire.
Il nous le fait garder jour et nuit, et de près ;
Autrement, serviteur, et mon homme est aux plaids.
Pour s'échapper de nous, Dieu sait s'il est allègre.
Pour moi, je ne dors plus : aussi je deviens maigre ;
C'est pitié. Je m'étends et ne fait que bâiller.
Mais veille qui voudra, voici mon oreiller.
Ma foi, pour cette nuit il faut que je m'en donne !
Pour dormir dans la rue on n'offense personne.

Mais le sommeil de Petit-Jean n'est pas de longue durée ; il est troublé par l'Intimé, secrétaire du juge, par Dandin lui-même, qui, se voyant seul, s'est sauvé par la fenêtre pour courir au palais. C'est avec grand peine que son fils, Léandre, le persuade de rentrer dans sa maison. Celui-ci profite de cette occasion pour entretenir l'Intimé et le prier de faire parvenir un billet à la fille de M. Chicanau, Isabelle, qu'il recherche en mariage. M. Chicanau est un plaideur obstiné bien connu chez Dandin où nous le voyons arriver, sur ces entrefaites, ainsi qu'un autre plaideur non moins intraitable, Mme la comtesse de Pimbêche. En attendant qu'on leur donne audience, ils s'entretiennent de leurs procès et finissent, à propos de rien, par se quereller et s'insulter grossièrement. L'Intimé profite de cette dispute pour se déguiser en huissier et aller chez Chicanau, sous prétexte de lui porter une sommation de la part de la comtesse, mais en réalité pour remettre le billet de Léandre. Le stratagème réussit à merveille. Isabelle qui le devine du coup, reçoit le billet, mais à la vue de son père, elle le déchire avec une feinte colère comme si c'était la sommation. Chicanau prend le parti de sa fille, et s'oublie jusqu'à frapper l'huissier qui verbalise et enregistre toutes les insultes faites à un représentant de la justice. Léandre arrive fort à propos, déguisé en commissaire, fait comparaître devant lui le père et la fille qui attestent par écrit la vérité des faits avancés par l'Intimé et signent l'acte. Mais au lieu d'un procès-verbal, c'est un contrat de mariage entre Isabelle et Léandre que Chicanau vient de signer. Le commissaire les entraîne l'un et l'autre chez le juge Dandin où Léandre, qui a déposé son déguisement, conseille à son père de juger dans sa maison. En cet instant, Dandin apprend que son chien vient de manger un chapon. Le cas est grave. Il veut juger à tout prix et juger sur-le-champ.

Il faut de part et d'autre avoir un avocat.

— Voilà votre portier et votre secrétaire
Vous en ferez je crois d'excellents avocats.
Ils sont fort ignorants...

Petit-Jean remplira donc les fonctions d'avocat et l'Intimé celles de procureur : Léandre représentera l'assemblée. Toute cette scène est une critique spirituelle des plaidoiries de ce temps. Au lieu d'exposer simplement leur cause, les avocats avaient l'habitude de faire, dans leurs plaidoiries, de longues digressions étrangères au sujet et d'y introduire force citations latines. Petit-Jean commence son plaidoyer par la fameuse énumération :

Messieurs, quand je regarde avec exactitude
L'inconstance du monde et sa vicissitude ;
Lorsque je vois parmi tant d'hommes différents,
Pas une étoile fixe et tant d'astres errants,
Quand je vois les Césars, quand je vois leur fortune ;
Quand je vois le soleil et quand je vois la lune...

« Quand aura-t-il tout vu ? » s'écrie l'Intimé. Cette interruption fait perdre à Petit-Jean le fil de son discours.

La plaidoirie de l'Intimé n'est pas moins boursouflée et redondante que celle de Petit-Jean. Après avoir rappelé, en faveur de sa cause, l'autorité d'Aristote, de Pausanias, etc., il arrive enfin à la question en litige ; et lorsqu'on croit qu'il va finir et que le juge fatigué pousse un soupir de satisfaction, on l'entend continuer par ces mots :

Avant la naissance du monde...

Dandin s'écrie en bâillant :

Avocat, ah ! passons au déluge.

L'avocat n'arrive pas au déluge ; Dandin s'endort et se laisse tomber. « Quelle chute, mon père » dit Léandre en l'éveillant.

Certes, je n'ai jamais dormi d'un si bon somme

répond naïvement le magistrat.

Mon père, il faut juger. — Aux galères. — Un chien
Aux galères ! — Ma foi, je n'y conçois plus rien,
De monde, de chaos, j'ai la tête troublée.

Quand cette affaire est vidée, Chicanau apparaît avec sa fille. Le juge se rassied, écoute leurs plaintes, mais Léandre s'approche aussi, dépose sur le tribunal un contrat de mariage que Chicanau a signé lui-même et demande satisfaction. On devine que Chicanau reconnaît sa signature et que tout finit pour le mieux.

Jugement. — Les *Plaideurs* sont remarquables en ce que la pièce n'est qu'une farce et qu'elle est écrite d'un bout à l'autre du style de la bonne comédie. D'ailleurs, elle manque absolument d'intrigue et d'intérêt et ne se soutient que par la gaieté des détails et le comique des personnages. Mais aussi on n'a jamais prodigué avec autant d'aisance et de goût le sel de la plaisanterie ; presque tous les vers sont des traits ; et tous sont si naturels et si gais que la plupart sont devenus proverbes (LA HARPE).

La Comédie après Molière.

Après Molière, nous n'avons à signaler que des poètes comiques de second ordre : Dancourt, Dufresny, Boursault. Brueys, Palaprat et le meilleur de tous, Regnard.

Dancourt (1661-1726), né à Fontainebleau d'une famille noble, fut d'abord avocat, mais il quitta cette profession à vingt-quatre ans pour epouser la fille d'un acteur et entrer avec elle dans la troupe des comédiens du roi. Il se fit en même temps auteur et donna dans l'espace de trente-trois ans une soixantaine de pièces presque toutes oubliées maintenant. Son chef-d'œuvre, le *Chevalier à la mode*, est une satire contre les prétentions des riches financiers. Dancourt excelle dans la farce et le genre grotesque, mais trop souvent il fait bon marché de la décence et de la moralité.

Dufresny (1648-1724), travailla pour le théâtre en société de Regnard, mais s'étant brouillé avec son ami, il composa seul. Ses comédies sont de spirituelles ébauches où pétillent l'esprit et la gaieté. Les plus jolies sont *l'Esprit de contradiction, le Double Veuvage, le Mariage fait et rompu*.

Boursault (1638-1701), auteur d'une grande modestie et d'un noble caractère, publia un livre, *la Véritable étude du Souverain*, qui plut tellement à Louis XIV que celui-ci le nomma sous-précepteur de son fils ; Boursault refusa parce qu'il ne savait pas le latin. La même raison l'empêcha de se présenter plus tard à l'Académie. Il a été fort critiqué par Boileau ; ce qui n'empêche pas que plusieurs de ses comédies ne soient restées au théâtre ; les meilleures sont : *le Mercure galant, Esope à la ville, Esope à la cour*.

Brueys (1640-1723), né à Aix, en Provence, était protestant d'origine ; pendant qu'il était avocat, il publia une réfutation de l'*Exposition de la Foi catholique* de Bossuet qui lui répondit : Brueys, flatté de tant d'honneur, ne tarda pas à se laisser convaincre et à se convertir au catholicisme, moins par conviction que pour briguer une place dans le monde. Il entra dans les ordres et ne fut plus connu que sous le nom d'abbé de Brueys. Le nouveau prosélyte s'appliqua désormais à convertir ses anciens coreligionnaires, et écrivit plusieurs ouvrages dans ce but. Tant d'ardeur méritait une récompense : le fervent abbé reçut une pension du clergé et du roi.

Brueys avait une vraie passion pour le théâtre et, pour satisfaire son goût et sauver les apparences, il s'associa un jeune avocat de Toulouse, nommé *Palaprat* (1650-1721), qui prit sur lui, devant le public, les risques de la collaboration et la responsabilité des ouvrages écrits en commun.

Brueys et Palaprat ont fait deux comédies charmantes qui ne dépareraient point le répertoire de Molière : le *Grondeur* et l'*Avocat Patelin* ; celle-ci n'était que la pièce de Pierre Blanchet rajeunie (voir page 56). Ces deux comédies eurent un grand succès, et l'*Avocat Patelin*, modèle de gaieté populaire, est encore jouée de temps en temps de nos jours. Voltaire en a même exagéré le mérite, lorsqu'il a dit : « Dix volumes de controverse qu'a faits Brueys avaient laissé son nom dans l'oubli, mais la petite comédie du *Grondeur*, supérieure à toutes les farces de Molière, et celle de l'*Avocat Patelin*, ancien monument de la naïveté gauloise qu'il rajeunit, le feront connaître tant qu'il y aura, en France, un théâtre. »

JEAN-FRANÇOIS REGNARD (1655-1709) fut un digne successeur de Molière ; aucun écrivain n'a tracé des tableaux plus vrais et plus complets des travers de notre nature. La vie de Regnard est elle-même un véritable roman.

Il naquit à Paris, d'une bonne famille ; son père était un riche marchand qui lui laissa en mourant quarante mille écus et une bonne éducation. Le jeune homme, à peine âgé de vingt ans, put dès lors satisfaire sa passion pour le jeu et pour les voyages. Dans une excursion en Italie, il fut assez heureux pour gagner au jeu dix mille écus. Ayant fait à Bologne la connaissance d'une belle provençale, il détermina celle-ci à venir en France avec son mari. Ils s'embarquèrent à Civita-Vecchia, sur une frégate anglaise qui faisait voile pour Toulon : en vue de Nice, la frégate fut attaquée et capturée par deux corsaires barbaresques, et tous les passagers vendus comme esclaves. Regnard et sa belle compagne furent achetés, pour quinze cents livres, par un certain Achmet, et conduits à Constantinople, tandis que l'époux infortuné était envoyé dans l'intérieur de l'Afrique. Les premiers temps de la captivité de Regnard furent très durs : heureusement pour lui, Achmet lui découvrit quelque talent pour la cuisine, et sa position fut dès ce jour-là améliorée. Au bout de deux ans, il parvint à faire connaître sa triste situation à sa famille, qui lui envoya assez d'argent pour le racheter, ainsi que sa compagne. Il la ramena en France avec la résolution de l'épouser : le jour était fixé pour la cérémonie, lorsque tout à coup arriva le malheureux époux, que deux religieux avaient racheté et qui venait réclamer sa femme. Regnard, désespéré, reprit son bâton de voyageur, visita tour à tour la Flandre, la Hollande, le Danemark, la Suède, la Laponie, et ne s'arrêta que lorsque la terre manqua à ses pas, au milieu des mers polaires.

Il revint à Paris et écrivit les diverses péripéties de sa vie. Ses récits de voyage, fort intéressants, contiennent de curieux détails sur les contrées du Nord, et en particulier sur la Laponie.

La réputation de Regnard, comme écrivain comique, a dépassé de beaucoup sa réputation de voyageur. Retiré dans une maison de campagne, il se mit à composer des pièces de théâtre pour distraire ses loisirs et égayer ses amis : quelques-unes sont de vrais chefs-d'œuvre de verve comique et d'esprit gaulois : citons, en particulier, le *Joueur* (1696), où Regnard s'est peint lui-même, les *Mé-*

nechmes (1705) (jumeaux), dont l'intrigue repose sur la ressemblance de deux frères jumeaux, et le *Légataire universel* (1708).

Regnard coulait ainsi joyeusement la vie dans sa délicieuse campagne, partageant son temps entre les plaisirs de la chasse et ceux de la table, lorsqu'il fut soudainement enlevé par une mort accidentelle. Se sentant indisposé à la suite d'un repas trop copieux qu'il avait fait avec ses amis, il fit venir un paysan qui avait l'habitude de soigner ses bêtes malades : celui-ci lui administra un remède si violent qu'il mourut deux heures après, sans qu'on pût lui donner aucun secours efficace. Il avait cinquante-quatre ans.

Les comédies de Regnard sont dignes de figurer à côté de celles de Molière. « Les situations de Regnard sont moins fortes, mais elles sont comiques : ce qui le caractérise surtout, c'est une gaieté soutenue, un fonds inépuisable de saillies, de traits plaisants. Il ne fait pas souvent penser, mais il fait toujours rire (LA HARPE). » Un homme de lettres prétendait que Regnard était un auteur médiocre ; « il n'est pas médiocrement gai, » répondit Boileau.

Comédie du Joueur (1696). — Le héros de la pièce est un jeune homme, Valère, qui, entraîné par sa passion pour le jeu, n'a en lui-même ni assez de force, ni assez de prudence pour résister. Cette funeste passion est l'unique cause de ses désordres et de tous les accidents fâcheux qui lui arrivent ; c'est elle qui lui fera manquer un brillant mariage. Angélique qu'il aime et dont il est aimé, l'a préféré à tout autre, et particulièrement à Dorante, oncle de Valère, qui aspire aussi à sa main. Tant qu'il a de l'argent, il songe peu à Angélique ; est-il ruiné, son amour lui revient en mémoire. Il écoute alors les remontrances de son père ; il fait plus : il promet de changer de vie. Le père s'en flatte, le valet Hector paraît le croire, et peut-être Valère, en ce moment, est-il de bonne foi. Cette bonne intention le réconcilie avec Angélique et le don de son portrait, enrichi de diamants, semble être le sceau de la réconciliation. Mais le démon du jeu l'entraîne de nouveau, une perte survient, et Hector ne voit d'autre moyen de sauver son maître que de mettre en gages, chez Mme la Ressource le portrait, d'Angélique. Rien n'est encore désespéré cependant ; seulement, un pas de plus sur cette pente et l'on roule dans l'abîme. Valère retourne au jeu, gagne, et quand son valet lui dit: *Il faudrait retirer le portrait d'Angélique*, il répond : *nous verrons...* Il est perdu. Rien ne pourra le guérir. Angélique lui réclame ce portrait qu'elle sait être entre les mains d'une autre: il ment effrontément, excite le mépris de tous, s'attire ce mot cruel, le dernier qu'il entendra d'Angélique : « Cœur lâche ! » Cette dure leçon le corrigera-t-il? Non. Regnard a bien compris que l'on ne guérit pas aisément d'une passion de ce genre. La pièce se termine par ces mots de Valère à son valet :

> Va, va, consolons-nous, Hector ; et quelque jour
> Le jeu m'acquittera des pertes de l'amour.

Jugement. — Cette pièce est une des meilleures que l'on ait mise sur la scène depuis Molière. Elle est bien intriguée et bien dénouée. Se servir d'une prêteuse sur gages pour amener le dénouement d'une pièce qui s'appelle *le Joueur*, est d'un auteur qui a parfaitement saisi son sujet. Regnard a peint d'après nature, et toutes les scènes où le Joueur paraît sont excellentes. L'éloge passionné qu'il fait du jeu quand il a gagné ; ses fureurs mêlées de souvenirs quand il a perdu ; ses alternatives de joie et de désespoir, cet axiome du joueur qu'on a tant répété :

> Rien ne porte malheur comme payer ses dettes;

tout cela est de la plus grande vérité. Le mémoire que présente Hector à M. Géronte des dettes de son fils, est de la tournure la plus gaie. Les autres personnages, il est vrai, ne sont pas tous si bien traités. Mais ces défauts sont peu de chose en comparaison des beautés dont la pièce est remplie.

Comédie du Légataire universel (1708). — Eraste, neveu du vieux Géronte, recherche en mariage la charmante Isabelle, mais il a quelque inquiétude sur la teneur du testament que doit faire son oncle et craint d'être déshérité et alors adieu les doux projets qu'il caresse dans son cœur! Sur le conseil de Crispin, son valet, il essaye de déterminer le vieillard à tester en sa faveur, soit en l'apitoyant, soit en l'effrayant. Crispin se travestit d'abord en neveu farouche, puis en jeune veuve et se présente ainsi devant Géronte. Malheureusement, l'issue est toute autre que celle qu'on attendait : le vieillard, ému de ces secousses successives, tombe en syncope et va mourir sans tester. La servante Lisette accourt pour annoncer le terrible événement. Voilà qui ruine tous les projets d'Eraste. Mais il vient à Crispin une idée subite. Le notaire, M. Scrupule, a été mandé par Géronte pour recevoir ses dernières dispositions. Crispin va s'affubler de la robe de chambre et des lunettes du vieillard, se couche, prend sa voix la plus souffreteuse et le voilà crachant, toussant, quinteux, méconnaissable, qui dicte à M. Scrupule un testament en bonne et due forme. Tout d'abord, le coquin institue Eraste légataire universel, mais il n'a garde de s'oublier. Il adjuge deux mille écus à Lisette à condition qu'elle l'épousera, puis il s'attribue à lui-même quinze cents francs de rente. Eraste bondit de colère, mais il est entre les mains de ce drôle. Le tabellion se retire pour mettre au net ce testament. Toute réflexion faite, Eraste est encore fort heureux d'en être quitte à ce prix : le voilà enfin légataire universel. Mais quoi! Lisette accourt, pâle, effarée... Qu'arrive-t-il ? Géronte n'est pas mort, et le voici qui s'avance Quel n'est pas son étonnement lorsqu'il voit entrer M. Scrupule apportant un acte parfaitement régularisé.

Qu'on juge de sa surprise ; il ne peut s'expliquer avoir fait cet étrange testament que dans un moment de léthargie. Lisette et Crispin s'emparent du mot et de l'explication de Geronte qui se décide à ratifier le testament de Crispin.

Jugement. — Il y a des critiques qui préfèrent cette pièce à toutes celles de Regnard : c'est peut-être le chef-d'œuvre de la gaieté comique, j'entends de celle qui se borne à faire rire. Elle est remplie de situations qui, par la forme, approchent du grotesque, telles que le déguisement de Crispin en veuve et en campagnard, mais qui dans le fond ne sont ni basses, ni triviales, et ne sortent point de la vraisemblance. Le testament de Crispin s'en éloigne d'autant moins, que cette scène rappelait une aventure semblable qui venait de se passer en réalité. Mais il y a loin d'un testament supposé, qui n'est pas, après tout, une chose très-rare, à la manière dont le Crispin de Regnard fait le sien, en songeant d'abord à ses affaires, et ensuite à celles de son maître. Jamais rien n'a fait plus rire au théâtre que ce testament. On a dit avec raison que cette pièce n'était pas d'un bon exemple ; et ce n'est pas la seule où la friponnerie soit impunie. Mais du moins le personnage nommé légataire universel est celui qui naturellement doit l'être, et la pièce est une leçon bien frappante des dangers qui peuvent assiéger la vieillesse infirme d'un *célibataire* (La Harpe).

CHAPITRE IV

DE LA SATIRE, DE L'ÉPITRE ET DE LA POÉSIE DIDACTIQUE AU XVII° SIÈCLE.

Boileau. — Satires de Boileau. — Épîtres de Boileau. — L'Art poétique. — Le Lutrin.

Boileau (1636-1711)

Depuis les troubadours et les trouvères, dont les chants et les poèmes étaient souvent de mordantes satires contre la société de l'époque, aucun écrivain éminent ne s'était signalé dans le genre satirique. On peut dire que Boileau fut à la fois le créateur de la satire et de l'épître en France.

Boileau naquit à Crône, petit village des environs de Paris. Pour le distinguer de ses frères, on lui donna le nom de *Despréaux*, à cause des petits prés ou *préaux* situés au bout du jardin de la maison de campagne de son père. Il était le onzième enfant de Gilles Boileau, greffier au parlement de Paris. Sa jeunesse fut très malheureuse. Il avait un an lorsqu'il perdit sa mère et fut abandonné à une vieille servante qui le traitait durement. La famille était nombreuse; Despréaux fut relégué dans une espèce de guérite au-dessus du grenier, froide en hiver, chaude en été, d'où il ne voyait que les toits du Palais de Justice et qu'il quitta avec bonheur pour le grenier où l'on eut enfin la charité de l'installer; ce qui lui faisait dire plaisamment plus tard : « J'ai commencé ma fortune par descendre au grenier. » Il était d'une constitution délicate et maladive, ce qui le rendait un peu taciturne et maussade; il avait néanmoins un caractère doux et débonnaire. « Colin, disait son père, sera un bon garçon; il n'a point d'esprit, il ne dira jamais de mal de personne. »

Au collége, il fut un élève paresseux; au lieu d'étudier ses leçons, il passait son temps à lire les auteurs classiques, beaucoup de poèmes modernes et des romans. Ses professeurs découvrirent en lui des dispositions naturelles pour la poésie, et dès que son talent lui fut révélé, il ne s'occupa plus que de vers, au grand déplaisir de sa famille.

Au sortir du collége, il étudia le droit, mais plutôt pour obéir aux ordres de son père que par vocation; il fut placé chez son beau-frère, greffier, qui le renvoya parce qu'il s'endormait sous sa dictée, et lui prédit qu'il ne serait qu'un sot toute sa vie. Dès lors, Boileau renonça à la carrière du barreau et essaya d'étudier la théologie; mais il ne tarda pas à s'en dégoûter. Ce ne fut qu'après cette double expérience, qu'il résolut de suivre son goût et de se consacrer à la culture des lettres.

A vingt-quatre ans, il composa sa première satire. Furetière, un des écrivains de l'époque, la découvrit en remuant les papiers de Boileau. Il encouragea l'auteur, qui en laissa courir quelques copies. Le succès fut grand et lui attira aussitôt la protection de la marquise de Rambouillet, qui l'invita à fréquenter son hôtel. Il y rencontra Chapelain et Cotin dans tout l'éclat d'une gloire que ses mordantes satires devaient bientôt anéantir. Il y vit aussi Mme de Lafayette et Mme de Sévigné. L'amitié de Mme de Lafayette lui valut celle de Larochefoucault. De proche en proche, il se lia avec Racine, Molière et La Fontaine. Il eut de cette manière l'avantage de vivre dans le commerce des esprits les plus distingués de son temps. L'amitié qui l'unit à Racine fut tendre et dévouée; pendant les longues années que dura leur intimité, jamais l'un d'eux ne livra un vers au public sans l'avoir fait juger et corriger par l'autre.

Dans ses *Satires* (1660), au nombre de douze, Boileau se proposa deux buts : faire la guerre aux mauvais poètes et sanctionner les réputations légitimes. Ces satires ne paraissaient que de loin en loin, car il travaillait lentement. « Eh qu'importe, disait-il, le public ne s'informera pas du temps que j'aurai mis à écrire ! » Il les lisait d'abord en petit comité avec beaucoup d'art et d'entrain ; elles passaient ensuite de mains en mains ; enfin elles étaient relues par Racine, corrigées, limées par l'auteur, et paraissaient chez le libraire Barbin, dans la galerie du Palais-Royal. Tout Paris se les arrachait, toutes les correspondances se les envoyaient à tous les bouts de l'Europe lettrée, et en très peu de temps on les savait par cœur.

Les plus remarquable satires de Boileau sont : *Le repas ridicule*, *les Embarras de Paris*, *A mon Esprit*. « Les Satires, dit Voltaire, appartiennent à la première manière de ce grand peintre, fort inférieure, il est vrai, à la seconde, mais très supérieure à celles de tous les écrivains de son temps, si vous en exceptez Racine. » La neuvième satire, *A mon Esprit*, est le chef-d'œuvre du genre.

Boileau continua dans ses *Epîtres*, (1669-1695) la guerre commencée dans les *Satires* contre les mauvais auteurs de son temps. Elles sont supérieures aux satires ; la versification en est plus forte et plus flexible.

Les Epîtres les plus remarquables sont : *Au Roi, sur les avantages de la paix* ; *le Passage du Rhin* ; *A M. de Lamoignon, sur les plaisirs des champs* ; *A Racine, sur l'Utilité des ennemis*.

Boileau acheva son œuvre de critique en formulant les principes sur lesquels il fondait ses jugements. C'est dans ce but qu'il écrivit l'*Art poétique* (1774). — Il était juste qu'après avoir fait sentir le ridicule de tant d'ouvrages, il donnât lui-même les règles du bon goût. Il imita et dépassa Horace qui avait écrit une épître sur le même sujet, mais au lieu d'une épître, Boileau fit un poème en quatre chants.

Il nous reste un mot à dire du *Lutrin* (1674-1681). C'est une épopée badine, où le poète chante un démêlé survenu entre le trésorier et le chantre de la Sainte-Chapelle de Paris. Celui-ci avait fait enlever un lutrin qui l'offusquait. De là, une querelle qui occupa tout Paris. Voici à quelle occasion ce poème fut composé : Boileau soutenait un jour, chez M. de Lamoignon, que le plus mince sujet peut servir de matière à un poème épique. « Faites en donc un sur le débat de la Sainte-Chapelle, lui dit M. de Lamoignon. » — « Pourquoi non, répondit Boileau, il ne faut jamais défier un fou ; et je le suis assez, non-seulement pour l'entreprendre, mais encore pour le dédier à M. le premier président. » Boileau tint parole et sut tirer un excellent parti de son sujet ; il en a fait un des poèmes les plus ingénieux, les plus agréables et les plus intéressants de la langue française.

Les autres ouvrages de Boileau, que nous ne ferons que mentionner, sont des épigrammes, des sonnets, des odes, et surtout une traduction en prose d'un traité de Longin (1) sur le *Sublime*.

Boileau avait quarante-sept ans lorsqu'il fut reçu membre de l'Académie française. Le roi lui ayant demandé un jour s'il faisait partie de cet illustre corps : « Sire, je n'en suis pas, je n'en suis pas digne. — Vous en serez, lui répondit le roi, je le veux. — L'Académie ayant élu La Fontaine, le roi refusa de sanctionner cette élection. Quelque temps après, l'Académie reçut Boileau : « C'est un bon choix, dit Louis XIV, tout le monde applaudira ; vous pouvez à présent nommer La Fontaine. »

Boileau, comme du reste Racine et Molière, payait le roi par des flatteries que nous avons de la peine à lui pardonner, et qu'on lui a vivement reprochées. Il faut se rappeler que louer le roi était alors chose simple et naturelle ;

---

(1) Longin, rhéteur grec, né vers 210, devint le principal conseiller de Zénobie, reine de Palmyre.

il y avait, à cette époque, en France, comme un culte de la royauté.

Néanmoins, cette admiration ne porta Boileau à aucune bassesse ; il osa même dire quelquefois au roi la vérité. Un jour, Louis XIV lui montrait des vers qu'il s'était amusé à faire : « Sire, lui dit Boileau, rien n'est impossible à Votre Majesté ; elle a voulu faire de mauvais vers et elle y a parfaitement réussi. » Une autre fois, ayant appris à Fontainebleau, que l'on venait de retrancher la pension du grand Corneille, il protesta contre une telle injustice et demanda que la pension qu'il touchait lui fut enlevée au profit du grand poète tragique. Mme de Montespan, émue de cette généreuse démarche, promit de faire rétablir la pension de Corneille.

Cet écrivain, si impitoyable pour les mauvais poètes, était bon et doux dans la vie privée. On connaît sa délicatesse envers Patru, le créateur de l'éloquence du barreau : celui-ci étant tombé dans la plus extrême misère, se vit réduit à vendre sa riche bibliothèque. Boileau lui en offrit aussitôt un tiers de plus que sa valeur et ne voulut entrer en possession de la bibliothèque qu'après la mort de Patru.

Il n'avait jamais joui d'une forte santé. La mort de Racine, son ami depuis quarante ans, acheva de le détacher du monde et il se confina jusqu'à la fin de ses jours dans sa campagne d'Auteuil. On lui conseillait de retourner à Versailles. « Qu'irais-je faire ? disait-il tristement, je ne sais plus louer » C'est dans cette retraite qu'il recevait les jeunes poètes avec politesse, mais sans cordialité. Il était devenu sourd et presque aveugle ; ces infirmités, ajoutées à sa santé chancelante, l'avaient, dans ses dernières années, rendu triste et morose. Il mourut d'une hydropisie de poitrine, en 1711, à l'âge de soixante-quinze ans, et fut enterré dans la Sainte-Chapelle.

Satires de Boileau

Satire III. *Le Repas ridicule* (1665). — Cette satire est la description d'un repas ridicule donné par un homme de mauvais goût et plein de prétention. Le narrateur raconte avec émotion comment il a imprudemment accepté une invitation devant laquelle il avait reculé près d'un an. Introduit dans une chambre où l'on étouffait, il n'y a trouvé pour convives que des campagnards. La description du festin est un modèle de bonne plaisanterie :

> Sur un lièvre flanqué de six poulets étiques,
> S'élevaient trois lapins, animaux domestiques,
> Qui, dès leur tendre enfance, élevés dans Paris,
> Sentaient encore le chou dont ils furent nourris.
> Autour de cet amas de viandes entassées
> Régnait un long cordon d'alouettes pressées,
> Et sur les bords du plat six pigeons étalés
> Présentaient pour renfort leurs squelettes brûlés.
> A côté de ce plat paraissaient deux salades,
> L'une de pourpier jaune, et l'autre d'herbes fades,
> Dont l'huile de fort loin saisissait l'odorat,
> Et nageait dans des flots de vinaigre rosat.

Au ridicule du service, se mêlait le ridicule des chants bachiques, des conversations sur les affaires du temps, puis sur les auteurs en vogue. A la fin, un poète jaloux laisse percer son amour-propre; une querelle s'engage; des mots on en vient aux coups. Tandis qu'on rétablit la paix entre les deux champions, le narrateur s'esquive, jurant bien de ne jamais assister à une pareille fête.

Satire IV. *Les Embarras de Paris* (1660). — Dès le début, le poète, qui logeait alors près du toit, se plaint de tous les bruits qui l'empêchent de dormir : chats, souris et rats font un vacarme d'enfer :

> Qui frappe l'air, bon Dieu, de ces lugubres cris?
> Est-ce donc pour veiller qu'on se couche à Paris?

> Et quel fâcheux démon durant les nuits entières,
> Rassemble ici les chats de toutes les gouttières ?
> J'ai beau sauter du lit, plein de trouble et d'effroi,
> Je pense qu'avec eux tout l'enfer est chez moi.
> L'un miaule en grondant comme un tigre en furie ;
> L'autre roule sa voix comme un enfant qui crie.
> Ce n'est pas tout encor ; les souris et les rats
> Semblent pour m'éveiller s'entendre avec les chats.

C'est peu : car avant l'aube, il entendra le marteau des forgerons, puis l'ouverture des boutiques et la reprise des travaux manuels. S'il sort, ce sera bien pis : embarras et périls à chaque pas, encombrement de toute espèce :

> L'un me heurte d'un ais dont je suis tout froissé ;
> Je vois d'un autre coup mon chapeau renversé.
> Là d'un enterrement la funèbre ordonnance
> D'un pas lugubre et lent vers l'église s'avance.

C'est pire encore lorsque survient une pluie qui change les ruisseaux en rivières. — Ne parlons pas des dangers de Paris : la nuit, il est commun de s'y voir à la merci des voleurs ; il n'est pas rare non plus d'y voir flamber les maisons. — Néanmoins, c'est un beau séjour, mais à la condition d'être riche, de s'isoler au sein de la capitale et de s'y procurer les agréments de la campagne.

SATIRE IX. *A son Esprit* (1667). — Les attaques personnelles dont étaient pleines les satires de Boileau, avaient soulevé une foule d'écrivains contre lui. Le poète satirique résolut de se défendre ; on l'avait calomnié, on lui avait prêté des intentions coupables ; recourant à toutes les finesses de la plaisanterie, il composa une sorte de dialogue entre lui et son Esprit auquel il sut reprocher les défauts dont on l'accusait en provoquant des réponses si plaisantes qu'il versa des flots d'ironie sur ses innombrables adversaires.

Au début, le poète feint l'impatience et va dire, enfin, son fait à cet esprit qui lui inspira ses satires.

> C'est à vous, mon esprit, à qui je veux parler.
> Vous avez des défauts que je ne puis céler :

Vraiment! vous tranchez comme si vous étiez fort et ignorez que la poésie ne peut souffrir rien de médiocre. Encore si vous ne chantiez que le roi, il y aurait profit, et dussiez-vous succomber dans cette tâche, elle serait plus convenable que celle de poète satirique. La satire peut d'abord donner quelque renom, mais, sans parler de l'oubli qui vous attend un jour, n'est-il pas fâcheux d'être haï de ses contemporains?

> Un livre vous déplaît : qui vous force à le lire?
> Laissez mourir un fat dans son obscurité :
> Un auteur ne peut-il pourrir en sûreté?
> Que vous ont fait Perrin, Bardin, Pradon, Hainaut,
> Colletet, Pelletier, Titreville, Quinault,
> Dont les noms en cent lieux, placés comme en leurs niches,
> Vont de vos vers malins remplir les hémistiches?

— Mais je n'emploie pas l'arme perfide de la médisance, je n'ai que de la franchise. Les écrivains sont justiciables de leurs lecteurs et je n'ai fait peut-être que donner du lustre à mes prétendues victimes. Loin de moi la pensée d'attaquer l'honneur : je distingue l'homme du poète.

> Il a tort, dira l'un : pourquoi faut-il qu'il nomme?
> Attaquer Chapelain ! ah ! c'est un si bon homme !
> Balzac en fait l'éloge en cent endroits divers.
> Il est vrai, s'il m'eût cru, qu'il n'eût point fait de vers.
> Il se tue à rimer : que n'écrit-il en prose?
> Voilà ce que l'on dit. Et que dis-je autre chose?
> En blâmant ses écrits, ai-je d'un style affreux
> Distillé sur sa vie un venin dangereux?
> Ma Muse, en l'attaquant, charitable et discrète,
> Sait de l'homme d'honneur distinguer le poète.
> Qu'on vante en lui la foi, l'honneur, la probité;
> Qu'on prise sa candeur et sa civilité;
> Qu'il soit doux, complaisant, officieux, sincère :
> On le veut, j'y souscris, et suis prêt à me taire.

Mais que pour un modèle on montre ses écrits ;
Qu'il soit le mieux renté de tous les beaux esprits (1);
Comme roi des auteurs qu'on l'élève à l'empire :
Ma bile alors s'échauffe, et je brûle d'écrire ;
Et, s'il ne m'est permis de le dire au papier,
J'irai creuser la terre, et, comme ce barbier,
Faire dire aux roseaux par un nouvel organe :
« Midas, le roi Midas, a des oreilles d'âne. »

La satire est impuissante contre un bon ouvrage :

En vain contre le *Cid* un ministre se ligue :
Tout Paris pour Chimène a les yeux de Rodrigue.
L'Académie en corps a beau le censurer :
Le public révolté s'obstine à l'admirer.

La satire, dit-on, est un métier funeste ; dois-je faire plutôt, malgré Minerve, des odes, des églogues, des élégies tendres ? Non ; la satire a un rôle moral à remplir et je l'ai choisi. Pourtant je vais me retracter, s'il le faut.

Je le déclare donc : Quinault est un Virgile,
Pradon comme un soleil en nos ans a paru ;
Pelletier écrit mieux qu'Ablancourt (2) ni Patru (3) ;
Cotin, à ses sermons, traînant toute la terre,
Fend les flots d'auditeurs pour aller à sa chaire...

— Mais ne voyez-vous pas qu'ils vont prendre ces vers pour une raillerie, et que ne diront-ils pas, à leur tour, pour vous perdre ? — Ils ne peuvent me nuire, je n'aspire point aux pensions. — On vous menace, le parti le plus sûr est le silence.

(1) Chapelain avait de divers endroits 8000 livres de pension.
(2) D'Ablancourt, l'un des premiers membres de l'Académie française. Il fit de nombreuses traductions, plus élégantes qu'exactes, que l'on appela les *belles infidèles*.
(3) Olivier Patru, avocat du barreau de Paris, contribua beaucoup à régler et à épurer la langue ; et quoiqu'il ne passât pas pour un avocat profond, on lui dut néanmoins l'ordre, la clarté, la bienséance, l'élégance du discours, mérites absolument inconnus au barreau (VOLTAIRE).

Epîtres de Boileau.

Épitre I. *Au Roi, sur les Avantages de la Paix* (1669). — Ce fut sur les conseils de Colbert que Boileau composa cette épître. Ce ministre désirait vivement, pour l'exécution de ses grands desseins d'utilité publique, maintenir la paix conclue, en 1668, par le traité d'Aix-la-Chapelle.

Le poète suppose tout d'abord qu'Appollon le détourne de la téméraire entreprise de chanter Louis XIV.

> Grand roi, c'est vainement qu'abjurant la satire
> Pour toi seul désormais j'avais fait vœu d'écrire.
> Dès que je prends la plume, Apollon éperdu
> Semble me dire : Arrête, insensé que fais-tu ?
> Sais-tu dans quels périls aujourd'hui tu t'engages ?
> Cette mer où tu cours est célèbre en naufrages.

Il pourrait, comme tant d'autres, rimer en lyrique banal, mais il sent qu'il faut s'élever à la dignité du sujet ; toutefois, craignant de ne pas mieux faire que les poètes qu'il a critiqués, il est tenté de se taire.

> Ainsi craignant toujours un funeste accident,
> J'imite de Conrard (1) le silence prudent.

Toutefois le silence lui pèse. S'il ne redit pas les exploits du roi, déjà trop porté à la guerre, il peut célébrer du moins les avantages de la paix. Le dialogue de Pyrrhus et de Cynéas fait ressortir plaisamment la folie de l'esprit de conquête.

> — Pourquoi ces éléphants, ces armes, ce bagage,
> Et ces vaisseaux tout prêts à quitter le rivage ?
> Disait au roi Pyrrhus un sage confident,
> Conseiller très-sensé d'un roi très-imprudent.

---

(1) Fameux académicien qui n'a jamais rien écrit.

— Je vais, lui dit ce prince, à Rome où l'on m'appelle.
— Quoi faire ? L'assiéger. — L'entreprise est fort belle,
Et digne seulement d'Alexandre ou de vous :
Mais, Rome prise enfin, seigneur, où courons-nous ?
— Du reste des Latins la conquête est facile.
— Sans doute, on les peut vaincre : est-ce tout ? — La Sicile
De là nous tend les bras, et bientôt sans effort
Syracuse reçoit nos vaisseaux dans son port.
— Bornez-vous là vos pas ? — Dès que nous l'aurons prise,
Il ne faut qu'un bon vent et Carthage est conquise.
Les chemins sont ouverts : qui peut nous arrêter ?
— Je vous entends, seigneur, nous allons tout dompter :
Nous allons traverser les sables de Lybie,
Asservir en passant l'Égypte, l'Arabie,
Courir delà le Gange en de nouveaux pays,
Faire trembler le Scythe au bord du Tanaïs,
Et ranger sous nos lois tout ce vaste hémisphère.
Mais, de retour enfin, que prétendez-vous faire ? —
Alors, cher Cinéas, victorieux, contents,
Nous pourrons rire à l'aise et prendre du bon temps.
— Eh ! seigneur, dès ce jour, sans sortir de l'Épire,
Du matin jusqu'au soir qui vous défend de rire ?
Le conseil était sage et facile à goûter :
Pyrrhus vivait heureux, s'il eût pu l'écouter.

Les exploits militaires sont au-dessous des vertus pacifiques. Ce que Louis a fait en dehors de la guerre, surtout la protection qu'il accorde aux lettres et aux arts, lui assure la reconnaissance des poètes et une gloire immortelle. Boileau, malgré sa faiblesse, veut le servir dans la postérité.

ÉPITRE IV. *Le Passage du Rhin* (1672). — Louis XIV déclara la guerre aux Hollandais, en 1672, et partit pour prendre lui-même le commandement de son armée. L'un des épisodes de la campagne fut le passage du Rhin que Boileau jugea des plus propres à mettre en vers.

Dès le début de cette épitre, le poète se plaint de la dureté des noms allemands et hollandais de nature à effaroucher sa muse. Son zèle l'emporte sur la difficulté et entrant en matière, il suppose que le dieu du Rhin, dormant à sa source, est éveillé par les cris de ses naïades éplorées :

> Au pied du mont Adule (1), entre mille roseaux,
> Le Rhin tranquille, et fier du progrès de ses eaux.
> Appuyé d'une main sur son urne penchante,
> Dormait au bruit flatteur de son onde naissante :
> Lorsqu'un cri, tout à coup suivi de mille cris,
> Vient d'un calme si doux retirer ses esprits.
> Il se trouble, il regarde, et partout sur ses rives
> Il voit fuir à grands pas ses naïades craintives,
> Qui toutes accourant vers leur humble roi,
> Par un récit affreux redoublent son effroi.

Elles lui peignent la marche rapide de Louis à la tête de ses troupes. Le dieu frémit et se détermine à le combattre.

> A ces mots, essuyant sa barbe limoneuse,
> Il prend d'un vieux guerrier la figure poudreuse.
> Son front cicatrisé rend son air furieux ;
> Et l'ardeur du combat étincelle en ses yeux.
> En ce moment il part, et, couvert d'une nue,
> Du fameux fort de Skink prend la route connue.
> Là, contemplant son cours, il voit de toutes parts
> Ses pâles défenseurs par la frayeur épars :
> Il voit cent bataillons qui, loin de se défendre,
> Attendent sur des murs l'ennemi pour se rendre.
> Confus, il les aborde ; et renforçant sa voix :
> « Grands arbitres, dit-il, des querelles des rois,
> Est-ce ainsi que votre âme, aux périls aguerrie,
> Soutient sur ces remparts l'honneur et la patrie?
> Votre ennemi superbe, en cet instant fameux,
> Du Rhin, près de Tholus, fend les flots écumeux :
> Du moins en vous montrant sur la rive opposée
> N'oseriez-vous saisir une victoire aisée?
> Allez, vils combattants, inutiles soldats ;
> Laissez là ces mousquets trop pesants pour vos bras ;

---

(1) *Adulus*, est le nom latin du Saint-Gothard où le Rhin prend sa source.

> Et, la faux à la main, parmi vos marécages,
> Allez couper vos joncs et presser vos laitages;
> Ou, gardant les seuls bords qui vous peuvent couvrir,
> Avec moi, de ce pas, venez vaincre ou mourir. »

Ces mots enflamment le courage de ses fidèles sujets; ils se dirigent à la rencontre de l'armée ennemie qui déjà s'est avancée dans le fleuve.

> Le Rhin les voit d'un œil qui porte la menace;
> Il s'avance en courroux. Le plomb vole à l'instant,
> Et pleut de toutes parts sur l'escadron flottant;
> Du salpêtre en fureur l'air s'échauffe et s'allume,
> Et des coups redoublés tout le rivage fume.

Le dieu fuit épouvanté, suivi de tous les siens. La terreur gagne le camp des Hollandais et fait pâlir le général ennemi Wurts... La dureté de ce nom effraye le poète; il regrette les doux noms de la Grèce; il espère du reste qu'avant deux ans, Louis sera maître de ces contrées lointaines.

Épitre vi. *A M. de Lamoignon* (1), *sur les plaisirs des Champs.* — En 1667, Boileau passa une partie de l'été à la campagne. Il y reçut une lettre de M. de Lamoignon qui se plaignait de son absence et l'engageait à revenir à Paris. Boileau lui répondit par la sixième épitre dans laquelle il se plaît à décrire les plaisirs de la vie champêtre.

Le poète commence par dépeindre le lieu qu'il habite, puis il expose l'emploi de ses loisirs : la lecture, la composition, la pêche, la chasse :

> Ici dans un vallon bornant tous mes désirs,
> J'achète à peu de frais de solides plaisirs.
> Tantôt, un livre en main, errant dans les prairies,
> J'occupe ma raison d'utiles rêveries :
> Tantôt, cherchant la fin d'un vers que je construi,
> Je trouve au coin d'un bois le mot qui m'avait fui;

---

(1) Chrétien-François de Lamoignon, né en 1644, président à mortier en 1690, mourut en 1709.

> Quelquefois, aux appas d'un hameçon perfide,
> J'amorce en badinant le poisson trop avide ;
> Ou d'un plomb qui suit l'œil, et part avec l'éclair,
> Je vais faire la guerre aux habitants de l'air.
> Une table au retour, propre et non magnifique,
> Nous présente un repas agréable et rustique :
> Là, sans s'assujettir aux dogmes de Broussain (1),
> Tout ce qu'on boit est bon, tout ce qu'on mange est sain ;
> La maison le fournit, la fermière l'ordonne,
> Et mieux que Bergerat l'appétit l'assaisonne (2).
> O fortuné séjour ! ô champs aimés des cieux !
> Que, pour jamais foulant vos prés délicieux,
> Ne puis-je ici fixer ma course vagabonde,
> Et connu de vous seuls oublier tout le monde !

Malgré son désir de toujours vivre dans cette solitude, il faut rentrer à Paris où l'attendent des embarras et des soucis de toute espèce. Il les décrit à leur tour et oppose le calme de l'homme ignoré à la vie tourmentée des auteurs qui, comme lui, sont tenus à de nouveaux succès s'ils veulent conserver la faveur publique.

ÉPITRE VII. *A Racine, sur l'Utilité des Ennemis* (1677). — Cette épître fut écrite à propos de la cabale qui se forma contre la tragédie de *Phèdre* et qui opposait à ce chef-d'œuvre une mauvaise pièce de Pradon.

Boileau commence par un éloge du talent de son illustre ami :

> Que tu sais bien, Racine, à l'aide d'un acteur,
> Émouvoir, étonner, ravir un spectateur !...

Mais le talent irrite l'envie et le grand homme n'obtient pleine justice qu'après sa mort. Tel a été le sort de Molière :

---

(1) Le comte de Broussain avait approfondi la théorie de la cuisine, et donnait des *repas d'érudition*.
(2) Bergerat, traiteur renommé.

> Avant qu'un peu de terre obtenu par prière,
> Pour jamais sous la tombe eût enfermé Molière,
> Mille de ces beaux traits, aujourd'hui si vantés,
> Furent des sots esprits à nos yeux rebutés.
> . . . .
> Mais sitôt que d'un trait de ses fatales mains
> La Parque l'eut rayé du nombre des humains,
> On reconnut le prix de sa muse éclipsée.

Cependant les ennemis mêmes sont utiles puisqu'ils font faire au talent de nouveaux efforts et l'engagent à se surpasser :

> Le mérite en repos s'endort dans la mollesse ;
> Mais par les envieux un génie excité
> Au comble de son art est mille fois monté!
> Au *Cid* persécuté *Cinna* dut sa naissance.

D'ailleurs, les clameurs d'une cabale sont impuissantes contre les ouvrages d'un vrai mérite. Ceux-ci auront toujours pour eux l'équitable avenir. *Phèdre* est un de ces ouvrages :

> Eh! qui, voyant un jour la douleur vertueuse
> De Phèdre, malgré soi, perfide, incestueuse,
> D'un si noble travail justement étonné
> Ne bénira d'abord le siècle fortuné
> Qui, rendu plus fameux par tes illustres veilles,
> Vit naître sous ta main ces pompeuses merveilles?

Il faut savoir distinguer les censeurs injustes et ignorants et ne désirer les suffrages que des hommes éclairés. Quant à la foule grossière, elle est toute faite pour admirer le savoir de Pradon.

L'Art poétique (1671).

Ce poème est divisé en quatre chants.

Dans le *premier chant*, le poète expose les règles générales de l'art d'écrire et il les exprime en vers devenus proverbes. Il insiste d'abord sur la nécessité de connaître son talent et de suivre toujours la raison pour guide, sur la sobriété dans les détails et sur la variété des sujets.

> Quelque sujet qu'on traite, ou plaisant ou sublime,
> Que toujours le bon sens s'accorde avec la rime;
> L'un l'autre vainement ils semblent se haïr;
> La rime est une esclave et ne doit qu'obéir.
> Lorsqu'à la bien chercher d'abord on s'évertue,
> L'esprit à la trouver aisément s'habitue;
> Au joug de la raison sans peine elle fléchit,
> Et, loin de la gêner, la sert et l'enrichit.
> Mais lorsqu'on la néglige, elle devient rebelle;
> Et pour la rattraper le sens court après elle.
> Aimez donc la raison : que toujours vos écrits
> Empruntent d'elle seule et leur lustre et leur prix.
> . . . .
> Voulez-vous du public mériter les amours?
> Sans cesse en écrivant variez vos discours.
> Un style trop égal et toujours uniforme
> En vain brille à nos yeux, il faut qu'il nous endorme.
> Heureux qui, dans ses vers, sait d'une voix légère
> Passer du grave au doux, du plaisant au sévère!

Après ces règles générales, Boileau esquisse rapidement l'histoire littéraire depuis Villon jusqu'au xviie siècle. Il recommande ensuite l'exactitude, la clarté, le respect de langue, la fidélité aux règles de l'harmonie, l'unité de composition.

> Avant donc que d'écrire apprenez à penser.
> Selon que notre idée est plus ou moins obscure,
> L'expression la suit ou moins nette, ou plus pure.
> Ce que l'on conçoit bien s'énonce clairement,
> Et les mots pour le dire arrivent aisément
> . . . .
> Surtout qu'en vos écrits la langue révérée
> Dans vos plus grands excès vous soit toujours sacrée.
> Sans la langue, en un mot, l'auteur le plus divin,
> Est toujours, quoi qu'il fasse, un méchant écrivain.
> . . . .

Cette clarté et cette pureté ne s'achètent qu'au prix du travail et d'une sage lenteur.

> Travaillez à loisir, quelqu'ordre qui vous presse,
> Et ne vous piquez point d'une folle vitesse.
> . . . .
> Hâtez-vous lentement ; et, sans perdre courage,
> Vingt fois sur le métier remettez votre ouvrage :
> Polissez-le sans cesse et le repolissez ;
> Ajoutez quelquefois, et souvent effacez.

L'ouvrage une fois composé, il est nécessaire de le soumettre à la censure d'un critique habile et sévère. Celui qui ne recherche que des admirateurs et non des critiques, en trouvera certainement.

> Un sot trouve toujours un plus sot qui l'admire.

Le second chant est consacré aux règles des genres secondaires, tels que l'idylle, l'élégie, l'ode, le sonnet, l'épigramme, le rondeau, la ballade, le madrigal, la satire et la chanson satirique appelée vaudeville. Les définitions que donne le poète sont des modèles du style qui convient à chaque genre de composition. Voici, par exemple, la définition de l'idylle :

> Telle qu'une bergère, au plus beau jour de fête,
> De superbes rubis ne charge point sa tête,
> Et, sans mêler à l'or l'éclat des diamants,
> Cueille en un champ voisin ses plus beaux ornements.
> Telle, aimable en son air, mais humble dans son style,
> Doit éclater sans pompe une élégante idylle.

Plus loin, il définit l'élégie :

> La plaintive élégie, en longs habits de deuil,
> Sait, les cheveux épars, pleurer sur un cercueil.

On a remarqué avec étonnement que parmi ces genres secondaires, Boileau ait oublié l'apologue et n'ait point parlé de La Fontaine. Il faut observer, pour disculper le poète, que de son temps on n'avait pas la même idée sur l'importance de la fable que de nos jours. Elle n'a paru longtemps, et à La Fontaine lui-même, propre qu'à amuser les enfants.

Le *troisième chant*, le plus beau sans contredit, traite de la tragédie, de l'épopée et de la comédie. Comme dans les deux précédents, les définitions y deviennent souvent des peintures.

Le poète commence par exposer les règles générales de la tragédie, telles que l'*exposition du sujet* et *la règle des trois unités* de lieu, de temps et d'action qu'il résume dans ces vers si précis :

> Qu'en un lieu, qu'en un jour, un seul fait accompli
> Tienne jusqu'à la fin le théâtre rempli.

Après ces règles générales, il indique les sujets que l'on peut représenter sur la scène et ceux que l'on doit en écarter :

> Jamais au spectateur n'offrez rien d'incroyable :
> Le vrai peut quelquefois n'être pas vraisemblable.

Puis il développe les conditions du *nœud*, de la *péripétie* et du *dénouement* d'une bonne tragédie :

> Que le trouble, toujours croissant de scène en scène,
> A son comble arrivé se débrouille sans peine.
> L'esprit ne se sent point plus vivement frappé,
> Que lorsqu'en un sujet d'intrigue enveloppé,
> D'un secret tout à coup la vérité connue
> Change tout, donne à tout une face imprévue.

Après avoir achevé de donner les règles de la tragédie, Boileau raconte l'histoire de ce genre chez les Grecs et chez nous. Chez les Grecs, il signale Thespis, Eschyle et Sophocle comme les créateurs de l'art dramatique.

Passant à la *poésie épique* et à la *comédie*, Boileau préconise le merveilleux mythologique et combat à tort le merveilleux chrétien, méconnaissant ainsi les mérites des poèmes épiques du Tasse et de Milton. Il n'est pas moins injuste envers Molière lorsqu'il lui refuse le premier rang dans la comédie.

Le *quatrième chant* est, en grande partie, une répétition de ce que Boileau a dit sur la vocation poétique, le choix d'un ami et les qualités du poète. Ici, comme partout, la gloire de Louis XIV se présente à lui, et il termine par un éloge magnifique du grand roi.

Le Lutrin (1674-1683).

On sait quel est le sujet de ce poème. Dès le début, le poète nous montre l'heureuse indolence et la douce oisiveté dans laquelle s'engraissaient les chanoines de la Sainte-Chapelle. La Discorde les voit, et en frémit de rage. Elle prend d'un vieux chantre et la taille et la forme, et va trouver le trésorier, dont le portrait est un modèle achevé :

Dans le réduit obscur d'une alcôve enfoncée,
S'élève un lit de plume à grands frais amassée :
Quatre rideaux pompeux, par un double contour,
En défendent l'entrée à la clarté du jour.
Là, parmi les douceurs d'un tranquille silence,
Règne sur le duvet une heureuse indolence :
C'est là que le prélat, muni d'un déjeuner,
Dormant d'un léger somme, attendait le dîner.
La jeunesse en sa fleur brille sur son visage ;
Son menton sur son sein descend à double étage ;
Et son corps, ramassé dans sa double grosseur,
Fait gémir les coussins sous sa molle épaisseur.

La Discorde lui reproche de dormir, tandis que le chantre s'établit à sa place. Le prélat se réveille et, malgré les remontrances de son fidèle aumônier, le prudent Gilotin, il veut aller au chœur avant d'avoir dîné.

Il dîne cependant,

Les morceaux trop hâtés se pressent dans sa bouche.

Gilotin lui amène ses partisans ; le prélat les harangue

et leur signale les usurpations de l'ambitieux chantre. L'un d'eux, le vieux Sidrac, conseille alors de tirer de la sacristie un vieux lutrin et de le remettre à son ancienne place, où il cachera comme autrefois l'orgueilleux chantre aux regards de la foule. On applaudit à ce hardi projet; mais qui osera l'exécuter? Tous aspirent à cet honneur. Le prélat annonce que le sort en décidera. Les noms qui sortent de l'urne sont ceux du marguillier Brontin, du perruquier l'Amour et du sacristain Boirude. Nos trois héros se mettent en marche. La Discorde s'applaudit de son ouvrage et pousse un cri qui réveille la Mollesse, à qui la Nuit vient apprendre le danger qui menace ses serviteurs.

> A ce triste discours, qu'un long soupir achève,
> La Mollesse en pleurant, sur son bras se relève,
> Ouvre un œil languissant, et d'une faible voix
> Laisse tomber ces mots qu'elle interrompt vingt fois:
> « O nuit, que m'as-tu dit? Quel démon sur la terre
> Souffle dans tous les cœurs la fatigue et la guerre?
> Hélas! qu'est devenu ce temps, cet heureux temps,
> Où les rois s'honoraient du nom de fainéants,
> S'endormaient sur le trône, et, me servant sans honte,
> Laissaient leur sceptre aux mains ou d'un maire ou d'un [comte]?
> Aucun soin n'approchait de leur paisible cour:
> On reposait la nuit, on dormait tout le jour.
> Seulement, au printemps, quand Flore dans les plaines
> Faisait taire des vents les bruyantes haleines,
> Quatre bœufs attelés, d'un pas tranquille et lent,
> Promenaient dans Paris le monarque indolent.
> Ce doux siècle n'est plus. »

La Mollesse invoque le secours de la Nuit pour conserver le repos à la Sainte-Chapelle, où elle règne encore. Mais elle n'a pas la force d'achever son discours;

> La Mollesse oppressée,
> Dans sa bouche à ces mots, sent sa langue glacée,
> Et, lasse de parler, succombant sous l'effort,
> Soupire, étend les bras, ferme l'œil et s'endort.

La Nuit imagine de jeter l'épouvante dans l'âme des trois champions ; elle va chercher un vieux hibou qu'elle place dans le ventre du pupitre. Cependant, après s'être donné du cœur par d'amples libations, les trois héros arrivent à la porte de l'église, traversent la nef et pénètrent dans la sacristie. Le terrible lutrin leur apparaît ; mais à peine le perruquier, le plus courageux des trois, y a t-il porté la main, qu'il en sort l'oiseau sinistre qui les glace d'effroi ; ils fuient épouvantés, mais le vieux Sidrac interpelle ses compagnons et les fait rougir de leur lâcheté.

> La colère à l'instant succédant à la crainte,
> Ils rallument le feu de leur bougie éteinte ;
> Ils rentrent, l'oiseau sort ; l'escadron raffermi
> Rit du honteux départ d'un si faible ennemi.
> Aussitôt, dans le chœur la machine emportée
> Est sur le banc du chantre à grand bruit remontée.
> Ses ais demi-pourris, que l'âge a relâchés,
> Sont à coups de maillets unis et rapprochés.
> Sous les coups redoublés tous les bancs retentissent :
> Les murs en sont émus ; les voûtes en mugissent ;
> Et l'orgue même en pousse un long gémissement.

Le poète nous conduit chez le chantre, à qui un songe terrible est venu annoncer le coup porté à son honneur. En vain son valet Girot cherche à le rassurer. Le chantre s'habille, court, vole, et le premier arrive dans le chœur. Le songe a dit vrai : il voit le pupitre avec stupeur. Bientôt, à l'abattement succède la colère ; il veut briser le lutrin fatal, mais auparavant, il veut rassembler le chapitre, et ordonne à Girot d'aller réveiller les chanoines. On leur dit, pour les tirer du lit, qu'un dîner les attend, et ils courent au chapitre. Le chantre leur raconte son humiliation et les chanoines indignés font écrouler le pupitre sous leurs coups. La nouvelle en est portée au trésorier par Sidrac. Le prélat se précipite hors de son lit et rencontre son armée qui l'attendait devant sa porte. Tout à coup le chantre et sa troupe lui apparaissent près de la boutique d'un libraire. Les deux partis pénètrent dans le magasin. Alors commen... une horrible mêlée où les livres tombent comme grêle sur les combattants. Après une lutte opiniâtre, où maint guerrier se signale, la victoire va rester au chantre grâce à la vigueur du chanoine Fabri, lorsque le prélat se met à bénir les passants. Le peuple alors se joint à ses défenseurs; le chantre fuit; et la victoire reste au trésorier.

> Dans le temple aussitôt le prélat plein de gloire
> Va goûter les douceurs de sa sainte victoire;
> Et de leurs vains projets les chanoines punis
> S'en retournent chez eux triomphants et bénis (1).

CHAPITRE V

DE LA FABLE AU XVII° SIÈCLE.

Jean de La Fontaine.

La Fontaine (1621-1695).

Jean de La Fontaine, le plus populaire des poètes français, naquit, en 1621, à Château-Thierry, où son père était maître des eaux et forêts. Son éducation fut assez négligée, et rien ne révéla dans sa jeunesse ce qu'il devait être un jour. Ayant lu, à dix-neuf ans, quelques livres de piété, il se crut une vocation pour l'état ecclésiastique et entra au séminaire de Reims; mais au bout d'un an, il en sortit et retourna à la maison paternelle, où il ne se fit remarquer que par son indolence, son désœuvrement et un vif penchant pour les plaisirs.

---

(1) Nous avons résumé cette analyse de l'excellent ouvrage de M. Es. Merus-cass sur la *Littérature moderne*.

Son père essaya de l'arracher à sa paresse et à ses desordres en lui cédant sa charge et en le mariant avec une jeune personne de mérite, spirituelle, aimable, gracieuse. Mais La Fontaine apporta dans sa nouvelle position la même nonchalance et s'accoutuma à vivre comme s'il n'avait ni charge, ni femme. S'il visitait ses vieux arbres et ses ruisseaux, ce n'était sans doute que pour jouir des plaisirs d'une promenade ou d'une rêverie solitaire. Il s'éloigna peu à peu de sa famille, et au bout de quelques années se sépara de sa femme et de son fils, sans procès, sans scandale; il finit même, dit-on, par oublier qu'il était marié. Un jour, il rencontra dans une compagnie un jeune homme dont les façons distinguées lui plurent dès l'abord. Comme il en faisait l'éloge : « C'est votre fils, lui dit-on. — Ah! vraiment! j'en suis bien aise, répondit-il froidement. »

La Fontaine ignorait encore, à vingt-deux ans, son talent pour la poésie; ce goût lui vint subitement en entendant lire l'ode de Malherbe sur l'assassinat d'Henri IV, qu'il écouta avec des transports d'admiration. Il se mit dès lors à étudier jour et nuit les œuvres de Malherbe et se passionna de Voiture, dont le mauvais goût faillit lui être funeste; il lut aussi nos vieux écrivains gaulois, Villon, Marot et Rabelais, qui ne furent pas sans influence sur son génie. Un de ses parents lui ayant persuadé qu'il lui était indispensable, pour réussir dans la carrière des lettres, d'étudier les anciens, il se livra à cette étude avec ardeur. Horace, Virgile, Térence étaient ses auteurs préférés; il se passionna aussi d'Homère, de Platon et de Plutarque. L'Arioste, Boccace et Machiavel l'attirèrent ensuite. Il eut l'art de prendre à chacun de ces écrivains ce qui convenait à son génie. Mais son auteur favori était Rabelais; il avait pour lui une admiration folle, et lorsqu'il voulait exprimer son approbation de la manière la plus expressive, il disait : « C'est beau comme Rabelais. »

Un des parents de sa femme, ami de Fouquet, l'emmena à Paris pour le présenter au surintendant qui s'était déclaré le protecteur des artistes et des hommes de lettres. Fouquet le prit en amitié, se l'attacha et lui fit une pension de 1,000 livres, à condition qu'il en acquitterait chaque quartier par une pièce de vers, ballade ou madrigal. Une fois pensionné et reçu à la cour du surintendant, La Fontaine renonça presque complétement à Château-Thierry et se fixa à Paris.

C'est à cette époque qu'il se lia intimement avec Boileau, Racine et Molière. Racine surtout, quoique moins âgé que lui de dix-huit ans, l'aima et en fut aimé. Les distractions quelquefois incroyables, et la naïveté de La Fontaine, égayaient parfois les réunions d'Auteuil. On l'appelait *le bonhomme*, et l'on riait quelquefois à ses dépens. Molière prenait alors son parti. « Ne nous moquons pas du bonhomme, disait-il, il vivra peut-être plus que nous. » En société, néanmoins, La Fontaine n'était rien moins qu'aimable ; il se taisait et quelquefois même il lui arrivait de s'endormir. Si, par hasard, il prenait la parole, c'était le plus souvent d'un air étonné et sans rien dire qui ne fût assez vulgaire.

Sa vie privée fut scandaleuse, et Racine essaya vainement d'exercer sur lui une influence salutaire. Un jour qu'il l'avait conduit à l'église, il lui donna la Bible pour le distraire. La Fontaine tomba sur le livre du prophète Baruch et en fut ravi d'admiration : « C'était un beau génie que Baruch ; qui était-il ? demanda-t-il à son ami. » Le lendemain et les jours suivants, il allait répétant dans la rue à toutes les personnes de sa connaissance : « Avez-vous lu Baruch ? c'était un beau génie. »

Boileau et Racine essayèrent de le réconcilier avec sa femme et lui persuadèrent de faire dans ce but un voyage à Château-Thierry. Il partit dans cette louable intention, mais, n'ayant pas rencontré sa femme, il alla voir un ami avec lequel il passa la nuit joyeusement et repartit le lendemain, content de son voyage et ne se souvenant pas qu'il avait eu un autre but que celui de se divertir.

La disgrâce de Fouquet fut pour La Fontaine une occasion de montrer sa reconnaissance envers son bienfaiteur. Quand le surintendant fut arrêté, tout le monde se tut et trembla. La Fontaine et Pellisson furent ses seuls amis dans l'infortune. Pendant que celui-ci plaidait sa cause, notre poète écrivait son *Élégie aux Nymphes de Vaux*, qui est une de ses meilleures inspirations et qui contient quelques-uns des plus beaux vers de la langue française. Cette *Élégie* contribua beaucoup à calmer l'animosité publique à l'égard du surintendant. La Fontaine écrivit même au roi une ode pour implorer sa clémence et sa pitié, mais le roi fut inflexible. Le poète devait payer par la disgrâce tant de dévouement au ministre tombé. Colbert, successeur de Fouquet, suspendit sa pension et ses gratifications. Cependant, après la publication des *Fables*, Louis XIV lui rendit ses faveurs : il lui permit même de lui offrir en personne son livre. La Fontaine alla à Versailles pour le présenter au roi, il récita fort bien son compliment et n'oublia qu'une chose, ce fut d'apporter ses *Fables*. Le roi le reçut néanmoins avec bonté et lui remit une bourse pleine d'or. A peine de retour chez lui, le poète s'aperçut qu'il avait perdu la bourse. On la retrouva sous le coussin de la voiture qui l'avait ramené.

Après la disgrâce de Fouquet, La Fontaine, incapable de se suffire à lui-même, trouva d'autres protecteurs. Nous devons compter dans ce nombre Turenne, Condé, et les prince de Conti et de Vendôme avec qui il vivait dans une aimable familiarité. Quelques dames de la cour l'accueillirent avec une extrême bienveillance ; citons tout particulièrement la duchesse de Bouillon, Mme de Sévigné, Mme de La Fayette, Mme de La Sablière et Mme d'Hervart. La duchesse de Bouillon, la plus jeune des nièces de Mazarin, lui demanda de composer des contes à l'imitation de l'Arioste et de Boccace. Ce fut là l'origine de ces *Contes* immoraux et licencieux qui font aussi peu d'honneur à celui qui les a faits qu'à celle qui les a commandés. Il eut aussi le bonheur d'entrer chez la duchesse d'Orléans, veuve du frère de Louis XIII, en qualité de gentilhomme-servant ; mais, à la mort de cette princesse, il serait tombé dans la misère, s'il n'eût trouvé asile dans la maison de M**me** de La Sablière, qui lui donna, pendant plus de vingt ans, le vivre et le couvert, et pourvut à tous ses besoins. Un mot de cette dame montre sur quel pied de familiarité La Fontaine vivait chez elle. Un jour, qu'elle avait congédié tous ses domestiques : « J'ai renvoyé tout mon monde, disait-elle, je n'ai gardé que mon chien, mon chat et La Fontaine. » Elle le reprenait sur ses distractions, qui touchaient parfois à l'impolitesse. Un riche financier l'avait invité à dîner, dans l'espoir qu'il amuserait ses convives. La Fontaine mangea et garda le silence. Comme le dîner se prolongeait, il s'ennuya et se leva de table sous prétexte d'aller à l'Académie. On lui fit observer qu'il n'était pas encore temps. « Eh bien ! dit-il, je prendrai le chemin le plus long. » Et il sortit. Ce sont des traits pareils qui faisaient dire à M**me** de La Sablière : « En vérité, mon cher La Fontaine, vous seriez bien bête si vous n'aviez pas tant d'esprit. »

C'est pendant son séjour chez cette dame que La Fontaine composa la plus grande partie de ses *Fables* ; il avait l'habitude de lui lire tous ses vers avant de les publier et de les montrer même à ses amis Un jour, il envoya une pièce de vers à Racine : « Surtout, lui écrivait-il, ne les montrez à personne, car M**me** de La Sablière ne les a pas encore vus. »

La Fontaine avait alors soixante-dix ans ; il tomba gravement malade. Boileau et Racine vinrent le visiter : « Nous venons, dirent-ils à la garde-malade, l'exhorter à songer à sa conscience il a de grandes fautes à se reprocher. — « Lui, Messieurs, leur répondit-elle, il est simple comme un enfant. S'il a fait des fautes, c'est donc par bêtise plutôt que par malice. »

Elle dit un jour au prêtre qui le visitait : « Hé ! ne le

tourmentez pas tant ; il est plus bête que méchant. Dieu n'aura pas le courage de le damner. »

La Fontaine, ayant recouvré la santé, consacra les dernières forces de sa vie au service de Dieu. Il entreprit, par pénitence, de mettre en vers les hymnes de l'Eglise, mais ce travail, d'ailleurs peu important, ne nous est pas parvenu. C'est dans cette pieuse occupation, qu'il attendit paisiblement la mort. Il écrivait à l'un de ses amis : « Je t'assure que le meilleur de tes amis n'a plus que quinze jours de vie ; voilà deux mois que je ne sors point, si ce n'est pour aller à l'Académie, afin que cela m'amuse. Hier, comme j'en venais, il me prit, au milieu de la rue, une si grande faiblesse, que je crus véritablement mourir. Oh ! mon cher, mourir n'est rien ; mais songe que je vais paraître devant Dieu ! tu sais comme j'ai vécu. » Ce fut sa dernière lettre. Quelques jours après, il mourait à l'âge de soixante-treize ans ; on trouva sur son corps un cilice qu'il portait depuis sa conversion. Dans le temps de sa vie mondaine, il avait composé lui-même son épitaphe :

> Jean s'en alla comme il était venu,
> Mangeant son fonds avec son revenu
> Croyant trésor chose peu nécessaire.
> Quant à son temps, bien sut le dispenser:
> Deux parts en fit, dont il voulait passer
> L'une à dormir, et l'autre à ne rien faire.

Fables de La Fontaine (1668-1690). — Ces fables furent publiées en trois recueils de dates différentes. Le premier, qui parut en 1668, contient les six premiers livres ; il est dédié au grand Dauphin. Le deuxième recueil, qui parut dix ans plus tard, renferme les cinq livres suivants : c'est dans ce second recueil, dédié à Mme de Montespan, que se trouve le plus grand nombre de chefs-d'œuvre. Enfin, le troisième et dernier recueil, qui ne contient que le douzième livre, parut en 1694, un an seulement avant la mort de La Fontaine.

Les *Fables* de La Fontaine sont, comme il dit lui-même,

Une ample comédie en cent actes divers.

La duchesse de Bouillon, en appelant La Fontaine son *fablier*, semblait dire qu'il avait produit des fables comme un arbre produit des fruits. Mᵐᵉ de Sévigné disait des *Fables* de La Fontaine : « C'est un *panier de cerises*, on veut choisir les plus belles et le panier reste vide. »

« Avec cet heureux don qu'il avait de tout sentir et de tout aimer, La Fontaine a renouvelé l'apologue. L'apologue ancien ne s'intéressait qu'au sens et à la moralité, point au récit, point aux personnages. Il ne s'agissait que d'enseigner une vérité morale, et de l'enseigner d'une façon vive et spirituelle. Peu importait l'aventure et peu les personnages. La Fontaine changea tout. Il se mit à se prendre d'intérêt pour les bêtes, pour les arbres, pour tout enfin; ou plutôt il prit intérêt à l'homme, qui est le vrai héros de toutes ses fables, sous des noms divers, tantôt loup et tantôt agneau, tantôt chien et tantôt renard, tantôt cerf et tantôt cheval, mais toujours l'homme, c'est-à-dire victime de ses fautes et dupe de sa vanité... Sa supériorité est dans le récit. Les autres fabulistes ne font leur récit que pour amener leur leçon. La Fontaine s'intéresse d'abord à son récit : il nous représente ses animaux, leurs périls, leurs joies, leurs colères, leurs peurs, leurs ruses; il fait son drame et son tableau; la leçon arrive ensuite, presque toujours à propos, mais parfois d'une façon assez imprévue et comme font quelquefois les dénouements de Molière. Il y a, en effet, cette ressemblance entre Molière et La Fontaine, qu'ils s'occupent surtout de représenter les mœurs et les caractères des hommes, de reproduire l'image de la vie humaine. Si les portraits sont fidèles, l'œuvre leur semble faite; seulement comme Molière sait qu'il faut un dénouement à la comédie, il le prend où il peut, sans avoir l'air parfois de se soucier de le faire naître du jeu des passions qu'il a mises sur la scène. La Fontaine soigne plus ses moralités que Molière ne fait ses dénouements. Il sait que la moralité est une partie plus importante dans la fable que le dénouement ne l'est dans la comédie, tout important qu'il est. La moralité est le fond même de la fable (Saint-Marc Girardin). »

Les animaux malades de la peste.

Un mal qui répand la terreur,
Mal que le ciel en sa fureur
Inventa pour punir les crimes de la terre,
La peste (puisqu'il faut l'appeler par son nom),
Capable d'enrichir en un jour l'Achéron (1),
Faisait aux animaux la guerre.
Ils ne mouraient pas tous, mais tous étaient frappés :
On n'en voyait point d'occupés
A chercher le soutien d'une mourante vie ;
Nul mets n'excitait leur envie ;
Ni loups ni renards n'épiaient
La douce et l'innocente proie :
Les tourterelles se fuyaient ;
Plus d'amour, partant plus de joie.
Le lion tint conseil, et dit : « Mes chers amis,
Je crois que le ciel a permis
Pour nos péchés cette infortune.
Que le plus coupable de nous
Se sacrifie aux traits du céleste courroux ;
Peut-être il obtiendra la guérison commune.
L'histoire nous apprend qu'en de tels accidents
On fait de pareils dévouements.
Ne nous flattons donc point ; voyons sans indulgence
L'état de notre conscience.
Pour moi, satisfaisant mes appétits gloutons,
J'ai dévoré force moutons.
Que m'avaient-ils fait ? nulle offense ;

(1) Fleuve des Enfers.

Même il m'est arrivé quelquefois de manger
             Le berger.
Je me dévouerai donc, s'il le faut : mais je pense
Qu'il est bon que chacun s'accuse ainsi que moi :
Car on doit souhaiter, selon toute justice,
             Que le plus coupable périsse.
— Sire, dit le renard, vous êtes trop bon roi ;
Vos scrupules font voir trop de délicatesse.
Eh bien ! manger moutons, canaille, sotte espèce,
Est-ce un péché ? Non, non. Vous leur fîtes, seigneur,
             En les croquant, beaucoup d'honneur ;
             Et quant au berger, l'on peut dire
             Qu'il était digne de tous maux,
Étant de ces gens-là qui sur les animaux
             Se font un chimérique empire. »
Ainsi dit le renard ; et flatteurs d'applaudir.
             On n'osa trop approfondir
Du tigre, ni de l'ours, ni des autres puissances,
             Les moins pardonnables offenses :
Tous les gens querelleurs, jusqu'aux simples mâtins,
Au dire de chacun, étaient de petits saints.
L'âne vint à son tour, et dit : « J'ai souvenance
             Qu'en un pré de moines passant,
La faim, l'occasion, l'herbe tendre, et, je pense,
             Quelque diable aussi me poussant,
Je tondis de ce pré la largeur de ma langue :
Je n'en avais nul droit, puisqu'il faut parler net. »
A ces mots, on cria haro (1) sur le baudet.
Un loup, quelque peu clerc (2), prouva par sa harangue
Qu'il fallait dévouer ce maudit animal,
Ce pelé, ce galeux, d'où venait tout le mal.
Sa peccadille fut jugée un cas pendable.
Manger l'herbe d'autrui ! quel crime abominable !
             Rien que la mort n'était capable
D'expier son forfait. On le lui fit bien voir.

(1) *Haro*, terme de l'ancienne jurisprudence : crier haro contre une personne, c'était réclamer contre elle l'appui de la justice.

(2) *Clerc*, c'est-à-dire savant. La science fut longtemps le privilége du clergé.

Selon que vous serez puissant ou misérable
Les jugements de cour (1) vous rendront blanc ou noir

LES DEUX PIGEONS.

Deux pigeons s'aimaient d'amour tendre :
L'un d'eux, s'ennuyant au logis,
Fut assez fou pour entreprendre
Un voyage en lointain pays.
L'autre lui dit : « Qu'allez-vous faire ?
Voulez-vous quitter votre frère ?
L'absence est le plus grand des maux :
Non pas pour vous, cruel ! Au moins que les travaux
Les dangers, les soins du voyage,
Changent un peu votre courage.
Encor, si la saison s'avançait davantage !
Attendez les zéphyrs : qui vous presse ? un corbeau
Tout à l'heure annonçait malheur à quelque oiseau.
Je ne songerai plus que rencontre funeste,
Que faucons, que réseaux. Hélas ! dirai-je, il pleut :
Mon frère a-t-il tout ce qu'il veut,
Bon souper, bon gîte, et le reste ? »
Ce discours ébranla le cœur
De notre imprudent voyageur :
Mais le désir de voir et l'humeur inquiète
L'emportèrent enfin. Il dit : « Ne pleurez point ;
Trois jours au plus rendront mon âme satisfaite :
Je reviendrai dans peu conter de point en point
Mes aventures à mon frère ;
Je le désennuierai. Quiconque ne voit guère
N'a guère à dire aussi. Mon voyage dépeint
Vous sera d'un plaisir extrême.
Je dirai : J'étais là ; telle chose m'advint :
Vous y croirez être vous-même. »
A ces mots, en pleurant, ils se dirent adieu.
Le voyageur s'éloigne : et voilà qu'un nuage
L'oblige de chercher retraite en quelque lieu.
Un seul arbre s'offrit, tel encor que l'orage

---

(1) Cour de justice.

Maltraita le pigeon en dépit du feuillage.
L'air devenu serein, il part tout morfondu,
Sèche du mieux qu'il peut son corps chargé de pluie
Dans un champ à l'écart voit du blé répandu,
Voit un pigeon auprès : cela lui donne envie;
Il y vole, il est pris : ce blé couvrait d'un las
    Les menteurs et traîtres appas.
Le las était usé ; si bien que, de son aile,
De ses pieds, de son bec, l'oiseau le rompt enfin :
Quelque plume y périt ; et le pis du destin
Fut qu'un certain vautour, à la serre cruelle,
Vit notre malheureux, qui, traînant la ficelle
Et les morceaux du las qui l'avait attrapé,
    Semblait un forçat échappé.
Le vautour s'en allait le lier (1), quand des nues
Fond à son tour un aigle aux ailes étendues.
Le pigeon profita du conflit des voleurs,
S'envola, s'abattit auprès d'une masure,
    Crut pour ce coup que ses malheurs
    Finiraient par cette aventure;
Mais un fripon d'enfant (cet âge est sans pitié)
Prit sa fronde, et du coup tua plus d'à moitié
    La volatile malheureuse,
    Qui, maudissant sa curiosité,
    Traînant l'aile et tirant le pied,
    Demi-morte, et demi-boiteuse,
    Droit au logis s'en retourna.
    Que bien, que mal, elle arriva
    Sans autre aventure fâcheuse.
Voilà nos gens rejoints ; et je laisse à juger
De combien de plaisirs ils payèrent leurs peines.

(1) *Le lier*, l'enlever dans ses serres, terme de fauconnerie.

CHAPITRE VI

DE LA POÉSIE PASTORALE ET DE LA POÉSIE LÉGÈRE AU XVIIᵉ SIÈCLE.

Segrais. — Mᵐᵉ Deshoulières. — Chaulieu.

Segrais (1624-1701). — Mᵐᵉ Deshoulières (1637-1674). — Chaulieu (1639-1720).

La littérature française, tout occupée des choses de la vie sociale, est faible en peintures de la vie champêtre. Au XVIᵉ siècle, nous avons mentionné Racan qui a écrit quelques pièces gracieuses dans ce genre; au XVIIᵉ siècle, nous nous bornerons à parler de Segrais, de Mᵐᵉ Deshoulières et de Chaulieu.

Jean Segrais, né à Caen, en 1624, fut d'abord destiné à l'état ecclésiastique, et devint aumônier de Mˡˡᵉ de Montpensier. Ayant renoncé à la prêtrise, il se maria plus tard avec une de ses cousines. Il entra dès lors dans la vie du monde, fréquenta la cour et la meilleure société, ce qui contribua beaucoup à développer son talent; il demeura quelque temps, chez Mᵐᵉ de La Fayette, dont le salon était célèbre. Sur la fin de sa vie, Segrais revint à Caen, où il fonda une société littéraire.

Ce sont ses *Églogues* qui ont fait sa réputation. Il fut, avec Racan, le premier poète qui, en France, ait essayé d'écrire dans ce genre. Ses pièces sont remarquables par la douceur, le naturel, le sentiment; il s'inspire avec succès de Virgile. Boileau le met au nombre de ceux qui doivent illustrer le grand roi :

> Que Segrais dans l'églogue en charme les forêts.

Madame Deshoulières naquit à Paris, en 1637. Elle s'est acquis dans la poésie pastorale plus de réputation que

MADAME DESHOULIÈRES

Segrais : c'était une femme réunissant dans sa personne toutes les grâces du corps et de l'esprit. Mariée à un officier de l'armée du roi, elle suivit son mari dans une guerre contre l'Espagne et fut même faite prisonnière à Bruxelles. Son mari se servit d'un stratagème pour la sauver : il pénétra, sous un déguisement, dans la ville, et parvint, au péril de ses jours, à lui rendre la liberté.

De retour à Paris, elle y eut une petite cour d'admirateurs, et ouvrit un salon comme celui de Rambouillet. Tous nos grands poètes aimaient à écouter sa conversation piquante et agréable. Elle fit toutefois une guerre acharnée à Racine, dont elle se crut un moment la rivale.

Vers la fin de sa vie, Mme Deshoulières fut éprouvée par de cruelles infirmités; c'est alors qu'elle composa ses *Idylles*, qui sont les meilleures de notre langue et qui renferment de réelles beautés : ce sont des allégories ingénieuses, pleines de grâce et de poésie.

On a retenu surtout la pièce allégorique par laquelle elle attire sur ses enfants les regards de Louis XIV.

Dans ces prés fleuris
Qu'arrose la Seine,
Cherchez qui vous mène,
Mes chères brebis.
J'ai fait pour vous rendre
Le destin plus doux,
Ce qu'on peut attendre
D'une amitié tendre;
Mais son long courroux
Détruit, empoisonne
Tout mes soins pour vous,
Et vous abandonne
Aux fureurs des loups.
Seriez-vous leur proie,
Aimable troupeau,
Vous de ce hameau
L'honneur et la joie,
Vous, qui, gras et beau,

Me donniez sans cesse,
Sur l'herbette épaisse,
Un plaisir nouveau?
Que je vous regrette!
Mais il faut céder :
Sans chien, sans houlette,
Puis-je vous garder?
L'injuste fortune
Me les a ravis,
En vain j'importune
Le ciel par mes cris;
Il rit de mes craintes,
Et sourd à mes plaintes,
Houlette ni chien,
Il ne me rend rien
Puissiez-vous, contentes
Et sans mon secours,
Passer d'heureux jours,

Brebis innocentes,
Brebis, mes amours!
Que Pan vous défende!
Hélas! il le sait :
Je ne lui demande
Que ce seul bienfait.
Oui, brebis chéries,
Qu'avec tant de soin
J'ai toujours nourries,
Je prends à témoin
Ces bois, ces prairies,
Que, si les faveurs
Du dieu des pasteurs
Vous gardent d'outrages
Et vous font avoir,
Du matin au soir,
De gras pâturages,
J'en conserverai,
Tant que je vivrai,
La douce mémoire,
Et que mes chansons,
En mille façons,
Porteront sa gloire
Du rivage heureux
Où, vif et pompeux,
L'astre qui mesure
Les nuits et les jours,
Commençant son cours
Rend à la nature
Toute sa parure,
Jusqu'en ces climats
Où, sans doute las
D'éclairer le monde,
Il va chez Thétys,
Rallumer dans l'onde
Ses feux amortis.

L'abbé *de Chaulieu* naquit en 1699. Dès son enfance, il fut destiné, par ses parents, à l'état ecclésiastique, quoiqu'il n'eût aucun goût pour cette vocation : il devint abbé, mais comme tant d'autres de ce temps, fut un abbé de salon; il ne dit jamais la messe, et dépensa en joyeuse vie les immenses revenus qu'il touchait de son abbaye. Chaulieu garda cependant quelque retenue pendant tout le règne de Louis XIV, mais sous la Régence, il se livra tout entier à sa nature légère et frivole. Il était né poète, dit La Harpe, et sa poésie a un mélange heureux d'une philosophie douce et paisible et d'une imagination riante. Il écrit avec verve, et tous ses écrits sont des épanchements de son âme. On y voit les négligences d'un esprit paresseux, mais en même temps le bon goût d'un esprit délicat; il a de l'harmonie, et ses vers entrent doucement dans l'oreille et dans le cœur. Ses meilleures pièces sont celles sur la *Solitude de Fontenay*, son pays natal, sur la *Retraite* et sur sa *Goutte :* celle-ci, écrite à quatre-vingts ans, est une agréable plaisanterie sur son infirmité. L'Académie refusa de le recevoir dans son sein, mais Voltaire l'a très bien apprécié en l'appelant le premier des poëtes négligés.

L'abbé de Chaulieu fut tout particulièrement lié avec le marquis de La Fare, poète comme lui, et, tous deux ont fortement contribué à préparer l'avènement et le triomphe de la philosophie légère, incrédule et immorale du XVIIIe siècle.

LA SOLITUDE DE FONTENAY.

Désert, aimable solitude,
Séjour du calme et de la paix,
Asile où n'entrèrent jamais
Le tumulte et l'inquiétude.

Parmi ces bois et ces hameaux
C'est là que je commence à vivre;
Et j'empêcherai de m'y suivre
Le souvenir de tous mes maux.

Ah! quelle riante peinture
Chaque jour se montre à mes yeux
Des trésors dont la main des dieux
Se plaît d'enrichir la nature!

Quel plaisir de voir les troupeaux,
Quand le midi brûle l'herbette,
Rangés autour de la houlette,
Chercher le frais sous ces ormeaux.

Puis sur le soir à nos musettes
Ouïr répondre les coteaux,
Et retentir tous nos hameaux
De hautbois et de chansonnettes!

Mais hélas! ces paisibles jours
Coulent avec trop de vitesse;
Mon indolence et ma paresse
N'en peuvent suspendre le cours

Muses, qui dans ce lieu champêtre
Avec soin me fîtes nourrir,
Beaux arbres qui m'avez vu naître,
Bientôt vous me verrez mourir!

Cependant du frais de votre ombre
Il faut sagement profiter,
Sans regret prêt à vous quitter
Pour ce manoir terrible et sombre,

Où de ces arbres, dont, exprès
Pour un doux et plus long usage,
Mes mains ornèrent ce bocage,
Nul ne me suivra qu'un cyprès.

CHAPITRE VII

DE L'ÉLOQUENCE AU XVIIᵉ SIÈCLE.

De l'Éloquence en général. — De l'Éloquence de la chaire : 1º Sermons et Panégyriques : Bossuet. — Bourdaloue. — Massillon. — Jacques Saurin. — 2º Oraisons funèbres : Bossuet. — Fléchier. — Mascaron. — de l'Éloquence judiciaire ; Patru. — Pellisson.

De l'Éloquence en général.

L'*Éloquence* est l'art de persuader et celui qui le possède s'appelle *orateur*. L'art qui aide à former l'orateur et à le perfectionner s'appelle *rhétorique*; celui qui l'enseigne est un *rhéteur*.

Dans la plupart des compositions littéraires et surtout dans le discours, il faut un préambule ou *exorde* qui prépare l'auditeur aux idées et aux sentiments qu'on veut exprimer. L'exorde est *simple* si l'on entre en matière sans art apparent ; il est *insinuant* si l'on use d'un certain art pour gagner la bienveillance des auditeurs ; il est *pompeux*, si le début de l'orateur est noble et solennel ; on l'appelle *ex abrupto* ou *brusque*, si l'orateur vivement ému laisse éclater sa passion dès les premiers mots qu'il prononce.

Après l'exorde, l'orateur doit exposer le sujet, faire valoir les raisons, et détruire les objections qu'on a faites ou qu'on peut faire, et enfin il termine son discours par une *péroraison*. La péroraison doit achever de toucher les cœurs et de convaincre les esprits.

On peut réduire à quatre les différents sujets sur lesquels s'exerce le talent oratoire. 1° *L'Éloquence sacrée* ou *de la chaire*, qui se propose de nous enseigner nos devoirs et de combattre nos passions. Le discours sacré s'appelle *sermon* ou *homélie* s'il traite des vérités dogmatiques et morales de la religion ; *panégyrique*, si l'orateur loue un saint pour édifier les auditeurs ; *oraison funèbre*, s'il fait l'éloge d'un mort pour instruire les vivants. 2° *L'Éloquence judiciaire* ou *du barreau*, qui comprend les discours faits pour accuser ou pour défendre quelqu'un, appelés *réquisitoires* ou *plaidoyers*. 3° *L'Éloquence politique* ou *parlementaire*, qui traite des affaires publiques. 4° *L'Éloquence académique*, qui comprend les discours prononcés devant une académie ou toute autre société savante et littéraire.

ÉLOQUENCE DE LA CHAIRE : 1° SERMONS ET PANÉGYRIQUES
Bossuet (1627-1704).

L'Éloquence de la chaire n'eut en France que de faibles commencements ; pendant toute la période du moyen âge, les sermons étaient écrits moitié en latin et dans un style burlesque. Bossuet et Bourdaloue opérèrent enfin une véritable révolution. Les principaux orateurs dans ce genre, au XVII° siècle, furent Bossuet, Bourdaloue, Massillon, dans la chaire catholique ; Saurin, dans la chaire protestante.

Jacques-Bénigne Bossuet naquit à Dijon, en 1627, d'une famille qui comptait plusieurs de ses membres dans la magistrature. Il avait six ans lorsque son père alla s'établir à Metz pour y être reçu conseiller au parlement. Le jeune Bossuet fut confié aux soins de l'un de ses oncles, qui le plaça au collège des jésuites de Dijon. Dès son enfance, il se livra avec avidité à l'étude ; il avait une mémoire prodigieuse, une intelligence précoce et une ardeur infatigable pour le travail. On assure que les jésuites, devinant son génie, cherchèrent à l'attirer dans leur ordre ; son oncle déjoua leurs projets et l'envoya achever ses études à Paris. Mais déjà l'enfant s'était donné à Dieu et à l'Église : un jour, étant entré dans la bibliothèque de son oncle, il y trouva par hasard un livre orné de gravures. Ce livre était la Bible. L'écolier passa la journée entière, plongé dans la lecture et dans la méditation des saintes pages ; à partir de ce jour, il se consacra au service du Dieu des prophètes dont les écrits venaient d'impressionner si vivement son âme. Bossuet avait alors quatorze ans. Il entra au collège de Navarre, qui avait pour grand-maître un homme fameux à cette époque, Nicolas Cornet, qui fut jusqu'à sa mort son protecteur et son ami fidèle et dévoué. Bossuet continua ses études à Paris avec le même succès qu'à Dijon. Il y étudia la philosophie, apprit à fond le grec, l'histoire et les poètes et ne négligea que les mathématiques. D'une puissance d'attention surprenante, il pouvait travailler quatorze heures par jour. Son enthousiasme pour les écrivains sacrés, n'était pas moins grand que pour les auteurs profanes. Le saint livre était l'objet de ses continuelles méditations. Pendant toute sa vie, il eut toujours une Bible sur sa table : « Je ne pourrais pas vivre sans cela, disait-il. »

La réputation de ce jeune homme étonnant franchit les murs du collège et se répandit dans Paris. On en parla à l'hôtel de Rambouillet ; quelqu'un alla jusqu'à dire que cet écolier de seize ans était capable d'improviser un sermon sur le premier sujet venu. On résolut de le mettre à l'épreuve et on l'envoya chercher. Le jeune Bossuet hésita un moment, puis voyant dans cette invitation une occasion favorable pour dire à cette société frivole de saintes vérités, il accepta. On tira au sort le texte du sermon. Après s'être un moment recueilli, le jeune lévite monta dans sa chaire improvisée et prononça sur la mort un discours qui fit l'admiration générale. Il était onze heures du soir, ce qui donna lieu à ce mot de Voiture : « Je n'ai jamais entendu prêcher ni si tôt ni si tard.

En 1648, Bossuet soutint sa thèse de docteur en théologie et obtint la permission de la dédier au prince de Condé, déjà célèbre par les victoires de Rocroy, de Fribourg et de Nordlingue. La soutenance fut brillante, et intéressa tellement Condé, qui était venu l'entendre, que celui-ci fut un moment tenté de prendre part à la discussion et de lui disputer la victoire. Ce fut là l'origine de l'amitié qui unit depuis ces deux grands hommes. Bossuet avait vingt-cinq ans.

Bossuet fut ordonné prêtre la même année qu'il soutint sa thèse de docteur. Il se prépara à son ordination dans la maison de Saint-Lazare, où se trouvait alors le vénérable saint Vincent de Paul, dont il devint l'élève et l'ami, et qui l'initia dans la carrière du saint ministère. Saint Vincent de Paul le recommanda à Anne d'Autriche, en même temps que Nicolas Cornet le présentait à Mazarin. Si Bossuet eût été ambitieux, il aurait pu se pousser aux honneurs et à la fortune; mais il préféra se retirer auprès de son père à Metz, en qualité de chanoine. Il y resta six ans qu'il employa à acquérir une connaissance approfondie de la Bible et des Pères de l'Église. Parmi les docteurs de l'Église, saint Chrysostome était son modèle pour l'éloquence, et saint Augustin son guide dans l'étude de la religion.

C'était l'époque où Louis XIV s'apprêtait à révoquer l'édit de Nantes et à convertir par toutes sortes de moyens, les protestants de son royaume. Bossuet parut à Anne d'Autriche, l'homme le plus capable de faciliter une telle œuvre. Elle le chargea de rédiger un règlement pour un couvent de nouvelles converties qu'elle venait de fonder sous le nom de la *Propagation de Metz*. C'est à cette occasion que Bossuet fit ses premières armes dans la controverse religieuse. L'Église réformée de Metz avait alors pour pasteur Paul Ferry, qui jouissait auprès des catholiques et des protestants d'une bonne réputation qu'il méritait par sa science, son éloquence et l'honorabilité de sa vie. Ferry ayant publié un catéchisme, le jeune chanoine entreprit de le réfuter. Cette réfutation, qui n'a pas la valeur des autres ouvrages de Bossuet, porte néanmoins l'empreinte de son génie et montre surtout son habileté à masquer les côtés faibles de son Église et à attaquer ses adversaires par ceux où ils ne sont pas les plus forts.

C'est aussi à Metz que Bossuet fit les premiers essais de son rare talent pour la prédication ; la reine voulut l'entendre et immédiatement après, le roi lui demanda de prêcher l'Avent de 1661. Bossuet quitta Metz et revint à Paris où, pendant dix ans, il fit entendre, dans les diverses églises, sa parole éloquente. Il avait trente-cinq ans. C'est l'époque des *Sermons* et des *Panégyriques*.

L'influence de Bossuet devint considérable à la cour. Elle s'accrut encore par la publication d'un ouvrage de controverse qui fit une immense sensation dans tous les rangs de la société : l'*Exposition de la Foi catholique*. En publiant cet ouvrage, il avait pour but de fondre le protestantisme dans le catholicisme et de réunir les deux cultes. Dans cette *Exposition*, il fit un véritable tour de force en essayant de démontrer que les protestants s'étaient séparés sans motifs de l'Église romaine, puisque la foi romaine était, à peu de chose près, identique à la foi protestante. Évitant habilement de parler des dogmes catholiques abhorrés des protestants, tel que le culte des saints, il *protestantisa* si bien les autres, qu'il donnait à sa thèse toute l'apparence de la vérité. Mais ce n'était qu'une apparence. Aussi, les premiers moments d'enthousiasme passés, plusieurs catholiques comprirent que Bossuet ruinait le catholicisme par sa base, en lui donnant une physionomie protestante ; ils s'en plaignirent et attaquèrent l'œuvre et l'auteur : il ne fallut rien moins à celui-ci que son habileté, son influence et les amis puissants qu'il avait à la cour, pour fermer la bouche à ses détracteurs. A force d'intrigues et de pourparlers, il obtint un bref du pape qui déclara que le livre de l'*Exposition* ne contenait rien de contraire à la foi catholique.

Bossuet obtint néanmoins un grand succès : le plus grand capitaine du siècle, Turenne, qui depuis quelque temps songeait à plaire au roi, trouva dans ce livre une occasion, en apparence honorable, pour changer de religion ; il abjura, et devint un des champions les plus zélés du projet de réunion.

En 1667, Louis XIV chargea Bossuet de prononcer l'oraison funèbre de la reine-mère, puis celle de la reine d'Angleterre, enfin celle de Madame. Ses succès oratoires l'avaient depuis longtemps désigné à l'épiscopat : le roi l'appela à l'évêché de Condom, en 1669; l'année suivante, il le nomma précepteur du Dauphin. Bossuet ne négligea rien pour remplir dignement cette haute mission. Il se démit de son évêché, et se consacra tout entier à l'éducation de son royal élève ; il composa lui-même dans ce but divers ouvrages dont les plus remarquables sont le *Discours sur l'histoire universelle*, le *Traité de la connaissance de Dieu et de soi-même*, le *Traité de la politique tirée des Écritures*. On s'est beaucoup demandé comment il se fait qu'une éducation dirigée par un tel homme ait si mal réussi. On lui a reproché de n'avoir pas su se mettre à la portée de son élève ; mais la vraie cause fut le mauvais naturel du prince, qui était paresseux, opiniâtre et n'avait aucune aptitude pour l'étude.

Quand l'éducation du Dauphin fut achevée, le roi nomma Bossuet évêque de Meaux et conseiller d'État, et le désigna, l'année suivante, pour prononcer le discours d'ouverture de l'Assemblée du clergé, convoquée en 1682, à propos de la querelle qui avait éclaté entre Louis XIV et le pape.

Le roi prétendait avoir le droit de percevoir les revenus des évêchés vacants ; le pape s'élevait contre ces prétentions. Louis XIV convoqua alors, en assemblée solennelle, tout le clergé de France, afin de déterminer, d'une manière précise, les rapports du pape avec l'Église. Bossuet ouvrit l'assemblée par son célèbre discours sur l'*Unité de l'Église*, et résuma, en quatre articles, les libertés de l'Église gallicane. Ces articles provoquèrent de violentes attaques de la part du parti ultramontain, et Bossuet dut composer un nouvel ouvrage intitulé *Défense de la déclaration du clergé de France*. Dans cette *Défense*, il sape par la base les prétentions de la puissance spirituelle sur la puissance temporelle, et démontre que la doctrine de l'infaillibilité papale ne date que du xv° siècle.

On devine tout le parti que les protestants auraient pu tirer de ces variations de l'Église romaine ; mais pendant que les évêques sacrifiaient le pape au roi, le roi leur donnait la cruelle satisfaction d'extirper l'hérésie ; c'est l'époque, à jamais exécrable, des dragonnades dans le Midi, des conversions forcées, de la dispersion des Réformés et de leurs pasteurs. Bossuet approuva ces violences ; il lui semblait naturel et légitime que l'on poursuivît, par tous les moyens, l'extinction de l'hérésie. C'est lorsque toutes ces voix courageuses furent devenues muettes dans l'exil ou dans les tortures et qu'il ne fut plus permis aux pasteurs de parler ni d'écrire, que Bossuet publia l'*Histoire des Variations des Églises protestantes*. Le grand évêque jeta, dans les pages de ce livre, sa science, ses hardiesses, sa dialectique puissante, sa phrase inimitable ; il y jeta aussi ses préjugés, ses passions, ses haines, et des variations des réformateurs, il conclut à leur hérésie. Il ne comprit pas, dans l'ardeur de la lutte, que sa thèse était une arme qu'on pouvait tourner contre lui-même ; car si des variations du protestantisme, on doit nécessairement conclure à sa fausseté, l'Église romaine est aussi une fausse religion puisque cette Église a varié sur l'importante question d'autorité en matière de foi.

Dans cet ouvrage, Bossuet affirmait que le protestan

tisme était incompatible avec l'existence d'un gouvernement bien réglé. « Le temps n'a pas justifié les prédictions de Bossuet. Non seulement le protestantisme n'est pas mort ; mais depuis deux cents ans quels progrès n'a-t-il pas faits ? Les nations qui l'ont adopté semblent plus jeunes et plus vivantes que les autres. Une expérience récente et douloureuse pèse sur nous. Jetons les yeux sur l'Amérique. Est-ce au nord ou au midi qu'est la décadence ? Il se trompait donc, et s'enchantait lui-même des admirables déductions d'une éloquence dominatrice (P. ALBERT).

Au lieu d'attaquer des convictions impuissantes à se défendre, Bossuet eût mieux plaidé la cause de la religion en se bornant à écrire des ouvrages comme les *Élévations sur les mystères* et les *Méditations sur l'Évangile*, où son génie se montre sous un jour nouveau. Il écrivit ces ouvrage pour des religieuses.

« Ce livre, dit La Harpe, n'a pas moins d'onction, d'enthousiasme et d'effusion de cœur que les *Lettres spirituelles* du tendre Fénelon ; seulement Bossuet conserve toujours cette tendance au sublime qui lui est naturel. Ceux qui n'ont pas lu ces *Méditations* ne connaissent pas tout Bossuet. »

Ce caractère dur et impitoyable que Bossuet montra vis-à-vis des protestants persécutés, il le fit aussi connaître vis-à-vis de Fénelon, son illustre collègue, dans la grande querelle du *quiétisme* et s'il l'emporta auprès de la cour de Rome, il dut, en partie, sa victoire à des intrigues indignes de lui, pratiquées par son neveu.

A l'âge de soixante-quatorze ans, Bossuet commença à ressentir les premières douleurs de la maladie qui devait l'emporter. En 1703, un voyage qu'il fit à Paris aggrava sa souffrance, une fièvre violente le saisit. Il comprit que la mort approchait et il s'y prépara par la lecture et la méditation des livres saints. Comme il allait mourir, l'abbé Ledieu, son secrétaire, s'approcha de lui et le supplia de penser quelquefois aux amis qu'il laissait sur la terre

et qui étaient si dévoués à sa personne et à sa gloire :
« Qui parle ici de gloire? s'écria le mourant, cessez ces
discours; demandez à Dieu pour moi le pardon de mes
péchés. »

Les *Sermons* et les *Panégyriques* furent particulièrement applaudis à la cour et le roi lui-même écrivit au père de Bossuet pour le féliciter du talent de son fils. Bossuet n'avait pas l'habitude d'écrire ses sermons; en général, il ne préparait que son plan et quelques morceaux. Néanmoins, quoique la plupart n'offrent que des esquisses, des fragments, de simples notes, l'empreinte du génie y est partout marquée.

PANÉGYRIQUE DE SAINT PAUL.

Il ira, cet ignorant dans l'art de bien dire, avec cette locution rude, avec cette phrase qui sent l'étranger, il ira en cette Grèce polie, la mère des philosophes et des orateurs; et malgré la résistance du monde, il y établira plus d'églises que Platon n'y a gagné de disciples par cette éloquence qu'on a crue divine. Il prêchera Jésus dans Athènes, et le plus savant de ses sénateurs passera de l'Aréopage en l'école de ce barbare. Il poussera encore plus loin ses conquêtes : il abattra aux pieds du Sauveur la majesté des faisceaux romains en la personne du proconsul, et il fera trembler dans les tribunaux les juges devant lesquels on le cite. Rome même entendra sa voix; et un jour cette ville maîtresse se tiendra bien plus honorée d'une lettre du style de Paul, adressée à ses concitoyens, que de tant de fameuses harangues qu'elle a entendues de son Cicéron.

« On n'imagine rien et il n'y a rien au delà d'une telle éloquence (MAURY). »

Bourdaloue (1632-1704)

Bourdaloue naquit, en 1632, à Bourges, d'une famille considérable de cette ville. Dès l'âge de quinze ans, il exprima le désir d'entrer dans la société des jésuites. Après avoir fait ses études avec un rapide succès, il exerça tour à tour les fonctions de professeur de rhéthorique, de philosophie et de théologie. Comme il avait autant de dispositions pour les sciences que pour la chaire, il fut d'abord incertain sur la vocation qu'il devait embrasser. Cependant, ayant prêché quelquefois pendant qu'il enseignait la théologie, il fut tellement applaudi, que ses supérieurs résolurent de le consacrer au ministère de la prédication.

Après quelques années passées en province, Bourdaloue fut envoyé à Paris. Un foule prodigieuse accourut pour l'entendre, et sa réputation croissait de sermon en sermon. « Jamais prédicateur n'a prêché si hautement et si généreusement les vérités chrétiennes, écrivait Mme de Sévigné. Le père Bourdaloue frappe toujours comme un sourd, disant des vérités à bride-abattue, parlant à tort et à travers contre l'adultère ; sauve qui peut, il va toujours son chemin. » Louis XIV s'étant senti repris dans sa conscience après un de ces courageux sermons, lui dit un jour : « Mon père, vous devez être content de moi, Mme de Montespan est à Clagny. — Oui, Sire, répondit Bourdaloue, mais Dieu serait plus satisfait si Clagny était à soixante-dix lieues de Versailles. »

On peut juger, par le trait suivant, de l'empressement avec lequel on venait l'écouter. Il devait prêcher une *passion* que Mme de Sévigné avait entendue l'année précédente avec Mme de Grignan. « C'était pour cela, dit-elle, que j'en avais envie, mais l'impossibilité m'en ôta le goût ; les laquais y étaient dès le mercredi, et la presse y était à mourir. » Voici ce que Mme de Sévigné raconte encore à ce sujet : « Le maréchal de Grammont était l'autre jour si transporté de la beauté d'un sermon du père Bourdaloue, qu'il s'écria tout haut en un endroit qui le toucha : Morbleu ! il a raison ! Madame éclata de rire, et le sermon en fut tellement interrompu qu'on ne savait ce qui en arriverait. »

La supériorité de Bourdaloue, comme orateur de la

chaire, était si bien établie, qu'on l'appelait le *prédicateur des rois*, et le *roi des prédicateurs*. Massillon l'entendit prêcher, et personne ne l'admira davantage; néanmoins, tout en rendant justice à l'illustre orateur, il n'adopta pas son genre. « Je lui trouve beaucoup d'esprit, disait-il, de grands talents, mais si je prêche, je ne prêcherai pas comme lui. » Ce qui distingue surtout Bourdaloue, c'est la force du raisonnement et la solidité des preuves. « Il ne laisse rien à imaginer par delà chacun de ses discours, dit le cardinal Maury, quoiqu'il en ait composé souvent trois, quelquefois quatre sur la même matière. »

Le style de Bourdaloue est grave, clair, peu imagé; aussi lui a-t-on reproché la sécheresse et la froideur. Son débit ressemblait au fond de ses discours; en chaire, il était calme, immobile, les yeux presque fermés. Il avait une mémoire ingrate, aussi s'attachait-il, avant de monter en chaire, à apprendre imperturbablement par cœur tous ses discours. Cet effort de mémoire donnait quelque chose de raide à son débit. Comme on lui demandait, un jour, auquel de ses sermons il donnait la préférence : « A celui que je sais le mieux, répondit-il, parce que c'est celui que je dis le mieux. »

Après la révocation de l'édit de Nantes, Bourdaloue fut envoyé à Montpellier pour y convertir les protestants; mais tandis que les autres missionnaires assuraient le succès de leur mission à l'aide des dragons du roi, il sut concilier les devoirs de son ministère avec les droits de l'humanité.

Dans les dernières années de sa vie, il voulut quitter Paris pour se retirer dans la solitude et s'y préparer paisiblement à la mort. Les jésuites s'y opposèrent vivement, à cause du relief et de l'influence qu'il donnait à leur ordre. Bourdaloue reprit alors ses fonctions avec un nouveau zèle; mais bientôt il tomba gravement malade. Il voulut qu'on lui parlât sans déguisement de son état : « C'est assez, dit-il, je vous entends, il faut maintenant que je fasse ce que j'ai tant de fois prêché et conseillé aux autres. » Il se confessa et reçut les derniers sacrements, puis il mit ordre a ses affaires : le soir du même jour, il expira à l'âge de soixante-douze ans, vingt-neuf jours après Bossuet et cinq mois après Mascaron.

Massillon (1663-1742)

Jean-Baptiste Massillon naquit, en 1663, à Hyères, en Provence, où son père était notaire. Il entra fort jeune au collége de l'Oratoire de cette ville et s'y fit remarquer autant par l'amabilité de son caractère que par son amour du travail. Un de ses délassements favoris était de réciter, au milieu d'un cercle de condisciples, les sermons qu'il avait entendus à l'église, ayant soin d'animer son récit de l'éloquence des gestes et de la voix. Dès qu'il eut terminé ses classes, son père voulut lui donner l'état de notaire; mais il l'autorisa, néanmoins, à continuer, dans ses moments de loisir, les études qu'il avait si brillamment commencées; grâce à de pressantes sollicitations, le jeune Massillon obtint de renoncer au notariat pour la théologie.

Il entra au séminaire de Vienne, où il ne tarda pas à se distinguer. L'archevêque de cette ville venait de mourir et personne ne s'étant présenté pour faire son oraison funèbre, le supérieur de l'Oratoire chargea Massillon de ce soin. Le jeune novice se mit à l'œuvre; trois jours après, il récitait son discours, et obtenait son premier triomphe. Effrayé lui-même de ce succès, il se déroba aux applaudissements et se retira dans l'Abbaye de Sept-Fonds, près de Moulins. C'est au sein de cette retraite que la Providence alla le chercher pour en faire un ministre de Dieu auprès des grands de ce monde. Voici comment il y fut découvert : le cardinal de Noailles avait adressé à l'abbé de Sept-Fonds un mandement qu'il venait de publier. L'abbé, se défiant de lui-même chargea le jeune Massillon de faire au prélat une réponse digne du mandement. Le cardinal, étonné de recevoir de ce coin perdu de la France, un ouvrage si bien écrit, ne craignit pas de blesser la vanité du pieux abbé en lui demandant qui en était l'auteur. L'abbé nomma Massillon, et le prélat lui répondit qu'il ne fallait pas qu'un si grand talent demeurât, suivant l'expression de l'Ecriture, caché *sous le boisseau*. Il exigea qu'on fît reprendre l'habit de l'ordre au jeune novice, et le plaça dans le séminaire de Saint-Magloire, en l'exhortant à cultiver l'éloquence de la chaire.

Le bruit des succès oratoires de Massillon fit souhaiter à Louis XIV de l'entendre. Ce ne fut pas sans émotion que le jeune prêtre monta dans cette chaire où retentissait encore la parole de Bossuet, de Fénelon, de Fléchier, de Bourdaloue. A peine eût-il commencé à développer son texte, qu'un murmure de surprise et d'admiration parcourut l'auditoire; l'orateur en fut un moment déconcerté; à la fin du sermon, l'assemblée tout entière fut sur le point d'applaudir. Bourdaloue, qui était présent, répondit à ceux qui l'interrogeaient, ce que Jean-Baptiste disait de Jésus : « Il faut qu'il croisse et que je diminue. »

Louis XIV ayant voulu entendre un sermon sur le *Petit nombre des élus*, qui avait fait sensation à Paris, Massillon fut mandé à Versailles. Après avoir montré par l'Écriture combien est petit le nombre des élus, l'orateur promena ses regards sur son auditoire : « Je suppose, dit-il, que c'est ici votre dernière heure; » puis tout à coup, avec un accent de surprise et d'épouvante : « O Dieu! s'écriat-il, où sont vos élus!... » A ces mots, un transport de saisissement s'empara de tout l'auditoire; presque tout le monde se leva à moitié par un mouvement involontaire; ce mouvement d'acclamation et de surprise fut si fort, qu'il troubla l'orateur, et ce trouble ne servit qu'à augmenter le pathétique du morceau.

Ce sermon éleva Massillon au-dessus même de Bourdaloue. On cite un trait naïf du sonneur de St-Eustache, qui s'en allait répétant partout : « C'est moi, c'est moi qui l'ai sonné, ce fameux sermon! » Baron, le célèbre acteur, disait à ses camarades, après avoir entendu Massillon : « Voilà un orateur, et nous ne sommes que des comédiens. » Le roi, accoutumé à entendre Bossuet, Fléchier et Bourdaloue, adressait à Massillon ces paroles : « Mon père, j'ai entendu plusieurs grands orateurs dans ma chapelle, j'en ai été fort content; pour vous, toutes les fois que je vous ai entendu, j'ai été très-mécontent de moi-même. » Éloge remarquable dans la bouche d'un tel roi.

A la mort de Louis XIV, le régent choisit Massillon pour prononcer son oraison funèbre. Que dire de ce monarque rentré dans le néant, après avoir occupé le faîte des grandeurs humaines? L'orateur monte en chaire dans l'église de St-Denis; là, au milieu de ces tombeaux, où tant de rois dorment de leur dernier sommeil, il prend pour texte ces paroles : « Voici, je suis devenu grand ! » Puis il s'arrête, jette un regard autour de lui, sur ces capitaines, sur ces ministres, sur ces courtisans; il les arrête sur ce catafalque; puis, tout à coup, les relevant vers le ciel, il s'écrie : « Dieu seul est grand, mes frères! » Parole sublime, digne de Bossuet.

Le régent répara un oubli de Louis XIV en récompensant Massillon; il le fit nommer évêque de Clermont. L'année suivante, il l'appela pour prêcher le carême devant Louis XV, alors âgé de neuf ans. Les dix sermons qu'il composa pour cette circonstance, désignés sous le nom de *Petit Carême,* sont regardés comme des modèles d'éloquence et de style.

« Il semble, lui dit avec grâce l'abbé Fleury, en le recevant à l'Académie, il semble que vous avez voulu imiter le prophète qui, pour ressusciter le fils de la Sernamite, se rapetissa, pour ainsi dire, en mettant sa bouche sur la bouche, ses yeux sur les yeux, et ses mains sur les mains de l'enfant, et qui, après l'avoir ainsi réchauffé, le rendit à sa mère plein de vie. » Le style de Massillon, partout d'un bonheur inexprimable, partout enchanteur, semble avoir, dans ce petit chef-d'œuvre, plus de douceur encore et plus de charme, plus de tendresse et de grâce. On dit que tant de beautés ne coûtaient presque rien à l'auteur, et naissaient d'elles-mêmes sous sa plume rapide et féconde; il écrivit en six semaines ces dix sermons du *Petit Carême*, qui seront à jamais dans notre langue, des modèles de goût, de style et d'éloquence.

A partir de ce moment, Massillon rentra dans la vie privée. On ne le vit plus reparaître à la cour qu'une seule fois : il eut la coupable faiblesse de venir assister au sacre du cardinal Dubois et de signer l'attestation de bonne vie et mœurs, dont ce ministre débauché eut besoin pour obtenir la pourpre !

La piété de Massillon fit oublier cette faute : il consacra les derniers jours de sa vie à prêcher aux curés de son diocèse les vérités évangéliques. Les *Conférences* qu'il composa à ce sujet, sont mises au nombre des chefs-d'œuvre de notre langue. « Massillon n'a déployé, nulle part davantage, ce sévère amour de la vérité et du devoir, qui a tant honoré son ministère. Il paraît sentir que l'honneur du clergé intéresse le sien ; il n'en est que zélateur plus ardent des maximes qu'il est chargé de lui prêcher, et censeur plus inflexible des abus, des désordres, des vices qui le contredisent (LA HARPE). »

Il mourut en 1742, à la suite d'une attaque d'apoplexie.

« Un charme d'élocution continuel, une harmonie enchanteresse, un choix de mots qui vont tous au cœur et qui parlent à l'imagination, un assemblage de force et de douceur, de dignité et de grâce, de sévérité et d'onction ; une intarissable fécondité de moyens se fortifiant tous les uns par les autres ; une surprenante richesse de développements, un art de pénétrer dans les secrets replis du cœur humain, de manière à en rajeunir la peinture, de l'effrayer et de le consoler tour à tour, de tonner dans les consciences et de les rassurer, de tempérer tout ce que l'Évangile a d'austère par tout ce que la pratique des vertus a de plus attrayant, l'usage le plus heureux de l'Écriture et des Pères, un pathétique entraînant, et par-dessus tout un caractère de facilité qui fait que tout semble valoir davantage parce que tout semble avoir peu coûté, c'est à ces traits réunis que tous les juges éclairés ont reconnu dans Massillon, un homme du très-petit nombre de ceux que la nature fit éloquents (La Harpe). »

SERMON SUR LE PETIT NOMBRE DES ÉLUS

Je vous le demande, mes frères, et je vous le demande frappé de terreur, ne séparant pas, en ce point, mon sort du vôtre, et me mettant dans la même disposition où je souhaite que vous entriez; je vous demande donc : si Jésus-Christ paraissait dans cette assemblée, la plus auguste de l'univers, pour nous juger, pour faire le terrible discernement des boucs et des brebis, croyez-vous que le plus grand nombre de tous ceux que nous sommes ici fût placé à la droite? Croyez-vous que les choses du moins fussent égales? Croyez-vous qu'il s'y trouvât seulement dix justes, que le Seigneur ne put trouver autrefois en cinq villes tout entières?... Je vous le demande, vous l'ignorez, je l'ignore moi-même : vous seul, ô mon Dieu, connaissez ceux qui vous appartiennent. Mais si nous ne connaissons pas ceux qui lui appartiennent, nous savons du moins que les pécheurs ne lui appartiennent pas. Or, qui sont les fidèles ici assemblés? Les titres et les dignités ne doivent être comptés pour rien; vous en serez dépouillés devant Jésus-Christ. Qui sont-ils? Beaucoup de pécheurs qui ne veulent pas se convertir; encore plus qui le voudraient, mais qui diffèrent leur conversion; plusieurs autres qui ne se convertissent jamais que pour retomber; enfin un grand nombre qui croient n'avoir pas besoin de conversion... Voilà le parti des réprouvés : retranchez ces quatre sortes de pécheurs de cette assemblée sainte, car ils en seront retranchés au grand jour... Paraissez maintenant, justes!... Où êtes-vous? Restes d'Israël, passez à la droite! froment de Jésus-Christ, démêlez-vous de cette paille destinée au feu[1]!... O Dieu, où sont vos élus? et que reste-t-il pour votre partage?

Jacques Saurin (1677-1730).

La chaire protestante eut, au xvii° siècle, des orateurs qui pouvaient rivaliser avec ceux qui brillaient avec tant d'éclat dans la chaire catholique ; mais ils furent moins connus à cause du discrédit qui pesait sur leur religion. Tandis que Bourdaloue et Bossuet profitaient des faveurs de la cour, les pasteurs protestants étaient dispersés et persécutés avec leurs troupeaux, et ne jouissaient de la liberté qu'au prix de l'exil. Aussi est-ce sur le sol étranger que nous sommes obligés d'aller chercher Dubosc, Saurin, Abbadie, etc., pour apprécier leur talent oratoire. Vivant loin de la cour et de la France, il n'est pas étonnant qu'ils aient un langage moins pur et moins correct que les orateurs catholiques ; néanmoins, s'ils leur sont inférieurs comme écrivains et orateurs, ils leur sont supérieurs par la justesse d'esprit et par leur connaissance du cœur humain et des saintes Écritures. Nous nous bornerons à parler de Saurin.

Jacques Saurin naquit à Nîmes, en 1677, de Jean Saurin, savant jurisconsulte et secrétaire de l'Académie royale de cette ville. A la révocation de l'édit de Nantes, Jean Saurin s'enfuit à Genève avec son fils, âgé de neuf ans. Celui-ci y commença des études sérieuses. Doué d'une mémoire heureuse et d'une conception prompte, il attira bientôt sur ui l'attention de ses professeurs. On aurait dit, rapporte un de ses biographes, qu'il n'apprenait rien de nouveau, mais qu'il se souvenait d'anciennes choses qu'il avaient entendues autrefois. Il fut admis, à l'âge de quinze ans, comme étudiant en théologie.

Soudain, il interrompit ses travaux pour s'engager comme volontaire, dans une coalition européenne contre Louis XIV. Les enfants des réfugiés, martyrs de l'intolérance de ce despote, partirent avec enthousiasme. Saurin, en particulier, déploya un grand courage sur les champs de bataille et fut nommé enseigne. Au milieu du relâchement des mœurs et du bruit de la vie militaire, les jeunes huguenots conservaient leurs habitudes religieuses, et Saurin fut désigné, par ses camarades, pour présider le culte public et faire des lectures et des méditations de la parole de Dieu.

La paix de Ryswick mit fin à la guerre, mais les princes protestants ne purent rien obtenir en faveur des réfugiés. Saurin abandonna alors la carrière des armes et revint à Genève reprendre ses études.

Le jeune enseigne conserva des allures militaires peu en harmonie avec sa future vocation ; on ne pouvait lui adresser aucun reproche touchant sa moralité, mais ses paroles étaient légères, il se plaisait à attaquer les doctrines chrétiennes plutôt qu'à les défendre. Par une vanité puérile, il avait persisté à porter l'uniforme, bien que la guerre fût terminée. Ses professeurs allaient l'engager à choisir une autre carrière plus en rapport avec ses dispositions, lorsqu'un incident détermina sa vocation. Comme il se présentait, un jour, à la table sainte, revêtu de son uniforme, le vénérable pasteur qui présidait la cérémonie, le regarda avec une douce tristesse, et lui dit en lui offrant le pain consacré : « Jeune homme, réjouis-toi ! suis le regard de tes yeux, mais sache que pour ces choses Dieu t'appellera en jugement, et il sera beaucoup redemandé à qui il aura été beaucoup donné ! » Ces paroles furent pour Saurin le point de départ d'une vie nouvelle ; il apprit à se connaître, à s'humilier, et chercha avec sérieux la vérité : dès lors il se mit au service de son divin Maître.

Déjà, avant la fin de ses études théologiques, sa réputation comme prédicateur avait franchi les murs de l'Académie. Un jour, on dut même ouvrir les portes de la cathédrale à la foule avide de l'entendre. En 1701, il fut consacré à Londres et y prêcha l'Evangile avec un succès croissant. Mais le climat de l'Angleterre ne convenant pas à sa constitution, il passa en Hollande et trouva à La Haye un grand nombre de réfugiés protestants ; quelques notables lui proposèrent un traitement fixe pour qu'il se fit entendre régulièrement une fois par mois. Plus tard, une place étant devenue vacante, il y fut nommé pasteur et l'occupa jusqu'à sa mort.

Sa renommée s'accrut à chaque nouveau sermon ; on l'appelait le grand Saurin, le Chrysostôme des protestants ; le désir de l'entendre était si grand, qu'on retenait quelquefois, quinze jours à l'avance, les places les plus rapprochées de la chaire: souvent on s'estimait heureux de s'emparer d'un degré d'une échelle qu'on plaçait à dessein, à l'extérieur, dans le voisinage d'une fenêtre. Le célèbre Abbadie s'écria, en l'entendant pour la première fois : « Est-ce un ange, est-ce un homme qui parle? » Le savant professeur d'Amsterdam, Jean Leclerc, prévenu contre le jeune pasteur, voulut juger par lui-même de ses qualités et de ses défauts. Dans ce but, il vint un dimanche à La Haye et se plaça derrière la chaire afin de ne pas voir l'orateur, se défiant d'un charme qu'il attribuait moins à la force du raisonnement qu'aux artifices de l'éloquence. Mais bientôt, entraîné par une irrésistible influence, il quitta sa place, s'avança involontairement et se trouva, à la fin du sermon, debout en face du prédicateur, bouleversé et les yeux pleins de larmes.

Les effets de la prédication de Saurin étaient parfois extraordinaires. Un jour qu'il avait exhorté les riches à la bienfaisance, tous les auditeurs émus se dépouillèrent à la porte du temple de leur or, de leur argent, de leurs bijoux, et des legs considérables furent faits en faveur des indigents.

Une inflammation de poitrine, négligée d'abord, hâta la fin de sa vie. Il mourut le 30 décembre 1730, à l'âge de cinquante-trois ans.

PÉRORAISON DU SERMON SUR LE DÉVOTIONS PASSAGÈRES.

Nos vœux sont-ils épuisés ? Hélas ! dans ce jour de joie, oublierons-nous nos douleurs ? Heureux habitants de ces provinces, importunés tant de fois du récit de nos misères, nous nous réjouissons de votre prospérité, refuseriez-vous votre compassion à nos maux ? Et vous, *tisons retirés du feu*, tristes et vénérables débris de nos malheureuses églises, mes chers frères, que les malheurs des temps jetèrent sur ces bords, oublierons-nous les malheureux restes de nous-mêmes ? Gémissements des captifs, sacrificateurs sanglotants, vierges dolentes, fêtes solennelles interrompues, chemins de Sion couverts de deuil, apostats, martyrs, sanglants objets, tristes complaintes, émouvez tout cet auditoire ! *Jérusalem, si je t'oublie, que ma droite s'oublie elle-même ; que ma langue s'attache à mon palais, si je ne me souviens de toi, si je ne te mets pour le premier sujet de ma réjouissance. Jérusalem, que la paix soit dans tes murs et la prospérité dans tes palais ! Pour l'amour de mes frères et de mes amis je prierai pour la paix de Jérusalem*. Dieu veuille être touché, sinon de l'ardeur de nos vœux, du moins de l'excès de nos misères ; sinon des malheurs de notre fortune, du moins de la désolation de ses sanctuaires ; sinon de ces corps que nous traînons par tout l'univers, du moins de ces âmes qu'on nous enlève !

Et toi, prince redoutable, que j'honorai jadis comme mon roi que je respecte encore comme le fléau du Seigneur, tu auras aussi part à mes vœux. Ces provinces que tu menaces, mais que le bras de l'Éternel soutient ; ces climats que tu peuples de fugitifs, mais de fugitifs que la charité anime ; ces murs qui renferment mille martyrs que tu as faits, mais que la foi rend triomphants, retentiront encore de bénédictions en ta faveur. Dieu veuille faire tomber le bandeau fatal qui cache la vérité à ta vue ! Dieu veuille oublier ces fleuves de sang dont tu as couvert la terre, et que ton règne a vu répandre ! Dieu veuille effacer de son livre ces maux que tu nous a faits, et, en récompensant ceux qui les ont soufferts, pardonner à ceux qui les ont fait souffrir ! Dieu veuille qu'après avoir été pour nous, pour l'Église, le ministre de ses jugements, tu sois le dispensateur de ses grâces et le ministre de ses miséricordes !

ÉLOQUENCE DE LA CHAIRE : 2° ORAISONS FUNÈBRES
Bossuet (Voir sa biographie, page 263.)

Bossuet est le prince de l'oraison funèbre, et, dans ce genre, il n'a pas eu de rival. Il semble même l'avoir créé, tant il s'y est montré supérieur. Jamais on n'avait déployé une aussi grande force de pensée ; jamais on n'avait parlé avec autant d'élévation sur la vie, la mort, le temps et l'éternité. Aussi a-t-il mérité le titre d'*Aigle de Meaux;* il plane, et, d'un regard, il embrasse les plus vastes horizons ; d'élan en élan, il marche, il s'avance, il s'élève si haut, qu'il devient poète, et son discours se transforme en un chant sublime comme celui de Pindare ou d'Homère.

Les principales oraisons funèbres de Bossuet sont celles de la reine d'Angleterre, de la duchesse d'Orléans et du prince de Condé.

Oraison funèbre de la reine d'Angleterre (1669).

Henriette-Marie de France était le dernier enfant de Henri IV. Elle épousa, en 1625, Charles 1er, qui venait de monter sur le trône d'Angleterre. Par ce mariage, on espérait que la jeune princesse, fort catholique, servirait les intérêts de l'Eglise dans la protestante Angleterre. Henriette fut mal accueillie ; les prêtres qui l'accompagnaient furent renvoyés, la guerre civile la força elle-même à repasser le détroit et à chercher un asile en France. Après la mort tragique de Charles 1er, elle vécut ignorée dasn un couvent qu'elle avait fondé. La fortune sembla un instant lui sourire : la restauration des Stuarts la fit remonter sur le trône d'Angleterre, mais ce ne fut qu'un éclair de bonheur : elle dut de nouveau s'éloigner et revenir en France, où elle mourut en 1669.

Analyse. — Le but que se propose l'orateur dans l'*Oraison funèbre de la reine d'Angleterre*, est de faire voir dans une seule vie toutes les extrémités des choses humaines et de montrer au monde le néant de ses pompes et de ses grandeurs. Ce discours n'a pas de divisions proprement dites. Bossuet suit la princesse dans les diverses phases de sa vie, dans tous les événements où elle s'est trouvée mêlée.

L'*exorde* est justement célèbre par la convenance du style, l'harmonie des périodes et la poésie des images.

« Celui qui règne dans les cieux et de qui relèvent tous les empires, à qui seul appartient la gloire, la majesté et l'indépendance, est aussi le seul qui se glorifie de faire la loi aux rois, et de leur donner, quand il lui plaît, de grandes et de terribles leçons. Soit qu'il élève les trônes, soit qu'il les abaisse, soit qu'il communique sa puissance aux princes, soit qu'il la retire à lui-même, et ne leur laisse que leur propre faiblesse, il leur apprend leurs devoirs d'une manière souveraine et digne de lui. Car en leur donnant la puissance, il leur commande d'en user comme il fait lui-même pour le bien du monde, et il leur fait voir, en la retirant, que toute leur majesté est empruntée, et que pour être assis sur le trône, ils n'en sont pas moins sous sa main et sous son autorité suprême. C'est ainsi qu'il instruit les princes, non seulement par des discours et par des paroles, mais encore par des effets et par des exemples. *Entendez, ô grands de la terre ; instruisez-vous, arbitres du monde...* »

L'orateur montre ensuite ce que fut la reine par sa naissance, par son caractère et par sa piété. Puis il recherche les causes de la révolution d'Angleterre. Il attribue l'esprit de révolte à la manie de disputer des choses divines et au débordement de mille sectes bizarres qu'un homme a su réunir contre le trône. Cet homme est Cromwell dont Bossuet trace le portrait dans un morceau digne de l'antiquité :

« Un homme s'est rencontré, d'une profondeur d'esprit incroyable, hypocrite raffiné autant qu'habile politique, capable de tout entreprendre et de tout cacher, également actif et infatigable dans la paix et dans la guerre, qui ne laissait rien à la fortune de ce qu'il pouvait lui ôter par conseil et par prévoyance. Mais au reste si vigilant, et si prêt à tout, qu'il n'a jamais manqué les occasions qu'elle lui a présentées ; enfin un de ces esprits remuants et audacieux, qui semblent être nés pour changer le monde. Que le sort de tels esprits est hasardeux, et qu'il en paraît dans l'histoire à qui leur audace a été funeste !

Dans cette confusion de toutes choses, la reine oppose son courage et sa prudence à la fortune de l'État. Une comparaison magnifique termine le récit des malheurs d'Henriette. L'État, c'est un temple qui s'écroule ; la reine, c'est la colonne qui le soutenait, et qui reste debout au milieu des ruines.

Jugement. — Il n'est pas de sujet plus magnifique pour l'éloquence que l'histoire de cette reine illustre dont la vie, liée aux événements les plus grands et les plus tragiques de ce siècle, offrait toutes les extrémités des choses humaines : l'éclat de la royauté à côté de la misère la plus profonde. Aussi jamais Bossuet n'a été mieux inspiré : jamais la parole humaine n'a atteint un si haut degré de puissance et de tristesse pour peindre et pour déplorer les désordres de l'anarchie, les catastrophes, les secrets de la politique ; jamais l'histoire et la religion n'ont été présentée d'une manière si neuve et si frappante.

Toutes ces grandes idées viennent se grouper autour d'une seule qui donne l'unité au sujet : c'est celle de l'intervention de Dieu dans les affaires humaines, lequel se sert des grands pour le bien du peuple et pour son Église, et conforme la marche des événements à ses desseins sur l'homme. Cette idée élève l'éloquence de l'orateur au niveau de l'épopée. Dieu est toujours là ; c'est lui qui soulève les flots, qui éprouve ou élève les princesses ; les hérésies et Cromwell ne sont que des instruments dont Dieu se sert pour apprendre aux rois de ne pas abandonner son Église.

Le style porte l'empreinte de l'idée qu'il développe. Quelle grandeur, quelle majesté, que d'éclat, de profondeur d'énergie, de simplicité ! Où trouver un exorde plus majestueux ! Quelle poésie ravissante dans les descriptions !

Quelle éloquence, quelle hardiesse dans les peintures du malheur ! Est-ce un prophète inspiré ou un homme qui parle (MAURY) ?

Oraison funèbre de la duchesse d'Orléans (1670).

Henriette-Anne d'Angleterre était fille de Charles Ier et de Henriette-Marie de France. Née cinq ans avant la mort sanglante de son père, elle épousa le frère unique de Louis XIV, et, en 1670, fut chargée, par le roi de France, d'une mission secrète auprès de Charles II, son frère, roi d'Angleterre. Heureuse d'avoir réussi dans ces négociations, elle revint en France, mais ce fut pour y mourir presque subitement à l'âge de vingt-cinq ans : on croit qu'elle but un verre de chicorée empoisonnée, par des agents du chevalier de Lorraine qu'elle avait fait exiler. Dès qu'elle se sentit malade, elle jugea que sa dernière heure approchait. Elle fit aussitôt venir Bossuet auprès d'elle, pour qu'il la préparât à la mort. Profondément ému pendant les quatre heures que dura l'agonie, le grand prélat ne cessa de la fortifier et de la consoler avec une onction extraordinaire. Dans sa reconnaissance, la princesse ordonna, en anglais, une heure avant de mourir, qu'on offrît à Bossuet une bague d'une superbe émeraude, entourée de diamants. Dès qu'elle eut rendu le dernier soupir, Mme de La Fayette porta cette bague à Louis XIV, qui voulut lui-même la mettre au doigt de Bossuet et le chargea de prononcer l'oraison funèbre de la princesse. On félicita Bossuet de ce don si touchant, et on lui exprima le regret que les bienséances de la chaire ne lui permissent pas de rappeller cette circonstance aussi flatteuse pour la princesse que pour lui : « Et pourquoi pas ? » dit-il, dans un premier mouvement de reconnaissance. Cette parole fut répétée et on se demanda avec une vive curiosité, comment il pourrait remplir cet engagement. Voici comment Bossuet justifia cette attente. Après avoir fait, dans son discours, l'éloge de la princesse, de son affabilité, de sa bonté : « Que vous dirai-je de sa libéralité, ajouta-t-il, elle donnait non-seulement avec joie, mais avec une hauteur d'âme qui marquait tout ensemble et le mépris du don et l'estime de la personne. Tantôt par des paroles touchantes, tantôt même par son silence, elle relevait ses présents ; et cet art de donner agréablement, qu'elle a si bien pratiqué pendant sa vie, l'a suivie, *je le sais*, jusque dans les bras de la mort. » Ces trois mots, *je le sais*, suffirent pour rappeler l'histoire généralement connue de cette bague qu'on voyait briller au doigt de l'orateur.

Dans cette oraison funèbre, Bossuet arracha des larmes à tout son auditoire, lorsqu'il raconta la mort subite de la princesse et qu'il prononça au milieu d'un profond silence, ces paroles saisissantes : « O nuit désastreuse, nuit effroyable, où retentit tout à coup, comme un éclat de tonnerre, cette accablante nouvelle : Madame se meurt ! Madame est morte ! »

Analyse. — La mort subite de la princesse, précipitée du sein des grandeurs dans le tombeau, est une nouvelle preuve du néant des choses humaines, et de la vérité de cette parole de l'Ecclésiaste : *tout est vanité*. Mais l'orateur restreint cette idée et dit que tout est vanité dans l'homme, si l'on regarde le cours de sa vie mortelle, et que tout y est important, si nous contemplons le terme où elle aboutit. Ces deux vérités appliquées à la duchesse d'Orléans font la division du discours.

I. — Tout est vanité dans l'homme, *grandeur*, *qualités de l'esprit et du cœur*. La princesse possédait ces deux avantages. La *grandeur*, par sa naissance et son mariage ; les *qualités de l'esprit et du cœur* : sa pénétration et sa sagacité le faisaient admirer ; elle n'en était pas moins modeste, parce qu'elle étudiait ses défauts ; elle se guidait dans cette étude par la lecture de l'histoire ; cette lecture donnait de la solidité à son esprit. Aussi a-t-elle été jugée digne de conduire des négociations entre deux puissants monarques. Mais rien n'a pu préserver la princesse du sort réservé à tout ce qui est mortel. Bien plus, son élévation même a été un motif pour la frapper, afin que nous tirions instruction d'une plus grande chute. Et quoi de plus capable de nous convaincre de notre néant que cette mort affreuse et subite? L'auteur en prend occasion de peindre les circonstances de cette mort, l'effroi qu'elle produisit. Il montre toutes les espérances trompées ; et traçant d'abord le brillant avenir que chacun se plaisait à composer pour Madame, il oppose à ce tableau l'image de la princesse descendant dans la tombe, où son corps se changera peu à peu en un *je ne sais quoi qui n'a plus de nom dans aucune langue.*

II. — L'orateur a montré ce qui est vanité dans l'homme il va faire voir de quel côté est sa grandeur. Quoi! tout est-il perdu? Non; ce qui, en nous, est fait à l'image de Dieu, doit retourner à Dieu. L'âme est en nous ce qu'il y a de solide et de durable; il ne faut donc s'attacher qu'à la crainte de Dieu, qui est le tout de l'homme. C'est le seul moyen de sauver quelque chose du naufrage de la mort. L'auteur applique ces idées à la princesse; il dit qu'elle est restée attachée à ce principe de crainte et d'amour de Dieu, et cela par l'effet de deux grâces signalées de Dieu : par une grâce de vocation, Dieu l'a tirée de l'hérésie : par une grâce de persévérance finale, Dieu l'a soustraite aux dangers de la cour et aux séductions de la gloire. L'orateur finit par engager ses auditeurs à profiter du spectacle qu'ils ont sous les yeux, à se convaincre du néant des choses humaines par la mort de la princesse, et à chercher comme elle à mourir dans la paix de Dieu.

Jugement. — Il serait difficile de trouver une composition plus touchante. Les belles proportions du plan, la symétrie naturelle des deux parties, l'harmonie, la grâce, la délicatesse du style, tout est charme dans cette œuvre oratoire. Ce n'est plus la hauteur des vues, la gravité imposante de l'histoire comme dans l'oraison funèbre précédente; c'est le pathétique qui domine.

MORT DE MADAME.

Nous devrions être assez convaincus de notre néant : mais s'il faut des coups de surprise à nos cœurs enchantés de l'amour du monde, celui-ci est assez grand et assez terrible. O nuit désastreuse ! O nuit effroyable ! où retentit tout à coup comme un éclat de tonnerre, cette étonnante nouvelle, *Madame se meurt ; Madame est morte !* Qui de nous ne se sentit frappé à ce coup, comme si quelque tragique accident avait désolé sa famille ? Au premier bruit d'un mal si étrange, on accourt à Saint-Cloud de toutes parts ; on trouve tout consterné, excepté le cœur de cette princesse. Partout on entend des cris ; partout on voit la douleur et le désespoir et l'image de la mort. Le Roi, la Reine, Monsieur, toute la cour, tout le peuple, tout est abattu, tout est désespéré ; et il me semble que je vois l'accomplissement de cette parole du prophète : *Le Roi pleurera, le Prince sera désolé, et les mains tomberont au peuple de douleur et d'étonnement.*

Oraison funèbre du prince de Condé (1687).

Louis de Bourbon, prince de Condé, s'était toujours fait remarquer par sa haute intelligence. A douze ans, il avait terminé ses études ; à quatorze ans, il avait même composé un traité de rhétorique. A vingt-deux ans, il était le premier général des armées de Louis XIV, il battait les Espagnols à Rocroy, les Allemands à Fribourg et gagnait la bataille de Nordlingue. Pendant les troubles de la Fronde, il fut arrêté comme suspect, et crut se venger en servant contre la France ; mais la paix des Pyrénées l'ayant rendu à sa patrie, il fit oublier ses fautes par de nouvelles victoires. Vers la fin de sa vie, il se retira des affaires publiques, et embellit sa retraite en continuant à avoir des relations avec les hommes les plus illustres de son temps. Bossuet était son ami de cœur. Nul mieux que l'évêque de Meaux ne pouvait raconter la vie glorieuse du héros.

Analyse. — L'idée générale que l'orateur développe est celle qui a inspiré toutes ses oraisons funèbres : Dieu seul donne la puissance, les qualités du cœur et de l'esprit, mais ces qualités ne sont rien chez ceux a qui il les donne, s'il n'y ajoute la piété. Ces qualités, Bossuet les trouve réunies dans le prince de Condé. Il fut grand par les qualités du cœur, par celles de l'esprit et par sa piété qui a consacré ses vertus et son génie.

I. — Valeur, magnanimité, bonté naturelle, tels furent les traits distinctifs de ce grand cœur. Il faut voir avec quel enthousiasme l'orateur nous transporte au milieu des batailles qu'il décrit en poète et en capitaine. Il suit Condé dans les camps, sur les théâtres de ses exploits, et la rapidité de sa marche, l'éclat de son style égalent la rapidité et l'éclat du héros. Il nous montre sa valeur à Rocroy, sa persévérance invincible à Fribourg, son mépris du danger à Dunkerque, sa fierté, sa générosité, son repentir dans les guerres civiles; et à côté de ces qualités militaires, sa tendresse pour son fils, pour sa famille, pour ses amis; sa patience, sa douceur, sa reconnaissance. Voilà pour les qualités du cœur.

II. — Celles de l'esprit ne sont pas moins brillantes. Quelle prévoyance! quelle pénétration de tout le détail de la guerre, des temps, des lieux, des personnes, des intérêts, des humeurs, des caprices! Comme son coup-d'œil est rapide et saisit les avantages qui peuvent décider de la victoire! Quel sang-froid dans le combat! Quel génie étendu! Mais il est un chef qui le seconde admirablement: c'est Turenne. Bossuet le met en parallèle avec Condé, et jamais peintre n'eut des couleurs plus vraies, plus vives, jamais orateur n'eut une éloquence plus mâle et plus rapide.

III. — Ce qui élève Condé au-dessus des autres conquérants, c'est sa vertu. Alors Bossuet le contemple dans son repos, dans cette retraite de Chantilly où il s'est retiré après les combats; on l'y voit embellissant son âme de toutes les vertus, occupé à l'étude des sciences et de la religion, donnant l'exemple de la plus grande piété et de la foi la plus vive, et lorsque l'heure suprême est arrivée, plein de calme, au milieu de la consternation générale, de douceur, de netteté d'esprit, de la résignation la plus touchante.

Bossuet convoque enfin, dans la plus magnifique péroraison qu'on puisse voir, au tombeau du héros, les peuples, les magistrats, les prélats, les princes, les guerriers, pour y déposer leurs hommages, et pour y puiser des leçons et des exemples. Il paraît ensuite lui-même sur la scène avec ses cheveux blancs et sa voix qui s'éteint.

« Pour moi, dit-il, s'il m'est permis, après tous les autres, de venir rendre les derniers devoirs à ce tombeau, ô prince, le digne sujet de nos louanges et de nos regrets, vous vivrez éternellement dans ma mémoire ; votre image y sera tracée, non point avec cette audace qui promettait la victoire ; non, je ne veux rien voir en vous de ce que la mort y efface ; vous aurez dans cette image des traits immortels ; je vous y verrai tel que vous étiez à ce dernier jour sous la main de Dieu, lorsque sa gloire sembla commencer à vous apparaître. C'est là que je vous verrai plus triomphant qu'à Fribourg et à Rocroy : et, ravi d'un si beau triomphe, je dirai en action de grâces ces belles paroles : « La véritable gloire, celle qui met sous nos pieds le monde entier, c'est notre foi. » Jouissez, prince, de cette victoire, jouissez-en éternellement par l'immortelle vertu de ce sacrifice. Agréez ces derniers efforts d'une voix qui vous fut connue : vous mettrez fin à tous ces discours. Au lieu de déplorer la mort des autres, grand prince, dorénavant je veux apprendre de vous à rendre la mienne sainte. Heureux, si, averti par ces cheveux blancs du compte que je dois rendre de mon administration, je réserve au troupeau que je dois nourrir de la parole de vie, les restes d'une voix qui tombe et d'une ardeur qui s'éteint ! »

Comment peindre, dit M. Mennechet, l'effet de ces dernières paroles ? Comment caractériser une si haute éloquence ? Il nous semble que toute louange serait ici une profanation.

Fléchier (1632-1710)

Esprit Fléchier naquit, en 1632, près de Carpentras, d'une famille obscure; son père était épicier. Devenu évêque, il eut le bon sens de ne pas rougir de son origine. Un jour, un gentilhomme s'étonnait en sa présence de ce qu'on l'eût sorti de la boutique de son père pour le mettre sur un siége épiscopal : « Si vous étiez né comme moi, lui répondit Fléchier, il est probable que vous feriez encore des chandelles. » Le maréchal de La Feuillade lui ayant exprimé le même sentiment : « Votre père, lui disait-il, serait bien étonné de vous voir ce que vous êtes ! — Mais pas tant que vous le pensez, monsieur le maréchal, reprit Fléchier; il verrait bien que ce n'est pas le fils de mon père, mais moi, que l'on a fait évêque. »

Après avoir professé la rhétorique à Narbonne, il vint à Paris comme simple catéchiste et s'y fit bientôt connaître par des poésies françaises et latines. C'est alors qu'il se vit honoré de l'amitié de M. de Montausier, et qu'il devint lecteur du dauphin. Pendant ce séjour à Paris, il fut introduit à l'hôtel de Rambouillet.

Avant de devenir célèbre par ses oraisons funèbres, Fléchier s'était fait remarquer comme prédicateur. Louis XIV, qui savait louer aussi spirituellement que qui que ce fût, lui fit un jour ce compliment : « Monsieur, ne soyez pas surpris si j'ai récompensé si tard votre mérite, c'est que je craignais, en vous donnant trop tôt un évêché, d'être privé du plaisir de vous entendre. » Il fut reçu à l'Académie le même jour que Racine. Après avoir été nommé évêque de Lavaur, il devint évêque de Nîmes un an après la révocation de l'édit de Nantes. C'est lui qui eut le triste honneur et le triste courage de faire l'oraison funèbre du chancelier Le Tellier, l'instigateur de cet édit. Fléchier sut, néanmoins, se concilier l'affection générale dans la répartition de ses bienfaits; il ne fit jamais de différence entre les catholiques et les nombreux protestants de son diocèse. Quand on lui faisait des remontrances sur l'excès de ses libéralités : « Sommes-nous donc évêque pour rien? » s'écriait-il.

Fléchier s'est surtout distingué dans ses oraisons funèbres, dont les principales sont celles de M*me* de Montausier, de *Turenne*, de *Le Tellier*, du *duc de Montausier*. L'oraison funèbre de *Turenne* est son chef-d'œuvre.

Comme orateur, il est très inférieur à Bossuet; il possède néanmoins une grande abondance d'idées et sait fertiliser les sujets les plus ingrats. Son style est pur, harmonieux, élégant; sa prose est cadencée mais trop travaillée; il manque de véhémence; à force de polir, il devient froid.

Mascaron (1634-1703)

Jules Mascaron naquit à Marseille, en 1634. Il obtint comme prédicateur un très grand succès dans les provinces. Il avait un extérieur prévenant, quelque chose de majestueux dans sa personne, une voix agréable, des gestes naturels et beaucoup d'aisance en chaire. Il prêcha avec une telle éloquence à Saumur, qu'il fallut élever des estrades dans l'église pour contenir la foule de ses auditeurs. Il se fit entendre successivement à Aix, à Marseille, à Nantes et enfin à Paris, où il prêcha, devant la cour, l'Avent de 1666, et plut extrêmement à Louis XIV, malgré la franchise avec laquelle il reprocha aux grands et au roi lui-même leurs mœurs corrompues.

En 1670, il fut chargé de prononcer les oraisons funèbres de *Henriette d'Angleterre* et du *duc de Beaufort* ; le roi récompensa son grand talent oratoire par l'évêché de Tulle.

Quelques années après, Mascaron prononça l'oraison funèbre de *Turenne*, regardée à bon droit comme son chef-d'œuvre. Il y rivalise presque avec Fléchier. M*me* de Sévigné écrivait à sa fille : « C'est un discours pour l'immortalité, il n'y a qu'un cri d'admiration. » Devenu évêque d'Agen, il se fit chérir de son troupeau par la douceur de son caractère. Dans les dernières années de sa vie, il vint se faire entendre à la cour. C'est à cette époque que Louis XIV lui dit avec tristesse : « Mon père, il n'y a que votre éloquence qui ne vieillit pas. »

Mascaron revint dans son diocèse, où il vécut d'une vie humble et retirée, il y mourut en 1703, pleuré de tout son troupeau. Comme prédicateur, il se distingue par la force, la rapidité, le mouvement ; il a plus de verve que Fléchier, mais moins d'ordre et de goût. Il a du feu, mais pas de méthode ; ce qu'on lui reproche surtout, c'est l'emploi d'hyperboles, de rapprochements de mots et d'idées bizarres.

ÉLOQUENCE JUDICIAIRE

Patru. — Pellisson

Ce qui caractérisait le barreau avant Louis XIII, c'était l'enflure et le mauvais goût ; les avocats de l'époque se bornaient à faire étalage de science dans les moindres affaires, et à remplacer les bons raisonnements par de longues citations des poètes et des écrivains latins. On a de la peine à comprendre aujourd'hui, comment les juges avaient la patience d'écouter de telles dissertations ; Racine, dans la comédie des *Plaideurs*, tourna en ridicule ce genre faux et prétentieux. Olivier Patru contribua le plus à la réforme de l'éloquence judicaire.

OLIVIER PATRU (1604-1681) né à Paris, en 1604, quitta de bonne heure la France pour voyager en Italie. A son retour, il embrassa la carrière du barreau, et obtint de grands succès oratoires par la rectitude de son jugement, la pureté de son style et la tempérance de ses citations. Il mettait tant de soin et de temps à polir ses plaidoiries qu'il était rarement prêt au moment de plaider. Il nous est resté quelques plaidoyers de Patru. On peut lui reprocher un soin si grand de la forme, qu'il paraît froid : ses phrases sont si limées, qu'il manque d'abandon et d'élan.

Au bout de trente ans d'exercice dans la carrière du barreau, Patru se consacra aux travaux littéraires et partagea avec Vaugelas l'honneur d'être un des maîtres de la langue française. Il fut reçu, à l'âge de trente ans, membre de l'Académie française, où il introduisit l'usage des discours de remerciments, usage qui s'est continué jusqu'à nos jours. Ce fut un genre nouveau, connu sous le nom d'*Éloquence académique*. Patru était lié avec tous les grands écrivains de son temps; Boileau et Racine firent sa célébrité. Ses travaux littéraires n'augmentèrent pas sa fortune ; il vieillit dans la pauvreté, et l'on se rappelle que ce fut grâce à la générosité de Boileau qu'il put conserver jusqu'à la fin de ses jours sa bibliothèque. Il était peu religieux ; cependant Bossuet alla le visiter à sa dernière heure, et il mourut dans des sentiments de piété. Il laissa, après lui, la réputation d'un bon jurisconsulte et d'un bon littérateur.

Paul Pellisson (1624-1693), né à Paris, en 1624, est digne d'être cité au nombre des orateurs dans le genre judiciaire, à cause des mémoires qu'il écrivit à la Bastille pour la défense du surintendant Fouquet. Elevé par une mère pieuse dans la religion protestante, il fit ses études à Castres, à Montauban et à Toulouse. A l'âge de vingt ans, il devint avocat à Castres, où il obtint beaucoup de succès. Il avait été défiguré horriblement par la petite vérole, ce qui faisait dire à Mlle Scudéry : « Les hommes ont le droit d'être laids, mais M. Pellisson abuse de la permission. » Mme de Sévigné dit à ce sujet un mot plus agréable : « M. Pellisson est fort laid, mais quand on le dédouble on voit en lui une belle âme. » Il écrivit l'histoire de l'Académie française. Ce travail parut si remarquable que, par une faveur spéciale, l'Académie lui réserva la première place vacante.

Pellisson devint l'ami et le protégé de Fouquet et lui resta fidèle jusqu'à la mort ; il acquitta sa dette de reconnaissance en bravant le courroux de Louis XIV, qui avait juré la perte du ministre, et même en partageant pendant quatre ans sa captivité à la Bastille (1661). C'est dans sa prison qu'il composa les *Mémoires* en faveur de Fouquet. Comme on lui refusait de l'encre et du papier, il les écrivit sur la marge de ses livres avec un mélange de pain grillé délayé dans du vin. Ces *Mémoires* sont un chef-d'œuvre de dialectique, de raisonnement et de style ; c'est à la fois un bon livre et une bonne action. Il y discute toutes les accusations portées contre Fouquet et les combat avec une grande éloquence ; mais tant de talent devait être inutile, la condamnation du ministre était arrêtée avant même qu'il fût jugé.

Après que Pellisson fut sorti de la Bastille, Louis XIV, pour rendre hommage à tant de fidélité, lui accorda une pension et des places lucratives. Il est triste de dire que pour augmenter son crédit et s'élever en faveur auprès du roi, Pellisson, à l'âge de quarante-six ans, abandonna la religion de sa mère et embrassa le catholicisme. Il fit même tous ses efforts pour entraîner un grand nombre de protestants à suivre son exemple : on assure qu'il ne recula pas devant la contrainte. Louis XIV lui avait remis une certaine somme pour l'aider dans ce prosélytisme, et, tous les mois, Pellisson rendait compte à son maître des âmes qu'il avait achetées. Il mourut en 1693. Quelques historiens affirment que ses derniers moments furent troublés par le remords d'avoir abandonné la religion de ses pères.

CHAPITRE IX

PHILOSOPHES ET MORALISTES DU XVIIᵉ SIÈCLE

Descartes. — Les Solitaires de Port-Royal. — Pascal. — Chefs-d'œuvre de Pascal. — La Rochefoucauld. — La Bruyère. — Fénelon. — Chefs-d'œuvre de Fénelon.

Descartes (1596-1650)

Descartes fut le premier philosophe du siècle de Louis XIV, dans l'ordre chronologique et dans l'ordre de mérite. Pour bien comprendre son influence, il faut se rappeler qu'à cette époque les doctrines d'Aristote étaient seules en faveur; le nom de ce philosophe était invoqué avec un aveugle enthousiasme; on ne se donnait même plus la peine de penser; son opinion faisait loi et on se contentait de répéter : « Le maître l'a dit. » La gloire de Descartes est d'avoir détrôné Aristote et d'avoir appris à l'homme à penser par lui-même.

René Descartes naquit en Touraine; sa famille était ancienne et noble. Il naquit chétif, et sa santé exigea toujours les plus grand ménagements. Il fut élevé chez les jésuites de la Flèche. Bon élève, appliqué, consciencieux, il montra toujours une préférence pour les mathématiques; les belles-lettres, la poésie, l'histoire lui plaisaient médiocrement. Sorti du collège, il ne voulut pas, malgré les instances de sa famille, faire choix d'une carrière déterminée et se mit à voyager. Cependant, comme il était de famille noble, il dut, selon les usages du temps, se vouer à la vie militaire. Il porta les armes pendant deux années au service de la Hollande, fit la campagne de Bohême et entra avec l'armée victorieuse dans Prague. Cette terrible guerre de Trente ans, qui commençait alors, semble l'avoir fort peu intéressé. Il faut dire que, dès cette époque, il avait trouvé le but de sa vie et que c'est à la recherche de la vérité qu'il voulait consacrer désormais son temps, sa fortune, toutes ses facultés. Sur les champs de bataille, sous la tente, au bivouac, il était obsédé par cette idée. Il a raconté lui-même l'espèce d'éblouissement, d'enivrement où le jeta la découverte des premiers principes de sa méthode : il était comme écrasé, anéanti sous les flots de lumière qui venaient l'assaillir. A partir de ce moment, Descartes n'eut plus qu'une pensée, ce fut d'appliquer ces principes. Il revint en France, mais craignant que ses idées nouvelles ne lui suscitassent des difficultés de la part du clergé et de l'Université, il alla s'établir en Hollande où l'on jouissait de plus de liberté qu'en France. Le premier fruit de ses veilles fut un *Traité du monde* dans lequel il admettait le mouvement de la terre et l'immobilité du soleil ; mais il se hâta de brûler cet ouvrage, dès qu'il apprit que Galilée, coupable d'avoir émis la même opinion, avait été arrêté, emprisonné, peut-être torturé, en tout cas forcé d'abjurer. Il ne se sentit pas le courage de s'exposer à la persécution et blâma l'imprudence de Galilée ; on dit même qu'il s'ingénia à chercher des raisons pour nier le mouvement de la terre et s'offrit de prouver à un ecclésiastique que ce mouvement n'est pas réel. Cette pusillanimité du philosophe n'est pas à l'honneur de la sagesse humaine, et contraste avec le courage indomptable des apôtres et des martyrs de la vérité chrétienne.

L'ouvrage le plus célèbre de Descartes est son *Discours sur la méthode pour bien conduire sa raison et chercher la vérité dans les sciences*. Cet ouvrage et d'autres sur les mêmes matières lui attirèrent beaucoup d'admirateurs, mais lui suscitèrent en même temps de vives attaques et même des persécutions. Il dut quitter la Hollande et revenir à Paris où les jésuites s'efforcèrent de faire proscrire l'enseignement de sa philosophie, qui prit le nom de *cartésianisme*. A ce moment, Christine, reine de Suède, l'appela auprès d'elle. Descartes, qui recherchait une liberté complète et des secours puissants pour la continuation de ses expériences, répondit à cet appel. L'âpre climat du nord, si peu fait pour lui, le tua : il mourut d'une fluxion de poitrine quelques mois après son arrivée.

Discours sur la Méthode (1637). — Ce *Discours* est le premier chef-d'œuvre de notre prose moderne et nous révèle enfin dans toute sa simplicité majestueuse la belle langue du XVIIe siècle.

Descartes nous expose d'abord comment, après avoir achevé le cours de ses études, il se trouva embarrassé de tant de doutes et d'erreurs qu'il résolut de ne plus chercher d'autres sciences que celles qui pourraient se trouver en lui-même ou dans le grand livre du monde. Il rejeta toutes les opinions qu'il avait reçues jusqu'alors comme certaines, afin d'en acquérir d'autres meilleures, ou bien les mêmes, « après les avoir ajustées au niveau de la raison. » Pour ne pas s'égarer au milieu des ténèbres dans lesquelles il s'engageait, il posa quatre règles qu'il se promit d'observer strictement.

« *La première*, dit-il, *était de ne recevoir jamais aucune chose pour vraie que je ne la connusse évidemment être telle.* » L'importance de cette première règle était capitale : c'était la raison substituée à l'autorité. La libre recherche était inaugurée, le joug d'Aristote brisé, et la routine définitivement supprimée.

Mais ce travail de révision générale et de reconstruction sera long et difficile. Avant d'abattre le logis où l'on demeure quand on n'en est pas satisfait, il est bon jusqu'à ce qu'il soit rebâti, de s'être pourvu de quelqu'autre, où on puisse être logé commodément pendant le temps qu'on y travaillera. En conséquence, Descartes se forma ce qu'il appelle une *morale provisoire*, et qui consistait en trois ou quatre maximes dont la première était « *d'obéir aux lois et coutumes de son pays, de retenir constamment la religion dans laquelle il avait été instruit, et de se gouverner en* toute autre chose suivant les opinions reçues en pratique par les hommes les plus sensés. »

Ce point de départ établi, Descartes se met à l'œuvre, c'est-à-dire à la recherche de la vérité. Il commence par rejeter comme absolument faux tout ce qui lui paraît inspirer le moindre doute ; il n'accepte même pas les données des sens, qui semblent les plus incontestables, ni les raisons de croire qui lui avaient paru jusqu'alors les plus convaincantes ; il considère enfin toutes les choses qui lui étaient entrées dans l'esprit, comme n'étant pas plus vraies que les illusions des songes. Voilà bien l'ancien logis abattu, comment le reconstruire ? Le voici :

Il pose pour principe de sa philosophie cette proposition célèbre : *Je pense, donc je suis.* Il établit la spiritualité de l'âme humaine, et, de ce principe, il fait sortir, par une série de déductions, l'existence de Dieu, ses principaux attributs, l'existence du monde extérieur.

L'influence de Descartes fut profonde. Il eut de nombreux disciples qui reproduisirent fidèlement ses doctrines. Bossuet, Fénelon se sont visiblement inspirés du cartésianisme dans le traité de la *Connaissance de Dieu et de soi-même* et dans celui de l'*Existence de Dieu*. Le grand Arnauld se faisait honneur d'être le disciple d'un tel maître. *La Logique* de Port-Royal proclamait les services rendus par Descartes à la cause de la raison. Le spiritualisme, qui n'avait été jusque-là qu'un article de foi, était devenu, grâce à Descartes, une vérité démontrée ; la raison venait corroborer la foi.

Les Solitaires de Port-Royal

L'abbaye de Port-Royal était primitivement une institution de filles, située dans un vallon, à six lieues de Paris. Fondée au commencement du xiii⁰ siècle, elle ne prit réellement d'importance qu'au xvii⁰ siècle. Henri IV lui donna pour abbesse *Angélique Arnauld :* c'était une femme douée d'un caractère énergique et d'un zèle infatigable. Grâce à ses efforts, le nombre des religieuses augmenta si rapidement, que la communauté se trouvant à l'étroit, fit l'acquisition d'une vaste maison du faubourg Saint-Jacques, qui prit le nom de *Port-Royal de Paris*. La communauté eut pour directeur l'abbé de *Saint-Cyran*.

Avant d'entrer à Port-Royal, l'abbé de *Saint-Cyran* avait fait ses études à l'Université de Louvain, en Belgique, où il se lia d'intimité avec *Jansénius*, évêque d'Ypres, en Flandre. Ces deux hommes, animés d'une sincère piété, furent frappés du relâchement qui s'était introduit dans la discipline de l'Eglise; ils entreprirent de combattre les mœurs corrompues du siècle et de faire revivre les doctrines sévères de saint Paul et de saint Augustin, que Luther et Calvin avaient mises en vigueur dans leur Église. Jansénius exposa ces doctrines dans un ouvrage qu'il intitula *Augustinus*, parce qu'il prétendait y avoir résumé la doctrine de saint Augustin. Selon Jansénius, les hommes naissent avec une disposition naturelle à faire le mal, et, pour résister à cette pente fatale, il faut le secours de la grâce divine, que Dieu accorde aux uns et qu'il refuse aux autres, sans que nous puissions nous plaindre. Du reste, l'homme est libre d'accepter ou de refuser cette grâce. Jansénius mourut avant de publier son ouvrage, et l'abbé de Saint-Cyran se fit l'apôtre et le défenseur des idées de son ami.

Il fit bientôt de nombreux disciples, qui furent désignés par leurs adversaires sous le nom de *Jansénistes*. Parmi les plus distingués, nous citerons : *Antoine Le Maistre* et ses deux frères, *Le Maistre de Séricourt et Le Maistre de Sacy, Arnauld d'Andilly, Antoine Arnauld, Lancelot, Nicole, Pascal*, etc. L'abbé de Saint-Cyran les réunit à *Port-Royal des Champs*, que venaient d'abandonner les religieuses. C'est là que ces pieux solitaires partageaient leur temps entre les exercices de la religion, le travail des mains, l'étude des lettres et l'instruction de quelques jeunes gens d'élite. Arnauld et Nicole, son ami, défendaient, par leurs écrits, les principes de Jansénius ; Sacy traduisait la Bible en langue vulgaire, Le Maistre était l'arbitre des paysans du voisinage. Quelques solitaires ouvrirent des écoles pour l'éducation de la jeunesse. Nicole y enseignait la philosophie et les humanités, Lancelot le grec et le latin. Ces maîtres savants réformèrent l'enseignement et composèrent, d'après une méthode nouvelle, d'excellents ouvrages pour leurs élèves : une *Logique*, une *Méthode grecque*, une *Méthode latine*, les *Racines grecques*, une *Histoire ecclésiastique*, etc. Souvent les solitaires quittaient leurs occupations studieuses pour se livrer à la culture des champs, ou même à des métiers manuels ; Arnauld d'Andilly taillait avec adresse les arbres fruitiers ; Le Maistre coupait les blés avec les ouvriers qu'on prenait à la journée ; un autre gardait les bois de Port-Royal et y passait son temps à prier, à lire et à méditer.

Le jansénisme, prêché par l'abbé de Saint-Cyran, attira bientôt la persécution sur Port-Royal. Elle frappa d'abord Saint-Cyran, que Richelieu fit jeter dans le donjon de Vincennes ; il demeura inflexible dans ses convictions, et tout ce qu'on put obtenir de lui, après l'avoir enfermé à Vincennes, ce fut qu'il voulût bien en sortir : il mourut peu après, mais en laissant un disciple fervent et un défenseur de ses doctrines dans Antoine Arnauld.

Antoine Arnauld (1612-1694), que ses contemporains appelaient le *grand Arnauld*, naquit en 1612. Il se distingua de bonne heure par un savoir et des talents précoces et fut reçu docteur en Sorbonne ; il menait une vie un peu mondaine avant d'être converti par l'abbé de Saint-Cyran ; mais dès lors, il renonça à tous les plaisirs et s'enferma dans la solitude de Port-Royal.

Le premier écrit par lequel Arnauld se fit connaître au monde des lettres, fut un ouvrage de religion : *De la fréquente Communion*. Cet ouvrage était une défense des doctrines de Port-Royal, en même temps qu'un livre de piété.

Il eut un grand retentissement et accrut la popularité de Port-Royal, qui vit s'augmenter le nombre des solitaires ; au lieu d'une douzaine, ils se trouvèrent deux cents au bout de peu d'années. Les jansénistes comprirent qu'Arnauld minait leur empire en substituant la grâce divine à l'absolution qu'ils donnaient aux pénitents : ils s'acharnèrent contre Port-Royal dans la personne d'Arnauld, et livrèrent son ouvrage à la censure de la Sorbonne. Pour arrêter les progrès des jansénites, un docteur de la Sorbonne attaqua les novateurs et résuma les doctrines de l'*Augustinus* en cinq propositions qui furent soumises au jugement du pape Innocent X. Le pape les condamna comme hérétiques, mais Arnauld et ses amis nièrent que ces cinq propositions fussent dans le livre de Jansénius.

Sur ces entrefaites, un prêtre de la communauté de Saint-Sulpice refusa l'absolution au duc de Liancourt, parce que sa petite-fille était à Port-Royal ; Arnauld écrivit aussitôt une lettre qu'il ne signa pas et qui fit beaucoup de bruit : *Lettre à une personne de condition*. On répondit ; il répliqua par une seconde lettre. Celle-ci, dans laquelle il défendait le livre de Jansénius, attira l'attention de la Sorbonne, qui convoqua des assemblées pour délibérer sur les propositions d'Arnauld et les condamna comme hérétiques.

Après cette condamnation, Arnauld fut rayé de la liste des docteurs. « Est-ce que, dirent à celui-ci quelques-uns de ses amis, vous vous laisserez condamner comme un enfant, sans rien dire, et sans instruire le public de quoi il est question ? » Arnauld, cédant à leurs conseils, écrivit un projet de réponse qu'il leur lut. Ses amis, gardant le silence après cette lecture : « Je vois bien, leur dit-il avec franchise, que vous ne trouvez pas cet écrit bon, et je crois que vous avez raison ; » et se tournant vers un jeune homme qui venait d'arriver à Port-Royal : « mais vous qui êtes jeune, lui dit-il, vous devriez faire quelque chose. » Ce jeune homme était *Pascal*, et les quatre lettres qu'il écrivit successivement furent les immortelles *Provinciales*.

Le succès de ces lettres ne fit que redoubler la haine des jésuites. Après bien des tentatives inutiles pour amener la soumission des jansénistes, le pape les excommunia. Les solitaires furent dispersés, et l'on interdit aux religieuses de Port-Royal l'usage des sacrements, qui furent refusés même aux mourantes.

Pour éviter les disgrâces, Arnauld négligea un moment les jésuites et tourna sa belliqueuse ardeur contre les protestants avec lesquels on lui reprochait d'avoir plus d'un point commun. Afin de se défendre de cette accusation, qui était assez fondée, Arnauld écrivit avec Nicole le célèbre traité de la *Perpétuité de la Foi*. Néanmoins, la perte de Port-Royal avait été jurée. Quelques religieux furent arrêtés par l'ordre de Louis XIV, d'autres exilés : Nicole à Chartres, Lancelot à Quimper, Sacy au château de Pomponne. Le grand Arnauld, obligé de se cacher, se sauva à Bruxelles, où il continua à combattre les protestants. Cet homme ne vivait que pour la lutte. Un mot nous peindra son activité dévorante : un jour Nicole, fatigué de tant de disputes et de persécutions, lui dit qu'il était temps de se reposer : « Vous reposer ! s'écria Arnauld, n'aurez-vous pas pour vous reposer l'éternité tout entière ? » Cet athlète infatigable mourut à Bruxelles, en 1694, entre les bras du P. Quesnel, un de ses disciples.

Après la dispersion des solitaires, les religieuses, restées dans l'abbaye de Port-Royal de Paris, furent enlevées et enfermées dans différentes prisons. Une bulle du pape supprima le monastère, et le roi en fit raser les bâtiments, en 1710. Rome, souillée du sang des protestants persécutés après la révocation de l'Édit de Nantes, venait d'ajouter une iniquité de plus à son histoire.

Pierre Nicole (1625-1695) naquit à Chartres, et montra de bonne heure beaucoup de dispositions pour l'étude; à quatorze ans, il savait le grec et le latin. Il voulut faire des études théologiques et soutint même sa première thèse, mais ses relations avec les solitaires de Port-Royal arrêtèrent tous ses projets. Il était d'un caractère doux, facile et méditatif; il avait de l'austérité dans ses manières, de la simplicité dans ses goûts et beaucoup d'aptitude pour le travail. Lorsqu'il entra à Port-Royal, il fut chargé de la direction des classes de belles-lettres. Il devint l'ami intime du grand Arnauld et composa avec lui plusieurs ouvrages de controverse contre les jésuites et les protestants. La querelle d'Arnauld avec les jésuites, sa condamnation par la Sorbonne, sa fuite, arrachèrent Nicole à ses paisibles fonctions. Il défendit son ami, et fut forcé de fuir à son tour et de se cacher. Toutefois, Nicole ne suivit pas son maître dans son exil, en 1679; il fit même, dit-on, avec les jésuites, un accommodement où se peint son caractère. Il promit bien de ne pas écrire contre eux, mais il ne voulut pas rompre avec ses anciens amis.

Parmi ses nombreux ouvrages, celui qui porte le plus la marque de son esprit est le traité des *Moyens de conserver la paix avec les hommes*. « C'est un chef-d'œuvre, dit Voltaire, auquel on ne trouve rien d'égal dans l'antiquité. » — « Devinez ce que je fais, écrit Mme de Sévigné à sa fille; je recommence ce traité, et je voudrais bien en faire un bouillon et l'avaler. » C'est, en effet, un livre à la fois si court, si nourrissant et si pratique, qu'on voudrait se l'assimiler. Mentionnons encore les *Essais de morale* qui, selon Voltaire, sont utiles au genre humain et ne périront pas. Tandis que Arnauld se caractérise par une certaine impétuosité, Nicole, au contraire, porte dans ses ouvrages la douceur et l'onction qui le distinguaient. Mais celui qui, par la grandeur de son génie, devint le flambeau de Port-Royal, fut Pascal, l'immortel auteur des *Provinciales*

Pascal (1623-1662)

Pascal est l'homme le plus extraordinaire que la France ait produit, le penseur le plus profond qui ait honoré l'humanité. Le nombre de ses ouvrages est restreint, mais ils sont tellement remarquables, qu'ils ont suffi à lui donner une immortelle renommée.

Blaise Pascal naquit, en 1623, à Clermont-Ferrand, où son père était président à la cour des aides. Dès son enfance, le jeune Pascal donna des marques d'une intelligence extraordinaire. Son père, remarquant cette précocité, résolut de l'instruire lui-même; dans ce but, il vendit sa charge et vint s'établir à Paris. Avant de lui faire apprendre le latin, il lui donna des leçons de grammaire, et lui expliqua quelques effets extraordinaires, tel que celui de la poudre à canon, etc. Dans ces conversations, le jeune enfant voulait se rendre compte de tout, et quand on ne lui donnait pas de bonnes raisons, il en cherchait lui-même. Un jour, quelqu'un ayant frappé à table un plat de faïence avec un couteau, il remarqua que le coup produisait un son prolongé, mais qu'aussitôt qu'on touchait le plat le son s'arrêtait. Il voulut en savoir la cause, et cette expérience le porta à en faire beaucoup d'autres sur le son, qu'il résuma dans un traité très bien raisonné; il n'avait que douze ans.

C'est encore à douze ans, qu'il révéla un vrai génie pour les mathématiques. Son père avait l'habitude de recevoir chez lui des savants, et dans ces réunions, on s'occupait de sciences; l'enfant, qui y assistait avec curiosité, demanda un jour à son père ce que c'était que la géométrie dont il entendait tant parler. M. Pascal se borna à lui dire que la géométrie apprend l'art de faire des figures exactes et de trouver les proportions qu'elles ont entre elles : cette définition jeta l'enfant dans la rêverie la plus profonde; son père le surprit un jour, enfermé dans sa chambre et traçant, avec un morceau de charbon, des figures sur le carreau ; il lui demanda ce qu'il faisait : « Je cherche, dit-il, ce que valent les trois ouvertures de cette figure. » C'était un triangle. Il cherchait en ce moment la valeur des trois angles. Pressé de questions, il raconta comment il en était arrivé là, et il remonta de proposition en proposition jusqu'à la définition de la géométrie ; ne sachant trop comment désigner les figures qu'il traçait, il leur donnait des noms : il appelait un cercle un *rond*, une ligne une *barre*. Epouvanté de la puissance de ce génie, le père court chez un de ses amis ; à peine arrivé, il demeure immobile et sans voix et laisse couler des larmes : l'ami croit à un malheur. « Je pleure de joie, » lui dit M. Pascal, et il lui raconte comment avec une simple définition, son fils venait d'inventer les mathématiques. Dès ce jour, le père mit une géométrie entre les mains de son fils, ne lui permettant toutefois de l'étudier qu'à ses heures de récréation : l'enfant n'eut besoin d'aucun secours pour la comprendre. Son développement intellectuel fut si prompt, que M. Pascal lui permit de prendre part aux réunions scientifiques qui avaient lieu chez lui. Le jeune homme y tint sa place avec honneur ; il était consulté à son tour, et il lui arriva souvent de découvrir des erreurs dont les autres savants ne s'étaient pas aperçus.

A dix-neuf ans, son père l'ayant chargé de faire tous les comptes de l'intendance de Rouen, il essaya d'abréger cet aride travail et inventa une *machine arithmétique*, au moyen de laquelle on pouvait faire toutes sortes d'additions sans plume et avec une sûreté infaillible. Ce travail le fatigua beaucoup, non pour l'inventer, mais pour faire comprendre aux ouvriers le mécanisme de sa machine ; il mit deux ans pour la faire construire.

A vingt-trois ans, il découvrit la *pesanteur de l'air* et démontra que l'ascension de l'eau et du mercure dans un tube est due à la pression de l'atmosphère. Il trouva aussi plusieurs applications nouvelles de la mécanique ;

il eut la première idée des *omnibus* ; il inventa la *brouette du vinaigrier*, petite voiture à bras destinée à porter une personne, et le *haquet*, charrette mobile sur l'essieu, pour faciliter le chargement et le déchargement des fardeaux.

Tant d'études et de travaux altérèrent la santé de Pascal dès l'âge de dix-huit ans. Il fut saisi d'une sorte de paralysie des membres inférieurs, et il ne put, pendant quelque temps, marcher qu'avec des béquilles. Il ne pouvait avaler que des boissons chaudes, et goutte à goutte, par suite de spasme ou de paralysie partielle du gosier. Ses pieds et ses jambes étaient comme frappés de mort, et il y fallait appliquer des chaussures trempées dans l'eau-de-vie, pour en réchauffer un peu le marbre. Avec cela sa tête se fendait et ses entrailles brûlaient.

Un accident, qui faillit lui coûter la vie, tourna ses pensées vers les sujets religieux. Un jour (1654), il traversait le pont de Neuilly dans une voiture à quatre chevaux tout à coup les deux premiers prirent le mors aux dents et se précipitèrent dans la Seine. Heureusement, les traits se rompirent et la voiture resta suspendue sur le bord du précipice. Cet événement produisit sur Pascal une impression profonde. La pensée de la mort et de l'éternité se présenta à son esprit, et aussitôt il résolut de renoncer à l'étude des sciences pour ne s'occuper que du salut de son âme. Il tomba dans une dévotion outrée et souvent puérile, rompit toutes ses relations et, à peine âgé de trente-deux ans, se retira dans la solitude de Port-Royal où il s'imposa tant d'austérités et de privations, qu'il acheva de ruiner sa faible constitution. Il se fit un devoir de renoncer à tout plaisir et à toute superfluité ; il refusait le service des domestiques, faisait son lit, et allait lui-même chercher ses repas à la cuisine. Il portait sur le corps une ceinture garnie de pointes, et lorsqu'il lui venait quelque mauvaise pensée ou qu'il goûtait quelque plaisir, il se donnait des coups de coude pour se rappeler au devoir. C'est à Port-Royal qu'il écrivit ses *Lettres Provinciales* pour défendre Arnauld qui venait d'être condamné comme hérétique. Ces lettres eurent un succès prodigieux et mirent les rieurs du côté de Port-Royal.

Les quatre dernières années de la vie de Pascal se passèrent dans un état de faiblesse et de langueur qui ne lui permettait de se livrer à aucune occupation. Il se retira chez Mme Perrier, sa sœur, qui nous a donné de son frère une biographie intéressante où nous avons puisé la plupart de ces détails.

Il supporta sa dernière maladie avec beaucoup de patience et de résignation, édifiant tous ceux qui l'entouraient. Pascal avait toujours eu un grand amour pour la pauvreté. « J'ai remarqué, disait-il, que quelque pauvre qu'on soit, on laisse toujours quelque chose en mourant. » Il exigea qu'on transportât un malade pauvre dans sa chambre, pour y être soigné comme lui ; comme on ne pouvait accéder à sa demande, il voulut être transporté à l'hôpital des incurables, désirant mourir dans la compagnie des pauvres. Mais les médecins ne le permirent pas. A minuit, il fut saisi de convulsions violentes ; on crut qu'il était mort. Il se remit assez pour prendre le dernier sacrement. « Voici celui que vous avez tant désiré, » lui dit le curé en entrant dans sa chambre ; puis il l'interrogea sur les mystères de la religion. L'illustre malade répondit : « Oui, Monsieur, je crois tout cela. » Quand il eut reçu les derniers sacrements et que le prêtre se fut éloigné : « Que Dieu ne m'abandonne pas! » s'écria-t-il ; ce furent ses dernières paroles. Les convulsions le reprirent et il expira dans les bras de sa sœur. Il n'avait que trente-neuf ans. On trouva cousu dans ses vêtements, un petit papier sur lequel on lisait : « Certitude, certitude, joie, joie, pleurs de joie ! Renonciation totale et douce. »

Chefs-d'œuvre de Pascal.

Les Provinciales (1656-1657). — Rappelons à quelle occasion furent écrites les Provinciales. Un ouvrage, intitulé l'*Augustinus*, publié par Jansénius, évêque d'Ypres, sur la question de la Grâce, renfermait certaines propositions qui n'étaient pas conformes à la doctrine établie. L'ouvrage fut condamné par le Pape. Les religieux de Port-Royal, et à leur tête le grand Arnauld, tenaient pour l'opinion de Jansénius. Les Jésuites alors tout puissants à la cour de France, voulurent faire condamner Arnauld par la Sorbonne : ils espéraient par là ruiner les écoles de Port-Royal qui leur faisaient une rude concurrence. Arnauld écrivit mémoires sur mémoires. C'est alors que Pascal intervint et lança sa première lettre dans laquelle il dévoilait les manœuvres des Jésuites qui, selon lui, n'ayant plus d'arguments à faire valoir, avaient fait pénétrer en Sorbonne et asseoir parmi les juges tous les moines qu'ils avaient pu racoler. Le mot piquant « plus de moines que de raisons, » éveilla la curiosité publique. Quel était l'auteur de cette vive attaque ? On cherchait ; on supposait ; la police se mettait en mouvement. Tout à coup une seconde, une troisième lettre paraissent, sont répandues à profusion, lues avec avidité. Les magistrats en trouvent des exemplaires dans leur carrosse, sous leur serviette, partout. Impossible de découvrir d'où sort ce pamphlet alerte et insaisissable. Les trois premières lettres, bien que fort goûtées du public, n'étaient guère que de l'esprit sur la question de la grâce. Tout à coup la scène change. Dès la quatrième lettre, l'auteur anonyme transporte habilement la lutte sur un autre terrain ; il laisse là le débat de la Sorbonne et d'Arnauld et se tourne contre les Jésuites dont il attaque la morale relâchée. Il suppose un jeune homme Louis de Montalte, venu de province à Paris ; sous prétexte de s'instruire, il s'adresse à un Jésuite et le consulte sur quelques cas de conscience. Le bon Père lui dévoile tous les secrets de la morale de sa Compagnie pour s'accommoder à la faiblesse des hommes. Ce sont autant de recettes imaginées pour conduire des pécheurs au ciel par un chemin facile. Il y en a pour toutes sortes de personnes : pour les religieux, pour les domestiques, pour les gentilshommes, pour les riches, pour les marchands, pour les banquiers, pour les usuriers, pour les sorciers, pour les voleurs, pour les femmes dévotes, pour celles qui ne le sont pas. « Les hommes aujourd'hui, dit le bon Père, sont tellement corrompus, que, ne pouvant les faire venir à nous, il faut bien que nous allions à eux ; autrement, ils nous quitteraient ; le dessein capital que notre société a pris pour le bien de notre religion est de ne rebuter qui que ce soit, pour ne pas désespérer tout le monde ; » et il enseigne à son jeune interlocuteur la doctrine de la *probabilité*, en vertu de laquelle toute opinion peut être suivie lorsqu'elle est soutenue par un docteur grave ; — celle de l'*interprétation*, qui permet à un homme de tuer son semblable sans être assassin ; — celle de la *direction d'intention*, au moyen de laquelle il est permis de satisfaire toutes les passions pourvu que l'on ait bien soin de ne pas faire le mal pour le mal lui-même, mais pour l'avantage qu'on en retirera ; — celle des *équivoques*, par laquelle il est permis d'employer des termes ambigus en les faisait entendre dans un autre sens qu'on ne les entend soi-même ; — celle de la *restriction mentale* d'après laquelle on peut jurer qu'on n'a pas fait une chose bien qu'on l'ait faite effectivement, en sous-entendant en soi-même qu'on ne l'a pas faite avant qu'on ne fût né. Toutes ces belles choses sont débitées avec le plus grand sang-froid et assaisonnés d'anecdotes. Le jeune provincial met un art infini à faire parler le bon Père, qui trahit sa société sans le savoir et dont la candeur ajoute à l'énormité des principes qu'il professe. La vivacité du dialogue entre les deux interlocuteurs, l'un si malin, . autre si sottement naïf, fait de ces lettres une comédie digne de Molière.

A la fin de la dixième, le ton change. Le Jésuite, ayant cité une maxime qui dispense d'aimer Dieu, Pascal passe de la raillerie à l'attaque ouverte. Il prend la société des Jésuites corps à corps, passe en revue les griefs dont il a montré le ridicule, en fait voir tout l'odieux et dans les dernières lettres, s'élève aux mouvements de la plus haute éloquence.

Jugement. — « La brièveté, la clarté, une élégance continue, une plaisanterie mordante et naturelle, des mots que l'on retient, rendirent le succès des *Provinciales* populaire... Je les admirerais moins si elles n'étaient pas écrites avant Molière. Pascal a deviné la bonne comédie. Il introduit sur la scène plusieurs acteurs, un indifférent qui reçoit toutes les confidences de la colère et de la passion, des hommes de parti sincères, de faux hommes de parti plus ardents que les autres, des conciliateurs de bonne foi partout repoussés, des hypocrites partout accueillis : c'est une véritable comédie de mœurs. » (VILLEMAIN). « Les meilleures comédies de Molière n'ont pas plus de sel que les premières *Lettres provinciales :* Bossuet n'a rien de plus sublime que les dernières (VOLTAIRE). »

Pensées de Pascal (1669). — Après la mort de Pascal, ses héritiers trouvèrent parmi ses papiers, des notes nombreuses écrites à la hâte et qui étaient destinées à l'aider à composer un jour un ouvrage pour la défense de la religion. Les solitaires de Port-Royal, chargés de déchiffrer ces feuilles volantes, les trouvèrent d'abord illisibles ; mais quand ils furent parvenus à les lire, ils reconnurent qu'elles ne formaient rien de complet, et qu'elles étaient entassées sans aucune espèce d'ordre. Après les avoir fait recopier, ils eurent un instant l'idée de les compléter, mais ils se décidèrent heureusement à les publier sans changement. Seulement, il les classèrent dans l'ordre qui leur parut le plus convenable et se permirent un grand nombre de suppressions. Ils expliquèrent ces suppressions par la nature inintelligible ou tronquée des fragments supprimés. Mais au fond, leur but fut de soustraire à l'impression les passages les plus hardis au point de vue des principes jansénistes, affirmés dans ce livre avec une audace qui eût pu paraître dangereuse. Les notes informes de Pascal sont aujourd'hui à la bibliothèque nationale où tout le monde peut les consulter. Soigneusement collées sur des feuilles de papier, elles sont reliées en un volume, un des plus curieux assurément que possède ce riche établissement. Les travaux de MM. Cousin, Sainte-Beuve, Faugères et Ernest Havet, en découvrant bien des coins obscurs, en mettant surtout au jour le grand plan qui avait inspiré à Pascal ces notes détachées, sont venus donner à ce livre l'importance d'une véritable révélation.

L'intérêt immense des *Pensées*, c'est que la vie intime de l'auteur y éclate à chaque page, par des accents d'une vérité profonde ; ses doutes, ses déchirements, ses dédains pour lui-même et pour la raison, s'y trahissent par une éloquence sublime. On a dit justement que c'est avec le sang de son cœur qu'il écrit.

Nous nous bornerons à citer quelques-unes de ces pensées :

L'homme n'est qu'un roseau, le plus faible de la nature ; mais c'est un roseau pensant. Il ne faut pas que l'univers entier s'arme pour l'écraser. Une vapeur, une goutte d'eau suffit pour le tuer. Mais quand l'univers l'écraserait, l'homme serait encore plus noble que ce qui le tue, parce qu'il sait qu'il meurt ; et l'avantage que l'univers a sur lui, l'univers n'en sait rien. Ainsi toute notre dignité consiste dans la pensée. Travaillons donc à bien penser : voilà le principe de la morale.

Diseur de bons mots, mauvais caractère.

Peu de chose nous console, parce que peu de chose nous afflige.

L'homme qui n'aime que soi, ne hait rien tant que d'être seul avec soi.

On se persuade mieux pour l'ordinaire par les raisons qu'on a trouvées soi-même, que par celles qui sont venues dans l'esprit des autres.

La vraie éloquence se moque de l'éloquence.

La piété chrétienne anéantit le *moi* humain, et la civilité humaine le cache et le supprime.

Voulez-vous qu'on croie du bien de vous ? n'en dites point

L'homme n'est ni ange, ni bête, et le malheur veut que, qui veut faire l'ange, fait la bête.

Il n'y a que deux sortes d'hommes : les uns justes, qui se croient pécheurs, les autres pécheurs, qui se croient justes.

La Rochefoucauld. (1613-1680).

François de La Rochefoucauld appartenait à l'une des premières familles de France. Doué d'un esprit observateur et d'un heureux caractère, il suppléa aisément à ce qui lui manquait sous le rapport de l'instruction. Il avait une excessive politesse, une grâce charmante et un esprit qui fit de lui les délices de la cour. Lié avec la duchesse de Longueville et ami de tous les seigneurs de l'époque, il se jeta aveuglément dans les intrigues et les complots de la Fronde. A vingt ans, nous le voyons dans la ridicule échauffourée de la *Journée des Dupes*. Il prit tour à tour le parti de la reine-mère contre Richelieu, puis de la régente contre tous ses ennemis. Il fut blessé, au combat du faubourg Saint-Antoine, d'un coup de mousquet qui le priva, pendant quelque temps, de l'usage de ses yeux et lui ôta le moyen de suivre jusqu'au bout la rebellion du prince de Condé. Rentré dans la vie privée, il s'appliqua à la culture des lettres et fréquenta les hommes remarquables de ce temps : Racine, Boileau, etc. Mme de La Fayette, avec qui il était lié d'une étroite amitié, essaya d'exercer sur son caractère une salutaire influence. « Il m'a donné de l'esprit, disait-elle en parlant de La Rochefoucauld, mais j'ai réformé son cœur. » La réforme ne fut pas aussi complète qu'elle l'aurait voulu car l'âme sensible de Mme de La

Fayette n'aurait pu souscrire à l'injustice d'un grand nombre de maximes de son ami. Une fois guéri de la maladie de l'ambition, le célèbre factieux consacra ses loisirs à écrire ses *Mémoires* ou récits des guerres de la Fronde, et à méditer ses *Maximes*, qui ne sont que la moralité de ces récits. C'est ce dernier ouvrage qui a fait sa réputation comme moraliste et comme écrivain.

Maximes (1665). — Nous considérerons dans ce livre, la forme et le fond.

La forme fut l'objet du soin extrême de l'auteur ; il était si attentif à porter l'expression de chacune de ses pensées au plus haut degré de perfection possible, que la dernière édition de son livre est fort différente de la première. Le piquant, la vigueur, la propriété de l'expression, rangent à eux seuls ce recueil, parmi les chefs-d'œuvre de cette grande époque. Voici comment ce livre était apprécié par Voltaire : « Un des ouvrages qui contribuèrent le plus à former le goût de la nation et à lui donner un esprit de justesse et de précision, fut le recueil des *Maximes* du duc de La Rochefoucauld. Quoiqu'il n'y ait presque qu'une vérité dans ce livre, qui est *l'amour propre est le mobile de tout*, cependant cette pensée se présente sous tant de rapports, qu'elle est presque toujours piquante. On lut avidement ce petit recueil ; il accoutuma à penser et à renfermer ses idées dans un tour vif, précis et délicat. C'était un mérite que personne avant lui n'avait eu en Europe depuis la renaissance des lettres. »

Si la forme du livre est irréprochable, nous ne pouvons en dire autant du fond. Selon La Rochefoucauld, l'unique mobile des actions humaines, c'est l'intérêt personnel, qu'il nomme *amour propre*, amour de soi. Nous ne pouvons expliquer ce faux principe de morale que par les circonstances dans lesquelles le moraliste fut appelé à vivre. Il avait vu les hommes de cette époque s'agiter sous la seule influence de leur intérêt, comme il arrive dans les troubles civils. Il n'y a pas une seule de ces maximes au-dessous de laquelle on ne puisse écrire un nom propre. C'est tantôt le sien, tantôt Anne d'Autriche, tantôt Mazarin, tantôt Longueville et vingt autres dont les mémoires contemporains nous font connaître la conduite. Mais le tort de l'auteur est d'avoir généralisé une doctrine qui n'est vraie qu'accidentellement. Il oublie trop souvent les nobles instincts de notre nature, qui, sans calcul de gloire ou d'intérêt, nous portent à aimer nos semblables et à leur faire du bien ; il oublie le sentiment du devoir, le cri de la conscience qui nous donnent la force du dévouement ; il oublie enfin la charité qui substitue l'intérêt de Dieu à l'intérêt de l'homme, le ciel à la terre.

Les critiques que nous venons de faire peuvent nous aider à voir ce qu'il y a de défectueux dans quelques-unes des maximes suivantes :

Les vertus se perdent dans l'intérêt comme les fleuves dans la mer.

L'orgueil est égal dans tous les hommes et s'il y a de la différence, c'est que le modeste le cache mieux.

Les hommes ne vivraient pas longtemps en société, s'ils n'étaient dupes les uns des autres.

Dans l'adversité de nos meilleurs amis, nous trouvons souvent quelque chose qui ne nous déplaît pas.

Il est plus honteux de se défier de ses amis que d'en être trompé.

Le vrai moyen d'être trompés, c'est de nous croire plus fins que les autres.

L'hypocrisie est un hommage que le vice rend à la vertu.

Le trop grand empressement qu'on a de s'acquitter d'une obligation est une espèce d'ingratitude.

Ce n'est pas un grand malheur d'obliger des ingrats ; mais c'en est un insupportable d'être obligé à un malhonnête homme.

Nous gagnerions plus de nous laisser voir tels que nous sommes, que d'essayer de paraître ce que nous ne sommes pas.

Quand les vices nous quittent, nous nous flattons que c'est nous qui les quittons.

Nous oublions souvent nos fautes, lorsqu'elles ne sont sues que de nous.

Nous avouons quelquefois de petits défauts, pour persuader que nous n'en avons pas de plus grands.

On ne loue d'ordinaire que pour être loué

Chacun dit du bien de son cœur et personne n'en ose dire de son esprit.

Les personnes faibles ne peuvent être sincères.

La Bruyère (1645-1696).

La gloire de La Bruyère contraste avec l'obscurité et l'insignifiance de sa vie : nous ne savons rien sur sa famille. Il exerçait à Dourdan, sa ville natale, la charge de trésorier, quand Bossuet le fit venir à Paris, on ne sait sur quelle recommandation, pour enseigner l'histoire au duc Louis de Bourbon, petit-fils du grand Condé. Quand l'éducation du prince fut achevée, le précepteur continua à faire partie de la maison de son élève.

Il avait plus de quarante ans lorsqu'il fit paraître ses *Caractères*. Avant de les publier, il les montra à un de ses amis qui lui dit : « Voilà de quoi vous attirer beaucoup de lecteurs et beaucoup d'ennemis. » Les portraits qu'il a tracés dans ce célèbre ouvrage appartiennent à tous les siècles, car nul moraliste n'a vu l'homme et ne l'a jugé avec plus de sagacité que lui. Au lieu d'en faire un monstre d'hypocrisie, comme La Rochefoucauld, il sait admirer les grandes vertus avec la même sincérité qu'il flétrit les vices : il sait tenir compte de ce qu'il y a de bon et d'élevé en nous.

La Bruyère est non-seulement un moraliste éminent, mais aussi un écrivain distingué. Son style est brillant, animé, plein d'images et de mouvement. « Aucun homme, dit Chateaubriand, n'a su donner plus de variété à son style, plus de force, des formes plus diverses à sa langue, plus de mouvement à sa pensée. Il descend de la haute éloquence à la familiarité, et passe de la plaisanterie au raisonnement, sans jamais blesser le goût ni le lecteur. »

Comme son ami le lui avait prédit, les *Caractères* lui suscitèrent beaucoup d'ennemis et d'envieux, surtout parmi les gens de lettres. Il fut néanmoins reçu membre de l'Académie, en 1693. Il osa, le premier, dans son discours de réception, louer les académiciens vivants : Bossuet, La Fontaine, Boileau ; cette innovation souleva l'indignation des médiocrités littéraires ; on intrigua pour faire défendre l'impression de son discours. — Quatre jours avant sa mort, il lui survint une surdité complète, qui fut presque aussitôt suivie d'une attaque de paralysie qui l'enleva à l'âge de cinquante-sept ans.

Caractères de La Bruyère (1688). — La Bruyère a voulu peindre dans cet ouvrage l'histoire des mœurs de son époque. En effet, nous y voyons passer successivement sous nos yeux les principaux éléments de la société du XVII° siècle : gens de cour, bourgeois, hommes de finances, gens de robe, gens d'église, et, dans un coin du tableau, le peuple qu'il se plaît à nous montrer méprisé par toutes les autres classes : « L'on voit, dit-il, certains animaux farouches, des mâles et des femelles, répandus par la campagne, noirs, livides et tous brûlés du soleil, attachés à la terre, qu'ils fouillent et qu'ils remuent avec une opiniâtreté invincible ; ils ont comme une voix articulée et, quand ils se lèvent sur leurs pieds, ils montrent une face humaine, et, en effet, ils sont des hommes. Ils se retirent la nuit dans des tanières où ils vivent de pain noir, d'eau et de racines. Ils épargnent aux autres hommes la peine de semer, de labourer et de recueillir, pour vivre et mériter ainsi de ne pas manquer de ce pain qu'ils ont semé. »

Mais il ne suffit pas d'envisager La Bruyère comme l'historien des mœurs de son époque. Comme moraliste, c'est-à-dire comme peintre de la société humaine en général et de l'homme en particulier, il mérite toute notre attention. Une justice vraie, une équité délicate se montrent ordinairement dans les jugements qu'il porte. C'est un observateur chrétien qui regarde autour de soi et qui peint ce qui le frappe. Il ne voit pas la vie en beau, mais il prend son parti des maux dont elle est semée.

Le mérite principal de La Bruyère est plutôt un mérite d'écrivain que de philosophe. « La Bruyère, dit M. Demogeot, est un auteur charmant qu'on ne se lasse pas de relire. Quel riche tableau que son livre des *Caractères!* que de finesse dans le dessin! que de couleurs brillantes et délicatement nuancées. Comme tout ce monde comique qu'il a créé s'agite dans un pêle-mêle amusant! point de transitions, point de plan régulier. Les personnages sont une foule affairée qui court, qui se remue, toute chamarrée de prétentions, d'originalités, de ridicules : vous croiriez être dans la grande galerie de Versailles et voir défiler devant vous, ducs, marquis, financiers, bourgeois, gentilshommes, pédants, prélats de cour. Tantôt vous entendez un piquant dialogue qui a tout le sel d'une petite comédie, avec un mot plein de sens pour le dénouement; tantôt entre deux travers habilement saisis, l'auteur glisse une réflexion morale, dont la vérité fait le principal mérite; ici, c'est une maxime concise à la manière de La Rochefoucauld, mais sans ses préjugés misanthropiques; là, une image familière, ennoblie à force d'esprit et de nouveauté ; plus loin, une construction maligne qui arme d'un trait inattendu la fin de la phrase la plus inoffensive. »

Parmi ces portraits, tracés avec une finesse, une concision, une énergie de style, une originalité, une hardiesse d'images incomparables, nous citerons surtout : *La Curiosité* ou les *Manies; Ménippe* ou les *Plumes du paon, Gnaton* ou *l'Égoïste; Cliton* ou *l'Homme né pour la digestion; le Courtisan; Giton et Phédon* ou le *Riche et le Pauvre.*

Voici quelques maximes de La Bruyère, pleines de concision et de vérité :

C'est une grande misère que de n'avoir pas assez d'esprit pour bien parler, ni assez de jugement pour se taire.

Celui-là peut prendre, qui goûte un plaisir aussi délicat à recevoir, que son ami en sent à lui donner.

Il vaut mieux s'exposer à l'ingratitude que de manquer au misérable.

Si vous observez avec soin qui sont les gens qui ne peuvent louer, qui blâment toujours, qui ne sont contents de personne, vous reconnaîtrez que ce sont ceux-mêmes dont personne n'est content.

LE RICHE ET LE PAUVRE.

Giton a le teint frais, le visage plein et les joues pendantes, la démarche ferme et délibérée. Il parle avec confiance; il fait répéter celui qui l'entretient et il ne goûte que médiocrement tout ce qu'il lui dit. Il déploie un ample mouchoir, et se mouche avec grand bruit; il crache fort loin, et il éternue fort haut. Il dort le jour, il dort la nuit, et profondément; il ronfle en compagnie. Il occupe à table et à la promenade plus de place qu'un autre; il tient le milieu en se promenant avec ses égaux; il s'arrête, et l'on s'arrête; il continue de marcher, et l'on marche; tous se règlent sur lui. Il interrompt, il redresse ceux qui ont la parole; on ne l'interrompt pas, on l'écoute aussi longtemps qu'il veut parler; on est de son avis, on croit les nouvelles qu'il débite. S'il s'assied, vous le voyez s'enfoncer dans un fauteuil, croiser les jambes l'une sur l'autre, froncer le sourcil, abaisser son chapeau sur ses yeux pour ne voir personne ou le relever ensuite, et découvrir son front par fierté et par audace. Il est enjoué, grand rieur, impatient, présomptueux, colère, libertin (1), politique, mystérieux sur les affaires du temps; il se croit des talents et de l'esprit. Il est riche.

Phédon a les yeux creux, le teint échauffé, le corps sec et le visage maigre; il dort peu, et d'un sommeil fort léger; il est abstrait, rêveur, et il a avec de l'esprit l'air d'un stupide; il oublie de dire ce qu'il sait, ou de parler d'événements qui lui sont connus; et s'il le fait quelquefois, il s'en tire mal; il croit peser à ceux à qui il parle; il conte brièvement, mais froidement; il ne se

---

(1) On appelait *libertins* au dix-septième siècle ceux que l'on appelle aujourd'hui *libres-penseurs*.

fait pas écouter, il ne fait point rire; il applaudit, il sourit à ce que les autres lui disent, il est de leur avis; il court, il vole pour leur rendre de petits services; il est complaisant, flatteur, empressé; il est mystérieux sur ses affaires, quelquefois menteur; il est superstitieux, scrupuleux, timide; il marche doucement et légèrement, il semble craindre de fouler la terre; il marche les yeux baissés, et il n'ose les lever sur ceux qui passent. Il n'est jamais du nombre de ceux qui forment un cercle pour discourir; il se met derrière celui qui parle, recueille furtivement ce qui se dit, et il se retire si on le regarde. Il n'occupe point de lieu, il ne tient point de place; il va les épaules serrées, le chapeau abaissé sur ses yeux pour n'être point vu; il se replie et se renferme dans son manteau : il n'y a point de rues ni de galeries si embarrassées et si remplies de monde où il ne trouve moyen de passer sans effort, et de se couler sans être aperçu. Si on le prie de s'asseoir, il se met à peine sur le bord d'un siège; il parle bas dans la conversation, et il articule mal; libre néanmoins sur les affaires publiques, chagrin contre le siècle, médiocrement prévenu des ministres et du ministère. Il n'ouvre la bouche que pour répondre; il tousse, il se mouche sous son chapeau; il crache presque sur soi, et il attend qu'il soit seul pour éternuer, ou, si cela lui arrive, c'est à l'insu de la compagnie; il n'en coûte à personne ni salut, ni compliment. Il est pauvre.

Fénelon (1651-1715)

Aucun homme du siècle de Louis XIV n'a mérité plus d'affection et de respect que Fénelon. Il a eu le rare privilége de n'avoir point d'ennemis : il n'y a qu'une voix pour proclamer la noblesse de son caractère et la beauté de ses vertus. J.-J. Rousseau lui-même, quoique philosophe et peu croyant, disait qu'il aurait voulu vivre du temps de Fénelon pour lui servir de valet de chambre.

François de Salignac de la Motte-Fénelon naquit à Sarlat, en Périgord, en 1651, d'une famille ancienne et noble. Dès son enfance, il montra les dispositions les plus heureuses : à douze ans, il savait parfaitement le grec, écrivait en latin et en français avec élégance et facilité et avait lu les grands écrivains de l'antiquité ; ses auteurs favoris étaient Homère, Sophocle et Euripide. Il fut placé au collége de Cahors, puis il entra au séminaire de Saint-Sulpice à Paris, où les maîtres les plus habiles prirent un soin tout particulier de sa belle intelligence. Il y fit de fortes études théologiques et y apprit à pratiquer toutes les vertus chrétiennes. Son génie fut si précoce, qu'à l'exemple de Bossuet, on le fit prêcher à l'âge de quinze ans, devant une assemblée d'élite, un sermon qui eut le plus grand succès.

Mais son oncle, homme d'une vertu rigide, craignant pour lui les dangereux applaudissements du monde, l'obligea de se renfermer dans les fonctions les plus obscures. A vingt-quatre ans, Fénelon fut ordonné prêtre. Il crut, un moment, que sa vocation était d'être missionnaire, et, quoique sa santé fût délicate, il eut l'idée de partir pour le Canada. Malgré son enthousiasme, il abandonna ce projet pour ne pas affliger ses parents.

A vingt-sept ans, il fut nommé directeur de la communauté des *Nouvelles Catholiques*. C'était un établissement fondé par l'archevêque de Paris pour instruire des jeunes filles protestantes qui avaient abjuré la Réforme. C'est au milieu de ces modestes fonctions que Fénelon composa son *Traité de l'Éducation des filles*. La duchesse de Beauvilliers le lui avait demandé pour la diriger dans l'éducation de ses enfants. Le duc de Beauvilliers, jugeant que cet ouvrage pouvait devenir un livre élémentaire pour toutes les familles, le fit imprimer. C'est à lui que nous devons ce traité, qui est un chef-d'œuvre de délicatesse, de grâce et de génie.

Cet ouvrage fut suivi du *Traité du Ministère des pasteurs*, dont le but était de combattre la Réforme. Il est écrit sans passion, sans aigreur et sans emportement. Fénelon semblait se préparer à la mission que le roi allait lui confier. Ce livre de controverse attira, en effet, sur l'auteur, l'attention de Louis XIV, qui venait de révoquer l'édit de Nantes. Pour affermir les nouveaux convertis et préparer la conversion des autres, le roi envoyait des missionnaires dans les provinces où les protestants étaient nombreux. La force, les menaces, les horreurs des dragonnades ayant échoué auprès de ces populations héroïques dans la défense de leur foi, le cruel roi voulut essayer des moyens doux et persuasifs de la prédication. Il jeta les yeux sur Fénelon pour prêcher une mission dans la Saintonge et dans l'Aunis. Fénelon accepta, mais il demanda au roi, comme une grâce, d'éloigner les troupes des lieux où il exercerait son ministère. « Si on voulait leur faire abjurer le christianisme et suivre l'Alcoran, écrivait-il à Bossuet qui lui avait procuré cette charge en le recommandant au roi, il n'y aurait qu'à leur montrer les dragons. ».

Après un an de séjour dans le Poitou, Fénélon fut nommé précepteur du duc de Bourgogne. C'était une grande tâche que celle de former l'héritier de la couronne, surtout quand on se rappelle le caractère de ce jeune enfant.

« Le duc de Bourgogne, dit Saint-Simon, naquit terrible et dans sa première jeunesse fit trembler; dur, colère jusqu'aux derniers emportements contre les choses inanimées; impétueux avec fureur, incapable de souffrir la moindre résistance sans entrer dans des fougues à faire craindre pour sa vie, opiniâtre à l'excès, livré à toutes les passions, et transporté de tous les plaisirs, souvent farouche, naturellement porté à la cruauté, barbare en railleries, saisissant les ridicules avec une justesse qui assommait; de la hauteur des cieux il ne regardait les hommes que comme des atomes, avec qui il n'avait aucune ressemblance. » Voilà le caractère qu'il s'agissait de réformer.

Le premier soin de Fénelon fut d'étudier les inclinations et la portée intellectuelle de son élève, afin d'y proportionner son enseignement. Il mit tout en œuvre, douces réprimandes, railleries fines, indulgence ou fermeté pour assouplir ce caractère indomptable. Ses efforts furent couronnés d'un plein succès. En très peu de temps, dit encore le duc de Saint-Simon, la dévotion et la grâce firent du prince un autre homme, et changèrent tant et de si redoutables défauts en vertus parfaitement contraires. » De cet enfant indomptable, il fit un prince affable, doux, humain, modéré, patient, modeste, humble et austère pour soi. Tout appliqué à ses obligations, et les comprenant immenses, le duc ne pensa plus qu'à allier les devoirs de fils et de sujet, à ceux auxquels il se voyait destiné. C'est pour l'éducation de ce jeune prince que Fénelon a composé la plupart de ses ouvrages : *les Fables, les Dialogues des Morts, le Traité sur l'Existence de Dieu, les Dialogues sur l'Éloquence, Télémaque*, etc.

C'est ainsi que s'acheva, avec un plein succès, l'éducation du duc de Bourgogne, aux applaudissements de la France entière.

Tant de mérite devait enfin trouver sa récompense. Fénelon fut élu membre de l'Académie française en remplacement de Pellisson. L'année suivante, il obtint la riche abbaye de Saint-Valéry-sur-Somme, et peu de mois après, il fut nommé archevêque de Cambrai. C'est vers cette époque qu'éclata la querelle du *quiétisme*, qui mit Fénelon aux prises avec Bossuet et qui fut pour lui la source de tant d'amertumes. Le *quiétisme* est un état de l'âme qui consiste à aimer Dieu pour lui-même, sans mêler à cet amour l'idée de notre propre intérêt. Cette doctrine fut propagée par Mme Guyon, femme d'une dévotion tendre et affectueuse, qui n'épargna aucune peine pour la répandre : elle était intimement liée avec la famille du duc de Beauvilliers et avec Mme de Maintenon. C'est là que Fénelon fit sa connaissance. Il fut charmé de sa piété et embrasa ses idées avec enthousiasme.

Mais Bossuet, qui se croyait l'oracle de la religion,

découvrit de graves dangers, pour l'Église, dans cette spiritualité exaltée, qui pouvait induire les âmes faibles à négliger la pratique des bonnes œuvres. L'Aigle de Meaux appesantit sa serre cruelle sur une femme et sur son ami, comme il l'avait si durement appesantie sur les protestants. Il fit jeter Mᵐᵉ Guyon dans les cachots de Vincennes, puis à la Bastille, et ne recula même pas devant la calomnie : non-seulement il attaqua ses erreurs, mais il l'accusa de conduite scandaleuse. Fénelon, si doux, bondit d'indignation en voyant diffamer ainsi une femme qu'il croyait sainte et qui était son amie ; sans hésiter, il entra dans la lice contre son redoutable adversaire, et écrivit l'*Explication des Maximes des saints sur la vie intérieure*. Dès que ce livre parut, Bossuet alla lui-même dénoncer l'hérétique à Louis XIV et lui demanda pardon « de ne lui avoir pas révélé plus tôt l'hypocrisie et le fanatisme de son confrère. » Le grand roi, qui n'avait pas déjà beaucoup de sympathie pour l'archevêque de Cambrai, parce qu'il redoutait son influence à la cour, lui retira ses faveurs. Il convoqua une assemblée d'évêques, partisans de Bossuet, et leur déféra l'examen du livre de Fénelon ; celui-ci déclina leur compétence et demanda au roi la permission d'aller lui-même en appeler à Rome. Le roi lui défendit de sortir du royaume et lui enjoignit de rentrer dans son diocèse. C'est en vain que le jeune duc de Bourgogne se jeta à ses pieds : « Non, mon fils, lui répondit le roi, je ne suis pas maître de faire de ceci une affaire de faveur. Il s'agit de la sûreté de la foi ; Bossuet en sait plus en cette matière que vous et moi. » A partir de ce jour, il ôta à Fénelon le titre et les appointements de précepteur et lui interdit de se présenter à Versailles. Après un an de discussion, on soumit le livre au jugement de Rome. Malheureusement, le pape n'eut pas le courage de résister à Louis XIV, qui demandait la condamnation de l'archevêque comme une chose nécessaire au repos et au bien de l'État. Au bout de six mois, il condamna le livre. Fénelon allait monter en chaire lorsqu'il reçut cette fatale nouvelle. Aussitôt il se recueille, change le sujet de son sermon et adresse à ses auditeurs une touchante allocution sur l'obéissance que nous devons à nos supérieurs. Peu de jours après, il publia un mandement où il accepta, sans restriction, la condamnation prononcée par le saint-siége. On devine combien cette âme pieuse et tendre dut souffrir pendant cette triste querelle. Bossuet se montra à son égard, ce qu'il était d'ailleurs pour tous : insensible, dur, hautain, implacable. L'Aigle de Meaux ne fut satisfait que lorsqu'il eut étreint et étouffé dans ses serres celui qu'on appelait le *Cygne de Cambrai*, et dont l'incontestable mérite lui portait peut-être ombrage. Il fut sévèrement jugé par le pape lui-même : « Si Fénelon aime Dieu, dit-il, Bossuet n'aime pas assez son prochain. » Plus tard, Fénelon exprima la douleur que lui inspira cette lutte : « Trop heureux, disait-il, si, au lieu de ces guerres d'écrits, nous avions toujours fait notre catéchisme dans notre diocèse, pour apprendre aux pauvres villageois à craindre et à aimer Dieu. »

On crut un instant que la soumission de Fénelon allait le faire rentrer en grâce auprès de Louis XIV. Il n'en fut rien. La publication de *Télémaque* vint, au contraire, achever de le perdre dans l'esprit du roi. L'envie chercha dans cet ouvrage des allusions et une critique de Louis XIV et de son gouvernement. Fénelon protesta avec indignation contre l'odieuse calomnie dont il était encore victime. Voici, au reste, ce qu'il en dit lui-même dans une lettre écrite au P. le Tellier : « Pour *Télémaque*, c'est une narration fabuleuse en forme de poëme épique, comme ceux d'Homère et de Virgile, où j'ai mis les principales instructions qui conviennent à un prince que sa naissance destine à régner. Je l'ai fait dans un temps où j'étais charmé des marques de bonté et de confiance dont le roi me comblait. Il aurait fallu que j'eusse été non-seulement l'homme le plus ingrat, mais encore le plus insensé, pour y vouloir faire des portraits satiriques et insolents. J'ai horreur de la seule pensée d'un tel dessein. Il est vrai que j'ai mis dans ces aventures toutes les vérités nécessaires pour le gouvernement, et tous les défauts qu'on peut avoir dans la puissance souveraine ; mais je n'en ai marqué aucun qui tende à aucun portrait ni caractère. Plus on lira cet ouvrage, plus on verra que j'ai voulu dire tout, sans peindre personne. »

Fénelon accepta sa disgrâce avec une résignation chrétienne : il ne s'occupa plus que des exercices de son saint ministère. Il aimait à parcourir les villages de la Flandre pour instruire de simples paysans : il avait le don de se mettre à leur portée. Souvent, dans ses tournées pastorales, il entrait dans leurs chaumières et demandait à partager leur repas champêtre. Un jour, dans une de ces promenades, il rencontre un jeune paysan tout en larmes, parce qu'il venait de perdre une vache, seul bien de sa pauvre famille. Le digne archevêque le console et lui promet de l'aider à la retrouver : il la retrouve, en effet, dans une prairie, et la ramène lui-même à la cabane du paysan.

La France touchait au terme de sa prospérité, et Fénelon, avant de mourir, eut la douleur d'être témoin de ses premiers malheurs. Le duc de Bourgogne, malgré la disgrâce du roi, lui était toujours resté fidèle ; lorsqu'il partit pour la campagne de 1702, il obtint la permission de voir son ancien précepteur, à condition qu'il ne lui parlerait pas en particulier. L'archevêque se rendit à l'hôtel où le prince devait descendre. Ils s'embrassèrent les larmes aux yeux ; il y avait cinq ans qu'ils ne s'étaient pas vus. Il fallut se quitter encore ; ils s'embrassèrent de nouveau : « Adieu, mon bon ami, dit le prince d'une voix qu'entrecoupaient les sanglots ; je sais ce que je vous dois ; vous savez ce que je vous suis. » Ils ne devaient plus se revoir.

Pendant cette désastreuse guerre de la succession

d'Espagne, qui coûta à la France des torrents de sang, Fénelon déploya une infatigable charité. La Flandre fut le théâtre principal des hostilités. Tant que dura la guerre, le palais de l'archevêque de Cambrai devint l'asile des officiers et des soldats malades ou blessés. « Sa maison ouverte, et sa table de même, dit Saint-Simon, avaient l'air de celle d'un gouverneur de Flandre, et tout à la fois d'un palais vraiment épiscopal ; et toujours beaucoup de gens de guerre distingués, et beaucoup d'officiers particuliers, sains, malades, blessés, logés chez lui, défrayés et servis, comme s'il n'y en eût qu'un seul, et lui ordinairement aux consultations des médecins et des chirurgiens ; il faisait d'ailleurs auprès des malades les fonctions du pasteur le plus charitable ; et souvent il allait exercer le même ministère dans les maisons et les hôpitaux où l'on avait dispersé les soldats, et tout cela sans oubli, sans petitesse, et toujours prévenant, avec les mains ouvertes. Aussi était-il adoré de tous. »

Les dernières années de Fénelon furent abreuvées d'amertume. Il vit mourir successivement tous ceux qu'il aimait avec le plus de tendresse : en 1714, le grand Dauphin, fils de Louis XIV ; l'année suivante, madame la duchesse de Bourgogne, et enfin son tendre élève, le duc de Bourgogne. A cette terrible nouvelle, il s'écria : « Tous mes liens sont rompus, rien ne saurait plus m'attacher à la terre ! » Ce coup ébranla sa santé. « Je ne suis plus qu'un squelette, disait-il, qui marche et qui parle, mais qui mange et qui dort peu. » La mort du duc de Beauvilliers fut le dernier coup qui frappa son âme. Il écrivit à la duchesse de Beauvilliers ces paroles touchantes : « Nous retrouverons bientôt ce que nous n'avons point perdu ; nous en approchons tous les jours à grands pas ; encore un peu, et il n'y aura plus de quoi pleurer. » Quelques jours après, il tomba malade. Il comprit que la fin de ses peines était venue : « Je n'en réchapperai pas, dit-il à un ecclésiastique de sa maison ; je ne dois plus que songer à mourir. » Il mourut en se faisant réciter les hymnes les plus sublimes et les plus douces. « Répétez-moi ce passage, disait-il, en savourant ces chants d'espérance ; encore, encore ! jamais assez de ces divines paroles ! » « Seigneur, s'écria-t-il une fois, si je suis encore nécessaire à votre peuple, je ne refuse point le travail du reste du jour ; faites votre volonté ! » Un de ses amis attristé par ces paroles, lui dit : « Mais pourquoi nous quittez-vous ? Dans cette désolation, à qui nous laissez-vous ? Peut-être que les bêtes féroces vont venir ravager votre petit troupeau ! » Il ne répondit que par un regard tendre et par un soupir. Il expira doucement, le 7 janvier 1715.

Chefs-d'œuvre de Fénelon

Traité de l'Éducation des filles (1687). — Dans ce traité, l'auteur fait commencer l'éducation des femmes à cette époque de la vie où un seul et même nom convient aux deux sexes. Dans la première partie, il s'adresse aux parents et aux instituteurs et fait leur éducation encore plus que celle de leurs enfants ou de leurs élèves. C'est aux enfants mêmes qu'il adresse ensuite ses instructions. Il s'occupe successivement des facultés morales et intellectuelles et établit sur les principes religieux tout son système d'éducation. Il parle à leur raison naissante par des images sensibles ; c'est ainsi qu'il profite de la poupée pour inculquer aux petites filles les premières notions des choses et leur donner même des aperçus de morale philosophique et religieuse.

Il est ennemi de la superstition et des dévotions qu'un zèle indiscret introduit ; mais il veut que les femmes soient pénétrées de la religion, et il leur expose tous les points de la doctrine catholique avec une clarté admirable. S'il blâme certaines pratiques de piété ou les élans d'une imagination trop tendre, il ne désapprouve pas l'instruction, les connaissances, les talents d'agrément nécessaires aux femmes pour remplir avec succès tous les devoirs que leur imposent la nature et la société. Les femmes exercent à ses yeux un rôle civilisateur, et il ne faut pas les condamner à une ignorance absolue sous prétexte que quelques-unes se sont rendues ridicules par la présomption de leur savoir.

Pour les romans, il les leur interdit absolument.

Donnant ensuite des leçons de bon goût sur les costumes et les modes, il remarque que le luxe ruine les familles, que certaines parures inventées ou acceptées par la vanité des femmes leur font perdre leurs avantages naturels.

Suivant la femme dans la famille et dans la vie du monde, il lui expose ses devoirs. « Il faut, dit-il, accoutumer les filles dès l'enfance, à gouverner quelque chose, à faire des comptes, à voir la manière de faire des marchés de tout ce qu'on achète, et à savoir comment une chose soit faite pour être d'un bon usage. C'est le bon ordre et non certaines dépenses sordides qui font les grands profits. »

Jugement. — Ce *Traité* réunit plus d'idées justes et utiles, plus de vérités pratiques et de saine morale que beaucoup d'ouvrages volumineux écrits depuis sur le même sujet. Fénelon ne pouvait indiquer les modifications que tout instituteur éclairé doit employer selon la différence des caractères, des penchants et des dispositions des enfants ; mais il saisit avec tant d'art et de profondeur tous les traits uniformes dont la nature a marqué ces premiers âges de la vie, qu'il n'est aucune mère de famille qui ne doive retrouver dans ce tableau l'image de son enfant et l'expression fidèle des défauts qu'elle doit s'efforcer de prévenir, des penchants qu'elle doit chercher à rectifier et des qualités qu'elle doit développer. C'est ainsi qu'un ouvrage, destiné à une seule famille, est devenu un livre élémentaire qui convient à toutes les familles, à tous les temps et à tous les lieux.

Fables (1712). — Nous avons dit combien était impétueux et peu maniable le caractère du duc de Bourgogne dont Fénelon était le précepteur. Le prélat tâcha de corriger, au moyen d'apologues, les défauts du jeune prince. Il est facile de suivre la progression de ces *Fables* en les comparant au développement que l'âge et la raison devaient amener dans l'éducation du duc de Bourgogne ; la simplicité, la précision de quelques-unes, montrent qu'elles s'adressent à un enfant dont il fallait éviter de fatiguer la mémoire ; d'autres indiquent des vérités plus élevées. Dans tous ces apologues, Fénelon accoutume le jeune prince à son rôle royal.

Jugement. — « La philosophie des *Fables* de Fénelon, dit Palissot, n'est point ce pédantisme sec et aride qui flétrit le cœur de l'enfant en lui exagérant sans cesse sa perversité ou ses infortunes ; mais c'est la sagesse même qui, sous des images riantes, insinue doucement ses maximes et persuade en se faisant aimer. »

Toutes ont un but moral, non point vague, mais se rapportant à un fait récent et dont le jeune duc ne pouvait éluder l'application. C'était un miroir dans lequel il était obligé de se reconnaître, bien que souvent il lui offrît de lui-même une image peu flatteuse. Tantôt c'est un faune qui relève en riant les fautes de Bacchus enfant ; le jeune dieu s'irrite : « Comment oses-tu te moquer du fils de Jupiter ? — Hé ! répond le faune, comment le fils de Jupiter ose-t-il faire quelque faute ? » Dans le *Fantasque*, il retrace au duc de Bourgogne la fidèle histoire de ses inégalités et de ses emportements. Citons encore la *Médaille*, les *Deux Renards*, les *Abeilles*, le *Singe*, etc. Ce petit ouvrage est devenu classique et se trouve entre les mains des élèves à côté du *Télémaque*.

Traité de l'Existence de Dieu (1713). — Cet ouvrage se divise en deux parties. Dans la première, l'auteur tire les preuves de l'existence de Dieu du spectacle de la nature et de la connaissance de l'homme ; il développe avec éloquence les enseignements qui résultent de l'ordre du monde et des causes finales. Fénelon embrasse l'ensemble du monde physique, la terre avec ses productions et ses éléments, le soleil, les planètes, les étoiles, et montre partout une main également industrieuse et puissante, mettant dans son ouvrage un ordre simple et fécond, constant et utile. De la nature inanimée, il passe aux animaux, qui sont encore plus dignes d'admiration que les cieux et les astres ; puis à l'homme qui est composé d'un corps et d'une âme ; d'un corps façonné avec un art merveilleux, d'une âme capable de s'élever jusqu'à l'idée de l'infini.

Dans la seconde partie, Fénelon suit pas à pas la marche du *Discours sur la Méthode* de Descartes pour prouver l'existence de Dieu.

Jugement. — « Quoique l'esprit chrétien domine dans ce *Traité* et que ce soit le prêtre de la religion révélée qui démontre le premier dogme de la religion naturelle, on y sent le disciple de Descartes cherchant Dieu par delà la foi et pensant à ceux qui n'en peuvent recevoir la connaissance que par la raison. Il ne craint pas d'emprunter des preuves aux païens. Tantôt il raisonne de cette vérité sublime avec la subtilité de Socrate et de Platon, tantôt il la rend familière ou accessible à tous par l'aimable et facile éloquence de Cicéron. Ce qui se voit du chrétien dans ce *Traité*, c'est un désir plus vif et plus tendre de persuader ceux qui le liront et un choix de preuves qui s'adressent aux cœurs (NISARD). »

Dialogues sur l'Éloquence (1718). — Cet ouvrage ne renferme que trois dialogues dans lesquels Fénelon a imité la manière de Platon. Il se contente de distinguer ses interlocuteurs par les lettres A, B, C, ce qui diminue évidemment l'intérêt que la discussion aurait eue si, au lieu de personnages abstraits, l'auteur avait mis en scène des personnages réels.

L'occasion de l'entretien est la critique d'un sermon où un prédicateur s'est montré plutôt bel esprit qu'orateur par le choix de son texte et par les divisions artificielles qu'il y a établies.

Dans les deux premiers dialogues, l'auteur traite de l'éloquence en général, de son but, de ses principes, de ses moyens et de ses règles. Le troisième, est particulièrement consacré à l'éloquence religieuse.

En exposant dans ce travail ses idées sur l'éloquence de la chaire, Fénelon s'était proposé de rechercher la méthode la plus sûre et la plus utile pour recueillir tous les fruits de la prédication. Il pense que les prédicateurs ne doivent pas composer des discours qui aient besoin d'être appris par cœur. « Considérez, dit-il, tous les avantages qu'apporte dans la tribune sacrée un homme qui n'apprend point par cœur. Il se possède, les choses coulent de source ; ses expressions sont vives et pleines de mouvement. La chaleur même qui l'anime lui fait trouver des figures qu'il n'aurait pu trouver dans son étude. L'action ajoute une nouvelle vivacité à la parole ; ce qu'on trouve dans la chaleur de l'action est autrement sensible et naturel ; il a un air négligé et ne sent plus l'art. » Fénelon ajoute qu'une telle manière de prêcher suppose une méditation sérieuse et approfondie de son sujet, de la force de raisonnement et des connaissances acquises par la lecture des grands modèles.

Le célèbre orateur s'oppose aux divisions en trois points et aux subdivisions généralement adoptées dans les sermons. Cet ordre est arbitraire et nuisible à l'effet du discours. Il blâme aussi l'usage assez moderne de fonder un sermon sur un texte isolé et il recommande aux prédicateurs de prêcher souvent et de faire des sermons courts.

Jugement. — Ces principes ont paru fort judicieux à l'abbé Maury et l'on peut dire avec lui des *Dialogues*, « qu'on doit les regarder comme le meilleur livre didactique pour les prédicateurs, et que toutes les règles de l'art y sont fondées sur le bon sens et sur la nature. Ces préceptes sont réduits à un petit nombre de conseils tirés d'une expérience personnelle : étudier les Saintes-Écritures et les pères de l'Église ; éviter toute recherche de style ; dédaigner toute prétention d'effets oratoires et parler autant que possible d'abondance. »

Dialogue des Morts (1712). — Cet ouvrage, comme la plupart de ceux de Fénelon, a été écrit pour l'éducation du duc de Bourgogne. Le célèbre moraliste écrivait ces *Dialogues* selon ses divers besoins : tantôt pour corriger d'une manière douce et aimable ce que le caractère de son élève avait de défectueux, tantôt pour confirmer en lui ce qu'il y avait de bon et de grand ; tantôt enfin pour lui insinuer, par des instructions familières à la portée de son âge, les plus sublimes maximes de la bonne politique et de la morale. Tandis qu'il formait ainsi son goût, son cœur et son esprit, il lui apprenait en même temps la fable et l'histoire avec les caractères des grands hommes de l'antiquité. Par là, unissant les préceptes et les exemples, il lui peignait la vertu d'une manière sensible, intéressante, et lui montrait qu'elle n'est pas seulement belle et aimable dans la spéculation, mais encore que la pratique n'en est point au-dessus des forces de l'homme et que c'est par elle seule qu'un roi doit arriver à la véritable gloire.

Morale, philosophie, art militaire, littérature, peinture, sculpture, politique, tous les arts sont effleurés dans ces *Dialogues*. Le nom seul des interlocuteurs le démontre aisément. Nous y voyons converser Confucius et Socrate, Socrate et Alcibiade, Platon et Aristide, Coriolan et Camille, Alexandre et Clitus, Annibal et Fabius, Horace et Virgile, Louis XI et le cardinal La Ballue, le connétable de Bourbon et Bayard, Parrhasius et Poussin. Les principes sont toujours pleins d'humanité et conformes au caractère si doux et si aimable de Fénelon. Solon prouve à Pisistrate que le tyran n'est point heureux d'avoir la tyrannie et se trouve très malheureux de la perdre. Léonidas dit à Xercès qu'il est plus beau versant des pleurs après le désastre de Salamine qu'au faîte de sa puissance. Henri IV affirme à

Mazarin que le malheur seul peut faire les grands rois et Richelieu prouve à Mazarin que la vraie liberté consiste à ne jamais tromper et à toujours réussir par des moyens honnêtes. L'amour de la patrie éclate à chaque ligne; tantôt c'est Camille disant à Coriolan qu'on doit toujours obéir à sa patrie même ingrate; tantôt c'est Bayard mourant qui soutient au connétable de Bourbon qu'il ne faut jamais porter les armes contre son pays.

En écrivant de mémoire ces *Dialogues*, Fénelon sacrifie quelquefois l'exactitude historique à la morale; mais l'erreur involontaire ne s'applique qu'au fait, à une circonstance quelquefois assez peu importante; ce défaut est plus regrettable lorsque la dignité du personnage est sacrifiée pour mieux servir à l'instruction du petit-fils de Louis XIV.

Lettre sur les occupations de l'Académie française (1718). — Cet ouvrage fut le dernier écrit de Fénelon; il le composa pour répondre au désir de l'Académie qui l'avait consulté sur les travaux qu'elle devait achever ou entreprendre. Il y traite successivement du Dictionnaire, d'un projet de Grammaire, d'une Rhétorique, d'une Poétique, de trois traités distincts sur la Tragédie, sur la Comédie et sur l'Histoire et termine cette *Lettre* par des considérations sur les anciens et les modernes.

On trouve partout dans cet ouvrage cette autorité douce et persuasive d'un homme de génie vieillissant, qui discute peu, qui se souvient, qui juge : aucune dissertation ne présente un choix plus riche et plus heureux de souvenirs et d'exemples. Fénelon les cite avec éloquence parce qu'ils sortent de son âme plus que de sa mémoire. On voit que l'antiquité lui échappe de toutes parts. Mais parmi tant de beautés, il revient à celles qui sont les plus douces, les plus naïves, et alors pour exprimer ce qu'il éprouve, il a des paroles d'une grâce inimitable (VILLEMAIN).

Aventures de Télémaque (1699). — Télémaque, fils d'Ulysse, inspiré par l'amour filial et par celui de la patrie, s'expose aux dangers d'un long voyage afin d'aller chercher son père, dont l'absence prolongée menace de causer de grands malheurs. Plusieurs prétendants se disputent la main de la reine, bien qu'on n'ait encore eu aucune nouvelle officielle de la mort de son époux. Minerve, déguisée sous la figure de Mentor, accompagne le jeune prince, et fait servir tous les accidents du voyage à son instruction. Elle veut faire de Télémaque un digne fils d'Ulysse ; mais, au lieu de lui donner la sagesse tout d'un coup et comme une faveur spontanée, elle veut qu'il la désire par le spectacle des maux dont elle est le préservatif et le remède, et qu'il la mérite par le regret sincère de ses fautes, lorsqu'il lui arrive d'en commettre.

L'action s'ouvre dans l'île de Calypso où Télémaque est jeté par un naufrage avec Mentor. La déesse, éprise de sa jeunesse et de sa beauté, lui fait des offres séduisantes pour le retenir près d'elle, et d'abord, elle l'engage à lui faire le récit de ses aventures. C'est donc de la bouche de Télémaque lui-même, que nous apprenons tous les événements qui se sont accomplis depuis le départ d'Ithaque, jusqu'au naufrage où il aurait péri infailliblement sans les secours et les conseils de Mentor. Tout ce que Télémaque a dit de lui-même, la bonne grâce et l'heureuse facilité de son langage, la modestie avec laquelle il reconnaît ses fautes, n'ont fait qu'accroître la passion de Calypso ; mais Télémaque, bien qu'il soit plein de reconnaissance pour les bontés que la déesse lui témoigne, n'éprouve point d'amour pour elle, et c'est une de ses plus jeunes nymphes, Eucharis, qui lui inspire une passion qu'on voit naître, dont on suit toutes les phases avec un intérêt croissant, et qui va faire oublier à Télémaque tous ses devoirs. C'est à ce moment que Mentor, comme un habile chirurgien qui tranche un membre pour sauver le malade, le précipite dans la mer, et le force à gagner à la nage un vaisseau qu'il avait aperçu à quelque distance du rivage. Nous ne suivrons pas le jeune héros dans les différentes péripéties de son voyage ; nous signalerons seulement le long séjour du fils d'Ulysse auprès d'Idoménée, roi de Salente ; les maux que celui-ci s'est attirés par son orgueil et par la fausse idée qu'il se fait de la gloire ; l'intervention de Mentor, qui saisit cette occasion pour montrer à Télémaque comment la modération et la sagesse peuvent prévenir tous les malheurs d'une guerre inégale. Ici, Télémaque se sépare de Mentor ; il accompagne Nestor pour aller combattre les Dauniens pendant que Mentor reste avec Idoménée pour l'aider à réformer tous les abus qu'il avait laissés s'établir dans son gouvernement. Au camp des alliés, Télémaque rencontre Philoctète, qui lui fait le récit de ses aventures. C'est un des plus beaux épisodes du livre. Dans les combats, Télémaque montre le courage d'un héros ; mais son impétuosité et la fierté de son caractère lui font commettre des imprudences qu'il rachète ensuite par son empressement à les reconnaître et à les réparer.

L'image de son père s'étant présentée à lui plusieurs fois dans ses songes, il se persuade qu'Ulysse doit être mort, et, pour s'en assurer, il prend la résolution de l'aller chercher dans les enfers. Il sort du camp secrètement, accompagné de deux Crétois et se dirige vers la caverne d'Achérontia dans laquelle il ne craint pas de s'enfoncer au travers des ténèbres. Il arrive bientôt aux bords du Styx. Caron consent à le recevoir dans sa barque, et Pluton lui-même, lui permet de chercher son père. Il traverse le Tartare, où il voit les tourments qu'endurent tous les criminels ; puis il entre dans les Champs-Élysées où il est reconnu par son bisaïeul qui lui assure que son père est encore vivant, et qui l'engage à retourner à Ithaque.

Revenu au camp, Télémaque a de nouveau l'occasion de montrer sa valeur en combattant et en tuant de sa main l'impie Adraste. Les alliés veulent partager entre eux le pays des Dauniens vaincus, et ils offrent d'en détacher le territoire d'Arpi dont Télémaque deviendrait roi ; mais celui-ci refuse et les décide à reconnaître Polydamas comme roi des Dauniens, tandis que le territoire d'Arpi est donné à Diomède.

Télémaque retourne alors à Salente, où il remarque de grands changements dont Mentor lui donne l'explication. Son cœur se laisse toucher par les charmes d'Antiope, fille d'Idoménée ; Mentor approuve son inclination, non sans lui faire comprendre qu'il doit d'abord songer à remplir son devoir qui est de retourner à Ithaque. Idoménée cherche à le retenir, mais Télémaque parvient à surmonter ses sentiments et s'embarque avec Mentor. Ils relâchent dans une île où ils rencontrent Ulysse ; Télémaque lui parle sans le reconnaître, mais il sent un trouble secret dont Mentor lui explique ensuite la cause. Enfin, Minerve reprend sa forme, et donne ses dernières instructions au fils d'Ulysse qui ne tarde pas à rejoindre son père à Ithaque.

Jugement. — « Rien n'est plus beau, dit M. Villemain, que l'ordonnance du *Télémaque* ; et l'on ne trouve pas moins de grandeur dans l'idée générale que de goût dans la réunion et le contraste des épisodes. Les chastes et modestes amours d'Antiope, introduites à la fin du poème, corrigent d'une manière sublime les emportements de Calypso ; et l'intérêt de la passion se trouve deux fois reproduit sous l'image de la fureur et sous celle de la vertu. Mais, comme le *Télémaque* est surtout un livre de morale politique, ce que l'auteur peint avec le plus de force, c'est l'ambition, cette maladie des rois qui fait mourir les peuples, l'ambition grande et généreuse dans Sésostris, l'ambition imprudente dans Idoménée, l'ambition tyrannique et misérable dans Pygmalion, l'ambition barbare, hypocrite et impie dans Adraste. Ce dernier caractère est tracé avec une vigueur d'imagination qu'aucune vérité historique ne saurait surpasser. Cette invention des personnages n'est pas moins rare que l'invention générale du plan. Le caractère le plus heureux, dans cette variété de portraits, c'est celui du jeune Télémaque. Il réunit tout ce qui peut surprendre, attacher, instruire. Dans l'âge des passions, il est sous la garde de la sagesse, qui le laisse souvent faiblir, parce que les hommes font l'éducation des hommes ; il a l'orgueil du trône, l'emportement de l'héroïsme et la candeur de la première jeunesse. Ce mélange de hauteur et de naïveté, de force et soumission, forme peut-être le caractère le plus touchant et le plus aimable qu'ait inventé la muse épique...

« Pour achever de saisir dans *Télémaque*, trésor des richesses antiques, la part d'invention qui appartient à l'auteur moderne, il faudrait comparer l'Enfer à l'Elysée de Fénelon avec les mêmes peintures tracées par Homère et par Virgile ; on sentirait tout ce que Fénelon a créé de nouveau, ou plutôt tout ce qu'il a puisé dans les mystères chrétiens, par un art admirable ou par un souvenir involontaire. La plus grande de ces beautés inconnues à l'antiquité, c'est l'invention de douleurs et de joies purement spirituelles, substituées à la peinture faible ou bizarre de maux et de félicités physiques. C'est là que Fénelon est sublime. Rien n'est plus philosophique et plus terrible que les tortures morales qu'il place dans le cœur des coupables ; et, pour rendre ces inexprimables douleurs, son style acquiert un degré d'énergie qu'on n'attendrait pas de lui, et que l'on ne trouve dans aucun autre. Mais, lorsque délivré de ces affreuses peintures, il peut reposer sa douce et bienfaisante imagination sur la demeure des justes, alors on entend des sons que la voix humaine n'a jamais égalés, et quelque chose de céleste s'échappe de son âme, enivrée de la joie qu'elle décrit. Ces idées-là sont absolument étrangères au génie antique ; c'est l'extase de la charité chrétienne ; c'est une religion toute d'amour interprétée par l'âme douce et tendre de Fénelon... L'Elysée de Fénelon est une des créations du génie moderne, nulle part la langue française ne paraît plus flexible et plus mélodieuse.

» Le style de *Télémaque* a éprouvé beaucoup de critiques. Il est certain que cette diction si naturelle, si doucement animée et quelquefois si énergique et si hardie, est entremêlée de détails faibles et languissants ; mais ils disparaissent dans l'heureuse facilité du style. L'intérêt du poëme conduit le lecteur, et de grandes beautés le raniment et le transportent. Quant à ceux qui s'offensent de quelques mots répétés, de quelques constructions négligées, qu'ils sachent que la beauté du langage n'est pas dans une correction sévère et calculée, mais dans un choix de paroles simples, heureuses, expressives, dans une harmonie riche et variée qui accompagne le style et le soutient comme l'accent soutient la voix ; enfin, dans une douce chaleur partout répandue, comme l'âme et la vie du discours. »

TÉLÉMAQUE AUX CHAMPS-ÉLYSÉES.

Télémaque s'avança vers ces rois, qui étaient dans des bocages odoriférants, sur des gazons toujours renaissants et fleuris ; mille petits ruisseaux d'une onde pure arrosaient ces beaux lieux, et y faisait sentir une délicieuse fraîcheur ; un nombre infini d'oiseaux faisaient résonner ces bocages de leur doux chant. On voyait tout ensemble les fleurs du printemps qui naissaient sous les pas, avec les plus riches fruits de l'automne qui pendaient des arbres. Là, jamais on ne ressentit les ardeurs de la furieuse Canicule ; là, jamais les noirs aquilons n'osèrent souffler ni faire sentir les rigueurs de l'hiver. Ni la Guerre altérée de sang, ni la cruelle Envie qui mord d'une dent vénimeuse et qui porte des vipères entortillées dans son sein et autour de ses bras, ni les Jalousies, ni les Défiances, ni la Crainte, ni les vains Désirs n'approchent jamais de cet heureux séjour de la paix. Le Jour n'y finit point, et la Nuit, avec ses sombres voiles, y est inconnue : une lumière pure et douce se répand autour des corps de ces hommes justes, et les environne de ses rayons comme d'un vêtement. Cette lumière n'est point semblable à la lumière sombre qui éclaire les yeux des misérables mortels, et qui n'est que ténèbres ; c'est plutôt une gloire céleste qu'une lumière : elle pénètre plus subtilement les corps les plus épais que les rayons du soleil ne pénètrent le plus pur cristal : elle n'éblouit jamais ; au contraire, elle fortifie les yeux et porte dans le fond de l'âme je ne sais quelle sérénité : c'est d'elle seule que ces hommes bienheureux sont nourris ; elle sort d'eux et elle y entre ; elle les pénètre et s'incorpore à eux comme les aliments s'incorporent à nous. Ils la voient, ils la sentent, ils la respirent ; elle fait naître en eux une source intarissable de paix et de joie : ils sont plongés dans cet abîme de joie comme les poissons dans la mer. Ils ne veulent plus rien ; ils ont tout sans rien avoir, car ce goût de lumière pure apaise la faim de leur cœur ; tous leurs désirs sont rassasiés, et leur plénitude les élève au-dessus de tout ce que les hommes vides et affamés cherchent sur la terre : toutes les délices qui les environnent ne leur sont rien parce que le comble de leur félicité, qui vient du dedans, ne leur laisse aucun sentiment pour tout ce qu'ils voient de délicieux au dehors. Ils sont tels que les dieux qui, rassasiés de nectar et d'ambroisie, ne daigneraient pas se nourrir de viandes grossières qu'on leur présenterait à la table la plus exquise des hommes mortels. Tous les maux s'enfuient loin de ces lieux tranquilles : la mort, la maladie, la pauvreté, la douleur, les regrets, les remords, les craintes, les espérances même, qui coûtent souvent autant de peines que les craintes ; les divisions, les dégoûts, les dépits ne peuvent y avoir aucune entrée.

Les hautes montagnes de Thrace, qui, de leur front couvert de neige et de glace depuis l'origine du monde, fendent les nues, seraient renversées de leurs fondements posés au centre de la terre, que les cœurs de ces hommes justes ne pourraient pas même être émus. Seulement ils ont pitié des misères qui accablent les hommes vivants dans le monde ; mais c'est une pitié douce et paisible qui n'altère en rien leur immuable félicité. Une jeunesse éternelle, une félicité sans fin, une gloire toute divine est peinte sur leurs visages ; mais leur joie n'a rien de folâtre ni d'indécent ; c'est une joie douce, noble, pleine de majesté ; c'est un goût sublime de la vérité et de la vertu qui les transporte. Ils sont, sans interruption, à chaque moment, dans le même saisissement de cœur où est une mère qui revoit son cher fils qu'elle avait cru mort ; et cette joie, qui échappe bientôt à la mère, ne s'enfuit jamais du cœur de ces hommes ; jamais elle ne languit un instant ; elle est toujours nouvelle pour eux : ils ont le transport de l'ivresse, sans en avoir le trouble et l'aveuglement.

Ils s'entretiennent ensemble de ce qu'ils voient et de ce qu'ils goûtent : ils foulent à leurs pieds les molles délices et les vaines grandeurs de leur ancienne condition qu'ils déplorent; ils repassent avec plaisir ces tristes mais courtes années où ils ont eu besoin de combattre contre eux-mêmes et contre le torrent des hommes corrompus, pour devenir bons ; ils admirent le secours des dieux qui les ont conduits, comme par la main, à la vertu, au milieu de tant de périls. Je ne sais quoi de divin coule sans cesse au travers de leurs cœurs, comme un torrent de la divinité même qui s'unit à eux ; ils voient, ils goûtent, ils sont heureux; et sentent qu'ils le seront toujours. Ils chantent les louanges des dieux, et ils ne font tous ensemble qu'une seule voix, une seule pensée, un seul cœur : une même félicité fait comme un flux et reflux dans ces âmes unies.

Dans ce ravissement divin, les siècles coulent plus rapidement que les heures parmi les mortels; et cependant mille et mille siècles écoulés n'ôtent rien à leur félicité toujours nouvelle et toujours entière. Ils règnent tous ensemble, non sur des trônes que la main des hommes peut renverser, mais en eux-mêmes, avec une puissance immuable; car ils n'ont plus besoin d'être redoutables par une puissance empruntée d'un peuple vil et misérable Ils ne portent plus ces vains diadèmes dont l'éclat cache tant de craintes et de noirs soucis : les dieux mêmes les ont couronnés de leurs propres mains, avec des couronnes que rien ne peut flétrir.

CHAPITRE X.

HISTORIENS ET CHRONIQUEURS DU XVIIᵉ SIÈCLE

Mézeray. — Bossuet. — L'abbé Fleury. — L'abbé de Saint-Réal. — L'abbé Vertot. — Le cardinal de Retz. — Madame de Motteville. — Pierre Bayle.

Mézeray (1610-1683).

Le siècle de Louis XIV ne nous présente aucun écrivain éminent dans le genre historique; c'est le XVIIIᵉ et le XIXᵉ siècle qui nous fourniront les meilleurs historiens. L'histoire ne peut fleurir que sous un règne de liberté; il faut que l'écrivain puisse raconter sans contrainte les crimes des princes et les erreurs de leur politique; or, au XVIIᵉ siècle, il était permis de louer les grands, non de les blâmer. Néanmoins, on trouve à cette époque quelques écrivains dignes d'être estimés. Nous citerons entre autres Mézeray, Bossuet, l'abbé Fleury, l'abbé de Saint-Réal, l'abbé Vertot, le cardinal de Retz, Mᵐᵉ de Motteville et Bayle.

Mézeray naquit en Normandie, en 1610. Son père était chirurgien; ayant rendu, dit-on, quelques services à Henri IV pendant les troubles de la Ligue, il obtint la liberté de faire passer certaines marchandises dans quelques villes de Normandie sans payer de droits; grâce à cette industrie, il put donner une bonne éducation à ses enfants. Celui qui devait être notre historien suivit quelque temps la carrière des armes. Il revint ensuite à Paris et s'enferma dans le collége Sainte-Barbe. C'est au milieu des livres et des manuscrits qu'il s'occupa, pendant six ou sept ans, à préparer le premier volume de son *Histoire du règne d'Henri III*. Il avait environ vingt-six ans. Il y travailla avec tant d'ardeur, qu'il tomba dangereusement malade. Pour l'encourager dans ces nobles travaux, Richelieu lui envoya une gratification et la promesse de se souvenir de lui. Un tel encouragement activa la guérison du malade. Le premier volume parut enfin en 1643, et eut le plus grand retentissement. Le troisième et dernier volume, achevé quelques années plus tard, mit le comble à la réputation de Mézeray qui fut nommé historiographe du roi, avec une pension de douze cents louis, et reçu membre de l'Académie française.

Malgré ses succès, le nouvel historien se proposait de revoir son travail avant d'en donner une seconde édition, quand ses amis lui firent connaître que le public désirait plutôt un abrégé court et substantiel de son grand ouvrage. Mézeray se mit aussitôt à l'œuvre et travailla dix ans à son *Abrégé chronologique*, qui eut un succès plus grand encore que son histoire. L'écrivain y parlait avec une indépendance qui lui devint funeste. Son *Abrégé* était adopté dans le collège de Clermont, où le fils aîné de Colbert faisait ses études. Un jour, le ministre interroge le jeune homme, qui lui parle avec enthousiasme de la nouvelle Histoire de France, et lui cite des réflexions judicieuses qu'il avait lues sur l'origine des impôts. Colbert trouva ces réflexions hardies et dangereuses; il en fit faire des reproches à Mézeray, qui promit de corriger, dans une seconde édition, les passages qui avaient déplu; mais il aimait trop la vérité pour la sacrifier, et il se borna à quelques corrections de forme. Le ministre irrité, retrancha la moitié de la pension de quatre mille francs et l'historiographe s'en étant plaint, il la lui ôta toute entière.

Mézeray, mécontent, déclara qu'il n'écriroit plus l'histoire. Il mit, dit-on, à part, dans une cassette, le dernier argent qu'il avait reçu du ministre, avec ces mots écrits de sa main : « Voici le dernier argent que j'ai reçu du roi; il a cessé de me payer et moi de parler de lui, soit en bien soit en mal. » Après sa mort, on trouva dans son inventaire un écu d'or enveloppé dans un papier où était écrit :

« Cet écu d'or est du bon roi Louis XIII ; je l'ai gardé pour louer une place d'où je puisse voir pendre le plus fameux financier de notre siècle. »

Heureusement, Mézeray ne tint pas la résolution qu'il avait prise dans un moment de dépit. Il se livra à des recherches approfondies sur les premiers temps de notre histoire, et publia un *Traité de l'Origine des Français et de leur établissement dans la Gaule;* cet ouvrage est appelé vulgairement *Avant-Clovis.*

Cet historien célèbre avait des manies singulières ; il ne travaillait qu'à la lueur d'une lampe, même en plein jour, et il ne manquait jamais de reconduire jusqu'à la porte de la rue, un flambeau à la main, ceux qui venaient le voir. C'était aussi l'homme de la terre le plus frileux. A l'entrée de l'hiver, il avait toujours derrière son fauteuil douze paires de bas, et, en sortant du lit, il consultait son thermomètre pour en chausser autant de paires que le froid l'exigeait.

Vers la fin de sa vie Mézeray se lia avec un cabaretier, dont il fit son intime ami, d'abord parce qu'il avait de bon vin, ensuite parce que cet homme était d'une franchise qui concordait avec son propre caractère. Ce fut inutilement qu'on essaya de l'en détourner ; il en vint à passer chez ce cabaretier une partie de ses journées, et, en mourant, il lui légua sa fortune, qui était considérable.

Le style de Mézeray est clair, facile ; cependant il est quelquefois dur. Ses jugements sont indépendants et sévères. Le plus souvent, il n'a pas puisé aux sources ; aussi ses ouvrages ne peuvent-ils faire autorité. Son *Histoire du règne de Henri III* renferme de précieux détails sur les guerres de religion.

Bossuet (Voir sa biographie, page 263).

Discours sur l'Histoire universelle (1681). — Ce livre est divisé en trois parties. La première contient l'histoire abrégée des temps qui se sont écoulés depuis l'origine du monde jusqu'à l'établissement de l'empire de Charlemagne. Bossuet partage ces temps en un certain nombre de divisions qu'il appelle *Epoques* ou temps d'arrêt ; points de repère commodes, qui ne troublent pas l'enchaînement général et sont comme autant de repos ménagés à l'esprit : Adam ou la création ; Noé ou le déluge ; la vocation d'Abraham ou le commencement de l'alliance de Dieu avec les hommes ; Moïse ou la loi écrite ; la prise de Troie ; Salomon ou la fondation du Temple ; Romulus ou Rome bâtie ; Cyrus ou le peuple de Dieu délivré de la captivité de Babylone ; Scipion ou Carthage vaincue ; la naissance de Jésus-Christ ; Constantin ou la paix de l'Église ; Charlemagne ou l'Etablissement du nouvel empire ; voilà les titres de chapitres de cette première partie.

La seconde, qui est intitulée *la suite de la Religion*, comprend un exposé de l'histoire du peuple de Dieu, la démonstration de la vérité des prophéties, l'explication des mystères du Christianisme, et enfin l'établissement de l'Église.

La troisième partie est consacrée aux Empires. Bossuet passe successivement en revue les peuples qui ont figuré avec le plus d'éclat sur la scène du monde. Ce sont les Scythes, les Ethiopiens, les Egyptiens, les Assyriens, les Mèdes, les Perses, les Grecs, les Romains. C'est dans cette troisième partie que l'auteur a exposé le principe qui lui a permis d'enchaîner les uns aux autres les événements de l'histoire et d'expliquer ces événements et l'ordre dans lequel ils se sont produits. Ce principe, c'est le gouvernement de la Providence. Par la Providence ont été réglées les révolutions des empires et cela, dans le but de préparer et d'assurer l'établissement et le triomphe de la religion. Ainsi, « Dieu s'est servi des Babyloniens et des Assyriens pour châtier le peuple juif; des Perses pour le rétablir ; d'Alexandre et de ses premiers successeurs pour le protéger ; d'Antiochus l'illustre et de ses successeurs pour l'exercer; des Romains pour soutenir sa liberté contre les rois de Syrie ; et enfin pour l'exterminer, après Jésus-Christ. »

Le *Discours sur l'histoire universelle* s'arrête à Charlemagne ; l'historien se réservait de faire un second *Discours* qui devait embrasser les événements accomplis depuis Charlemagne jusqu'à l'époque contemporaine; il ne donna pas suite à ce projet.

Jugement. — « La multiplicité de Bossuet éclate dans l'*Histoire universelle*. Il a dans chaque ordre d'idées le langage à la fois le plus spécial et le plus élevé. Condé n'eut pas mieux caractérisé la valeur impétueuse des Perses, ni la savante tactique des Grecs, ni la roideur de la phalange macédonienne, ni le choc de la légion romaine. . Colbert n'aurait pas jugé en termes plus propres et plus précis, ni vu de plus haut la sage administration des Egyptiens... Un politique comme Richelieu n'eut pas mieux pénétré la profonde conduite du Sénat romain. Machiavel n'eut pas vu plus clair dans les rivalités de la Grèce... La troisième partie du *Discours sur l'Histoire universelle* est la plus haute expression de l'esprit français dans la prose (NISARD). »

L'abbé Fleury — L'abbé de Saint-Réal — L'abbé Vertot

L'abbé *Fleury* (1640-1723), fils d'un avocat de Paris, étudia neuf ans, en vue du barreau, mais ses goûts le portèrent vers l'état ecclésiastique. Homme plein de science et de vertu, il mérita l'affection de Fénelon qui le fit nommer sous-précepteur du duc de Bourgogne. Il reçut en récompense de ses soins le prieuré d'Argenteuil, dont les riches revenus lui permirent de faire d'abondantes aumônes. En 1715, le duc d'Orléans le nomma confesseur du jeune Louis XV. Il mourut en 1723, regretté de tous, à l'âge de quatre-vingt-trois ans.

Son *Histoire de l'Église* (1641) en trente volumes est remarquable par l'éloquence du style et l'impartialité des jugements à l'égard des protestants ; l'auteur s'y montre sévère contre les vices et l'ambition des papes du moyen âge.

L'abbé de *Saint-Réal* (1639-1692), né à Chambéry en Savoie, se fit prêtre après avoir été homme du monde. Il soutint plusieurs controverses religieuses notamment contre Arnauld, mais il est surtout apprécié comme historien. Son *Histoire de la conjuration des Espagnols contre Venise* (1674), fit sa réputation ; mais cet ouvrage, remarquable par sa forme dramatique et intéressante, n'est guère qu'un roman historique. Sa *Conjuration des Gracques* n'est pas plus exacte. Saint-Réal a du mouvement et de la verve et, comme historien, Voltaire le place immédiatement après Bossuet.

L'abbé *Vertot* (1655-1735) naquit en Normandie d'une famille noble, mais pauvre. Il entra de bonne heure dans un collége dirigé par un ordre religieux et s'y enflamma d'une grande dévotion ; il en sortit pour se faire capucin, mais ne pouvant supporter la sévérité de la règle à cause de sa santé délicate, il passa dans la congrégation des Prémontrés (1). Enfin il devint curé et occupa tour à tour plusieurs paroisses, ce qui a fait dire plaisamment de sa vie par allusion à ses écrits : « Ce sont les révolutions de l'abbé Vertot. »

L'abbé Vertot a écrit l'*Histoire des révolutions romaines, de Portugal, de Suède,* une *Histoire de l'ordre de*

---

(1). Nom d'un ordre religieux de chanoines réguliers et dont la principale abbaye était à Prémontré, près de Laon.

Malte. La lecture de ces divers ouvrages est fort agréable ; le style en est vif, la narration enjouée ; mais il ne faut y chercher ni critique, ni science ; Vertot ne demande à l'histoire que des scènes dramatiques et romanesques et ne se préoccupe que de les raconter d'une manière intéressante. Il est souvent infidèle, et on prétend qu'il refusa de lire des documents nouveaux qu'on lui offrait sur le siège de Rhodes, en disant : *J'en suis fâché, mais mon siège est fait !*

Le cardinal de Retz — Mme de Motteville

Paul de Gondi, cardinal *de Retz* (1614-1679) avait la prétention de descendre d'une famille illustre. Ce qu'on en sait, c'est que les Gondi, italiens d'origine, vinrent en France au XVIe siècle, à la suite de Catherine de Médicis, et qu'ils figurèrent parmi les conseillers de la Saint-Barthélemy. Paul de Gondi fut dès l'enfance destiné à l'Église, mais il avait *l'âme la moins ecclésiastique qui fût dans l'univers,* et il en donna des preuves ; quoiqu'il reçût les enseignements de saint Vincent de Paul, il n'en devint pas meilleur ; ses nombreux duels et ses aventures furent un sujet de grand scandale. Tour à tour coadjuteur de l'archevêque de Paris, son oncle, puis archevêque lui-même, il acquit une très grande popularité sous Mazarin qui le craignait et qui le traita en ennemi. Retz fit éclater les troubles de la Fronde et dirigea longtemps le peuple parisien qu'il avait su gagner par de folles largesses. Grâce à ses intrigues, il réussit à faire éloigner Mazarin de la cour, mais après la chute du ministre, il fut arrêté, conduit à Vincennes, puis à Nantes ; là, il s'évade, s'embarque, touche en Espagne, aborde en Italie, réside à Rome n'ayant d'autre distraction que les intrigues du conclave.

A la mort de Mazarin, Retz rentra à Paris, fatigué de ses longues pérégrinations, dégoûté de la vie et résolu à changer de conduite. Il donna sa démission d'archevêque ; dix ans après, il manifesta l'intention de quitter la pourpre, paya ses dettes, offrit l'exemple d'une vie pieuse et régulière, et se retira en Lorraine où il écrivit ses *Mémoires*.

Les *Mémoires* du cardinal de Retz roulent sur l'époque de la Fronde ; ils furent écrits pour satisfaire une dame de ses amies qui lui avait demandé une histoire vraie de toute sa vie. Les premières parties en sont entraînantes. Nul ne sait mieux que l'auteur raconter et peindre ; il excelle surtout dans le portrait ; son style est plein de feu et de hardiesse, mais il manque de règle et de mesure.

Madame de Motteville (1621-1689), s'attacha dès sa jeunesse à Anne d'Autriche, fut disgrâciée par le cardinal de Richelieu et se retira en Normandie où elle épousa le seigneur de Motteville. Après la mort du cardinal, Anne d'Autriche la rappela à la cour et en fit sa confidente intime. Elle a laissé dans ses *Mémoires* des détails intéressants sur la cour et sur la Fronde.

Pierre Bayle (1647-1706).

Pierre Bayle était fils d'un pasteur de l'Église réformée de Carlat, dans le Comté de Foix, où il était né ; il commença son éducation sous la direction de son père, et la termina, chose singulière! au collége des jésuites de Toulouse. C'est probablement sous l'influence de ces maîtres qu'il abjura la croyance de sa famille et embrassa la foi catholique. Il soutint avec un grand éclat des thèses universitaires et entreprit de convertir son frère qui était pasteur ; mais la controverse aboutit à le faire retourner lui-même sous la bannière de la réforme. La révocation de l'Édit de Nantes l'ayant forcé de quitter la chaire de philosophie à la Faculté de théologie protestante de Sedan, qu'il avait obtenue à la suite d'un brillant concours, il fut appelé à remplir les mêmes fonctions à l'université de Rotterdam. Là, il eut à soutenir de vives querelles avec les catholiques qui ne lui pardonnaient pas de les avoir abandonnés et avec les protestants qui lui reprochaient son excessive tolérance. Bayle avait, paraît-il, de grandes qualités d'esprit et de cœur qui commandaient le respect de ses plus violents adversaires. Passionné de l'étude, il était très savant, mais très porté au scepticisme ; il s'attacha uniquement au principe de la Révélation sans prendre parti ni pour, ni contre les autres croyances.

Son principal ouvrage est un *Dictionnaire historique et critique* dans lequel il n'a pas voulu faire de l'histoire, mais renverser et détruire les systèmes de la philosophie et les traditions de l'histoire. S'il respecte la Révélation, on ne sait trop si c'est la foi qui lui inspire ce respect ou l'impossibilité d'y substituer une autre croyance que la raison puisse avouer. « Le scepticisme de Bayle est d'un exemple dangereux, dit avec raison M. Mennechet, car il ne paraît pas avoir pour but, comme celui de Descartes, la recherche consciencieuse de la vérité. Nous comprenons difficilement qu'on le cite comme une autorité, et nous croyons qu'il est sage et prudent de conserver à son égard le même esprit de doute qu'il montrait lui-même à l'égard des autres. Mais si nous conseillons de se tenir en garde contre les erreurs de son esprit, nous aimons à rendre hommage à la droiture de son cœur. Attaqué souvent avec violence, il se défendit toujours avec modération et mérite, par ses vertus et ses talents, que la France d'où il était banni, se fît toujours une gloire de le compter parmi ses plus illustres enfants. »

CHAPITRE XIII

DU GENRE ÉPISTOLAIRE AU XVII° SIÈCLE

Du genre épistolaire en général. — Balzac. — Voiture. — Mme de Sévigné. — Mme de Maintenon.

Du genre épistolaire en général

Il est aussi difficile de trouver une bonne définition du genre épistolaire que de donner des règles sur la manière d'écrire une lettre. Autant vaudrait entreprendre d'enseigner l'art de converser en société. Le ton de la lettre est, en effet, celui de la conversation. Ce ton varie à l'infini selon le sujet, les circonstances, la personne qui écrit et celle à qui l'on s'adresse. Il est certain que le style d'une lettre adressée à un personnage éminent ne peut être le même que celui des causeries intimes de l'amitié ; un ton enjoué, des formes familières, seraient déplacés à l'égard d'un homme qui, par son âge, ses talents, impose le respect et la vénération.

Le charme suprême de ce genre est le naturel ; c'est par là que Mme de Sévigné et Voltaire sont des modèles incomparables. Quelle que soit l'élévation du sujet qu'ils traitent, ils ne se guindent jamais ; leur plume court comme leur pensée ; ils improvisent avec la grâce naturelle aux esprits faciles et supérieurs. La pompe et l'affectation introduites sous la forme épistolaire dans les lettres de Balzac et de Voiture, seraient des défauts insupportables, si l'un ne rachetait l'effort de son style par l'élégance soutenue des mots, et l'autre, la recherche, par les saillies imprévues d'un esprit fin et délicat.

Si la correspondance doit avoir le naturel et l'aisance de la conversation, elle ne peut en admettre les négligences.

Le style d'une lettre exige plus d'ordre dans les idées, plus de sévérité dans le choix des mots, plus de précision dans les détails.

En général, le style de la lettre doit être simple ; mais cette simplicité n'exclut pas les figures hardies, les expressions colorées quand elles se présentent d'elles-mêmes et qu'elles rendent la pensée et le sentiment qu'on veut exprimer.

L'esprit n'est pas plus contraire au naturel que la hardiesse de l'expression, quand on ne court pas après, comme le faisait Voiture. Voltaire nous en a donné de nombreux exemples dans sa volumineuse correspondance.

La littérature française au xvii° siècle est riche en écrivains épistolaires : la plupart sont célèbres à différents titres. Nous ne nous occuperons que de ceux qui ont laissé dans la littérature une réputation consacrée par la tradition : Balzac, Voiture, Mme de Sévigné, Mme de Maintenon.

Balzac (Voir sa biographie, page 105).

Balzac et Voiture ont longtemps figuré au premier rang des auteurs épistolaires. Maintenant la réputation de ces deux écrivains est loin d'être aussi brillante.

Lettres de Balzac. — Le recueil des *lettres* de Balzac offre un modèle de ces lettres factices, écrites en vue du public et qui sont des morceaux oratoires beaucoup plus que les fragments d'une correspondance. Elles n'en ont pas moins leur valeur, grâce à leur style étudié et plus encore par les faits littéraires qu'elles relatent. L'idée de cette correspondance fictive lui avait été donnée par le cardinal La Valette « lequel lui avait commandé de ne rien laisser passer dans le monde sans lui en écrire son sentiment, et de faire des sujets de lettres de toutes les affaires publiques. » Ces lettres ne répondent plus au genre actuel épistolaire. Ce sont des dissertations, des discours académiques, des réflexions morales et politiques sur les événements de l'époque, sur les affaires de religion, l'hérésie, les troubles de l'État. Richelieu fut un des admirateurs de ces *lettres* et Descartes les estimait fort. La plupart sont écrites d'un style noble, élevé ; quelques-unes sont enjouées et spirituelles. Pour les contemporains, elles avaient le mérite d'offrir le premier modèle d'une prose grave et savante.

LETTRE AU CARDINAL DE LA VALETTE.

Monseigneur, l'espérance qu'on me donne depuis trois mois que vous devez passer tous les jours en ce pays, m'a empêché jusqu'ici de vous écrire et de me servir de ce seul moyen qui me reste de m'approcher de votre personne.

A Rome, vous marcherez sur des pierres qui ont été les dieux de César et de Pompée ; vous considérerez les ruines de ces grands ouvrages dont la vieillesse est encore belle, et vous vous promènerez tous les jours parmi les histoires et les fables, mais ce sont des amusements d'un esprit qui se contente de peu, et non pas les occupations d'un homme qui prend plaisir de naviguer dans l'orage. Quand vous aurez vu le Tibre, au bord duquel les Romains ont fait l'apprentissage de leurs victoires, et commencé ce long dessein qu'ils n'achevèrent qu'aux extrémités de la terre ; quand vous serez monté au Capitole, où ils croyaient que Dieu était aussi présent que dans le ciel, et qu'il avait enfermé le destin de la monarchie universelle ; après que vous aurez passé au travers de ce grand espace qui était dédié aux plaisirs du peuple, je ne doute point qu'après avoir regardé beaucoup d'autres choses, vous ne vous lassiez à la fin du repos et de la tranquillité de Rome.

Voiture (Voir sa biographie, page 105).

Voiture a fait de l'esprit un déplorable usage. Cet écrivain se fatigua à la recherche de la grâce et de l'enjouement, et ne rencontra, la plupart du temps, que l'affectation, le faux goût et de froids jeux de mots. Cependant, il eut de son vivant une brillante renommée ; mais cet éclat s'obscurcit dès que le règne du goût commença.

LETTRE A MADEMOISELLE DE RAMBOUILLET.

Mademoiselle, je voudrais que vous m'eussiez pu voir aujourd'hui dans un miroir, en l'état où j'étais ; vous m'eussiez vu dans les plus effroyables montagnes du monde, au milieu de douze ou quinze hommes les plus terribles que l'on puisse voir, dont le plus innocent en a tué quinze ou vingt autres, qui sont tous noirs comme des diables, et qui ont des cheveux jusqu'à la moitié du corps, chacun, deux ou trois balafres sur le visage, une grande arquebuse sur l'épaule, deux pistolets et deux poignards à la ceinture. Ce sont les bandits qui vivent dans les montagnes des confins du Piémont et de Gênes. Vous eussiez eu peur, sans doute, mademoiselle, de me voir entre ces messieurs-là, et vous eussiez cru qu'ils m'allaient couper la gorge. De peur d'en être volé, je m'en étais fait accompagner ; j'avais écrit dès le soir à leur capitaine de me venir accompagner, et de se trouver en mon chemin, ce qu'il a fait, et j'en ai été quitte pour trois pistoles. Mais surtout je voudrais que vous eussiez vu la mine de mon neveu et de mon valet, qui croyaient que je les avais menés à la boucherie. Au sortir de leurs mains, je suis passé par deux lieux où il y avait garnison espagnole, et là, sans doute, j'ai couru plus de dangers. On m'a interrogé. J'ai dit que j'étais savoyard ; et pour passer pour cela, j'ai parlé, le plus qu'il m'a été possible, comme M. de Vaugelas. Sur mon mauvais accent, ils m'ont laissé passer. Regardez si je ferai jamais de beaux discours qui me valent tant, et s'il n'eût pas été bien mal à propos qu'en cette occasion, sous ombre que je suis de l'académie, je me fusse allé piquer de parler bon français. Au sortir de là, je suis arrivé à Savone où j'ai trouvé la mer un peu plus émue qu'il ne fallait pour le petit vaisseau que j'avais pris ; et néanmoins je suis, Dieu merci, arrivé ici à bon port ; voyez, s'il vous plaît, mademoiselle, combien de périls j'ai couru en un jour. Enfin je suis échappé des bandits, des Espagnols, et de la mer.

Madame de Sévigné (1626-1696).

Mme de Sévigné devait faire oublier Balzac et Voiture, et devenir, en produisant des chefs-d'œuvre, l'écrivain modèle du genre épistolaire.

MADAME DE SÉVIGNÉ

Marie de Rabutin-Chantal, marquise de Sévigné, naquit à Paris, en 1626, d'une des plus anciennes familles de Bourgogne. Elle n'avait que cinq ans lorsqu'elle perdit son père, qui fut tué en défendant l'île de Ré contre les Anglais. C'était un homme d'une bravoure qui n'était égalée que par sa fureur pour les duels. On raconte qu'un jour de Pâques, il quitta la sainte table, où il venait de communier avec sa famille, pour aller sur le terrain. Ayant appris que les Anglais devaient faire une descente pour secourir La Rochelle, assiégée par Richelieu, il courut offrir ses services au gouverneur de l'île de Ré, demanda le poste le plus périlleux et fut tué en faisant des prodiges de valeur. Sa femme ne lui survécut que peu de temps.

La jeune Marie, seule enfant issue de ce mariage, se trouva ainsi orpheline de bonne heure. Elle fut mise sous la tutelle de son oncle maternel, l'abbé de Coulanges, qui possédait une abbaye à quatre lieues de Paris. L'abbé de Coulanges ne négligea rien pour lui donner une solide éducation. Elle eut pour précepteurs Ménage et Chapelain, mauvais poètes, mais littérateurs érudits qui lui apprirent le latin, l'italien et l'espagnol. Après avoir soigné l'enfance et la jeunesse de sa nièce, l'abbé de Coulanges la dirigea comme femme et lui laissa, en mourant, toute sa fortune. Marie de Rabutin fit le charme et le bonheur de cet excellent oncle qu'elle appelle, dans ses lettres, le *Bien bon*.

Elle parut très jeune à la cour où elle fut recherchée pour son esprit, sa fortune considérable et l'éclat d'une physionomie plus gracieuse que belle. De nombreux partis se présentèrent; elle donna la préférence au jeune marquis de Sévigné, fils d'une des premières familles de Bretagne, et dont la mère était amie intime de l'abbé de Coulanges. Elle avait dix-huit ans. Son bonheur fut de courte durée; le marquis de Sévigné avait de graves défauts; son inconduite lui attira un duel où il fut tué à l'âge de vingt-sept ans, après sept ans de mariage. Il laissait à sa femme deux jeunes enfants, un garçon et une fille. Madame de Sévigné, quoique jeune encore, ne songea pas à contracter une nouvelle union ; elle se retira du monde pour se consacrer tout entière à l'éducation de ses deux enfants et au soin de rétablir sa fortune, compromise par les folles dépenses de son mari.

Après trois ans de veuvage, elle reparut dans le monde et devint le plus bel ornement de l'hôtel de Rambouillet ; là, entourée d'adorateurs, objet des attentions de Turenne et de Condé, elle garda tout son amour pour sa jeune famille. Vivement touchée de la disgrâce de Fouquet, elle lui resta fidèle avec La Fontaine et Pellisson ; elle eut le courage de le plaindre et de l'admirer, quand les amis mêmes de Fouquet osaient à peine le nommer et se souvenir de lui.

Mais c'est par sa correspondance avec sa fille que Mme de Sévigné s'est surtout fait un nom immortel. Après l'avoir vue quelques années briller dans le monde, elle la maria au comte de Grignan, chef d'une des premières familles de Provence. Elle se réjouissait de ce mariage, qui lui faisait attendre pour sa fille une haute fortune et lui faisait espérer de la garder près d'elle. Mais quinze ou seize mois après, M. de Grignan fut nommé lieutenant-général de Provence, et sa femme dut le rejoindre ; cette séparation fut un coup terrible pour Mme de Sévigné, qui aimait sa fille avec idolâtrie.

Elle chercha un dédommagement à son absence dans une active correspondance, et écrivit ces *Lettres* si pleines de sensibilité et d'enjouement, justement admirées comme le modèle du genre. « Ah ! mon enfant, lui disait-elle, je voudrais bien vous voir un peu, vous entendre, vous embrasser, vous voir passer, si c'est trop demander que le reste ! Cette séparation me fait une douleur au cœur et à l'âme que je sens comme un mal du corps. J'ai beau tourner, j'ai beau chercher, cette chère enfant que j'aime avec tant de passion est à deux cents lieues de moi : je ne l'ai plus ; sur cela je pleure sans pouvoir m'en empêcher... Je vous prie de ne point parler de mes faiblesses ; mais vous devez les aimer et respecter mes larmes, puisqu'elles viennent d'un cœur tout à vous. »

Quelques critiques ont pensé que la passion de Mme de Sévigné pour sa fille était imaginaire et comme un moyen de remplir ses lettres ; mais il est impossible qu'une telle affection ait pu être jouée pendant vingt ans et exprimée avec des sentiments si naturels. Il faut cependant avouer que cet amour dépassait les bornes et qu'il était poussé jusqu'à l'égoïsme. Mme de Grignan était loin d'avoir tous les mérites que lui reconnaissait sa mère. C'était une femme d'une belle intelligence, qui avait étudié Descartes, mais précieuse et maniérée ; ses lettres sont bien écrites, toutefois on n'y trouve pas l'abandon qui fait le charme de celles de sa mère.

Mme de Sévigné eut le bonheur de revoir plusieurs fois sa fille chérie, soit à Paris, soit en Provence. C'est pendant une visite chez Mme de Grignan qu'elle fut tout à coup atteinte de la petite vérole. Dès les premiers jours, elle comprit la gravité de son état et se prépara à la mort ; elle expira le 10 avril 1696, à l'âge de soixante-dix ans.

Les *Lettres* de Mme de Sévigné ne furent publiées que plusieurs années après sa mort. Rien de plus naturel et de plus simple que cette correspondance remplie d'anecdotes intéressantes ; Mme de Sévigné y reproduit la société qu'elle fréquentait, où l'on trouvait de la grâce décente, un peu de méchanceté, de l'esprit critique et assez de petitesse. Son imagination active et mobile lui faisait trouver des traits de la plus grande éloquence. Rien n'est égal à la naïveté de ses tournures, au bonheur de ses expressions ; elle peint comme elle voit, et l'on croit voir ce qu'elle peint. Dans ses lettres sur la *Mort de Turenne*, par exemple, elle s'est élevée jusqu'au ton de l'oraison funèbre.

MORT DE TURENNE

Il monta à cheval le samedi à deux heures, après avoir mangé ; et comme il avait bien des gens avec lui, il les laissa tous à trente pas de la hauteur où il voulait aller, et dit au petit d'Elbeuf : « Mon neveu, demeurez là ; vous ne faites que tourner autour de moi, vous me feriez reconnaître. » M. d'Hamilton, qui se trouva près de l'endroit où il allait, lui dit : « Monsieur, venez par ici ; on tire du côté où vous allez. — Monsieur, lui dit-il, vous avez raison ; je ne veux point du tout être tué aujourd'hui ; cela sera le mieux du monde. Il eut à peine tourné son cheval, qu'il aperçut Saint-Hilaire, le chapeau à la main, qui lui dit : « Monsieur, jetez les yeux sur cette batterie que je viens de faire placer là. » M. de Turenne revint ; et dans l'instant, sans être arrêté, il eut le bras et le corps fracassés du même coup qui emporta le bras et la main qui tenaient le chapeau de Saint-Hilaire. Ce gentilhomme, qui le regardait toujours, ne le voit point tomber ; le cheval l'emporte où il avait laissé le petit d'Elbeuf ; il n'était point encore tombé ; mais il avait penché le nez sur l'arçon : dans ce moment, le cheval s'arrête ; le héros tombe entre les bras de ses gens ; il ouvre deux fois deux grands yeux et la bouche, et demeure tranquille pour jamais : songez qu'il était mort et qu'il avait une partie du cœur emportée. On crie, on pleure ; M. d'Hamilton fait cesser le bruit et ôter le petit d'Elbeuf, qui s'était jeté sur le corps, qui ne voulait pas le quitter, et se pâmait de crier. On couvre le corps d'un manteau, on le porte dans une haie ; on le garde à petit bruit ; un carrosse vient, on l'emporte dans sa tente : ce fut là où M. de Lorges, M. de Roye et beaucoup d'autres, pensèrent mourir de douleur ; mais il fallut se faire violence, et songer aux grandes affaires qu'on avait sur les bras. On lui a fait un service militaire dans le camp, où les larmes et les cris faisaient le véritable deuil : tous les officiers avaient pourtant des écharpes de crêpe ; tous les tambours en étaient couverts ; ils ne battaient qu'un coup ; les piques traînantes et les mousquets renversés : mais ces cris de toute une armée ne se peuvent pas représenter, sans que l'on en soit ému. Ses deux neveux étaient à cette pompe, dans l'état que vous pouvez penser. M. de Roye tout blessé s'y fit porter : car cette messe ne fut dite que quand ils eurent repassé le Rhin. Je pense que le pauvre chevalier (1)

---

(1) Le chevalier de Grignan, frère cadet du gendre de Mme de Sévigné.

était bien abîmé de douleur. Quand ce corps a quitté son armée, ç'a été encore une autre désolation; et partout où il a passé on n'entendait que des clameurs : mais à Langres ils se sont surpassés; ils allèrent au-devant de lui en habits de deuil au nombre de plus de deux cents, suivis du peuple; tout le clergé en cérémonie; il y eut un service solennel dans la ville, et en un moment ils se cotisèrent tous pour cette dépense, qui monta à cinq mille francs, parce qu'ils reconduisirent le corps jusqu'à la première ville, et voulurent défrayer tout le train. Que dites-vous de ces marques naturelles d'une affection fondée sur un mérite extraordinaire ? Il arrive à Saint-Denis ce soir ou demain; tous ses gens l'allaient reprendre à deux lieues d'ici : il sera dans une chapelle en dépôt; on lui fera un service à Saint-Denis, en attendant celui de Notre-Dame, qui sera solennel...

LETTRE SUR LE MARIAGE DE MADEMOISELLE (1)

A M. DE COULANGES (2).

Je m'en vais vous mander la chose la plus étonnante, la plus surprenante, la plus merveilleuse, la plus miraculeuse, la plus triomphante, la plus étourdissante, la plus inouïe, la plus singulière, la plus extraordinaire, la plus incroyable, la plus imprévue, la plus grande, la plus petite, la plus rare, la plus commune, la plus éclatante, la plus secrète jusqu'à aujourd'hui, la plus brillante, la plus digne d'envie ; enfin une chose dont on ne trouve qu'un exemple dans les siècles passés, encore cet exemple n'est-il pas juste ; une chose que nous ne saurions croire à Paris, comment la pourrait-on croire à Lyon ? une chose qui fait crier miséricorde à tout le monde; une chose qui comble de joie madame de Rohan et madame d'Hauterive; une chose enfin qui se fera dimanche où ceux qui la verront croiront avoir la *berlue ;* une chose qui se fera dimanche, et qui ne sera peut-être pas faite lundi. Je ne puis me résoudre à la dire, devinez-la, je vous le donne en trois: *Jetez-vous votre langue aux chiens ?* Hé bien ! il faut donc vous la dire : M. de Lauzun épouse dimanche au Louvre, devinez qui ? Je vous le donne en quatre, je vous le donne en dix, je vous

---

(1) Mademoiselle, duchesse de Montpensier, fille de Gaston d'Orléans, frère de Louis XIII.

(2) Le marquis de Coulanges, cousin-germain de Mme de Sévigné.

le donne en cent. Madame de Coulanges dit : Voilà qui est bien difficile à deviner ! c'est madame de La Vallière. Point du tout, madame. C'est donc mademoiselle de Retz ? Point du tout : vous êtes bien provinciale. Ah ! vraiment nous sommes bien bêtes, dites-vous : c'est mademoiselle Colbert. Encore moins. C'est assurément mademoiselle de Créqui. Vous n'y êtes pas. Il faut donc à la fin vous le dire : il épouse, dimanche, au Louvre, avec la permission du roi, mademoiselle, mademoiselle de... mademoiselle ; devinez le nom : il épouse MADEMOISELLE, ma foi ! par ma foi ! ma foi jurée ! MADEMOISELLE, la grande MADEMOISELLE, MADEMOISELLE, fille de feu MONSIEUR, MADEMOISELLE, petite-fille de Henri IV, mademoiselle d'Eu, mademoiselle de Dombes, mademoiselle de Montpensier, mademoiselle d'Orléans, MADEMOISELLE, cousine-germaine du roi, MADEMOISELLE, destinée au trône, MADEMOISELLE, le seul parti de France qui fût digne de MONSIEUR. Voilà un beau sujet de discourir. Si vous criez, si vous êtes hors de vous-même, si vous dites que nous avons menti, que cela est faux, qu'on se moque de vous, que voilà une belle raillerie, que cela est bien fade à imaginer ; si enfin vous nous dites des injures, nous trouverons que vous avez raison ; nous en avons fait autant que vous.

Madame de Maintenon (1635-1719).

Mme de Maintenon, (Françoise d'Aubigné), naquit en 1635, dans une prison où ses parents étaient retenus captifs pour cause de religion. A l'âge de trois ans, elle fut emmenée en Amérique, où elle faillit périr en débarquant ; laissée par mégarde sur le rivage, elle fut sur le point d'être dévorée par un serpent.

Devenue orpheline à l'âge de douze ans, elle revint en France, mais pour y essuyer de nombreux malheurs. Elle fut élevée par Mme de Villette, sa tante, qui la maltraita beaucoup à cause de sa pauvreté et de sa religion. Après avoir été successivement protestante et catholique, elle s'attacha définitivement au catholicisme et se fit remarquer par une extrême dévotion.

Elle épousa à vingt ans le poète Scarron, homme vieux et infirme, mais jouissant d'une certaine célébrité. Sa maison fut, pendant quelque temps, le rendez-vous des hommes les plus célèbres de Paris. Après avoir perdu son mari au bout de cinq ans de mariage, elle allait retomber dans la misère, lorsqu'elle obtint, comme veuve du poète, une pension de deux mille francs. Elle eut le noble courage de refuser un homme de cour riche, mais perdu de débauches.

La veuve de Scarron allait partir pour le Portugal, où elle avait obtenu une place de gouvernante des enfants royaux, lorsqu'elle fut remarquée par Mme de Montespan, qui lui confia l'éducation des enfants du roi. Elle s'acquitta de ses fonctions de gouvernante avec succès et acquit de jour en jour plus de crédit auprès de Louis XIV, qu'elle charmait par l'agrément et la solidité de son esprit, et qui lui donna la terre de *Maintenon*, érigée en marquisat. Après la mort de la reine-mère, le roi, tout entier à Mme de Maintenon, l'épousa secrètement. Elle eut pendant longtemps une grande influence dans les affaires publiques ; il ne se faisait pas une nomination importante sans qu'elle ne fût consultée. On lui reproche même d'avoir contribué avec Bossuet à la révocation de l'Édit de Nantes. Elle sentit souvent le vide immense des grandeurs humaines, et répandit plus d'une larme sur les ennuis d'une si haute destinée. « Quel supplice, écrivait-elle à une intime amie, d'amuser un roi inamusable ! Ne croyez-vous pas que je me meurs de tristesse, je n'y puis plus tenir ! » En 1683, elle fonda l'établissement de Saint-Cyr, pour l'éducation de jeunes filles nobles et sans fortune ; on sait que c'est pour cet établissement que Racine composa *Esther* et *Athalie*. C'est là qu'elle mourut à l'âge de quatre-vingt-trois ans, livrée aux exercices d'une piété austère.

Mme de Maintenon a laissé des *Lettres* bien écrites et qui dénotent une femme intelligente. Quoique froides, ces lettres méritent d'être lues ; le style en est plein de naturel et de vérité ; mais comme écrivain, elle est très inférieure à Mme de Sévigné.

CHAPITRE XII

ROMANS ET CONTES AU XVII SIÈCLE

Du roman en général. — Honoré d'Urfé. — Mademoiselle de Scudery. — Scarron. — Mademoiselle de La Fayette.

Du roman en général.

Une réprobation justement méritée s'attache au roman ; c'est que trop souvent les romanciers oublient que leurs productions doivent avoir un but moral ; qu'en cherchant des situations intéressantes, ils ne sont point affranchis de l'obligation de respecter les mœurs, de les polir même, en présentant au lecteur l'aimable et douce image de la vertu et le triste résultat des passions désordonnées.

Pour produire ces effets, la vraisemblance est d'absolue nécessité. Il faut que la fiction se présente sous les couleurs de la réalité ; que les situations, les incidents, les caractères, aient un air de vérité qui fasse oublier qu'ils sont le produit de l'imagination.

Quelquefois le romancier emprunte à l'histoire le fond de son récit, alors le roman est *historique ;* mais il n'est qu'une sorte de dégradation de l'histoire. En s'emparant des événements, des caractères, des personnages historiques, l'écrivain les sacrifie généralement à son désir de plaire ; la vérité historique est la moindre de ses préoccupations ; son but, c'est l'agrément des lecteurs, et en cela, ce genre de roman offre encore un danger, celui de faire naître des opinions erronées sur les faits, les événements et les personnes.

Le roman prit naissance au temps de la chevalerie. Il y eut émulation parmi les conteurs de cette époque reculée, pour retracer les prouesses des paladins du roi Arthur et de la cour de Charlemagne.

Aux naïves légendes de la chevalerie, succédèrent au xvii⁰ siècle, les volumineuses et sentimentales productions d'Honoré d'Urfé, de Scudéry et de La Calprenède, où les grands hommes de l'antiquité sont ridiculement travestis, et où le jargon d'un sentiment outré est regardé comme le type du beau langage. Indiquons seulement parmi les plus estimables romans de cette époque, la *Princesse de Clèves* de Mᵐᵉ de La Fayette.

Honoré d'Urfé (1568-1625).

Honoré d'Urfé, qui naquit à Marseille en 1568, fut élevé dans le Forez, au bord de la petite rivière du Lignon. Il appartenait à une famille fort ancienne. Pendant les guerres civiles de la fin du siècle, il combattit pour la Ligue et fut fait prisonnier. Quand le Forez fut soumis, il se retira auprès du duc de Savoie, son parent, et s'attacha à son service. Il passa ainsi les vingt-deux dernières années de sa vie, loin de son pays natal, où n'y faisant que de rares et courtes apparitions. C'est là qu'il composa le célèbre roman pastoral, *l'Astrée*, où il peignait le bonheur des bergers du Lignon. Cet ouvrage fut accueilli avec la plus grande faveur quoiqu'il nous paraisse fatiguant par la monotonie des tableaux, la fadeur des sentiments ; le héros *Céladon* est devenu avec le temps un type ridicule.

Roman de l'Astrée (1610-1619). — Le théâtre des événements est situé sur le bord du Lignon, près de Lyon, en Forez ; c'est vers le milieu du v⁰ siècle que l'auteur nous transporte. Les barbares sèment partout la ruine et la désolation ; le Forez seul jouit d'une paix profonde. Le gouvernement est aux mains des femmes depuis l'arrivée d'Hercule dans le pays. Ce héros était accompagné de sa femme, Galatée, et ce fut elle qui institua cette forme de gouvernement. Au temps où commence l'histoire, la reine est Amasis, descendante de Galatée. Elle a une fille, nommée Galatée, un fils, Clidaman. Sa cour est formée de jeunes filles et de jeunes fils des druides et des chevaliers. Quant à la population du pays, elle se compose de bergers et de bergères qui ne ressemblent en rien aux bergers ordinaires ; ils sont tous nobles, tous galants, et c'est uniquement pour leur plaisir qu'ils mènent paître des troupeaux.

Les principaux personnages du roman sont Astrée et Céladon. Céladon aime Astrée et il en est aimé ; mais les familles des jeunes gens sont ennemies. Les voilà donc réduits à cacher leurs sentiments. Afin de détourner tout soupçon, Céladon feint la plus vive tendresse pour une autre, la bergère Aminthe. Mais un jaloux réussit à persuader à Astrée que Céladon joint l'inconstance à la dissimulation. Qu'on juge de la douleur de la bergère et de son ressentiment ! Céladon, ayant eu l'audace de l'aborder, elle le repousse avec mépris : « Garde-toi bien, lui dit-elle, de te faire voir à moins que je ne te le commande. » Céladon, fou de désespoir, ne cherche point à se disculper ; il veut mourir. Tous deux se trouvaient justement sur les bords du Lignon ; le berger se précipite dans les eaux et disparaît ; Astrée de son côté tombe évanouie. Quand elle rouvre les yeux, elle cherche vainement Céladon ; on ne retrouve de lui que son chapeau, et dans ce chapeau une lettre qui prouve d'une manière irréfragable sa parfaite innocence et sa fidélité. La douleur que ressent Astrée est si vive qu'elle tombe gravement malade, et ses parents sont si affectés de la voir en cet état, qu'ils meurent de chagrin. Cependant Céladon n'a point trouvé la mort qu'il cherchait ; les flots le déposent évanoui sur l'autre rive du Lignon Galatée, fille de la reine Amasis et deux suivantes, qui se promenaient en cet endroit, découvrent le naufragé et le rappellent à la vie. Il raconte sa touchante aventure, il remue de pitié tous les cœurs. On le retient à la cour d'où il ne parvient à s'évader que grâce au sage Adamas, druide vénérable, qui le déguise en nymphe. — Une fois libre, sa première pensée est de retourner auprès d'Astrée, mais elle lui a interdit de se présenter devant elle. Céladon se retire alors dans un lieu solitaire et affreux ; son habitation, c'est une sombre caverne où ne pénètrent point les rayons du soleil ; sa nourriture, ce sont les fruits et les racines des arbres sauvages ; son occupation, c'est de gémir et d'invoquer l'insensible Astrée. Enfin un jour, il rencontre le berger Sylvandre, qui s'était endormi dans la forêt et dépose auprès de lui une lettre portant cette adresse : *A la plus belle bergère de l'univers.* Astrée se reconnaît aussitôt et reconnaît l'écriture de Céladon. Il n'est donc pas mort, mais où est-il ? Elle se dirige vers la caverne en compagnie d'une troupe de bergers et de bergères ; elle interroge les moindres traces. Dans un gracieux bocage, elle découvre un temple fait de branches repliées, avec cette inscription : *A la déesse Astrée ;* dans l'intérieur du temple, le portrait d'Astrée, et en regard les tables de la loi de l'honnête et parfaite amitié. Où est le mystérieux architecte ? On ne peut le découvrir. La nuit vient ; la troupe des bergers et des bergères s'endort à l'ombre des grands arbres. Céladon, qui a perdu le sommeil, rencontre les voyageurs ; il reconnaît Astrée, mais refuse de se montrer à la bergère ; il s'éloigne, mais bientôt vaincu par les supplications du sage Adamas, il quitte sa retraite et a recours à un expédient assez singulier. Il se déguise en druidesse, se fait passer pour la fille d'Adamas, devient l'amie d'Astrée qu'il voit à toute heure sans lui désobéir, puisqu'il n'est plus Céladon.

Cependant la cour d'Amasis était le théâtre de graves événements. Le gouverneur de la province, Polémas, n'ayant pu obtenir la main de Galatée, avait pris les armes. La ville est assiégée. Polémas exaspéré veut se venger d'Adamas qui a organisé une vigoureuse résistance ; il fait enlever sa fille ; mais cette fille, c'est Céladon, et comme Astrée porte les mêmes vêtements, les ravisseurs les enlèvent tous deux. On les saisit, on les expose aux traits des assiégés. La reddition est imminente lorsque survient Lindamon fiancé de Galatée, qui bat Polémas et le tue. C'est alors que Céladon croit pouvoir se montrer à Astrée. O surprise ! O désespoir ! elle le repousse. Cette fois il est bien décidé à mourir. En conséquence, il se dirige vers la *Fontaine de vérité*. Cette fontaine avait la propriété miraculeuse de faire connaître d'une manière certaine les sentiments réels de ceux qui s'y regardaient. Elle était défendue par des lions et des licornes qui dévoraient aussitôt tous ceux qui cachaient sous des dehors trompeurs un cœur perfide. Céladon, accompagné de tous les personnages qui figurent dans le roman, se rend à la fontaine. A son approche, lions et licornes, au lieu de s'élancer, restent immobiles, sont changés en statues. Adamas déclare que ce prodige est dû à la vertu des assistants; que tous les couples présents peuvent se regarder sans crainte dans la fontaine, qu'il n'y a dans la société ni un cœur léger, ni un cœur perfide. — Sur cette assurance on tente l'épreuve et le roman finit par un mariage universel.

Mademoiselle de Scudéry (Voir sa biographie, p. 107)

Roman d'Artamène ou le Grand Cyrus (1649-1653). — Le début de l'ouvrage est noble et majestueux. Sinope, capitale de la Cappadoce, révoltée contre Cyaxare, est dévorée par un immense incendie. Artamène, qui s'avançait à la tête de l'avant-garde de l'armée de ce prince afin de soumettre la ville rebelle, s'élance aussitôt pour combattre la flamme, car c'est à Sinope que Mandane, sa fiancée, fille de Cyaxare, a été conduite, après avoir été enlevée par le roi d'Assyrie. Celui-ci montre à Artamène, en pleine mer, une galère qui emporte Mandane avec Mazare, prince des Saces, leur commun rival, et il lui propose de différer le combat qui doit vider leur querelle jusqu'à ce qu'ils aient arraché la princesse à son ravisseur. Artamène a la générosité de consentir à cette proposition;

mais tandis qu'il s'efforce de sauver les restes de Sinope, le roi d'Assyrie parvient à s'échapper; toutefois il écrit à Artamène pour lui jurer qu'il tiendra sa parole. Cependant Cyaxare arrive avec le reste de l'armée. Bientôt il apprend l'entrevue de son général avec le roi d'Assyrie, l'envoi d'une lettre secrète et la réponse d'Artamène. Ces circonstances lui inspirent de violents soupçons sur la fidélité de son général, auquel il demande à voir la lettre du roi d'Assyrie. Artamène, placé dans l'alternative de confirmer les défiances injurieuses du roi ou de trahir sa passion pour Mandane, se contente d'assurer Cyaxare de son respect et de son obéissance, et ce prince le fait alors arrêter et enfermer dans une tour. Comme l'armée et ses principaux chefs murmurent de cette sévérité, Chrysante et Feraulas, confidents d'Artamène, jugent le moment opportun pour dévoiler le secret qui couvre sa naissance.

Chrysante apprend alors à l'assemblée des chefs, qu'Artamène n'est autre que Cyrus, fils de Cambyse, roi de Perse. Il leur fait le récit de la naissance de Cyrus, leur rapporte les ordres cruels qu'Astyage, roi des Mèdes, troublé par des prodiges, donna pour la mort de cet enfant, qui est son petit-fils et la conservation de celui-ci par les soins du berger Mitradate, auquel on l'a confié pour le faire périr. Dès lors, c'est l'histoire de Cyrus qui va se dérouler à nos yeux, mais embellie ou plutôt défigurée par une foule d'incidents sortis de l'imagination de Mlle de Scudéry. Sur cette histoire, l'auteur a greffé un roman où s'entremêlent des aventures incroyables, des conversations sans terme, d'où le naturel semble avoir été soigneusement exclu, où tout respire cette *préciosité* si bien ridiculisée par Molière. Le mobile de toutes les actions de Cyrus est dénaturé; ce qui exalte son ambition, c'est la recherche de Mandane, qui lui échappe toujours au moment où il croit la saisir.

Jugement. — *Artamène* fut accueilli avec enthousiasme

non seulement par les habitués de l'hôtel de Rambouillet, mais encore à la cour et à la ville. On aimait à retrouver, sous des déguisements transparents, les personnages célèbres d'alors, que Mlle de Scudéry avaient habillés à la mode de Perse : Mme de Rambouillet, Julie d'Angennes, Mlle Paulet, M. de Montausier, époux de Julie d'Angennes, Godeau, Voiture, Conrart Chapelain. Artamène n'était autre que le grand Condé. Le peintre n'a point oublié de se produire sous le nom de Sapho, qui lui resta dans le cénacle. C'est le langage raffiné des ruelles, la sensiblerie, la galanterie en honneur parmi les contemporains. Les observations de l'auteur sont fines et pénétrantes, ses disgressions sont morales ; le style même n'est pas dépourvu d'attrait. Envisagé à un point de vue général, l'*Artamène* est une étude approfondie de la femme au dix-septième siècle : ses sentiments, ses devoirs, ses occupations même, y sont exposés et analysés sans pédantisme et avec un sens judicieux. C'est ce qui explique l'admiration que ce roman excita de la part des personnages les plus distingués du temps : Mme de Sévigné, M. de Montausier, La Fontaine, Massillon, Fléchier, Mascaron. Les hommes d'un jugement exercé eurent bientôt entrevu le côté faux de cette vaste composition, et, pour son compte, Boileau, lui fit payer cher ses premiers éloges : les *Satires* et le *Lutrin* ont écrasé le *Grand Cyrus* sous un ridicule dont il ne s'est jamais relevé (P. LAROUSSE).

Roman de Cléhe (1656). — Mlle de Scudéry retrace la guerre de Tarquin contre Rome, après son expulsion ; l'héroïne est cette jeune Romaine qui, donnée en otage à Porsenna, roi des Étrusques, se sauve en traversant le Tibre à la nage au milieu d'une grêle de traits. On voit représentés dans ce roman tous les héros de la république romaine naissante : Horatius Coclès, Mucius Scévola, Lucrèce, Brutus, tous très amoureux, se proposant des questions et des énigmes galantes, et traçant des cartes géographiques d'amour sur ce fameux pays de *Tendre*, si ridiculisé par Boileau. On y voit le fleuve d'*Inclination*, ayant sur la rive droite les villages de *Jolis-vers* et d'*Epîtres-Galantes*; sur la gauche, ceux de *Complaisance*, de *Petits-soins*, et d'*Assiduités*; plus loin sont les hameaux de *Légèreté* et d'*Oubli*, avec le lac d'*Indifférence*. Une route conduit au district d'*Abandon* et de *Perfidie*; mais en suivant le cours naturel du fleuve, on arrive à la rive de *Tendre-sur-Estime*, et à celle de *Tendre-sur-Inclination*.

Jugement. — Tous les héros et toutes les héroïnes de ce roman sont vrais et ressemblants comme portraits de société. C'est le dix-septième siècle travesti sous un masque d'emprunt. Les événements retracés sont à peu près ceux de l'histoire ; mais les mœurs des personnages, leurs conversations, leurs sentiments sont pris dans la haute société de Paris, ou mieux dans le cercle de l'hôtel de Rambouillet.

C'était là le côté attrayant pour les contemporains qui avaient la clé de ces mystères, et cet intérêt revit pour nous quand nous savons les noms réels. On comprend dès lors l'engouement et les éloges admiratifs de Mme de Sévigné et de Mme de La Fayette, dont la jeunesse se nourrit de ces romans.

« La *Clélie*, dit M. Saint-Marc Girardin, est, quand on l'étudie de près, un livre sérieux et curieux, où toutes les questions qui tiennent à la condition des femmes dans le monde sont traitées d'une manière à la fois piquante et judicieuse. Quel est le rang que la civilisation moderne donne à la femme, et que doit faire la femme pour avoir et pour garder ce rang? Voilà, en vérité, le sujet de la *Clélie*. Le roman n'est que le cadre ou l'accessoire de ce grand sujet de controverse, et dans cette controverse nous retrouvons tous les débats qui se sont élevés de nos jours sur la liberté des femmes. »

« Le style de Mlle de Scudéry a de l'ampleur et de la souplesse; souvent il laisse voir une finesse et une grâce toutes féminines ; ses anachronismes mêmes ne doivent pas lui être reprochés trop durement (DEMOGEOT). »

Scarron (1610-1660).

Paul Scarron naquit en 1610 d'une famille parlementaire, et fut destiné à l'état ecclésiastique ; il reçut les ordres mineurs et voyagea en Italie. Par suite d'une imprudence de jeunesse, il devint perclus, infirme et contrefait. Etant au Mans à l'époque du carnaval, il voulut prendre sa part de plaisirs et eut la singulière idée de se déguiser en sauvage ; la populace étonnée et peut-être scandalisée de ce travestissement, le poursuivit de clameurs, et pour échapper à un traitement plus rigoureux, Scarron alla se cacher dans les roseaux d'un marais. Il en sortit mourant ; le froid avait glacé son sang ; bientôt ses nerfs se retirèrent et ses membres s'atrophièrent. Il nous a laissé lui-même cette plaisante peinture de sa difformité : « Mes jambes et mes cuisses ont fait premièrement un angle obtus, puis un angle égal, et enfin un aigu ; mes cuisses et mon corps en font un autre, et ma tête se penche sur mon estomac ; je ne ressemble pas mal à un Z. J'ai les bras raccourcis aussi bien que les jambes et les doigts ; enfin je suis un raccourci de la nature humaine. »

Il avait quarante ans lorsqu'il fit la connaissance de Mlle d'Aubigné, jeune orpheline de grande famille et tombée dans le malheur. Scarron fut touché de ses grâces, de son esprit, des humiliations que lui faisait souffrir sa tante ; il lui offrit de l'épouser ou de payer sa pension dans un couvent. Elle l'épousa, et quand on lui demandait la raison de ce mariage, elle répondait naïvement : « J'ai mieux aimé l'épouser qu'un couvent. » Cette jeune femme, qui devait devenir plus tard Mme de Maintenon, eut une excellente influence sur le poète ; elle le rendit sérieux, réservé et délicat.

Après son mariage, Scarron se mit à travailler pour le théâtre, et y gagna assez d'argent pour avoir un train de maison honorable. Anne d'Autriche lui donna une pension de cinq cents écus, qu'elle lui retira lorsqu'il attaqua Mazarin dans la *Mazarinade*.

Les ouvrages qu'il a composés sont nombreux. On a de lui, entre autres, l'*Énéide travestie*, traduction en vers burlesques de l'*Énéide*, de Virgile. Le *Roman comique* est son chef-d'œuvre. Il réussit surtout dans le genre burlesque ; il exagéra néanmoins son talent comique au point de tomber parfois dans la trivialité.

Quoique accablé d'infirmités, Scarron ne perdit jamais sa joyeuse humeur. Un jour, il fut saisi d'un hoquet si violent, qu'il effraya les amis qui l'entouraient. « Si jamais j'en reviens, dit-il d'une voix entrecoupée, je ferai une belle satire contre le hoquet. » Il n'en revint pas. Quelques instants avant de mourir, voyant ses parents et ses domestiques fondre en larmes : « Mes enfants, leur dit-il en souriant, vous ne pleurerez jamais autant que je vous ai fait rire. » Puis au moment d'expirer, on l'entendit murmurer : « Je n'aurais jamais cru qu'il fût aussi aisé de se moquer de la mort. » Ce furent ses dernières paroles.

Le Roman comique (1651). — Les héros du roman sont les parias de la société d'alors, des comédiens ; ce qu'ils représentent, c'est la liberté et la fantaisie qui courent les chemins. « Voici la troupe en marche. Sur un charriot qui se traîne lentement, sont juchées les malles qui contiennent les sceptres et les couronnes des rois avec les manteaux de pourpre et les diamants des princesses, et par dessus, les actrices, nez au vent et interrogeant l'horizon. Devant le char, ou à côté, les acteurs, vêtus moitié en héros, moitié en laquais, vont à pied, armés jusqu'aux dents, prêts à défendre vaillamment l'honneur des dames et la caisse de la troupe. On rit, on chante, on cause, on répète les belles tirades de son rôle. Le soir vient, on presse le pas ; on fait enfin une superbe entrée dans la rue ou le bourg qui servira de gîte. On s'arrête devant l'hôtellerie. La population s'assemble. On organise une représentation sur la place publique, dans une grange, n'importe où. On se déguise avec le premier oripeau venu, et l'on déclame de tout cœur les fureurs d'Hérode. La nuit vient; c'est l'heure des incidents de tout genre. Il y a peu de place dans les auberges et beaucoup de monde. Une seule chambre contient jusqu'à trois et quatre lits, le même lit a souvent plus d'un hôte. Il y a des dormeurs qui se lèvent et qui se trompent en se recouchant. C'est dans des nuits pareilles que se donnent carrière la malice de la Rancune. La Rancune est un comédien parvenu à l'âge où il faut renoncer à la gloire, aux succès de tout genre qu'on a rêvés. Les années sont venues et la fatigue et la pauvreté et la vie errante, chaque jour plus dure à supporter. La Rancune hait d'une haine noire tout ce qui est jeune, tout ce qui est heureux. Il est poli, il a des formes exquises, il est hypocrite, il est menteur, il est voleur en un cas pressant. Son bonheur, c'est de tramer sous le voile de l'amitié et du dévouement les plus cruelles perfidies contre ceux qu'il a pris en grippe ou qui doivent l'égayer. Tel est ce pauvre Ragotin, avocat du Mans. Ses prétentions en tout genre sont immenses, sa taille est outrageusement petite, il est galant, grotesque, colère, toujours dupé, toujours bafoué, mais il a le cœur pris et il quittera tout pour suivre la troupe où brille celle qu'il aime; c'est l'ami intime et le souffre-douleur de la Rancune. La Rancune lui escroque de l'argent, des dîners, l'embarque dans les plus sottes affaires, et quand le petit homme tombe dans le piége qu'il lui a tendu, la Rancune se précipite à son secours avec le plus touchant empressement. Quant à l'action elle se déroule lentement et à bâtons rompus. Ici encore c'est le détail qui est l'important. Cependant les héros du roman sont d'une fort agréable physionomie. Destin, le jeune premier, est un acteur très remarquable. Les deux comédiennes, Angélique et l'Etoile, sont des héroïnes honnêtes, courageuses, qui se font respecter. Après bien des péripéties de tout genre, le roman finit par un double mariage. Destin et l'Etoile reprennent dans la société le rôle qui leur appartient. Quant à Ragotin, l'auteur ne sachant qu'en faire, le noya d'abord, puis le ressuscita pour allonger de quelques chapitres le roman qui était bien fini (P. Albert). »

Madame de La Fayette (Voir sa biographie, page 108).

Zaïde, la Princesse de Clèves

La Princesse de Clèves (1678). — C'est à la cour de Henri II que se passe l'action. Mlle de Chartres vient d'épouser le prince de Clèves ; elle l'a épousé « avec moins de répugnance qu'un autre, mais elle n'a aucune inclination particulière pour sa personne. » Ce sont ses propres paroles lorsqu'on lui parle de ce mariage. On donne un grand bal à la cour, elle y paraît, et c'est là qu'elle voit pour la première fois M. de Nemours. C'est lui qu'elle eût préféré pour époux si elle eût été encore libre ; mais il est trop tard ; elle s'éloignera désormais de la cour pour fuir les occasions de se trouver en présence de M. de Nemours et pour rester fidèle à ses devoirs d'épouse. Peu de temps après, M. de Clèves tombe malade et meurt. La princesse, libre de tout engagement, peut épouser celui qui n'a cessé de lui témoigner la plus profonde et la plus respectueuse affection. Elle s'y refuse, voulant rester fidèle à la mémoire de son mari et se retire dans un couvent où elle meurt après avoir langui quelques années. « Sa vie qui fut assez courte, laissa des exemples de vertu inimitables. » Voilà les dernières lignes du livre.

Dès que le roman longtemps attendu fut publié, on le dévora, on en fut ravi. Mme de Sévigné donna le signal des louanges et tout le monde suivit. La Rochefoucauld ne fut pas, dit-on, complétement étranger à la composition de la *Princesse de Clèves*.

LA LITTÉRATURE FRANÇAISE AU XVIII° SIÈCLE

CHAPITRE Ier

DE LA POÉSIE ÉPIQUE AU XVIII° SIÈCLE

De la Littérature française au xviii° siècle. — Voltaire. — La Henriade.

De la Littérature française au XVIII° siècle en général

« Le xviii° siècle fut plus fécond que le xvii°. On trouve dans tous les genres un plus grand nombre d'écrivains, et comme la langue était formée, les auteurs du second ou du troisième ordre écrivaient généralement mieux que les auteurs inférieurs du siècle précédent. Mais il n'en est pas de même de ceux qui ont occupé le premier rang dans la littérature. On ne trouve aucun poète qu'on puisse comparer à Racine, ni aucun prosateur qui égale Bossuet. En général, on compose d'une façon trop rapide et trop hâtée, et cet empressement nuit à la perfection du travail. Ainsi dans la plupart des genres, la décadence est sensible. Voltaire excella dans la tragédie, sans égaler Racine et Corneille ; la comédie, au lieu de Molière et Regnard, n'eut pour représentants que Destouches, Gresset et Piron ; à la Bruyère succéda parmi les moralistes, Vauvenargues ; la philosophie, après avoir été honorée des grands noms de Descartes, Mallebranche, Bossuet et Fénelon, se vit réduite à Diderot, à Condillac et aux Encyclopédistes ; l'oraison funèbre resta muette ; le P. Neuville, le P. Segaud et l'abbé Poulle remplacèrent dans la chaire Bossuet, Fléchier, Bourdaloue et Massillon.

Les sciences gagnèrent à la vérité ce que les œuvres

d'art perdirent. Buffon ouvrit une route nouvelle en exposant avec tous les charmes de la littérature les faits de l'histoire naturelle. D'Alembert tempéra également l'aridité des sciences en exprimant leur méthode et leurs résultats sous une forme moins rude et moins barbare. Si l'éloquence de la chaire faiblit, l'éloquence judiciaire se perfectionna. La Révolution donna ensuite naissance à l'éloquence politique, qui s'éleva tout à coup à une hauteur que les anciens eux-mêmes n'ont sans doute jamais atteinte.

L'esprit philosophique, qui était l'esprit général de ce siècle, ayant tout remis en question, la discussion fit jaillir sur beaucoup de points de grandes lumières. La foi en souffrit pour un temps, mais cette épreuve prépara son triomphe dans l'avenir (Drioux). »

Voltaire (1694-1778)

Le Moyen âge et la Renaissance avaient essayé vainement de doter la littérature française de plusieurs poèmes épiques. Voltaire est le premier écrivain qui ait écrit une épopée, bien que la *Henriade* soit moins un poème épique qu'une élégante histoire en vers. Ce genre exige l'enthousiasme et la foi, il ne peut naître que dans un pays et chez un peuple vierge, naïf, amoureux du merveilleux. Pour trouver chez nous les éléments de la vraie poésie épique, il faudrait remonter au moyen âge jusqu'aux romans de chevalerie; malheureusement, l'antiquité de la langue, alors en formation, rend la lecture de ces poèmes impossible. A cette époque reculée, il y avait encore dans la nation et chez les poètes de la foi et de l'enthousiasme; mais au xviii° siècle, le souffle de l'incrédulité avait flétri dans les cœurs les saintes croyances; Voltaire n'était qu'un poète sceptique et railleur; ni le siècle, ni l'homme n'étaient faits pour l'épopée, et la *Henriade*, qui fut si admirée, n'est après tout qu'une froide satire contre l'intolérance, le fanatisme et la superstition.

François-Marie Arouet, célèbre sous le nom de *Voltaire*, naquit à Paris, en 1694. Il était fils d'un notaire et vint au monde si chétif, qu'on fut obligé de différer son baptême pendant neuf mois. Il eut pour parrain l'abbé de Chateauneuf, homme impie sous l'habit de prêtre ; ce fut lui qui donna à ce jeune enfant, à peine âgé de trois ans, les premières notions d'incrédulité, en lui faisant balbutier un poëme impie ; ces impressions furent ineffaçables.

Le jeune Arouet fut placé à l'âge de dix ans au collége des jésuites, où il se fit remarquer par son amour pour l'étude. Les Révérends Pères se laissaient charmer par son esprit précoce. L'un d'eux, émerveillé, lui prédit, en l'embrassant, qu'il serait un grand homme ; un autre, effrayé de la hardiesse de ses idées et de ses railleries s'écria, un jour, en le secouant par le collet : « Malheureux, tu seras, en France, l'étendard de l'incrédulité ! » L'un et l'autre ne se trompaient point.

Au sortir du collége, Arouet retourna au sein de sa famille. Son père, qui voulait en faire un magistrat, lui fit étudier le droit. L'abbé de Chateauneuf, son parrain, le présenta dans les salons brillants qu'il fréquentait ; il y fut accueilli, caressé, choyé par l'élite des courtisans ; là, il se lia avec le marquis de La Fare, l'abbé de Chaulieu, le prince de Conti, le duc de Vendôme, le maréchal de Villars, la duchesse du Maine, tous gens d'esprit, mais d'une grande licence de mœurs. L'abbé de Chateauneuf le présenta aussi chez la fameuse Ninon de Lenclos ; le jeune Arouet, qui avait déjà publié quelques vers, récita devant elle plusieurs pièces de sa composition ; elle fut si charmée de son esprit, qu'elle lui légua une somme de deux mille francs pour acheter des livres. Ce fut là son premier succès.

Mais cette vie dissipée des salons nuisait aux progrès du jeune homme dans ses études de droit. D'ailleurs, il ne paraissait avoir aucun goût pour la procédure ; on l'avait souvent surpris griffonnant des vers sur le papier timbré au lieu de transcrire des copies. Le père d'Arouet était loin de s'accommoder des goûts frivoles de son fils : parfois il parlait de l'envoyer en Amérique ; enfin, irrité du peu de cas que le jeune homme faisait de ses remontrances, il le déshérita et le chassa de la maison paternelle.

Ainsi abandonné à lui-même, il se livra sans frein à ses passions, et se fit bientôt remarquer dans les salons par la légèreté de ses mœurs, et surtout par la causticité de son esprit. A la mort de Louis XIV, il circula d'odieux pamphlets contre la mémoire du feu roi et contre les principaux personnages de la cour. Le jeune Arouet fut accusé d'avoir fait de ces pamphlets ; cette accusation reposait sur le simple indice donné par le dernier vers de la pièce:

J'ai vu ces maux, et je n'ai pas vingt ans.

Quoique innocent, il fut mis au Châtelet, où il resta plus d'une année. C'est là qu'il composa sa tragédie d'*Œdipe* et les deux premiers chants de la *Henriade*. Le régent, convaincu enfin de son innocence, le fit sortir et voulut le voir ; charmé de son esprit, il lui accorda même une gratification, en lui disant : « Soyez sage à l'avenir, et j'aurai soin de votre fortune. — Je remercie Votre Altesse, lui répondit le jeune poète, de ce qu'elle veut bien se charger de ma nourriture ; mais je la prie de ne plus se charger de mon logement. »

C'est après sa sortie du Châtelet que le jeune Arouet échangea son nom de famille contre celui de *Voltaire*, qu'il devait rendre si célèbre : c'était le nom d'une terre appartenant à son père.

Il débuta dans la carrière littéraire par la tragédie d'*Œdipe* (1718) qu'il venait d'achever au Châtelet. Depuis Corneille et Racine on n'avait rien vu sur la scène de plus émouvant et de plus admirable que cette pièce. Il est vrai que le jeune poète avait emprunté ses plus belles inspirations à la tragédie de Sophocle, qu'il eut le tort de décrier plus tard.

Après *Œdipe*, Voltaire fit représenter *Marianne* (1724), qui n'eut aucun succès. Loin de se laisser décourager par cet échec, le poète redoubla de travail ; il se retira quelque temps à la campagne et y acheva la *Henriade*. Avant de livrer cette épopée au public, il voulut avoir l'avis de ses amis : de nombreuses observations lui ayant été faites sur le sujet, le plan, les caractères et le style de ce poème, Voltaire ne put cacher son mécontentement, et de dépit, il jeta son épopée au feu. L'un de ses amis se précipita sur le foyer, brûla ses manchettes et sauva le manuscrit. Le succès de la *Henriade* fut immense, non-seulement en France, mais en Europe ; ce poème a beaucoup contribué à populariser le nom de Henri IV.

C'est au milieu de la gloire que lui valut cet ouvrage, qu'une dispute qu'il eut avec un des grands de la cour, força Voltaire à quitter subitement la France, et à chercher un refuge en Angleterre. Il dînait un jour chez le duc de Sully avec le chevalier de Rohan ; une discussion s'éleva parmi les convives ; Voltaire soutint avec chaleur son opinion ; le chevalier, blessé de rencontrer un contradicteur, demanda quel était ce jeune homme qui parlait si haut. « C'est, répondit Voltaire, un homme qui ne traîne pas un grand nom, mais qui sait honorer celui qu'il porte. » Le chevalier se leva furieux et sortit. Quelques jours après, il se vengeait par un lâche guet-apens, et faisait bâtonner Voltaire par ses gens, à la porte de Sully, où le poète venait de dîner. Fou de colère, l'insulté demanda en vain justice. Il s'enferma alors pendant trois semaines, apprit l'escrime et l'anglais, puis il envoya un cartel au duc de Rohan ; le duc, croyant se déshonorer en se battant avec un poète, refusa le duel et obtint même du régent une lettre de cachet contre le jeune téméraire. Celui-ci fut enfermé pendant six mois à la Bastille, et n'en sortit que sous condition de quitter la France. Voltaire choisit l'Angleterre pour le lieu de son exil.

On ne peut nier que le séjour de trois ans qu'il fit à

Londres n'ait exercé sur les idées de Voltaire une funeste influence. Son esprit sceptique et frondeur put se donner pleine carrière dans la société des libres-penseurs; mais il faut reconnaître aussi que l'Angleterre initia le poète aux grands principes de liberté, inconnus à cette époque en France. Plus tard, il les propagea à son tour dans son pays et prépara la révolution qui, vers la fin du siècle, devait changer l'ordre social de la France.

C'est aussi en Angleterre qu'il développa et enrichit son génie littéraire : il puisa à pleines mains dans les trésors de la littérature anglaise, il lut dans la langue originale le *Paradis perdu* de Milton, étudia la philosophie de Bacon et de Locke, les découvertes scientifiques de Newton et s'inspira surtout des chefs-d'œuvre dramatiques de Shakspeare, qu'il eut le mérite de révéler à la France. L'enthousiasme qu'il ressentit de ces merveilles scientifiques et littéraires, son admiration pour cette terre de tolérance et de liberté, lui inspirèrent ses *Lettres philosophiques*; malheureusement, il dépara ce livre, où sont consignées de judicieuses critiques, par un amas de grossières invectives contre le christianisme. Ces injures firent condamner ses *Lettres* à être brûlées de la main du bourreau; il eut mieux valu les réfuter ou les ignorer. C'est à Londres que Voltaire composa ses tragédies de *Brutus* (1730) et de la *Mort de César* (1733), qui ne sont qu'une imitation de Shakspeare.

Après trois ans d'exil, Voltaire revint en France. Son premier soin fut de s'assurer une fortune indépendante, soit par la vente de ses ouvrages, soit par d'heureux placements de fonds. Il mit à différentes loteries et gagna plusieurs lots; il fut heureux dans quelques spéculations commerciales, et particulièrement dans le commerce des blés et dans les fournitures de l'armée. En moins de trois ans, il devint plusieurs fois millionnaire.

La fortune ne lui fit pas négliger les lettres. Il fit paraître *Brutus* sur la scène. Cette tragédie n'eut qu'un médiocre succès. On dit que Fontenelle, après cet échec lui conseilla de renoncer au genre dramatique. Voltaire n'écouta pas cet avis ; il se remit à l'œuvre avec une nouvelle ardeur et publia l'année suivante *Zaïre* (1732), l'un de ses chefs-d'œuvre les plus émouvants et les plus applaudis. On avait reproché à Voltaire de n'avoir pas su peindre les sentiments tendres et délicats : jamais tragédie n'a fait répandre autant de larmes.

Le bonheur de Voltaire ne fut pas sans mélange. Les prêtres, qu'il avait impitoyablement attaqués dans ses *Lettres philosophiques*, le dénoncèrent au pouvoir à cause de ses diatribes contre la religion. Le philosophe, qui n'ambitionnait pas l'auréole du martyre, crut prudent de quitter Paris et se retira au château de Cirey, à quelques lieues de Vassy, en Champagne, chez une de ses amies, la marquise du Châtelet. Il passa quelques années dans cette retraite obscure, livré tout entier à la culture des lettres ; il y composa l'*Histoire de Charles XII*, vrai chef-d'œuvre historique, les tragédies d'*Alzire*, de *Mahomet* et de *Mérope*, qui mirent le comble à sa gloire dramatique, la comédie de l'*Enfant prodigue*, une histoire universelle sous le titre d'*Essai sur les Mœurs*, et le *Siècle de Louis XIV*, deux autres chefs-d'œuvre historiques.

Au faîte de la gloire littéraire, Voltaire aurait voulu voir s'ouvrir pour lui les portes de l'Académie ; mais ses attaques contre la religion lui avaient aliéné ceux qui auraient pu lui en faciliter l'entrée. Il ne recula pas devant l'hypocrisie et le mensonge pour se gagner des sympathies. Qu'on en juge par cette lettre qu'il écrivit à un ecclésiastique influent : « Si jamais, dit-il, on a imprimé sous mon nom une ligne qui puisse scandaliser seulement un sacristain de paroisse, je suis prêt à la déchirer ; je veux vivre et mourir tranquille dans le sein de l'Église apostolique et romaine. » Il fut reçu à l'Académie, mais la lâcheté de ses procédés le rendit méprisable aux yeux de ses contemporains et de la postérité.

D'ailleurs, ce n'est pas le seul acte de bassesse dont on ait à charger sa mémoire. Il avait pour habitude de publier sous des noms supposés les pamphlets qui pouvaient être de nature à le compromettre. Louis XV lui-même, qui avait peu de valeur morale, n'eut pour cet homme que du mépris.

Voltaire (suite).

Voltaire, blessé de la défaveur de la cour, partit pour Berlin, où Frédéric II, roi de Prusse, l'invitait depuis dix ans à venir se fixer auprès de lui. Il fut reçu à Postdam, non en poète, mais en roi ; on lui donna un appartement splendide, une table somptueuse, de brillants équipages ; il reçut le titre de chambellan et une pension de vingt mille francs. En retour, le poète donnait des leçons au roi, corrigeait sa prose et ses vers, et le soir, faisait les délices de ses soupers par la grâce et la fécondité de son esprit. Dans ces fameux soupers, où la morale n'était pas moins bannie que l'étiquette, on parlait de tout : métaphysique, philosophie, religion ; et c'était pour se moquer des plus saintes croyances.

Malheureusement, la bonne harmonie ne régna pas longtemps entre Frédéric II et Voltaire ; les beaux esprits de la cour, entre autres le géomètre Maupertuis, et le philosophe La Beaumelle, jaloux des faveurs de Voltaire, ne tardèrent pas à troubler les rapports d'amitié qui existaient entre le poète et le roi. On rapporta un jour à celui-ci que Voltaire s'était permis de dire, en recevant les vers que Frédéric lui donnait à corriger. « Le roi m'envoie son linge sale à blanchir. » D'un autre côté, on racontait à Voltaire que le roi avait dit : « Laissez faire ; on presse l'orange et on en jette l'écorce quand on en a sucé le jus. » Voltaire ne crut pas devoir attendre qu'on lui donnât congé ; il renvoya à Frédéric la clef de chambellan et le brevet de la pension dont il l'avait gratifié.

Il partit en emportant par mégarde quelques vers manuscrits du roi : celui-ci envoya un officier prussien à sa poursuite, et Voltaire fut retenu prisonnier jusqu'à ce qu'il eût rendu les *Œuvres de poëshies du roi, son maître*. Il lui fallut attendre l'arrivée des malles qui renfermaient ce trésor ; les malles de Voltaire arrivèrent enfin, les *poëshies* furent rendues, et le prisonnier put continuer sa route.

Arrivé en Alsace, il songea à retourner à Paris, mais il n'ignorait pas combien il était peu sympathique à Louis XV ; il fit sonder la cour à son égard : le roi répondit : « Qu'il reste où il est. » Voltaire renonça donc à Paris et s'en alla prendre les eaux d'Aix, en Savoie. Pour mettre fin à cette vie itinérante, il se décida à acheter, en Suisse, aux portes de Genève, une campagne qu'il appela *les Délices*. Les protestants de Genève virent avec déplaisir s'établir sur leur territoire ce violent ennemi de toute religion ; quelques pasteurs écrivirent des protestations que Voltaire, oubliant ses préceptes de tolérance, fit supprimer par autorité du magistrat.

Désirant éviter de nouvelles attaques, il acheta la terre de Ferney, à une lieue de Genève. C'est là qu'il passa les vingt dernières années de sa vie à écrire les plus impies et les plus licencieux de ses ouvrages. « Je suis las, disait-il, de leur entendre dire que douze hommes ont suffi pour établir le christianisme, et j'ai envie de leur prouver qu'il n'en faut qu'un pour le détruire. » Cet impie vieillard multipliait dans dans ce but les pamphlets anonymes les plus furibonds pour *écraser l'infême*... C'est ainsi qu'il désignait la religion du Christ. Qui le croirait ? cet incrédule éhonté était parfois l'homme le plus pusillanime et le plus servile. Pour obtenir un fauteuil à l'Académie, nous l'avons vu se déshonorer par une lâche hypocrisie ; quand il y trouvait son intérêt, il renouvelait la même comédie : il allait à la messe, faisait ses Pâques comme un bon catholique. Étant tombé malade, il crut, un jour, qu'il allait mourir. Il fit aussitôt appeler un prêtre, signa devant notaire la rétractation de ses ouvrages irréligieux, demandant pardon à Dieu et aux hommes, et déclarant mourir dans la religion catholique, apostolique et romaine.

Détournons nos regards des écrits et des actes de Voltaire, qu'on ne peut que flétrir et réprouver, et disons quelques mots des actes de sa vie qui font un éternel honneur à sa mémoire.

Il fut le premier à plaider la cause de la liberté de conscience en faveur des protestants, persécutés en France depuis la révocation de l'édit de Nantes. Il fit, en particulier, réhabiliter la mémoire de Calas et de Sirven. Calas était un négociant de Toulouse, qui, en 1762, avait été accusé d'avoir assassiné son fils pour l'empêcher de se faire catholique. Quoique Calas fût innocent de ce crime, les juges prévenus le condamnèrent à mort, et il expira sur sa roue. Voltaire fut informé de cette affaire et convaincu de l'innocence de Calas, il prit à cœur de réhabiliter sa mémoire. Après trois années d'efforts incessants, de démarches, de brochures, de plaidoyers éloquents, il réussit à faire réviser le procès. Calas fut réhabilité par le Parlement de Toulouse, et sa famille dédommagée des pertes d'argent que ce procès lui avait coûtées.

Sirven était un protestant, dont la fille fut arrachée à sa famille et jetée dans un couvent ; la pauvre enfant parvint à s'échapper des mains de ses persécuteurs ; on la trouva morte dans un puits. Préféra-t-elle la mort à l'apostasie, ou sa mort fut-elle le fait d'un accident ? C'est ce qu'on ignore ; mais on accusa son père de l'avoir assassinée pour la punir d'avoir changé de religion. Sirven put heureusement s'enfuir à Genève et fut condamné à mort par contumace. Voltaire, encouragé par le succès de l'affaire de Calas, entreprit de faire réviser ce nouveau procès, et grâce à ses efforts. Sirven fut acquitté.

Voltaire recueillit avec générosité la nièce du grand Corneille, qui languissait dans un état voisin de la misère.

« C'est le devoir d'un soldat, dit-il, de servir la fille de son général ; il appela la jeune fille à Ferney, lui fit donner une bonne éducation, puis la maria à un gentilhomme des environs il fit une dot à sa protégée en publiant une édition nouvelle des œuvres de Corneille, avec un commentaire qu'il composa dans ce but.

A l'âge de quatre-vingt-quatre ans, Voltaire voulut revoir Paris et assister lui-même à la première représentation d'*Irène*, qu'il venait de terminer. Cette visite fut un vrai triomphe. La cour et la ville accoururent pour lui rendre hommage. Mais les fatigues de ce long voyage et les nombreuses visites qu'il dut faire ou recevoir, épuisèrent ses forces et provoquèrent un crachement de sang. Voltaire crut qu'il allait mourir ; il fit aussitôt appeler un prêtre et se confessa. La maladie n'eut cependant pas de gravité et quelques jours après, il put se rendre au théâtre, pour assister à la représentation d'*Irène*. Dès qu'il apparut, l'enthousiasme de la salle fut indescriptible ; les comédiens vinrent lui poser une couronne sur la tête au milieu d'acclamations unanimes. « Vous voulez donc me faire mourir de plaisir, s'écria-t-il, vous m'étouffez sous des roses. » A la sortie, on le porta en triomphe jusqu'à son carrosse, et la foule le reconduisit chez lui, en criant : Vive Voltaire ! vive la *Henriade!* vive *Mahomet!* Tant d'émotions l'exténuèrent, et il expira le 30 mai 1778.

La Henriade (1724).

Voici le sujet du poème : Henri III est sous les murs de Paris qu'il assiége. Il s'est uni au Béarnais et charge celui-ci d'aller en Angleterre demander des secours à la reine Élisabeth. Bourbon part secrètement et essuie une tempête qui le force d'aborder à l'île de Jersey ; c'est là, qu'un vieillard, doué de la science prophétique, lui prédit les destinées de sa race. Bientôt, reçu par la reine, il lui fait un beau récit des événements qui se sont passés en France depuis vingt ans : la lutte des partis, le massacre de la Saint-Barthélemy, le progrès de la puissance des Guises, les victoires que son courage a remportées sur les Ligueurs, le siége de Paris. Il obtient les secours qu'il espérait et revient en France au moment même où les assiégés, enhardis par son absence, menacent le camp d'Henri III. C'est à ce moment que la Discorde aborde sans déguisement Mayenne, le chef de la Ligue : elle ranime son courage, puis se rend à Rome où règne le pape Sixte-Quint. Là, elle prend la forme de la Religion, et s'unit à la Politique ; toutes deux viennent à Paris où elles soulèvent la Sorbonne et animent les Seize contre le Parlement. Aussitôt, la ville est en proie à une horrible confusion ; les factieux livrent à la main du bourreau les magistrats restés fidèles à leur roi, et soulèvent, par les prédications furieuses des moines, toutes les passions populaires. Dans ce désordre, le dominicain Jacques Clément, inspiré par le Fanatisme, se dirige vers le camp de Henri III, est admis en présence du roi et le perce d'un poignard. Celui-ci en mourant, reconnaît Henri IV pour son successeur Dans Paris, les États de la Ligue s'assemblent pour choisir un roi et exclure le Béarnais hérétique de la succession du trône.

Henri donne l'assaut à la ville ; il a déjà forcé les faubourgs et va pénétrer dans Paris, lorsqu'un obstacle imprévu se dresse devant lui. C'est saint Louis, le père des Bourbons, qui lui apparaît en songe et retient son impétuosité, au moment où il va mettre la capitale à feu et à sang. Pour récompenser le guerrier de son obéissance, le saint roi lui envoie un sommeil pendant lequel il l'emporte d'abord en enfer, puis dans le ciel. Mais le triomphe de Henri ne peut être différé bien longtemps. En vain l'Espagne envoie le comte d'Egmont au secours des Ligueurs ; Egmont est tué à Ivry et Henri victorieux accorde la liberté aux prisonniers. Sa clémence, sa bonté, lui gagnent tous les cœurs ; bientôt Mayenne, son concurrent au trône, sera abandonné par les Parisiens qu'il a trompés et qui ne veulent plus être des rebelles. C'est alors que la Discorde tend un piége à Henri en lui faisant oublier le soin de sa gloire auprès de Gabrielle d'Estrées ; mais la voix sévère de Mornay l'arrache à ce honteux repos : il vole aux combats ; la ville, livrée à toutes les horreurs de la famine, est nourrie par le prince généreux ; sa victoire est assurée, mais à la condition de changer de religion. A la prière de saint Louis, Dieu éclaire son âme d'un rayon de vérité. La rébellion fléchit aussitôt sous cet arrêt divin et Paris ouvre ses portes à Henri IV.

Jugement. — Si l'on considère *la Henriade* sous le rapport de l'art, il est certain que ce poème ne peut à aucun titre, être mis en parallèle avec les grandes épopées des temps anciens et modernes. Cependant on ne saurait nier qu'il ne renferme de grandes beautés littéraires. Le massacre de la Saint-Barthélemy est décrit avec une énergie d'expressions peu commune ; l'assassinat de Henri III est vraiment épique ; la bataille de Coutras est racontée avec l'exactitude de l'histoire et toute la richesse de la poésie ; la bataille d'Ivry mérite le même éloge ; enfin, de belles descriptions, d'heureux épisodes dans le genre terrible ou gracieux, d'éloquentes harangues, des portraits pleins de vigueur et de vérité, font de la Henriade, une des œuvres les plus estimables de la littérature française.

Le sujet ne permettait que le merveilleux chrétien, et Voltaire, qui ne croyait pas à la religion, l'a remplacé par des êtres allégoriques. Il a fait parler la Discorde, la Politique, le Fanatisme ; mais ces froides abstractions n'inspirent aucun intérêt. Il n'en a tiré un bon parti qu'une seule fois ; c'est lorsque le Fanatisme sort des Enfers sous la figure de Guise, massacré à Blois, et vient dans la cellule du moine Clément, lui demander vengeance et lui remettre un glaive pour frapper Henri III.

En général, c'est l'esprit qui domine dans la Henriade, tandis que dans les poèmes d'Homère, de Virgile et du

Tasse, le génie seul se fait sentir. C'est par le mérite et la richesse des détails, que l'ouvrage de Voltaire s'est soutenu ; c'est par les ornements du style qu'il brille et ces ornements appartiennent plus à l'esprit qu'au génie.

Le style de la Henriade pourrait parfois avoir plus de nerf, de chaleur et de précision ; mais il est toujours d'une grande élégance et d'une clarté lumineuse. Cependant la versification si facile et si brillante de ce poème a un défaut assez sensible : Voltaire ne connaît pas la période poétique ; ses vers sont tous coupés d'une manière uniforme et manquent d'art et de variété.

ÉPISODE DE LA FAMINE DE PARIS.

Une femme (grand Dieu ! faut-il à la mémoire,
Conserver le récit de cette horrible histoire !)
Une femme avait vu par ces cœurs inhumains
Un reste d'aliments arraché de ses mains.
Des biens que lui ravit la fortune cruelle,
Un enfant lui restait, prêt à périr comme elle :
Furieuse, elle approche, avec un coutelas,
De ce fils innocent qui lui tendait les bras :
Son enfance, sa voix, sa misère et ses charmes
A sa mère en fureur arrachent mille larmes ;
Elle tourne sur lui son visage effrayé,
Plein d'amour, de regret, de rage, de pitié :
Trois fois le fer échappe à sa main défaillante.
La rage enfin l'emporte ; et d'une voix tremblante,
Détestant son hymen et sa fécondité :
« Cher et malheureux fils que mes flancs ont porté,
« Dit-elle, c'est en vain que tu reçus la vie ;
« Les tyrans ou la faim l'auraient bientôt ravie
« Et pourquoi vivrais-tu ? Pour aller dans Paris,
« Errant et malheureux, pleurer sur ses débris ?
« Meurs, avant de sentir mes maux et ta misère
« Rends-moi le jour, le sang que t'a donné ta mère :
« Que mon sein malheureux te serve de tombeau,
« Et que Paris du moins voie un crime nouveau ! »
En achevant ces mots, furieuse, égarée,
Enfonce, en frémissant, le parricide acier.

Porte le corps sanglant auprès de son foyer,
Et d'un bras que poussait la faim impitoyable,
Prépare avidement ce repas effroyable.

Attirés par la faim, les farouches soldats
Dans ces coupables lieux reviennent sur leurs pas
Leur transport est semblable à la cruelle joie
Des ours et des lions qui fondent sur leur proie.
A l'envi l'un de l'autre, ils courent en fureur ;
Ils enfoncent la porte. O surprise ! ô terreur !
Près d'un corps tout sanglant à leurs yeux se présente
Une femme, égarée, et de sang dégouttante :
« Oui, c'est mon propre fils, oui, monstres inhumains,
« C'est vous qui dans son sang avez trempé mes mains
« Que la mère et le fils vous servent de pâture.
« Craignez-vous plus que moi d'outrager la nature ?
« Quelle horreur à mes yeux semble vous glacer tous ?
« Tigres, de tels festins sont préparés pour vous. »

Ce discours insensé que sa rage prononce
Est suivi d'un poignard qu'en son cœur elle enfonce.
De crainte, à ce spectacle, et d'horreur agités,
Ces monstres confondus courent épouvantés :
Ils n'osent regarder cette maison funeste.
Ils pensent voir sur eux tomber le feu céleste :
Et le peuple, effrayé de l'horreur de son sort,
Levait les mains au ciel et demandait la mort.

CHAPITRE III

DE LA TRAGÉDIE AU XVIIIᵉ SIÈCLE

Crébillon. — Chefs-d'œuvre dramatiques de Voltaire. — Houdard de La Motte. De Belloy. — La Harpe. — Lemierre. — Chamfort.

Crébillon (1674-1762)

Les circonstances favorables dans lesquelles Crébillon parut expliquent seules son immense succès. A l'époque où il composa ses tragédies, la scène française était vide; Corneille et Racine étaient morts, et Voltaire n'était pas encore né; Campistron seul, faible copiste de Racine, brillait au premier rang.

Prosper de Crébillon naquit à Dijon, en 1694. Il fit d'abord des études de droit, et fut employé chez un procureur, nommé Prieur. Le procureur aimait la poésie et encouragea son jeune clerc à cultiver les lettres. Crébillon céda à ses conseils autant qu'à son goût personnel. Prieur vivait encore, en 1707, lorsque Crébillon fit représenter *Athrée et Thyeste* : quoique malade, il se fit porter au théâtre et dit au jeune auteur en l'embrassant : « Je meurs content, je vous ai fait poète, et je laisse un homme à la France. » Crébillon fut loin de trouver les mêmes encouragements dans sa famille : son père, irrité d'apprendre que son fils abandonnait le droit pour le théâtre, le déshérita, et ce ne fut que lorsque les succès eurent rendu le poète célèbre qu'ils se réconcilièrent.

Une éducation plus soignée eût pu faire de Crébillon un poète de premier ordre; malheureusement, ses études littéraires avaient été superficielles, et il n'avait qu'une connaissance fort imparfaite des écrivains classiques. Il ne s'était nourri que des mauvais romans de Mˡˡᵉ de Scudéry et de La Calprenède, et cette lecture avait gâté son génie ; c'est là qu'il prit le goût des sentiments factices et des aventures romanesques qui sont la trame de toutes ses pièces.

Crébillon aurait pu peut-être compléter, par un travail soutenu, ce qu'il y avait d'inachevé dans ses premières études : malheureusement, il était d'une paresse excessive. Grâce à une facilité de composition merveilleuse et à une mémoire phénoménale, il ne se décidait à prendre la plume et à écrire ses tragédies que pour donner les rôles aux comédiens chargés de les représenter sur la scène.

Il ne se fit pas illusion sur son mérite personnel : se voyant impuissant à égaler les grands maîtres de la scène française, il se traça une voie nouvelle, et créa un genre dramatique à part, le genre *terrible*. « Corneille, disait-il, a pris le ciel, Racine la terre ; il ne me restait plus que l'enfer ; je m'y suis jeté à corps perdu. » En effet, ses pièces sont remplies de situations affreuses, de crimes épouvantables : ainsi dans *Athrée*, ce prince est représenté offrant à son frère *Thyeste* le sang de son propre fils à boire dans une coupe.

Crébillon essaya de corriger ce grand défaut en introduisant dans ses pièces des sentiments plus tendres. Le jour où il voulut s'affranchir de ses souvenirs romanesques et écrire sous son inspiration personnelle, il fit un ouvrage de génie : *Rhadamyste et Zénobie*. Malheureusement, ce ne fut qu'un accident, et il reprit dans ses tragédies historiques, *Xerxès*, *Pyrrhus et Catilina*, le genre mauvais qu'il avait paru abandonner.

Le style de Crébillon est défectueux et ne souffre pas de comparaison avec celui de Corneille, de Racine et de Voltaire. Il fourmille de termes impropres, de consonnances dures, de mots inutiles, de rimes négligées. Quand *Rhadamyste et Zénobie* parut, un ami du poète s'avisa d'aller lire cette tragédie au vieux Boileau malade. Celui-ci écouta assez attentivement les deux premières scènes, mais bientôt n'y tenant plus, il se leva en colère et dit à l'importun : « Quoi, Monsieur, vous voulez hâter ma mort par la lecture de ces détestables vers ! voilà un auteur devant lequel les Boyer et les Pradon sont de vrais soleils. J'ai moins de regret à mourir, puisque notre pays produit de pareils auteurs. » Boileau, ainsi que le remarque Voltaire, était dans un âge et dans un état où l'on n'est sensible qu'aux défauts et où les beautés passent inaperçues.

Crébillon avait, comme d'autres grands hommes, des manies bizarres. Il vivait constamment seul, en compagnie de petits chiens, animaux qu'il affectionnait particulièrement. Il ramassait dans la rue ceux qu'il trouvait, beaux ou laids, sales ou propres, les mettait sous son manteau et les portait dans sa chambre. Là, il s'amusait à faire leur éducation ; apprenait à l'un à faire le mort, à l'autre à sauter avec grâce par dessus sa canne ; un autre avait pour devoir de refuser un morceau de sucre qu'on lui présentait de la main gauche et de l'accepter de la droite... Lorsque leur éducation était achevée, le poète était heureux et fier de les mener au café Procope, et là, il jouissait de leur savoir-faire plus que du succès de ses tragédies. Cette ménagerie répandait nécessairement des odeurs peu agréables; pour les dissiper, Crébillon fumait beaucoup de tabac, ce qui ne faisait que rendre sa chambre plus inabordable.

Au nombre des singularités de cet homme, on doit compter sa prodigieuse mémoire : il n'écrivait point ses vers à mesure qu'il les composait; il faisait de tête la pièce entière avec ses actes, ses scènes, ses variantes, et ne la confiait au papier qu'au moment de la faire représenter. Nous avons trouvé un exemple pareil dans Corneille.

Chefs-d'œuvre dramatiques de Voltaire.

Tragédie de Zaïre (1732). — Orosmane, soudan de Jérusalem, est un jeune et beau Tartare qui, dans ses luttes avec les chevaliers chrétiens, s'est formé aux vertus chevaleresques. Parmi les esclaves qui peuplent son sérail, se trouve une jeune fille, nommée Zaïre, échappée dans son enfance au massacre de Césarée, et que l'on croit chrétienne, quoique élevée dans la foi musulmane. Le soudan l'aime et veut l'épouser, et Zaïre, touchée de cet amour qu'elle partage en secret, avoue le sien à Fatime, son amie, esclave comme elle du soudan, mais chrétienne.

Rien ne paraît s'opposer à leur bonheur, lorsqu'arrive un chevalier chrétien à qui Orosmane a permis d'aller en France chercher la rançon de quelques captifs : il somme le soudan de tenir sa parole, et Zaïre est au nombre des esclaves qu'il veut racheter. Quant à lui, il vient reprendre ses fers. Le soudan admire tant de générosité, mais il est deux prisonniers qu'il ne peut échanger contre aucune rançon, c'est Lusignan, ancien roi de Jérusalem, dont il craint encore la rivalité, et Zaïre qu'il destine à partager avec lui le trône. Comme Nérestan insiste pour obtenir la liberté de Zaïre, cette insistance fait naître le soupçon dans le cœur d'Orosmane. Plus il veut échapper à la jalousie, plus celle-ci le poursuit.

Cependant le vieux Lusignan est libre et c'est Zaïre qui a brisé ses fers : elle l'annonce aux prisonniers chrétiens, qui tombent aux pieds de leur ancien roi. Celui-ci apprend que c'est à Nérestan et à Zaïre qu'il doit sa liberté ; bientôt, à la croix que porte Zaïre dès sa naissance, et qu'elle n'a jamais quittée, à la blessure dont la cicatrice est au sein de Nérestan, il découvre que l'une est sa fille et l'autre son fils. Mais quel coup affreux pour le malheureux vieillard de retrouver sa fille musulmane ! — Mon Dieu ! s'écrie-t-il,

> Mon Dieu ! j'ai combattu soixante ans pour ta gloire !
> J'ai vu tomber ton temple, et périr ta mémoire ;
> Dans un cachot affreux abandonné vingt ans,
> Mes larmes t'imploraient pour mes tristes enfants :

Et, lorsque ma famille est par toi réunie,
Quand je trouve une fille, elle est ton ennemie!
Je suis bien malheureux!... c'est ton père, c'est moi,
C'est ma seule prison qui t'a ravi la foi.
Ma fille, tendre objet de mes dernières peines,
Songe au moins, songe au sang qui coule dans tes veines
C'est le sang de vingt rois, tous chrétiens comme moi,
C'est le sang des héros, défenseurs de ma foi;
C'est le sang des martyrs!... O fille encore trop chère!
Connais-tu ton destin? sais-tu quelle est ta mère?
Sais-tu bien qu'à l'instant que son flanc mit au jour
Ce triste et dernier fruit d'un malheureux amour,
Je la vis massacrer par la main forcenée,
Par la main des brigands à qui tu t'es donnée!
Tes frères, ces martyrs égorgés à mes yeux,
T'ouvrent leurs bras sanglants, tendus du haut des cieux;
Ton Dieu que tu trahis, ton Dieu que tu blasphèmes,
Pour toi, pour l'univers est mort en ces lieux mêmes :
En ces lieux où mon bras le servit tant de fois,
En ces lieux où son sang te parle par ma voix.
Vois ces murs, vois ce temple envahi par tes maîtres :
Tout annonce le Dieu qu'ont vengé tes ancêtres.
Tourne les yeux; sa tombe est près de ce palais;
C'est ici la montagne où, lavant nos forfaits,
Il voulut expirer sous les coups de l'impie;
C'est là que de sa tombe il rappela sa vie.
Tu ne saurais marcher dans cet auguste lieu,
Tu n'y peux faire un pas, sans y trouver ton Dieu,
Et tu n'y peux rester sans renier ton père,
Ton honneur qui te parle, et ton Dieu qui t'éclaire.

Zaïre ne peut résister à la voix de son père et se reconnaît chrétienne. Lorque Orosmane vient la chercher pour la conduire à la mosquée, elle refuse de l'y suivre, et s'éloigne pour cacher ses larmes. Orosmane, qui d'abord ne peut comprendre son refus, s'écrie tout à coup : *Si c'était ce Français!...* Et la jalousie renaît dans son cœur plus violente que jamais : il fait fermer les portes du sérail; il veut que la terreur y règne. Quelle n'est pas sa fureur lorsqu'il intercepte un billet que Nérestan écrit à Zaïre pour lui donner rendez-vous hors du palais ! Il fait remettre la lettre à Zaïre ; lui-même, à la faveur de l'obscurité, se tient caché sur son passage ; et lorsque, suivie de Fatime, elle sort de son appartement, et demande, en entendant le soudan qui avance : « Est-ce vous, Nérestan ? » Orosmane lui plonge son poignard dans le sein. On amène Nérestan enchaîné. Le soudan lui montre le cadavre de Zaïre : « Ah ! que vois-je ! ah ! ma sœur ! » s'écrie le chevalier chrétien. « Sa sœur ! qu'ai-je entendu ?... » reprend Orosmane atterré. Nérestan et Fatime l'accablent de reproches. Mais, tout à sa douleur, il ne leur répond qu'en faisant mettre en liberté tous les prisonniers chrétiens : puis il se tue sur le cadavre de Zaïre (1).

Jugement. — Zaïre fut composée, à ce que nous apprend Voltaire lui-même, pour répondre au reproche qui lui avait été fait de ne pas mettre assez d'amour dans ses pièces. Quelques critiques prétendent que cette tragédie n'est qu'une pâle imitation de l'*Othello* de Shakspeare. Dans la tragédie anglaise, c'est un More qui, malgré son teint noir et son âge déjà mûr, a obtenu, par l'éclat de ses victoires, l'amour d'une noble fille de Venise, Desdémone, et l'a épousée. L'intérêt que celle-ci prend à un officier en disgrâce et les lâches insinuations d'un ami perfide, éveillent la jalousie d'Othello : un mouchoir qu'elle perd et qui se retrouve dans les mains de l'officier, porte au comble la fureur d'Othello, qui entre la nuit chez sa femme, l'étouffe entre deux oreillers, puis se tue en apprenant qu'elle est innocente. On reconnaît dans Zaïre la Desdémone du tragique anglais, et Othello dans Orosmane. Seulement ce qui constitue l'action dans la tragédie de Voltaire, c'est le combat qui se livre dans le cœur de Zaïre entre ses devoirs de fille et de chrétienne et sa tendresse pour Orosmane. L'élément chrétien et chevaleresque que Voltaire a introduit avec

---

(1) Cette analyse est empruntée en partie à l'ouvrage de M. Mannechet.

le personnage de Lusignan en relève singulièrement le mérite.

Zaïre est une tragédie touchante et remarquable par la pureté du style. Lusignan, retrouvant sa fille musulmane et sur le point d'épouser Orosmane, fait entendre les accents les plus pathétiques et les plus nobles qui soient échappés au génie dramatique de Voltaire.

Tragédie d'Alzire (1736). — Montèze, roi d'une partie du Potoze, et sa fille Alzire, sont tombés avec un grand nombre d'Américains, au pouvoir de l'espagnol Guzman, gouverner du Pérou. Guzman aime sa captive Alzire qui s'est convertie au christianisme ainsi que Montèze. Alzire, fiancée autrefois à un chef américain qu'elle croit mort, hésite néanmoins à se rendre aux vœux de Guzman; elle cède enfin aux prières de son père et d'Alvarès, père de Guzman. A peine est-elle unie au vainqueur de sa patrie, qu'elle retrouve son fiancé, Zamore, qui était resté confondu dans la foule des prisonniers. Zamore avait juré de se venger de Guzman, alors qu'il n'avait à lui reprocher que les injustes rigueurs d'un vainqueur impitoyable; sa fureur est sans bornes quand il apprend que ce Guzman, qui lui a tout enlevé, puissance, richesse, liberté, vient encore de lui ravir celle qu'il aime et dont il est aimé. En vain Alzire lui donne le moyen de fuir; comme elle refuse de partir avec lui, Zamore, à la faveur d'un déguisement, parvient jusqu'à Guzman, et le frappe d'un coup mortel. Il attend, calme et fier, le châtiment de son crime : Guzman, avant d'expirer, lui rend Alzire, et lui dit :

> Des dieux que nous servons connais la différence :
> Les tiens t'ont commandé le meurtre et la vengeance,
> Et le mien, quand ton bras vient de m'assassiner,
> M'ordonne de te plaindre et de te pardonner.

Jugement. — « Nous croyons, dit La Harpe, que cette tragédie, qui n'est pas au théâtre d'un aussi grand effet que *Zaïre*, est d'une création bien plus élevée et bien plus difficile. Les caractères originaux et contrastés de Zamore, d'Alvarès et d'Alzire, les éclairs de génie qui brillent à tout moment dans les détails et les difficultés vaincues, tout nous fait regarder cet ouvrage comme le chef-d'œuvre de l'auteur. »

Tragédie de Mahomet (1741). — Mahomet est déjà à la tête d'un parti puissant, mais il n'est pas encore maître de la Mecque où commande Zopire, chef du parti qui s'obstine à ne pas reconnaître le nouveau prophète. Il réussit à s'introduire dans la ville sainte, sous prétexte de négociations. Là, abusant de l'ascendant qu'en sa qualité d'envoyé de Dieu, il exerce sur le jeune et crédule Séide, il le décide à assassiner Zopire, lui promettant, pour prix de son crime, la main d'une jeune esclave, nommée Palmire, dont il est aussi amoureux lui-même. Séide tue le vieillard au pied de l'autel où il est venu prier, mais ce vieillard est son père et celui de Palmire, et cet odieux parricide soulève une indignation générale. Une émeute éclate que Séide furieux dirige lui-même ; mais au moment où il paraît devant Mahomet, le poignard à la main, ses forces l'abandonnent, et il tombe mort. Le prophète, qui l'avait fait empoisonner, ne manque pas d'interpréter cette mort foudroyante comme un signe éclatant de la protection divine, et ressaisit ainsi l'ascendant qu'il avait failli perdre (F. Marcillac). »

Jugement. — Voltaire a voulu peindre le fanatisme dans toute son horreur. Au fond, cette pièce est une attaque contre le christianisme lui-même assimilé au fanatisme ; mais, pour prévenir toutes les critiques, l'auteur la dédia au pape Benoît XIV qui l'accueillit avec bienveillance. Cette haute protection ne put défendre sa tragédie contre la réprobation qu'elle rencontra de la part d'une grande partie du public et il se décida à la retirer après la troisième représentation.

Le caractère de Mahomet, tel que Voltaire l'a tracé est absolument contraire à la vérité historique ; il a transformé la grande figure du prophète en un monstre de perfidie et de cruauté, qui ne voit dans l'ascendant que lui donne sa qualité d'envoyé de Dieu, qu'un moyen commode de se débarrasser de ses rivaux en amour, comme de ses ennemis politiques. A côté de ces défauts, on rencontre dans *Mahomet* de belles scènes. Rien de plus pathétique, par exemple, que celle où Zopire mourant, reconnaît ses enfants, et dans l'un d'eux, son meurtrier. Séide est le personnage le plus dramatique et le mieux réussi. Aussi est-il devenu un type : son nom a passé dans la langue usuelle, et désigne ces partisans fanatisés dont un esprit audacieux se sert comme d'instruments aveugles.

Tragédie de Mérope (1743). — Mérope est la veuve de Cresphonte, roi de Messénie. Uniquement préoccupée de conserver le trône à son fils Egisthe, qu'elle a dû éloigner de Messène dès son plus bas âge pour le soustraire à la fureur des meurtriers de son époux, elle se refuse obstinément à accorder sa main à Polyphonte, que les Messéniens, fatigués d'une longue anarchie, sont prêts à choisir pour leur roi. Un jeune étranger, coupable d'un crime commis sur la route de Messène, est amené devant Mérope, qui, le prenant pour le meurtrier de son fils, veut lui donner la mort de sa propre main. Mais cet étranger est Egisthe lui-même, et Mérope, dès qu'elle a reconnu son fils, ne pense plus qu'à le sauver des mains de Polyphonte qui voit en lui un dangereux rival; elle consent même, par dévouement maternel, à donner sa main à l'usurpateur. Mais au moment de la cérémonie nuptiale, Egisthe tue Polyphonte et se fait reconnaître par les Messéniens, comme le légitime successeur de Cresphonte (F. MARCILLAC).

Jugement. — Voltaire a emprunté ce sujet aux légendes de la Grèce antique, mais c'est de la pièce de Maffei, écrivain italien, son contemporain, que l'auteur français s'est inspiré. Cette tragédie se distingue par la pureté du dessin et la beauté du plan. Elle célèbre l'amour maternel et ne renferme rien d'étranger au sujet. L'intérêt va toujours croissant. Tout y est simple, noble, touchant, pathétique ; c'est la meilleure tragédie de Voltaire.

Houdard de La Motte — De Belloy

Après Voltaire, mais dans un rang inférieur, les auteurs qui eurent quelques succès dans la poésie dramatique furent Houdard de La Motte, de Belloy, La Harpe, Lemierre et Chamfort.

Houdard de La Motte (1672-1731) naquit à Paris, en 1672, d'une famille obscure ; il était fils d'un chapelier. Dès son enfance, il eut pour le théâtre et la déclamation une passion fort prononcée, et se lia avec quelques amis pour jouer les comédies de Molière. Tout à coup, il lui prit un accès de dévotion religieuse, et il alla s'enfermer dans l'abbaye de la Trappe ; mais, après trois mois de séjour dans ce monastère, son zèle se calma et il rentra dans le monde. Quoique doux de caractère, La Motte s'attira de nombreux ennemis par sa manie étrange de déclamer contre la poésie et contre les poètes, qu'il comparait à des charlatans qui s'amusent à faire passer des grains de blé par le trou d'une aiguille. Il eut, entre autres, une dispute avec Mᵐᵉ Dacier, femme d'esprit, qui avait traduit Homère et qui estimait les anciens supérieurs aux modernes. Celle-ci s'oublia jusqu'à publier contre lui un pamphlet plein d'injures. Le poète outragé, lui répondit par ses *Réflexions sur la critique,* qui sont un modèle de goût et d'urbanité. — Voici encore un trait qui peint la douceur de son caractère. La Motte était devenu aveugle à quarante ans, par excès de travail ; un jour qu'il passait dans la rue, il marcha sur le pied d'un jeune homme qui lui donna un soufflet ; « Monsieur, se borna-t-il à lui dire, vous serez bien fâché quand vous saurez que je suis aveugle. »

La tragédie d'*Inès de Castro* est le chef-d'œuvre de La Motte. Dans cette pièce, empruntée aux *Lusiades* de Camoëns, le poète a su peindre les plus fortes passions qui puissent agiter le cœur humain ; nous y voyons, en effet, le dévouement d'une femme qui veut mourir pour son mari, le courage de celui-ci, la touchante bonté d'un vieillard, enfin la méchanceté d'une marâtre qui ne recule pas devant l'assassinat pour assouvir sa vengeance.

Mais c'est à cause de ses *Fables* que La Motte est surtout estimé. Il manque de naïveté mais il est parfois ingénieux. Les plus remarquables sont *les deux Moineaux, le Perroquet, la Montre et le Gadran solaire*.

Pierre de Belloy (1727-1775), naquit à Saint-Flour, en Auvergne, en 1727. Comme il était sans fortune, il vint à Paris auprès d'un de ses oncles, avocat au parlement, qui lui fit faire de bonnes études au collège Mazarin. Son oncle le destinait au barreau, mais de Belloy, qui ne se sentait aucune vocation pour la chicane, s'échappa un jour, pour s'en aller en Russie ; là, il put se livrer librement à sa passion pour la poésie dramatique. Il joua avec succès nos pièces françaises dans les cours du Nord, et surtout à Saint-Pétersbourg. Il composait en même temps pour la scène. Ne pouvant supporter plus longtemps de vivre loin de sa patrie, il revint à Paris, mais son oncle ne voulut plus le revoir.

De Belloy fit représenter plusieurs tragédies, dont la plus remarquable est le *Siége de Calais*. Le sujet était emprunté à notre historien Froissard. Cette tragédie, à cause de son caractère national, eut un grand succès. Elle fut jouée en présence de Louis XV, qui donna une médaille d'or à de Belloy. La ville de Calais lui envoya des lettres de bourgeoisie, et l'on érigea sa statue sur une des places de la cité. Le nom de l'auteur fut proclamé à toutes les représentations et il fut forcé de paraître lui-même aux quatre premières. Tel était le concours des spectateurs, que la salle ne put jamais contenir la moitié de ceux qui se présentèrent.

La Harpe (1739-1803).

La Harpe naquit à Paris en 1739. Orphelin avant l'âge de neuf ans, il fut recueilli par des sœurs de charité qui, remarquant en lui une intelligence précoce, lui procurèrent une bourse dans un collége de Paris, où il fit d'excellentes études et obtint deux fois de suite le prix d'honneur

A peine âgé de vingt ans, il débuta dans la carrière des lettres par les *Héroïdes*, puis par la tragédie de *Warwick*, qui lui valut l'honneur d'être présenté à Louis XV. Il fit hommage de son œuvre à Voltaire et à compter de ce jour, une liaison intime s'établit entre le jeune poète et le vieux philosophe. La Harpe faisait de fréquentes visites à Ferney où il jouait les pièces de Voltaire avec sa femme et se permettait même de corriger quelquefois les tragédies du maître.

Malgré son talent de versificateur, il n'eut pas beaucoup de succès dans ses compositions dramatiques. Tout y est sagement calculé, correctement écrit, mais froid ; le vrai souffle tragique n'anime pas ses personnages et l'on ne remarque rien d'original dans la peinture des passions. Les concours académiques flattèrent davantage son amour-propre d'écrivain . il remporta onze prix dans l'espace de six ans. Mais le théâtre, pas plus que les concours académiques, ne l'ayant enrichi, il entreprit, par besoin, la publication d'un *Abrégé de l'Histoire des voyages*, de l'abbé Prévost. Cet ouvrage n'ajouta rien à sa gloire, mais améliora sensiblement sa position de fortune.

En 1786, La Harpe fut attaché comme professeur à l'établissement d'éducation qu'on venait de créer à Paris sous le nom de Lycée. Il réunit ses conférences publiques en un *Cours de littérature*, son meilleur ouvrage, dans lequel, comme critique et comme écrivain, il a donné toute la mesure de son talent. Il continua ce cours pendant douze ans avec le plus grand succès et mérita par son goût littéraire exquis et fin, le surnom de *Quintillien* (1) *français*. On reproche à cet ouvrage d'être incomplet dans la partie qui traite des anciens, mais ce n'est pas sans intérêt et profit qu'on consulte la partie qui concerne les écrivains français des deux derniers siècles.

La révolution surprit La Harpe au milieu de ses occupations de profession. Soit par conviction, soit par faiblesse, il adopta avec enthousiasme les opinions les plus extrêmes du nouveau gouvernement. On le vit, en 1792, coiffé d'un bonnet rouge, ouvrir la séance du Lycée en récitant une *Hymne à la liberté*, pleine de sentiments sanguinaires. Mais sa violence de langage ne put le sauver de la proscription. Ayant eu l'imprudence de ne pas apprécier dans une de ses leçons, les talents oratoires de Robespierre, il fut arrêté et enfermé dans la prison du Luxembourg, où il resta cinq mois. Là, s'opéra sa conversion qu'il nous a racontée lui-même.

« J'étais dans ma prison, seul dans une petite chambre et profondément triste. Depuis quelques jours, j'avais lu les *Psaumes*, l'*Évangile* et quelques bons livres. Leur effet avait été rapide, quoique gradué. Déjà, j'étais rendu à la foi, je voyais une lumière nouvelle, mais elle m'épouvantait et me consternait en me montrant un abîme, celui de quarante années d'égarement. Je voyais tout ce mal et aucun remède. Rien autour de moi qui m'offrît les secours de la religion! D'un côté, ma vie était devant mes yeux, telle que je la voyais au flambeau de la vérité céleste; et de l'autre, la mort que j'attendais tous les jours, telle qu'on la recevait alors. Le prêtre ne paraissait plus sur l'échafaud pour consoler celui qui allait mourir; il n'y montait que pour mourir lui-même. Plein de ces désolantes idées, mon cœur était abattu et s'adressait tout bas à Dieu que je venais de retrouver et qu'à peine connaissais-je encore. Je lui disais : Que dois-je faire? que vais-je devenir? J'avais sur ma table l'*Imitation*, et l'on m'avait dit que dans cet excellent livre, je trouverais souvent la réponse à mes pensées. Je l'ouvre, au hasard, et je tombe, en l'ouvrant,

(1) Célèbre rhéteur latin, né en 42 avant Jésus-Christ

sur ces paroles : « Me voici, mon fils ! Je viens à vous parce que « vous m'avez invoqué. » Je n'en lus pas davantage : l'impression subite que j'éprouvai est au-dessus de toute expression, et il ne m'est pas plus possible de la rendre que de l'oublier. Je tombai la face contre terre, baigné de larmes, étouffé de sanglots, jetant des cris et des paroles entrecoupées. Je sentais mon cœur soulagé et dilaté, mais en même temps comme prêt à se fendre. Assailli d'une foule d'idées et de sentiments, je pleurai assez longtemps sans qu'il me reste d'ailleurs d'autre souvenir de cette situation, si ce n'est que c'est, sans aucune comparaison, ce que mon cœur a jamais senti de plus violent et de plus délicieux, et que ces mots : « Me voici, mon fils ! » ne cessaient de retentir dans mon âme et d'en ébranler puissamment toutes les facultés. »

La conversion de La Harpe ne le rendit malheureusement ni plus sociable, ni plus charitable : il conserva ses instincts rancuniers et querelleurs. Après avoir toute sa vie attaqué les littérateurs par sa critique suffisante et hautaine, il se tourna contre les philosophes et les révolutionnaires. Les outrages qu'il prodiguait au Directoire dans un journal rédigé avec Fontanes, les firent proscrire l'un et l'autre. La Harpe alla se cacher à Corbeil. Il put rentrer à Paris après le 18 brumaire et reprendre son cours au Lycée. Le gouvernement consulaire n'obtint pas plus ses suffrages que le gouvernement directorial. On prétend qu'il refusa une pension de 4,000 francs dont le premier Consul voulait le gratifier sans y mettre de conditions. La Harpe préféra s'exiler de nouveau à Corbeil que d'encourir par ce refus la disgrâce du dictateur tout-puissant. Sa santé s'étant altérée, il fut autorisé à rentrer à Paris ; il y mourut des suites d'une maladie occasionnée par la fraîcheur et l'humidité des églises, où il passait quelquefois six heures entières prosterné sur le pavé. Il avait soixante-quatre ans.

Les meilleures tragédies de La Harpe sont *Mélanie*, *Coriolan*, *Philoctète*, imité de Sophocle. Voici le jugement que porte sur lui Sainte-Beuve, l'un des maîtres illustres de la critique contemporaine : « Il étend, il développe et il applique les principes du goût de Voltaire, et sans avoir de son imprévu ni de son piquant, il a quelque chose de son agrément, clair, aisé et naturel. Dans l'expression comme dans les idées, il trouve ce qui se présente d'abord et ce qui est à l'usage de tous. Il a l'élégance facile, celle qui, jusqu'à un certain point, peut s'enseigner : il n'a pas l'élégance exquise et suprême. Il était excellent pour donner aux esprits une première et générale teinture. »

Lemierre (1733-1793).

Antoine-Marin Lemierre naquit à Paris, en 1733. Son père, qui était un simple artisan, s'était imposé les plus pénibles sacrifices pour lui faire donner une brillante éducation. Ayant eu le malheur de le perdre, Lemierre, qui venait d'achever ses études, tomba dans le plus grand dénuement et fut obligé, pressé par le besoin, d'entrer comme aide-sacristain dans une église de Paris. Dans ses moments de loisir, il faisait des sermons qu'il vendait aux abbés qui n'étaient pas encore en état d'en composer eux-mêmes. Il en fit un, entr'autres, qui excita une telle admiration, que l'abbé qui l'avait acheté eut la noble franchise d'en faire connaître l'auteur. Cet incident le mit en rapport avec quelques homme distingués de l'époque, et en particulier avec le fermier-général Dupin, qui le prit chez lui comme secrétaire, et qui encouragea ses penchants littéraires en le mettant à l'abri du besoin. Les débuts de Lemierre furent très heureux. Il remporta quatre fois le prix de poésie décerné par l'Académie française.

Encouragé par ces triomphes, le jeune poëte crut pouvoir aborder un genre plus élevé ; il se tourna du côté du théâtre et fit représenter sa tragédie d'*Hypermnestre* qui obtint un véritable succès, grâce à la simplicité et à la vivacité de l'action. Il voulut ensuite imiter Crébillon et le dépasser si possible dans le genre *terrible* ; après *Hypermnestre*, il donna sa tragédie de *Télée*, qui n'eut pas le succès d'horreur qu'il en attendait. Abandonnant le genre terrible, il essaya du genre tempéré et donna successivement au théâtre quelques pièces dont les plus remarquables furent *Guillaume Tell* et la *Veuve du Malabar*, qui furent d'abord assez mal accueillies, mais qui, reprises dix ans plus tard, furent applaudies avec enthousiasme. Citons encore *Barneveldt* qui n'est guère remarquable que par la réponse de Barneveldt à son fils qui lui conseillait de se soustraire par une mort volontaire à un supplice ignominieux :

> Libre au moins dans la mort ! — Mon fils qu'avez-vous dit ?
> — Caton se la donna. — Socrate l'attendit.

Ce fut la dernière tragédie de l'auteur. Effrayé des premières scènes sanglantes de la Révolution, il répondait à ceux qui lui reprochaient de ne plus écrire pour la scène : *A quoi bon ? la tragédie court les rues.*

Lemierre ne s'est pas borné à travailler pour le théâtre ; on a encore de lui un poème estimé sur la *Peinture*, œuvre didactique qui a les défauts et les qualités de ses autres œuvres : de la rapidité, de l'intérêt, un style dur, semé de traits admirables : *Les Fastes*, poème en seize chants, et des *Pièces fugitives*.

S'il est difficile d'apprécier Lemierre comme écrivain, il est au contraire extrêmement aisé de le peindre comme homme. Plein de reconnaissance pour ses parents, qui s'étaient imposé de grands sacrifices pour son éducation, il fut un modèle de piété filiale. Tant que sa mère vécut, il l'entoura de soins, et se bornait au plus strict nécessaire pour lui porter chaque mois, à pied, à Villiers-le-Bel où elle demeurait, la modique rétribution qu'il retirait de ses pièces de théâtre. On lui a reproché de parler de ses propres ouvrages avec peu de modestie ; mais c'était avec tant de bonhomie qu'on lui pardonnait aisément ce travers : « Je n'ai point de prôneurs, disait-il, il faut bien que je fasse mon affaire tout seul. » Et il la faisait en conscience.

A la mort de Voltaire, il *réclama* son fauteuil à l'Académie, disant qu'Ajax devait hériter des armes d'Achille. On raconte que se trouvant un jour dans la bibliothèque d'un de ses amis et se croyant seul, il apostropha, en ces termes, un buste de Voltaire : « Ah ! que tu voudrais bien avoir fait ma *Veuve !* »

Les troubles de la Révolution produisirent sur son imagination l'effet le plus funeste ; il perdit d'abord peu à peu la mémoire et finit par tomber dans un état complet d'enfance. Il mourut, en 1792, à Saint-Germain, où il s'était retiré.

Chamfort (1741-1794)

Chamfort fut célèbre pendant sa vie, moins à cause de ses œuvres dramatiques, qui ne sont pas restées au théâtre, que par sa liaison avec Mirabeau et par le rôle qu'il joua dans la révolution. Né près de Clermont, en Auvergne, d'un père inconnu, il conserva toujours les sentiments les plus tendres pour sa mère, simple paysanne, qui parvint à le faire admettre comme boursier dans un collège de Paris. Après des études brillantes, il entra dans le monde sous le nom de Chamfort, à la place du simple nom de Nicolas qu'il avait porté jusqu'alors. Il se fit de bonne heure connaître par des prix de poésies remportés à l'Académie, et donna au théâtre quelques pièces qui furent applaudies. Sa réputation le fit rechercher du prince de Condé qui le nomma secrétaire de ses commandements ; il devint ensuite lecteur de Mme Elisabeth, sœur du roi. A la Révolution, il embrassa avec ardeur les idées nouvelles. Déjà lié avec Mirabeau, il ne tarda pas à l'aider dans son œuvre. Ayant été dépouillé de sa place et de la pension dont il jouissait, il accepta les fonctions de conservateur de la Bibliothèque nationale. Ses sarcasmes contre le parti révolutionnaire, le firent arrêter et jeter en prison où la crainte de mourir sur l'échafaud le poussa au suicide : il se tira dans la tête un coup de pistolet, se frappa de plusieurs coups de rasoir et mourut au bout de quelques semaines des suites de ses blessures. C'était un esprit sceptique, blasé et dégoûté de toutes choses. « Il faudrait, disait-il, avaler un crapaud tous les matins pour ne trouver plus rien de dégoûtant le reste de la journée, quand on doit la passer dans le monde. »

Chamfort a fait surtout des pièces de théâtre et des discours académiques. On cite, en particulier, l'*Éloge de Molière*; celui de *La Fontaine*, et les pièces *Mustapha et Zéangir* et la *Jeune Indienne*.

CHAPITRE IV

DE LA COMÉDIE AU XVIII° SIÈCLE

Destouches. — Le Sage. — Piron. — Gresset. — Marivaux. — Sedaine. — Beaumarchais

Destouches (1680-1754).

Au XVIII° siècle la comédie resta loin de la perfection où l'avait portée Molière. Nous nous bornerons à mentionner Destouches, Le Sage, Piron, Gresset, Marivaux, Sedaine et Beaumarchais.

Philippe Destouches naquit à Tours, en 1680, d'une famille honnête et considérée. Il débuta dans la carrière des lettres par quelques poésies religieuses, qui lui valurent les encouragements de Boileau. L'ambassadeur français en Suisse, charmé de son talent et de ses débuts dramatiques, se l'attacha à titre de secrétaire et l'initia aux mystères de la diplomatie. Il remplit avec succès plusieurs missions importantes en Angleterre, où il accompagna le cardinal Dubois. Le régent qui avait promis de récompenser ses services, mourut malheureusement, avant de tenir sa promesse. Destouches se retira alors des affaires, et vécut dans une maison de campagne qu'il acheta, près de Melun; c'est là qu'il passa le reste de sa vie, tout entier consacré à la culture des lettres.

Tout en élaborant des actes dans les bureaux de l'ambassadeur, Destouches travaillait pour le théâtre ; il fit représenter plusieurs comédies, dont la meilleure est le *Glorieux* (1732). Il mit sur la scène un des ridicules de la société contemporaine et montra, d'une part, la condescendance forcée des grands qui, ruinés par de folles dépenses, ne craignaient pas de *s'encanailler* en épousant une forte dot; il flagella, de l'autre, la sotte vanité et les prétentions ridicules du bourgeois enrichi qui veut trancher du grand seigneur.

Cette pièce est bien écrite, et Voltaire, jaloux de toutes les supériorités, rendit néanmoins justice au talent de l'auteur. Le ton fier et hautain de la préface lui valut cette épigramme :

> Destouches, dans sa comédie,
> A cru peindre le glorieux ;
> Et moi je trouve, quoi qu'on die,
> Que sa préface le peint mieux.

Si l'auteur du *Glorieux* manquait de modestie, il rachetait ce défaut par un amour filial touchant. Quoiqu'il eût eu beaucoup à se plaindre, pendant son enfance, du peu de tendresse de son père, néanmoins, il n'oublia pas plus tard qu'il lui devait le jour et les bienfaits d'une solide éducation ; ce souvenir effaça tous les autres. Destouches devenu riche, était parvenu à économiser quarante mille francs; il les envoya à son père pour l'aider à soutenir sa famille. L'homme qui s'honorait par une telle conduite pouvait bien écrire l'*Ingrat* sans rougir.

Pendant son séjour en Angleterre, Destouches se maria avec une jeune anglaise; mais des raisons d'état s'opposant à la publicité de son mariage, il l'épousa secrètement dans la chapelle de son hôtel, en présence de sa belle-sœur et de quelques amis intimes qui lui servirent de témoins. Ce sont les circonstances romanesques de ce mariage qu'il a racontées dans la pièce le *Philosophe marié*, une de ses meilleures comédies. Il mourut à l'âge de soixante-quatorze ans.

Le Sage (1668-1747).

Le Sage naquit en 1668, près de Vannes, en Bretagne. Il n'avait que neuf ans lorsque sa mère mourut et quatorze lorsqu'il perdit son père. Il fut alors confié à un oncle négligent, qui dissipa sa petite fortune.

Obligé de prendre de bonne heure un petit emploi dans les fermes, en Bretagne, il apprit à connaître les fermiers-généraux, qu'il devait peindre plus tard avec de si vives couleurs dans *Turcaret*. Le Sage avait trop de probité pour vivre longtemps au milieu de ces agioteurs de la fortune publique.

A vingt-quatre ans, il vint à Paris étudier la philosophie et le droit. Son esprit, son goût pour les lettres le firent bientôt rechercher dans les meilleures sociétés ; ils eût pu faire un riche mariage qui l'eût mis à l'abri du besoin pour le reste de ses jours ; mais, préférant le bonheur à la richesse, il épousa la fille obscure et pauvre d'un bourgeois de Paris.

La réputation que lui attirèrent ses qualités aimables dans les salons, le fit connaître de l'abbé de Lyonne, fils aîné du ministre de ce nom ; l'abbé s'attacha le jeune écrivain et lui donna une pension de six cents livres, sous la seule condition qu'il apprendrait la langue espagnole. La littérature espagnole devint pour Le Sage une source précieuse où il se hâta de puiser ; il traduisit plusieurs comédies et plusieurs romans qui eurent, il est vrai, fort peu de succès : mais ces échecs successifs eurent l'avantage de former et de mûrir son talent. Lorsqu'il puisa dans son propre fonds, il fit du premier coup un chef-d'œuvre : *Turcaret* (1709).

Cette pièce produisit une immense sensation. Elle parut en 1709, l'année la plus calamiteuse que la France ait traversée. L'auteur a voulu peindre les financiers et les fermiers-généraux, qui ajoutaient à la misère générale par les impôts excessifs qu'ils levaient sur le peuple, au nom du roi. Plusieurs avaient fait, dans ces fonctions, des fortunes scandaleuses ; on citait des laquais qui étaient devenus millionnaires. C'est un de ces parvenus que le poëte a mis sur la scène, sous le nom de *Turcaret*. Ce ne fut pas sans peine que Le Sage obtint l'autorisation de faire jouer cette pièce qui portait un si rude coup aux tout-puissants financiers.

On raconte à ce sujet un trait qui peint le caractère fier et élevé de cet écrivain. La duchesse de Bouillon, apprenant les ennuis du pauvre auteur, lui demanda une lecture de sa comédie, lui promettant sa protection contre la cabale qui en avait empêché la représentation. Le Sage y consentit avec empressement : on fixa le jour et l'heure de la séance. Maleureusement, un obstacle imprévu l'empêcha d'être exact au rendez-vous. Il se confondit en excuses ; mais la duchesse les accepta difficilement, aucune raison ne pouvant justifier une telle impolitesse. « Madame, lui répondit Le Sage, avec dignité, je vous ai fait perdre une heure, je veux vous la faire regagner, car je n'aurai point l'honneur de vous lire ma pièce. » Puis il fit une profonde révérence à la société et se retira. On courut après lui ; ce fut en vain, il persista dans son refus.

Il est à regretter que l'auteur de *Turcaret* n'ait pas cultivé la haute comédie ; obligé de travailler de sa plume pour vivre, et trop fier pour solliciter les dons de la cour, il fut contraint d'écrire des opéras-comiques, des féeries, des farces et des divertissements qu'il méprisait lui-même, mais qui étaient dans le goût de la société frivole de l'époque. C'est ainsi qu'il tarit son génie éminemment comique. Nous parlerons plus loin des romans célèbres auxquels il attacha son nom : *Gil Blas* et le *Diable Boiteux*.

Le Sage eut deux fils qui embrassèrent des carrières tout à fait opposées, l'un se fit prêtre et l'autre comédien. Il résista longtemps au goût du comédien, mais ayant été un jour l'entendre, il fut si émerveillé de son talent, qu'il lui tendit les bras et lui pardonna. Devenu sourd et presque aveugle, il se retira, avec ses deux filles, chez son fils le chanoine. Il aimait à passer ses journées assis dans le jardin du presbytère ; tant que le soleil brillait, il était d'une humeur agréable et gaie, mais dès que l'astre disparaissait à l'horizon, il devenait triste et immobile comme un automate.

Piron. — Gresset. — Marivaux. — Sedaine.

Alexis Piron (1689-1773), naquit à Dijon, en 1689. Il fit d'assez mauvaises études et entreprit beaucoup de métiers ; il fut tour à tour médecin, abbé, homme de finance et enfin poète.

Après avoir travaillé avec quelques succès pour le théâtre, il s'exerça surtout dans la poésie lyrique et dans la poésie légère ; ses bons mots, ses épigrammes qui faisaient l'agrément de la société parisienne, lui attirèrent beaucoup d'ennemis. A trente ans, il n'avait pas encore d'état, et pour vivre, il fut réduit à copier de longs mémoires à raison de quarante sous par jour, ou à faire de mauvaises farces que les théâtres de la foire lui achetaient à la douzaine. Les désordres de sa conduite et la licence de quelques-uns de ses ouvrages, lui fermèrent les portes de l'Académie. Il s'est surpassé dans la *Métromanie*, où il semble avoir voulu se peindre lui-même.

Gresset (1709-1777), naquit à Amiens, en 1709. Il fut élevé au collège des jésuites de la Flèche, qui, ayant reconnu en lui un vrai talent, le firent entrer dans leur ordre, à l'âge de seize ans. Gresset avait vingt-quatre ans lorsqu'il publia un court poème intitulé *Vert-Vert,* où il chantait, d'une manière piquante, les aventures d'un savant perroquet. Le succès de *Vert-Vert* fut grand, mais quelques dévots s'en scandalisèrent comme d'un poème impie. Il se trouva que la supérieure générale du couvent dont *Vert-Vert* était l'hôte, était sœur d'un ministre; elle agit auprès des jésuites qui dirigeaient le collége de la Flèche, et Gresset fut, comme son héros, mis en pénitence. Cette correction ridicule lui fit prendre en dégoût la vie monastique; cédant à son naturel spirituel et moqueur, il quitta les jésuites et embrassa la carrière des lettres.

Après être sorti de la Flèche, il écrivit deux charmants contes, le *Carême impromptu* et le *Lutrin vivant,* puis les Épitres de *la Chartreuse* et les *Ombres.* Jean-Baptiste Rousseau, un des admirateurs du jeune poète, le proclama un *phénomène littéraire,* non sans regretter toutefois que sa merveilleuse facilité pour faire des vers tournât si souvent en négligence.

Gresset aspirait au fauteuil académique; voulant appuyer ses prétentions sur des ouvrages plus sérieux que ceux qu'il avait publiés jusque-là, il s'essaya dans la tragédie, mais sans succès; il fit alors une comédie et du coup atteignit à la gloire. *Le Méchant* (1747), son plus beau titre littéraire, est un chef-d'œuvre; dans cette pièce, qui lui ouvrit aussitôt les portes de l'Académie, Gresset fait le tableau de la société corrompue de son époque; c'est une satire mordante des mœurs du temps plus encore qu'une comédie.

Gresset s'arrêta, par scrupule religieux, dans cette carrière du théâtre qui lui promettait cependant tant de gloire; dans l'ardeur de son zèle il brûla lui-même plusieurs de ses ouvrages, puis se retira à Amiens où il se plongea dans la dévotion. Voltaire, qu'il avait loué autrefois, le poursuivit de ses épigrammes et de ses injures.

On raconte que Jean-Jacques Rousseau, passant à Amiens à son retour d'Angleterre, voulut témoigner son estime à l'auteur de *Vert-Vert* en lui faisant une visite. Gresset s'efforça, dit-on, de convertir le philosophe et essaya de provoquer ses épanchements : « Oh ! dit Rousseau, vous avez su faire parler un perroquet, mais vous ne sauriez faire parler un ours. » Le spirituel poète mourut à soixante-huit ans.

Marivaux (1688-1763), naquit à Paris où il fit de très-bonnes études. C'était un esprit fin, judicieux, un homme plein de générosité et de sensibilité. Il composa d'abord quelques romans qui eurent une très grande vogue ; néanmoins, il est surtout célèbre comme écrivain dramatique. La plus connue de ses pièces est intitulée *les Jeux de l'Amour et du Hasard* (1730). — Il y a dans les comédies de Marivaux infiniment d'esprit et de grâce, mais on peut lui reprocher de faire reposer l'intrigue sur des détails, un quiproquo, un rien.

Dans ses comédies, tous les personnages font de l'esprit, et cette manie affectée, lui a valu le sarcasme de Voltaire, qui, jaloux de tous les talents, a cherché à rendre ridicule le genre de Marivaux en l'appelant *marivaudage*. Le marivaudage est un style maniéré et précieux dont voici un exemple pris au hasard dans les œuvres de cet auteur : *Laissez-moi rêver à cela, il me faut un peu de loisir pour m'ajuster avec mon cœur ; il me chicane, et je vais tâcher de l'accoutumer à la fatigue.*

Michel-Jean Sedaine (1719-1797), eut à lutter longtemps contre la misère et le malheur. Son père était un architecte assez habile, mais qui dissipa de bonne heure sa fortune, et le jeune Sedaine fut obligé d'abandonner ses études, dès l'âge de treize ans, pour suivre dans le Berry sa famille ruinée. Après la mort de son père, qui ne tarda pas à succomber à des chagrins domestiques, Sedaine revint à Paris où il travailla d'abord comme aide-maçon, et ensuite comme tailleur de pierres, se vouant avec une ardeur infatigable aux plus pénibles travaux pour nourrir sa mère et deux frères plus jeunes que lui. A force de zèle, d'application et de véritable talent dans son métier, il parvint à la maîtrise. Sa conduite honorable lui valut la protection de quelques hommes en place, qui firent enfin nommer le maître-maçon, Sedaine, secrétaire de l'Académie d'architecture. N'ayant plus alors à pourvoir jour par jour aux premiers besoins de la vie, il put se livrer à son goût pour le théâtre. Presque toutes les pièces qu'il donna furent favorablement accueillies du public. Elles sont pleines de naturel, d'esprit et d'intérêt. Il faut citer entr'autres la comédie du *Philosophe sans le savoir* (1765).

On a reproché avec raison à cet auteur un style négligé, incorrect et, dans quelques-unes de ses pièces, commun jusqu'à la trivialité; mais il était heureux dans le choix de ses sujets, dans le développement des intrigues et réussissait ainsi à exciter vivement l'intérêt sans choquer la vraisemblance. Il connaissait parfaitement tout l'effet de l'illusion théâtrale et son dialogue vif, facile et vrai, fourmille de mots heureux et touchants; mais ses pièces gagnent plutôt à être jouées qu'à être lues.

Sedaine a écrit des opéras-comiques qui sont les meilleurs de ses ouvrages. Le *Roi et le Fermier; Rose et Colas; Aline, reine de Golconde; Richard Cœur-de-Lion* faisaient les délices des contemporains de l'auteur.

Beaumarchais (1732-1799)

Caron de Beaumarchais naquit à Paris, en 1732, d'une famille obscure : il était fils d'un horloger et avait lui-même commencé à apprendre ce métier; tout jeune encore, il perfectionna le mécanisme de la montre par une nouvelle espèce d'échappement; l'invention lui fut contestée par un horloger célèbre; il y eut procès et le jeune Caron eut gain de cause.

Mais Beaumarchais avait trop d'ambition et trop d'esprit

pour se décider à passer sa vie dans la boutique de son père. Il avait un remarquable talent musical, et jouait de plusieurs instruments, surtout de la harpe; ce talent d'agrément lui ouvrit l'entrée du grand monde et même de la cour, où il fut introduit en donnant des leçons de guitare à Mesdames de France. Il acquit bientôt leur faveur et leur confiance, au point de faire des jaloux et des envieux. Pour l'humilier, on lui rappelait parfois sa naissance; mais Caron était trop spirituel pour être à court de réparties. Un jour, un courtisan le voyant passer avec un très bel habit dans la galerie de Versailles, s'approcha de lui : « Ah! M. de Beaumarchais, je vous rencontre à propos, lui dit-il; ma montre est dérangée, faites-moi le plaisir d'y donner un coup-d'œil. — Volontiers, répond Beaumarchais; mais je vous préviens que j'ai toujours eu la main maladroite. » On insiste; il prend la montre et la laisse tomber. « Ah! monsieur, je vous demande mille excuses, s'écrie-t-il, mais je vous l'avais bien dit, et c'est vous qui l'avez voulu; » et il s'éloigna, laissant fort déconcerté celui qui avait cru l'humilier.

Devenu un personnage, Beaumarchais se lança dans les spéculations et fit une fortune considérable. A l'époque de la révolution d'Amérique, il eut l'idée d'approvisionner les Américains insurgés, et fit partir trois vaisseaux chargés de munitions de guerre; deux arrivèrent, et cette vente suffit pour l'enrichir.

La richesse s'ajoutant aux honneurs augmenta la jalousie de ses ennemis; des bruits infâmes coururent sur l'origine de sa fortune : il s'était marié trois fois; on l'accusa d'avoir empoisonné ses deux premières femmes pour hériter de leurs biens. Beaumarchais poursuivit ses accusateurs devant le Parlement et devant les tribunaux; mais comme ils étaient puissants et influents, il en appela en même temps à l'opinion publique. Il publia dans ce but une série de *Mémoires* qui sont de vrais chefs-d'œuvre d'éloquence et qui auraient suffi à faire sa réputation littéraire.

Ces *Mémoires* produisirent une sensation européenne; le parlement fut bafoué et couvert de ridicule. Ce livre, étincelant de verve satirique, n'a pas peu contribué à discréditer la monarchie et les anciennes institutions, et à précipiter la révolution française. « J'ai lu tous les *Mémoires* de Beaumarchais, écrit Voltaire, et je ne me suis jamais tant amusé. Ces *Mémoires* sont ce que j'ai jamais vu de plus singulier, de plus fort, de plus hardi, de plus comique, de plus intéressant, de plus humiliant pour des adversaires. Il se bat contre dix ou douze personnes à la fois, et les terrasse comme Arlequin terrasse une escouade du guet. »

Le succès de ces *Mémoires* révéla à Beaumarchais son talent pour la comédie. Après avoir gagné son procès, il poursuivit ses adversaires jusque sur les planches et livra la magistrature à la risée publique en donnant deux chefs-d'œuvre, *le Barbier de Séville* (1732) et *le Mariage de Figaro* (1784). Ces deux comédies, qui soufflétaient la noblesse et tout ce qu'on avait entouré jusque-là de respect, furent applaudies avec enthousiasme. Un tel succès était un grave symptôme; il annonçait la chute de la société actuelle et était le prélude d'une révolution sociale.

Beaumarchais éprouva beaucoup de difficulté à faire représenter le *Mariage de Figaro*, à cause de ses attaques contre l'ordre établi. Louis XVI déclara que cette pièce ne serait pas jouée. Voici comment Mme de Campan, lectrice de la reine, raconte les impressions du roi : « Je reçus un matin un billet de la reine, qui m'ordonnait d'être chez elle à trois heures et de ne pas venir sans avoir dîné, car elle me garderait fort longtemps. Lorsque j'arrivai dans le cabinet intérieur de Sa Majesté, je la trouvai seule avec le roi. Un siège et une table étaient déjà placés en face d'eux, et sur la table était posé un énorme manuscrit, en plusieurs cahiers. Le roi me dit : « C'est la comédie de Beaumarchais; il faut que vous nous la lisiez. Il y aura des endroits bien difficiles, à cause des ratures et des renvois;

je l'ai déjà parcourue, mais je veux que la reine connaisse cet ouvrage. Vous ne parlerez à personne de la lecture que vous allez faire. » Je commençai : le roi m'interrompit par des exclamations toujours justes, soit pour louer, soit pour blâmer. Le plus souvent, il s'écriait : « C'est de mauvais goût : cet homme ramène continuellement sur la scène l'habitude des *concetti* italiens. » Au monologue de Figaro, mais surtout à la tirade des prisons d'Etat, le roi se leva avec vivacité et lui dit : « C'est détestable ! cela ne sera jamais joué ; il faudrait détruire la Bastille pour que la représentation de cette pièce ne fût pas une inconséquence dangereuse. Cet homme joue tout ce qu'il faut respecter dans un gouvernement. — On ne la jouera donc pas ? dit la reine. — Non certainement, vous pouvez en être sûre, dit Louis XVI. » Vaine protestation qui fut bientôt démentie. »

Après ce refus, on fit courir et on répéta à satiété contre le roi un mot piquant du monologue de la pièce : « Il n'y a que les petits hommes qui aient peur des petits écrits. » Au bout de quatre ans d'attente, la comédie fut représentée au milieu des applaudissements frénétiques d'une foule immense. Cette pièce, jouée pendant dix ans, rapporta à l'auteur plus de quatre-vingt mille francs.

Beaumarchais faillit être victime de la Révolution dont il avait été le prophète et l'apôtre. Nommé membre provisoire de la Commune de Paris, il se ruina presque en voulant fournir d'armes les troupes de la République. Sous la Terreur, il comparut, comme aristocrate, devant le tribunal révolutionnaire, et n'échappa à l'échafaud qu'en se tenant caché quelque temps. Il mourut peu d'années après, en 1799, au retour de Napoléon.

CHAPITRE V

DE LA POÉSIE LYRIQUE AU XVIIIᵉ SIÈCLE

Jean-Baptiste Rousseau. — Le Franc de Pompignan. — Malfilâtre. — Lebrun — André Chénier.

Jean-Baptiste Rousseau (1670-1741).

Le XVIIIᵉ siècle compte plusieurs poètes lyriques dont les plus remarquables sont Jean-Baptiste Rousseau, Le Franc de Pompignan, Malfilâtre, Lebrun et André Chénier.

Jean-Baptiste Rousseau naquit à Paris, en 1670, d'une famille obscure et pauvre. Son père était cordonnier. Le pauvre artisan eut néanmoins de l'ambition pour ses enfants, et, grâce à de grands sacrifices et à de nombreuses privations, il parvint à leur assurer une carrière libérale; l'aîné devint un prédicateur distingué et le plus jeune un de nos meilleurs poètes lyriques.

Après avoir fait d'excellentes études, Jean-Baptiste Rousseau débuta dans les lettres par des poésies légères qui attirèrent par leur mérite l'attention du vieux Boileau. Malheureusement, il se lia d'intimité avec La Fare, Chaulieu et quelques jeunes seigneurs qui l'entraînèrent dans leurs débauches. Le poète devint le coryphée de leurs désordres et réjouissait leurs festins par la lecture de pièces impies et obscènes et d'épigrammes licencieuses. Mais Rousseau comprit que la nature de son talent l'appelait à des œuvres plus sérieuses et d'une plus haute portée. Il essaya d'abord du théâtre. C'est à l'occasion de la représentation de l'une de ses pièces, qu'il révéla publiquement la sécheresse de son cœur et la bassesse de ses sentiments. On raconte que son père, qui était venu jouir de ses triomphes fut si charmé des applaudissements du public, qu'après le spectacle, il perça la foule et vint, pleurant de joie, se jeter entre ses bras. Rousseau, rougissant d'avouer devant les jeunes seigneurs, l'humble position de sa famille, repoussa le malheureux père, en lui disant : « Vous, mon père ? » Le vieillard, confondu de tant d'ingratitude, baissa la tête et s'éloigna en regrettant sûrement les sacrifices qu'il s'était imposés pour ce fils dénaturé.

Le théâtre ayant trompé son ambition, le jeune écrivain demanda des inspirations à la poésie lyrique. « Par quel singulier retour, se demande avec raison M. Mennechet, ce poète qui avait dû le commencement de sa fortune à des vers impies et licencieux, s'avisa-t-il de demander aux saintes Écritures les éléments d'une gloire que lui refusait la scène comique ? Clément Marot, qui n'était ni plus chaste, ni plus religieux que lui, avait jadis abreuvé sa muse à cette source pure et s'en était bien trouvé. Le même moyen pouvait lui réussir et il résolut de l'employer, non qu'il se sentît appelé vers la poésie lyrique par une vocation beaucoup plus sérieuse que celle qui l'avait attiré au théâtre, mais uniquement parce que dans ce genre difficile la première place était vacante depuis Malherbe. Au sortir d'une orgie où il s'était fait applaudir par de jeunes libertins qui riaient de tout, même de Dieu, il rentrait chez lui, prenait la Bible, et, la tête encore échauffée par les vapeurs du vin, il s'enthousiasmait pour les sublimes beautés de ce livre et les traduisait en un langage plein de pompe et d'harmonie. Réglant ensuite son temps et ses lectures suivant les sociétés où il était admis, il débitait, ici ses poèmes licencieux, là ses odes sacrés, s'inquiétant peu de la nature de ses succès pourvu qu'il fût prôné et admiré. »

C'est sans doute à ce défaut de convictions religieuses, à ce manque absolu de foi, que nous devons attribuer le peu de souffle et de véritable enthousiasme lyrique de Rousseau : c'est un grand artiste, un grand écrivain, mais nous lui contestons la gloire d'être un grand poète. Toutefois, il est impossible de ne pas admirer la magnificence et la majesté de la forme dont il a revêtu ses poésies. A ce titre, il peut être regardé comme un maître et il a travaillé plus qu'aucun autre poëte du xviiie siècle au perfectionnement de la langue lyrique.

Jean-Baptiste Rousseau a composé aussi des odes profanes qui ne sont pas sans mérite ; mais on lui a reproché avec raison d'avoir fait un emploi continuel et fatiguant de l'ancienne mythologie. Ces invocations perpétuelles aux divinités païennes sont froides ; toutefois elle caractérisent bien l'esprit du poëte qui ne voyait dans tous ces sujets, religieux ou profanes, qu'un jeu de l'imagination et une riche mine d'inspiration à exploiter.

Jean-Baptiste Rousseau était enfin arrivé au faîte des honneurs. Il était considéré par ses contemporains comme un digne successeur de Malherbe et comme le maître de la poésie lyrique en France, lorsque tout à coup il vit s'éclipser sa fortune et sa gloire, et passa des salons aristocratiques dont il était l'ornement, sur la terre d'exil où il devait achever sa vie. Cette chute fut la conséquence de l'immoralité du poëte et la juste punition des productions légères et méchantes par lesquelles il avait l'habitude de se venger de ses nombreux ennemis.

Ces ennemis se trouvaient surtout parmi les gens de lettres. Des couplets ignobles ayant été répandus à profusion contre les écrivains un peu marquants de l'époque, un cri général désigna Rousseau comme l'auteur de ces calomnies. Les personnes attaquées portèrent plainte devant le Parlement. Il protesta vivement de son innocence ; malheureusement, pour se justifier, il tourna les soupçons sur un nommé Saurin, poëte obscur et son confrère à l'Académie Saurin indigné, cita son accusateur devant les tribunaux ; on découvrit, dans l'instruction, que Rousseau avait suborné des témoins. Le Parlement le jugea coupable et le condamna, comme calomniateur, au bannissement perpétuel. Il avait alors quarante-deux ans.

Rousseau s'exila d'abord en Suisse, où il eut pour protecteur le comte du Luc à qui il adressa une de ses odes les plus célèbres.

De Suisse, il alla en Allemagne, où le prince Eugène le combla de faveurs et de bienfaits. Mais dans l'exil, il s'aliéna même les bonnes grâces de ses protecteurs par son excessive vanité et le besoin impérieux qu'il avait de faire de l'esprit, fût-ce aux dépens de ses meilleurs amis. Un jour, ayant eu à se plaindre du prince Eugène, il le chansonna, au mépris de la reconnaissance qu'il lui devait. Le prince indigné, le renvoya à Bruxelles avec la promesse d'une place qu'il ne lui accorda jamais.

A Bruxelles, Rousseau se brouilla avec Voltaire. Le philosophe de Ferney venait de composer une *Épître à Uranie*; il la montra au poète lors de son passage dans cette ville. Celui-ci se permit de lui signaler quelques défauts ; Voltaire en fut piqué et lorsque Rousseau lui communiqua à son tour son *Ode à la postérité*, Voltaire lui dit : « Voilà une ode qui ne parviendra jamais à son adresse. » Depuis lors, les deux poètes devinrent des ennemis jurés.

On dit que vers la fin de sa vie, le poète exilé éprouva les sentiments d'une vraie repentance et devint même sincèrement religieux. Il désavoua ses épigrammes et les productions scandaleuses de sa première jeunesse, et mourut dans de grands sentiments de piété, protestant jusqu'au dernier moment de son innocence et de l'injustice de la condamnation qui l'avait frappé. Il avait soixante-dix ans. Piron lui fit cette épitaphe :

> Ci-gît l'illustre et malheureux Rousseau;
> Le Brabant fut sa tombe et Paris son berceau.
>   Voici l'abrégé de sa vie,
>   Qui fut trop longue de moitié :
>   Il fut trente ans digne d'envie,
>   Et trente ans digne de pitié.

ODE AU COMTE DU LUC (1)

Tel que le vieux pasteur des troupeaux de Neptune,
Protée, a qui le Ciel, père de la Fortune,
    Ne cache aucuns secrets,

Sous diverse figure, arbre, flamme, fontaine,
S'efforce d'échapper à la vue incertaine
    Des mortels indiscrets;

Tel, au premier accès d'une sainte manie,
Mon esprit alarmé redoute du génie
    L'assaut victorieux :

Il s'étonne, il combat l'ardeur qui le possède,
Il voudrait secouer du démon qui l'obsède
    Le joug impérieux ;

Mais sitôt que, cédant à la fureur divine,
Il reconnaît enfin du dieu qui le domine
    Les souveraines lois,

Alors, tout pénétré de sa vertu suprême,
Ce n'est plus un mortel, c'est Apollon lui-même
    Qui parle par ma voix.

Ah! si le dieu sublime, échauffant mon génie,
Ressuscitait pour moi de l'antique harmonie
    Les magiques accords,

Si je pouvais du ciel franchir les vastes routes,
Ou percer par mes chants les infernales voûtes
    De l'empire des morts!

Je n'irais point, des dieux profanant la retraite,
Dérober aux destins, téméraire interprète,
    Leurs augustes secrets,

Je n'irais point chercher une amante ravie,
Et, la lyre à la main, redemander sa vie
    Au gendre de Cérès;

---

(1) Le comte du Luc étant tombé gravement malade, le poète lui exprima, dans cette ode, les vœux qu'il formait pour sa guérison.

Enflammé d'une ardeur plus noble et moins stérile,
J'irais, j'irais pour vous, ô mon illustre asile,
    O mon fidèle espoir,
Implorer aux enfers ces trois fières déesses,
Que jamais jusqu'ici nos vœux ni nos promesses
    N'ont eu l'art d'émouvoir.
— « Puissantes déités, qui peuplez cette rive,
Préparez, leur dirais-je, une oreille attentive
    Au bruit de mes concerts :
Puissent-ils amollir vos superbes courages,
En faveur d'un héros digne des premiers âges
    Du naissant univers ! »
C'est ainsi qu'au-delà de la fatale barque,
Mes chants adouciraient de l'orgueilleuse Parque
    L'impitoyable loi ;
Lachésis apprendrait à devenir sensible,
Et le double ciseau de sa sœur inflexible
    Tomberait devant moi.
Une santé dès lors florissante, éternelle,
Vous ferait recueillir d'une automne nouvelle
    Les nombreuses moissons ;
Le ciel ne serait plus fatigué de nos larmes ;
Et je verrais enfin de mes froides alarmes
    Fondre tous les glaçons.

EXISTENCE DE DIEU
Imitation du Psaume CXVIII.

    Les cieux instruisent la terre
    A révérer leur Auteur ;
    Tout ce que leur globe enserre (1)
    Célèbre un Dieu créateur.
    Quel plus sublime cantique
    Que ce concert magnifique
    De tous les célestes corps !
    Quelle grandeur infinie !
    Quelle divine harmonie
    Résulte de leurs accords !

---

(1) *Enserre,* vieux mot signifiant *enferme.*

De sa puissance immortelle
Tout parle, tout nous instruit,
Le jour au jour le révèle,
La nuit l'annonce à la nuit.
Ce grand et superbe ouvrage
N'est point pour l'homme un langage
Obscur et mystérieux :
Son admirable structure
Est la voix de la nature,
Qui se fait entendre aux yeux.

Dans une éclatante voûte
Il a placé de ses mains
Ce soleil qui dans sa route
Eclaire tous les humains.
Environné de lumière,
Cet astre ouvre sa carrière,
Comme un époux glorieux
Qui dès l'aube matinale
De sa couche nuptiale
Sort brillant et radieux.

L'univers à sa présence,
Semble sortir du néant.
Il prend sa course, il s'avance
Comme un superbe géant.
Bientôt sa marche féconde
Embrasse le tour du monde
Dans le cercle qu'il décrit ;
Et, par sa chaleur puissante,
La nature languissante
Se ranime et se nourrit.

Oh ! que tes œuvres sont belles,
Grand Dieu ! quels sont tes bienfaits !
Que ceux qui te sont fidèles
Sous ton joug trouvent d'attraits !
Ta crainte inspire la joie ;
Elle assure notre voie ;
Elle nous rend triomphants ;
Elle éclaire la jeunesse,

Et fait briller la sagesse
Dans les plus humbles enfants.

ODE SUR L'AVEUGLEMENT DES HOMMES DU SIÈCLE.

Qu'aux accents de ma voix la terre se réveille!
Rois, soyez attentifs; peuples, prêtez l'oreille ;
Que l'univers se taise et m'écoute parler.
Mes chants vont seconder les accords de ma lyre :
L'Esprit saint me pénètre, il m'échauffe, il m'inspire
Les grandes vérités que je vais révéler.

L'homme en sa propre force a mis sa confiance;
Ivre de ses grandeurs et de son opulence,
L'éclat de sa fortune enfle sa vanité ;
Mais, ô moment terrible, ô jour épouvantable,
Où la mort saisira ce fortuné coupable
Tout chargé des liens de son iniquité!

Que deviendront alors, répondez, grands du monde,
Que deviendront ces biens où votre espoir se fonde,
Et dont vous étalez l'orgueilleuse moisson?
Sujets, amis, parents, tout deviendra stérile ;
Et, dans ce jour fatal, l'homme à l'homme inutile
Ne paiera point à Dieu le prix de sa rançon.

Justes, ne craignez point le vain pouvoir des hommes,
Quelque élevés qu'ils soient, ils sont ce que nous sommes.
Si vous êtes mortels, ils le sont comme vous.
Nous avons beau vanter nos grandeurs passagères,
Il faut mêler sa cendre aux cendres de nos pères ;
Et c'est le même Dieu qui nous jugera tous.

IMITATION DU CANTIQUE D'ÉZÉCHIAS.

J'ai vu mes tristes années
Décliner sur leur penchant;
Au midi de mes années
Je touchais à mon couchant,
La mort déployant ses ailes
Couvrait d'ombres éternelles

La clarté dont je jouis,
Et dans ses ombres funestes
Je cherchais en vain les restes
De mes jours évanouis.

Grand Dieu! votre main réclame
Les dons que j'en ai reçus;
Elle vient couper la trame
Des jours qu'elle m'a tissus :
Mon dernier soleil se lève
Et votre souffle m'enlève
De la terre des vivants,
Comme la paille séchée
Qui de sa tige arrachée
Devient le jouet des vents.

Comme un lion plein de rage
Le mal a brisé mes os;
Le tombeau m'ouvre un passage
Dans ses lugubres cachots;
Victime faible et tremblante
A cette image sanglante
Je soupire nuit et jour,
Et, dans ma crainte mortelle,
Je suis comme l'hirondelle
Sous la griffe du vautour.

Ainsi de cris et d'alarmes
Mon mal semblait se nourrir,
Et mes yeux, noyés de larmes,
Etaient lassés de s'ouvrir.
Je disais à la nuit sombre :
O nuit, tu vas dans ton ombre
M'ensevelir pour toujours!
Je redisais à l'aurore :
Le jour que tu fais éclore
Est le dernier de mes jours!

Seigneur, il faut que la terre
Connaisse en moi vos bienfaits,
Vous ne m'avez fait la guerre
Que pour me donner la paix.

> Heureux l'homme à qui la grâce
> Départ ce don efficace
> Puisé dans ses saints trésors !
> Et qui rallumant sa flamme,
> Puise la santé de l'âme,
> Dans les souffrances du corps !

Le Franc de Pompignan (1709-1784).

Le Franc de Pompignan naquit au château de Pompignan, près de Montauban, en 1709. Après avoir été avocat-général dans cette dernière ville, où il se distingua par son zèle et son courage à réformer les abus, il se consacra entièrement à la culture des lettres. Il commença par le théâtre et fit représenter une tragédie, *Didon*, qui eut quelque succès.

Le Franc s'est surtout distingué dans la poésie sacrée. Ses odes sont remarquables par la correction et l'élégance. Son mérite lui fit ouvrir les portes de l'Académie; c'est là qu'il commença à se faire des ennemis. Au milieu de cette société, composée en majorité de philosophes et d'incrédules, Le Franc eut le courage de soutenir et de défendre ses principes religieux. Son discours de réception fut une apologie du christianisme, il fut interrompu par une clameur générale d'indignation. Le poète courageux devint, en particulier, l'objet des sarcasmes de Voltaire, qui dit plaisamment, au sujet des cantiques sacrés de Pompignan :

> Sacrés ils sont, car personne n'y touche.

Cet acharnement contre le poète dura plus de deux ans. Diderot, d'Alembert, tous les encyclopédistes s'unirent à Voltaire. Las de ces attaques, le Franc abandonna Paris et se retira dans sa terre de Pompignan, où il tomba, dit-on, dans une noire mélancolie. Il dit, peu d'instants avant sa mort : « Je pardonne de bon cœur, sans restrictions, et dans la plénitude de mon âme, à toutes les personnes qui m'ont si amèrement affligé. »

Les *Poésies sacrées* de Le Franc ne manquent pas d'élévation et de noblesse. Quant à ses *Odes*, il y en a d'admirables ; la plus belle est celle qu'il composa sur la *Mort de J.-B. Rousseau*. La Harpe raconte, à ce sujet, une anecdote piquante : « Cette ode de Le Franc était imprimée depuis vingt ans, dit-il, et, quoique passant ma vie avec des gens occupés de littérature, jamais je n'avais entendu parler de cette pièce à personne. Je fus frappé de ce silence comme de l'ode elle-même, quand je la lus dans les œuvres de Le Franc. La dernière strophe se grava surtout dans ma mémoire, et j'en étais tout plein, lors de mon premier voyage à Ferney, en 1765. Je trouvai bientôt l'occasion d'en parler à Voltaire, sans aucun air d'affectation, à table, et en présence de vingt personnes ; j'eus soin seulement de ne pas nommer l'auteur. Je me défiais un peu de l'homme, et je voulais l'avis du poète. Il jeta des cris d'admiration ; c'était sa manière, quand il entendait de beaux vers : « Ah ! mon Dieu ! que cela est beau ! Eh ! qui est-ce qui a fait cela ? » Je m'amusai quelque temps à le faire deviner, enfin je nommai Pompignan. Ce fut comme un coup de théâtre ; les bras lui tombèrent, tout le monde fit silence, et fixa les yeux sur lui : « Redites-moi la strophe. » Je la répétai, et l'on peut s'imaginer avec quelle sévère attention elle fut écoutée. « Il n'y a rien à dire ; la strophe est belle. »

ODE SUR LA MORT DE JEAN-BAPTISTE ROUSSEAU

Quand le premier chantre du monde (1)
Expira sur les bords glacés
Où l'Èbre effrayé dans son onde
Reçut ses membres dispersés,

(1) Orphée, poète Thrace (1330 av. J.-C.), perdit sa femme Eurydice, de la blessure d'un serpent ; il ne cessait d'exhaler sa douleur par des chants funèbres qui émouvaient les animaux mêmes. Les femmes de Thrace tentèrent en vain de lui faire oublier sa douleur ; furieuses de ses mépris, elles le déchirèrent. Sa lyre et sa tête furent jetées dans l'Èbre, et le flot les porta jusqu'à Lesbos.

Le Thrace, errant sur les montagnes,
Remplit les bois et les campagnes
Du cri perçant de ses douleurs :
Les champs de l'air en retentirent,
Et dans les antres qui gémirent,
Le lion répandit des pleurs.

La France a perdu son Orphée :
Muses, dans ce moment de deuil,
Élevez le pompeux trophée
Que vous demande son cercueil.
Laissez, par de nouveaux prodiges,
D'éclatants et dignes vestiges
D'un jour marqué par vos regrets.
Ainsi le tombeau de Virgile
Est couvert du laurier fertile
Qui par vos soins ne meurt jamais.

D'une brillante et triste vie
Rousseau quitte aujourd'hui les fers;
Et, loin du ciel de sa patrie,
La mort termine ses revers.
D'où ses maux ont-ils pris leur source?
Quelles épines, dans sa course,
Étouffaient les fleurs sous ses pas!
Quels ennuis! quelle vie errante!
Et quelle foule renaissante
D'adversaires et de combats!

Jusques à quand, mortels farouches,
Vivrons-nous de haine et d'aigreur?
Prêterons-nous toujours nos bouches
Au langage de la fureur?
Implacable dans ma colère,
Je m'applaudis de la misère
De mon ennemi terrassé ;
Il se relève, je succombe,
Et moi-même à ses pieds je tombe,
Frappé du trait que j'ai lancé.

Du sein des ombres éternelles
S'élevant au trône des dieux,

L'Envie offusque de ses ailes
Tout éclat qui frappe ses yeux,
Quel ministre, quel capitaine,
Quel monarque vaincra sa haine,
Et les injustices du sort?
Le temps à peine les consomme,
Et jamais le prix du grand homme
N'est bien connu qu'après sa mort.

Oui, la mort seule nous délivre
Des ennemis de nos vertus,
Et notre gloire ne peut vivre
Que lorsque nous ne vivons plus.
Le chantre d'Ulysse et d'Achille,
Sans protecteur et sans asile,
Fut ignoré jusqu'au tombeau ;
Il expire, le charme cesse,
Et tous les peuples de la Grèce
Entr'eux disputent son berceau.

Le Nil a vu sur ses rivages
Les noirs habitants des déserts,
Insulter, par leurs cris sauvages,
L'astre éclatant de l'univers.
Cris impuissants, fureurs bizarres!
Tandis que ces monstres barbares
Poussaient d'insolentes clameurs,
Le dieu, poursuivant sa carrière,
Versait des torrents de lumière
Sur ses obscurs blasphémateurs.

Malfilâtre (1732-1767)

Jacques-Charles-Louis de Clinchamp de Malfilâtre naquit à Caen, en 1732. Sa mort prématurée à l'âge de trente-quatre ans et deux vers de Gilbert lui ont valu une notoriété plus grande que son œuvre, d'ailleurs peu considérable.

Les parents de Malfilâtre, quoique descendants d'une noble famille, étaient tombés dans l'indigence ; heureusement, ils connaissaient le prix de l'instruction, et firent profiter leur enfant de l'enseignement gratuit qui était donné au collège des jésuites de Caen. Il y fit de solides études classiques et se prit de goût surtout pour Virgile. Aussitôt sorti du collège, il débuta avec éclat dans la poésie académique. Il y avait à Caen une académie littéraire, connue sous le nom de *Palinod*, où étaient institués des concours de poésie lyrique. Malfilâtre concourut et après un essai malheureux à Caen, remporta quatre fois le prix de l'ode aux Palinods de Rouen. La plus remarquable de ces odes couronnées est le *Soleil fixe au milieu des planètes*. Le retentissement de ce dernier succès fut grand ; Paris s'en occupa et Marmontel n'hésita pas à prédire une carrière brillante au jeune débutant.

Malfilâtre, cédant aux sollicitations d'un libraire, vint à Paris et y entreprit une traduction complète des œuvres de Virgile. Ce travail valut au jeune poète d'assez fortes sommes qu'il dissipa malheureusement dans une vie de désordres et de débauches. Il ne tarda pas à tomber dans une extrême misère, aggravée par une maladie qui le minait lentement. Poursuivi par ses créanciers, tourmenté de l'idée qu'ils voulaient le faire emprisonner pour dettes, il loua un petit logement dans un coin de Paris ; c'est là qu'il vivait ignoré, sous un nom d'emprunt et qu'il put achever en repos *Narcisse*, petite composition mythologique où respire un vif sentiment des beautés de la littérature grecque. Sa retraite fut découverte par une hôtelière qui lui avait fait crédit et de chez laquelle il avait fui sans payer. Malfilâtre se crut perdu ; mais l'excellente femme, émue de son dénuement, le fit transporter chez elle où il mourut, trois mois après, des suites d'une opération cruelle qu'il dut subir. Les deux fameux vers de Gilbert

> La faim mit au tombeau Malfilâtre ignoré ;
> S'il n'eût été qu'un sot il aurait prospéré,

ne sont donc pas rigoureusement vrais. Malfilâtre a connu la misère, mais il n'est pas mort de faim. Son malheur et sa mort prématurée n'ont été que les suites naturelles de ses prodigalités et de son inconduite.

Écouchard Lebrun (1729-1807)

Écouchard Lebrun naquit à Paris, en 1729 ; son père, valet de chambre du prince de Conti, lui fit faire de brillantes études au collège Mazarin. A peine le jeune Écouchard les eut-il terminées, qu'il fut nommé secrétaire des commandements du prince de Conti. Cette position le mit en contact journalier avec la société la mieux choisie et lui permit en même temps de se livrer tout entier à sa passion pour les vers.

A dix-huit ans, il concourut pour le prix de poésie de l'Académie française et son ode balança les suffrages. Louis Racine, fils du grand poète, lui donna des conseils. Les premières odes de Lebrun furent dédiées au fils de ce poète avec qui il s'était lié d'amitié ; ce jeune homme, qui avait quitté la littérature pour le commerce, périt misérablement en Portugal dans le tremblement de terre de 1715. L'*Ode sur le désastre de Lisbonne*, où vibrent des accents émus, plaça du coup Lebrun parmi les poètes lyriques de la France. Il avait vingt-six ans.

Pendant qu'il était secrétaire du prince de Conti, il eut occasion de connaitre une nièce de Corneille, réduite à la misère. Il intéressa Voltaire à cette jeune fille ; on sait comment celui-ci répondit généreusement à ce touchant appel.

Parmi les odes qui excitèrent le plus d'admiration, citons celles intitulées *le Triomphe de nos paysages, les Conquêtes de l'Homme sur la nature, les deux rives de la Seine*, et, vers la fin de sa vie, *l'Ode sur le Vaisseau le Vengeur*.

Lebrun ne s'est pas borné à composer des poésies lyriques ; comme J.-B. Rousseau, il aimait aussi à aiguiser la pointe d'une épigramme. Doué d'un esprit satirique et mordant, il se plaisait à se venger de ses ennemis en lançant contre eux des traits pleins de malice. Il trouvait, il est vrai, à qui parler et s'attirait parfois de vives reparties. Il s'était permis d'écrire les vers suivants contre Baour Lormian, médiocre poète de l'époque :

> Sottise entretient la santé
> Baour s'est toujours bien porté.
> Sottise entretient l'embonpoint,
> Aussi Baour ne maigrit point.

Baour lui répondit aussitôt :

> Lebrun de gloire se nourrit,
> Aussi, voyez comme il maigrit.

Voici ce qu'il disait de la Harp quie s'essayait dans l'art dramatique :

> Non, La Harpe au serpent n'a jamais ressemblé,
> Le serpent siffle et La Harpe est sifflé.

Ses amis mêmes n'étaient point épargnés. Il lança l'épigramme suivante contre la comtesse de Beauharnais qui le recevait habituellement et qui se piquait de cultiver les muses :

> Eglé, belle et poète, a deux petits travers,
> Elle fait son visage et ne fait pas ses vers.

La comtesse lui joua le mauvais tour de mettre l'épigramme en évidence sur sa cheminée et d'accueillir, au milieu d'une société nombreuse, le poète qui se trouva fort embarrassé ! Il n'est pas étonnant que cet esprit caustique ait fait à Lebrun de nombreux ennemis.

Malheureusement, il prêtait lui-même à la critique. Sa vie privée n'était rien moins qu'honorable. Il s'était marié avec une femme pleine d'esprit qu'il a chantée dans ses élégies sous le nom de *Fanny* ; mais le caractère brutal et grossier du poète rendit cette union malheureuse. Sa femme, ne pouvant plus supporter ses mauvais traitements, l'abandonna à la suite d'un procès en séparation de corps.

Plus tard et déjà fort âgé, Lebrun contracta un second mariage au-dessous de sa condition : il épousa sa cuisinière. Cette étrange union fournit ample matière aux plaisanteries de ses ennemis. L'un d'eux lui décocha cette épigramme :

> Qui pourrait s'empêcher de rire ?
> Lebrun d'un vol audacieux
> Se précipite dans les cieux
> Et tombe dans la poêle à frire.

Mais l'âge n'avait pas refroidi la verve satirique du poète, il riposta :

> Voyez Urbain, comme il bêle son rire !
> Comme il se plait aux sots vers qu'il écrit !
> Comme il est fier des bons mots qu'il croit dire !
> Nul n'est heureux comme un pauvre d'esprit.

Ce qu'on a le plus reproché à Lebrun, c'est la versatilité de sa conduite et de ses opinions politiques. Il chanta tous les régimes et encensa tous les pouvoirs, célébrant tour à tour dans ses vers Louis XVI, la République et l'Empire. Calonne, ministre de Louis XVI, lui accorda une pension de deux mille francs, ce qui n'empêcha pas le poète d'oublier les services rendus et de composer des strophes odieuses contre son ancien bienfaiteur.

Lebrun n'avait pas moins de soixante ans lorsque la Révolution éclata. Le vieux royaliste devint tout à coup un chaud républicain et dans ces circonstances publiques, son talent rencontra quelques vrais accents. *L'Ode sur le vaisseau le Vengeur* est une des meilleures productions poétiques de l'époque républicaine. En voici les plus belles strophes :

> Plus fiers d'une mort infaillible,
> Sans peur, sans désespoir, calmes dans leurs combats,
> De ces républicains l'âme n'est plus sensible
> Qu'à l'ivresse d'un beau trépas.

    Près de se voir réduits en poudre
Ils défendent leurs bords enflammés et sanglants :
Voyez-les défier et la vague et la foudre
    Sous des mâts rompus et brûlants.

    Voyez ce drapeau tricolore
Qu'élève en périssant leur courage indompté.
Sous le flot qui les couvre, entendez-vous encore
    Ce cri : Vive la liberté !

    Ce cri... c'est en vain qu'il expire,
Étouffé par la mort et par les flots jaloux ;
Sans cesse il revivra repeté par ma lyre !
    Siècles, il planera sur vous !

L'adulateur de Calonne et de Louis XVI, l'admirateur de Robespierre, devint courtisan de Napoléon quand celui-ci arriva au pouvoir. Il trouva des accents lyriques dans son *Ode nationale* pour chanter le projet de descente en Angleterre. L'encens ne fut pas perdu ; le poète reçut une pension de six mille francs qu'il conserva jusqu'à sa mort, qui arriva en 1807.

Voici le jugement sévère mais vrai que porte sur lui M. Demogeot : « Bien supérieur à J.-B. Rousseau pour l'énergie et la précision, Lebrun a quelque chose d'abstrait dans la pensée, de rude et de forcé dans le langage ; sa touche manque d'aisance et de naturel. Son style est travaillé avec un soin déplorable. Lebrun semble croire que les vers peuvent avoir un mérite indépendamment de la pensée. De là cet effort continuel pour donner à l'expression une apparence extraordinaire ; de là ces alliances bizarres de mots qui se poussent ; de là surtout cette sécheresse d'une poésie où l'on ne sent aucun mouvement de l'âme, aucun abandon, aucune naïveté ! »

André Chénier (1762-1794).

Voici enfin un vrai poète lyrique, une âme au timbre d'or, d'une sensibilité exquise, qui eût donné une riche moisson si elle n'eût été trop tôt emportée par la tempête révolutionnaire.

André Chénier naquit à Constantinople sous le beau ciel de la Grèce, sur cette terre classique de la poésie. Son père était consul de France; sa mère, qui était grecque, se distinguait par son esprit autant que par sa beauté. Elle apporta un soin particulier à l'éducation de ses deux fils, Joseph et André, qui devinrent des littérateurs de mérite. Sous la direction de cette mère intelligente et lettrée, André Chénier contracta le goût de la poésie grecque, dont il devait faire passer dans notre langue, la grâce et le génie. Après avoir fait de bonnes études classiques, il embrassa la carrière militaire, mais le bruit des camps et la vie de garnison ne pouvaient convenir à son âme tendre et délicate. Il donna sa démission et revint à Paris où il reprit ses études avec une telle ardeur qu'il en tomba malade. Pour rétablir sa santé, on lui ordonna de voyager. Il visita l'Italie, la Suisse et revint en France, en 1789, au moment où la Révolution venait d'y éclater. Il la salua avec transport, mais quand il en vit les effroyables excès, son âme généreuse se révolta ; il prit aussitôt parti pour le faible contre le fort et écrivit dans les journaux royalistes pour combattre la démagogie. Élu député aux états-généraux, il siégea dans les rangs des girondins, tandis que son frère siégeait dans les rangs des républicains les plus exaltés. Les crimes de la terreur soulevèrent son indignation, et il ne craignit pas de les flétrir dans un journal politique qu'il avait fondé. Quand Charlotte Corday mourut sur l'échafaud, il la chanta comme une héroïne. Il n'en fallait pas tant pour attirer l'attention et la haine des sauvages tyrans qui gouvernaient la France. Le courageux poète fut saisi comme suspect et jeté dans la prison de Saint-Lazare. Là, il rencontra Mlle de Coigny, qu'il chanta en vers tendres et touchants dans la *Jeune captive* : cette jeune fille, sa voisine de cachot, attendait comme lui qu'on eût décidé de son sort.

Le poète prisonnier, pressentant la mort qui l'attendait, se comparait lui-même dans des vers immortels, à un mouton que l'on conduit à la boucherie. Ces tristes pressentiments ne tardèrent pas à se réaliser, et lorsque le bourreau vint ouvrir les portes de sa prison pour le conduire à l'échafaud, il le trouva occupé à crayonner sur le mur les vers suivants, que le malheureux poète n'eut pas le temps d'achever :

> Comme un dernier rayon, comme un dernier zéphyre
>   Anime la fin d'un beau jour,
> Au pied de l'échafaud j'essaie encor ma lyre ;
>   Peut-être est-ce bientôt mon tour.
> Peut-être avant que l'heure en cercle promenée
>   Ait posé sur l'émail brillant,
> Dans les soixante pas dont sa course est bornée,
>   Son pied sonore et vigilant,
> Le sommeil du tombeau pressera ma paupière
>   Avant que de ses deux moitiés
> Ce vers que je commence ait atteint la dernière,
>   Peut-être en ces murs effrayés
> Le messager de mort, noir recruteur des ombres,
>   Escorté d'infâmes soldats,
> Remplira de mon nom les longs corridors sombres.
>
> . . . .

Voici comment un biographe du poète raconte ses derniers moments :

« Chénier monta à huit heures du matin sur la charrette des criminels. On plaça à ses côtés, sur le premier banc du char fatal, son ami, le peintre des *Mois*, l'infortuné Roucher. Que de regrets ils exprimèrent l'un sur l'autre ! « Vous, disait Chénier, le plus irréprochable de nos citoyens ! Un père, un époux adoré ! C'est vous qu'on sacrifie ! — Vous, répliquait Roucher, vous, vertueux jeune homme ! on vous mène à la mort brillant de génie et d'espérance ! — Je n'ai rien fait pour la postérité, répondit Chénier ; puis, se frappant le front, on l'entendit ajouter : « *Pourtant, j'avais quelque chose là !*...

« Cependant le char s'avançait, et, à travers les flots de ce peuple, que son malheur rendait farouche, leurs yeux rencontrèrent ceux d'un ami qui accompagna toute leur marche funèbre, comme pour leur rendre un dernier devoir, et qui raconta souvent au malheureux père, qui ne survécut que dix mois à la perte de son fils, les tristes détails de leur fin.

« Ils parlèrent de poésie à leur dernier moment. Pour eux, après l'amitié, c'était la plus belle chose de la terre. Racine fut l'objet de leur entretien et de leur dernière admiration. Ils voulurent réciter ses vers, comme pour étouffer les clameurs de cette foule qui insultait à leur courage et à leur innocence. C'était la première scène d'*Andromaque*. Ainsi tour à tour, ils récitèrent le dialogue qui expose cette noble tragédie. Chénier, que cette idée avait frappé le premier, commença, et peut-être un dernier sourire effleura ses lèvres, lorsqu'il prononça ces beaux vers :

>   Oui, puisque je retrouve un ami si fidèle,
>   Ma fortune va prendre une face nouvelle,
>   Et déjà son courroux semble s'être adouci,
>   Depuis qu'elle a pris soin de nous rejoindre ici.

« Ainsi périt ce jeune cygne étouffé par la main sanglante des révolutions (DE LATOUCHE). »

Il avait trente-trois ans. Son frère avait fait tout ce qu'il avait pu pour le sauver, mais André Chénier s'était trop compromis. M. Sainte-Beuve a caractérisé en ces termes, le talent original de ce jeune poète : « Une voix pure, mélodieuse et savante, un front noble et triste, le génie rayonnant de jeunesse et parfois l'œil voilé de pleurs, la volupté dans toute sa fraîcheur et sa décence, la nature dans ses fontaines et ses ombrages, une flûte de bois, un archet d'or, une lyre d'airain, le beau pur, en un mot, voilà André Chénier. » Il est regrettable que ce grand poète ne fût pas chrétien; l'idée de Dieu est totalement absente de sa poésie; il n'aime que la nature, à elle seule il adresse son culte, et on a pu dire de lui avec raison : c'est un païen fervent, un adorateur des muses.

C'est en 1819 seulement que furent mis au jour les fragments de Chénier, dont quelques-uns sont de vrais chefs-d'œuvre de grâce et de poésie. Citons entr'autres l'*Aveugle*, le *Mendiant*, la *Jeune Captive*, la *Jeune Tarentine* et les *Iambes*, pièces satiriques d'une énergie et d'une coupe de vers remarquables, dirigées contre les hommes de la Révolution.

LA JEUNE CAPTIVE.

L'épi naissant mûrit, de la faux respecté ;
Sans crainte du pressoir, le pampre tout l'été
    Boit les doux présents de l'aurore ;
Et moi comme lui jeune, et belle comme lui,
Quoi que l'heure présente ait de trouble et d'ennui,
    Je ne veux pas mourir encore.

Qu'un stoïque aux yeux secs vole embrasser la mort ;
Moi, je pleure et j'espère ; au noir souffle du nord
    Je plie et relève la tête.
S'il est des jours amers, il en est de si doux !
Hélas ! quel miel jamais n'a laissé de dégoûts ?
    Quelle mer n'a point de tempête ?

L'illusion féconde habite dans mon sein.
D'une prison sur moi les murs pèsent en vain ;
    'ai les ailes de l'espérance.
Échappée aux réseaux de l'oiseleur cruel,
Plus vive, plus heureuse, aux campagnes du ciel
    Philomèle chante et s'élance.

Est-ce à moi de mourir ? Tranquille, je m'endors,
Et tranquille je veille ; et ma veille aux remords
    Ni mon soleil ne sont en proie.

Ma bienvenue au jour me rit dans tous les yeux ;
Sur des fronts abattus mon aspect en ces lieux
    Ramène presque de la joie.

Mon beau voyage encore est si loin de sa fin !
Je pars, et des ormeaux qui bordent le chemin
    J'ai passé les premiers à peine.
Au banquet de la vie à peine commencé,
Un instant seulement mes lèvres ont pressé
    La coupe en mes mains encor pleine.

Je ne suis qu'au printemps, je veux voir la moisson ;
Et comme le soleil, de saison en saison,
    Je veux achever mon année.
Brillante sur ma tige, et l'honneur du jardin,
Je n'ai vu luire encor que les feux du matin :
    Je veux achever ma journée.

O mort ! tu peux attendre : éloigne, éloigne-toi ;
Va consoler tous ceux que la honte, l'effroi,
    Le pâle désespoir dévore.
Pour moi Palès (1) encore a des asiles verts,
Les amours des baisers, les muses des concerts :
    Je ne veux pas mourir encore.

Ainsi triste et captif, ma lyre toutefois
S'éveillait, écoutant ses plaintes, cette voix.
    Ces vœux d'une jeune captive ;
Et, secouant le joug de mes jours languissants,
Aux douces lois des vers je pliais les accents
    De sa bouche aimable et naïve

IAMBES (2).

Quand au mouton bêlant la sombre boucherie
    Ouvre ses cavernes de mort,
Pauvres chiens et moutons, toute la bergerie

---

(1) *Palès* déesse qui présidait aux troupeaux.

(2) *Le Iambe* est une pièce de vers satirique, d'un caractère acerbe, composée d'un vers de douze syllabes et d'un vers de huit à rimes croisées. André Chénier intitula ainsi sept pièces, par allusion aux iambes mordantes du poète Archiloque, dont l'antiquité nous a transmis le souvenir.

Ne s'informe plus de son sort.
Les enfants qui suivaient ses ébats dans la plaine,
Les vierges aux belles couleurs
Qui le baisaient en foule et sur sa blanche laine
Entrelaçaient rubans et fleurs,
Sans plus penser à lui, le mangent, s'il est tendre.
Dans cet abîme enseveli
J'ai le même destin. Je m'y devais attendre.
Accoutumons-nous à l'oubli.
Oubliés comme moi dans cet affreux repaire,
Mille autres moutons comme moi
Pendus au croc sanglant du charnier populaire,
Seront servis au peuple-roi.
Que pouvaient mes amis? Oui, de leur main chérie
Un mot à travers ces barreaux
A versé quelque baume en mon âme flétrie,
De l'or peut-être à mes bourreaux,
Mais tout est précipice. Ils ont eu droit de vivre.
Vivez, amis, vivez contents.
En dépit de Bavus, soyez lents à me suivre.
Peut-être en de plus heureux temps,
J'ai moi-même, à l'aspect des pleurs de l'infortune,
Détourné mes regards distraits ;
A mon tour aujourd'hui mon malheur importune.
Vivez, amis, vivez en paix.

LA JEUNE TARENTINE.

Pleurez, doux alcyons (1) ! ô vous, oiseaux sacrés,
Oiseaux chers à Thétys (2) ; doux alcyons, pleurez
Elle a vécu, Myrto, la jeune Tarentine !
Un vaisseau la portait aux bords de Camarine (3) :
Là, l'hymen, les chansons, les flûtes, lentement
Devaient la reconduire au seuil de son amant.
Une clef vigilante a, pour cette journée,
Sous le cèdre enfermé sa robe d'hyménée,

---

(1) Oiseau de mer assez semblable à l'hirondelle. Les anciens racontent que mer demeure calme pendant que les alcyons font leurs nids.
(2) Divinité de la mer.
(3) Camarine, ville de la Sicile ancienne.

Et l'or dont au festin ses bras seront parés
Et pour ses blonds cheveux les parfums préparés.
Mais, seule sur la proue, invoquant les étoiles,
Le vent impétueux qui soufflait dans ses voiles
L'enveloppe : étonnée et loin des matelots,
Elle tombe, elle crie, elle est au sein des flots.

Elle est au sein des flots, la jeune Tarentine !
Son beau corps a roulé sous la vague marine.
Thétys, les yeux en pleurs, dans le creux d'un rocher,
Aux monstres dévorants eut soin de le cacher.
Par son ordre bientôt les jeunes Néréides (1)
S'élèvent au-dessus des demeures humides,
Le poussent au rivage, et dans ce monument
L'ont au cap du Zéphyr déposé mollement,
Et de loin à grands cris appelant leurs compagnes
Et les nymphes des bois, des sources, des montagnes,
Toutes, frappant leur sein et traînant un long deuil,
Répétèrent, hélas ! autour de son cercueil :

« Hélas ! chez ton amant tu n'es point ramenée,
Tu n'as point revêtu ta robe d'hyménée,
L'or autour de ton bras n'a point serré de nœuds,
Et le bandeau d'hymen n'orna point tes cheveux. »

CHAPITRE VI

DE LA POESIE DIDACTIQUE ET DESCRIPTIVE UA XVIII° SIÈCLE

Louis Racine. — Saint-Lambert. — Roucher — Delille. — Lemierre.

Louis Racine (1692-1763)

Les poètes qui se sont distingués dans le genre didactique au XVIII° siècle sont : Louis Racine, Saint-Lambert, Roucher et Delille

(1) Déités inférieures de la mer.

Louis Racine naquit à Paris, en 1692. C'était l'un des plus jeunes enfants de la nombreuse famille de Jean Racine. Il perdit son père à l'âge de sept ans, et fut élevé par sa mère dans une excessive austérité. Il se sentit de bonne heure du goût pour la poésie, mais le vieux Boileau, à qui le jeune homme montra ses premiers vers, chercha à le détourner de la carrière des lettres, sous prétexte que depuis que le monde existe, on n'avait jamais vu de grand poète fils d'un grand poète. Le jeune Racine ne se laissa pas néanmoins décourager, quoiqu'il eût conscience de la distance qui le séparait de son glorieux père. Il apporta un soin extrême à polir ses vers qui sont corrects et irréprochables au point de vue de la forme mais auxquels on peut reprocher de manquer de force et de chaleur.

Son premier poème, la *Grâce* (1722), qu'il composa à vingt-sept ans dans le couvent des Pères oratoriens, où il faisait ses études, eut d'abord du succès à cause du grand nom de l'auteur, mais le sujet en était trop philosophique. C'était le développement, en quatre chants, des doctrines jansénistes. Ce poème manque d'originalité et, malgré quelques beaux vers, il est tombé aujourd'hui dans l'oubli.

Louis Racine se présenta quelque temps après, comme candidat à l'Académie française, mais les jésuites tout-puissants à la cour, firent échouer son élection à cause de ses idées jansénistes. Cet échec le décida à abandonner la culture des lettres, non par dégoût, mais pour prendre un soin particulier de sa fortune gravement compromise dans les opérations désastreuses de la banque de Law (1). Il sollicita et obtint la place d'inspecteur-général des fermes, puis celle de maître particulier des eaux et forêts. Après avoir exercé pendant vingt-cinq ans ces divers emplois qui lui procurèrent de magnifiques revenus, Louis Racine,

---

(1) Law, financier fameux qui organisa, sous la Régence, un système dont le résultat fut d'amener une effroyable banqueroute.

assuré de son indépendance, revint à Paris pour se livrer tout entier à ses études littéraires. Il publia son poème de la *Religion* (1742) auquel il avait travaillé pendant vingt ans avec un soin assidu. Le sujet était vaste et riche mais peut-être comme le précédent un peu trop abstrait. Ce poème eut néanmoins un grand succès et il jouit encore de nos jours d'une réputation méritée. On y trouve de l'élégance, du goût; on voudrait y voir plus de chaleur et d'enthousiasme.

Les jours de Racine furent abrégés par la douleur qu'il ressentit de la mort prématurée de son fils qui périt lors du terrible tremblement de terre de Lisbonne. Le malheureux père renonça à la poésie pour ne s'occuper que d'exercices de piété : il mourut peu après à l'âge de soixante-onze ans.

DIEU RÉVÉLÉ PAR LA NATURE

Poème de la Religion

Oui, c'est un Dieu caché que le Dieu qu'il faut croire ;
Mais, tout caché qu'il est, pour révéler sa gloire,
Quels témoins éclatants devant moi rassemblés !
Répondez, cieux et mers, et vous, terre, parlez !
Quel bras put vous suspendre, innombrables étoiles ?
Nuit brillante, dis-nous qui t'a donné tes voiles ?
O cieux, que de grandeur et quelle majesté !
J'y reconnais un maître à qui rien n'a coûté,
Et qui dans vos déserts a semé la lumière,
Ainsi que dans vos champs il sème la poussière.
Toi qu'annonce l'aurore, admirable flambeau,
Astre toujours le même, astre toujours nouveau,
Par quel ordre, ô soleil ! viens-tu du sein de l'onde,
Nous rendre les rayons de ta clarté féconde ?
Tous les jours je t'attends ; tu reviens tous les jours ;
Est-ce moi qui t'appelle et qui règle ton cours ?
Et toi, dont le courroux veut engloutir la terre,
Mer terrible, en ton lit quelle main te resserre ?
Pour forcer ta prison tu fais de vains efforts ;

La rage de tes flots expire sur tes bords.
Fais sentir ta vengeance à ceux dont l'avarice
Sur ton perfide sein va chercher son supplice.
Hélas! prêts à périr, t'adressent-ils leurs vœux?
Ils regardent le ciel, secours des malheureux;
La nature, qui parle en ce péril extrême,
Leur fait lever les mains vers l'asile suprême ;
Hommage que toujours rend un cœur effrayé,
Au Dieu que jusqu'alors il avait oublié!

Saint-Lambert (1716-1803)

Saint-Lambert naquit en Lorraine, en 1716. Il suivit pendant quelques années la carrière des armes, et s'attacha au roi Stanislas, qui tenait alors sa cour à Lunéville : c'était un des hommes les plus brillants et les plus aimables entre ceux que ce prince avait rassemblés autour de lui. Dégoûté de l'état militaire, il embrassa la carrière des lettres et vint à Paris, où il se lia bientôt avec les écrivains les plus distingués, et, en particulier, avec les encyclopédistes. Il débuta dans la littérature par des pièces fugitives qui, au jugement de Voltaire, « sont autant de myrtes dont une feuille ne dépasse pas l'autre. » Cependant, ces productions n'auraient pas immortalisé leur auteur. Le poème des *Saisons* le mit en évidence. Ce poème parut en 1769, avant même qu'il fût publié, il jouissait déjà d'une grande réputation et devait être un des monuments littéraires du siècle. Voltaire alla jusqu'à dire qu'il n'avait rien paru de semblable ; mais la postérité n'a point entièrement consacré un tel enthousiasme. Cet ouvrage est, il est vrai, du nombre de ceux qu'on relit avec plaisir, on y trouve des tableaux de la nature pleins de grâce et de fraîcheur, mais il y manque cette chaleur qui doit animer un poème descriptif.

Saint-Lambert est l'auteur d'un conte touchant et sentimental intitulé *l'Abénaki*.

SAINT-LAMBERT

L'ORAGE

On voit à l'horizon de deux points opposés
Des nuages monter dans les airs embrasés ;
On les voit s'épaissir, s'élever et s'étendre.
D'un tonnerre éloigné le bruit s'est fait entendre.
Les flots en ont frémi, l'air en est ébranlé,
Et le long du vallon le feuillage a tremblé ;
Les monts ont prolongé le lugubre murmure,
Dont le son lent et sourd attriste la nature.
Il succède à ce bruit un calme plein d'horreur,
Et la terre en silence attend dans la terreur,
Des monts et des rochers le vaste amphithéâtre
Disparaît tout à coup sous un voile grisâtre ;
Le nuage élargi les couvre de ses flancs,
Il pèse sur les airs tranquilles et brûlants.

Mais des traits enflammés ont sillonné la nue,
Et la foudre, en grondant, roule dans l'étendue ;
Elle redouble, vole, éclate dans les airs ;
Leur nuit est plus profonde, et de vastes éclairs
En font sortir sans cesse un jour pâle et livide.
Du couchant ténébreux s'élance un vent rapide
Qui tourne sur la plaine, et, rasant les sillons,
Enlève un sable noir qu'il roule en tourbillons.
Ce nuage nouveau, ce torrent de poussière,
Dérobe à la campagne un reste de lumière.
La peur, l'airain sonnant, dans les temples sacrés
Font entrer à grands flots les peuples égarés.
Grand Dieu ! vois à tes pieds la foule consternée
Te demander le prix des travaux de l'année.

Hélas ! d'un ciel en feu les globules glacés
Écrasent en tombant les épis renversés ;
Le tonnerre et les vents déchirent les nuages.
Le fermier de ses champs contemple les ravages,
Et presse dans ses bras ses enfants effrayés.
La foudre éclate, tombe ; et des monts foudroyés
Descendent à grand bruit les graviers et les ondes,
Qui courent en torrents sur les plaines fécondes.
O récolte ! ô moissons ! tout périt sans retour :
L'ouvrage de l'année est détruit dans un jour.

Roucher (1745-1794).

Roucher naquit à Montpellier, en 1745, et mourut le même jour qu'André Chénier, en 1794. Il avait une âme sensible et ardente. Avant de se livrer à la politique, il s'était déjà fait connaître avantageusement dans le monde des lettres par le poème des *Mois* (1779). Ce poème est composé de douze chants sur les douze mois de l'année. En vain, pour éviter la monotonie d'un pareil sujet, l'auteur transporte-t-il le lecteur d'un bout du monde à l'autre, il ne parvient pas à être intéressant. Les *Mois* sont tombés dans l'oubli; on en a retenu cependant quelques belles descriptions.

Après avoir, comme André Chénier, embrassé avec passion la cause de la Révolution, Roucher chercha vainement à en arrêter les excès. Devenu suspect, il fut incarcéré à la Conciergerie, traduit devant le tribunal révolutionnaire et condamné à mort. La veille de son exécution, il fit faire son portrait qu'il envoya à sa femme et à ses enfants avec ces vers écrits au bas du tableau :

> Ne vous étonnez pas, objets sacrés et doux,
> Si quelque air de tristesse obscurcit mon visage:
> Quand un savant crayon dessinait cette image,
> J'attendais l'échafaud et je pensais à vous.

Le lendemain, il mourrait, avec courage sur l'échafaud.

LA PLUIE AU PRINTEMPS

Le Zéphyr, qui des bois agitait la ramure,
Tout à coup de son vol assoupit le murmure;
Il se tait : avec lui les airs semblent dormir;
Le feuillage du tremble a cessé de frémir;
Les flots sont déridés. D'un beuglement sauvage
Le bœuf n'attriste point les échos du rivage,
Et l'arbre n'entend plus de sons mélodieux.
L'homme au milieu des champs lève un front radieux:

L'âme ouverte à l'espoir, il jouit en idée
Des plaisirs et des biens que versera l'ondée.
Elle a percé la nue ; elle coule : un doux bruit
A peine dans les bois de sa chute m'instruit ;
A peine, goutte à goutte, humectant le feuillage,
Laisse-t-elle à mes yeux soupçonner son passage.
L'urne des airs s'épuise : un frais délicieux
Ranime la verdure ; et cependant, aux cieux,
Le soleil, que voilait la vapeur printanière,
Commence à dégager sa flamme prisonnière.
Elle brille. Le dieu transforme en vagues d'or
Les nuages flottants dans l'air humide encor,
Jette un réseau de pourpre au sommet des montagnes,
Enflamme les forêts, les fleuves, les campagnes,
Et sur l'émail des prés étincelle en rubis.
Jusqu'au règne du soir, les tranquilles brebis
De leurs doux bêlements remplissent la colline ;
L'ormeau plus amoureux vers le tilleul s'incline ;
Zéphire se réveille, et le chant des oiseaux
Se marie en concert au murmure des eaux ;
Enfin, dans un nuage, où l'œil du jour se plonge,
La ceinture d'Iris (1) se voûte en arc, s'allonge :
Salut, gage riant de la sérénité !

Jacques Delille (1738 1813)

Delille est le poète didactique le plus distingué de la langue française. On a essayé de décrier son mérite, mais on n'y a pas complétement réussi : il a surtout le talent d'exprimer en vers, d'une manière élégante, les choses les plus vulgaires,

Jacques Delille naquit à Clermont-Ferrand, en 1738, de parents qui eurent à rougir de sa naissance illégitime. Il appartenait du côté maternel à la famille du chancelier de l'Hôpital ; mais sa mère était pauvre et elle dut recourir à la charité pour faire élever son fils Celui-ci

---

(1) *Iris*, messagère des dieux, changée par Junon en arc-en-ciel.

étudia au collége de Lisieux, où il se distingua et obtint tous les premiers prix.

A peine eut-il terminé ses classes, qu'il entra comme maître d'études au collége d'Amiens : cette position le mit à l'abri du besoin et lui permit de lire en toute liberté les auteurs classiques et, en particulier, Virgile, son auteur favori. Il regarda comme une bonne fortune de devenir professeur dans un des plus petits colléges de Paris. C'est là qu'il entreprit la traduction des *Géorgiques* de Virgile (1769). Il consulta Louis Racine, qui le découragea. « Comment, lui dit celui-ci, pourriez-vous traduire les *Géorgiques*, puisque mon ami Pompignan n'y a pas réussi ? » Delille tenta néanmoins ce qu'on jugeait impossible. Dès qu'il parut, ce poème produisit une grande sensation. Voltaire poussa des cris d'admiration ; il écrivit même à l'Académie pour que le premier fauteuil vacant fût réservé au traducteur des *Géorgiques*. Frédéric, roi de Prusse, jugea cette traduction comme une œuvre *originale* ; les femmes elles-mêmes se mirent à la lire ; elle fut adoptée comme livre classique dans les colléges. Delille venait de s'élever d'un coup au premier rang des poètes français. Dans cette traduction, il a eu surtout le mérite de rendre vers pour vers le poète latin, dont il égale parfois l'harmonie et l'élégance.

Après sa traduction des *Géorgiques*, Delille voulut faire une œuvre originale et écrivit les *Jardins* (1782). On conçoit tout ce qu'un pareil sujet pouvait avoir d'agréable pour une imagination aussi riche que la sienne. Ce poème, semé d'épisodes intéressants, tel que l'hommage rendu à la mémoire du capitaine Cook, fut très bien accueilli par le public, et un homme d'esprit disait à ce sujet à l'auteur : « Vos critiques ne vont pas si vite que vos éditions ; vous êtes déjà à la onzième et ils n'en sont qu'à la cinquième. »

Delille ne s'endormit pas sur ses succès. Il voulut donner une suite aux *Géorgiques* et composa son poème do *l'Imagination* (1806), le plus célèbre de ses ouvrages. Il alla s'inspirer sous le beau ciel de l'Orient, où il accompagna le comte de Choiseuil, ambassadeur à Constantinople : c'est là, qu'en présence du plus beau site du monde, il composa son poème. Aux descriptions les plus admirables de la nature, il ajouta des épisodes intéressants sur les Pyramides d'Égypte, l'Apollon du Belvédère, les catacombes de Rome, etc. On peut lui reprocher d'avoir choisi un sujet trop vaste pour un genre qui exige des limites précises.

De retour en France, il fut le favori de la mode et le poète des salons, jusqu'à ce que la Révolution vint le blesser dans ses affections comme dans ses intérêts. Arrêté pendant la terreur comme aristocrate, il allait être condamné à mort, lorsqu'un ouvrier maçon se leva et lui sauva la vie, en disant : « Il ne faut pas tuer tous nos poètes, gardons-en quelques uns pour célébrer nos victoires. » A peine eut-il miraculeusement échappé à la mort, qu'il courut un autre grand danger. Robespierre qui venait de fonder le culte de l'Être suprême, demanda à Delille d'écrire, à cette occasion, une pièce de vers. Delille refusa ; mais, pressé par ses amis, il se résigna à satisfaire le tyran, et composa une ode sur *l'Immortalité de l'âme*. Dans cette pièce, il eut le courage de flétrir les révolutionnaires.

> O vous qui de l'Olympe usurpez le tonnerre,
> Des éternelles lois renversez les autels ;
> Lâches oppresseurs de la terre
> Tremblez, vous êtes immortels !

Cet acte le fit exiler. Il alla d'abord en Suisse où il acheva l'*Homme des champs* (1800) et les *Trois règnes de la nature* (1809). Il visita ensuite l'Allemagne où il composa son poème de la *Pitié*, et séjourna deux ans en Angleterre pour y traduire le *Paradis perdu* de Milton.

Rappelé en France par les plus honorables suffrages,

accueilli par Napoléon, alors dans tout l'éclat de sa gloire, Delille fut réintégré dans ses fonctions de professeur au Collége de France. Les jeunes gens se pressèrent en foule autour de la chaire de leur vieux maître. Vers la fin de sa vie, il entreprit, quoique aveugle, de composer un nouveau poëme sur la *Vieillesse*, et il disait avec esprit « qu'il était trop plein de son sujet. » Il s'éteignit doucement à l'âge de soixante-quinze ans. Napoléon lui fit faire de magnifiques funérailles ; on lui éleva un mausolée au Père-Lachaise, avec cette inscription : JACQUES DELILLE. Ce nom seul suffisait pour faire son éloge.

Jamais poète n'eut une aussi heureuse carrière poétique : il était aimable, spirituel, charmant causeur ; la façon dont il débitait ses vers le fit surnommer *dupeur d'oreilles*. Ses vers étaient si goûtés, que son éditeur les lui payait jusqu'à six francs l'un. Sa femme, espèce de mégère qui le gouvernait, l'enfermait même souvent pour lui *faire faire des pièces de six francs*. Il en produisait avec abondance pour les besoins du ménage. Delille avait une facilité extrême, mais il ne possédait pas au même degré l'inspiration ou la pensée originale. Il met tout son art à chercher des tournures pour ne jamais employer le mot propre, et le lecteur ne peut parfois se défendre de la fatigue et de l'ennui.

LES CATACOMBES DE ROME

Sous les remparts de Rome et sous ses vastes plaines,
Sont des antres profonds, des voûtes souterraines,
Qui, pendant deux mille ans, creusés par les humains,
Donnèrent leurs rochers aux palais des Romains ;
Avec ses monuments et sa magnificence,
Rome entière sortit de cet abîme immense.
Depuis, loin des regards et du fer des tyrans,
L'Église encor naissante y cacha ses enfants,
Jusqu'au jour où, du sein de cette nuit profonde,
Triomphante elle vint donner des lois au monde,
Et marquer de sa croix les drapeaux des Césars.

JACQUES DELILE

Jaloux de tout connaître, un jeune amant des arts,
L'amour de ses parents, l'espoir de la peinture,
Brûlait de visiter cette demeure obscure,
De notre antique foi vénérable berceau,
Un fil dans une main et dans l'autre un flambeau,
Il entre, il se confie à ces voûtes nombreuses
Qui croisent en tous sens leurs routes ténébreuses
Il aime à voir ce lieu, sa triste majesté,
Ce palais de la nuit, cette sombre cité,
Ces temples où le Christ vit ses premiers fidèles,
Et de ses grands tombeaux les ombres éternelles.
Dans un coin écarté se présente un réduit,
Mystérieux asile où l'espoir le conduit ;
Il voit des vases saints et des urnes pieuses,
Des vierges, des martyrs dépouilles précieuses.
Il saisit ce trésor, il veut poursuivre : hélas!
Il a perdu le fil qui conduisait ses pas.
Il cherche, mais en vain : il s'égare, il se trouble,
Il s'éloigne, il revient et sa crainte redouble ;
Il prend tous les chemins que lui montre la peur.
Enfin de route en route et d'erreur en erreur,
Il trouve un vaste espace, effrayant labyrinthe,
Dans les enfoncements de cette obscure enceinte,
D'où vingt chemins divers conduisent à l'entour.
Lequel choisir? lequel doit le conduire au jour?
Il les consulte tous, il les prend, il les quitte ;
L'effroi suspend ses pas, l'effroi les précipite ;
Il appelle, l'écho redouble sa frayeur ;
De sinistres pensers viennent glacer son cœur.
L'astre heureux qu'il regrette a mesuré dix heures
Depuis qu'il est errant dans ces noires demeures.
Ce lieu d'effroi, ce lieu d'un silence éternel,
En trois lustres (1) entiers voit à peine un mortel ;
Et, pour comble d'effroi, dans cette nuit funeste,
Du flambeau qui le guide il voit périr le reste.
Craignant que chaque pas, que chaque mouvement,
En agitant la flamme en use l'aliment,
Quelquefois il s'arrête et demeure immobile.

(1) *Lustre,* espace de cinq ans.

Vaines précautions! tout soin est inutile;
L'heure approche, et déjà son cœur épouvanté
Croit de l'affreuse nuit sentir l'obscurité.
Il marche, il erre encor sous cette voûte sombre,
Et le flambeau mourant fume et s'éteint dans l'ombre.
Il gémit; toutefois, d'un souffle haletant,
Le flambeau ranimé se rallume à l'instant.
Vain espoir! par le feu la cire consumée,
Par degrés s'abaissant sur la mèche enflammée,
Atteint sa main souffrante, et de ses doigts vaincu
Les nerfs découragés ne la soutiennent plus:
De son bras défaillant enfin la torche tombe,
Et ses derniers rayons ont éclairé sa tombe...
L'infortuné déjà voit cent spectres hideux:
Le délire brûlant, le désespoir affreux,
La mort... Non cette mort qui plaît à la victoire,
Qui vole avec la foudre et que pare la gloire,
Mais lente, mais horrible, et traînant par la main
La faim, qui se déchire et se ronge le sein.
Son sang, à ces pensers, s'arrête dans ses veines;
Et quels regrets touchants viennent aigrir ses peines!
Ses parents, ses amis, qu'il ne reverra plus,
Et ses nobles travaux qu'il laissa suspendus,
Ces travaux qui devaient illustrer sa mémoire,
Qui donnaient le bonheur et promettaient la gloire!
Et celle dont l'amour, celle dont le souris
Fut son plus doux éloge et son plus digne prix!
Quelques pleurs de ses yeux coulent à cette image,
Versés par le regret et séchés par la rage.
Cependant il espère; il pense quelquefois
Entrevoir des clartés, distinguer une voix;
Il regarde, il écoute. Hélas! dans l'ombre immense
Il ne voit que la nuit, n'entend que le silence,
Et le silence ajoute encore à sa terreur.
Alors, de son destin sentant toute l'horreur,
Son cœur tumultueux roule de rêve en rêve;
Il se lève, il retombe, et soudain se relève,
Se traîne quelquefois sur de vieux ossements,
De la mort qu'il veut fuir horribles monuments;
Quand tout à coup son pied trouve un léger obstacle,

Il y porte la main. Ô surprise ! ô miracle !
Il sent, il reconnaît le fil qu'il a perdu,
Et de joie et d'espoir il tressaille éperdu.
Ce fil libérateur, il le baise, il l'adore,
Il s'en assure, il craint qu'il ne s'échappe encore ;
Il veut le suivre, il veut revoir l'éclat du jour.
Je ne sais quel instinct l'arrête en ce séjour :
A leur aspect lugubre, il éprouve en son cœur
Un plaisir agité d'un reste de terreur.
Enfin tenant en main son conducteur fidèle,
Il part, il vole aux lieux où la clarté l'appelle.
Dieu ! quel ravissement quand il revoit les cieux,
Qu'il croyait pour jamais éclipsés à ses yeux !
Avec quel doux transport il promène sa vue
Sur leur majestueuse et brillante étendue !
La cité, le hameau, la verdure, les bois,
Semblent s'offrir à lui pour la première fois ;
Et, rempli d'une joie inconnue et profonde,
Son cœur croit assister au premier jour du monde.

Lemierre (Voir sa biographie, page 403)

La Peinture, poème didactique ; *les Fastes*, poème descriptif.

LA PAIX DES CHAMPS ET L'AGITATION DES VILLES

Propice agriculture, art des premiers humains,
L'homme a trop dédaigné la tâche de ses mains ;
Mais, en quittant le soc que guidaient ses ancêtres,
Il a payé bien cher l'oubli des soins champêtres.
Loin du bruit des combats, loin d'un féroce honneur,
Sous un abri de chaume il trouvait le bonheur ;
La terre, à ses besoins prodiguant ses largesses,
Faisait germer pour lui d'innocentes richesses ;
Il avait pour trésors des grottes, des ruisseaux,
Des fontaines, des lacs et de riants coteaux,
La force, la santé, le sommeil sous un hêtre,
La paix, la paix du cœur, fruit du travail champêtre.
Une table frugale et ses enfants autour,
Compagnons de sa peine et doux objets d'amour.

Quel insensé quitta ces demeures tranquilles,
Pour grossir un vain peuple assemblé dans les villes,
Pour courir en esclave aux portes des palais
Mendier le coup-d'œil d'un tyran sous le dais ?
Quel barbare mortel reforgea pour la guerre
Le fer qui dans nos mains fertilisait la terre,
Chassa le laboureur d'un champ riche et fécond
Que hérissa bientôt la ronce et le chardon,
Au lieu des blonds épis éleva dans les plaines
Les panaches flottants des légions hautaines,
Et, dans le choc pressé de tant de bataillons,
Par des ruisseaux de sang inonda les sillons ?

CHAPITRE VII

DE LA POÉSIE SATIRIQUE AU XVIII° SIÈCLE

Gilbert (1751-1780)

Gilbert naquit à Dôle, en 1751, dans une humble chaumière. Son père, remarquant en lui des facultés précoces, épuisa ses modiques ressources pour lui faire donner une éducation au-dessus de sa condition. Au sortir des écoles élémentaires de son pays, il entra au collège de sa ville natale; puis, ses études faites, et possédé d'une ambition démesurée, il vint à Nancy où il donna quelques leçons pour vivre, puis à Paris où il comptait atteindre de prime-saut à la célébrité et à la fortune. Amoureux de la gloire et sentant vibrer dans son âme de vingt ans les cordes de la poésie, il se nourrissait d'illusions que l'expérience de la vie devait bientôt cruellement décevoir.

A peine arrivé à Paris, il s'empressa d'aller frapper à la porte de d'Alembert auprès duquel il était recommandé. Le philosophe le reçut froidement et se borna à lui faire de belles promesses. Le jeune poète eut bientôt épuisé ses faibles ressources et la faim ne tarda pas à faire sentir ses cruels aiguillons. Il eut un moment de désespoir ; toutefois, reprenant courage, il vendit une partie de ses vêtements pour se procurer le strict nécessaire, et, à défaut de protecteurs, prit le parti de se frayer lui-même son chemin. Il essaya des concours académiques et présenta, l'année même de son arrivée, une pièce intitulée le Poète malheureux qui lui était inspirée par l'affreuse misère où il était plongé :

>Malheur à ceux dont je suis né !
>Père aveugle et barbare, impitoyable mère !
>Pauvres, vous fallait-il mettre au monde un enfant
>Qui n'héritât de vous qu'une affreuse indigence ?
>Encor, si vous m'eussiez laissé votre ignorance,
>J'aurais vécu paisible en cultivant mon champ...
>Mais vous avez nourri les feux de mon génie,
>Mais vous-même du sein d'une obscure patrie,
>Vous m'avez transporté dans un monde éclairé.
>Maintenant au tombeau vous dormez sans alarmes,
>Et moi... sur un grabat arrosé de mes larmes,
>Je veille, je languis par la faim dévoré ;
>Et tout est insensible aux horreurs que j'endure,
>Tout est sourd à mes cris !...

Le poëme ne fut pas couronné. Cet échec acheva d'aigrir le caractère de Gilbert. Il fut irrité de voir autour de lui des hommes qui n'avaient pas sa valeur, parvenir aux honneurs et aux emplois, tandis qu'il restait pauvre et ignoré. Révolté de tant d'injustices, abreuvé de déboires, dans une heure de douleur, il s'arma du fouet de la satire et en cingla méchamment ceux qu'il considérait comme ses adversaires, les académiciens, les philosophes, les savants, Voltaire, Diderot, Marmontel, La Harpe, Ducis, d'Alembert, etc. La satire du *Dix-huitième* siècle et celle qu'il publia plus tard *Mon Apologie*, renfermaient beaucoup de vérités, mais avec trop d'âpreté et d'exagération.

Qu'on juge de la violence de ces attaques par les vers suivants :

> Voltaire en soit loué! chacun sait au Parnasse
> Que Malherbe est un sot, et Quinault un Horace.
> Dans un long commentaire il prouve longuement
> Que Corneille parfois pourrait plaire un moment.
> J'ai vu l'enfant gâté de nos penseurs sublimes,
> La Harpe, dans Rousseau, trouver de belles rimes ;
> Si l'on en croit Mercier, Racine a de l'esprit ;
> Mais Perrault, plus profond, Diderot nous l'apprit,
> Perrault, tout plat qu'il est, pétille de génie :
> Il eût pu travailler à l'Encyclopédie.
> Boileau, correct auteur de libelles amers,
> « Boileau, dit Marmontel, tourne assez bien les vers : »
> Et tous ces demi-dieux que l'Europe en délire
> A depuis cent hivers l'indulgence de lire,
> Vont dans un juste oubli retomber désormais,
> Comme de vains auteurs qui ne pensent jamais.
> . . . .
> Sous peine d'être un sot, nul plaisant téméraire
> Ne rit de nos amis et surtout de Voltaire.
> Sa prose sans mentir et ses vers sont parfaits,
> Le *Mercure* trente ans l'a juré par extraits...
> Mais qu'on m'ose prôner des sophistes pesants,
> Apostats effrontés du goût et du bon sens :
> Saint-Lambert, noble auteur dont la muse pédante
> Fit des vers fort vantés par Voltaire qu'il vante :
> Qui du nom de poème ornant de plats sermons,
> En quatre points mortels a rimé les saisons ;
> Et ce vain Beaumarchais, qui trois fois avec gloire
> Mit le mémoire en drame et le drame en mémoire ;
> Et ce lourd Diderot, docteur en style dur,
> Qui passe pour sublime à force d'être obscur,
> Et ce froid d'Alembert, chancelier du Parnasse,
> Qui se croit un grand homme et fit une préface,
> Et tant d'autres encor dont le public épris
> Connaît beaucoup les noms et fort peu les écrits :
> Alors, certes, alors ma colère s'allume,
> Et la vérité court se placer sous ma plume.

Ces attaques n'étaient pas propres à lui créer des appuis dans le monde littéraire. Tous les auteurs se liguèrent contre lui. Voltaire l'écrasa sous sa mordante ironie ; La Harpe lui répondit d'une manière virulente dans son journal, le *Mercure de France*.

Gilbert trouva de chauds amis à la cour et dans les rangs du clergé, qui suppléa par des pensions à l'insuffisance de ses ressources. Ces secours lui permirent d'affronter la cabale des nombreux ennemis conjurés contre lui. Gilbert, dont on a fait le type du poëte malheureux, était donc loin de vivre dans la gêne : il possédait un cheval, s'habillait avec élégance et affectionnait d'aller aux bois de Boulogne et de Vincennes. C'est au galop de son cheval qu'il composa la plupart de ses meilleures pièces ; cet exercice violent fouettait sa verve. Une chute malheureuse qu'il fit dans une de ses promenades favorites, fut cause de sa mort. On le porta dans un hôpital où il subit, sans succès, la redoutable opération du trépan. La Harpe affirme qu'il devint complétement fou et raconte que dans un accès de folie, il avala la clé d'une cassette qui renfermait ses manuscrits. « La clé, s'écriait le malheureux, dans les angoisses de l'agonie, la clé m'étouffe ! » mais on ne put comprendre ce qu'il voulait dire, et il expira à l'âge de vingt-neuf ans. Divers documents semblent prouver que le récit de La Harpe est entièrement controuvé. D'après ces documents, Gilbert serait mort, non de folie, mais des suites de sa chute de cheval ; il serait même sorti de l'hôpital, ramené dans son domicile où il aurait reçu les soins que nécessitait son état. Quelques jours avant sa mort, il composa *les Adieux d'un poëte à la vie*, admirables strophes qui ont fait de sa dernière œuvre un monument impérissable, et qui ont inscrit son nom en lettres d'or au rang de nos meilleurs poëtes lyriques.

ADIEUX DE GILBERT A LA VIE

J'ai révélé mon cœur au Dieu de l'innocence ;
  Il a vu mes pleurs pénitents,
Il guérit mes remords, il m'arme de constance
  Les malheureux sont ses enfants.

Mes ennemis riant ont dit dans leur colère :
  « Qu'il meure et sa gloire avec lui ! »
Mais à mon cœur calmé le Seigneur dit en père :
  « Leur haine sera ton appui.

A tes plus chers amis ils ont prêté leur rage,
  Tout trompe ta simplicité ;
Celui que tu nourris court vendre ton image,
  Noire de sa méchanceté.

Mais Dieu t'entend gémir, Dieu vers qui te ramène
  Un vrai remords né des douleurs,
Dieu qui pardonne enfin à la nature humaine
  D'être faible dans les malheurs.

J'éveillerai pour toi la pitié, la justice
  De l'incorruptible avenir ;
Eux-mêmes épureront par leur long artifice
  Ton honneur qu'ils pensent ternir. »

Soyez béni, mon Dieu, vous qui daignez me rendre
  L'innocence et son noble orgueil (1),
Vous qui, pour protéger le repos de ma cendre,
  Veillerez près de mon cercueil.

Au banquet de la vie, infortuné convive
  J'apparus un jour et je meurs ;
Je meurs, et sur ma tombe où lentement j'arrive
  Nul ne viendra verser des pleurs.

Salut, champs que j'aimais ! et vous, belle verdure,
  Et vous, riant exil des bois !
Ciel, pavillon de l'homme, admirable nature,
  Salut pour la dernière fois !

---

(1) On ne peut rendre l'innocence, et l'orgueil n'est jamais un don de Dieu. Gilbert aurait dû dire peut-être : « La paix et l'espoir sans orgueil (VINET). »

Ah ! puissent voir longtemps votre beauté sacrée
Tant d'amis sourds à mes adieux ;
Qu'ils meurent pleins de jour, que leur mort soit pleurée,
Qu'un ami leur ferme les yeux !

CHAPITRE VIII

DE LA FABLE AU XVIII° SIÈCLE

Florian (1755-1794)

Après La Fontaine, une foule de poètes essayèrent de cultiver la fable, que l'on croyait être un genre simple et facile ; l'expérience prouva le contraire. La Fontaine a toujours occupé le premier rang dans ce genre ; Florian occupe le second. — Le XVIII° siècle compte, avec Florian, d'autres fabulistes dont nous nous bornerons à citer les noms : *La Motte* (Voir page 398), dont les fables sont loin d'avoir la grâce de celles de La Fontaine ; il est froid et fait parler à ses personnages le langage maniéré des salons ; — *Dorat* est aussi froid que La Motte, et pas plus remarquable.

L'enfance de Florian s'écoula sur les bords du Gardon, au pied des hautes Cévennes, entre la ville d'Anduze et le village de Massanne. Sa mère, qui était espagnole, lui inspira de bonne heure le goût de la poésie. Quand il eut achevé ses études, un de ses parents le conduisit à Ferney auprès de Voltaire, à qui il était un peu allié. Voltaire le reçut bien, reconnut en lui des dispositions littéraires, et l'encouragea à se mettre à l'œuvre.

Florian entra comme page chez le duc de Penthièvre, prince du sang, et eut l'occasion de fréquenter non seulement la haute société, mais encore les gens de lettres du temps. Ses premières productions littéraires furent des vaudevilles pour des théâtres de société : elles le firent connaître et lui acquirent de la réputation. Il fut nommé membre de l'Académie française pour son poème de *Ruth*, œuvre élégante, mais sans originalité ni grandeur. On en peut dire autant de son autre poème, *Tobie*, qui n'a de valeur que par la grâce des vers. Le vrai titre de gloire de Florian sont ses *Fables*.

Ce qui caractérise Florian, comme fabuliste, c'est un style riant, aimable, gracieux. Il est à la fois élégant et correct; une morale douce et aimable découle naturellement de ses fables, et les pensées pleines de justesse sont toujours exprimées avec une heureuse facilité.

Il s'est aussi acquis une célébrité populaire par ses pastorales. Peu d'ouvrages ont été autant lus que *Galathée*, *Estelle et Némorin*, *Gonzalve de Cordoue*, etc. Ces poèmes sont agréables à lire, mais le genre en est faux. On y voit des bergers et des bergères qui parlent avec un esprit et une grâce qui ne sont pas naturels.

Florian, dont la vie fut heureuse, vit ses dernières années assombries par la Révolution. Pour éviter l'orage, il se renferma dans une solitude profonde, mais il ne put échapper à la démagogie ; il était noble : c'était un titre de proscription ; on vint le saisir dans sa retraite et on le jeta en prison. Les terreurs incessantes de l'échafaud ébranlèrent sa santé, et quand le 9 thermidor vint ouvrir son cachot, déjà son existence était brisée : quelques mois après, il expira dans les bras de ses amis, en 1794. Ses dernières paroles furent touchantes et elles résument bien ce que l'on peut dire sur cet écrivain : « Que ne puis-je être certain de reposer sous le grand alizier de mon village, où les bergères se rassemblent pour danser ! Je voudrais que leurs mains pieuses vinssent arroser le gazon qui couvrirait ma tombe ; que les enfants après leurs jeux y jetassent leurs bouquets effeuillés ; je voudrais enfin que les bergers de la contrée y fussent quelque fois attendris, en y lisant cette inscription :

Dans cette demeure tranquille
Repose notre bon ami.
Il vécut toujours à la ville,
Et son cœur fut toujours ici.

L'AVEUGLE ET LE PARALYTIQUE

Aidons-nous mutuellement,
La charge des malheurs en sera plus légère ;
Le bien que l'on fait à son frère
Pour le mal que l'on souffre est un soulagement.
Confucius (1) l'a dit ; suivons tous sa doctrine :
Pour la persuader aux peuples de la Chine,
Il leur contait le trait suivant :

Dans une ville de l'Asie
Il existait deux malheureux
L'un perclus, l'autre aveugle, et pauvres tous les deux.
Ils demandaient au ciel de terminer leur vie :
Mais leurs cris étaient superflus,
Ils ne pouvaient mourir. Notre paralytique,
Couché sur un grabat dans la place publique,
Souffrait sans être plaint ; il en souffrait bien plus.
L'aveugle, à qui tout pouvait nuire,
Était sans guide, sans soutien,
Sans avoir même un pauvre chien
Pour l'aimer et pour le conduire.
Un certain jour il arriva
Que l'aveugle à tâtons, au *détour* d'une rue,
Près du malade se trouva ;
Il entendit ses cris, son âme en fut émue.
Il n'est tels que les malheureux
Pour se plaindre les uns les autres.
« J'ai mes maux, lui dit-il, et vous avez les vôtres :
Unissons-les, mon frère, ils seront moins affreux.
— Hélas ! dit le perclus, vous ignorez, mon frère,
Que je ne puis faire un seul pas,
Vous-même vous n'y voyez pas :

---

(1) Confucius, philosophe chinois. On regrette que le poète fasse honneur de la morale de cette fable à un philosophe païen, au lieu de la faire remonter à sa véritable source, l'Évangile.

A quoi nous servirait d'unir notre misère ?
— A quoi ? répond l'aveugle, écoutez : à nous deux
Nous possédons le bien à chacun nécessaire ;
J'ai des jambes, et vous des yeux :
Moi, je vais vous porter ; vous, vous serez mon guide
Vos yeux dirigeront mes pas mal assurés ;
Mes jambes, à leur tour, iront où vous voudrez.
Ainsi, sans que jamais notre amitié décide
Qui de nous deux remplit le plus utile emploi,
Je marcherai pour vous, vous y verrez pour moi. »

LE LAPIN ET LA SARCELLE.

Unis dès leurs jeunes ans
D'une amitié fraternelle,
Un lapin, une sarcelle (1),
Vivaient heureux et contents.
Le terrier du lapin était sur la lisière
D'un parc, bordé d'une rivière.
Soir et matin nos bons amis,
Profitant de ce voisinage,
Tantôt au bord de l'eau, tantôt sous le feuillage,
L'un chez l'autre étaient réunis.
Là, prenant leurs repas, se contant des nouvelles,
Ils n'en trouvaient point de si belles
Que de se répéter qu'ils s'aimeraient toujours
Ce sujet revenait sans cesse en leurs discours
Tout était en commun, plaisir, chagrin, souffrance ;
Ce qui manquait à l'un, l'autre le regrettait ;
Si l'un avait du mal, son ami le sentait ;
Si d'un bien au contraire il goûtait l'espérance,
Tous deux en jouissaient d'avance.
Tel était leur destin, lorsqu'un jour, jour affreux !
Le lapin, pour dîner venant chez la sarcelle,
Ne la retrouve plus : inquiet, il l'appelle ;
Personne ne répond à ses cris douloureux.
Le lapin, de frayeur, l'âme toute saisie,
Va, vient, fait mille tours, cherche dans les roseaux,
S'incline par dessus les flots

---

(1) La sarcelle est un oiseau aquatique de l'espèce des canards.

Et voudrait s'y plonger pour trouver son amie.
« Hélas ! s'écriait-il, m'entends-tu ? réponds-moi.
   Ma sœur, ma compagne chérie,
   Ne prolonge pas mon effroi :
Encor quelques moments, c'en est fait de ma vie,
J'aime mieux expirer que de trembler pour toi.
   Disant ces mots, il court, il pleure,
   Et, s'avançant le long de l'eau,
   Arrive enfin près du château
   Où le seigneur du lieu demeure.
   Là, notre désolé lapin
   Se trouve au milieu d'un parterre,
   Et voit une grande volière
Où mille oiseaux divers volaient sur un bassin
   L'amitié donne du courage.
Notre ami, sans rien craindre, approche du grillage.
Regarde et reconnaît... ô tendresse ! ô bonheur !
La sarcelle : aussitôt il pousse un cri de joie ;
Et, sans perdre de temps à consoler sa sœur,
   De ses quatre pieds il s'emploie
   A creuser un secret chemin
Pour joindre son amie, et, par ce souterrain,
Le lapin tout à coup entre dans la volière,
Comme un mineur qui prend une place de guerre.
Les oiseaux effrayés se pressent en fuyant.
Lui, court à la sarcelle, il l'entraîne à l'instant
Dans son obscur sentier, la conduit sous la terre
Et, la rendant au jour, il est prêt à mourir
   De plaisir.
Quel moment pour tous deux ! Que ne sais-je le peindre
   Comme je saurais le sentir !
Nos bons amis croyaient n'avoir plus rien à craindre,
Ils n'étaient pas au bout. Le maître du jardin,
En voyant le dégât commis dans sa volière,
Jure d'exterminer jusqu'au dernier lapin :
« Mes fusils, mes furets ! » criait-il en colère.
   Aussitôt fusils et furets
    Sont tous prêts.
Les gardes et les chiens vont dans les jeunes tailles,
   Fouillant les terriers, les broussailles

Tout lapin qui paraît trouve un affreux trépas :
Les rivages du Styx (1) sont bordés de leurs mânes (2)."
  Dans le funeste jour de Cannes (3),
  On mit moins de Romains à bas.
La nuit vient ; tant de sang n'a point éteint la rage
Du seigneur, qui remet au lendemain matin
  La fin de l'horrible carnage.
  Pendant ce temps notre lapin,
Tapi sous des roseaux auprès de la sarcelle,
  Attendait, en tremblant, la mort,
Mais conjurait sa sœur de fuir à l'autre bord
  Pour ne pas mourir devant elle.
« Je ne te quitte point, lui répondait l'oiseau ;
Nous séparer, serait la mort la plus cruelle,
  Ah ! si tu pouvais passer l'eau ?
— Pourquoi pas ? Attends-moi... » La sarcelle le quitte,
  Et revient traînant un vieux nid
Laissé par des canards ; elle l'emplit bien vite
De feuilles de roseau, les presse, les unit
Des pieds, du bec, en forme un batelet capable
  De supporter un lourd fardeau ;
  Puis elle attache à ce vaisseau
Un brin de jonc qui servira de câble.
  Cela fait, et le bâtiment
Mis à l'eau, le lapin entre doucement
Dans le léger esquif, s'assied sur son derrière,
Tandis que devant lui la sarcelle, nageant,
Tire le brin de jonc, et s'en va dirigeant
  Cette nef à son cœur si chère.
On aborde, on débarque, et jugez du plaisir !
  Non loin du port on va choisir
Un asile où, coulant des jours dignes d'envie,
  Nos bons amis, libres, heureux,
  Aimèrent d'autant plus la vie,
  Qu'ils se la devaient tous les deux

(1) Fleuve que les anciens supposaient exister dans l'enfer
(2) Ames des morts chez les anciens.
(3) Ville d'Italie rendue célèbre par la victoire qu'Annibal, général carthaginois, l'un des plus grands guerriers de l'antiquité, y remporta sur les Romains.

CHAPITRE IX

DE LA POÉSIE LÉGÈRE ET FUGITIVE AU XVIIIᵉ SIÈCLE

Gresset. — Voltaire.

Gresset (Voir sa biographie page 410)

Les écrivains qui ont excellé dans ce genre, au xviiiᵉ siècle, sont Gresset et particulièrement Voltaire.

Gresset se distingua surtout comme poète dramatique. Son chef-d'œuvre, dans la poésie légère, est *Vert-Vert* (1734). Ce poème est un tableau vivant des petites passions, des petits ridicules dont un couvent de femmes peut offrir le piquant assemblage. *Vert-Vert* est le nom d'un perroquet favori des Visitandines de Nevers qui, à leur école, est devenu en caquetage, une merveille d'oiseau. Sa renommée parvient jusqu'à Nantes, chez les Visitandines de cette ville, qui demandent à voir le charmant perroquet. On se sépare, non sans regret, de Vert-Vert, et on l'embarque sur la Loire, en compagnie de dragons et de mariniers. Dans cette société rien moins que dévote, Vert-Vert oublie ses prières pour les plus grossiers propos, en sorte qu'en arrivant à Nantes, au lieu d'être en édification, il devient un grand sujet de scandale. Renvoyé immédiatement à Nevers, il est mis en pénitence, comprend sa faute et se corrige; mais à peine rentré en grâce, il meurt d'une indigestion de dragées.

Telle est en quelques mots la trame de ce poème, dont le mérite n'est pas dans l'étendue du sujet, mais dans la richesse, la grâce et l'esprit des détails. On a encore de Gresset des contes, *le Carême impromptu*, *le Lutrin vivant*, et surtout les épîtres de *la Chartreuse* et des *Ombres*

VERT-VERT

Dans maint auteur de science profonde
J'ai lu qu'on perd à trop courir le monde :
Très rarement on en devient meilleur ;
Un sort errant ne conduit qu'à l'erreur.
Il nous vaut mieux vivre au sein de nos lares (1),
Et conserver, paisibles casaniers,
Notre vertu dans nos propres foyers,
Que parcourir bords lointains et barbares ;
Sans quoi le cœur, victime des dangers,
Revient chargé de vices étrangers.
L'affreux destin du héros que je chante
En éternise une preuve touchante.
Tous les échos des parloirs de Nevers,
Si l'on en doute, attesteront mes vers.

A Nevers donc, chez les Visitandines,
Vivait naguère un perroquet fameux,
A qui son art et son cœur généreux,
Ses vertus même et ses grâces badines,
Auraient dû faire un sort moins rigoureux,
Si les bons cœurs étaient toujours heureux.
Vert-Vert (c'était le nom du personnage),
Transplanté là de l'indien rivage,
Fut jeune encor, ne sachant rien de rien,
Au susdit cloître enfermé pour son bien.
Il était beau, brillant, leste et volage,
Aimable et franc, comme on l'est au bel âge
Né tendre et vif, mais encore innocent ;
Bref, digne oiseau d'une si sainte cage,
Par son caquet digne d'être au couvent...

Il était cher à toute la maison.
N'étant encor dans l'âge de raison,
Libre, il pouvait et tout dire et tout faire,
Il était sûr de charmer et de plaire.

(1) Dieux domestiques chez les Romains. *Fig.* maison paternelle.

Des bonnes sœurs égayant les travaux,
Il becquetait et guimpes et bandeaux.
Il n'était point d'agréable partie
S'il n'y venait briller, caracoler,
Papillonner, siffler, rossignoler;
Il badinait, mais avec modestie,
Avec cet air timide et tout prudent
Qu'une novice a, même en badinant.
Par plusieurs voix interrogé sans cesse,
Il répondait à tout avec justesse;
Tel autrefois César en même temps
Dictait à quatre en styles différents.

Admis partout, si l'on en croit l'histoire,
L'ami chéri mangeait au réfectoire :
Là, tout s'offrait à ses friands désirs;
Outre qu'encor pour ses menus plaisirs,
Pour occuper son ventre infatigable,
Pendant le temps qu'il passait hors de table,
Mille bonbons, mille exquises douceurs,
Chargeaient toujours les poches de nos sœurs
Les petits soins, les attentions fines,
Sont nés, dit-on, chez les Visitandines;
L'heureux Vert-Vert l'éprouvait chaque jour :
Plus mitonné qu'un perroquet de cour,
Tout s'occupait du beau pensionnaire;
Ses jours coulaient dans un noble loisir.
Au grand dortoir il couchait d'ordinaire;
Là, de cellule il avait à choisir.
Heureuse encor, trop heureuse la mère,
Dont il daignait, au retour de la nuit,
Par sa présence honorer le réduit.

Voltaire (Voir sa biographie page 375)

Voltaire est sans rival dans l'épître et dans la poésie légère; il est dans ce genre le plus séduisant, le plus brillant, les plus aimable des écrivains. Sa merveilleuse fécondité d'imagination éclate surtout dans sa volumineuse correspondance en prose et en vers. Il y a là une aisance, un enjouement, une clarté, une originalité, un naturel inimitables. Jusqu'à l'âge de quatre-vingt-six ans, il a cultivé la poésie légère, et du fond de son lit, il savait tourner encore les plus agréables compliments.

CHAPITRE X

PHILOSOPHES ET MORALISTES DU XVIII° SIÈCLE

Fontenelle. — Les Encyclopédistes. — Jean-Jacques Rousseau. — Principaux écrits de Jean-Jacques Rousseau. — Vauvenargues. — Montesquieu. — Chefs-d'œuvre de Montesquieu. — Buffon. — Chefs-d'œuvre de Buffon. — Bernardin de Saint-Pierre.

Fontenelle (1657-1757).

Les principaux philosophes du xviii° siècle sont, par ordre de date : Fontenelle, les Encyclopédistes, Diderot, d'Alembert, Condillac, Helvétius, Mably, J. J. Rousseau.

Fontenelle, neveu du grand Corneille, naquit à Paris, en 1657. Il fut élevé au collège des jésuites, et montra, dès son enfance, des talents précoces ; à treize ans, il faisait déjà des vers latins qui ne parurent pas indignes d'être imprimés. A dix-sept ans, il vint faire ses études de droit à Paris où il connut la pauvreté et même l'indigence. Quand ses études furent achevées, son père, qui était avocat à Rome, l'appela auprès de lui, pour exercer la même charge. Fontenelle obéit ; mais, ayant perdu sa première cause, il fut tellement découragé, qu'il renonça complétement au barreau. Il se tourna vers le théâtre, et débuta par une tragédie qui fut outrageusement sifflée. Il voulut alors composer des opéras, mais sans plus de succès. Enfin, après quelques essais de poésies fugitives qui n'avaient rien de remarquable, Fontenelle découvrit son vrai genre, et écrivit des ouvrages en prose qui lui ont acquis une grande réputation. Dans la querelle, si vive au XVII° siècle, sur le mérite des anciens et des modernes, il prit parti avec Desmarets, Perrault, La Motte, pour les modernes, contre Racine et Boileau qui défendaient les anciens; ses idées sur ce sujet lui firent fermer plusieurs fois les portes de l'Académie où il ne fut admis qu'en 1691.

Fontenelle vit les dernières années du règne de Louis XIV qui paraît l'avoir peu remarqué; le Régent, au contraire, lui accorda son estime. Néanmoins, Fontenelle sut lui résister quelquefois et montrer un caractère vraiment indépendant. Recherché dans tous les salons les plus distingués de l'époque, il y brillait, plus par l'esprit que par le cœur. « Que je vous plains, lui disait un jour Mme de Tencin; ce n'est pas un cœur que vous avez là, dans la poitrine, c'est de la cervelle comme dans la tête. » Il avouait lui-même qu'il n'avait jamais eu sérieusement le désir d'aimer ni d'être aimé.

L'ouvrage qui commença la réputation littéraire de Fontenelle est intitulé *Entretiens sur la Pluralité des Mondes* (1686). Le but de l'auteur fut de mettre à la portée du lecteur le moins savant, la science la plus abstraite, l'astronomie. Il suppose une femme du monde qui désire savoir comment est faite notre terre, et s'il y a d'autres mondes habités. L'entretien a lieu le soir, dans un beau parc, à la clarté de ces astres lumineux dont Fontenelle va dévoiler les mystères. Cet ouvrage offre une élégance et un charme de style qui ont été rarement égalés.

Fontenelle écrivit encore l'*Histoire de l'Académie* et les *Éloges des Savants*. Il y a dans son *Histoire de l'Académie* une clarté, une pureté de style incomparables, qui rachète l'uniformité du sujet. Les *Éloges des Savants* ont été prononcés à l'Académie, où il occupa, pendant cinquante ans, la place de secrétaire perpétuel. Dans ces *Éloges,* il raconte la vie de chaque académicien qui vient de mourir, et apprécie le talent de chacun avec impartialité. Sa devise était : « Justice et justesse. » C'est de tous ses ouvrages, celui qu'on lit le plus.

Fontenelle mourut à l'âge de cent ans ; quoique sa complexion fût faible, il n'avait jamais fait de maladies sérieuses. Son médecin lui demanda, quelques instants avant sa mort, ce qu'il éprouvait : « Je n'éprouve, lui répondit le vieillard, qu'une grande difficulté d'être. »

Les Encyclopédistes.

L'*Encyclopédie* était un immense dictionnaire comprenant, par ordre alphabétique, des traités de tous les arts, de toutes les sciences et de toutes les industries : physique, grammaire, commerce, belles-lettres, mathématiques, religion, critique littéraire, etc. Cet ouvrage, composé de vingt-deux volumes in-folio, avait été attendu avec impatience et fut accueilli avec transport, parce qu'il traitait de toutes les connaissances humaines, au point de vue matérialiste et incrédule de la philosophie du XVIII° siècle ; la première édition, tirée à 4,250 exemplaires, fut promptement écoulée. Les écrivains qui contribuèrent à cette colossale entreprise reçurent le nom d'*Encyclopédistes*. Diderot en conçut l'idée et la mena à bonne fin ; ses principaux collaborateurs, après Voltaire, furent : d'Alembert, Helvétius, le baron d'Holbach, Grimm, Condillac, etc.

Diderot (1713-1784), naquit à Langres où il fit chez les jésuites d'excellentes études qu'il vint compléter à Paris. Son père, qui était coutelier, lui refusa tout secours parce que le jeune homme ne voulait pas devenir prêtre. Diderot ne tarda pas à tomber dans l'indigence et fut obligé de recourir à des expédients pour vivre. Un religieux lui fournit de l'argent pour payer ses dettes dans l'espoir qu'il prendrait le froc, et il eut la mauvaise foi de profiter de ses libéralités, sans avoir la moindre intention de se faire moine.

Réduit à ses seules ressources, il pourvut à ses besoins en donnant des leçons de mathématiques. Si son élève était intelligent, il s'attachait à lui et consacrait à sa leçon la journée tout entière ; mais, trouvait-il un sot, il l'abandonnait aussitôt. Cette manière d'agir n'était pas de nature à l'enrichir ; d'autant plus que le professeur n'était pas très exigeant pour ses honoraires : on le payait en livres, en meubles, en argent, ou point. Pour gagner sa maigre pitance, il lui arriva même de faire des sermons, qu'il vendait à prix réduit ; un missionnaire lui en commanda six et les paya cinquante écus pièce. Jamais Diderot ne fit une si bonne affaire.

S'étant marié avec une jeune personne sans fortune, il publia, pour vivre, un grand nombre d'ouvrages philosophiques ou pédagogiques, traduisit les romans de Richardson, et emprunta à Shakspeare l'idée de son drame larmoyant, le *Père de famille,* où il se donna pour mission de relever un caractère que tout le monde respecte. Il imita aussi la philosophie anglaise, en la dépassant par la hardiesse de ses négations. Mais son œuvre principale, celle qui a fait sa réputation, c'est l'*Encyclopédie.*

L'idée de cette œuvre était grandiose et séduisit d'abord les hommes de toutes les opinions ; mais, dès que le premier volume eut paru, on vit, par l'introduction de d'Alembert, que le but des Encyclopédistes était surtout d'attaquer le Christianisme et de faire pénétrer l'incrédulité dans tous les rangs de la société. Le parlement et le clergé s'en émurent aussitôt et les Encyclopédistes se dispersèrent devant l'orage ; Diderot tint seul tête à toutes les oppositions, et, après vingt années d'un travail ardu et opiniâtre, acheva cette œuvre colossale.

Tous ces travaux furent loin de l'enrichir. Pressé par le besoin, il se vit même forcé de vendre sa bibliothèque à Catherine II, de Russie, qui, devenue l'amie du philosophe, se chargea de son entretien. Diderot alla à Saint-Pétersbourg remercier sa bienfaitrice. Après avoir passé quelques mois auprès d'elle, il revint à Paris où il vécut fort retiré jusqu'à sa mort.

Quoique pauvre et même indigent, Diderot était généreux et bienfaisant. On raconte qu'une pauvre femme dans le malheur étant venue lui emprunter six cents francs, le philosophe, ému du récit de son infortune, imagina tout à coup un moyen de la soulager : il s'enferma dans son cabinet, se mit à l'ouvrage, et quatre jours après vendait à un libraire ses *Pensées philosophiques* pour la somme que la pauvre infortunée lui avait demandée.

La femme de Diderot, plus positive, n'approuvait pas toujours cette extrême générosité, et, pour modérer ce qu'elle appelait la prodigalité de son mari, elle tenait la bourse et lui donnait six sous par jour pour aller boire sa tasse de café et voir jouer aux échecs.

Quoique le philosophe professât les doctrines les plus matérialistes, il ne cessa jamais de respecter les convictions de sa femme, qui était sincèrement attachée à la religion chrétienne et qui portait même la dévotion à l'excès. Pour lui complaire, il menait sa fille à l'église et, sur le point de mourir, il consentit à recevoir le curé de sa paroisse, toutefois, ce fut en vain qu'on essaya de le convertir

Il mourut à table comme étaient morts son père, deux de ses oncles et son aïeul ; c'est ainsi, avait-il dit plusieurs fois à ses amis, qu'on mourait dans sa famille.

Diderot fut un des ennemis les plus acharnés du christianisme ; il professait ouvertement le matérialisme et l'athéisme, et prêchait ces doctrines désolantes avec une sorte de fanatisme. Comme écrivain, il brille par le mouvement, la chaleur, l'abondance, mais il ne sait pas tempérer son imagination.

D'Alembert (1717-1783), exposé après sa naissance sur les marches de l'église de Saint-Jean-le-Rond, fut baptisé sous le nom de Jean-le-Rond et recueilli par la femme d'un pauvre vitrier. Son père, sans vouloir le reconnaître, paya sa pension et le fit élever avec soin. Après avoir terminé ses études, le jeune homme prit le nom de d'Alembert qu'il devait rendre célèbre.

D'Alembert avait le génie des mathématiques. A vingt-deux ans, déjà membre de l'Académie des sciences, il publia des mémoires et des traités de mécanique qui le placèrent au premier rang des savants de l'époque. Quand il fut devenu célèbre, sa véritable mère, Mme de Tencin, se fit connaître à lui et voulut le retirer auprès d'elle ; mais le jeune philosophe, peu touché de cette démarche tardive, n'hésita pas un instant dans sa détermination. « Madame, lui dit-il, ma véritable mère, c'est la vitrière, je n'en reconnais point d'autre. »

Plutôt que d'abandonner sa patrie ou d'aliéner son indépendance, d'Alembert refusa la présidence de l'Académie de Berlin et la charge de précepteur du fils de Catherine II, impératrice de Russie, quoique celle-ci lui offrit cent mille francs par an, avec tous les honneurs et les titres les plus flatteurs.

D'Alembert est surtout connu par sa collaboration à l'*Encyclopédie* qu'il a fournie d'excellents articles de mathématiques et de littérature. Il composa le *Discours préliminaire* de cet ouvrage : cette préface, chef-d'œuvre de clarté et d'élégance, eût suffi pour faire la reputation de l'auteur. Il y établit une classification complète des connaissances humaines, et y résume à grands traits l'histoire de l'esprit humain depuis le XVIe siècle.

Condillac (1715-1780) fit de bonnes études et devint abbé, mais de nom seulement. En philosophie, il adopta les principes de Locke (1) qu'il fit connaître en France, et, dans son *Traité des Sensations* (1754), chercha à prouver que toutes nos idées nous viennent des sens. Précepteur du fils du roi de Prusse, il composa pour son élève plusieurs ouvrages qui ne sont pas sans mérite.

Helvétius (1715-1771) appartenait à une très bonne famille et reçut une excellente éducation. Quoiqu'il eût été élevé par une mère pieuse, il devint néanmoins un des ennemis

---

(1) Locke, philosophe anglais (1632-1704).

les plus ardents de la religion. Il sut faire un noble emploi de son immense fortune et payait des pensions à plusieurs hommes de lettres pauvres, en particulier à Marivaux. Quand on lui reprochait de faire trop souvent des libéralités à des personnes qui n'en étaient pas dignes, il répondait : « Si j'étais roi, je les corrigerais, mais comme je suis riche, je dois les soulager. »

L'ouvrage qui le rendit célèbre est intitulé *De l'Esprit* (1758). D'après lui, l'homme ne diffère de la brute que par la conformation de ses organes, et la vertu n'est que l'égoïsme sagement entendu. « Si la nature, dit-il, au lieu de mains et de doigts flexibles, eût terminé nos poignets par un pied de cheval, qui doute que les hommes, sans art, sans habitation, sans défense contre les animaux, ne fussent encore errants dans les forêts ? » Ce livre fut jugé, de son temps, paradoxal.

Le baron *Grimm* (1723-1807), allemand de beaucoup d'esprit, a écrit des lettres pleines de critiques littéraires parfois supérieures.

Le baron *d'Holbach* (1723-1789), surnommé le *maître d'hôtel des Encyclopédistes* parce qu'il les recevait à dîner, fut le représentant du plus grossier matérialisme.

Voltaire a été l'âme de l'*Encyclopédie* ; c'est lui qui en a inspiré les articles les plus violents contre le christianisme ; son nom, déjà gravement compromis, ne parut pas parmi ceux des auteurs, mais il était facile de le deviner. C'est à son retour d'Angleterre qu'il écrivit les *Lettres sur les Anglais* (1731), réimprimées plus tard sous le titre de *Lettres philosophiques*. Dans ces *Lettres*, qui avaient pour but de faire connaître le système de Newton, l'auteur attaquait à la fois le despotisme du gouvernement et l'intolérance de la religion. Sur les instances du clergé violemment attaqué, le parlement intervint, condamna les *Lettres* à être brûlées par la main du bourreau et lança une lettre de cachet contre Voltaire qui dut s'enfuir à Cirey.

C'est dans son *Dictionnaire philosophique* que le philosophe incrédule concentre particulièrement toutes ses attaques contre le christianisme. Dans cet ouvrage, il prodigue le sarcasme, la moquerie la plus mordante et la plus spirituelle et ne recule pas même devant le mensonge. Toutefois, il faut le reconnaître, jamais Voltaire, au milieu de ses égarements et de son impiété, n'est descendu jusqu'à l'athéisme. Il repoussait le matérialisme grossier des Encyclopédistes et s'effrayait même, dit-on, d'avoir de tels collaborateurs. Il eut le courage de braver leurs ricanements et de dire :

> Le monde m'importune, et je ne puis songer
> Que cette horloge existe et n'ait point d'horloger.

Et ailleurs :

> Si Dieu n'existait pas, il faudrait l'inventer.

Jean-Jacques Rousseau (1712-1778)

J.-J. Rousseau contribua pour une grande part à l'œuvre de démolition religieuse et sociale entreprise par Voltaire et les Encyclopédistes. Il s'en distingua, néanmoins, profondément, en ce qu'il essaya de remplacer ce qu'ils tentaient de démolir, ne reculant point devant les paradoxes et les sophismes les plus étranges. En politique, il sapa toutes les anciennes institutions, donna le coup de grâce à la royauté et popularisa les idées républicaines; en littérature, il trouva dans son ardent amour pour la nature, le feu sacré de la poésie et de l'enthousiasme; en religion, il rejeta toute autorité révélée, mais fut l'éloquent défenseur des dogmes de l'existence de Dieu, de l'immortalité de l'âme, et se posa comme l'adversaire de l'athéisme et du matérialisme. Malheureusement, sa vie est un tissu d'inconséquences, comme ses ouvrages sont un tissu de paradoxes et de sophismes.

J.-J. Rousseau naquit à Genève, en 1712; il était fils d'un horloger moitié artiste, moitié ouvrier, beaucoup plus occupé de ses plaisirs que de ses enfants. Un frère de Rousseau disparut de la maison paternelle vers l'âge de seize ans et l'on n'en entendit plus parler. Quand l'enfant sut lire, son père lui mit des romans entre les mains, et les dévora avec lui. « Quelquefois mon père entendait le matin les hirondelles et disait : allons nous coucher; je suis plus enfant que toi. » Il travaillait ainsi, sans s'en douter, à fausser le jugement de son fils. Les romans développèrent singulièrement l'imagination du jeune homme. La lecture des *Vies des hommes illustres* de l'historien Plutarque, lui inspira un ardent amour pour la liberté et lui forma un caractère indépendant et républicain. Un incident devait bientôt jeter le pauvre enfant dans une vie aventureuse. Son père, obligé de fuir après un démêlé avec un officier genevois, le confia aux soins d'un oncle, qui le mit en pension chez un pasteur, M. Lambercier, pour y apprendre les rudiments du latin : c'est dans cette retraite que se développa en lui le goût de la vie champêtre qu'il sut plus tard décrire avec tant de charme et de poësie. Au bout de deux ans d'études, il fallut songer à lui donner un métier, on le mit d'abord chez un procureur qui le renvoya comme incapable; puis chez un graveur, homme dur et brutal, qui le rouait de coups pour la moindre faute. Un soir que Rousseau était allé se promener dans la campagne, il trouva en rentrant les portes de la ville fermées; la peur d'être battu l'empêcha de revenir le lendemain matin à l'atelier et il prit la résolution de s'enfuir. Après avoir couru la campagne, couchant à la belle étoile, mendiant son pain, il vint en Savoie et frappa à la porte d'un curé de village. Celui-ci, découvrant que ce jeune vagabond était protestant, crut devoir travailler à sa conversion et, dans ce but, l'adressa à une dame d'Annecy, nommée Mme de Warens, qui avait elle-même changé de religion et qui n'en était que plus ardente à faire du prosélytisme. Le curé de Pontverse et Mme de Warens le firent entrer dans un couvent de Turin où l'on instruisait sommairement les calvinistes d'occasion. Deux mois suffirent pour convertir le jeune homme qui abjura la religion de sa famille. Les avantages que cette abjuration lui procura se réduisirent à vingt francs qu'on lui remit en le renvoyant. Ce fut la première flétrissure de sa vie.

Le nouveau catholique, découragé et sans ressources, regarda comme une bonne fortune de pouvoir entrer comme laquais chez la comtesse de Vercellis, puis, trois mois après, comme domestique dans une maison de Turin. Son nouveau maître, découvrant en lui des talents supérieurs à sa condition, en fit son secrétaire et lui donna des leçons de latin et d'italien. Rousseau, incapable de se fixer à rien, se fit congédier pour suivre un ancien camarade; les deux amis parcoururent le Piémont et la Savoie en touristes et en mendiants, n'ayant d'autres ressources que de montrer pour quelques sous une fontaine d'Hiéron qui avait l'air de changer l'eau en vin.

La fontaine s'étant cassée, Rousseau abandonna son camarade et revint à Annecy auprès de Mme de Warens, qui le reçut avec bienveillance et le garda quelque temps auprès d'elle, sur le désir du jeune homme d'embrasser l'état ecclésiastique, elle le fit entrer dans un séminaire, d'où il fut renvoyé bientôt comme trop sot pour être prêtre. Dès ce moment, sa vie n'est qu'aventures. Il parcourt la Suisse sous un faux nom, se fait passer pour compositeur et maître de chant, rencontre dans un cabaret un escroc qui se disait prélat grec et qui exploite sa naïveté en se servant de lui comme d'interprète; ils parcourent ensemble la Suisse, quêtant au profit du Saint-Sépulcre : bientôt le faux archimandrite est arrêté, et Rousseau n'échappe à la prison, que grâce à l'intervention de l'ambassadeur de France.

Sur ces entrefaites, il songe de nouveau à Mme de Warens, sa bienfaitrice, et après avoir été la chercher inutilement à Paris, il la retrouve en Savoie et se fixe auprès d'elle, au joli pavillon des Charmettes, près de Chambéry.

Il avait vingt-deux ans. Il y resta six ans partageant son temps entre l'étude, la promenade et les occupations domestiques.

Après avoir quitté Mᵐᵉ de Warens, Rousseau entra comme précepteur chez M. de Mably, à Lyon. C'est pendant son séjour dans cette ville qu'il cultiva avec passion la musique et inventa une nouvelle notation qui consiste à remplacer les notes par des chiffres. Il vint à Paris pour faire adopter sa découverte par l'Académie, mais il ne réussit pas dans ses démarches ; toutefois, ce voyage ne lui fut pas inutile, car il lui procura la connaissance de Diderot, de Grimm, de Saint-Lambert, de d'Holbach qui l'attirèrent et le retinrent auprès d'eux. Rousseau adopta le genre de vie de cette société légère et libre : on le vit courir les réunions et les dîners comme un petit-maître, l'épée au côté, avec des manchettes et essayant de faire de l'esprit.

C'est pendant ce séjour à Paris, qu'il se lia avec une servante, Thérèse Levasseur, femme ignorante et grossière qui exerça sur le caractère du philosophe la plus fâcheuse influence. Craignant que les amis de Rousseau ne lui fissent rompre cette liaison mal assortie, elle les lui rendit suspects, et finit par le brouiller avec eux. Cet homme d'aventures devait être un père dénaturé : il eut le triste courage de mettre à l'hôpital ses cinq enfants : voici comment il justifie cet acte inqualifiable. « Il est sûr que c'est la crainte d'une destinée pour eux mille fois pire et presque inévitable par toute autre voie, qui m'a le plus déterminé dans cette démarche. Plus indifférent sur ce qu'ils deviendraient et hors d'état de les élever moi-même, il aurait fallu, dans ma situation, les laisser élever par leur mère, qui les aurait gâtés, et par sa famille, qui en aurait fait des monstres. » Quelle autorité peut avoir un tel homme, après de tels exemples, quand il a la prétention de donner à son siècle des conseils et des préceptes d'éducation !

Jean-Jacques Rousseau (suite)

Il ne manquait à Rousseau qu'une occasion pour faire briller d'un vif éclat son talent d'écrivain, mûri par les épreuves de sa vie aventureuse. L'Académie de Dijon ayant mis la question suivante au concours : *Le rétablissement des sciences et des arts a-t-il contribué à épurer les mœurs ?* il n'hésita pas à concourir et son esprit paradoxal lui fit conclure pour la négative. Il remporta le prix, non à cause de la thèse fausse et absurde qu'il soutenait, mais à cause de la nouveauté de cette thèse et surtout du charme incomparable de son style.

Encouragé par ce succès, le jeune lauréat concourut de nouveau pour une autre question proposée par la même Académie. Il s'agissait d'indiquer *les causes de l'inégalité parmi les hommes*. Dans son premier discours, Rousseau avait attaqué les lettres en haine de l'école matérialiste qui dominait alors ; cette fois, il attaqua la royauté par mépris pour le gouvernement de Louis XV. Au lieu de s'en prendre aux vices de la société contemporaine, il fit la guerre à la famille et proclama l'état sauvage comme l'état naturel de l'homme. « Vous donnez envie de marcher à quatre pattes, » lui disait finement Voltaire. Il ne se borna pas à attaquer la société ; il lança aussi l'anathème contre la propriété et prépara la voie à tous les socialistes futurs, dont on peut le regarder comme le père. Pour le coup, Voltaire, qui avait cent mille livres de rente, cessa de plaisanter. Il appela Rousseau *un gueux qui voulait que les riches fussent volés par les pauvres.*

Dans l'intervalle qui sépara la publication de ces deux discours, Rousseau avait donné un opéra, *le Devin du village*, qui avait été applaudi avec transport.

Les critiques dont fut l'objet son discours sur *les Causes de l'inégalité sociale*, achevèrent de jeter son esprit dans la misanthropie. Il résolut de fuir cette société dont il avait dit tant de mal, et de commencer sur lui-même les réformes qu'il avait proposées. Il mit de côté le costume de petit-maître, l'épée, les manchettes, le linge fin, vendit sa montre, arbora la livrée du travailleur, et se retira dans une petite maison, que son amie, M™ d'Epinay, avait fait construire pour lui dans son parc et qu'elle avait baptisée l'*Ermitage*, près de Montmorency. Il n'avait d'autre société que Thérèse et sa vieille mère et copiait de la musique à tant la page pour subvenir à ses besoins. Il ferma sa porte aux curieux, aux visiteurs désœuvrés, même à ses anciens protecteurs. La rupture la plus éclatante, fut celle avec les philosophes Diderot, Grimm, le baron d'Holbach, Voltaire. Sa *Lettre à d'Alembert sur les spectacles*, fut à la fois sa démission d'encyclopédiste et une déclaration de guerre contre tout le parti. Il passa à l'*Ermitage* cinq années qui furent les plus heureuses de sa vie et aussi les plus fécondes ; c'est là qu'il écrivit ses plus célèbres ouvrages : *La nouvelle Héloïse*, l'*Emile* et le *Contrat social*.

Ces ouvrages, qui furent tout un évènement, contenaient des idées originales au milieu de paradoxes insensés. Le parlement de Paris, qui venait d'expulser les jésuites, voulant faire preuve d'impartialité, obligea Rousseau à quitter la France et à demander asile à sa patrie. Genève le repoussa ; la ville de Berne ne fut pas plus hospitalière. Il vint s'établir à Motiers-Travers, dans la principauté de Neufchâtel, qui appartenait à Frédéric II ; mais la population, ameutée par des fanatiques, l'accueillit à coups de pierres. N'ayant plus de musique à copier, il se mit à faire des lacets. C'est dans cette solitude, qu'il apprit que l'*Emile*, dénoncé au parlement de Paris par la Sorbonne et l'archevêque Beaumont, venait d'être condamné à être lacéré et brûlé par la main du bourreau, comme contenant des principes anti-religieux. Rousseau se hâta de répondre par ses *Lettres de la montagne*, où il attaque les doctrines capitales du christianisme, et par sa

Lettre à M. de Beaumont, chef-d'œuvre de dialectique, d'éloquence et de sophisme.

Les persécutions, les vexations dont il fut l'objet à Motiers, le firent tomber dans une noire mélancolie. Il arriva à se figurer qu'un immense complot avait été formé contre lui, que ses ennemis épiaient ses moindres mouvements et multipliaient les piéges sous ses pas. Il quitta Motiers et vint s'établir au milieu du lac de Bienne, dans la petite île de Saint-Pierre, qu'il a immortalisée par la délicieuse peinture qu'il en a faite ; mais à peine y était-il installé, qu'il reçut l'ordre de quitter le territoire dans les vingt-quatre heures.

Une lettre de l'historien anglais Hume vint à propos l'inviter à chercher un asile en Angleterre. Rousseau accepta. Il reçut à Londres l'accueil le plus flatteur de la part du roi Georges III qui lui fit une pension. Mais il ne tarda pas à se brouiller avec Hume et ses amis anglais, comme il s'était brouillé avec Voltaire et tous les philosophes. Il se figura qu'il était non pas l'hôte, mais le prisonnier de Hume et prit la fuite précipitamment, quoique malade et presque sans ressources.

Pendant deux ans, il erra de gîte en gîte, toujours inquiété, soit par les autres, soit par lui-même, et traînant à sa suite cette Thérèse, la plus amère expiation que le ciel eût pu lui infliger. En 1770, il se hasarda, quoique décrété de prise de corps, à venir se fixer à Paris. Là, il habitait un misérable appartement et vivait de son industrie de copiste de musique. Sauvage et soupçonneux, il n'ouvrait sa porte qu'à de rares visiteurs parmi lesquels nous remarquons Bernardin de Saint-Pierre, qui nous a laissé une description fidèle de la vie de Rousseau durant cette dernière période. Il ne se retrouvait lui-même que dans les excursions solitaires qu'il faisait aux environs de Paris. Le silence, la paix des grands bois faisaient descendre un peu de calme dans cette âme malade, qui s'abandonnait alors à des rêveries mélancoliques dont nous savourons encore le charme dans les *Promenades d'un solitaire* et dans les *Confessions*.

En 1778, M. de Girardin, un de ses admirateurs, lui offrit un asile dans sa terre d'Ermenonville, près de Senlis. C'est là que le philosophe mourut subitement deux mois seulement après Voltaire. Des biographes ont laissé entendre que Rousseau avait péri de sa propre main. Il avait soixante-six ans. Il fut enterré dans une île située au milieu du parc d'Ermenonville. En 1794, la Convention fit transporter son corps à Paris et le déposa, à côté de celui de Voltaire, dans les caveaux du Panthéon. En 1815, lors de l'invasion, les alliés exemptèrent Ermenonville de toute taxe; peu après, des mains françaises violaient la sépulture du Panthéon et jetaient à la voirie les restes de Voltaire et de Rousseau.

Principaux écrits de Jean-Jacques Rousseau

Lettre à d'Alembert sur les spectacles (1758). — Cette lettre, qui a l'étendue d'un petit volume, rompit les relations de Rousseau avec les Encyclopédistes. Elle fut provoquée par l'article *Genève*, inséré par d'Alembert dans l'*Encyclopédie*. Dans cet article, le philosophe conseillait aux Genevois d'établir un théâtre dans leur ville dans l'intérêt même des mœurs. Le théâtre était considéré alors comme une école de moralité d'où l'on pouvait répandre des doctrines qui devaient régénérer la société. Rousseau combattit cette idée avec une éloquence passionnée mais excessive; il attaqua le théâtre comme il avait attaqué les lettres, les arts et la société; au lieu de distinguer les bonnes et les mauvaises pièces, il les proscrivit toutes et flétrit le théâtre comme une école de corruption. Il prétendit voir, par exemple, dans le *Misanthrope*, la caricature de la vertu; dans l'*Avare*, une atteinte portée au caractère paternel. Voltaire et d'Alembert répliquèrent, mais l'attaque est restée plus célèbre que la réplique.

La nouvelle Héloïse (1760). — C'est un roman écrit sous forme de lettres et dont le sujet rappelle les amours d'Héloïse et d'Abélard. Rousseau s'est jugé lui-même sur la valeur morale de cette monstrueuse production. « Ce livre, dit-il dans la préface, n'est point fait pour circuler dans le monde, il convient à très peu de lecteurs. Toute fille qui aura lu une page de ce livre est une fille perdue... » L'auteur a placé la scène de son roman à Clarens, petite ville située sur le lac de Genève ; ce lieu lui a fourni l'occasion de peindre plusieurs tableaux ravissants de la nature suisse. Ce qui assure à ce roman une longue durée, c'est moins l'intérêt de l'action que l'éclat du style et les épisodes qu'il renferme. « Dans ce livre, dit Vinet, chacun disserte et quelquefois ces dissertations, comme celles sur le suicide, sur le duel, sont des chefs-d'œuvre. Mais ni l'éclat du style, ni les admirables descriptions de la nature ne pourront jamais racheter l'immoralité de cet ouvrage qu'il est prudent et sage de ne jamais ouvrir, comme l'auteur lui-même d'ailleurs nous le conseille. »

Le Contrat social (1762). — Cet ouvrage est l'exposé des principes politiques de Rousseau. A l'époque où il vivait, on croyait généralement que la souveraineté vient de Dieu et que les peuples doivent obéissance au prince, au même titre que les enfants doivent respect et obéissance à leur père. Le philosophe renversa toutes ces idées. Selon lui, il est arrivé un moment où quelques individus se sont arrogé un droit illusoire sur le coin de terre qu'ils voulaient cultiver, et l'ont entouré d'une clôture : on prononça alors pour la première fois ce mot funeste : *Ceci est à moi*, source de toutes les guerres qui ont désolé depuis le genre humain. Cependant, comme les autres hommes étaient peu portés à respecter de telles prétentions, les nouveaux propriétaires songèrent à s'associer pour repousser leurs attaques et protéger leur bien. En vertu du *contrat* qu'ils firent alors ils répartirent entr'eux les fonctions et les charges de la défense commune ; de là les magistratures.

les impôts, les lois et tout l'attirail des sociétés. De ces prémisses découlent naturellement les conséquences suivantes : le peuple s'est lié volontairement par un contrat qu'il peut modifier quand il lui convient de le faire ; — les magistrats, de quelque rang qu'ils soient, depuis le monarque jusqu'au dernier agent de police, tiennent leurs pouvoirs du peuple, qui peut les leur ôter quand il le veut : en d'autres termes, le peuple est souverain (MENNECHET).

La souveraineté du peuple devient ainsi un droit imprescriptible. Mais ce principe, qui a l'air d'être démocratique, n'est au fond que le despotisme de tous substitué au despotisme d'un seul. Comme Rousseau le fait supérieur à tout, même aux notions absolues de justice et de morale que nous portons en nous, il devient une espèce d'absolutisme auquel tout doit se subordonner. Écoutons Rousseau lui-même :

« Il y a, dit-il, une profession de foi purement civile dont il appartient au souverain (le souverain, c'est le peuple) de fixer les articles, non pas précisément comme dogmes de religion, mais comme sentiment de sociabilité, sans lequel il est impossible d'être bon citoyen ni sujet fidèle. Sans pouvoir obliger personne à les croire, il peut bannir de l'État quiconque ne les croit pas. *Il peut le bannir,* non comme impie, mais comme insociable, comme incapable d'aimer sincèrement les lois, la justice, et d'immoler, au besoin, sa vie à son devoir. Que si quelqu'un après avoir reconnu publiquement ces mêmes dogmes, se conduit comme ne les croyant pas, *qu'il soit puni de mort.* Il a commis le plus grand des crimes, il a menti devant les lois. »

On ne tarda pas à tirer les conséquences de ces principes : le peuple, un jour, fit acte d'autorité et proclama les Droits de l'Homme, en 1791 ; il voulut ensuite se mettre au-dessus des lois divines et humaines et fit la Terreur. Loin de nous la pensée d'attribuer à J.-J. Rousseau la moindre prévision des crimes et des absurdités qu'allaient produire ses théories ; le tort qu'il eut est d'avoir oublié qu'au-dessus de la volonté humaine, il y a une volonté divine qui seule oblige et seule peut nous éclairer sur nos droits et nos devoirs. Il est aussi à regretter que tout en proclamant le principe vrai de la souveraineté populaire, il n'ait pas su poser les limites convenables à cette souveraineté.

L'Émile (1762). — Voici l'œuvre capitale de Rousseau, dans laquelle il a résumé toutes ses idées. Nous le retrouvons ici conséquent avec lui-même. Partant du faux principe que l'homme naît bon et que c'est la société qui le déprave, on comprend que l'éducation consiste pour lui à laisser l'enfant s'abandonner à ses instincts naturels, à le préserver soigneusement de tout contact avec la société qui ne pourrait exercer sur lui qu'une funeste influence. Il faudra donc l'élever à part, dans un état de séquestration aussi complète que possible et sous l'influence exclusive d'un précepteur chargé de présider à l'éclosion et à l'épanouissement de cette âme.

L'auteur suppose un enfant, nommé Émile, dont il raconte le développement progressif dès sa naissance jusqu'à vingt-cinq ans, âge auquel il le marie. Il insiste beaucoup sur les soins hygiéniques que réclament les premières années et impose aux mères le devoir de nourrir elles-mêmes leurs enfants, au lieu de les confier à des nourrices mercenaires. Il a opéré, sous ce rapport, une réforme utile.

Lorsque plus tard, les facultés et les sentiments s'éveillent, Rousseau veut qu'ils s'exercent librement, par l'expérience de l'enfant, sans conseils et sans directions. Mais, comme l'enfant ne peut tout apprendre par lui-même, son précepteur lui procure des occasions de s'instruire sans qu'il s'en doute. C'est ainsi qu'une promenade, où l'on prend soin de s'égarer, amène une leçon sur la manière de s'orienter ; un jardinier, mis dans le secret, disserte sur la propriété ; un charlatan aposté, donne à Émile une leçon de physique et de modestie. L'instituteur ne veut pas qu'on charge sa mémoire de choses qu'il ne comprend pas, telles que les *Fables* de La Fontaine ; il bannit tous les livres des mains de son élève et ne procède, pour l'instruire, que par questions et par réponses ; il lui fait *inventer* de cette manière les arts et les sciences au lieu de les lui enseigner.

Émile grandit et se développe jusqu'à l'âge de dix-huit ans, sans avoir encore entendu parler de Dieu. Pour faire naître cette idée dans son cœur, son précepteur le conduit un jour sur une haute montagne, en face des Alpes, au lever du soleil, et là, devant cette magnifique scène de la nature, il lui révèle l'existence de Dieu. Dans cette promenade matinale, Émile rencontre un pauvre vicaire savoyard qui lui expose sa profession de foi ; son symbole est simple : il croit en Dieu et en l'immortalité de l'âme. Cette profession de foi a le malheur d'être incomplète et de ne point accepter, comme base, la révélation chrétienne ; elle était néanmoins un acte de courage à une époque où les Encyclopédistes étaient en vogue et où l'on ne prêchait que l'athéisme et le matérialisme.

L'erreur fondamentale de l'*Émile*, c'est de croire l'enfant bon par nature ; l'Écriture sainte et l'expérience prouvent le contraire. Une autre grave erreur de Rousseau, consiste à ne commencer l'éducation religieuse que fort tard sous prétexte que les rapports de l'âme avec Dieu sont des abstractions hors de la portée des enfants. La Bible nous fait un devoir d'instruire le jeune enfant « dès l'entrée de sa voie. » « Souviens-toi de ton Créateur, dit-elle, dès les jours de ta jeunesse, » et l'expérience prouve que le cœur de l'enfant est accessible aux vérités religieuses, que celles-ci répondent même à des besoins réels et impérieux de sa jeune âme.

Au fond, Rousseau est plus dangereux que Voltaire et les Encyclopédistes. Ceux-ci révoltent promptement le sens moral, tandis que Rousseau, par son déisme affectueux et sentimental, trompe le sentiment religieux : il dénature la morale en substituant des sentiments vagues à l'idée positive du devoir.

PRINCIPAUX ÉCRITS DE JEAN-JACQUES ROUSSEAU

Confessions (1760). — Dans cet ouvrage, Rousseau nous raconte sa vie. « Je forme, dit-il en commençant, une entreprise qui n'eut jamais d'exemple et n'aura point d'imitateur. » Il oubliait, sans doute, saint Augustin. Mais on ne saurait songer à établir un parallèle entre l'œuvre du moraliste genevois et celle de l'évêque d'Hippone : le désaccord est trop frappant. Tandis que chez Augustin le pécheur se montre accablé sous le poids de ses péchés, Rousseau nous paraît comme infatué de lui-même, avouant ses fautes avec franchise, mais sans humilité. Au début même du livre, il semble jeter une espèce de défi plein d'orgueil à Dieu et à l'humanité :

« Que la trompette du jugement dernier sonne quand elle voudra : je viendrai, ce livre à la main, me présenter devant le souverain juge. Je dirai hautement : Voilà ce que j'ai fait, ce que j'ai pensé, ce que je fus ; j'ai dit le bien et le mal avec la même franchise. Je n'ai rien tû de mauvais, rien ajouté de bon ; et s'il m'est arrivé d'employer quelque ornement indifférent, ce n'a jamais été que pour remplir un vide occasionné par mon défaut de mémoire. J'ai pu supposer vrai ce que je savais avoir pu l'être, jamais ce que je savais être faux. Je me suis montré tel que je fus, méprisable et vil quand je l'ai été, bon, généreux, sublime quand je l'ai été. J'ai dévoilé mon intérieur tel que tu l'as vu toi-même, Être éternel. Rassemble autour de moi l'innombrable foule de mes semblables ; qu'ils écoutent mes confessions, qu'ils gémissent de mes indignités, qu'ils rougissent de mes misères. Que chacun découvre à son tour son cœur au pied de ton trône avec la même sincérité, et puis qu'un seul te dise, s'il l'ose : *Je fus meilleur que cet homme-là.* »

Les *Confessions* sont le monument du plus cynique orgueil, mais au point de vue du style, ce livre est admirable et marque un réel progrès dans l'art d'écrire. « On y découvre, dit Villemain, deux choses nouvelles : le sentiment de la nature vraie, prise sur le fait dans les champs, dans les bois ; et le pathétique familier, appliqué aux petits détails de la vie. »

LE NOYER

O vous, lecteurs curieux de la grande histoire de la terrasse, écoutez-en l'horrible tragédie, et vous abstenez de frémir, si vous pouvez :

Il y avait hors de la porte de la cour, une terrasse à gauche en entrant, sur laquelle on allait souvent s'asseoir l'après-midi, mais qui n'avait point d'ombre. Pour lui en donner, M. Lamberclor y fit planter un noyer. La plantation de cet arbre se fit avec solennité. Les deux pensionnaires en furent les parrains, et tandis qu'on comblait le creux, nous tenions l'arbre chacun d'une main, avec des chants de triomphe. On fit pour l'arroser une espèce de bassin tout autour du pied. Chaque jour, ardents spectateurs de cet arrosement, nous nous confirmions, mon cousin et moi, dans l'idée très naturelle qu'il était plus beau de planter un arbre sur la terrasse qu'un drapeau sur la brèche : et nous résolûmes de nous procurer cette gloire sans la partager avec qui que ce fût.

Pour cela, nous allâmes couper une bouture d'un jeune saule, et nous la plantâmes sur la terrasse à huit ou dix pieds de l'auguste noyer. Nous n'oubliâmes pas de faire aussi un creux autour de notre arbre. La difficulté était d'avoir de quoi le remplir ; car l'eau venait d'assez loin, et on ne nous laissait pas courir pour en aller prendre. Cependant il en fallait absolument pour notre saule. Nous employâmes toutes sortes de ruses pour lui en fournir durant quelques jours, et cela nous réussit si bien que nous le vîmes bourgeonner et pousser de petites feuilles dont nous mesurions l'accroissement d'heure en heure, persuadés, quoiqu'il ne fût pas à un pied de terre, qu'il ne tarderait pas à nous ombrager.

Comme notre arbre, nous occupant tout entiers, nous rendait incapables de toute application, de toute étude, que nous étions comme en délire, et que ne sachant à qui nous en avions, on nous tenait de plus court qu'auparavant, nous vîmes l'instant fatal où l'eau nous allait manquer, et nous nous désolions dans l'attente de voir notre arbre périr de sécheresse. Enfin la nécessité, mère de l'industrie, nous suggéra une invention pour garantir l'arbre et nous d'une mort certaine : ce fut de faire par-dessous terre, une rigole qui conduisît secrètement au saule une partie de l'eau dont on arrosait le noyer. Cette entreprise, exécutée avec ardeur, ne réussit pourtant pas d'abord. Nous avions si mal pris la pente que l'eau ne coulait point. La terre s'éboulait et bouchait la rigole ; l'entrée se remplissait d'ordures ; tout allait de travers. Rien ne nous rebuta. Nous creusâmes davantage la terre et notre bassin pour donner à l'eau son écoulement ; nous coupâmes des fonds de boîtes en petites planches étroites, dont les unes mises de plat à la file, et posées en angle des deux côtés sur celles-là, nous firent un canal triangulaire pour notre conduit.

Nous plantâmes à l'entrée de petits bouts de bois minces et à claire-voie qui, faisant une espèce de grillage ou de crapaudine retenait le limon et les pierres, sans boucher le passage à l'eau ; Nous recouvrîmes soigneusement notre ouvrage de terre bien foulée, et le jour où tout fut fait, nous attendîmes, dans des transes d'espérance et de crainte, l'heure de l'arrosement. Après des siècles d'attente, cette heure vint enfin ; M. Lambercier vint aussi, à son ordinaire, assister à l'opération, durant laquelle nous nous tenions tous deux derrière lui pour cacher notre arbre, auquel, très heureusement, il tournait le dos.

A peine achevait-on de verser le premier seau que nous commençâmes d'en voir couler dans notre bassin. A cet aspect la prudence nous abandonna, nous nous mîmes à pousser des cris de joie qui firent retourner M. Lambercier, et ce fut grand dommage, car il prenait grand plaisir à voir comment la terre du noyer était bonne et buvait avidement son eau. Frappé de la voir se partager entre deux bassins, il s'écrie à son tour, regarde, aperçoit la friponnerie, se fait brusquement apporter une pioche, donne un coup, fait voler deux ou trois éclats de nos planches, et criant à pleine tête : « un aqueduc ! un aqueduc ! » il frappe de toutes parts des coups impitoyables, dont chacun portait au milieu de nos cœurs. En un moment, les planches, le conduit, le bassin, le saule, tout fut détruit, tout fut labouré, sans qu'il y eût, durant cette expédition terrible, nul autre mot prononcé, sinon l'exclamation qu'il répétait sans cesse : « un aqueduc ! s'écriait-il, en brisant tout, un aqueduc ! un aqueduc ! »

On croira que l'aventure finit mal pour les petits architectes. On se trompera : tout fut fini. M. Lambercier ne nous dit pas un mot de reproche, ne nous fit pas plus mauvais visage, et ne nous en parla plus ; nous l'entendîmes même un peu après rire auprès de sa sœur à gorge déployée, car le rire de M. Lambercier s'entendait de loin ; et ce qu'il y eut de plus étonnant encore, c'est que, passé le premier saisissement, nous ne fûmes pas nous-mêmes fort affligés. Nous plantâmes ailleurs un autre arbre, et nous rappelions souvent la catastrophe du premier, en répétant entre nous avec emphase : un aqueduc ! un aqueduc !

Vauvenargues (1715-1747).

Les principaux moralistes du xviiie siècle furent Vauvenargues et Duclos.

Le marquis de Vauvenargues naquit à Aix en 1715, d'une famille noble. Destiné de bonne heure à l'état militaire, il négligea ses études classiques, peu utiles pour la carrière des armes. Son caractère timide et sa mauvaise santé ne tardèrent pas à le dégoûter de la vie des camps. Il débuta, à dix-huit ans, par une campagne en Italie, puis en Allemagne, pendant le rigoureux hiver de 1742 : c'est dans cette dernière campagne qu'il contracta la maladie qui devait le mener de bonne heure au tombeau. L'état de sa santé l'obligea à rentrer en France ; privé de fortune, il postula longtemps, mais en vain, auprès de Louis XV, une place de secrétaire d'ambassade ; découragé et blessé dans sa fierté, il allait accepter une position quelconque, lorsqu'il fut atteint de la petite vérole, et par suite entièrement défiguré. Il resta quelques semaines entre la vie et la mort et mourut à l'âge de trente-deux ans, sans avoir pu mettre la dernière main à d'importants ouvrages qu'il méditait.

Il avait publié, un an avant sa mort, une *Introduction à la connaissance de l'esprit humain* (1746). Cet ouvrage ne produisit d'abord aucune sensation, parce que l'auteur était ignoré et obscur ; mais lorsqu'il eut attiré l'attention des hommes de goût, il acquit une renommée justement méritée. C'est Voltaire qui se chargea de le faire connaître au public ; quoiqu'il eût vingt ans de plus que Vauvenargues, il était lié avec lui d'une étroite amitié, et lui portait une sorte de respect et de vénération que Vauvenargues méritait par la sagesse de sa vie et la candeur de ses écrits.

L'ouvrage qui a fait placer Vauvenargues au rang des moralistes du siècle, est connu sous le nom de *Maximes* (1746). Il y a, dans ce livre, quelque chose d'aimable qui plaît au premier abord, et qui nous fait estimer l'auteur; on sent que celui qui nous parle est un homme grave, qui connaît le cœur humain, et qui est rempli d'indulgence pour ses faiblesses. Nul n'a mieux prouvé, par son exemple, ce mot excellent qui lui appartient : *les grandes pensées viennent du cœur*; et si l'on ne peut toujours admirer en lui l'écrivain, on ne peut refuser à l'homme l'estime et la sympathie.

MAXIMES.

On ne peut être juste si l'on n'est humain.

Pour exécuter de grandes choses, il faut vivre comme si on ne devait jamais mourir.

Nous querellons les malheureux pour nous dispenser de les plaindre.

L'utilité de la vertu est si manifeste que les méchants la pratiquent par intérêt.

Les grandes pensées viennent du cœur.

La prospérité fait peu d'amis.

Les maximes des hommes décèlent leur cœur.

Le fruit du travail est le plus doux des plaisirs.

Il ne nous faut point juger les hommes par ce qu'ils ignorent, mais par ce qu'ils savent, et par la manière dont ils le savent.

L'adversité fait beaucoup de coupables et d'imprudents.

On promet beaucoup pour se dispenser de donner peu.

Ceux qui méprisent l'homme ne sont pas de grands hommes.

La nécessité de mourir est la plus amère des afflictions.

Duclos (1704-1772).

Duclos naquit à Dinan et habita tantôt Paris, tantôt sa ville natale, dont il était maire. Il possédait l'art heureux de ne déplaire à personne. J.-J. Rousseau disait de lui : « Il est droit et adroit. » Il sut se faire des amis parmi les philosophes, sans déplaire à la cour et au clergé. Sa prudence ne l'empêchait pas néanmoins de dire parfois des vérités avec une grande franchise. C'est le seul homme à qui Louis XV reconnût le droit de tout dire. L'ouvrage qui fit sa réputation, comme moraliste, est intitulé : *Considérations sur les Mœurs* (1751). Louis XV, après l'avoir lu, dit : « C'est l'ouvrage d'un honnête homme. »

Duclos avait pris pour modèle La Bruyère, mais il n'en a ni la variété, ni la solidité.

SENTENCES.

Une des premières vertus sociales est de tolérer dans les autres ce qu'on doit s'interdire à soi-même.

Les âmes sensibles ont plus d'existence que les autres.

L'orgueil fait faire autant de bassesses que l'intérêt.

Le peuple doit être le favori d'un roi.

La fierté du cœur est l'attribut des honnêtes gens ; la fierté des manières est celle des sots ; la fierté de naissance et du rang est souvent la fierté des dupes.

Montesquieu (1689-1755)

Charles de Secondat, baron de Montesquieu, naquit en 1689 au château de La Brède, près de Bordeaux. Destiné à la magistrature, il se livra de bonne heure à l'étude de la jurisprudence, tout en cultivant avec ardeur les lettres et les sciences. A vingt-cinq ans, il fut nommé conseiller au parlement de Bordeaux : deux ans après, il y devint président à mortier (1). A trente ans, il publiait un ouvrage qui fit une grande sensation : les *Lettres persanes* (1721). Ce livre est la critique mordante des mœurs relâchées de l'époque : l'Église, la royauté, la cour, la noblesse y sont attaquées avec une liberté de langage qui outrage souvent le bon goût et la décence, et qui contraste avec le carac-

---

(1) Ce nom est dérivé de l'espèce de bonnet de velours noir galonné d'or, en forme de mortier, que les présidents de parlement portaient aux jours de cérémonie, comme marque de leur dignité.

tère de Montesquieu. Il est vrai qu'il eut soin de garder l'anonyme. Dès que l'on sut que l'auteur était un magistrat, le succès du livre, déjà immense, ne fit que s'accroître ; il se vendit « comme du pain, » et les libraires allaient demandant à tous les écrivains de leur faire des *Lettres persanes*.

Ce succès autorisait Montesquieu à entrer à l'Académie, mais le cardinal Fleury, alors premier ministre, voulut lui en fermer les portes à cause de la témérité des attaques des *Lettres persanes*. Montesquieu prit un tour adroit pour mettre le ministre dans ses intérêts : il fit faire, en peu de jours, une nouvelle édition de son ouvrage dans laquelle il retrancha ou adoucit ce qui pouvait être condamné ; il la porta lui-même au cardinal, et entra à l'Académie.

Après sa réception, Montesquieu comprenant que la gravité de sa place au parlement contrastait étrangement avec la légèreté de ses ouvrages, vendit sa charge et se mit à voyager pour étudier les lois et les mœurs des peuples. Il se rendit d'abord à Vienne, à la cour du prince Eugène qui lui fit un aimable accueil. En Hongrie, il trouva encore debout le vieux système féodal ; à Venise, il rencontra l'Ecossais Law, qu'il avait tant raillé dans ses *Lettres persanes* ; à Rome, il fut présenté au pape Benoît XIV. On raconte que lorsqu'il prit congé du pape, celui-ci comme souvenir d'amitié, lui donna la permission de faire gras toute sa vie, lui et sa famille. Montesquieu, flatté de cette faveur, alla prendre la bulle de dispense, mais quand il vit la note un peu élevée des droits à payer, il rendit la bulle au secrétaire. « Monseigneur, lui dit-il, je remercie sa Sainteté de sa bienveillance ; mais le pape est un si honnête homme ! je m'en rapporte à sa parole. »

Il descendit ensuite le Rhin et visita la Hollande. A La Haye, il rencontra lord Chesterfield, l'un des hommes les plus éminents de l'Angleterre ; celui-ci le conduisit à Londres et le présenta à la reine, dont il gagna les faveurs par une adroite flatterie. Un jour, il avait pris le parti de l'Angleterre dans une discusion avec l'envoyé de France, qui prétendait que ce royaume n'est pas plus grand que la Guyenne. « Je sais, lui dit la reine, que vous nous avez défendus contre votre envoyé. — Madame, répondit-il, je n'ai pu m'imaginer qu'un pays où vous régnez ne fût pas un grand pays. » Il mit à profit son séjour en Angleterre, pour en étudier profondément la constitution.

Après quatre ans de voyages, Montesquieu revint en France, apportant avec lui une riche moisson d'observations et de nombreux matériaux pour les grands ouvrages qu'il méditait. Il s'ensevelit de nouveau dans sa solitude de la Brède, et après deux ans de méditations, il publia les *Considérations sur les causes de la grandeur et de la décadence des Romains* (1734). Ce volume, qui ne contient pas plus de 200 pages, est un admirable résumé de l'histoire politique de Rome. Bossuet, dans son *Histoire universelle*, avait étudié la même question, mais en se plaçant à un point de vue religieux et moral; Montesquieu l'envisage à un point de vue politique; il fait pénétrer les lecteurs dans les détails de la vie romaine; il leur montre le mécanisme et le jeu des institutions, leur explique la politique du sénat, et tire de cet examen des conclusions brèves et fortes.

Montesquieu travailla vingt ans à un autre grand ouvrage, intitulé l'*Esprit des Lois* (1748).

Cet écrivain mérite notre admiration, non-seulement par la beauté de ses écrits, mais aussi par la noblesse de son caractère. Il était affable, prévenant, modeste, sans suffisance ni prétention, ne faisant jamais sentir aux autres la supériorité de son génie. Enfermé dans sa solitude de La Brède, il était heureux de vivre au milieu de ses livres et de quelques amis. « Je n'ai point de chagrin, disait-il, qu'une heure de lecture ne dissipe. » « Je suis amoureux de l'amitié, ajoutait-il. » On cite de lui plusieurs traits de générosité.

Un jour, il reçoit, d'un artiste dans la misère, un billet

ainsi conçu : « J'ai envie de me pendre ; mais je crois cependant que je ne me pendrais pas si j'avais cent écus. » Montesquieu lui répond aussitôt : « Je vous envoie cent écus ; ne vous pendez pas et venez me voir. »

Une autre fois, à Marseille, se promenant sur le port, il entre dans une barque pour faire une promenade dans la rade. Frappé de la maladresse du matelot, il l'interroge : le batelier répond en rougissant qu'il est joaillier de son état, et qu'il loue, le dimanche et les jours de fête, ce bateau pour gagner quelque argent : son père a été fait prisonnier par des corsaires et est esclave à Tétouan ; c'est pour gagner le prix de sa rançon que sa mère, ses deux sœurs et lui travaillent jour et nuit. Montesquieu, touché jusqu'aux larmes, s'informe du nom du père et de celui du maître à qui il appartient ; il se fait descendre à terre et, jetant sa bourse au jeune homme : « Voilà, lui dit-il, quinze louis pour qu'à l'avenir vous n'exposiez plus votre vie et celle des autres. » Puis il s'éloigne, sans laisser au jeune homme le temps de le remercier. Deux mois après, le père était rendu à sa famille et racontait qu'un libérateur inconnu l'avait racheté et lui avait même fait parvenir une somme de cinquante livres. On n'aurait jamais connu ce sauveur si, parmi les papiers de Montesquieu, on n'eût trouvé, après sa mort, une note, écrite de sa main, indiquant l'envoi d'une somme de sept mille cinq cents francs à un banquier anglais de Cadix, pour la délivrance d'un nommé Robert, esclave à Tétouan.

Montesquieu mourut à Paris en 1755, à l'âge de soixante-six ans, d'une maladie inflammatoire. On dit que les jésuites assiégèrent son lit de mort pour lui faire rétracter les passages irréligieux des *Lettres persanes* ou les déclarations trop libérales de ses autres ouvrages. Montesquieu s'y refusa constamment. « J'ai toujours respecté la religion, dit-il ; la morale de l'Évangile est le plus beau présent que Dieu ait fait à l'homme. » Lorsque le curé de Saint-Sulpice, en lui donnant la communion, lui dit : « Vous comprenez combien Dieu est grand!... — Oui, Monsieur, et combien les hommes sont petits! »

Chefs-d'œuvre de Montesquieu

Lettres persanes (1721). — L'auteur s'est proposé de présenter un tableau vif et saisissant de l'Europe et surtout de la France au XVIIIe siècle. Il suppose que deux seigneurs persans, Usbek et Rica, voyagent en France, et rendent compte à leurs amis de Perse de tout ce qu'ils y ont remarqué. Ces prétendus voyageurs raillent nos usages, nos mœurs, nos lois, les abus du gouvernement et de la société et même la religion chrétienne dont ils parlent avec une irrévérence toute musulmane. Il est difficile de se moquer avec plus d'esprit des ridicules et des vices d'une nation. Voici ce qu'écrit l'un d'eux sur la curiosité des badauds de Paris.

« Les habitants de Paris sont d'une curiosité qui va jusqu'à l'extravagance. Lorsque j'arrivai, je fus regardé comme si j'avais été envoyé du ciel; vieillards, hommes, femmes, enfants, tous voulaient me voir. Si je sortais, tout le monde se mettait aux fenêtres : si j'étais aux Tuileries, je voyais aussitôt un cercle se former autour de moi. Je souriais quelquefois d'entendre des gens qui n'étaient presque jamais sortis de leur chambre qui disaient entre eux : *Il faut avouer qu'il a l'air bien Persan...* Je résolus de quitter l'habit persan et d'en endosser un à l'Européenne. Je tombai tout à coup dans un néant affreux... Mais si quelqu'un disait par hasard que j'étais persan, j'entendais aussitôt autour de moi un bourdonnement : « Ah! Ah! monsieur est Persan! C'est une chose bien extraordinaire! Comment peut-on être Persan. »

Nos Persans passent en revue tous les individus de la société. Ils commencent par le roi, puis viennent les courtisans, les grands seigneurs, les fermiers généraux, les magistrats ignorants, les auteurs sans talent, etc. On ne saurait trop regretter que, dans la peinture des mœurs de son époque, Montesquieu n'ait pas gardé plus de réserve et qu'il se soit laissé emporter loin du goût et de la décence. Mais s'il faut voiler la moitié des *Lettres persanes*, on doit dire que l'autre moitié est digne de l'auteur de l'*Esprit des lois*.

Considérations sur les causes de la grandeur et de la décadence des Romains (1734). — Dans ce volume de deux cents pages, Montesquieu résume l'histoire politique du plus grand peuple de l'antiquité. Le premier, il nous a montré les Romains arrivant à l'empire de l'univers par l'égalité qui se trouve au berceau de leur histoire ; — par l'amour de la patrie et de la liberté ; — par la sévérité de la discipline militaire ; — par cette force d'âme qui, dans le malheur, ne désespéra jamais de la République ; — par le principe de ne jamais faire la paix qu'après des victoires ; — par le soin de s'approprier ce qu'ils trouvaient de bon chez les peuples étrangers ; — par cette politique habile qui laissait aux vaincus leurs dieux et leurs coutumes, qui évitait d'avoir deux puissants ennemis sur les bras, et qui souffrait tout de l'un jusqu'à ce qu'ils eussent anéanti l'autre.

Les causes de la décadence et de la chute de Rome sont : — l'agrandissement même de l'État qui changea en guerres civiles les tumultes populaires ; — les guerres éloignées, qui, forçant les citoyens à une longue absence, leur faisaient perdre insensiblement l'esprit républicain ; — le droit de bourgeoisie accordé à une foule de peuples ; — la corruption introduite par le luxe de l'Asie ; les proscriptions de Sylla, qui avilirent l'esprit de la nation et la préparèrent à l'esclavage ; la longue suite de mauvais princes assis sur le trône impérial ; — enfin le partage de l'empire, qui périt d'abord en Occident par l'invasion des barbares germains, et qui, après avoir langui dix siècles en Orient, se vit réduit aux faubourgs de Constantinople.

Ce livre est l'œuvre la plus complète du grand écrivain. Chaque page est un modèle de raison et de logique, un monument du grand art de composer et d'écrire. Le style est mâle, nerveux et concis. On peut regretter que l'idée de la Providence soit absente de ces *Considérations*.

Esprit des Lois (1748). — C'est un résumé des lois de tous les peuples. « Je n'écris point, dit l'auteur, pour censurer ce qui est établi dans quelque pays que ce soit ; chaque nation trouvera ici les raisons de ses maximes. Si je pouvais faire en sorte que tout le monde ait de nouvelles raisons pour aimer ses devoirs, son prince, sa patrie, ses lois ; qu'on pût mieux sentir son bonheur dans chaque pays, dans chaque gouvernement, dans chaque poste où l'on se trouve, je me croirais le plus heureux des mortels. »

Dans cet ouvrage, qui a exercé sur son siècle une si grande influence, Montesquieu rend un grand hommage au christianisme, source de toute vraie félicité dans ce monde et dans l'autre. « Chose admirable, dit-il, la religion chrétienne, qui semble n'avoir d'objet que la félicité de l'autre vie, fait encore notre bonheur dans celle-ci. » Il flétrit avec une admirable éloquence le fanatisme, l'intolérance et les crimes de l'inquisition. — En fait de gouvernement, il accepte tous les régimes. « Le gouvernement le plus conforme à la nature est celui qui se rapporte le mieux à la disposition du peuple pour lequel il est établi. » Mais il ne cache pas que celui qui lui inspire le plus de sympathie est le gouvernement de l'Angleterre. Il avait assez séjourné dans ce pays pour en apprécier l'admirable constitution, qu'il a le premier fait comprendre à l'Europe et qu'il a fait envier.

Le livre de l'*Esprit des Lois* a donné lieu à bien des critiques. « Peu de livres, nous dit M. Villemain, ont été plus contredits que l'*Esprit des Lois*, pour l'ensemble et pour les détails. On y a relevé des divisions arbitraires, de fausses conséquences de faits. Et cependant, malgré ces attaques, le monument n'a rien perdu de son prix et subsiste tout entier. C'est qu'il a le mérite d'être surtout historique ; c'est que les vues générales en sont vives et justes, et qu'il n'a guère que des erreurs partielles ; ce qui, dans les ouvrages de génie, ne compte pas plus que les fractions dans un grand calcul. »

On a critiqué la forme de ce livre, que l'on trouve trop spirituel pour des matières si graves. On cite de Mme Du Deffant un mot qui fit fortune : « Ce n'est pas l'esprit des lois, dit-elle, mais de l'esprit sur les lois. » Il y a, en effet, infiniment d'esprit, quelquefois même de la recherche dans le style, mais cela ne doit pas nous empêcher d'admirer la profonde science, les idées neuves, le génie et l'éloquence qui y dominent. Montesquieu occupe, avec Racine, la première place parmi nos grands écrivains ; son style est, comme son sujet, grand et noble ; il est de plus, concis, énergique, précis, souvent fin et plein de grâce

SENTENCES DÉTACHÉES

Quand on court après l'esprit on attrape la sottise.

Une belle action est celle qui a de la bonté, et qui demande de la force pour la faire.

La raillerie est un discours en faveur de son esprit contre son bon naturel.

Une injustice faite à un seul est une menace faite à tous.

Chose admirable, la religion chrétienne, qui ne semble avoir d'objet que la félicité de l'autre vie, fait encore notre bonheur dans celle-ci.

Aimer à lire, c'est faire un échange des heures d'ennui que l'on doit avoir en sa vie, contre des heures délicieuses.

Buffon (1707-1788)

Georges-Louis Leclerc, comte de Buffon, naquit au château de Montbart, en Bourgogne. Son père, conseiller au parlement de Dijon, le destinait à la magistrature : il ne montra pas, dans son enfance, des aptitudes particulières pour les sciences naturelles et ne laissa pas deviner sa vocation future. Vers la fin de ses classes, Buffon fit, avec un de ses amis, un voyage en Italie et en Angleterre. C'est le seul qu'il ait fait dans sa vie. De retour en France, il partagea son temps entre le travail et les plaisirs. Sa jeunesse fut dissipée ; mais, malgré les longues veilles des soupers et du jeu, il se levait à la même heure et ne changeait rien à ses habitudes laborieuses. Il travaillait quatorze heures par jour. Son domestique le réveillait à cinq heures, et avait ordre d'user, au besoin, de violence. Le même serviteur s'est acquitté de cet office pendant soixante années, sans jamais user des moyens extrêmes Buffon lui attribuait, plus tard, un grand nombre de ses ouvrages. « Je dois à Joseph, disait-il, au moins dix à douze volumes de mes œuvres. » Cette persévérance au travail peut seule expliquer les œuvres nombreuses du philosophe, la perfection de son style et sa définition du génie, qu'il appelait une *longue patience*. Ajoutons que Buffon avait le travail difficile ; souvent il passait une matinée entière à tourner une phrase et à chercher la seule expression qui pût rendre sa pensée. De là la pureté et l'harmonie de son style. On dit que le manuscrit des *Études de la Nature* fut recopié jusqu'à onze fois.

Les travaux scientifiques de Buffon lui ouvrirent, à vingt-six ans, les portes de l'Académie des sciences ; cependant rien, dans ces premiers essais, ne faisait présager le grand naturaliste et le grand écrivain. Ce fut une faveur de cour qui éveilla son génie. Nommé, à trente-trois ans, intendant du jardin du roi, il voulut devenir naturaliste pour s'acquitter consciencieusement de ses fonctions. Il se mit donc à l'œuvre avec ardeur, étudiant d'abord les plantes, les animaux, les minéraux dont il avait sous les yeux une si riche collection ; puis l'homme, la terre, enfin la nature entière.

Après dix ans de recherches et de méditations, il publia les trois premiers volumes de son *Histoire naturelle*. Cet ouvrage obtint, dès son apparition, un immense succès : un grand naturaliste et un grand écrivain venaient de se révéler à la France. Buffon mit quarante ans à écrire les trente-trois autres volume, sans pouvoir achever son œuvre. Il s'adjoignit comme collaborateurs, le savant *Daubenton*, l'abbé *Bexon* et *Gueneau de Monbéliard*. Daubenton était chargé spécialement d'étudier les questions d'anatomie et de disséquer les animaux, il soumettait ensuite ses expériences et ses recherches à Buffon, qui n'avait qu'à revêtir ces données générales de son magnifique style. Cette coopération, il faut bien le dire, fut mal reconnue par le maître, qui s'appropria toute la gloire et laissa dans l'ombre ses savants collaborateurs.

Les volumes sur l'*Histoire naturelle* furent accueillis avec un enthousiasme extraordinaire ; tout le monde, même les courtisans et les dames, prirent goût à une science qu'on venait de mettre à leur portée dans un livre si attrayant et si clair. Le grand mérite de Buffon est, en effet, tout entier dans son talent d'écrivain ; il semble que l'on voit, que l'on touche tout ce qu'il décrit.

Les premiers volumes de l'*Histoire naturelle* lui ouvrirent les portes de l'Académie française. En y entrant, il prononça un magnifique discours sur *le Style* dans lequel il donne d'excellents conseils sur l'art d'écrire, et il a le mérite de joindre l'exemple au précepte. C'est lui qui a dit ce mot célèbre et si souvent cité : « Le style, c'est l'homme. »

Ce mot était surtout vrai pour lui. Le style de Buffon emprunte sa pompe, son élévation et sa noblesse, au caractère, aux goûts naturels de l'écrivain. Les contemporains nous le montrent dans son château de Montbart, s'enfermant dès le point du jour dans son cabinet de travail, en grande toilette, en manchettes de dentelles, la perruque poudrée avec soin et l'épée au côté ; il ne pouvait travailler, disait-il, que « lorsqu'il se sentait propre et bien arrangé. » Dans ce cabinet, qui n'avait d'autre ornement qu'un portrait de Newton, il passait de longues heures à méditer ses belles périodes, corrigeant vingt fois, lisant tout haut pour s'assurer par lui-même de la chute harmonieuse de ses phrases. Le dimanche, il se rendait à l'église, accompagné d'un capucin, son confesseur et son intendant, et, marchant la tête haute, au milieu de tous ses vassaux, il s'asseyait avec pompe dans son banc seigneurial et recevait l'encens, l'eau bénite et les autres honneurs dûs à son rang. Dans ce grand seigneur, aux nobles manières, on devine déjà l'écrivain un peu trop solennel. La pompe habituelle et la monotonie du style de Buffon faisaient dire à Voltaire que son *Histoire naturelle* n'était pas si *naturelle*.

On lui a aussi reproché de manquer de sensibilité. « Buffon surprend par son style, a dit Chateaubriand, mais rarement il attendrit. Lisez l'admirable article du chien ; tous les chiens y sont... Qu'y manque-t-il ? Le chien de l'aveugle. Et c'est celui-là dont se fût d'abord souvenu un chrétien. » En lisant Buffon, on sent, en effet, qu'il appartient encore à l'Encyclopédie. Le nom de Dieu se trouve quelquefois dans ses ouvrages, mais rarement la pensée de Dieu ; il a même l'air de vouloir tout expliquer par la puissance de la nature et se passer d'un Dieu personnel.

Malgré son absence de foi positive, Buffon garda toujours une grande réserve vis-à-vis des philosophes, ses contemporains ; il eut soin de ne pas se compromettre avec Voltaire, Helvétius et les autres ; non qu'il désapprouvât leur système, car il partageait les erreurs de Condillac, mais parce qu'il craignait d'attirer sur lui la colère du roi et des prêtres.

A l'âge de soixante-sept ans, il publia les *Époques de la Nature*, le mieux écrit de ses ouvrages, quoiqu'on puisse lui reprocher le défaut de sensibilité que nous venons de signaler.

Buffon eut, comme beaucoup d'hommes éminents, de grandes faiblesses d'esprit. Il était plus convaincu que personne de la supériorité de son génie. Son fils, lui ayant élevé, dans le parc de Montbart, une petite colonne avec une inscription : « Mon fils, lui dit-il tout attendri, cela vous fera honneur. »

On raconte que Rousseau alla visiter Montbart ; arrivé au pavillon où Buffon avait composé son *Histoire naturelle*, il se mit à genoux et baisa le seuil de la porte. Quelque temps après, un autre visiteur, interrogeant Buffon sur cette circonstance : « Oui, répondit celui-ci naturellement, Rousseau y fit hommage. » Un autre jour, on lui demandait combien il comptait de grands hommes : « Cinq, répondit-il : Newton, Bacon, Leibnitz, Montesquieu et moi. »

Il faut dire, pour excuser cette vanité excessive, que peu d'écrivains excitèrent plus que lui l'admiration universelle. De son vivant, on lui éleva une statue à l'entrée du Muséum d'histoire naturelle, avec cette inscription : « *Génie égal à la majesté de la Nature.* » — Pendant la guerre d'Amérique, des corsaires anglais ayant capturé un vaisseau où se trouvaient des caisses à son adresse, ils les lui envoyèrent intactes à Paris. — Les souverains de l'Europe l'honorèrent de leur visite ou de riches présents.

Buffon mourut à l'âge de quatre-vingt-un ans, un an avant la convocation des états-généraux. On lui fit de magnifiques funérailles. Il laissa un fils qui périt à vingt-neuf ans, victime de la Révolution. Ce jeune homme monta sur l'échafaud avec courage, et avant de mourir prononça ces simples paroles : « Citoyens, je me nomme Buffon. » Ce nom aurait dû le sauver.

Chefs-d'œuvre de Buffon

Histoire naturelle (1749). — Les trois premiers volumes parurent un an après la publication de l'*Esprit des lois* et Buffon mit quarante ans à compléter cet ouvrage. Avant de parler de l'homme et des animaux, le célèbre naturaliste explique à sa manière la formation de la terre et supplée par l'imagination à l'absence de données scientifiques. Il suppose qu'une comète a heurté le soleil ; qu'elle en a fait jaillir des éclats enflammés qui ont formé les planètes et la terre que nous habitons ; que la terre a été pendant trente-sept mille ans à l'état incandescent ; qu'en se refroidissant, elle a attiré les vapeurs rejetées d'abord de sa surface et qu'ainsi se sont formées les mers, qui, à leur tour, ont produit les montagnes et les vallées ; qu'au bout de vingt-cinq mille ans, elle a commencé à jouir d'une chaleur plus tempérée sous les pôles qui ont été habités les premiers par les plus grands animaux.

Buffon ne se contente pas de deviner le passé, il prétend aussi deviner l'avenir. Il prédit que la terre continuera toujours à se refroidir, que dans quatre-vingt-treize mille ans la vie n'y sera plus possible et qu'elle verra périr et s'éteindre tous ses habitants.

Dans cette magnifique rêverie sur la création, il y a des découvertes pressenties par le génie. Ainsi, la science admet aujourd'hui comme des vérités, la fluidité primitive du globe et sa chaleur centrale. Il est également prouvé qu'au-dessous d'une profondeur moyenne la chaleur de la terre augmente en descendant et que le centre du globe est, par conséquent, à une température excessivement élevée. — Mais, à côté de ces découvertes, il y a, dans le système de Buffon, des erreurs grossières. Il se trompe, par exemple, sur le refroidissement progressif du globe dont il attribue la chaleur plus au feu intérieur qu'au soleil. La chaleur intérieure ne se fait point sentir à la surface du sol ; elle aurait beau s'éteindre tout à fait, la température extérieure, due exclusivement au soleil, ne changerait pas sur la terre. — Il se trompe aussi, quand il prétend que le nord a été d'abord le seul point habitable. Ce qui prouve le contraire, c'est que les éléphants, découverts sous les glaces de la Sibérie, s'y trouvent entiers, revêtus de leur chair et de leur peau. Ces grands animaux ont donc péri par une catastrophe soudaine, par un refroidissement subit et non progressif. — Buffon se trompe encore sur la formation des montagnes, qui est due, non pas à la mer, comme il le prétend, mais au feu intérieur de la terre.

Après avoir exposé sa théorie sur la formation et les révolutions du globe, et décrit l'homme qui en est le roi, le grand naturaliste passe à la peinture des animaux. C'est là que son style atteint un degré d'élégance, de noblesse, de richesse, de pompe et de magnificence qu'on n'a pas surpassé dans notre langue. On a mille fois loué la description du chien, du cheval, de l'écureuil, de l'éléphant, du lion, du cygne, et de bien d'autres (1).

LE CHEVAL.

La plus noble conquête que l'homme ait jamais faite est celle de ce fier et fougueux animal qui partage avec lui les fatigues de la guerre et la gloire des combats : aussi intrépide que son maître, le cheval voit le péril et l'affronte ; il se fait au bruit des armes, il l'aime, il le cherche, et s'anime de la même ardeur. Il partage aussi ses plaisirs : à la chasse, aux tournois, à la course, il brille, il étincelle. Mais, docile autant que courageux, il ne se laisse point emporter à son feu, il sait réprimer ses mouvements : non-seulement il fléchit sous la main de celui qui le guide, mais il semble consulter ses désirs ; et, obéissant toujours aux impressions qu'il en reçoit, il se précipite, se modère où s'arrête, et n'agit que pour y satisfaire. C'est une créature qui renonce à son être pour n'exister que par la volonté d'un autre, qui sait même la prévenir, qui, par la promptitude et la précision de ses mouvements, l'exprime et l'exécute ; qui sent autant qu'on le désire, et ne rend qu'autant qu'on veut ; qui, se livrant sans réserve, ne se refuse à rien, sert de toutes ses forces, s'excède, et même meurt pour mieux obéir.

L'OISEAU-MOUCHE

De tous les êtres animés, voici le plus élégant pour la forme et le plus brillant pour les couleurs ; les pierres et les métaux polis par notre art ne sont pas comparables à ce bijou de la nature ;

---

(1) Antonin Roche, *Histoire des principaux écrivains français.*

elle l'a placé, dans l'ordre des oiseaux, au dernier degré de l'échelle de grandeur. Son chef-d'œuvre est le petit oiseau-mouche ; elle l'a comblé de tous les dons qu'elle n'a fait que partager aux autres oiseaux. Légèreté, rapidité, prestesse, grâce et riche parure, tout appartient à ce petit favori. L'émeraude, le rubis, la topaze brillent sur ses habits ; il ne les souille jamais de la poussière de la terre, et, dans sa vie tout aérienne, on le voit à peine toucher le gazon par instants : il est toujours en l'air, volant de fleurs en fleurs ; il a leur fraîcheur comme il a leur éclat ; il vit de leur nectar, et n'habite que les climats où sans cesse elles se renouvellent.

C'est dans les contrées les plus chaudes du nouveau monde que se trouvent toutes les espèces-mouches. Elles sont assez nombreuses, et paraissent confinées entre les deux tropiques ; car ceux qui s'avancent en été dans les zones tempérées n'y font qu'un court séjour : ils semblent suivre le soleil, s'avancer, se retirer avec lui, et voler sur l'aile des zéphyrs à la suite d'un printemps éternel.

Rien n'égale la vivacité de ces petits oiseaux, si ce n'est leur courage, ou plutôt leur audace : on les voit poursuivre avec furie des oiseaux vingt fois plus gros qu'eux, s'attacher à leur corps, et, se laissant emporter par leur vol, les becqueter à coups redoublés, jusqu'à ce qu'ils aient assouvi leur petite colère. Quelquefois même ils se livrent entre eux de très vifs combats. L'impression paraît être leur âme : s'ils s'approchent d'une fleur et qu'ils la trouvent fanée, ils lui arrachent les pétales avec une précipitation qui marque leur dépit. Ils n'ont point d'autre voix qu'un petit cri, *screp, screp,* fréquent et répété ; ils le font entendre dans les bois dès l'aurore, jusqu'à ce qu'aux premiers rayons du soleil tous prennent l'essor et se dispersent dans les campagnes.

Discours sur le Style (1753). — Ce discours, prononcé par Buffon à sa réception à l'Académie, renferme d'admirables préceptes sur l'art d'écrire. Peut-être pourrait-on dire que, malgré les beautés supérieures qu'il renferme, il ne réalise pas cependant ce qu'un pareil sujet semble promettre. « Ce n'est pas, dit l'abbé Maury, la confidence d'un talent supérieur qui révèle son secret ; et, après l'avoir lu, je regrette, dans mon ignorance, de ne pas me trouver mieux instruit de ma route, par le récit d'un tel voyageur qui m'éblouit de sa magnificence. C'est l'hymne d'un génie qui raconte ses jouissances et exalte sa gloire, mais qui oublie de nous donner la méthode précise et lumineuse d'assortir son élocution à son sujet, de donner de la couleur, de l'intérêt, de l'élan, de la variété à son langage, etc. »

Dès le début, Buffon parle de l'éloquence et prétend qu'elle ne se trouve pas dans cette faculté naturelle de parler, et dans cette puissance de sentir qui communique aux autres les impressions dont on est animé. Or, est-ce là l'idée complète de l'éloquence telle que la concevait Cicéron et Démosthènes ? Il conclut de là que *le style n'est que l'ordre et le mouvement qu'on met dans ses pensées;* définition incomplète qui ne tient compte ni des sentiments ni des images.

Buffon insiste sur la nécessité du plan dans le discours et sur celle de posséder nettement son sujet avant de prendre la plume; il donne d'excellents préceptes sur l'ordre, la liaison des idées et le choix des mots. Il résume ainsi ses idées sur le style : « Bien écrire, dit-il, c'est tout à la fois bien penser, bien sentir et bien rendre; c'est avoir en même temps de l'esprit, de l'âme et du goût. Le style suppose la réunion et l'exercice de toutes les facultés intellectuelles : les idées seules forment le fonds du style; l'harmonie des paroles n'en est que l'accessoire, et ne dépend que de la sensibilité des organes.

« Les ouvrages bien écrits sont les seuls qui passeront à la postérité. La quantité des connaissances, la singularité des faits, la nouveauté même des découvertes ne sont pas des sûrs garants de l'immortalité : si les ouvrages qui les contiennent ne roulent que sur de petits objets; s'ils sont écrits sans goût, sans noblesse et sans génie, ils périront, parce que les conséquences, les faits et les découvertes s'enlèvent aisément, et gagnent même à être mis en œuvre par des mains plus habiles. Ces choses sont hors de l'homme ; le style est l'homme même. »

Bernardin de Saint-Pierre (1737-1814).

Le nom de Bernardin de Saint-Pierre mérite de figurer à côté de celui de Buffon. Tous deux se sont appliqués à peindre la nature, à raconter ses merveilles, et l'ont fait dans un style qui les élève au rang de nos plus grands écrivains. Il existe cependant entre eux de grandes différences et même de frappants contrastes. Autant Buffon est grave, pompeux dans son style, autant Bernardin est simple, gracieux, riant ; c'est que l'un a pour but de nous instruire, l'autre de nous distraire agréablement.

Bernardin de Saint-Pierre naquit au Hâvre, en 1737, d'une famille qui prétendait descendre d'Eustache de Saint-Pierre, l'illustre bourgeois de Calais (1). Le jeune Bernardin se fit remarquer par sa jeunesse studieuse et rêveuse. Déjà, à cette époque, il montra une très vive imagination. Ayant lu, à l'âge de dix ans, la vie des Pères du désert, il résolut de les imiter et de vivre dans la solitude ; un matin, au lieu d'aller à l'école, il s'enfuit à la campagne, s'arrête dans un joli bosquet qu'il choisit pour sa retraite, s'installe dans sa nouvelle demeure au milieu du chant des oiseaux, et s'imagine être loin des hommes ; le dîner qu'il porte dans son panier, suffit pour satisfaire sa faim ; puis il passe la journée à cueillir des fleurs et à rêver sur le bonheur de sa nouvelle condition. A midi, l'appétit se faisant sentir de nouveau, il mange les restes du repas du matin ; le soir, il pense aux miracles faits en faveur des saints ermites, et attend à son tour que la Providence vienne l'assister. Il attendit, mais en vain. Déjà

(1) Eustache de Saint-Pierre fut un de ceux qui se dévouèrent pour le salut de leurs compatriotes lorsque Calais fut pris par Edouard III (1347), et que ce prince, irrité d'une longue résistance, exigea que six notables de la ville vinssent, la corde au cou, se mettre à sa discrétion.

il se préparait à passer la nuit sur le gazon, lorsque sa bonne, qui était à sa recherche depuis longtemps, le découvrit et le ramena à la maison.

A l'âge de douze ans, la lecture de *Robinson Crusoé*, exalta tellement son imagination, qu'il ne rêva plus que voyages et aventures ; il supplia son oncle, qui partait pour la Martinique, de l'emmener, et ses instances furent telles, que ses parents consentirent à le laisser partir. Mais, à peine arrivé, il fut désenchanté et demanda à revenir en France. Il entra alors dans un collége de jésuites, où son imagination lui joua de nouveaux tours . ayant lu des lettres édifiantes, écrites par des missionnaires, il voulut à tout prix devenir missionnaire ; mais son père s'y étant formellement opposé, il abandonna ce projet et embrassa la carrière militaire, où il déploya beaucoup de bravoure et de talent ; malheureusement, son caractère ombrageux, querelleur, lui suscita des difficultés qui l'obligèrent à quitter le service.

Revenu à Paris, Bernardin se trouva dans une position assez critique, car ses parents ne lui avaient point laissé de fortune. C'est alors qu'il lui vint à l'esprit le singulier projet de fonder une colonie en Russie, sur les bords du lac Aral. Après avoir médité l'organisation de sa nouvelle république, il vend ses livres, se crée quelques ressources et part. Il arrive d'abord à Amsterdam ; là, obligé de s'arrêter, faute d'argent, il se met à rédiger une gazette qui lui procure, au bout de six mois, une somme suffisante pour aller à Saint-Pétersbourg, où il débarque avec six francs dans la poche.

Catherine II, auprès de laquelle il fut introduit, le reçut avec grâce et le renvoya à son premier ministre ; celui-ci écouta attentivement les projets et les plans de civilisation du jeune homme, puis le traitant de rêveur et de fou, le persuada de renoncer à son entreprise.

Dégoûté du gouvernement despotique de Catherine II, Bernardin se tourna naturellement vers la Pologne, qui se débattait sous les étreintes de la Russie et essayait de secouer le joug ; mais de nouvelles aventures l'obligèrent de s'en aller à Vienne, de là à Dresde et à Berlin ; enfin, découragé de tant de voyages inutiles, il revint à Paris.

Il n'avait pas cependant renoncé définitivement à son projet de colonisation. A peine arrivé à Paris, il obtient du gouvernement la permission d'aller fonder un établissement dans l'île de Madagascar ; on lui donne même un vaisseau de l'État pour le conduire à sa destination ; mais, pendant le trajet, ayant appris que le vaisseau qui le porte fait le commerce des noirs, il refuse, avec indignation, de continuer sa route, et s'arrête à l'Ile de France, où il s'établit comme ingénieur ; bientôt le caractère difficile de notre voyageur le brouille avec la société de l'île et il revient à Paris, rapportant, de tous ces voyages, une foule d'observations sur les hommes et les choses.

De retour à Paris, il écrivit le récit de ses pérégrinations et composa son *Voyage à l'Ile de France* (1773). C'est une œuvre assez faible, qui trahit l'inexpérience de l'auteur dans l'art d'écrire. Protégé par d'Alembert, il fut introduit dans la société philosophique de l'époque ; mais son esprit sérieux, son âme religieuse, ne purent longtemps s'accommoder de cette société frivole et matérialiste : il ne se lia intimement qu'avec J.-J. Rousseau, dont le caractère avait avec le sien plus d'une singulière analogie. Souvent ils se promenaient ensemble dans les environs de Paris.

C'est de ces voyages, de cette solitude, de cette amitié, que naquit le livre des *Etudes de la nature* (1784). Bernardin eut d'abord beaucoup de peine à trouver un éditeur ; mais, dès que cet ouvrage parut, le succès dépassa ses espérances. Il y révélait une âme tendre et ouverte à toutes les beautés de la nature ; quoique écrit en prose, ce livre est un vrai poème ; l'auteur chante tout ce qu'il voit, tout ce qu'il décrit ; on oublie ses erreurs scientifiques pour admirer les tableaux ravissants qu'il peint ; le soleil, les astres, les oiseaux, les fleurs, tout revit avec une grâce et une richesse de couleurs inconnues jusqu'alors.

Quatre ans après, Bernardin mit le comble à sa réputation par son roman de *Paul et Virginie* (1788). Ce roman, qui est un chef-d'œuvre, fut d'abord peu apprécié par les gens bel esprit. L'auteur avait été admis dans les salons de Mme Necker où se donnait rendez-vous l'élite de la société et de la littérature. Mme Necker invita, un soir, Bernardin à donner lecture de son nouvel ouvrage à l'illustre compagnie; l'échec fut complet, le roman n'eut pas le bonheur de plaire; Thomas s'endormit pendant la lecture, Buffon demanda, à haute voix, son carrosse, et la société eut de la peine à dissimuler son ennui. Mme Necker complimenta, du bout des lèvres, l'écrivain, qui sortit du salon abattu, désespéré. Il rencontra heureusement sur son chemin un peintre de ses amis, qui le pria de lui lire son roman; celui-ci l'écouta avec émotion et proclama l'ouvrage un chef-d'œuvre. Bernardin, reprenant courage, publia son livre. Le public ne fut pas de l'avis de l'illustre société de Mme Necker; on a vu peu d'exemples d'un aussi grand succès; la première année, il s'écoula plus de cinquante éditions; on ne donna plus d'autres noms aux enfants que ceux de ces jeunes créoles, devenus chers à tous les lecteurs.

Bernardin publia, deux ans plus tard, *la Chaumière indienne* (1791). Il cherche, dans cet ouvrage, à peindre le sort malheureux d'un paria à qui il donne des sentiments de bienveillance et de bonté envers ceux qui le foulent aux pieds. C'est un émouvant plaidoyer en faveur de la liberté de conscience et de l'égalité.

Les *Vœux d'un Solitaire*, qu'il publia ensuite, sont des projets chimériques de réforme sociale; ce livre parut au moment où éclatait la Révolution.

Bernardin venait d'être nommé directeur du Jardin des Plantes; la République ayant supprimé cette place, il se retira à la campagne, heureux d'être oublié pendant la

Terreur. Bonaparte le tira de l'obscurité : il adressa à Bernardin une lettre charmante et lui proposa d'écrire la campagne d'Italie. Flatté de ces hommages, l'illustre écrivain vint à Paris, mais quand il vit grandir l'ambition du maître, il se retira à l'écart et résista à toutes les séductions.

A l'âge de cinquante-sept ans, il épousa Mlle Didot, la fille de son éditeur; cette jeune fille, âgée de vingt ans, s'était éprise de l'auteur de *Paul et Virginie*, et lui fit elle-même offrir sa main. Mais le bonheur de Bernardin fut de courte durée. Au bout de six mois de mariage, sa femme mourut. Quelques mois plus tard, il épousa Mlle de Pelleport, jeune et aimable personne qui l'entoura de soins et d'égards. Il mourut en 1814. Ses dernières paroles furent : « Que ferait une âme isolée dans le ciel même? »

Après sa mort, Mme Bernardin épousa M. Martin, qui fut le biographe de Bernardin de Saint-Pierre.

CHAPITRE XI

HISTORIENS DU XVIIIe SIÈCLE

Saint-Simon. — Rollin. — Voltaire. — Mably. — Duclos — Barthélemy. — Rulhière. — Anquetil.

L'histoire occupe une grande place dans les travaux du xviiie siècle. Les principaux écrivains dans ce genre furent : Saint-Simon, Rollin, Voltaire, Mably, Duclos, Barthélemy, Rulhière, Anquetil.

Saint-Simon (1675-1755)

Le duc de Saint-Simon appartenait à une des premières familles du royaume. Il embrassa d'abord la carrière des armes, et plus tard la diplomatie. Envoyé en Espagne comme ambassadeur par le duc d'Orléans, il commença à prendre des notes sur tout ce qu'il voyait et observait : ces notes lui servirent plus tard pour composer ses *Mémoires*. Il essaya de devenir ministre, mais après la mort du régent, ayant perdu beaucoup de crédit, il se retira dans ses terres pour se livrer tout entier à la rédaction de ses *Mémoires* (1740-1746). Il mourut en 1755.

Les *Mémoires* de Saint-Simon renferment des détails fort intéressants sur les événements contemporains. Ils sont écrits avec une aisance et une impartialité qui le placent au premier rang des écrivains de ce genre. Il a le style d'un grand seigneur; il est spirituel, énergique, mais parfois négligé.

Charles Rollin (1661-1741)

Charles Rollin naquit à Paris. Son père était un pauvre coutelier, mais Rollin ne rougit jamais, comme J.-B. Rousseau, de son humble origine. Il disait un jour à un de ses amis en lui donnant un couteau : « Je suis sorti de l'antre des Cyclopes pour voler au Parnasse. »

A l'âge de quinze ans, Rollin travaillait encore dans l'atelier de son père. Un religieux bénédictin, dont il servait régulièrement la messe, devinant dans ce jeune homme d'heureuses dispositions, lui proposa de le faire étudier, et lui obtint une bourse dans un collège de Paris. De rapides progrès, une merveilleuse aptitude à l'étude, un caractère doux et aimable, le firent bientôt distinguer de ses maîtres et de ses condisciples. Parmi ceux-ci se trouvaient les deux fils d'un ministre, qui, pour augmenter l'émulation de ses enfants, voulut qu'ils se liassent d'amitié avec le jeune Rollin qu'il leur proposait constamment pour modèle. Les fils du ministre le traitaient comme un frère. Aux jours de congé, le même carrosse venait les prendre pour les conduire à l'hôtel du ministère. Ces honneurs étaient loin de faire oublier à Rollin son origine : le carrosse s'arrêtait habituellement devant l'humble boutique du coutelier, et le jeune homme allait embrasser sa mère. Celle-ci remarquant un jour que son fils prenait sans façon la première place dans la voiture, « Ne le grondez pas, madame, dit le précepteur qui les accompagnait, M. Le Pelletier a réglé qu'on se rangerait dans le carrosse suivant l'ordre de la classe. »

Jeune encore, Rollin devint tour à tour professeur de seconde, puis de rhétorique, recteur d'Académie, et enfin principal du collège de Beauvais, à Paris. Il sut bientôt, grâce à la bonté de son caractère, se concilier l'amour de ses élèves ; tout en maintenant une sévère discipline, il savait les encourager au travail. Il releva le niveau des études, et particulièrement du grec ; comprenant que la religion bien entendue et bien appliquée devait être à la base de l'enseignement, il exerça sous ce rapport une salutaire influence. Il est triste de dire que le bon Rollin fut persécuté par ceux-là même qui auraient dû l'encourager. Il fut soupçonné de jansénisme, et la police fit un jour une descente dans son école pour visiter ses livres et ses papiers. Il est vrai que Rollin accordait trop de confiance aux opinions avancées et quelquefois extravagantes des jansénistes ; il croyait à leurs miracles et aux inspirations des convulsionnaires de Saint-Médard. Les vexations dont il fut l'objet de la part du pouvoir le découragèrent ; il donna sa démission et se retira dans la solitude. C'est à cette époque qu'il publia ses principaux ouvrages, à l'âge de cinquante ans.

Son chef-d'œuvre est le *Traité des Études* (1726-1728), que M. Villemain déclare le meilleur livre français sur la manière d'étudier les auteurs classiques.

Il entreprit d'écrire une *Histoire ancienne* (1730-1738), à l'âge de soixante-dix ans. Il ne faut pas demander à Rollin la critique de l'histoire ; il rapporte avec la plus entière bonhomie les faits les plus invraisemblables d'Hérodote, de Tite-Live ; il nous initie, avec les plus minutieux détails, aux mœurs et aux coutumes des anciens et sait mêler à tous ces détails des réflexions sérieuses et des passages de l'Écriture sainte. Le succès de cet ouvrage fut immense en France, en Angleterre, en Allemagne. Frédéric II en faisait ses délices. « Je ne sais, disait-il, comment les réflexions de Rollin ne m'ennuient point. Mais je ne voudrais pas en perdre un mot. » Il lui écrivit lui-même : « Un homme de talent comme vous devrait se placer à côté des plus grands souverains. » Flatté de ce vœu, le bon Rollin répondit à Frédéric, avec sa naïveté ordinaire, qu'il serait heureux à son tour d'être à côté de lui pendant toute l'éternité.

Son *Histoire romaine* (1738), qu'il commença à l'âge de soixante-dix-sept ans et qui est restée inachevée, se ressent des atteintes de l'âge. Rollin mourut dans une heureuse vieillesse, à l'âge de quatre-vingts ans.

Voltaire (Voir sa biographie, page 375)

Histoire de Charles XII (1730). — Ce n'est pas l'histoire de la Suède sous Charles XII que Voltaire nous raconte, c'est l'histoire particulière de ce prince. Après avoir jeté un rapide coup d'œil sur la position et le climat de la Suède et résumé en quelques mots l'histoire de ce pays jusqu'à Charles XII, il a hâte d'arriver à son héros. Il peint sa jeunesse insouciante et entourée d'ennemis ; puis il suit dans ses conquêtes, ce jeune roi de dix-huit ans qui s'élance de sa capitale pour ne plus y rentrer. On le voit d'abord dans le Danemarck qu'il soumet en six semaines ; puis, à la tête de huit mille Suédois, il marche contre son rival de gloire, le czar Pierre le Grand et défait à Narva quatre-vingt mille Russes. Pendant que Pierre se retire dans ses États, Charles pénètre en Pologne, bat en plusieurs rencontres Auguste, et met à sa place Stanislas Leczinski. Pierre et Auguste se liguent ensemble ; Charles se précipite sur eux et les taille en pièces ; puis pénètre en Saxe et fait la paix avec Auguste. Il lui restait à écraser le czar. Dans ce but, il marche sur Moscou, s'enfonce sans précaution dans les plaines désertes et marécageuses de l'Ukraine ; il est battu complétement à Pultava. Sans armée, réduit à fuir, le roi de Suède se retire près de Bender en Turquie ; là, par ses intrigues, il combat encore la Russie. Mais ses efforts échouent devant la politique sans dignité de la Porte qui l'oblige à quitter le pays. Charles refuse et avec quarante domestiques, résiste à une armée entière.

Pendant ce temps, la Suède est attaquée par le Danemarck et la Russie ; Auguste II remonte sur son trône et Stanislas est fait prisonnier. Alors Charles XII retourne dans ses États ; il traverse seul et à cheval toute l'Allemagne, arrive à Stralsund où il est assiégé, se sauve en Suède, et va mourir en Norvège au siége de Frédérickshald (1718), laissant un pays épuisé et des ennemis puissants, et n'ayant pu accomplir ses immenses projets, c'est-à-dire l'alliance avec Pierre le Grand contre Auguste II, roi de Pologne, et l'Angleterre.

Il est impossible de mieux peindre cette vie aventureuse. Rien de plus vif et de plus animé. On croit voir le héros se précipitant au milieu de la mêlée dans les plaines de Narva ou dans les déserts de Pultava, ranimant par sa présence ses soldats affaiblis, ou, noirci de poudre, résistant avec une poignée de braves contre une armée entière. On s'attache à ce héros, on l'admire. L'écrivain a le talent de donner à ces faits qui nous captivent et nous entraînent, l'attrait d'un roman. Le style est plein de vivacité et de feu ; tout est net, précis ; c'est une biographie, une épopée, un chef-d'œuvre de narration.

Le Siècle de Louis XIV (1745). Ce livre, qui est la plus parfaite des œuvres historiques de Voltaire, est un tableau brillant de cette société polie du xvii° siècle dont l'auteur avait vu la dernière splendeur. Il expose d'abord les événements politiques ; puis rapporte les anecdotes relatives à la vie du monarque; il examine ensuite les questions de finances, l'état des lettres et des arts, et finit par les affaires ecclésiastiques. On pourrait désirer plus d'unité dans la composition. « Puisque tout s'enchaîne dans les choses humaines, dit Gibbon, et que les unes ne sont souvent que la cause ou la conséquence des autres, pourquoi les séparer dans l'histoire? La première partie est beaucoup moins intéressante que la seconde. Les lettres, les arts et les mœurs offraient à l'écrivain une matière presque entièrement neuve, tandis qu'une foule d'historiens avaient tellement épuisé les sièges et les batailles du règne de Louis XIV, qu'il était impossible d'y rien ajouter de nouveau, surtout dans une histoire aussi abrégée... Quant à son héros, dit en terminant l'historien anglais, il nous semble que c'est moins un grand homme qu'un homme qui a fait de grandes choses. » Malgré ce défaut d'unité, les beautés et l'éclat du style font vivre cet ouvrage et lui assurent la première place parmi les monuments de la littérature française.

Essai sur les mœurs et l'esprit des nations depuis Charlemagne jusqu'à nos jours (1746). — En choisissant pour point de départ l'époque même où Bossuet s'était arrêté, il semble que Voltaire voulût se faire le continuateur du *Discours sur l'Histoire universelle*, ou plutôt en faire la contre-partie. Ici Dieu est partout, là nulle part. Voltaire explique le développement de la civilisation, par la diversité des caractères des différents peuples et l'influence des circonstances intérieures. Il ne juge les hommes et les événements qu'à travers sa haine contre le christianisme. Ennemi du moyen âge, parce que l'influence de l'Eglise y est prépondérante, il l'attaque, le calomnie souvent et ne veut pas reconnaître le rôle civilisateur que l'Eglise a joué durant cette période. En recherchant le résultat des croisades, il n'en trouve pas d'autres que la perte de deux millions d'hommes et l'appauvrissement de la France. Souvent il explique les plus grands événements par les causes les plus misérables. « Si Léon X avait donné les indulgences à vendre aux moines augustins, dit-il, il n'y aurait point eu de protestants. » Il semble ignorer que la querelles des indulgences ne fut qu'un prétexte et que la Réforme a des causes profondes qu'il ne prend pas la peine de rechercher.

Si Voltaire n'aime pas les chrétiens, en revanche il a une affection toute particulière pour les peuples demeurés en dehors du christianisme, les Persans, les Indiens et les Chinois. Il trouve que tous leurs rois sont bons, sages, et que leurs livres sacrés sont des chefs-d'œuvre, tandis que la Bible n'est qu'un tissu de mensonges et d'absurdités.

M. Villemain, tout en rendant justice à cet ouvrage, reconnait que ce qu'il y manque, c'est la chose même que l'historien promettait dans son introduction, la philosophie, c'est-à-dire le jugement impartial de toutes les époques.

Mably — Duclo

Mably (1709-1785) était frère de Condillac. Après avoir fait des études au séminaire de Saint-Sulpice, il ne tarda pas à renoncer à la carrière ecclésiastique pour s'occuper tout entier d'histoire et de politique. Devenu secrétaire du ministre, le cardinal de Tencin, il fut chargé de la rédaction de plusieurs mémoires diplomatiques, et ce fut lui qui prépara les bases du traité que Voltaire porta à Berlin pour le soumettre à l'approbation du roi de Prusse. Il se brouilla avec le cardinal et quitta le ministre pour se consacrer entièrement à ses études historiques. Il est regrettable que l'esprit de système ait si souvent égaré ses jugements. Sans tenir compte des tendances des sociétés modernes, Mably s'obstine à chercher les types des gouvernements de l'Europe, dans les républiques de l'antiquité. Il condamne le commerce et les beaux-arts comme des causes de corruption et de décadence pour les peuples ; bien plus, il veut que l'inégalité de condition et de fortune disparaisse entre les citoyens d'un même état. Ces idées, qui n'étaient que la reproduction des théories sociales de J.-J. Rousseau, exercèrent une grande influence sur les hommes éminents qui formulèrent le programme de la révolution française; on les trouve surtout développées dans le *Parallèle des Romains et des Français* (1740), les *Observations sur l'histoire de la Grèce* et les *Entretiens de Phocion*.

Charles-Pineau Duclos (Voir sa biographie, page 491).

Nous avons déjà apprécié Duclos comme moraliste. Comme historien, il a écrit une *Histoire de Louis XI*, et les *Mémoires secrets sur les règnes de Louis XIV et de Louis XV*, livre remarquable et piquant qui ne parut qu'après la Révolution.

Barthélemy (1716-1795).

L'abbé Barthélemy naquit près de Marseille, en 1716. Il entra de bonne heure au collége des jésuites, où il se fit remarquer par sa vie studieuse et appliquée. Ses distractions étaient d'apprendre l'arabe ou de réciter des sermons aux chrétiens orientaux que leur commerce attirait à Marseille.

Voici ce qu'il raconte lui-même de son érudition :

« Mon maître avait dressé, pour mon usage, quelques dialogues arabes qui contenaient, par demandes et par réponses, des compliments, des questions et différents sujets de conversation, par exemple : Bonjour, monsieur, comment vous portez-vous ? Fort bien, à vous servir — Il y a longtemps que je ne vous ai vu — j'ai été à la campagne, etc.

» Un jour, on vint m'avertir qu'on me demandait à la porte du séminaire. Je descends, et me vois entouré de dix à douze principaux négociants de Marseille. Ils amenaient avec eux une espèce de mendiant, qui était venu les trouver à la Bourse : il leur avait raconté qu'il était juif de naissance, qu'on l'avait élevé à la dignité de rabbin ; mais que, pénétré des vérités de l'Évangile, il s'était fait chrétien ; qu'il était instruit des langues orientales, et que, pour s'en convaincre, on pouvait le mettre aux prises avec quelque savant. Ces messieurs ajoutèrent avec politesse qu'ils n'avaient pas hésité à me l'amener. Je fus tellement effrayé, qu'il m'en prit la sueur froide. Je cherchais à leur prouver qu'on n'apprend pas ces langues pour les parler, lorsque cet homme commença tout à coup l'attaque avec une intrépidité qui me confondit d'abord. Je m'aperçus heureusement qu'il récitait en hébreu le premier psaume de David, que je savais par cœur. Je lui laissais dire le premier verset, et je ripostai par un de mes dialogues arabes. Nous continuâmes, lui, par le second verset du psaume, moi, par la suite du dialogue. La conversation devint plus animée ; nous parlions tous deux à la fois, et avec la même rapidité. Je l'attendais à la fin du dernier verset : il se tut en effet ; mais pour m'assurer l'honneur de la victoire, j'ajoutai encore une ou deux phrases, et je dis à ces messieurs que cet homme méritait, par ses connaissances et par ses malheurs, d'intéresser leur charité. Pour lui, il leur dit dans un mauvais baragouin, qu'il avait voyagé en Espagne, en Portugal, en Allemagne, en Italie, en Turquie, et qu'il n'avait jamais vu un aussi habile homme que ce jeune abbé ; j'avais alors vingt-un ans. »

Pendant que Barthélemy était au collége des jésuites, il travailla avec ardeur à acquérir la connaissance des langues latine, grecque, hébraïque, syriaque, chaldéenne, et arabe.

Après avoir achevé ses études à Marseille, il vint à Paris et fut accueilli par M. de Boze, alors garde du cabinet des médailles auquel il avait été recommandé. Sous la direction de ce maître savant, il étudia profondément l'antiquité dans ses rapports avec la science des médailles. L'abbé Barthélemy avait su si bien profiter des leçons de son excellent maître, qu'il fût jugé digne de lui succéder. Dans ses voyages en Italie, il parvint à porter au-delà de quarante mille l'acquisition des médailles les plus rares : il visita successivement Naples, Rome, Florence, et les ruines d'Herculanum, de Pompéi. « Plus d'une fois, en Italie, dans des terrains vagues où les regards de ses compagnons avaient à peine aperçu des traces de ruines sous les herbes et les broussailles qui les couvraient, on le voyait s'arrêter tout à coup et reconnaître des camps, des temples, des cirques, des hippodromes, des édifices publics et particuliers. »

Pour le récompenser de ses services, le duc de Choiseul fit accorder à Barthélemy une pension de six mille livres, indépendamment de son traitement de garde des médailles. Après trente ans de recherches et de travaux, il publia le *Voyage d'Anacharsis en Grèce* qui parut aux approches de la Révolution, en 1788. Bien que l'attention publique fût absorbée par les événements politiques, cet ouvrage eut du retentissement et fut regardé comme une des meilleures productions du siècle. Il lui ouvrit les portes de l'Académie française. Barthélemy venait à peine d'y être reçu lorsqu'il faillit être victime de la Révolution : dépouillé de tout ce qu'il possédait, il fut jeté en prison, puis relâché aussitôt. Au milieu de la tourmente révolutionnaire, il éprouva une consolation bien inattendue : on le réintégra dans la garde du cabinet des médailles, qu'il géra jusqu'à sa mort. Il mourut d'une attaque, au moment même où il lisait une épître d'Horace, à l'âge de quatre-vingts ans.

Le *Voyage du jeune Anacharsis* n'est pas tout à fait une histoire, mais un mélange de littérature, de géographie, de philosophie. L'auteur suppose un Scythe, nommé Anacharsis, qui voyage en Grèce à l'époque de Platon, de Démosthène et de Périclès. Il fait la connaissance de toutes les célébrités de l'époque, s'entretient avec les philosophes sur tous les sujets, visite Sparte, Thèbes, Corinthe, assiste aux jeux olympiques, aux représentations du théâtre et du forum. L'écrivain a eu le talent de ressusciter pour ainsi dire et de faire revivre la Grèce devant nous. « En lisant cet ouvrage, dit un de ses biographes, on se promène à son aise dans ces belles habitations des Grecs, avec un interprète ou plutôt un ami, toujours prêt à satisfaire votre curiosité. A chaque station, vous observerez ensemble d'autres lois, d'autres mœurs, d'autres intérêts, d'autres préjugés. Athéniens, Spartiates, Thébains, Corinthiens, Macédoniens, passeront en revue sous vos yeux : temples, théâtres, lycées, bibliothèques, archives, gymnases, ports, arsenaux vous seront ouverts; vous assisterez à toutes les solennités des Grecs, à leurs fêtes, à leurs spectacles, à leurs jeux, à leurs courses, à leurs combats, dans l'intérieur même de leurs maisons, etc. »

De Rulhière — Anquetil

Clauae-Carloman de Rulhière (1735-1791) se fit connaître dans le monde littéraire par une épître que Voltaire regardait comme un chef-d'œuvre de finesse et qu'il inséra toute entière dans son dictionnaire philosophique. Ce premier succès attira sur lui l'attention du duc de Breteuil, ambassadeur près la cour de Russie, qui se l'attacha comme secrétaire. La Russie offrit une vaste matière à son talent d'observateur. Il y fut témoin de la mort de Pierre III, étranglé par Catherine II, son épouse. De retour en France, Rulhière rédigea ses *Anecdotes sur la révolution de Russie en 1762*, les agents diplomatiques de la czarine, inquiets des révélations que pouvait contenir cet ouvrage, offrirent à l'auteur trente mille livres pour qu'il supprimât de son manuscrit tout ce qui pouvait porter atteinte à l'honneur de leur souveraine. Il fut incorruptible; seulement il promit que l'ouvrage ne paraîtrait point du vivant de l'impératrice. Ayant été chargé de faire, pour le dauphin, l'histoire des derniers troubles de la Pologne, il visita le théâtre des scènes qu'il devait retracer, puis écrivit l'*Histoire de l'anarchie de Pologne et du démembrement de cette république*. Cet important ouvrage, le plus beau titre littéraire de l'auteur, ne parut qu'après sa mort, en 1807.

Indépendamment de ses *Anecdotes* et de sa grande histoire, Rulhière rédigea un *Rapport sur l'état des protestants depuis la révocation de l'Edit de Nantes*. Ce rapport, qui est un chaleureux plaidoyer en faveur des protestants, porte surtout l'empreinte de son talent et de son caractère. Des recherches savantes, des discussions lumineuses, un style brillant et rapide, assignent à cette production un rang élevé parmi toutes celles de l'époque où elle parut.

Rulhière commença par saluer favorablement la Révolution, mais les changements qu'elle entraîna, l'éloignement des grands dont il avait obtenu les faveurs, modérèrent bientôt son enthousiasme. Il n'eut pas le temps d'en déplorer les horreurs : il mourut subitement en 1791.

Anquetil (1723-1806) naquit à Paris en 1723. Après avoir fait ses études classiques au collége Mazarin, il entra dans l'ordre ecclésiastique où il se fit remarquer par l'étendue de ses connaissances et la maturité de son esprit. A vingt ans, il était déjà professeur de belles-lettres, de philosophie et de théologie. Nommé directeur du séminaire de Reims, il écrivit l'*Histoire civile et politique* de cette ville; c'est son meilleur ouvrage. Nommé directeur du collége de Senlis, Anquetil composa l'*Esprit de la ligue*, ouvrage estimé. Quand la Révolution éclata, il fut pris et détenu dans la prison de Saint-Lazare pendant la terreur ; c'est là qu'il continua la composition de son *Histoire universelle* qui jouit d'un immense succès, mais qui n'en vaut pas mieux à cause des inexactitudes et des travestissements des premiers temps de notre histoire nationale. « Cet ouvrage froid et sans couleur, dit Augustin Thierry, n'a ni l'âcreté politique de Mézeray, ni l'exactitude de Daniel (1).

(1) Historien, né à Rouen, en 1728.

Tout ce qu'on y remarque pour la forme, c'est de la simplicité et de la clarté, et quant au fond, il est pris au hasard, de l'histoire de Mézeray et de celle de Velly (1), que le nouvel historien extrait et cite, pour ainsi dire, à tour de rôle. »

Parvenu à un âge très avancé sans aucune infirmité, Anquetil dit à un de ses amis la veille de sa mort : « Venez voir un homme qui meurt tout plein de vie. » Il avait quatre-vingt-quatre ans.

CHAPITRE XII

ROMANS ET CONTES AU XVIIIᵉ SIÈCLE

L'abbé Prévost. — Le Sage. — Marmontel. — Voltaire. — Bernardin de Saint-Pierre.

L'abbé Prévost. — Le Sage

Le xviiiᵉ siècle a produit plus de romans et de contes remarquables que le xviiᵉ. Les romans de Mˡˡᵉ Soudéry et de La Calprenède sont longs, ennuyeux, lourds, et impossibles à lire ; ceux du xviiiᵉ siècle, au contraire, sont écrits dans un style vif qui les rend très intéressants. Il appartenait à un siècle léger et frivole de produire des œuvres comme celles de l'abbé Prévost, de Le Sage, de Marmontel et de Voltaire.

L'abbé Prévost (1697-1763) un des écrivains les plus féconds du xviiiᵉ siècle, fut successivement moine et soldat ; plus tard il retourna à la vie religieuse, rompit de nouveau ses vœux, s'enfuit en Hollande, alla vivre à Londres et retourna enfin en France où il reprit l'habit ecclésiastique :

Historien, né près de Reims, en 1709.

Vicieux, pénitent, courtisan, solitaire,
Il prit, quitta, reprit la cuirasse et la haire.

Mais ni dans les camps, ni dans le cloître, il ne trouva le bonheur qu'il espérait. Le prince de Conti le prit enfin pour son aumônier, et Prévost trouva dans l'étude le calme qu'il avait cherché vainement ailleurs. Un matin, qu'il était sorti pour faire sa promenade habituelle dans la forêt de Chantilly, un vertige le prit subitement, et il tomba inanimé au pied d'un arbre. Des villageois l'ayant trouvé privé de sentiment, le portèrent chez le curé du village, où la justice vint constater son décès. Un chirurgien fut appelé pour faire l'autopsie du cadavre, mais au premier coup de scalpel, le malheureux, qui n'était qu'endormi d'un sommeil léthargique, poussa un cri affreux. L'opérateur s'arrêta : il était trop tard : une ouverture d'une effrayante grandeur laissait échapper la vie de Prévost avec des flots de sang. Il ne rouvrit les yeux que pour voir l'horrible appareil qui l'environnait, et mourut aussitôt.

Peu d'écrivains ont été aussi féconds : ses œuvres complètes formeraient plus de cent volumes. Dans ses nombreux romans, il s'attache surtout à créer des incidents, à multiplier des aventures qu'il sait raconter avec une admirable simplicité. Ses chefs-d'œuvre sont le *Doyen de Killerine*, *Clevevand* et *Manon Lescaut*. Dans ces romans célèbres, inspirés par son cœur, il sut toucher par la peinture des passions. « Ce n'est partout, dit-il lui-même, que peintures et sentiments, mais des peintures vraies et des sentiments naturels. »

Le Sage (voir sa biographie, page 408) publia son premier roman, le *Diable boiteux*, en 1707. Ce roman eut un succès prodigieux, et l'on assure que le débit en fut si rapide, que deux gentilshommes se disputèrent l'épée à la main le dernier exemplaire resté chez le libraire. Le sujet est emprunté de l'espagnol. La scène se passe à Séville. L'auteur suppose qu'un jeune homme a à son service un démon qui lui découvre le toit des maisons, de manière qu'il assiste tour à tour à différentes scènes de famille, qu'il voit et entend ce qui se fait, ce qui se dit partout. « Il n'existe aucun livre au monde, dit Walter Scott, qui contienne tant de vues profondes sur le caractère de l'homme, et tracées dans un style si précis que le *Diable boiteux*. Chaque page, chaque ligne, porte la marque d'un tact si infaillible, d'une analyse si exacte des faiblesses humaines, que nous nous imaginerions volontiers entendre une intelligence supérieure lisant dans nos cœurs, pénétrant nos secrets motifs, et trouvant un malin plaisir à déchirer le voile que nous nous efforçons d'étendre sur nos actions. »

Le chef-d'œuvre de Le Sage est *Gil Blas* (1715-1735). — Au lieu d'une galerie de portraits, comme dans le roman précédent, nous avons ici une scène et des acteurs. C'est le héros principal qui nous raconte lui-même son histoire avec des réflexions si vraies, qu'on ne peut se défendre de croire que c'est un personnage réel. Voici en deux mots le sujet du roman :

Gil Blas est mis à la porte de la maison paternelle, à l'âge de dix-huit ans. Le voilà seul sur une grande route d'Espagne, cherchant à gagner, comme il pourra, le moyen de vivre. Il devient tour à tour laquais, commis, comédien, secrétaire d'un ministre ou d'un archevêque. Le Sage trouve ainsi le moyen de faire la peinture des hommes et des institutions de son temps. « On trouverait difficilement une notion plus vive du vice et du ridicule, une narration plus rapide, un style plus franc, plus vrai, plus naturel, plus de bon sens et d'esprit tout ensemble, plus de naïveté et de verve satirique (1). »

Le Sage a encore écrit le *Bachelier de Salamanque :* c'est l'histoire d'un étudiant qui parcourt toutes les provinces de l'Espagne : ce roman est très inférieur au précédent.

(1) Patin, *Éloge de Le Sage.*

Marmontel — Voltaire

Marmontel (1723-1795) naquit dans une petite ville du Limousin. Il eut, comme tant d'autres écrivains, à subir les inconvénients d'une naissance obscure et les angoisses de la pauvreté. Des religieux lui apprirent à lire, et un curé de village, remarquant sa vive intelligence, lui enseigna les éléments de la langue latine. Quand le bon prêtre eut appris à son jeune élève tout le latin de son bréviaire, il engagea ses parents à s'imposer des sacrifices pour lui faire achever ses études dans un collége. Pauvres et chargés d'enfants, ils s'y refusèrent d'abord, puis y consentirent, et le jeune Marmontel fut envoyé au collége de la ville voisine. Chaque semaine, raconte-t-il lui-même, il revenait à la maison paternelle, et en rapportait un gros pain de seigle, un petit fromage, un morceau de lard, deux ou trois livres de bœuf et une douzaine de pommes de terre; c'étaient là ses provisions pour la semaine. De tels sacrifices dépassaient les moyens de sa famille. Aussi, à peine Marmontel eut-il achevé ses études, qu'il se rendit à Clermont, pour y vivre en donnant des leçons. Malheureusement, les espérances qu'il avait conçues ne se réalisèrent pas; il ne trouva point de leçons à donner, et sans la bienveillance de son hôtesse, excellente femme, il serait mort de faim. Émue de pitié pour le jeune homme, elle se mit en quête pour lui trouver un moyen de subsistance, et lui obtint une place de répétiteur au collége. Il avait alors dix-huit ans.

Les éloges flatteurs qu'il reçut de Voltaire au sujet de quelques pièces de vers couronnées aux jeux floraux de Toulouse changèrent tout d'un coup sa destinée. « Je devins fou d'orgueil et de joie, dit Marmontel; je courus toute la ville et les colléges avec ce présent à la main. Ainsi commença ma correspondance avec cet homme illustre, et cette liaison d'amitié, qui dura trente-cinq ans, fut soutenue jusqu'à sa mort sans aucune altération. » Voltaire l'engagea à venir à Paris où, retiré dans le plus humble réduit, il vécut en commun avec quelques jeunes écrivains aussi pauvres que lui. Le grand poète lui conseilla de travailler pour le théâtre, alors la première des carrières littéraires. Marmontel suivit ce conseil et obtint un réel succès. Il se vit aussitôt recherché de la haute société ; Mᵐᵉ de Pompadour voulut le voir et contribua à sa fortune ; mais un événement imprévu lui fit perdre les faveurs de la cour ; un grand seigneur ayant été tourné en ridicule dans une satire mordante, on accusa Marmontel d'en être l'auteur, parce que, dans une réunion d'amis intimes, il en avait récité quelques vers ; il fut mis à la Bastille et on lui offrit de lui rendre ses anciennes faveurs à la condition qu'il voulût nommer l'auteur anonyme ; mais il répondit par ces deux vers de *Nicomède* :

> Le maître qui prit soin de former ma jeunesse
> Ne m'a jamais appris à faire une bassesse.

Marmontel publia *Bélisaire* (1767) et retrouva la fortune avec le succès. Cet ouvrage obtint les faveurs du public, mais fut censuré sans pitié par la Sorbonne, comme hérétique, déiste et impie, parce que l'auteur y prêchait la tolérance. Le livre n'en fut que plus recherché, et quarante mille exemplaires s'en vendirent en peu de temps. Voltaire et d'Alembert couvrirent de ridicule la Sorbonne.

Marmontel publia quelque temps après *les Incas ou la Destruction de l'Empire du Pérou* (1778), roman historique qui fut moins vanté que *Bélisaire*, mais qui eut un succès assez flatteur. Cet ouvrage lui ouvrit les portes de l'Académie, dont il devint, après la mort de d'Alembert, le secrétaire perpétuel ; mais la révolution de 1789 lui ayant fait perdre sa place et son traitement, il retomba dans la pauvreté et quitta Paris pour se retirer aux environs d'Evreux où il mourut d'une attaque d'apoplexie, le dernier jour du xviiiᵉ siècle.

Voltaire (voir sa biographie, page 375). Les romans et les contes de Voltaire portent, comme ses histoires, le cachet de son génie inimitable. Ce sont des chefs-d'œuvre d'esprit et de style. Toutefois on regrette de trouver sans cesse, dans ces charmantes compositions, des attaques contre la religion, et des traits qui blessent la morale, la bienséance et le bon goût.

Bernardin de Saint-Pierre (Voir sa biographie, p. 508)

Paul et Virginie (1787) est le premier de nos romans. L'auteur a puisé dans son cœur aimant, les sentiments les plus tendres, et a su peindre l'innocence dans toute sa candeur. Paul et Virginie sont des enfants de la nature; élevés dans l'île Bourbon, loin de la société corrompue, ils n'en connaissent pas les vices. Ces deux enfants, qui ont grandi ensemble, s'aiment avec tout le bonheur de la première innocence : l'auteur a su tellement nous identifier avec eux, que l'on se réjouit de leurs joies et que l'on s'attriste de leurs tristesses. D'ailleurs, point d'aventures romanesques; tout l'intérêt se concentre sur eux et sur leurs mères, femmes simples, à l'esprit élevé, qui ne s'occupent que de l'éducation de leurs enfants. La seule catastrophe qui soit dans tout le livre est à la fin; elle est saisissante, pathétique, et fait verser bien des larmes; c'est la mort de Virginie engloutie dans un naufrage, en arrivant au port désiré.

CHAPITRE XIII

DE L'ÉLOQUENCE POLITIQUE AU XVIII° SIÈCLE

Mirabeau. — Barnave. — Vergniaud. — Danton. — Cazalès. — l'abbé Maury.

Mirabeau (1749-1791)

L'éloquence politique naquit avec la Révolution. La convocation des états-généraux, sous Louis XVI, en 1789, agita toutes les passions et enflamma toutes les ambitions. L'autorité passa des mains de la royauté aux mains de la noblesse, du clergé et du tiers-état. Ce ne fut plus le roi, comme sous Louis XIV, qui eut le droit de décider les questions de paix et de guerre, de discuter même les intérêts de la couronne : ce furent les états-généraux. Dans cette imposante assemblée, l'influence appartint donc aux orateurs assez éloquents pour la persuader et l'entraîner dans des réformes. Elle compta des hommes à la hauteur des circonstances et des graves événements de l'époque. Parmi ces grands hommes, il en est un qui les domine tous, dont la parole eut la puissance de soumettre toutes les volontés, c'est Mirabeau : quand sa voix tonnante se faisait entendre, l'Assemblée tout entière restait muette de surprise et d'admiration. A côté de lui brillaient d'un vif éclat, Barnave, Vergniaud, Cazalès, l'abbé Maury.

Honoré-Gabriel Riquetti, comte de Mirabeau, le plus grand orateur de la Révolution française, naquit près de Nevers, en 1749. Il eut le malheur d'avoir pour père un homme qui exerça sur lui la plus fâcheuse influence, par son caractère dur et despotique ; mais le jeune homme, non moins indépendant et énergique, lui opposa une résistance indomptable. Gabriel fut d'abord destiné à l'état militaire ; bientôt les désordres de sa conduite et les dettes qu'il contracta, obligèrent son père à le faire mettre en prison au moyen d'une lettre de cachet : il fut enfermé dans la citadelle de l'île de Ré. C'est là que, frémissant sous le joug de l'autorité paternelle, il déversa toute son indignation dans un ouvrage intitulé *Essai sur le Despotisme*. Ses folles dépenses l'obligèrent néanmoins, après sa sortie de prison, de recourir plusieurs fois à son père, qui était millionnaire ; mais celui-ci, dur et inflexible, lui refusa tout secours, on dit même qu'il voulut l'embarquer pour les Indes, dans l'espoir de ne plus le revoir.

Pour satisfaire ses goûts de dépenses, le jeune Mirabeau spécula sur un riche mariage. A l'âge de vingt-trois ans, il épousa une jeune personne qui lui apporta une dot immense ; mais cette union, basée sur des motifs d'intérêt, ne tarda pas à être troublée par les plus amères discussions. Mirabeau, libre de lui-même et disposant d'une grande fortune, se livra sans frein à toutes ses passions désordonnées, et la première année de son mariage, il fit pour plus de cent soixante mille francs de dettes. Violent de caractère, il s'oublia un jour, jusqu'à donner un soufflet à un gentilhomme, qui le fit enfermer dans le château de Jouy, sur les frontières de la Suisse. Mirabeau parvint à s'évader et à s'enfuir en Hollande. Là, n'ayant plus de ressources, il travaillait depuis six heures du matin jusqu'à huit heures du soir, à composer des livres. Quand il crut qu'on avait oublié les fautes de sa jeunesse, il revint en France, mais à peine eut-il mis le pied sur le sol de la patrie, qu'il fut saisi et enfermé dans la prison de Vincennes, où il resta trois ans.

Une fois en liberté, il écrivit à sa femme de venir le rejoindre, mais celle-ci, qui n'avait eu qu'à se plaindre de sa conduite, s'y refusa ; de là, un procès en séparation de corps. Mirabeau plaida lui-même sa cause et donna, dans cette circonstance, la première preuve de sa grande éloquence. On dit que l'avocat qui plaidait pour sa femme, pleurait de rage en l'entendant ; néanmoins, Mirabeau, malgré tout son talent, perdit son procès.

Quand les états-généraux furent convoqués, Mirabeau qui jouissait déjà d'une grande réputation comme orateur, se présenta d'abord aux suffrages de la noblesse ; puis, dédaigné par elle, se jeta dans les bras du tiers-état. Il afficha la roture pour se rendre plus populaire, loua un magasin à Marseille et fit écrire sur la porte de la maison : *Mirabeau, marchand de drap*. Les villes d'Aix et de Marseille se le disputèrent et le nommèrent en même temps député aux états-généraux pour le tiers-état. Les courtisans de Versailles cherchèrent à jeter du ridicule sur ce choix et ne le désignaient que sous le nom de *comte plébéien*. Mais on redoutait déjà son talent, et l'on assure que le gouverneur de Provence se proposait de le faire enlever et transporter aux Indes. Il n'échappa à ce danger qu'en se rendant immédiatement à l'Assemblée, qui devint bientôt le théâtre de ses succès.

Les discours qu'il prononça à la tribune sont des chefs-d'œuvre d'éloquence. Dès la première séance de la chambre du tiers, il s'opposa à ce qu'on prît aucune délibération sans la participation de la noblesse et du clergé, voulant ainsi, dès le premier jour, établir l'égalité entre les trois ordres. Quand le tiers-état, réuni dans la salle du Jeu de Paume, reçut l'ordre de se séparer, c'est lui qui prononça ces fameuses paroles : « Allez dire à votre maître que nous sommes ici par la volonté du peuple et que nous n'en sortirons que par la force des baïonnettes. » Dès ce moment, il se déclara le plus violent adversaire de la royauté ; le lendemain de la prise de la Bastille, et comme le roi arrivait au sein de l'Assemblée, Mirabeau s'écria : « Qu'un respect morne et silencieux soit l'accueil fait au monarque ; dans un moment de douleur, le silence des peuples est la leçon des rois. » Il apporta, dans toutes les discussions de l'Assemblée, avec la fougue des passions de la jeunesse, les connaissances profondes de l'âge mûr, et son éloquence lui valut le surnom de *Démosthène français*. On admire surtout son *Adresse au roi pour le renvoi des trou-*

pes campées à *Versailles*, ses discours sur *la Banqueroute*, sur *la Constitution civile du clergé*, sur *le Droit de paix et de guerre*, sur *la Sanction royale*.

Vers la fin de sa carrière, il sembla se rapprocher de la royauté ; on l'accusa de s'être laissé acheter par l'or de la cour, mais peut-être agissait-il par conviction. Cette conduite lui suscita de nombreux ennemis, et il commençait à perdre de sa popularité, lorsque la mort vint soudain le saisir au milieu de sa gloire oratoire.

Epuisé par le travail, les veilles, les plaisirs auxquels il ne cessa de se livrer avec excès, il succomba le 2 avril 1791, à l'âge de quarante-deux ans. Dès le premier moment, il reconnut le danger de son état, et envisagea la mort avec sang-froid. Ayant perdu la parole, sa main traça ces mots : « Croyez-vous que le sentiment de la mort soit si douloureux ? » Il écrivit sur le même papier une prière au docteur Cabanis, pour que celui-ci le délivrât des angoisses de la mort, en lui administrant de l'opium. La parole lui étant revenue, il demanda quel bruit se faisait dans la rue ; on lui répondit que c'était le peuple qui s'amassait à sa porte, pour savoir de ses nouvelles : « Il m'a été doux, dit-il, de vivre pour le peuple ; il me sera glorieux de mourir au milieu de lui. » Des coups de canon se firent entendre : « Serait-ce déjà, s'écria-t-il avec enthousiasme, les funérailles d'Achille ! » L'Assemblée nationale reçut, dans un morne silence, la nouvelle de sa mort. Ses funérailles furent magnifiques. Les députés y parurent en corps ; plus de quatre mille citoyens en deuil suivaient son cercueil ; le cortège s'étendait à plus d'une lieue, et la marche en dura quatre heures. Ses restes mortels furent déposés au Panthéon. Deux ans plus tard, la populace les exhuma et les jeta aux vents.

Barnave (1761-1793)

Barnave fut, après Mirabeau, le plus grand orateur de la Révolution : quelquefois même, il a soutenu la lutte avec éclat contre ce redoutable adversaire.

Barnave naquit à Grenoble, en 1761. Son père, qui était protestant et qui exerçait la charge de procureur, n'épargna rien pour lui donner une solide éducation. Ses soins furent dignement récompensés. A vingt-deux ans, Barnave prononça devant le parlement de Grenoble un discours qui commença sa réputation d'orateur. Il salua la Révolution avec enthousiasme et fut nommé député du tiers-état par le Dauphiné : il avait vingt-huit ans.

Dès le début de sa carrière politique, il se déclara l'adversaire des prêtres et des nobles et de tous les abus. Il adorait la liberté et força ses plus violents adversaires à rendre hommage à sa bonne foi et à la noblesse de son caractère. Une fois seulement, il lui échappa une parole dont il se repentit toute sa vie : la populace venait d'assassiner Foulon, et cet assassinat avait ému l'Assemblée. Emporté par son exaltation républicaine, Barnave monte à la tribune et s'écrie : « Le sang qui coule est-il donc si pur ? » Ces paroles lui furent reprochées, et il se les reprocha lui-même, d'autant plus qu'elles contrastaient avec la douceur et la modération de son caractère.

Lors de la discussion sur la loi qui conférait au roi le droit de paix et de guerre, Barnave s'éleva contre Mirabeau, qui défendait les priviléges de la couronne. Il vainquit son puissant adversaire, et l'enthousiasme populaire fut tel, qu'au sortir de l'Assemblée, il fut porté en triomphe. Le lendemain de cette fameuse séance, Mirabeau s'élance de nouveau à la tribune en s'écriant d'un air terrible : « Je sortirai d'ici triomphant ou en lambeaux. » Jamais on n'entendit une telle magnificence de parole; Barnave fut terrassé, mais après avoir montré qu'il pouvait balancer l'éloquence de Mirabeau. Celui-ci rendait justice à son talent. « C'est une jeune plante, dit-il, qui montera haut, si on la laisse croître. » Nous devons à son éloquence quelques grandes victoires; il vota entre autres pour l'admission aux droits de citoyens des juifs, des protestants, et des personnes de toutes les classes. Malheureusement, il fut arrêté au milieu de sa carrière et emporté par le torrent révolutionnaire. Barnave ne tarda pas à entrevoir l'abîme où le précipitait l'exagération des nouveaux principes qu'il avait défendus avec passion. Quand Louis XVI fut arrêté à Varennes, il fut désigné pour aller à sa rencontre; il apprécia la conduite du roi, vit les souffrances de la reine; son cœur en fut ému, et il se déclara le protecteur de ces grandes infortunes. Le peuple, égaré par de mauvaises passions, méconnut tant de courage et de grandeur d'âme. Barnave ne fut point élu à l'Assemblée législative. Il se retira à Grenoble, où il se maria richement. Il exerçait dans cette ville les fonctions de maire, lorsqu'on découvrit la correspondance qu'il avait eue avec la cour dans les derniers temps de la session de l'Assemblée. Il fut arrêté; après quinze mois de prison, fut conduit à Paris et traduit devant le tribunal révolutionnaire. Il se défendit avec la plus grande dignité et énuméra les services nombreux qu'il avait rendus à la cause de la liberté; ses juges mêmes furent émus, mais sa mort était arrêtée. Il marcha à l'échafaud avec courage; là, frappant du pied, et les yeux levés au ciel, il s'écria: « Voilà donc le prix de tout ce que j'ai fait pour la liberté! » Il avait trente-deux ans.

Vergniaud (1753-1794).

Vergniaud naquit à Limoges en 1753. Il débuta comme avocat à Bordeaux avec un très grand succès. C'était un homme d'une vivacité toute méridionale, ardent, véhément, capable d'énergie, malheureusement d'une paresse qui a paralysé tous ses dons ; s'il avait eu autant d'activité que de génie, autant d'énergie que de courage, il eût été à un moment donné le maître de la France. Nommé d'abord député à l'Assemblée législative, puis à la Convention, il déploya à la tribune un grand talent de parole. Son éloquence n'avait pas la véhémence de celle de Mirabeau, ni de Barnave ; son discours était imagé, abondant ; il faisait plus souvent appel au cœur qu'à la raison, il était plus capable d'émouvoir que de convaincre. Vergniaud était à la chambre le chef des Girondins, parti du juste milieu, entre la royauté et la république. Les Girondins étaient dévoués sincèrement à la cause de la liberté, et ils auraient voulu prévenir les excès de la Révolution. Avant de monter à la tribune pour y défendre les intérêts de la patrie, ils avaient l'habitude de se réunir, le soir dans les salons d'une femme célèbre, pleine d'âme et de génie, Mme Roland. En présence des excès de la Révolution, ils n'hésitèrent pas à protester avec courage. Lors des massacres de septembre, Vergniaud s'élança à la tribune et en flétrit avec éloquence les odieux attentats : les Girondins ne tardèrent pas à payer le prix de leur héroïque protestation. Ils furent tous jetés en prison. Dans sa défense, Vergniaud se montra admirable de pathétique et d'éloquence ; le peuple le salua d'acclamations ; mais le tribunal révolutionnaire ne lâchait pas si facilement sa proie. Vergniaud et les Girondins, au nombre de vingt-un, furent condamnés à périr sur l'échafaud. Avant de mourir, ils voulurent célébrer ensemble un dernier repas : là, à deux pas de la mort, ils prononcèrent les discours les plus éloquents sur l'immortalité de l'âme ; un seul d'entre eux se poignarda ; tous les autres marchèrent avec calme à la mort. Arrivés au pied de l'échafaud, tous s'écrièrent d'une même voix : Vive la liberté ! Vergniaud eut le triste privilège de mourir le dernier. Avec lui s'éteignit un génie qui aurait pu être une des plus belles gloires de l'éloquence politique.

Danton (1759-1794).

Danton, l'orateur populaire par excellence, naquit à Arcis-sur-Aube en 1759. Il se voua d'abord à la carrière du barreau et quand la Révolution éclata, il en embrassa la cause avec passion. Il avait une taille élevée, des formes d'athlète, une voix tonnante, une expression terrible, une énergie de caractère indomptable. Il fonda, à Paris, le club des Cordeliers, où il était regardé comme le génie révolutionnaire le plus actif et le plus puissant; c'est de là qu'il dictait ses volontés au peuple. Après l'arrestation de Louis XVI, il dirigea le rassemblement du Champ-de-Mars, où la déchéance du roi fut demandée. Ce fut lui qui traça le plan de la journée du 10 août; deux jours avant, il s'était présenté devant l'Assemblée, pour lui déclarer que le refus de prononcer la déchéance du roi serait le signal d'une insurrection, et cette menace, proférée d'une voix de tonnerre, avait impressionné vivement les députés.

Quand la Révolution fut toute-puissante, Danton devint ministre et apporta dans les affaires son indomptable énergie. Il sentit qu'une guerre à mort était déclarée entre l'ancienne et la nouvelle société. Aucun scrupule de justice, aucun sentiment d'humanité ne purent l'empêcher de prendre les mesures qu'il croyait les plus propres à faire triompher ses idées. « Pour sortir de la crise, disait-il, il faut de l'audace, encore de l'audace, toujours de l'audace. » L'audace ne lui manqua pas, en effet. Il organisa les journées de septembre et se baigna dans le sang de ses concitoyens.

Lorsque, au milieu de ses excès, il voulut s'arrêter, il fut perdu: il se vit préférer un homme qui était depuis longtemps jaloux de son influence, et qui mit tout en œuvre pour le ruiner dans la confiance du peuple: ce fut Robespierre, orateur plein de fiel, d'égoïsme et de vanité. Danton pressentit les dangers qui menaçaient sa tête. Il se retira quelque temps de la scène politique, et se réfugia dans sa ville natale. Robespierre profita de son absence pour s'emparer du pouvoir et perdre son rival. Il accusa Danton de conspirer contre la République, l'accusation était absurde ; néanmoins, Danton fut jugé et condamné, sans pouvoir même se défendre. Il marcha au supplice comme un véritable tribun et gravit avec fermeté les degrés de l'échafaud ; arrivé sur la planche fatale, avant de courber la tête sous le couteau, il exhala une seule plainte en pensant à sa famille et donna un libre cours à son émotion : « O ma femme bien-aimée, ô mes enfants, je ne vous verrai plus ! » Puis se reprochant ce retour vers l'existence : « Allons, Danton, s'écria-t-il à haute voix, point de faiblesse ! » Et se tournant vers le bourreau : « Tu montreras ma tête au peuple, lui dit-il, elle en vaut bien la peine. » Sa tête tomba. L'exécuteur, obéissant à sa dernière pensée, la ramassa dans le panier et la promena autour de l'échafaud. La foule battit des mains. Ainsi finit celui qui avait été son idole.

Cazalès — l'abbé Maury.

Cazalès (1758-1805) fut l'orateur de la monarchie expirante. Il naquit à Grenade, entre Toulouse et Montauban. Son père était conseiller au parlement de Toulouse. Son éducation fut très négligée, car il embrassa la carrière militaire dès l'âge de quinze ans. Après la mort de son père, ayant conscience des ressources qu'il avait en lui-même il se décida à compléter ses études. Doué d'un jugement sain, d'une rare intelligence et d'une mémoire prodigieuse, il se mit à travailler avec ardeur, passant une partie de ses nuits à l'étude ; le jour lui restait pour ses autres devoirs et ses plaisirs. C'est ainsi que se forma, en secret, cet orateur éloquent.

Il était capitaine lorsqu'il fut nommé pour représenter la noblesse aux états-généraux : dès le premier jour, il se fit le défenseur de la monarchie menacée. Lorsqu'on agita la question de la réunion des trois ordres, il s'y opposa de tout son pouvoir. A la tribune, il défendit Louis XVI, et ne craignit pas de se mesurer avec Mirabeau. Un peu plus tard, il modéra ses opinions monarchiques et sembla faire des concessions à la Révolution. Ce changement dans ses idées le ruina dans l'estime des royalistes, qui l'accusèrent de trahison : les républicains, de leur côté, le soupçonnaient, non sans raison, de tenir à l'ancien régime. Après la journée du 10 août, Cazalès émigra à Coblentz, où il fut mal reçu par les princes. Il se réfugia alors en Italie, d'où il se rendit en Espagne et bientôt en Angleterre. Sous le Consulat, il n'accepta aucune place ; il mourut en 1805.

L'abbé Maury (1746-1817) fut comme Cazalès, l'organe de l'ancien régime. Il naquit à Valréas, près d'Avignon, en 1746. Son père était un simple artisan cordonnier. Dès sa jeunesse, comme il montrait une intelligence précoce, il fut envoyé au collége. Maury ne trompa point les espérances de sa famille. Après avoir terminé ses études dans un séminaire, il vint à Paris, où il entra, comme précepteur, dans une maison particulière. Il concourut pour des sujets de prix proposés par l'Académie française, et ses travaux furent accueillis avec faveur. Maury, qui était entré dans les ordres, s'adonna particulièrement à l'éloquence de la chaire. D'heureux essais lui obtinrent l'honneur de prononcer quelques discours devant l'Académie et devant l'assemblée du clergé de France. Il devint le prédicateur à la mode, et après avoir brillé dans les chaires de Paris, il fut appelé à Versailles pour prêcher l'Avent et le Carême devant le roi. Il dut ses succès autant à son habileté qu'à son talent, sachant ménager les prélats ou les philosophes, selon qu'il avait besoin des uns ou des autres.

La convocation des états-généraux ouvrit une nouvelle carrière à son ambition. Quoique roturier par sa naissance, il prit parti pour la noblesse. Son obstination nuisit à la royauté plus que les attaques de ses adversaires ; il perdit tout, en voulant tout conserver. Il se posa à la chambre comme l'antagoniste de Mirabeau : on riait de le voir s'obstiner à se faire écraser ; c'est au ridicule qui le popularisa, qu'il dut peut-être son inviolabilité. Quelques traits heureux le sauvèrent plus d'une fois du péril. La canaille le poursuivait un jour en criant : « *L'abbé Maury à la lanterne. — Y verrez-vous plus clair?* » répondit-il, et ce mot qui fit rire désarma les forcenés. Une autre fois, une troupe de gens le serrant de près : « *Envoyez-le dire la messe à tous les diables!* » s'écriait-t-on ; « *Soit, mais vous viendrez me la servir, voilà mes burettes*, répliqua-t-il en leur présentant deux pistolets. » Ces saillies et l'attitude soldatesque qu'il avait sous le petit manteau, lui avaient acquis une espèce de popularité

Sous la terreur, il put s'enfuir et se réfugier en Italie, d'où il ne revint que sous Napoléon. L'empire, qui en avait fait sa créature, le fit nommer archevêque de Paris, puis cardinal. Cette protection lui nuisit quand les Bourbons revinrent en France. Maury reprit le chemin de l'Italie, où il vécut pauvre et délaissé, et où il mourut en 1817. On a de lui un ouvrage intéressant sur l'*Eloquence de la chaire.*

CHAPITRE XIV

DE L'ÉLOQUENCE DE LA CHAIRE AU XVIII.º SIÈCLE

Jacques Bridaine — L'abbé Poulle — Réguis

Jacques Bridaine (1701-1767).

L'éloquence de la chaire au xviiiᵉ siècle, fut généralement inférieure à celle du siècle précédent. « Le temps de l'éloquence religieuse était passé, dit M. de Barante, la foi était éteinte chez la plupart des hommes, refroidie ou timide chez les autres. Les prédicateurs ressentaient l'effet de l'esprit général ; ils tâchaient de se faire pardonner et leur profession et leurs discours. » Quelques hommes cependant se distinguèrent, parmi lesquels nous citerons particulièrement Jacques Bridaine, l'abbé Poulle et Réguis.

Jacques Bridaine, né à Chusclan près d'Uzès, commença ses études au collége des jésuites d'Avignon. Ses supérieurs, frappés de sa puissante facilité d'élocution, l'engagèrent à se consacrer exclusivement à la prédication évangélique. Jamais carrière ne fut si bien remplie ; il est peu de villes et de bourgs du centre et du midi de la France où n'ait retentit sa parole. Il avait par excellence, l'éloquence populaire, spontanée, véhémente, abrupte mais pittoresque, qui convient aux missionnaires. Ce qui ajoutait à la force de ses discours, c'était une voix si sonore qu'elle pouvait facilement être entendue d'un auditoire de dix mille personnes. Bridaine parlait d'abondance et d'après de simples textes qu'il développait suivant les circonstances, le lieu et l'auditoire. Il mettait surtout un art consommé dans l'emploi des moyens propres à captiver l'attention, appelant à son aide les pompes extérieures du culte et des cérémonies, choisissant souvent l'heure de la chute du jour pour ses sermons, et les faisant précéder de processions, de cantiques et de prières. Peut-être faut-il voir là, la cause de tant de conversions soudaines et éclatantes qui ont marqué sa carrière missionnaire. Un jour, à la tête d'une procession qu'il venait de haranguer sur la brièveté de la vie, il finit par dire : « Je vais vous ramener chacun chez vous. » Et il conduisit ses auditeurs au cimetière. Dans un autre sermon sur la mort, il remuait la jeunesse indifférente par une apostrophe aussi saisissante qu'inattendue : « Sur quoi vous fondez-vous pour croire votre dernier jour si éloigné ? Vous dites, je n'ai encore que vingt ou trente ans... Ah ! ce n'est pas vous qui avez vingt ou trente ans, c'est la mort qui a déjà vingt ou trente ans d'avance sur vous ! » Le cardinal Maury nous a conservé l'exorde d'un sermon sur l'éternité, que Bridaine prononça à Saint Sulpice en 1751. La plus haute société de la capitale s'y était rassemblée par curiosité, pour entendre le missionnaire. Un auditoire si nouveau pour lui ne le troubla point, et cet exorde est un des plus beaux morceaux de la chaire moderne.

Massillon a caractérisé le talent de Bridaine en quelques mots. « Il eût, dit-il, effacé tous les orateurs, si une heureuse culture eût perfectionné ses dons naturels; il ressemble à une mine d'or où le précieux métal est confondu avec le sable. »

L'abbé Poulle — Réguis

L'abbé Poulle (1703-1781), né à Avignon, manifesta de bonne heure des dispositions pour la poésie. Devenu prédicateur, il se fit remarquer par une imagination vive et brillante, qui lui a fourni dans quelques-uns de ses discours, de très beaux mouvements oratoires. Ses deux meilleurs sermons sont ceux qu'il prononça en faveur des prisonniers et des enfants trouvés. L'effet de ses exhortations fut prodigieux. L'orateur put entendre un bruit plus doux à ses oreilles que celui des applaudissements: c'était l'or et l'argent tombant de tous côtés avec une abondance qui prouvait une émulation de charité. Beaucoup de personnes donnèrent tout ce qu'elles avaient sur elles et l'on ne se souvenait pas d'avoir rien vu de semblable.

L'abbé Poulle n'écrivait jamais ses sermons: il les garda quarante ans dans sa prodigieuse mémoire, et ce fut pour céder aux instances de son neveu, qu'il consentit enfin à les dicter, en 1778, trois ans avant sa mort. On reproche à cet orateur de laisser trop souvent apercevoir son art; il éblouit beaucoup plus qu'il ne persuade ; mais il entraîne par la vivacité des tours et des figures.

Réguis, curé dans les diocèses d'Auxerre et de Gap, exerça autour de lui une grande influence peu avant la Révolution française. Prédicateur des plus originaux, il fait passer son âme tout entière dans ses discours, qui sont d'un caractère simple, pratique et familier.

CHAPITRE XV

DE L'ÉLOQUENCE ACADÉMIQUE AU XVIIIᵉ SIÈCLE

De l'Éloquence académique en général. — Fontenelle. — d'Alembert. — Thomas. — La Harpe. — Chamfort.

De l'Éloquence académique en général

Dans les éloges qui constituent proprement l'Éloquence académique, l'écrivain s'impose l'obligation de montrer les vertus, les qualités de son héros, et de taire, de déguiser ses faiblesses ou ses erreurs. L'art consiste à ne point laisser voir l'embarras qui résulte d'une pareille contrainte. Pour réussir, l'orateur doit surtout parler au sentiment et l'entraîner par des mouvements rapides.

Au XVIIᵉ siècle, l'Académie proposait pour sujet du prix d'éloquence fondé par Balzac, quelque point de morale ou l'éloge des vertus du roi. L'Éloquence académique ne prit quelque importance qu'à partir du milieu du XVIIIᵉ siècle, lorsqu'elle sortit du cercle étroit des flatteries officielles, pour honorer la mémoire des hommes éminents par leurs vertus et leur génie.

Les orateurs qui ont brillé dans ce genre sont Fontenelle, d'Alembert, Thomas, La Harpe et Chamfort.

Fontenelle (Voir sa biographie, page 468).
Éloges des Académiciens (1708).

D'Alembert (Voir sa biographie, page 472)
Essai sur les gens de lettres.

Thomas (1732-1785)

Léonard Thomas naquit à Clermont-Ferrand et eut dix-sept frères ou sœurs qui tous moururent jeunes ; lui, à force de soins et de tendresse maternelle, traîna jusqu'à cinquante-deux ans une existence maladive. Il essaya d'abord de l'enseignement et exerça au collège de Beauvais les modestes fonctions de professeur de sixième. Mais sa santé délicate l'ayant obligé de renoncer à cette carrière, il devint secrétaire du duc de Praslin, alors ministre des affaires étrangères, ce qui lui permit de se livrer à son goût pour les lettres. Il concourut aux prix académiques et cinq de ses discours furent couronnés. Ces succès lui suscitèrent des détracteurs : on censura amèrement l'emphase de son style, que Voltaire, qui n'aimait pas le jeune écrivain, avait décrié par un bon mot, en l'appelant du *galithomas*. Le courroux de l'irascible vieillard avait pour cause quelques erreurs que Thomas s'était permis de relever dans le poème de la *Religion naturelle.*

L'*Éloge du maréchal de Saxe*, ceux de *d'Aguesseau*, de *Sully*, de *Duguay-Trouin* et de *Descartes* que l'Académie venait de couronner, furent des titres suffisants pour admettre Thomas au sein de la docte assemblée. Les critiques que ces *Éloges* lui attirèrent lui furent salutaires : guidé par un goût plus sûr, il dépouilla son style de l'emphase qu'on lui avait tant reprochée : ce défaut disparut dans l'*Éloge de Marc-Aurèle* qui mit le comble à sa célébrité. Malheureusement, l'existence du panégyriste était déjà menacée : un travail excessif avait usé avant le temps sa frêle organisation. Il essaya, dans les dernières années de sa vie, de se rétablir sous l'influence des contrées méridionales ; mais le beau ciel de Nice ne put le rendre à la santé. Il revint mourir au château d'Oullins, près de Lyon, dans les bras de sa sœur et de ses meilleurs amis.

« Thomas, dit Gérusez, a le sentiment de la grandeur, mais il n'en a pas la mesure ; il n'a pas non plus de place où développer sa force ; cette âme antique ne respire pas librement dans l'atmosphère corrompue des temps modernes. De là cette tension continue et cette emphase qui gâtent chez lui l'expression de sentiments nobles et vrais. »

La Harpe (Voir sa biographie, page 400)
Éloges de Fénelon et de Racine.

Chamfort (Voir sa biographie, page 405)
Éloge de Molière, Éloge de La Fontaine.

FIN

RÉSUMÉ SYNOPTIQUE

DE LA
LITTÉRATURE FRANÇAISE

Première Période. — Moyen Age

AUTEURS	DATES	OUVRAGES
POÈTES LYRIQUES (Langue d'Oc)		
TROUBADOURS CÉLÈBRES :		
Richard Cœur de Lion.	1157-1199	*Deux Sirventes.*
Bertrand de Born.	1145-1215	*Sirventes belliqueux.*
Bernard de Ventadour.	XIIᵉ siècle	*Tensons.*
Pérols.		
Arnaud de Marveil.	XIIᵉ siècle	*Tensons.*
Clara d'Anduze.		
POÈTES ÉPIQUES		
TROUVÈRES CÉLÈBRES :		
Turold.	XIIᵉ siècle	*Chanson de Roland.*
Robert Wace.	XIIᵉ siècle	*Roman de Brut.*
Chrétien de Troye.	XIIᵉ siècle	*Perceval le Gallois, Tristan de Léonnais, le Saint Graal,* etc.
Lambert.	XIIᵉ siècle	*Roman d'Alexandre.*
POÉSIE SATIRIQUE		
Auteur inconnu.	XIII ou XIVᵉ siècle	*Le Roman du Renart.*

PREMIÈRE PÉRIODE : LE MOYEN AGE

AUTEURS	DATES	OUVRAGES

FABLIAUX ET FABLES

Rutebeuf.	XIIIᵉ siècle	*Fabliaux.*
Marie de France.	XIIIᵉ siècle	*Isopet.*

POÈTES DIDACTIQUES

Guillaume de Lorris.	XIIIᵉ siècle	*Roman de la Rose.*
Jean de Meung.	1280-1318	

POÈTES LYRIQUES (Langue d'Oïl)

Charles d'Orléans.	1391-1465	*Ballades, Chansons, Rondeaux.*
Villon.	1431-1484	*Ballades des Dames du Temps jadis; Le Grand Testament; le Petit Testament.*

HISTORIENS

Villehardouin.	1155-1213	*Histoire de la Conquête de Constantinople.*
Joinville.	1224-1317	*Mémoires sur la Vie de saint Louis.*
Froissart.	1337-1410	*Chroniques.*
Christine de Pisan.	1363-1431	*Vie de Charles V; Épîtres sur le Roman de la Rose.*
Alain Chartier.	1385-1449	*Histoire de Charles VI et de Charles VII.*
Philippe de Commines.	1447-1509	*Mémoires.*

POÉSIE DRAMATIQUE

Confrères de la Passion.	XIᵉ siècle	*Les Mystères.*
Les Clercs de la Basoche.	XIVᵉ siècle	*Les Moralités.*
Les Enfants sans souci.	XVᵉ siècle	*Farces, Soties.*
Pierre Blanchet.	1459-1519	*L'Avocat Patelin.*

Deuxième Période. — La Renaissance

AUTEURS	DATES	OUVRAGES
POÈTES LYRIQUES		
Clément Marot.	1495-1544	Élégies, Épîtres, Ballades, Épigrammes.
Joachim Du Bellay.	1524-1560	Défense et Illustration de la Langue française ; Sonnets.
Pierre Ronsard.	1524-1585	Traduction des Amours d'Ovide, Odes, Hymnes.
Du Bartas.	1544-1590	Judith, la Semaine.
Philippe Desportes.	1546-1606	Psaumes.
Bertaut.	1552-1611	Élégies, Épîtres.
Malherbe.	1555-1628	Odes.
Racan.	1581-1670	Les Bergeries.
POÈTES DRAMATIQUES		
Jodelle.	1532-1573	Cléopâtre captive.
Robert Garnier.	1534-1590	Tragédies.
Alexandre Hardy.	1560-1640	Tragédies, Comédies et Pastorales.
PHILOSOPHES ET MORALISTES		
Rabelais.	1483-1553	Gargantua, Pantagruel.
Jacques Amyot.	1513-1593	Vie des Hommes illustres.
Michel Montaigne.	1533-1592	Les Essais.
Jean Calvin.	1509-1564	Institution chrétienne.

DEUXIÈME PÉRIODE : LA RENAISSANCE

AUTEURS	DATES	OUVRAGES
HISTORIENS		
Blaise de Montluc.	1502-1577	*Commentaires.*
Pierre Brantôme.	1527-1604	*Mémoires.*
François La Noue.	1531-1594	*Discours politiques et littéraires.*
Pierre Pithou, Jean Leroy, Gillot, Passerat, Christien, Nicolas Rapin.	XVIe siècle	*Satire Ménippée.*
Théodore de Bèze.	1519-1605	*Histoire des Églises réformées de France.*
Agrippa d'Aubigné.	1550-1630	*Histoire universelle.* Satire : les *Tragiques.*
Président De Thou.	1553-1617	*Histoire universelle.*

Troisième Période. — Le Dix-Septième Siècle

POÈTES TRAGIQUES

Pierre Corneille.	1606-1684	Le *Cid*, *Horace*, *Cinna*, *Polyeucte*, *Pompée*, *Rodogune.*
Thomas Corneille.	1625-1709	*Comte d'Essex*, *Ariane.*
Rotrou.	1609-1650	*Venceslas.*
Jean Racine.	1639-1699	*Andromaque*, *Britannicus*, *Iphigénie*, *Phèdre*, *Esther*, *Athalie.* — Bérénice, Bajazet, Mithridate.

AUTEURS	DATES	OUVRAGES

POÈTES COMIQUES

Pierre Corneille.	1606-1684	Le *Menteur*.
Molière.	1622-1673	*Misanthrope, Tartufe, l'Avare, Les Femmes savantes*. — Les *Précieuses ridicules*, l'École des Maris, l'École des Femmes, le Mariage forcé, les Fâcheux, Don Juan, l'Amour médecin, le Médecin malgré lui, Amphitryon, le Bourgeois gentilhomme, le Malade imaginaire.
Jean Racine.	1639-1699	Les Plaideurs.
Dancourt.	1661-1726	Le Chevalier à la Mode.
Dufresny.	1648-1724	L'Esprit de contradiction, etc.
Boursault.	1638-1701	Le Mercure galant, Esope à la Ville, etc.
Brueys.	1640-1723	Le Frondeur, l'Avocat patelin.
Palaprat.	1650-1721	
Régnard.	1655-1709	Le *Joueur*, le Légataire universel.

POÈTES SATIRIQUES ET DIDACTIQUES

Boileau.	1636-1711	*Satires, Épîtres*, le *Lutrin*, l'*Art poétique*.

FABULISTES

La Fontaine.	1621-1695	*Fables*.

TROISIÈME PÉRIODE : LE XVIIᵉ SIÈCLE

AUTEURS	DATES	OUVRAGES
POÉSIE PASTORALE ET POÉSIE LÉGÈRE		
Segrais.	1624-1701	Églogues.
Mᵐᵉ Deshoulières.	1637-1674	Idylles.
Chaulieu.	1639-1720	Solitude de Fontenay, la Retraite, la Goutte.
ORATEURS DE LA CHAIRE : SERMONS		
Bossuet.	1627-1704	Sermons.
Bourdaloue.	1632-1704	*Sermons.*
Massillon.	1663-1742	*Le Petit nombre des Élus.*
Jacques Saurin.	1677-1730	Sermons.
ÉLOQUENCE DE LA CHAIRE : ORAISONS FUNÈBRES		
Bossuet.	1627-1704	*Henriette d'Angleterre, la Duchesse d'Orléans, Prince de Condé.*
Fléchier.	1632-1710	Oraison funèbre de *Turenne*.
Mascaron.	1634-1720	Oraison funèbre de la Reine d'Angleterre, du Duc de Beaufort, de Turenne, etc.
ÉLOQUENCE JUDICIAIRE		
Olivier Patru.	1604-1681	
ÉLOQUENCE ACADÉMIQUE		
Pélisson.	1624-1693	Mémoires.

AUTEURS	DATES	OUVRAGES
PHILOSOPHES ET MORALISTES		
Descartes.	1596-1650	Discours sur la méthode
Solitaires de Port-Royal : Saint-Cyran, Antoine Le Maitre, Le Maistre de Séricourt et Le Maistre de Sacy, Arnauld d'Andilly, Antoine Arnauld, Lancelot, Nicole, Pascal.		Logique, Racines grecques, Histoire ecclésiastique.
Antoine Arnauld.	1612-1694	De la Fréquente Communion, Lettre à une Personne de Condition, de la Perpétuité de la Foi.
Pierre Nicole.	1625-1695	Moyen de conserver la Paix avec les Hommes.
Pascal.	1623-1662	*Les Provinciales, Pensées.*
La Rochefoucauld.	1613-1680	*Maximes.*
La Bruyère.	1645-1696	*Caractères.*
Fénelon.	1651-1715	*Traité de l'Éducation des Filles, Fables, Traité de l'Existence de Dieu, Dialogue sur l'Éloquence, Dialogue des Morts, Lettre à l'Académie, Aventures de Télémaque.*

TROISIÈME PÉRIODE : LE XVII° SIÈCLE

AUTEURS	DATES	OUVRAGES

HISTORIENS ET CHRONIQUEURS

Mézeray.	1610-1683	Histoire du règne d'Henri III.
Bossuet.	1627-1704	*Discours sur l'Histoire universelle.*
L'abbé Fleury.	1640-1723	Histoire de l'Église.
L'abbé de Saint Réal.	1639-1692	Histoire de la Conjuration des Espagnols contre Venise.
L'abbé Vertot.	1655-1735	Révolution romaine, de Portugal, de Suède, Histoire de Malte.
Le Cardinal de Retz.	1614-1679	Mémoires.
Mme de Motteville.	1621-1689	Mémoires.
Pierre Bayle.	1643-1706	Dictionnaire historique.

GENRE ÉPISTOLAIRE

Balzac.	1597-1655	Lettres.
Voiture.	1598-1648	Lettres.
Mme de Sévigné.	1626-1696	*Lettres.*
Mme de Maintenon.	1635-1719	Lettres.

ROMANCIERS

Honoré d'Urfé.	1568-1625	L'Astrée.
Mlle de Scudéry.	1607-1701	Le Grand Cyrus, Clélie.
Scarron.	1610-1660	Roman comique.
Mme de La Fayette.	1634-1693	La Princesse de Clèves.

Quatrième Période. — Le Dix-Huitième Siècle

AUTEURS	DATES	OUVRAGES
POÈTES ÉPIQUES		
Voltaire.	1694-1778	La *Henriade*.
POÈTES TRAGIQUES		
Crébillon.	1674-1762	*Rhadamyste et Zénobie, Atrée*.
Voltaire.	1694-1778	*Zaïre, Alzire, Mahomet, Mérope*.
Houdard de La Motte.	1672-1731	*Inès de Castro*, Fables.
Pierre de Belloy.	1727-1775	*Le Siège de Calais*.
La Harpe.	1739-1803	*Mélanie, Coriolan, Philoctète*.
Lemierre.	1733-1793	*Hypermnestre, Guillaume Tell, la Veuve du Malabar, Barnevelt*.
Champfort.	1741-1794	*Mustapha, la Jeune Indienne*.
POÈTES COMIQUES		
Destouches.	1680-1754	*Le Glorieux*.
Le Sage.	1668-1747	*Turcaret* (voir *Romanciers*).
Piron.	1689-1773	*Métromanie*.
Gresset.	1709-1777	*Le Méchant*.
Marivaux.	1688-1763	*Les Jeux de l'Amour et du Hasard*.
Sedaine.	1719-1797	*Le Philosophe sans le savoir*.
Beaumarchais.	1732-1799	*Le Barbier de Séville*, le *Mariage de Figaro*.

QUATRIÈME PÉRIODE : LE XVIIIe SIÈCLE

AUTEURS	DATES	OUVRAGES
POÈTES LYRIQUES		
Jean-Baptiste Rousseau.	1670-1741	Odes sacrées, Odes profanes, Cantates, Épîtres, Allégories, Épigrammes.
Le Franc de Pompignan.	1709-1784	Poésies sacrées.
Malfilâtre.	1732-1767	Odes : Narcisse.
Ecouchard Lebrun.	1729-1807	Odes.
André Chénier.	1762-1794	Odes, Iambes.
POÈTES DIDACTIQUES & DESCRIPTIFS		
Louis Racine.	1692-1763	La Grâce, la Religion.
Saint Lambert.	1716-1803	Les Saisons.
Roucher.	1745-1794	Les Mois.
Jacques Delille.	1738-1813	Les Géorgiques, les Jardins, l'Imagination, l'Homme des Champs, les Trois règnes de la Nature. Poèmes : la Pitié, la Vieillesse, le Paradis perdu, de Milton.
Lemierre.	1739-1793	La Peinture. Poème : les Fastes.
POÈTES SATIRIQUES		
Gilbert.	1751-1780	Le Dix-huitième Siècle, Mon Apologie, Odes.
FABULISTES		
Florian.	1755-1794	Fables. Poèmes : Estelle et Némorin, Gonzalve de Cordoue, Galathée.

QUATRIÈME PÉRIODE : LE XVIIIᵉ SIÈCLE

AUTEURS	DATES	OUVRAGES
POÉSIE LÉGÈRE ET FUGITIVE		
Gresset.	1709-1777	Vert-Vert, le Carême impromptu, le Lutrin vivant, les Chartreuses, les Ombres.
Voltaire.	1694-1778	Epîtres, Contes.
PHILOSOPHES ET MORALISTES		
Fontenelle.	1657-1757	Entretiens sur la pluralité des Mondes, Éloges.
Diderot.	1713-1784	L'Encyclopédie.
D'Alembert.	1717-1783	Discours préliminaire de l'Encyclopédie.
Condillac.	1715-1780	Traité des Sensations.
Helvétius.	1715-1771	De l'Esprit.
Grimm.	1723-1807	Lettres de critiques littéraires.
d'Holbach.	1723-1789	Le Maître d'hôtel des Encyclopédistes.
Voltaire.	1694-1778	Lettres sur les Anglais, Dictionnaire philosophique, etc.
Jean-Jacques Rousseau.	1712-1778	Lettre à d'Alembert sur les spectacles. Le Contrat social, l'Emile, les Confessions.
Vauvenargues.	1715-1747.	Maximes.
Duclos.	1704-1772	Considérations sur les mœurs.
Montesquieu.	1689-1755	Lettres persanes, Considérations sur les causes de la grandeur et de la décadence des Romains, Esprit des Lois.

QUATRIÈME PÉRIODE : LE XVIIIᵉ SIÈCLE

AUTEURS	DATES	OUVRAGES
PHILOSOPHES ET MORALISTES (*Suite*).		
Buffon.	1707-1788	*Etudes de la Nature, Histoire naturelle, Epoques de la Nature, Discours sur le Style.*
Bernardin de St-Pierre.	1737-1814	*Etudes de la Nature, les Vœux d'un Solitaire.* (Voir *Romanciers.*)
HISTORIENS		
Saint-Simon.	1675-1755	*Mémoires.*
Charles Rollin.	1661-1741	*Traité des Etudes, Histoire ancienne, Histoire romaine.*
Voltaire.	1694-1778	*Histoire de Charles XII, le Siècle de Louis XIV, Essai sur les mœurs.*
Mably.	1709-1785	*Parallèles des Romains et des Français, Observations sur l'histoire de la Grèce, Entretien de Phocion.*
Duclos.	1704-1772	*Histoire de Louis XI, Mémoires secrets sur les règnes de Louis XIV et de Louis XV.*
Barthélemy.	1716-1795	*Voyage du jeune Anacharsis en Grèce.*
De Rulhière.	1735-1791	*Histoire de l'anarchie de Pologne et du démembrement de cette république.*
Anquetil.	1723-1806	*Esprit de la Ligue, Histoire universelle.*

AUTEURS	DATES	OUVRAGES
ROMANCIERS		
L'abbé Prévost.	1697-1763	*Manon Lescaut.*
Le Sage.	1668-1747	*Le Diable boiteux, Gil Blas.*
Marmontel.	1723-1799	*Bélisaire, les Incas.*
Voltaire.	1694-1778	Romans et Contes.
Bernardin de St-Pierre.	1737-1814	*Paul et Virginie.*
ORATEURS POLITIQUES		
Mirabeau.	1749-1791	*Discours sur la Banqueroute*, etc.
Barnave.	1761-1793	*Discours sur le droit de paix et de guerre*, etc.
Vergniaud.	1753-1794	Chef des Girondins.
Danton.	1759-1794	Orateur populaire.
Cazalès.	1758-1805	Orateur de la monarchie.
L'abbé Maury.	1746-1817	Orateur de la monarchie.
ORATEURS DE LA CHAIRE		
Jacques Bridaine.	1701-1767	*Sermon sur l'Eternité.*
L'abbé Poulle.	1703-1781	*Sermons.*
Réguis.		*Prônes.*
ÉLOQUENCE ACADÉMIQUE		
Fontenelle.	1657-1757	*Eloges.*
D'Alembert.	1717-1783	*Essai sur les gens de lettres.*
Thomas.	1732-1785	*Eloges.*
La Harpe.	1739-1803	*Eloges.*
Chamfort.	1741-1794	*Eloges.*

TABLE ANALYTIQUE

DES MATIÈRES

ACADÉMIE FRANÇAISE, sa fondation, page 109.
ALCOVISTES, voy. Précieuses.
ALEXANDRE LE GRAND (poème d'), page, 21.
ALLÉGORIE, son règne et son abus au XIII° siècle, 30.
ALLEMAND (Idiome), son expulsion, 4.
AMYOT, sa traduction, 87.
ANACHARSIS (voyage d'), ouvrage de l'abbé Barthélemy, 521.
ANGLETERRE, son influence sur la France au XVIII° siècle, 379.
ANQUETIL, historien, 523.
ARMORICAIN (Cycle), 19.
ARNAUD, Antoine, docteur de Port-Royal, 301.
ARNAULD DE MARVEIL, troubadour du XII° siècle, 13.
ARTHÉNICE, Catherine de Vivonne, mère de Julie d'Angennes. — Son salon bleu, 109.
ARTHUR (cycle armoricain), 19.

BAIF, poète de la Pléiade, 66.
BALZAC (Honoré de), 105. — Ses *Lettres*, 352.
BAOUR-LORMIAN, 482.
BARNAVE, orateur politique, 534.
BARTHÉLEMY (l'abbé), 519.
BASOCHE (clercs de la), 54.
BAYLE, Pierre, historien et philosophe, 349.
BEAUMARCHAIS, poète dramatique, 413.
BERTAUT, poète, 69.

BERNARD DE VENTADOUR, troubadour, 12.
BERTRAND DE BORN, troubadour et guerrier du XIII° siècle, 11.
BLANCHET, Pierre, auteur de l'*Avocat Patelin*, 56.
BLONDEL, troubadour du XII° siècle, 11.
BÈZE (Théodore de), historien, page, 98.
BOILEAU-DESPRÉAUX, 226. Ses œuvres : *Satires*, 231. — *Epîtres*, 235. — *Art poétique*, 240. — *Le Lutrin*, 244.
BOSSUET, sa vie, 263. — Ses *Oraisons funèbres*, 282. — *Discours sur l'histoire universelle*, 345.
BOURDALOUE, prédicateur, 270.
BOURSAULT, poète dramatique, page, 219.
BRANTOME, historien, 96.
BRIDAINE, prédicateur, 540.
BRUEYS a remis au théâtre l'*Avocat Patelin*, 219.
BRUT (le) d'*Angleterre*, poème de Wace, 19.
BUDÉ, célèbre professeur au Collége de France, 61.
BUFFON, sa vie, 499. — Son *Histoire naturelle*, 503. — *Discours sur le style*, 506.

CALVIN, ses ouvrages, 91.
CARLOVINGIENNE (époque), premier cycle épique (XI° siècle), 17.
CELTES : leur caractère. — Idiomes celtiques : leur influence sur la langue fran-

çaise, 2.

CHAMFORT, poète dramatique et orateur, 405, 543.

CHANSONS DE GESTES, voyez GESTES.

CHAPELAIN, auteur de *Jeanne d'Arc*, 106.

CHARLEMAGNE, les poètes du moyen âge lui attribuent tous les succès remportés sur les infidèles, 17.

CHARLES IX, ses vers en réponse à Ronsard, 67.

CHARLES D'ORLÉANS, poète lyrique, 34.

CHARTIER, Alain, historien, 47.

CHAULIEU, poète, 260.

CHÉNIER, André, ses élégies, 435. — sa mort, 437.

CHEVALERIE, son influence sur la littérature, 7.

CHRESTIEN DE TROYE, son poème de *Perceval*, 21.

CHRISTINE DE PISAN, historien et poète, 46.

CHRONIQUES monacales, 40.

CLARA, d'Anduze; troubadour, page, 13.

CLÉLIE, roman de Mlle Scudéry (carte du pays du Tendre), page, 368.

COLLÉGE ROYAL (Collége de France), sa fondation, ses premiers professeurs célèbres, 60.

COMMINES (Philippe de), ses *Mémoires*, 48.

CONDILLAC, son système, 473.

CONFRÉRIE de la Passion représente des spectacles tirés du Nouveau Testament, 53.

CONRART, littérateur, 235.

COTTIN (abbé), 106.

CORNEILLE, Pierre, ses comédies, argument de *Mélite*; 110 analyse du *Cid*, 115. — *Horace*, 121. — *Cinna*, 123. — *Polyeucte*, 128. — *Pompée*, 131. — *Rodogune*, 133.

CORNEILLE, Thomas, poète dramatique, 195 analyse d'*Ariane*, 186. — Le *comto d'Essex*, 193.

COURS D'AMOUR, leur origine, leur but, 10.

CRÉBILLON, poète tragique, 389.

CYCLE FRANÇAIS (XIe siècle), poésies carlovingiennes, 17.

D'ALEMBERT, son *Discours préliminaire* en tête de *l'Encyclopédie*, 472.

DANCOURT, auteur dramatique, 219.

DANÈS, premier professeur de grec au Collége de France, 60.

DANTON, orateur, 537.

DAUBENTON, collaborateur de Buffon, 501.

D'AUBIGNÉ, historien et poète, 93.

DORAT, poète et érudit, 60.

DE BELLOY, poète dramatique, 399.

DELILLE, poète de l'école descriptive, 447.

DESCARTES, son *Discours de la méthode*, 296, 298.

DESCRIPTIVE (Poésie) au XVIIIe siècle, 441.

DESPORTES, Philippe, poète, 69.

DESTOUCHES, auteur dramatique, 406.

D'HOLBACH, philosophe, 474.

DIDACTIQUE (Poème), son règne au XIIIe siècle, 30.

DIDEROT, philosophe et auteur dramatique, dirige l'*Encyclopédie*, 470.

D'ORLÉANS. Voy. Charles d'Orléans.

DU BARTAS, son poème de *la Semaine*, 69.

DU BELLAY, Joachim, son livre de l'*Illustration de la langue française*, 64, 65.

DUCLOS, moraliste, *Considérations sur les mœurs*, 49.

TABLE ANALYTIQUE DES MATIÈRES

Dufresny, auteur dramatique, 219.
D'Urfé (Honoré), romancier, l'*Astrée*, 303.

Encyclopédistes, 470.
Enfants (les) sans souci ressentent sous Charles VI les *Soties*, 56.
Épopée française au moyen âge, page 15.
Essais de Montaigne, 90.

Fabliaux (xive siècle), 26.
Farces (les) (xve siècle), drames populaires, 56.
Fénelon, ses œuvres, 320.
Fléchier, orateur, 291.
Fleury (l'abbé), historien, 346.
Florian, poète et romancier, 459.
Fontenelle, ses œuvres, 468.
Fouquet, défendu par La Fontaine, 250.
Froissart, sa *Chronique*, 43.

Gaels, premier peuple de la Gaule, 2.
Gargantua et Pantagruel, œuvre de Rabelais, 84.
Garnier, poète dramatique, 80.
Gaulois, leur caractère, 2.
Germains, leur influence sur la formation de la langue française, 4.
Gerson, condamne le *Roman de la Rose*, 93.
Gestes (chanson de) au xie siècle, 17.
Gilbert, poète satirique, 454.
Graal (le saint), vase de la Sainte-cène, sa légende (xiie siècle), 21.
Grèce, son influence sur la Gaule, 3.
Gresset, poète et auteur dramatique, 410, 465.
Grignan (Mme de), fille de Mme de Sévigné, 357.

Grimm, philosophe, 474.
Guillaume de Lorris, un des auteurs du *Roman de la Rose*, page 31.

Helvétius, son livre de l'*Esprit*, page 473.
Ibères, peuple de la Gaule, leur langue, 1.
Idiomes modernes, leur formation, 4.
Imprimerie, son invention, son influence sur la Renaissance au xive siècle, 69.
Institution de la religion chrétienne, œuvre de Calvin, 94.
Invasion romaine substitue le latin aux idiomes celtiques, page 3.

Jansénius, doctrine du jansénisme, 300.
Jean de Meung, un des auteurs du *Roman de la Rose*, 31.
Jeanne d'Arc, poème par Chapelain, 106.
Jodelle, poète de la *Pléiade*, ses pièces dramatiques, 79.
Joinville, ses *Mémoires*, 42.
Jongleurs (xie et xiie siècles), poètes attachés aux troubadours, 7.
Julie d'Angennes, fille de Catherine de Vivonne (hôtel de Rambouillet), 103.

Kymris, population de l'ouest de la Gaule, 3.

La Boétie, son caractère, ses ouvrages, 89.
La Bruyère, ses *Caractères*, 316.
La Calprenède, romancier, 363.

La Fare, poète, 26.
La Fayette (Mme de), sa vie, ses romans, 108, 373.
La Fontaine, sa vie, 247. — Ses *Contes*, 250. — Ses *Fables*, page 252.
La Harpe, critique et auteur dramatique, 400.
Lais, 26.
Lambin, professeur célèbre, mot que son nom ajoute à la langue française, 60.
La Motte, auteur dramatique, 398. — Fabuliste, 459.
Lancelot, écrivain de Port-Royal, 300.
Lancelot du Lac, poème de la Table-ronde, 20.
Langue d'Oc, langue d'Oïl, dialectes du midi et du nord de la France (xie siècle), 5.
La Noue, auteur de *Mémoires*, page 97.
La Rochefoucauld, moraliste et historien, 313.
La Sablière, dame célèbre au xviie siècle, 251.
Latin, son expulsion au vi^e siècle, 4.
Lebrun (Ecouchard), poète lyrique, 431.
Le Franc de Pompignan, ses poésies, 426.
Lemierre, poète et auteur dramatique, 403, 453.
Leroy (Pierre), prit part à la *Satire Ménippée*, 97.
Le Sage, ses œuvres, 408.
Louis xiv, son siècle, 101.
Luther, sa réforme, 59.

Mably, historien et philosophe, page 518.
Maintenon (Mme de), écrit des *Lettres*, 360.
Malfilatre, poète lyrique, 429.
Malherbe, sa réforme en poésie, page 71.

Marie de France, ses *Lais*, poèmes et fables, 30.
Marivaux, auteur dramatique, page 412.
Marmontel romancier, 527.
Marot (Clément), fut l'un des Enfants sans souci, ses œuvres, page 61.
Mascaron, orateur, 292.
Massillon, prédicateur, son *Petit carême*, 273.
Maury, orateur, 539.
Ménippée (satire), analyse, 97.
Mézeray, historien, 342.
Mirabeau, orateur, 530.
Molière, 172, ses chefs-d'œuvre :
Le Misanthrope, 180. — Tartuffe, 182. — L'Avare, 187. — Les Femmes savantes, 192. — Œuvres secondaires : Les Précieuses ridicules, 195. — L'École des Maris, 198. — L'École des Femmes, 199. — Le Mariage forcé, 200. — Les Fâcheux, 202. — Don Juan, 202. — Le Médecin malgré lui, 206. — Amphytrion, 209. — Le Bourgeois gentilhomme, 210. — Le Malade imaginaire, 212.
Montaigne, ses *Essais*, 89.
Montesquieu, sa vie, 492. — *Lettres persanes*, 496. Considération sur la grandeur et la décadence des Romains, 497. — Esprit des Lois, 498.
Montluc (Blaise de), ses *Commentaires*, 96.
Moralités, pièces allégoriques (xive siècle), analyse d'une de ces pièces, 54.
Motteville (Mme de) a écrit des *Mémoires*, 349.
Mystères, leur origine, 53.

Nicole, écrivain de Port-Royal, page 303.

TABLE ANALYTIQUE DES MATIÈRES

Palaprat, poète dramatique, son *Avocat Patelin*, 120.
Pascal, sa vie, 305. — Les *Provinciales*, 309. — Les *Pensées*, page 311.
Passerat, poète, prit part à la *Satire Ménippée*, 97.
Passion (Mystères de la), 53.
Patelin (l'avocat), analyse de cette farce, 56. — Imité par Brueys et Palaprat. 219.
Patru, orateur, 293.
Pellisson, orateur et historien, page 294.
Perceval, roman de Chrétien de Troyes, 19.
Pérols, troubadour, 12.
Piron, sa *Métromanie*, 410.
Pléiade au xvi° siècle (Du Belloy, Baïf, Jodelle, etc., 65.
Port-Royal, abbaye dirigée au xvii° siècle par la famille Arnault, asile du jansénisme, page 299.
Précieuses, nom donné aux dames qui se proposèrent au xvii° siècle d'épurer la langue, 104. — Critiquées par Molière, 195.
Poulle (abbé), prédicateur, 542.
Prévost (abbé), son roman de *Manon Lescaut*, 524.
Provençal (Idiome), langue d'oïl, sa formation, 5. — Causes de sa décadence, 13.

Rabelais, sa vie et son livre, pages, 80, 84.
Racan, poète pastoral, 77.
Racine, Jean, 139 son théâtre : *Andromaque*, 149. *Britannicus*, 151. — *Iphigénie*, 154. — *Phèdre*, 156. — *Esther*, 159. — *Athalie*, 163. Œuvres de second ordre : *Bérénice*, 165. — *Bajazet*, 166. — *Mithridate*, 167.

Racine, Louis, ses poésies, 441.
Rambouillet (Hôtel de), lieu de réu.ion littéraire au xvii° siècle, 131.
Ramus, philosophe, 61.
Réforme littéraire au xvi° siècle, page 64.
Regnard, ses comédies, 220.
Regnier, Mathurin, poète satyrique, 70.
Reguis, prédicateur, 543.
Renaissance au xvi° siècle, 58.
Renard (Roman du), analyse de ce poème, 23.
Retz (Paul de Gondi, cardinal de), historien de la Fronde, page 348.
Révolution française, éloquence de la tribune, 530.
Richard Cœur-de-Lion, troubadour, 11.
Richelieu, fonde l'Académie française, 109, se fait auteur dramatique, 111.
Roland (Chanson de) (xi° siècle). — Analyse de ce poème, 17.
Rollin, son caractère, ses œuvres, 513.
Roman comique. — Voy. Scarron.
Romane (Langue), substituée à la tudesque, 4.
Romans français, en prose, au xiv° siècle, 30.
Ronsard, poète lyrique, 65.
Rose (Roman de la), son analyse et ses auteurs, 32.
Rotrou, ses tragédies, 137.
Roucher, poète lyrique, 446.
Rousseau (J.-B.), ses œuvres, page 417.
Rousseau (J.-J.), sa vie, 475. — *Lettre à d'Alembert*, 482. — *La Nouvelle Héloïse*, 483. — *Le Contrat social*, 483. — *L'Émile*, 485. — *Les Confessions*, 487.

RULHIÈRES (de), historien, 522.
RUTEBEUF, trouvère du XIII° siècle, 29.

SAINT-CYRAN (l'abbé de), directeur à Port-Royal, 300.
SAINT-GRAAL. Voy. Graal.
SACY (Sylvestre de), 300.
SAINT-LAMBERT, poète de l'école descriptive, 444.
SAINT-PIERRE (Bernardin), sa vie, page 508. — Ses *études de la Nature*, 511. — *Paul et Virginie*, 510.
SAINT-RÉAL, historien, 347.
SAINT-SIMON, ses *Mémoires*, 513.
SAURIN (Jacques), prédicateur protestant, 278.
SCARRON, son *Enéide travestie*, 371. — Analyse du *Roman comique*, 371.
SCUDÉRY (Mlle de), ses romans pages, 107, 366.
SEDAINE, auteur dramatique, 412.
SEGRAIS, poète pastoral, 258.
SÉVIGNÉ (Mme de) ses *Lettres*, page 354.
SIRVENTES, chants lyriques des troubadours, 11.
SOTIES, pièces dramatiques satiriques du XIV° siècle, page 56.

TABLE RONDE, chevalerie établie par le roi Arthur, origine de ce mot, 20.
TENDRE (Le pays du), sa carte (*Clélie*), 389.
TENSONS, ou *Jeux-partis*, dialogues et disputes d'amour entre toubaudours, 10.

THIBAUT IV, comte de Champagne, ses poésies, 34.
THOMAS, poète et orateur, 541.
THOU (de), son *Histoire*, 98.
TRISTAN, poème de la Table-ronde (XII° siècle), 19.
TROIE (Guerre de), chantée par les Trouvères, 21.
TROUBADOURS (du XI° au XIII° siècle), caractère de leur poésie, page 11.
TROUVÈRES, poètes du Nord de la France, du XI° au XV° siècle ; leurs chants lyriques ; caractère de leurs chants, 16.
TUROLD, trouvère normand, sa *Chanson de Roland*, 17.

VATABLE, érudit, 60.
VAUGELAS, grammairien, 109.
VAUVENARGUES, (Marquis de), moraliste, 490.
VERGNIAUD, orateur, 535.
VERTOT, historien, 347.
VILLEHARDOUIN (Geoffroy de), son *Histoire de la conquête de Constantinople*, 41.
VILLON (François), sa vie, ses œuvres, 6.
VOITURE, sa vie, 105, — ses *Lettres*, 353.
VOLTAIRE, sa vie, 375. — La *Henriade*, 384. — *Zaïre*, 391. — *Alzire*, 395. — *Mahomet*, 396. — *Mérope*, 397. — *Histoire de Charles XII*, 515. — *Essai sur les mœurs*, 517. — *Siècle de Louis XIV*, 516. Sa philosophie, 474. — Poésie légère et fugitive, 467. — Romans et contes, 529.
WACE, trouvère, 16.

TABLE GÉNÉRALE
DES MATIÈRES

LITTÉRATURE FRANÇAISE AU MOYEN AGE

CHAPITRE PREMIER
ORIGINES DE LA LANGUE FRANÇAISE

Peuples primitifs de la Gaule. — Influence des Grecs, des Romains, des Germains et des Normands sur la formation de la langue française............... 1

CHAPITRE II
DE LA POÉSIE LYRIQUE AU MOYEN AGE (LANGUE D'OC)

Du genre épique en général. — Causes des progrès de la poésie dans le Midi. — Troubadours et Jongleurs. — Troubadours célèbres. — Causes de la décadence de la poésie provençale............... 5

CHAPITRE III
DU GENRE ÉPIQUE AU MOYEN AGE

Du genre épique en général. — Poèmes carlovingiens. — *Chanson de Roland* — Poèmes armoricains ou d'Arthur : *Roman de Brut*, *Tristan de Léonnais*, *le Saint-Graal*. — Poèmes tirés de sujets antiques : *le Roman d'Alexandre*............ 15

CHAPITRE IV
DE LA POÉSIE SATIRIQUE AU MOYEN AGE

Du genre satirique en général : Le *Roman du Renard*............... 22

CHAPITRE V

LAIS, FABLIAUX ET FABLES

Lais : Le *lai de l'Oyselet*. — Fabliaux et contes : *Rutebeuf* (xii° siècle). — Fables : *Marie de France* (xii° siècle).. 26

CHAPITRE VI

DU GENRE DIDACTIQUE AU MOYEN AGE

Du genre didactique en général. — Guillaume de Lorris. — Jean de Meung : *Roman de la Rose*..... 30

CHAPITRE VII

DE LA POÉSIE LYRIQUE AU MOYEN AGE (LANGUE D'OIL)

Thibaut, comte de Champagne (xiii° siècle). — Charles d'Orléans (xiv° siècle). — Villon (xv° siècle)....... 34

CHAPITRE VIII

HISTORIENS DU MOYEN AGE

Du genre historique en général. — Premiers monuments historiques. — Villehardouin (xii° siècle). — Joinville (xiii° siècle). — Froissart (xiv° siècle). — Christine de Pisan (xiv° siècle). — Alain Chartier (xiv° siècle). — Philippe de Comines (xv° siècle)... 39

CHAPITRE IX

DE LA POÉSIE DRAMATIQUE AU MOYEN AGE

Du genre dramatique en général. — Origine du théâtre en France. — Confrères de la Passion : — *les Mystères*. — Les Clercs de la Basoche : *Les Moralités*. — Les Enfants sans souci : *Farces, soties, l'Avocat Patelin*..................................... 50

LA RENAISSANCE AU XVI° SIÈCLE

CHAPITRE PREMIER

VUE GÉNÉRALE DE LA LITTÉRATURE AU XVI° SIÈCLE

Causes de la Renaissance. — Fondation du Collége de France.. 58

TABLE GÉNÉRALE DES MATIÈRES 567

CHAPITRE II
DE LA POÉSIE LYRIQUE AU XVIᵉ SIÈCLE

Clément Marot. — Réforme littéraire. — Joachim du Bellay. — Pierre Ronsart. — Du Bartas. — Desportes. — Bertaud. — Mathurin Régnier. — Malherbe. — Racan.................................. 61

CHAPITRE III
DE LA POÉSIE DRAMATIQUE AU XVIᵉ SIÈCLE

Les prédécesseurs de Corneille : Jodelle, Garnier, Alexandre Hardy.............................. 79

CHAPITRE IV
LA PHILOSOPHIE MORALE AU XVIᵉ SIÈCLE

Rabelais. — Œuvre de Rabelais. — Jacques Amyot. — Michel Montaigne. — Jean Calvin............. 80

CHAPITRE V
PAMPHLETS ET MÉMOIRES DU XVIᵉ SIÈCLE

Blaise de Montluc. — Pierre Brantôme. — François La Noue : la *Satire Ménippée*. — Théodore de Bèze. — Agrippa d'Aubigné. — Le président de Thou... 95

LA LITTÉRATURE FRANÇAISE AU XVIIᵉ SIÈCLE

CHAPITRE PREMIER
VUE GÉNÉRALE DE LA LITTÉRATURE FRANÇAISE AU XVIIᵉ SIÈCLE

Le siècle de Louis XIV. — Hôtel de Rambouillet. — Fondation de l'Académie française. — Vaugelas... 101

CHAPITRE II
DE LA TRAGÉDIE AU XVIIᵉ SIÈCLE

Pierre Corneille. — Thomas Corneille. — Rotrou. — Jean Racine. — Chefs-d'œuvre de Jean Racine.... 110

CHAPITRE III
DE LA COMÉDIE AU XVII° SIÈCLE

De la comédie en France avant Molière. — Pierre Corneille. — Molière. — Chefs-d'œuvre de Molière. — Œuvres de second ordre de Molière. — Jean Racine. — La comédie après Molière............ 169

CHAPITRE IV
DE LA SATIRE, DE L'ÉPITRE ET DE LA POÉSIE DIDACTIQUE AU XVII° SIÈCLE

Boileau. — *Satires* de Boileau, *Épîtres* de Boileau, l'*Art poétique*, le *Lutrin*........................ 226

CHAPITRE V
DE LA FABLE AU XVII° SIÈCLE

La Fontaine..................................... 247

CHAPITRE VI
DE LA POÉSIE PASTORALE ET DE LA POÉSIE LÉGÈRE AU XVII° SIÈCLE

Segrais. — Mme Deshoulières. — Chaulieu.......... 258

CHAPITRE VII
DE L'ÉLOQUENCE DE LA CHAIRE AU XVII° SIÈCLE

De l'éloquence en général. — De l'éloquence de la chaire : 1° Sermons et panégyriques. — Bossuet. — Bourdaloue. — Massillon. — Jacques Saurin. — 2° Oraisons funèbres : Bossuet. — Fléchier. — Mascaron....................................... 263

CHAPITRE VIII
DE L'ÉLOQUENCE JUDICIAIRE AU XVII° SIÈCLE

De l'éloquence judiciaire en général. — Patru. — Pellisson....................................... 293

CHAPITRE IX
PHILOSOPHES ET MORALISTES DU XVII° SIÈCLE

Descartes. — Les solitaires de Port-Royal. — Pascal. — Chefs-d'œuvre de Pascal. — La Rochefoucauld. — La Bruyère. — Fénelon. — Chefs-d'œuvre de Fénelon..................................... 296

CHAPITRE X
HISTORIENS ET CHRONIQUEURS DU XVIIᵉ SIÈCLE

Mézeray. — Bossuet. — L'abbé Fleury. — L'abbé de Saint-Réal. — L'abbé Vertot. — Le cardinal de Retz. — Mᵐᵉ de Motteville. — Pierre Bayle........ 342

CHAPITRE XI
DU GENRE ÉPISTOLAIRE AU XVIIᵉ SIÈCLE

Du genre épistolaire en général. — Balzac. — Voiture. — Mᵐᵉ de Sévigné. — Mᵐᵉ de Maintenon..... 351

CHAPITRE XII
ROMANS ET CONTES AU XVIIᵉ SIÈCLE

Du roman en général. — Honoré d'Urfé. — Mˡˡᵉ de Scudéry. — Scarron. — Mᵐᵉ de La Fayette........ 362

LA LITTÉRATURE FRANÇAISE AU XVIIIᵉ SIÈCLE

CHAPITRE PREMIER
DE LA LITTÉRATURE FRANÇAISE AU XVIIIᵉ SIÈCLE EN GÉNÉRAL

De la littérature française au XVIIIᵉ siècle........... 374

CHAPITRE II
DE LA POÉSIE ÉPIQUE AU XVIIIᵉ SIÈCLE

Voltaire: *la Henriade*........................... 375

CHAPITRE III
DE LA TRAGÉDIE AU XVIIIᵉ SIÈCLE

Crébillon. — Chefs-d'œuvre dramatiques de Voltaire. — Houdard de la Motte. — De Belloy. — La Harpe. — Lemierre. — Chamfort...................... 389

CHAPITRE IV
DE LA COMÉDIE AU XVIIIᵉ SIÈCLE

Destouches. — Le Sage. — Piron. — Gresset. — Marivaux. — Sedaine. — Beaumarchais............ 406

CHAPITRE V

DE LA POÉSIE LYRIQUE AU XVIII° SIÈCL

Jean-Baptiste Rousseau. — Le Franc de Pompignan. — Malfilâtre. — Lebrun. — André Chénier...... 417

CHAPITRE VI

DE LA POÉSIE DIDACTIQUE ET DESCRIPTIVE AU XVIII° SIÈCLE

Louis Racine. — Saint-Lambert. — Roucher. — Delille.. 441

CHAPITRE VII

DE LA POÉSIE SATIRIQUE AU XVIII° SIÈCLE

Gilbert.. 454

CHAPITRE VIII

DE LA FABLE AU XVIII° SIÈCLE

Florian... 459

CHAPITRE IX

DE LA POÉSIE LÉGÈRE ET FUGITIVE AU XVIII° SIÈCLE

Gresset. — Voltaire... 465

CHAPITRE X

PHILOSOPHES ET MORALISTES DU XVIII° SIÈCLE

Fontenelle. — Les Encyclopédistes. — Jean-Jacques Rousseau. — Principaux écrits de Jean-Jacques Rousseau. — Vauvenargues. — Montesquieu. — Chefs-d'œuvre de Montesquieu. — Buffon. — Chefs-d'œuvre de Buffon. — Bernardin de Saint-Pierre.. 468

CHAPITRE XI

HISTORIENS DU XVIII° SIÈCLE

Saint-Simon. — Rollin. — Mably. — Duclos. — Barthélemy. — Rulhière. — Anquetil.................. 512

CHAPITRE XII

ROMANS ET CONTES AU XVIII° SIÈCLE

L'abbé Prévost. — Le Sage. — Marmontel. — Voltaire. — Bernardin de Saint-Pierre.................. 524

CHAPITRE XIII

DE L'ÉLOQUENCE POLITIQUE AU XVIII° SIÈCLE

Mirabeau. — Barnave. — Vergniaud. — Danton. — Cazalès. — L'abbé Maury.................... 530

CHAPITRE XIV

DE L'ÉLOQUENCE DE LA CHAIRE AU XVIII° SIÈCLE

Jacques Bridaine. — L'abbé Poulle. — Réguis..... 540

CHAPITRE XV

DE L'ÉLOQUENCE ACADÉMIQUE AU XVIII° SIÈCLE

De l'Eloquence académique en général. — Fontenelle. — D'Alembert. — Thomas. — La Harpe. — Chamfort.. 543

RÉSUMÉ SYNOPTIQUE DE LA LITTÉRATURE FRANÇAISE.... 546

TABLE ANALYTIQUE DES MATIÈRES 559

TABLE GÉNÉRALE DES MATIÈRES..... 565

www.ingramcontent.com/pod-product-compliance
Lightning Source LLC
Chambersburg PA
CBHW070332240426
43665CB00045B/1443